金剛經五家解

불광출판사

金剛經五家解

無比 譯解

해 제

　금강경은 불교서적 중에서 영원한 베스트 셀러이다.
　이는 부처님과 수보리의 대화로 시작되는 공사상을 문답형식으로 엮어서 한 권의 經으로 탄생한 이후에 인도의 많은 성인들과 동양불교권의 많은 고승 碩德들이 지대한 관심을 기울여 깊이 연구하고 숱한 疏, 抄들을 출판한 사실 등으로 미루어 알 수 있다.
　역사적으로 남아있는 것으로는 부처님이 입멸하신 후 약 九백년경에 無着 보살은 이 금강경을 해석하려 하였으나 너무 어려운 부분이 많아서 고심하던 중 日光定에 들어 도솔천의 미륵보살을 친견하게 되었다. 그때 미륵보살에게 금강경을 물었는데 미륵보살은 八十首의 詩(慈氏 八十行偈)로써 금강경의 大意를 해석해 주셨다 한다. 그것에 의하여 무착은 無着論 二권을 지었고, 이를 바탕으로 그의 제자인 天親보살은 天親論 三권을 지었으며, 功德施보살도 功德施論 二권을 편찬하였다고 한다.
　이어 중국에서도 鳩摩羅什이 금강경을 번역한 후 晋나라 僧肇(383-414)의 金剛經 註釋書를 시작으로 이 경을 講說하는 이가 많았고 誌公, 傅翕, 眞諦 등의 疏, 贊, 記, 論 등 天台宗, 三

論宗, 華嚴宗 등 중요한 불교학파의 고승학자들의 이에 관한 주석서가 수천권에 이르고 있어 초교파적인 경전으로 널리 퍼진 것으로 전하여진다.

우리나라에서도 三國 중엽 불교가 전래된 이래로 신라의 元曉 대사가 쓴 金剛經 疏로부터 憬興, 大賢, 涵虛 스님 등이 수십종의 疏, 私記 등을 편찬하여 크게 유통시켰던 것으로 기록되어 있다.

이 외에도 구미 각국과 동양 각국, 특히 일본에서도 많은 번역서와 주석서가 출판되었음은 잘 알려진 사실이다.

그러면 이렇게 경이 결집된 후 많은 경전중에서 특히 이 금강경이 많이 연구되고 읽히게 된 요인은 무엇일까? 여기엔 여러 가지 이유가 있겠으나, 무엇보다도 大小乘의 불교 교리 전체에 있어서 금강경이 그 기본이 된다는 사실일 것이다.

금강경의 구체적인 이름은 金剛般若波羅蜜經(구마라즙 譯) 또는 能斷金剛般若波羅蜜經(현장 譯)이라 하며 이는 산스크리트 경전인 Vajracchedikā-Prajñā-Pāramitā-sūtra를 한문으로 번역한 것이다.

이 금강경은 대 반야경 六百部 중에서 五七七권에 해당되고 그 내용이 약 三百頌 정도의 분량이기 때문에 '삼백송 반야경'이라고도 하며 성립시기를 대략 서기 150~200년경의 대승경전 최초기에 만들어진 가장 순수하고 대표적인 경전이라 할 수 있다.

옛부터 많은 학자들은 어떤 경전을 이해하려 할 때는 반드시 그 경의 위치를 헤아리려 했는데, 본래 부처님은 이런 분별을 지어서 설한 적은 없으나 후세 사람들이 이해하기 쉽도록 하기 위해서, 교리 발달사적인 측면에서 관찰해 볼 것 같으면 小乘敎, 大乘始敎, 大乘終敎, 大乘頓敎, 一乘圓敎로 분류하고 있다. 금강경은 이 가운데서 대승시교에 해당된다고 볼 수 있다. 왜냐하면 부처님의 초기교설(小乘敎)은 諸法實有, 즉 모든 법은 실로 있다는 우리의 세속적인 상식의 모든 범주에 맞추어 교설하신 것이 아함경 등이다.

그러나 청법자들이 성숙함에 따라 부처님이 성도 후 20년 뒤부터는 이러한 소승적인 제법실유를 부정하기 시작하면서 空思想을 설파했는데 이것이 바로 금강경의 주된 사상인 것이다. 허나 이것은 주된 흐름이 그렇다는 것이지 소승교의 아함이나 일승원교의 화엄, 법화 같은 경에도 부처님의 기본 가르침인 반야사상, 空사상은 하나로 꿰뚫려 있음은 너무나 자명한 일이다.

이를 구체적으로 이해하기 쉽게 敎相判釋한 것이 天台智顗(531-597)의 五時敎로써 법화경 信解品에 있는 못난 아들의 비유(窮子喩)에 맞추어 보면 한결 흥미 있으리라 본다.

옛날 어떤 사람이 한 아들을 두었는데 그 아들은 어려서 집을 나가 떠돌기를 수십년, 거지가 되어 유랑하였다. 그 아버지는 큰 부자가 되었어도 아들 찾기에 부심하던 중 어느날 대문 밖에서 기웃거리는 거지를 보는 순간 자신의 아들임을 알고 뛰어나가 붙잡으려하니 그 거지는 놀라움과 두려움에 도망을 가는 것이었다. 이를 본 아버지는 이대로 아들을 붙잡으려하면 안 되겠다 싶어서 방편으로 하인을 시켜서 그를 유인하여 똥이나 거름을 치우는 품팔이를 하도록 하였다. 그러다가 차츰차츰 그 집안 분위기에 익숙해져서 출입을 자유롭게 하다 보니 그 집의 재산 상황을 환히 알게 되었다. 그때 비로소 그 아버지는 그를 불러 전 재산을 관리하도록 배려를 했고, 그가 성숙함에 따라 여러 사람이 모인 자리에서 그가 아들이란 이야기를 하며 그 아들에게 자신의 모든 재산을 물려주겠노라고 선포했다는 이야기이다.

이것은 우연히 만든 비유가 아니라 이 간단한 비유의 내용 속에 부처님의 일생에 걸쳐 설하신 교화의 순서가 그대로 그 속에 수용되어 있는 것이다.

대체로 아들이 처음 아버지를 만나 놀랐던 때를 窮子驚愕 華嚴時라 하여 화엄경을 설할 때와 같다고 보는 것은 화엄경이 부처님의 깨달은 내용을 듣는 사람의 사정을 전혀 감안하지 않은 채 직설로 이야기했기 때문에 근기가 얕은 사람들은 놀랐다는 것이다. 그래서 아들의 근기에 맞추어 방편으로 똥을 치우고 삯을 받는 것은 아함경을 설할 때로서 除糞定價 阿舍時라 하여 이같이 표현했고, 여러 해가 지나서 그 집에 자유롭게 출입할 때를 방등부 경전을 설할 때로 出入自在 方等時라 하였다. 이후 점차로 온 집안 살림을 알게 된 것은 반야경을 설할 때라 하여 令知寶物 般若時에 배대하고, 이어서 모든 재산을 모두 아들에게 상속시키는 때를 傳付家業 法華(涅槃)時라하여 법화 열반경을 설할 때를 부처님의 모든 사상을 다 드러내어 상속하는 것으로 비유한다. 이는 부처님의 四十九년 동안 설법한 것과 그 연대가 맞는 것으로, 화엄경은 순간적인 일로써 三·七일간이었고, 아함경은 十二년, 방등부는 八년간이며, 그 다음 六百部 대반야는 二十一년간이나 설하셨고, 최후 입멸하시기 전 八년간은 법화(열반)경을 설하신 것으로 분류되어 있다.

금강경은 부처님 성도 후 二十一년째부터 二十一년 동안 설하신 가장 방대한 분량의 六百部의 반야경전 중에서도 골수라고 표현될 만큼 귀중한 경이다. 흔히 금강경의 大旨를 破二執 現三空이라 하는데, 역자의 소견은 破二執 現般若가 아닌가 생각된다. 두 가지 집착[我執, 法執]을 파하면 결국 空인데, 공은 나타나는 것이 아니지 않은가. '從空 背空이라' 공은 쫓아가면 등지게 되므로 二執을 깨뜨리고서 반야를 나타내는 것이 금강경의 大旨가 아닌가 한다.

以上으로 볼 때 금강경은 대승시교로써 하찮은 경전이라고 생각할 수도 있으나 다른 경전과 달리 이 금강경만은 묘하게 대승시교인데도 불구하고 禪書 이상으로 격상시켜서 받아들였고 격상시켜서 보고 있다. 이는 달마 스님도 금강경을 전하였지만 東土禪脈의 土峰 육조 스님께서는 금강경의 '應無所住 而生其心'으로써 깨달으셨고, 제자들을 가르칠 때도 항상 '마하반야바라밀'을 외우면 온갖 만법이 그 속에 포함되어 있다고 금강경 제목을 칭송하셨기에 우리나라 선종인 조계종에서도 이 금강경을 所依 경전으로 삼게 되었다고 할 수 있다.
　금강경오가해는 거의 선사스님들의 註解로 되어 있다. 그 내용을 잘 살펴보면, 무착, 천친은 보살인 동시에 敎宗에 해당되지만 그외의 宗鏡, 六祖, 傅大士, 冶父, 涵虛 스님 등은 전부 禪師에 해당된다. 그래서 그 說한 내용이 모두 禪理로 설명되어 있기 때문에 禪書로 격상된 것이다.

　이렇게 금강경이 선서로까지 취급받는 것은 바로 오가해의 선사스님들이 금강경을 禪의 입장에서 간파한 때문이며 오늘날까지 여러 불자들이 아끼는 요인도 여기에 있다고 생각한다.

　이 五家解는 부처님께서 설하신 금강경을 조사스님들이 여러 가지로 설명했는데, 실은 우리나라 함허 스님의 說誼까지 합해서 六家解라 할 수 있다. 그러나 그 내용을 살펴 보면 圭峰 스님의 疏에는 미륵 보살의 八十송과 무착론, 천친론 등 세 분의 사상과 자신의 견해를 합한 네 분의 疏에 해당된다고 할 수 있다. 이렇게 본다면 육조, 종경, 야부, 부대사, 함허 등 아홉 분의 뜻이 오가해에 담겨있고 또 번역 해설하는 사람의 소견을 합하면 열 사람의 견해가 금강경이라는 한 경전을 통해서 표출된다고 볼 수 있다. 불과 몇 장의 작은 분량의 경전이 오가해가 완성됨으로써 여러 화음으로 빚어낸 아름다운 오케스트라 연주를 방불케 한다.
　부처님께서 설하신 경전은 아주 단순한 하나의 멜로디뿐인데 거기에 숱한 화음이 하나의 멜로디를 아주 멋있게 장엄하고 있다고 보면 이 오가해는 음악적으로도 아주 멋진 하나의 작품이라 할 수 있다.

이렇게 아홉 분의 선지식들의 멋진 화음이 부처님의 금강경을 화려하게 장엄하고 있다는 데 五家解의 참 뜻이 있는 것이다.

이 격조높은 작품의 연주자인 다섯 분의 선사스님들의 자취를 더듬어 보면 다음과 같다.

　＊ 쌍림 부대사(雙林 傅大師 : 497~570) 梁나라 사람으로 속성은 傅 씨, 이름은 翕, 자는 玄風이다. 十六세에 결혼하고 二十四세에 인도의 승려 崇頭陀를 만나 불교에 귀의하였다. 낮에는 품팔이하고 밤에는 그의 처 妙光과 함께 정진하였다고 한다.

　＊ 육조 대감(六祖 大鑑 : 638~713) 唐나라 남해 신흥 사람으로 俗姓은 盧 氏, 황매동산에서 참학하고 오조 홍인으로부터 의발을 전해받고 정법안장을 부촉받은 禪宗의 六祖인 慧能大師이다. 南宗禪의 宗祖라고 할 수 있다.

　＊ 규봉 종밀(圭峰 宗密 : 780~841) 唐나라 사람으로 俗性은 何 씨, 어려서 儒學을 공부했으나 출가하여 二十七세에 수주 도원에서 修禪하여 澄觀國師의 제자가 되었다. 시호는 定慧禪師이다.

＊ 예장 종경(豫章 宗鏡) 자세한 전기는 알려져 있지 않다.
　宗鏡提綱은 표제에 '豫章鏡師提綱'이라 되어 있다. 續藏經 제七집 九十二套에 消釋 金剛經科儀會要註解 十권이 수록되어 있는데 '陶興府 百福院 宗鏡禪師述 曹洞正宗 沙門 覺連重集'이라고 쓰여 있다.
　명나라 嘉靖30년(1551) 堂連序에 의하면 종경선사는 나한의 한 분으로 자비와 지혜가 깊고 넓다고 한다. 양나라 소명태자의 三十二分에 의하여 금강경을 演義하고 科儀를 세워 경의 旨趣를 밝혔는데 提綱, 要旨, 長行, 結類, 頌經, 警世, 歸結淨土의 七種文題가 있는데 이 五家解의 것은 제一 제강의 내용이다.

　＊ 야부 도천(冶父 道川 : 1127～1130) 宋나라 사람으로 생몰연대가 확실치 않으며 속성은 秋 씨, 이름은 三이다. 軍의 執方職에 있다가 齊東의 道謙禪師에게 法化되어 道川이라는 호를 받았고 淨因繼成의 인가를 얻어 臨濟의 六世孫이 되었다. 그리고 '야부'란 말은 사람의 이름일 경우 '야보'라고 발음해야 옳으나 일반적으로 야부라고 하기에 관습대로 모두 야부라고 했다.

　以上 다섯 분의 금강경에 대한 견해와 주석에 說誼와 決疑를 덧붙여 엮은 분이 함허당 득통이다.

　＊ 함허당 득통(涵虛堂 得通 : 1376～1433) 朝鮮朝 초기 충북 충주사람이다. 堂號가 함허당이고 法號는 득통이다. 속성은 劉 씨, 속명은 守伊, 호는 無準이다. 二十一세에 관악산 의상암에서

출가하여 二十二세에 양주 檜岩寺에서 無學大師에게 법을 들었다. 1420년 강원도 월정사에서 세종대왕의 청으로 설법한 일도 있다.

끝으로 이 금강경을 漢譯한 구마라쥽(鳩摩羅什:Kumarajiva : 343~413)은 인도인 부친과 구자국 왕족인 어머니 사이에서 태어나서 七세에 출가 수행하였다. 西域을 遊歷하며 뭇 서적을 총람하였으며 대승에 매우 밝았다. 전쟁의 소용돌이 속에서 姚興에 의해 後秦의 장안으로 초빙되어 국빈으로 모셔졌는데 장안의 西明閣과 逍遙園에서 十三년 동안 경 율 론 등 三百八十여권을 한문으로 번역하였다. 이 금강경은 弘始 四년(402) 장안 초당사에서 가장 먼저 번역된 것으로, 이 일을 마친후 어느날 병이 든 구마라쥽이 번역에 오류가 없다면 분신후에 혀가 타지 않을 것이라고 하였다. 後秦 弘始 十五년(413) 세수 七十세로 장안사에서 입적, 다비하는데 오직 혀만 타지 않는 神異를 보였다.

일러두기

一. 이 책의 대본은 구마라집본에 註解를 加한 雲興寺 版本을 사용했다.
一. 科 分段은 구마라집이 채택한 梁 昭明太子의 三十二分章에 따랐다. 本文과 註解가 혼성되어 있는 原典을 그대로 번역하였다. 금강경의 각 分마다 譯者가 해설을 덧붙여 금강경의 깊은 뜻을 이해하기 쉽게 배려했다.
一. 譯註는 되도록 고찰의 필요성이 있는 부분이나 전문술어 등에만 한정하여 간결하게 풀이했다. 한편 譯文中 필요에 따라, 또 譯文만으로 文義가 미흡할 때에는 괄호안에 내용을 보충 설명했다.
一. 번역대본에서 모음 아래의 주격조사는 '가'로 통일시켰다.
一. 대본은 전통 강원에서 써오던 운흥사 판을 썼으나 함허 스님이 決疑에서 지적한 衍文과 글자 선후가 바뀐 곳, 그리고 문장의 차례가 바뀐 곳 등은 함허 스님의 뜻을 따라 바로잡았으므로 목판본과는 다른 곳이 많다.
一. 이 책은 明心會에서 개설한 금강경오가해 강의 내용을 이호묵 씨가 정리했으며 그것을 다시 교열, 윤문하고 수정 검토한 것이다. 번역은 되도록 直譯하였으며 문맥이 압축되어 의미전달이 부족한 듯한 곳에는 많이 풀거나 도움말을 첨가한 곳도 있다.

目　　次

解題 …………………………………… 3
일러두기 ……………………………… 12
金剛經五家解序說 …………………… 19
曹溪六祖禪師序 ……………………… 36
豫章沙門宗鏡提頌綱要序 …………… 42
金剛經上 ……………………………… 47
圭峰密禪師疏論纂要幷序 …………… 53
冶父○ ………………………………… 64
宗鏡 …………………………………… 70
圭峰 …………………………………… 74

上卷
法會因由分 第一 …………………… 75
善現起請分 第二 …………………… 111
大乘正宗分 第三 …………………… 128
妙行無住分 第四 …………………… 141
如理實見分 第五 …………………… 157

正信希有分 第六	167
無得無說分 第七	191
依法出生分 第八	203
一相無相分 第九	215
莊嚴淨土分 第十	231
無爲福勝分 第十一	250
尊重正教分 第十二	258
如法受持分 第十三	265
離相寂滅分 第十四	286

下卷

持經功德分 第十五	337
能淨業障分 第十六	355
究竟無我分 第十七	371
一體同觀分 第十八	405
法界通化分 第十九	422
離色離相分 第二十	428

非說所說分 第二十一 …………………………… 434
無法可得分 第二十二 …………………………… 444
淨心行善分 第二十三 …………………………… 449
福智無比分 第二十四 …………………………… 457
化無所化分 第二十五 …………………………… 463
法身非相分 第二十六 …………………………… 472
無斷無滅分 第二十七 …………………………… 485
不受不貪分 第二十八 …………………………… 491
威儀寂靜分 第二十九 …………………………… 499
一合理相分 第三十 ……………………………… 505
知見不生分 第三十一 …………………………… 520
應化非真分 第三十二 …………………………… 530

宗鏡提頌綱要後序 ………………………………… 555
傅大士頌(三性偈) ………………………………… 560
清涼大法眼禪師頌 ………………………………… 562
六祖口訣 …………………………………………… 566

金剛經五家解

金剛般若波羅蜜經五家解序說

涵虛序 有一物於此하니
說 誼 一物이 何物고 ○祇這一着子는 希夷焉하야 絶情謂하며 髣髴焉하야 看似有하며 響㤭然하야 難可追하며 恍惚然하야 難可測이니 非迷非悟라 不可以凡聖으로 稱이며 無我無人이라 不可以自他로 名일새 故로 但云一物이니라 六祖가 云有一物호대 無頭無尾하며 無名無字로대 上柱天下柱地하고 明如日黑似漆하야 常在動用中호대 動用中에 收不得者가 是니라 然雖如是나 一物之言도 亦强稱之而已라 故로 南嶽讓和尙이 道하사대 說似一物이라도 卽不中이라하시니 有一物於此者는 不離當處常湛然故로 云爾니라

함허서 여기에 한 물건〔一物〕이 있으니
설 의 한 물건이 무슨 물건인가.
　○다만 이 하나는
　　　　희이하여 생각으로 미치지 못하며
　　　　방불하여 보면 있는 듯 하고
　　　　향홀해서 따라갈 수 없으며
　　　　황홀하여 측량키 어려우니
迷도 아니고 悟도 아니라. 범부나 성인이라고 일컬을 수 없으며 我도 없고 人도 없음이라. 가히 自他로써 이름할 수 없음이니 故로 다만 한 물건이라 하시니라. 六祖 스님이 이르시길 한 물건이 있으되 머리도 없고 꼬리도 없으며 名도 없고 字도 없으되 위로는 하늘에 닿고 아래로는 땅에 꽉차 있으며 밝기는 태양과 같으며 검기로는 옻칠과 같도다. 항상 움직이고 쓰는 가운데 있으되 움직이고 쓰는 가운데서 거둘래야 거두지 못하는 것이 이것이니라.

비록 그러히 이와 같으나 한 물건이라는 말도 억지로 말했을 따름이라. 그러므로 남악회양화상〔육조 스님 제자〕이 이르시되 설사 한 물건

이라 할지라도 맞지 않다 하시니 '한 물건이 여기에 있다'는 것은 當處〔바로 이 자리〕를 떠나지 않고 항상 湛然〔맑숙하고 고요함〕한 고로 그렇게 말씀하셨음이니라.

涵虛序 絶名相호대
說 誼 蕭焉空寂하며 湛爾冲虛하야 無名可名이요 無相可睹故也니라
함허서 名〔이름〕과 相〔모양〕이 끊어졌으되,
설 의 소연하여 고요하며 맑고 텅비어서 가히 이름으로 부를 것이 없고 모양으로써 볼 것이 없느니라.

涵虛序 貫古今하고
說 誼 歷千劫而不古하고 亘萬歲而長今이라 多經海岳相遷하니 幾見風雲變態오
함허서 古今(옛과 지금)을 꿰뚫고 있고
설 의 千劫을 지나도 옛이 아니고 만세에 뻗쳐 있어도 항상 지금이라. 많은 세월 동안 산과 바다가 서로 바뀜을 겪었으니 풍운의 변태를 얼마나 보았던가.

涵虛序 處一塵호대 圍六合이로다
說 誼 凡有事物이 小不能大하고 大不能小로대 此則反是하야 能小而細入隣虛하고 能大而廣包法界니라
함허서 한 티끌에 處하되 六合(四方上下)을 에워 쌈이로다.
설 의 무릇 온갖 사물들이 작은 것은 능히 클 수 없고 큰 것은 능히 작아질 수 없으나 이것〔한 물건〕은 사물과 반대로 능히 작고 미세하여 隣虛〔분자 정도의 작은 것〕에 들어가기도 하고 능히 커서 법계를 널리 에워싸느니라.

涵虛序 內含衆妙하고
說 誼 體量이 恢恢하야 恒沙性德과 無量妙用이 元自具足이니라

함허서 안으로는 온갖 미묘한 것을 머금었고
설 의 본체의 양이 매우 넓고 커서 항하사와 같은 性德과 한량없는 妙用[묘한 작용]이 원래 저절로 갖추어져 있느니라.

涵虛序 外應群機하며
說 誼 物來卽應하야 感而遂通이 如明鏡이 當臺에 胡來胡現하고 漢來漢現하며 洪鍾이 在虡에 大扣大鳴하고 小扣小鳴이니라
함허서 밖으로는 온갖 근기에 다 응하며
설 의 사물이 오면 곧 응하여 느껴 통하는 것이 마치 밝은 거울앞에 胡人[호나라 사람]이 오면 胡人이 비치고 漢人이 오면 한인이 비치는 것 같으며 큰 종이 틀에 걸려 있어서 크게 치면 크게 울리고 작게 치면 작게 울림과 같음이니라.

涵虛序 主於三才하고 王於萬法하니
說 誼 天以之覆하고 地以之載하고 人以之處乎其中하며 以至日月星辰과 草木昆虫히 凡有貌像形色者가 莫不以之爲宗하야 而得成立이니라
함허서 三才(天·地·人)의 주인이 되고 萬法의 왕이 되나니
설 의 하늘은 이것[한 물건]으로써 덮고 땅은 이것으로써 싣고 있으며 사람은 이것으로써 그 가운데 처하니 이로써 일월성신과 초목곤충에 이르기까지 무릇 모양과 형색이 있는 것들이 이것으로써 근본을 삼아서 성립하고 있지 아니함이 없느니라.

涵虛序 蕩蕩乎其無比요 巍巍乎其無倫이로다
說 誼 蕩蕩云云은 廣大勝第一者가 是요 巍巍云云은 最尊極無上者가 是니 此所以爲王爲主之勢也니라
함허서 蕩蕩하여 그에 비할 수 없고 巍巍하여 그에 짝할 수 없도다.
설 의 탕탕하다는 것은 광대하여 제일이 되는 것이요, 외외하다는

것은 가장 높고 높아서 지극하여 위없는 것이니, 이것이 왕이 되고 주가 되는 까닭이니라.

涵虛序 不曰神乎아 昭昭於俯仰之間하고 隱隱於視聽之際하며
說 誼 決定是無로대 性自神解하고 決定是有로대 尋之無蹤하니 此所以爲神也니라
함허서 어찌 신비하지 않은가. 엎드리고 우러르는 사이에 분명하고 보고 듣는 즈음에 은은히 스며 있으며,
설 의 결정코 이 없으되 自性이 신비롭게 알고, 결정코 이것이 있는 것이로되 찾으면 그 자취가 없으니 이것이 신비하다고 한 까닭이니라.

涵虛序 不曰玄乎아 先天地而無其始하고 後天地而無其終하니
說 誼 有形之最先者가 天地也요 有形之最後者도 亦天地也라 有形之最先者가 天地也로대 而天地가 以此爲始하니 此는 物之所以始者를 不可得而窮也라 所以始者를 旣不可得而窮則所以終者도 亦不可得而窮也니 此所以爲玄也니라
함허서 어찌 玄玄하지 않은가. 천지보다 먼저 됐으되 그 비롯함이 없고 천지보다 뒤에까지 있으되 그 마침이 없으니,
설 의 형상있는 것의 가장 먼저 된 것이 천지요 형상있는 것의 최후인 것도 천지로다. 형상의 가장 먼저 된 것이 천지로되 이 천지가 이것으로써 비롯되니 이것이 물질이 된 까닭이라. 가히 그것은 궁구할 길이 없도다. 비롯된 까닭을 이미 궁구할 수 없은즉 마침도 역시 궁구할 수 없음이니 이것이 현현하다 한 까닭이니라.

涵虛序 空耶아 有耶아 吾未知其所以로다
說 誼 物體深玄에 虛徹靈通하야 有不定有요 無不定無니 言語道斷하고 心行處가 滅일새 故로 云爾니라
함허서 空이냐 有냐 나는 그 까닭을 알지 못하겠도다.

설 의 물체가 깊고 현현하고 비어 사무쳐 영통해서 있으되 결정코 있지 않고 없으되 결정코 없지 않으니 말로써 할 길 없고 마음 갈 곳이 없을새, 故로 이렇게 말씀하시니라.

涵虛序 我迦文이 得這一着子하사 普觀衆生이 同稟而迷하사 歎曰奇哉라하시고 向生死海中하사 駕無底船하시며 吹無孔笛하시니 妙音이 動地하고 法海가 漫天이라 於是에 聾騃盡醒하고 枯槁悉潤하야 大地含生이 各得其所하니

說誼 此物이 非聖非凡이로대 而凡而聖하며 非淨非染이로대 而染而淨이라 所以로 道호대 手把破砂盆하고 身披羅錦綺하야 有時에 醉酒罵人이라가 忽爾燒香作禮라하니 比之空日컨대 空豈長晴이며 亦豈常雨며 日豈長明이며 亦豈常暗이리오 一念迷也에 雲起長空하야 上明下暗하고 一念悟也에 風掃迷雲하야 上下洞徹하니 染淨所以興也며 聖凡所以作也니라 聖凡이 旣作則感應이 生焉하야 凡在迷而渴仰風化하고 聖在悟而爲物興悲하나니 所以로 我迦文이 於寂滅場中에 初成正覺하사 作獅子吼하사대 奇哉奇哉라 普觀一切衆生호니 具有如來智慧德相이언마는 但以妄想執着으로 而不證得이라하시고 於是에 運無緣慈하시며 說無言言하사 廣演敎海하야 徧注衆生心地하사 使之道芽로 榮茂하고 心花로 發明케하시니 大地同春에 萬物이 感熙로다

함허서 우리 석가모니 부처님께서 이 하나를 얻으시어, 중생들이 다같이 지니고 있으되, 모르고 있는 것을 두루 살피시고 탄식하실새 '신기하다'하시고 생사고해중을 향해서 無底船(밑 없는 배)을 타고서 無孔笛을 부시니 묘한 소리가 천지를 진동하고 法海가 하늘 가득함이로다.

이에 귀먹고 어리석은 범부가 다 깨어나고 마른 나무들이 다 윤택하게 되며 대지의 모든 생명들이 다 그 살 곳을 얻으니,

설 의 이 물건은 성인도 아니고 범부도 아니로되 능히 범부이기도 하고 성인이기도 하며, 깨끗한 것도 아니며 물든 것도 아니로되 때로

는 능히 물들기도 하고 깨끗하기도 함이라. 그러므로 이르시길 손에는 깨진 사기그릇 조각을 쥐고 몸에는 비단옷을 입기도 하며, 때로는 술에 취하여 사람을 꾸짖다가도 홀연히 향을 사루고 예를 드린다 하니, 저 허공의 해에 비유한다면 허공이 어찌 항상 맑기만 하며 또한 어찌 늘 비만 오며 해가 어찌 길이 밝기만 하며 또한 어찌 늘 어둡기만 하리오. 한 생각이 미하면 구름이 허공에 일어나서 위는 밝고 아래는 어둡게 되고 한 생각을 깨달으면 바람이 미혹의 구름을 쓸어서 상하가 훤출해지니 더럽고 깨끗함이 이로써 일어나는 바이며 凡聖이 이렇게 지어지도다. 聖人과 범부가 이미 지어진 즉 감응이 일어나서 범부가 미하므로 성인의 교화를 목마르게 우러르고, 성인이 깨달으매 중생을 위해서 자비를 일으키시니 이 까닭에 석가모니불께서 적멸도량 가운데 처음 정각을 이루시어 사자후를 지으시고, '참 기특하고 기특하다' 일체 중생을 두루 살피니 여래와 같은 지혜덕상을 두루 갖추고 있건마는 다만 망상 집착으로 증득치 못한다 하시니, 여기에 인연없는 자비를 굴리시며 무언의 설법을 하시고 널리 가르침을 펴서 두루 중생의 마음에 넣어주시며 道의 싹으로 하여금 번성케 하고 마음의 꽃이 환하게 피게 하시니 대지가 똑같이 봄을 맞이하여 온갖 만물이 감동하여 크게 빛나도다.

涵虛序 今般若經者는 妙音之所流요 法海之所自者也라
說 誼 般若는 一物之强稱이요 經者는 現物之具也라 此乃金口親宣이요 不是餘人之所說이니 法門淵源이 不同瑣瑣之敎乘이니라
함허서 지금의 般若經이라는 것은 妙音이 흘러나온 바이며 法海가 이(금강경)로부터 흘러온 바로다.
설 의 반야는 한물건을 굳이 말한 것이요, 經이란 것은 한물건을 나타내는 도구니라. 이는 부처님께서 친히 말씀하신 것이요, 다른 사람이 설함이 아니니 법문의 깊고 깊은 근원이 자질구레한 작은 가르침(小乘)과 같지 않도다.

涵虛序 以金剛之堅利로 刻我人之稠林하시고 照慧日於重昏하시며 開惑霧於三空하사

說 誼 我人稠林이 蔚於心地라가 金剛焰下에 掃地無蹤이라 法與非法此二惑霧가 掩蔽性空일새 故曰重昏이니 慧日이 一照에 重昏이 頓破하고 三空이 顯現이니라

함허서 금강의 굳고 날카로운 것으로써 我人의 稠林〔번뇌의 숲〕을 끊으시고 지혜의 태양으로 重昏〔첩첩의 어두움〕을 비추시며, 미혹의 안개를 삼공〔我空, 法空, 俱空〕으로 여시사

설 의 아상 인상의 번뇌가 마음땅에 무성하다가 금강의 불꽃 아래서 땅을 쓴 듯이 자취가 없음이라. 법과 비법, 두 가지 미혹의 안개가 성품의 공함을 가렸음일새. 그래서 重昏이라 하시니 지혜의 해가 한번 비추매 중혼이 몰록 깨지고 三空이 환히 나타남이니라.

涵虛序 使之出斷常坑하야 登眞實際하며 敷萬行花하야 成一乘果 케하시니

說 誼 法非常而執爲有하고 性非斷而執爲空하나니 執爲空而不知空之不空則是落斷見坑也요 執爲有而不知有之非有則是落常見坑也니라 實際者는 空有兩忘하고 一味亦亡之處也니 佛以三空으로 開示하사 使之不落斷常之坑하고 頓超空有之外하야 如是圓修하며 如是圓證也니라

함허서 그로 하여금 斷見(空)과 常見(有)의 구덩이(편견)에서 나오게 하여 眞實際〔참다운 이치〕에 오르게 하며 萬行〔육도만행〕의 꽃을 피워서 一乘의 果〔부처님 지위 : 성불〕를 이루게 하시니,

설 의 법은 항상하는 것이 아닌데 집착해서 有라하고, 性은 끊어짐이 아니로되 집착해서 空을 삼으니, 집착해서 空을 삼으나 空이 空아님을 알지 못한즉 이는 단견의 구덩이에 떨어짐이요, 집착해서 有를 삼으나 有가 有아님을 알지 못한즉 상견의 구덩이에 떨어짐이라. 실제라는 것은 空·有를 둘 다 잊어버리고 잊어버린 그 한맛까지도 없어진 것이니, 부처님이 三空으로써 열어보이사 그들로 하여금 단견과 상견

의 구덩이에 떨어지지 않게하고 몰록 空과 有의 밖을 뛰어넘어서 이 와 같이 원만히 닦으며 이와 같이 원만히 증득하게 하느니라.

涵虛序 言言利刃當陽이요 句句水灑不着이로다
說 誼 金剛妙慧가 堅不爲物挫하고 利能斷衆生冤結이니 般若雄詮은 金剛妙慧之所現發이라 故로 利能破衆生疑網하고 堅不爲外魔所壞니라
함허서 말씀말씀이 날카로운 칼날이 햇빛에 반사된 것같이 무섭게 빛나고 구절구절이 물로 씻은 듯이 한 티끌도 붙지 않음이로다.
설 의 금강의 묘한 지혜가 견고하여 다른 사물에 꺾임을 당하지 않고 날카로워서 능히 중생들의 원결을 끊으니 반야경전은 금강의 묘한 지혜가 드러나는 곳이라 그때문에 날카로워서 능히 중생들의 의심을 깨트리고 견고하여 외도나 마구니들의 무너트림이 되지 않도다.

涵虛序 流出無邊法門海하사 孕育無限人天師하시니
說 誼 佛之與法이 皆從此經流出일새 故로 云爾니라
함허서 가없는 법문의 바다를 흘러 내시어 한량없는 스승들을 길러 내셨으니
설 의 부처님과 법이 다 이 경으로부터 흘러나오므로 이렇게 말씀하셨도다.

涵虛序 若大鑑能과 圭峰密과 冶父川과 傅與鏡此五大士者는 皆人天之所尊이요 法海之所歸者也라
說 誼 五大士가 皆因此經하사 眼目夫人天이라 故로 曰人天之所尊이요 無法不了라 故로 云法海之所歸니라
함허서 대감 혜능, 규봉 종밀, 야부○천, 부대사와 종경 이 五大士는 모두 人天이 존중할 바요 法海의 돌아갈 바라.
설 의 五대사가 다 이 경으로 인해서 人天의 안목이 됨이라. 그러

므로 하늘과 사람이 모두 존중해야 하며, 법을 모두 통달하셨는지라. 그러므로 법해의 돌아갈 바라고 이르셨느니라.

涵虛序   各具通方正眼하사 直傳諸佛密印하시고 各出廣長舌相하사 開演最上宗乘하시니 一一威振河嶽이요 輝騰古今이라 遂使當世에 盲者로 得見하며 聾者로 得聞하고 啞者로 能言하며 跛者로 能行케 하시고

說 誼   通方正眼者는 明眞了俗하고 達乎中道하야 無所不通之正眼也라 密印者는 衆生所迷之眞理요 佛祖相傳之法印也라 五大士가 具如是正眼하며 傳如是密印하사 開大口說大話하시니   威光이 動地하야 照映今昔이라 遂使見聞으로 皆化하야 知非遷善케하시니 極於宗說兼通하며 解行相應之大化者가 皆於此經에 得之矣니라

함허서   각기 모든 것에 통하는 正眼을 갖추사 바로 諸佛의 密印(비밀한 가르침)을 전하시고 각각 廣長舌의 모습을 내어서 최상의 근본 가르침을 펴시니 낱낱의 위엄이 강산에 떨치고 빛이 고금에 드날림이라. 드디어 이 세상에서 눈먼 자로 하여금 보게 하며 귀머거리는 듣게 하시며 벙어리는 말하게 하며 절뚝거리는 이는 걷게 하시고(영험적인 것 보다는 法에 대한 안목을 열어 주셨음을 이름)

설 의   通方正眼이라는 것은 眞을 밝히고 俗을 요달하며 중도를 통달하여 통하지 못함이 없는 바른 눈을 이름한 것이요, 密印은 중생들이 알아야 할 진리요 불조가 서로 전한 法印이라. 五大士가 다 이와 같은 정안을 갖추셨으며 이와 같은 밀인을 전하사 큰 입을 열어서 크게 설법하시니 위광이 땅을 진동하며 古今을 비춤이라. 드디어 보고 듣는 자로 하여금 다 교화해서 그릇됨을 알아 善에 옮기게 하시니 宗〔진리를 깨달은 것〕과 說〔깨달은 진리를 말해줌〕을 다 겸하여 통하니 解와 行이 서로 응하여 큰 교화를 폄이 다 이 경으로부터 얻었음이니라.

涵虛序   旣而요 亦爲普覺將來하사 各自依經著解하야 以傳天下

後世하시니
說 誼 旣以斯經으로 現益當世하시고 且造斯解하야 流芳萬古샷다
함허서 이미 그러하였고 또한 장래에도 널리 깨닫게 하기 위하여 각기 스스로 經에 의지하여 解를 지어서 天下후세에 전하시니,
설 의 이미 이 경으로써 당세에 이익을 주었고 또한 이 解釋을 지어서 그 아름다움을 만고에 흘리셨도다.

涵虛序 豈是彫文喪德이리오 可謂錦上添華며
說 誼 玉無瑕而彫文에 反喪良玉溫潤之德이어니와 斯解則反是하야 致令經語로 益精하며 經義로 益明하야 遂使目之者로 披雲睹日하고 耳之者로 豁然心開로다
함허서 어찌 무늬를 새겨서 德을 잃으리오. 오히려 금상첨화로다.
설 의 옥에 티가 없는데 무늬를 새기매 도리어 좋은 옥의 매끄러움을 상해버리거니와 이 解(오가해)인즉 이것과 반대되어서 경의 말씀으로 하여금 더욱 정밀하게하며 경의 뜻을 더욱 분명히 해서 마침내 경을 보는 자로 하여금 구름을 헤치고 해를 보게 하며 듣는 자로 하여금 활연히 마음을 열리게 함이로다.

涵虛序 何止重輝佛日이리오 亦乃光揚祖道로다
說 誼 古人이 道하사대 三乘十二分敎에 體理得妙하면 何處에 更有祖師西來意이리오하시니 則別傳之旨도 亦不外乎斯經이로대 尙爲言敎의 所攝하야 隱而不現이어늘 今諸祖가 稱實發揚하시니 非獨敎義全彰이라 別傳之旨도 亦乃昭然이로다 有云호대 單傳直指之旨가 豈斯敎의 所攝乎아하니 看於黃梅曹溪에 足可見矣니라
함허서 어찌 부처님의 빛을 거듭 빛내는 데에만 그치리오. 또한 祖師의 道까지도 드날림이로다.

설 의   옛사람이 이르시되 三乘十二分敎의 이치를 체득하고 妙를 얻으면 어느 곳에 다시 '祖師西來意'가 있으리오 하시니 즉 敎外別傳의 뜻도 역시 이 經〔금강경〕밖이 아니로되 오히려 언교의 섭수한 바가 되어서 숨어서 나타나지 않으므로 이제 조사스님들께서 사실에 맞춰서 드러내시니 비단 가르침의 뜻이 전부 드러날 뿐 아니라 별전의 뜻〔禪旨〕도 또한 여기에 환하게 드러나도다. 어떤 이가 말하길 홀로 전한 직지의 뜻〔禪旨〕이 어찌 이 敎〔금강〕에 섭수한 바가 되겠는가 하고 의심하니 黃梅와 曹溪를 보면 족히 알 수 있도다. (바로 이 경 안에 선지가 담겨 있음을 알 수 있다.)

涵虛序   我曹가 生于千載之下하야 得遇難遇之寶하야 手接目睹하니 幸莫大焉이라
說 誼   慶遇斯解也라
함허서   우리들이 천년 이후에 태어나서 만나기 어려운 보배를 만나 손으로 만지고 눈으로 보니 그 다행스러움이 이보다 큼이 없도다.
설 의   이 解(五家解)를 만난 것을 경사스럽게 여기도다.

涵虛序   以此로 可以揚佛祖之餘輝며 以此로 可以延君國之洪祚로다
說 誼   儻因斯解하야 豁開正眼則法印이 在握하고 化道가 在己니라
함허서   이로써 佛祖의 한없는 빛을 드날리며 이로써 나라의 큰 복을 뻗치게 함이로다.
설 의   만약 이 五家解로 正眼이 활짝 열리면 法印이 바로 우리 손안에 있고 교화의 길이 자기에게 있느니라.

涵虛序   然此編集이 出於何人之手완대 而不現其名乎아
說 誼   歎不現夫編者之名也라
함허서   그러나 이 오가해의 편집이 누구의 손으로부터 나왔길래

그 이름을 나타내지 않았는가.
설 의 저 편집자의 이름이 나타나지 않음을 탄식하노라.

涵虛序 吾가 喜其爲一佛五祖師之心을 令一轉而便見也하노라
說 誼 一軸之內에 佛燈祖焰이 交光互映하야 可一轉而便見佛祖之心矣니 此所以爲喜也니라
함허서 나는 한 부처님과 五祖師의 마음이 한번 굴리매 문득 보게됨을 크게 기뻐하노라
설 의 한 권의 책안에 부처님의 법등과 조사의 불꽃이 서로 어울려 비추어서 가히 한번 읽으매 곧 불조의 마음을 다 보게되니 이것이 내가 기뻐하는 까닭이니라.

涵虛序 所嗟는 雖有彈絃之妙指나 未遇賞音之嘉聰이라 由是로 誤聽峨峨하야 作洋洋者가 多矣며
說 誼 三尺古琴에 妙音이 斯在하니 雖有妙音이나 若無妙指면 終不能發이요 縱有妙指하야 善能彈絃이나 聞而賞音者 蓋難하니 賞音者가 難故로 誤聽峨峨하야 作洋洋者가 多矣로다 一部靈文에 妙理斯在하니 雖有妙理나 若非匠手면 孰能抽毫하야 稱實發揚이리오 雖有稱實發揚이나 目以善解者가 蓋難하니 善解者가 難故로 以淺爲深하고 以深爲淺者가 多矣니 是可歎也로다
함허서 슬퍼하는 바는 비록 거문고를 퉁기는 묘한 손가락은 있으나 음을 감상하는 아름다운 귀[지혜인]를 만나지 못했음이라. 이로 말미암아 峨峨[산을 연상하는 곡]를 洋洋[바다를 연상하는 곡]이라고 잘못 듣는 자가 많도다.
설 의 석 자의 옛 거문고에 묘음이 거기 있으니 비록 妙音이 있으나 만약 묘한 손가락이 없으면 마침내 나타내지 못하고, 비록 묘한 손가락이 있어서 거문고를 잘 타더라도 그 선율을 감상하는 자를 만나기 어려우니 훌륭한 감상자가 없으므로 잘못 들어서 '아아'를 '양양'이

라고 들음이 많도다.
 一部〔책〕신령스런 글에 묘한 이치가 그 속에 있으니 비록 妙理가 있으나 만약 장인(匠人)의 손이 아니면 누가 능히 붓을 빼어서 사실에 맞게 표현하리오. 그러나 비록 사실에 맞게 표현하더라도 그것을 보고 그대로 이해하는 이가 매우 적으니 잘 이해하는 이가 없는 고로 얕은 것으로써 깊은 것을 삼고 깊은 것으로써 얕은 것을 삼는 자가 많으니 이것을 탄식함이로다.

涵虛序 又於經疏에 以僞濫眞하야 乳非城外者가 頗多하니 豈非以去聖愈遠하야 歷傳多手而致然歟아
說 誼 眞僞相雜하야 水乳를 難判하니 所以舛訛는 蓋緣傳寫之誤耳니라
함허서 또한 經疏〔주해〕에서 거짓이 참된 것에 흘러 들어서 우유가 성밖의 우유〔진짜〕가 아닌 것〔가짜〕이 많도다. 성인이 가신지 더욱 멀어져서 많은 손을 거쳐 전해지는 과정에서 그렇게 된 것이 아니겠는가.
설 의 眞〔참됨〕과 僞〔그릇됨〕가 서로 섞여서 물과 우유를 가릴 수 없으니 잘못된 까닭은 대개 전하여 쓰는 과정에서 잘못이 있을 뿐이니라.

涵虛序 夫聖言之所以傳之於後之世也가 唯文不能設이요 空義不獨傳이라 文義相資하야사 方成妙唱하야 作天下古今之龜鑑하야 開世與出世之眼目이어니와 若義有誵訛하고 文有錯誤하면 則非唯不能開人眼目이라 亦令誤解하야 碍正知見하리니
說 誼 文字는 現道之具也며 導人之方也니 須文義相資하야 而血脈이 貫通하고 精審詳密이 備焉하야 而脫衍倒誤가 未嘗雜於其間然後에 能使人開解하야 得爲萬世之龜鑑也니라 不爾則非唯不能開人眼目이라 反爲惑人之具也니라
함허서 대저 성인의 말씀을 후세에 전하는 데 있어서는 오직 글

만 능히 베풀 것이 아니요 공연히 뜻만 홀로 전함도 아니로다. 글과 뜻이 서로 어울려 바야흐로 묘한 노래를 이루어서, 천하고금의 귀감이 되어야 세간과 출세간의 안목을 열어주려니와 만약 뜻이 잘못되어 있고, 글에 착오가 있으면, 능히 사람의 안목을 열어주지 못할 뿐만 아니라 또한 잘못 알게 해서 바른 지견을 막게 하느니라.

설 의 문자는 道를 나타내는 도구이며 사람을 인도하는 방법이라. 모름지기 글과 뜻이 서로 어울려서 혈맥이 관통하고, 정밀하고 자세하며 깊게 갖추어서, 빠지고 넘치고 잘못된 것이 그 사이에 섞이지 않은 연후에 사람들에게 이해하게 해서 만세에 귀감이 되게 함이라. 그렇지 않으면 사람의 안목을 못열 뿐만 아니라 도리어 사람을 미혹케 하는 도구가 되느니라.

涵虛序 蓋不爲文字에 所惑하고 能體聖人之意者를 誠難得也로다
說 誼 若非哲眼이면 不能不爲諀訛의 所惑也니라
함허서 대개 文字에 미혹하지 않고 능히 성인의 뜻을 체득하는 이는 진실로 얻기 어렵도다.
설 의 만약 哲眼〔밝은 눈〕이 아니면 잘못되고 어그러진 것에 미혹되도다.

涵虛序 然이나 若心淸慮靜하야 緣文究義하며 依義尋文하면 則文義之舛錯者가 不隱微毫하야 了然昭著호미 如世病脈이 不能逃於善醫之手하리니
說 誼 雖非哲眼이나 若靜心慮하야 以硏之則文義之舛錯者를 可得而詳也니라
함허서 그러나 만약 마음을 맑히고 생각을 고요히 해서 글을 만나 뜻을 연구하며 뜻에 의지해서 글을 찾으면 즉 글과 뜻의 잘못된 것이 털끝만큼도 숨지 못하여서 확연히 밝게 드러나는 것이

마치 세상의 질병이 훌륭한 의사의 손에서 도망치지 못함과 같으리라.

설 의 비록 철안은 아니나 만약 마음과 생각을 고요히 하여 연구하면 글과 뜻의 잘못된 곳을 자세히 밝힐 수 있으리라.

涵虛序 予가 雖非善醫之儔나 幸粗識文義하야 略辨眞僞故로 今之經之疏之中之或脫或衍或倒或誤者를 簡而出之하야 參之諸本하며 質之諸師하야 以正之하노라 然이나 他本所據外에 未嘗一字一句도 妄自加損於其間이요

說 誼 予以不敏으로 辨眞僞定譌訛也나 然이나 此는 以有據依而然이요 非爲臆斷이니라

함허서 내가 비록 좋은 의사의 짝은 못되나 다행히 글과 뜻을 대강 알아서 眞과 僞를 조금 분별하는 고로 지금 이 經의 疏 안에 혹 빠졌거나 혹 넘치거나 혹 잘못되거나 혹 그르친 것들을 가려내고 여러 다른 책을 참고하며 다른 스님들께 질문해서 그것을 바르게 하노라. 그러나 다른 책에 의거한 외엔 일찍이 한 자 한 구도 망령되이 스스로 그 사이에 더하거나 빼지 않았도다.

설 의 내가 불민하므로 진과 위를 가리고 잘못된 것을 바로 하긴 했으나 이는 증거가 있음으로써 그런 것이요, 내 소견으로 우김이 아니로다.

涵虛序 凡有所疑를 他本無所據處란 據義以決하야 附之卷尾而已로라

說 誼 若以己意로 濫之於部內則或者가 爲達者之所非矣요 知有闕誤而不寫以傳之則未有今日較正之功也니 後世에 或聞較正之說하고 槪以爲全하야 而不加察焉則佛祖之正意가 幾乎墜地矣라 故로 不獲已書之於卷尾하야 而傳之也로라

함허서 무릇 의심이 있는 곳을 다른 책에서 의거하지 못한 곳은

뜻에 의거함으로써 결정해서 책 뒤에 붙일 따름이로다.

설 의 만약 자기의 뜻으로써 책 안에 붙여두면 혹 達者〔안목있는 자〕가 할 바가 아니요, 빠졌거나 잘못된 것이 있음을 알고서도 그것을 써서 전하지 않은즉 今日 較正의 功이 없음이니, 후세에 혹 교정의 說을 듣고 대개 온전함을 삼아서 살피지 않으면 佛祖의 바른 뜻이 거의 땅에 떨어지리라. 그러므로 부득이해서 책 뒤에 써서 그것을 전하노라.

涵虛序 若見盤根錯節之處하고 而抱拙拱手하야 不游刃於其間이면 則豈爲通人達士之所可乎리오 是以로 不揆不才하고 解其結通其碍하며 正未正齊未齊하야 永貽來學하노니 誰知王舍一輪月이 萬古光明長不滅가 呵呵他日에 具眼者가 見之면 當發大笑矣리라

說 誼 解之舛訛가 如盤根錯節하야 結礙不通하니 若一向畏人非之하야 知誤而不決焉則其於報佛恩之義에 爲如何哉아 後世에 必有承訛踵誤하야 妄生穿鑿하야 以求其說之必通者矣라 夫如是則其不決之弊 至於使佛祖之言으로 終未免於駁雜之愆也니니 此는 通人達士之所不可也니라 由是로 終不固讓於決焉하야 寫以傳之也로라 夫然後에 一經之義天이 朗曜하야 當年之慧月이 將大明於天下矣니 孰知夫如是之理乎아 今吾自知其然而大慶于懷也로라 然이나 此言此說이 如蚊虻之鼓太虛也니 達者가 當以是로 爲笑具也니라

함허서 만일 뿌리가 얼키고 설키며 마디가 뒤섞인 것을 보고도 팔장만 끼고 그 사이에 칼날을 놀리지 못하면 어찌 通人과 達士의 할 바가 되리오. 이로써 재주 없음을 헤아리지 않고 그 맺힌 데를 풀고 막힌 것을 통하게 하며 바르지 못함을 바르게 하고 가지런하지 못한 것을 가지런히 해서 길이 미래의 학인에게 전하노니,

> 누가 왕사성의 둥근달이 만고의 광명이 되어
> 길이 스러지지 않음을 아는가.

하하. 다른 날에 안목을 갖춘 자가
이것을 보면 마땅히 크게 웃으리라.

설 의 이 해석의 잘못된 것이 마치 뿌리가 얼킨 것 같아서 맺히고 막혀 不通하니 만약 한결같이 남들이 그르다 할까 두려워해서 잘못됨을 알고도 해결치 않으면 부처님의 은혜를 보답함이 되겠는가. 후세에 반드시 잘못된 것을 이어받고 그르친 것을 밟아서 망녕되이 천착[사량]을 내어서 그 說로써 통하기를 구하는 사람이 있으리라. 대저 이같은즉, 해결하지 못한 폐단이 부처님과 조사의 말씀에까지 이르러 마침내 뒤섞인 허물을 면치 못하리니 이는 통인 달사의 할 바가 아니로다. 이로 말미암아서 해결하는 데 굳이 사양하지 않고 써서 전하노라. 그런 연후에라야 한 경의 뜻이 밝게 빛나서 당년의 지혜의 달이 장차 천하에 크게 밝으리니 누가 이같은 이치를 알겠는가. 이제 내가 스스로 그러함을 알아서 마음속으로 크게 기뻐하노라. 그러나 이 말들은 마치 모기가 허공에서 요동침과 같으니 達者가 마땅히 이것으로써 웃음거리를 삼으리라.

涵虛序　永樂乙未六月日에 涵虛堂衲守伊는 盥手焚香謹序하노라
함허서　永樂 乙未 유월에(1415년) 함허당 납자 守伊는 손씻고 향사르고 삼가 序文을 쓰노라.

曹溪六祖禪師序

六祖 夫金剛經者는 無相으로 爲宗하고 無住로 爲體하고 妙有로 爲用이라 自從達磨西來로 爲傳此經之義하사 令人으로 悟理見性케하시니

說誼 般若靈源이 廓然無諸相하고 曠然無所住하야 空而無在하며 湛而無知라 今此一經이 以此로 爲宗爲體하야 無知而無不知하고 無在而無不在하며 無住而無所不住하고 無相而不礙諸相이니 此所以妙有로 爲用也니라 諸佛所證이 蓋證此也시며 諸祖所傳이 蓋傳此也시니 其所以開示人者도 亦以此也니라

육조 대저 금강경이란 相 없는 것으로 宗을 삼고 머무름이 없는 것으로써 體를 삼으며 妙有로써 用을 삼음이라 달마 스님이 서쪽에서 오심으로부터 이 경의 뜻을 전하사 사람들로 하여금 이치를 깨닫고 성품을 보게(見性)하시니

설의 반야의 신령스런 근원이 확 트여서 모든 상이 없고 넓고 커서 머무름이 없으며, 비어서〔空〕 있지 않으며 맑아서 앎이 없도다. 지금의 一經이 이것으로 宗을 삼고 體를 삼아서 앎이 없지만〔無知〕 알지 못함도 없고〔無不知〕, 있지 않지만〔無在〕 있지 않음도 없으며〔無不在〕, 住함이 없으되 住하지 않음도 없으며, 상이 없으되 모든 상에 걸리지 않으니, 이것이 妙有로써 用을 삼는 까닭이니라. 모든 부처님이 증득하신 것이 다 이것을 증득한 것이며, 모든 조사님이 전하신 것도 모두 이것을 전한 것이니, 그로써 사람들에게 열어보인 것도 역시 이것으로써 함이니라.

六祖 秖爲世人이 不見自性일새 是以로 立見性之法이어니와 世人이 若了見眞如本體하면 卽不假立法하리라 此經을 讀誦者가 無數하

며 稱讚者가 無邊하며 造疏及註解가 凡八百餘家로되 所說道理는 各隨所見하니 見雖不同이나 法卽無二니라 宿植上根者는 一聞便 了어니와 若無宿慧하면 讀誦雖多나 不悟佛意일새 故로 解釋其義하 야 庶斷學者疑心하노니 若於此經에 得旨無疑하면 卽不假解說하리 라 從上如來所說善法은 爲除凡夫不善之心이시니 經是聖人之語 라 敎人聞之하고 從凡悟聖하야 永息迷心이니라 此一卷經은 衆生性 中에 本有언마는 不自見者는 但讀誦文字하나니 若悟本心하면 始知 此經이 不在文字하리라 但能明了自性하면 方信一切諸佛이 從此 經出하리니 今恐世人이 身外覓佛하고 向外求經하야 不發內心하며 不持內經일새 故造此訣하야 令諸學者로 持內心經하야 了然自見淸 淨佛心이 過於數量하야 不可思議케하노니 後之學者가 讀經有疑어 든 見此解義하야 疑心이 釋然하면 更不用訣하리라 所冀는 學者가 同 見鑛中金性하야 以智慧火로 鎔煉하야 鑛去金存이로라 我釋迦本 師가 說金剛經하실새 在舍衛國하사 因須菩提起問하야 大悲爲說하 시니 須菩提가 聞說得悟하사 請佛與法安名하야 令後人으로 依而受 持케하시니라 故로 經에 云佛이 告須菩提하사대 是經은 名爲金剛般 若波羅蜜이니 以是名字로 汝當奉持하라하시니라 如來所說金剛般 若波羅蜜로 與法爲名하신 其意謂何오 以金剛은 世界之寶라 其性 이 猛利하야 能壞諸物하나니 金雖至堅이나 羖羊角이 能壞일새 金剛 은 喩佛性하고 羖羊角은 喩煩惱니라 金雖堅剛이나 羖羊角이 能碎하 고 佛性이 雖堅이나 煩惱能亂하고 煩惱雖堅이나 般若智가 能破하고 羖羊角이 雖堅이나 賓鐵이 能壞하나니 悟此理者는 了然見性하리라 涅槃經에 云見佛性者는 不名衆生이요 不見佛性하나는 是名衆生이 라하시니 如來所說金剛喩者는 祇爲世人이 性無堅固하야 口雖誦經 이나 光明不生이라 外誦內行하야사 光明齊等이며 內無堅固하면 定 慧卽亡하고 口誦心行하야사 定慧均等하리니 是名究竟이니라 金在山 中이나 山不知是寶하고 寶亦不知是山이니 何以故오 爲無性故니라 人則有性하야 取其寶用일새 得遇金師하야 斬鑿山破하고 取鑛烹鍊

하야 遂成精金하야 隨意使用하야 得免貧苦하나니 四大身中에 佛性도 亦爾하야 身은 喩世界하고 人我는 喩山하고 煩惱는 喩鑛하고 佛性은 喩金하고 智慧는 喩工匠하고 精進勇猛은 喩斬鑿이니라 身世界中에 有人我山하고 人我山中에 有煩惱鑛하고 煩惱鑛中에 有佛性寶하고 佛性寶中에 有智慧工匠이니 用智慧工匠하야 鑿破人我山하고 見煩惱鑛하야 以覺悟火로 烹鍊하야 見自金剛佛性이 了然明淨이니라 是故로 以金剛으로 爲喩하사 因爲之名也시니 空解不行하면 有名無體요 解義修行하면 名體俱備며 不修하면 卽凡夫요 修하면 卽同聖智일새 故名金剛也시니라 何名般若오 是梵語어든 唐言에 智慧니 智者는 不起愚心이요 慧者는 有其方便이라 慧是智體요 智是慧用이니 體若有慧면 用智不愚요 體若無慧면 用愚無智니 秖緣愚癡未悟하야 遂假智慧除之也니라 何名波羅蜜고 唐言에 到彼岸이니 到彼岸者는 離生滅義니 秖緣世人이 性無堅固하야 於一切法上에 有生滅相하야 流浪諸趣하야 未到眞如之地일새 並是此岸이라 要具大智慧하야 於一切法에 圓離生滅하면 卽是到彼岸이니라 亦云心迷則此岸이요 心悟則彼岸이며 心邪則此岸이요 心正則彼岸이니 口說心行하면 卽自法身에 有波羅蜜이요 口說心不行하면 卽無波羅蜜也니라 何名爲經고 經者는 徑也니 是成佛之道路라 凡人이 欲臻斯路인댄 應內修般若行하야사 以至究竟이어니와 如或但能誦說하고 心不依行하면 自心에 卽無經이요 實見實行하면 自心에 卽有經이니 故로 此經을 如來가 號爲金剛般若波羅蜜也라하시니라

육조 다만 세상사람이 자기의 성품을 보지 못하므로 見性의 法을 세웠거니와 世人이 만약 眞如本體를 볼 수 있으면 법을 세울 필요가 없으리라. 이 경을 독송하는 자는 수도 없고 칭찬하는 자도 헤아릴 수 없으며 疏를 짓고 註解를 한 사람이 무릇 八백여 분이로되 설하신 도리는 각각 소견을 따르니, 그 견해가 비록 같지 않으나 법은 둘이 아니로다. 전생에 씨앗을 심은 上根의 사람은 한번 듣고 곧 깨닫거니와 만약 전생에 익힌 지혜가 없으면 독

송을 비록 많이 해도 부처님의 뜻을 깨닫지 못함이니, 그러므로 그 뜻을 해석하여서 학자들이 의심 끊기를 바라노라. 만약 이 경에서 뜻을 얻어 의심이 없으면 굳이 이 해설에 의존하지 않으리라.

위로부터 여래께서 설하신 善法은 범부의 착하지 못한 마음을 제거하기 위함이니 경은 성인의 말씀이라, 사람들이 그것을 듣고 범부로써 성인의 깨달음에 이르게 해서 영원히 미혹된 마음을 쉬게 하시니라. 이 한 권의 經은 모든 중생들의 성품중에 본래 있건만, 스스로 보지 못하는 것은 다만 문자만을 읽고 외우기 때문이로다. 만약 본래의 마음을 깨달으면 비로소 이 經이 문자에 있지 않음을 알리라. 다만 능히 자기 성품을 밝게 요달하면 모든 부처님이 이 경으로부터 나오심을 믿으리라.

요즈음 세상 사람들이 몸 밖에서 부처를 찾고 밖을 향해 경을 구하므로 마음안에서 발견하지 못하고 내면의 經을 갖지 않을까 두려워하신 고로, 이 訣〔구결〕을 지어서 모든 학자들이 안으로 마음의 경을 가져서 淸淨한 佛心이 數量을 지나서 가히 생각으로 헤아릴 수 없음을 요연히 스스로 보게 하노라. 후세의 학자들은 經을 읽다가 의심이 있거든 이 解義를 보아서 의심이 풀어지면 다시 이 구결(口訣)을 쓰지 않으리라. 바라는 바는 공부하는 사람은 다같이 광석 가운데 있는 금의 성품을 보고 지혜의 불로 녹여서 잡된 광물은 버리고 金만 있게 함이로다.

우리 석가본사께서 금강경을 설하심은 사위국에 계시사 수보리의 물음으로 인하여 대자비로 설하시니, 수보리가 설하심을 듣고 깨달음을 얻어서 부처님께 법과 더불어 이름을 청하시어 후인으로 하여금 이에 의지하여 받아지니게 하시니라. 그러므로 경에 이르되 "부처님이 수보리에게 이르시되 이 경은 금강반야바라밀이라 명하노니 이 이름으로써 너희는 마땅히 받아가지라"하시니라. 여래께서 설하신 금강반야바라밀을 법으로써 이름하신 그 뜻은 무엇인가. 금강은 이 세계의 보배라. 그 성품은 매우 예리하여 능히 모든 물건을 부수도다. 금강이 비록 지극히 견고하나 고양각[산양의 뿔]이 능히 부서뜨리니, 금강은 불성에다 비유하고 고양각은 번뇌에 비유하도다. 금강이 비록 견고하고 강하나 고양각이 능히 부수고 불성이 비록 견고하나 번뇌가 능히 어지럽히고 번뇌가 비록 견고하나 반야지혜가 능히 부수고 고양각이 비록 견고해도 빈철(賓鐵)이 능히 파괴하나니, 이 이치를 깨달은 자는 요연히 견성하리라. 열반경에 이르되 불성을 본 사람은 중생이라 이름하지 않고 불성을 보지 못한 자를 중생이라 하니 여래가 설하신 금강의 비유는 다만 세인들의 성품이 견고하지 못해서 입으로 비록 경을 외우나 밝은 빛이 나지 않음이라. 밖으로 외우고 안으로 행하여야 광명이 가지런히 고르고, 안으로 견고하지 않으면 정과 혜가 곧 없어지며, 입으로 외우고 마음으로 행해야만 정과 혜가 균등하리라. 이 이름이 구경(이곳에선 제일 또는 원만성취를 뜻함)이니라.

  금이 산중에 있으나 산은 이 보배를 알지 못하고 보배 또한 이 산을 알지 못하니 무슨 까닭인가 성품이 없기 때문이니라. 사람은 성품이 있어서 그 보배를 캐서 사용하되 金師[연금사]를 만나서 부수고 뚫어 산을 파헤치고 광석을 꺼내어서 녹이고 단련하여 드디어 순금을 얻어서 마음대로 사용하여 가난을 면하게 되느니라. 四大로 된 몸속의 불성도 그러하여 몸은 세계에 비유하고 人我는 산에 비유하고 번뇌는 광석에 비유하며 불성은 금에 비유하고 지혜는 工匠[장인]에 비유하며 정진용맹은 부수고 뚫는 데 비유하느니라. 몸의 세계중에 人我의 산이 있고 인아의 산중에 번뇌의 광물이 있으며 번뇌광물중에 불성의 보배가 있고 불성의 보배중에 지혜의 工匠이 있으니, 지혜의 공장을 써서 人我의 山을 뚫고 번뇌의 鑛을 발견해서 깨달음의 불로써 잘 단련하여 자신의 금강불성이 요연히 밝고 깨끗함을 보리라. 이런 고로 금강으로 비유해서 이름하시니, 헛되게 알기만 하고 행하지 않으면 이름만 있고 實體가 없음이요, 뜻을 알고 행을 닦으면 이름과 體가 갖추어지도다. 닦지 않으면 범부요 닦으면 곧 성인의 지혜와 같은 고로 금강이라 하시니라.

반야는 무엇인가. 이것은 범어이니 唐言으로는 지혜이다. 智란 어리석은 마음을 일으키지 않음이요 慧란 그 방편이 있음이라. 慧는 智의 體이고 智는 用[씀]이니, 體에 만약 慧가 있으면 智를 쓰는 데 어리석지 않고 體에 만약 慧가 없으면 어리석음을 써서 智가 없음이니 다만 우치로 말미암아 깨닫지 못하므로 드디어 지혜를 빌려서 우치를 제거함이니라.

무엇을 바라밀이라 名하는가.

唐言에 到彼岸이니 도피안이란 생멸을 떠난다는 뜻이니 다만 세인의 성품이 견고하지 못하므로 인하여 일체의 법에 대해 生滅(여기에선 상대적인 것을 뜻함)하는 모습이 있으므로 諸趣[육도]에 유랑해서 진여의 땅에 이르지 못하므로 이를 이 언덕[此岸]이라 한다. 종요로이 대지혜를 갖추어 일체법에서 원만하게 생멸을 떠나면 곧 저 언덕에 이르는 것이로다. 또한 말하기를 마음이 미하면 차안이고 마음을 깨달으면 피안이며 마음이 삿되면 차안이고 마음이 바르면 피안이니, 입으로 말하고 마음으로 행하면 곧 자기 스스로 법신에 바라밀이 있는 것이요, 입으로 말하고 마음으로 행하지 않으면 곧 바라밀이 없는 것이니라.

經이란 무엇인가. 경이란 徑(길)이니 부처가 되는 길이라(이 길을 통해서 성불[깨달음, 저 언덕]에 이른다). 무릇 사람이 이 길에 이르고자 하면 응당히 안으로 반야행을 닦아야 구경에 이르려니와 만약, 혹, 다만, 능히, 외우고 말하기만 하며 마음으로 의지하여 행하지 않으면 자기 마음에 經이 없음이요. 실답게 보고 실답게 행하면 자기 마음에 경이 있음이니, 그러므로 이 경을 여래께서 『금강반야바라밀』이라 하시니라.

豫章沙門宗鏡提頌綱要序

宗鏡 觀夫空如來藏하고 碎祖師關하야 獨露眞常이 無非般若니
說誼 如來藏은 有空如來藏하며 有不空如來藏하니 空如來藏은 所證 眞理也요 不空如來藏은 能證眞智也라 眞理를 謂之空如來藏者는 眞 理絶相호미 如彼太虛하야 廓無纖翳故也요 眞智를 謂之不空如來藏者 는 眞智照理호미 如彼赫日하야 當空顯現故也니라 皆謂之藏者는 藏之 爲物이 中虛且實하니 中虛故로 可比於空也요 且實故로 可比於不空 也니라 今所謂空如來藏者는 蓋異於空不空之空藏也니 以碎祖師關으 로 爲對故也니라 物所畜而封不露曰藏이니 八識之藏이 隱覆自性如來 일새 故名如來藏이니라 關者는 以不通去來로 爲義니 祖師眞機는 聖解 難通이요 凡情莫透일새 故名爲關이니라 不妄曰眞이요 不變曰常이니 眞 常者는 生佛平等之大本也라 空彼如來藏하고 碎彼祖師關하야 令眞常 獨露가 無非般若之功也니라

종경 관하건대 여래장을 비우고 조사의 관문을 부셔서 홀로 참 답고〔眞〕 항상한 것〔常〕을 드러내는 것은 반야 아님이 없도다.
설의 여래장은 空여래장과 不空여래장이 있는데, 공여래장은 증득할 바의 진리이고 불공여래장은 능히 증득한 眞智다. 진리를 공여래장이 라 말함은 진리가 相이 끊어진 것이 마치 큰 허공과 같아서 탁트여 조그만 티끌도 없는 까닭이요. 진지〔참지혜〕를 불공여래장이라 하는 것은 참다운 지혜가 이치를 비추는 것이 마치 저 빛나는 태양과 같아 서 허공에 환하게 나타나는 연고니라. 그것을 藏이라 말하는 것은 그 장〔갈무려져 있는〕의 물건됨이 속이 텅 비기도 하고 꽉차기도 하니 속이 빈 고로 가히 허공에 비유하고, 또한 꽉차 있는 고로 不空에 비 유함이니라.

이제 공여래장이라 한 것은 대개 空이다, 不空이다 하는 空藏과는 다르니, 祖師의 관문을 부수는 것으로써 대상을 삼은 연고니라. 사물

을 쌓아두고 봉해서 드러나지 않음을 藏이라 하는 것이니 八識의 藏
이 자성여래를 가렸으므로 여래장이라 이름함이니라.
　關이란 去來가 통하지 않는 것으로 뜻을 삼음이니 祖師의 참된 기
틀은 성인의 이해로도 통하기 어렵고 범부의 뜻으로는 더욱 뚫기 어
려워서 관이라 이름하느니라. 망령되지 않음이 眞이요 변치 않음이 常
이니, 眞常이란 중생이나 부처님의 평등한 큰 근본이어서 저 여래장을
비우고 저 조사관을 부수어서 진상으로 하여금 홀로 드러나게 하면
반야의 공덕 아님이 없느니라.

宗鏡　三心이 不動하면 六喩全彰이라 七寶로 校功컨덴 四句倍勝이
어니와 若迺循行數墨하면 轉益見知라 宗眼이 不明하야 非爲究竟이
니라
說誼　三心者는 第八根本心과 第七依本心과 前六起事心이 是니 一
眞이 獨露에 三心이 不動하고 三心이 不動에 六喩斯彰이니라 六喩者는
識心이 不動하면 業障이 自除라 靑色으로 可以爲喩也니 靑色은 能除
災厄故也니라 識心이 不動하면 無漏功德이 自然具足이라 黃色으로 可
以爲喩也니 黃色은 隨人所須故也니라 識心이 不動하면 無生智火가
生焉이라 赤色으로 可以爲喩也니 赤色은 對日出火故也니라 識心이 不
動하면 疑濁이 自淸이라 白色으로 可以爲喩也니 白色은 能淸濁水故也
니라 識心이 不動하면 恒住眞空이라 空色으로 可以爲喩也니 空色은 令
人으로 空中行坐故也니라 識心이 不動하면 三毒이 自消라 碧色으로 可
以爲喩也니 碧色은 能消諸毒故也니라 功用之所以至於如此者는 只
緣持無相經하며 悟無我理하며 行無我行故也니 雖布施七寶之功이라
도 不若受持四句之爲愈也니라 布施七寶가 所以爲劣者는 七寶는 人
間世之所重也라 布施에 但感有漏之果하야 終未免於輪廻일새 故로
劣也요 受持四句가 所以爲勝者는 四句는 超凡悟道之具也라 受持에
超生脫死하야 以至究竟일새 故로 勝也니라 優劣은 且置하고 只如四句
를 如何受持하야사 便得超生脫死오 言言이 冥合本宗이요 句句가 廻就
自己어니와 其或未然인댄 增長我人知見하야 終無解脫之期하리라

종경 三心〔과거심, 현재심, 미래심〕이 동하지 않으면 여섯 가지 비유가 온전히 드러남이라. 칠보의 功을 비교하건대 사구의 게송이 배나 수승하지만 만약 글줄이나 따르고 글자나 센다면 더욱 知見만 더하는 지라, 宗眼〔안목〕이 밝지 못해서 구경이 되지 않느니라.

설의 三心이란 것은 제八根本心〔아뢰야식:근본마음〕과 제七依本心〔말라식:근본을 의지하는 마음〕과 前六起事心〔전육식〕이 이것이니 하나의 眞이 홀로 드러나매 三심이 부동하고 三심이 부동하므로 六가지 비유가 이에 드러나느니라.

여섯 가지 비유란

一. 識心이 부동하면 업장이 저절로 없어지므로 靑色에 비유하니 靑色은 능히 재액을 없애는 연고이다.

二. 識心이 부동하면 무루공덕이 자연히 구족하여서 黃色으로 비유하니 黃色은 사람이 구하는 것을 따르는 까닭이다.

三. 식심이 부동하면 생멸이 없는 지혜의 불〔智火〕이 나므로 적색으로 비유하니 적색은 해에 대해서 불을 내는 까닭이다.

四. 식심이 부동하면 의심과 혼탁이 저절로 맑아져서 백색으로 비유하니 백색은 능히 혼탁한 물을 맑히는 까닭이다.

五. 식심이 부동하면 항상 眞空에 주하므로 空色으로 비유하니 공색은 사람으로 하여금 공가운데서 다니고 앉게 하는 까닭이다.

六. 식심이 부동하면 삼독이 저절로 녹으므로 벽색에 비유하니, 벽색은 능히 모든 독을 녹이는 까닭이다.

功用이 여기까지 이른 까닭은 다만 無相經을 가지고 無我의 이치를 깨달으며 무아의 행을 행하는 것을 인연한 것이니, 비록 칠보를 보시한 공덕이라도 四句를 가지는 것만 같지 못하도다. 칠보는 사람들이 다 중히 여기지만 보시하면 다만 有漏의 과보를 얻어서 마침내 윤회를 면치 못하는 고로 훨씬 못하다 함이고, 사구를 수지하는 것이 수승함이 되는 것은 사구는 범부를 초월하여 도를 깨닫는 도구가 되므로 수지하면 생을 뛰어넘고 죽음을 벗어나 구경에 이르므로 수승하다 함이니라. 그러나 優劣은 그만두고 다만 저 사구를 어떻게 수지해야만 당장 생사를 초탈할 수 있는가. 말과 말을 전부 근본종지〔本宗〕에 계합하고 구절구절을 돌이켜서 자기에게 나아가게 하거니와 혹 그렇지 못할진댄 더욱 人我의 知見만 자라나게 되어 마침내 해탈을 기약할 수 없으리라.

宗鏡 嗚呼라 微宣奧旨여 石火電光이요 密顯眞機여 銀山鐵壁이로다 瞥生異見하면 滯在中途하야 進步無門이며 退身迷路일새 聊通一線하야 俯爲初機하노니 良馬는 見鞭에 追風千里矣니라.

說誼 奧旨는 言旨之玄奧難測也요 眞機는 言機之純而無雜也라 眞機는 一似銀山鐵壁하야 堅固難透며 高迥莫攀이요 奧旨는 如石火電光하야 燦然可見이나 神速難追어든 況今佛이 宣而微宣하시며 顯而密顯하시니 那容擬議於其間哉아 若是過量漢인댄 石火電光을 一捉便捉하며 銀山鐵壁을 一透便透어니와 其或未然인댄 滯在中途하야 進退俱失일새 由是로 欲爲後學하야 開介徑路하려하야 遂於三十二分에 隨分提綱하고 隨綱著頌하노니 利根者가 把來一看하면 則一經之奧旨와 諸佛之眞機가 便見昭昭於心目矣리라

종경 오호라. 奧旨〔깊은 뜻〕를 미묘하게 펴심이여, 石火電光이요. 은밀히 眞機를 나툼이여, 은산철벽이로다. 문득 다른 견해를 내면 中途에 머물러서 나아갈 문이 없으며 뒤로 물러날 길도 잃어버리도다. 애오라지 한 가닥의 길을 통하게 하여 초학자를 위하여 이르노니 좋은 말은 채찍만 봐도 바람처럼 천리를 내달리느니라.

설의 奧旨는 뜻이 아득하여 측량키 어려움을 말하는 것이요 眞機는 그 機가 순수해서 잡됨이 없음이라. 진기는 마치 은산철벽과 같아서 견고하여 뚫기 어려우며 높고 멀어서 부여잡기 어렵도다. 오지는 마치 석화전광과 같이 찬란하여 볼 수는 있으나 신속해서 따르기 어렵거니와, 하물며 지금 부처님께서 펴시되 미묘하게 펴셨으며 나투시되 은밀히 나투시니 어찌 그 사이에 사량분별을 용납하겠는가. 만약 이 過量

漢〔대근기, 출중한 사람〕이라면 석화전광을 한 번에 척 휘어잡으며 은산철벽을 한번에 확 뚫거니와, 혹 그렇지 못하면 그 도중에 머물러서 진퇴를 모두 잃을새. 이로 말미암아 후학을 위해서 하나의 길을 열어주고자 하여 三十二分에 각각 분을 따라서 綱要를 이끌어오고 綱을 따라서 게송을 짓노니, 영리한 자는 가져가 한번 보면 곧 一經의 깊은 뜻과 모든 부처님의 참다운 기틀이 문득 마음의 눈에 환히 드러남을 보리라.

金剛般若波羅蜜經 上

說誼 一切衆生이 內含種智호대 與佛無殊언마는 但以迷倒로 妄計我人하야 淪沒業坑하야 不知反省일새 所以로 釋迦老人이 示從兜率로 降神王宮하사 入摩耶胎하사 月滿出胎에 周行七步하시며 目顧四方하시고 指天指地하사 作獅子吼하사대 天上天下에 唯我獨尊이라하시고 年至十九에 四門遊觀하사 觀生老病死의 四相相逼하고 子夜에 踰城出家하사 入雪山하야 六年苦行이라가 臘月八夜에 見明星悟道하시고 初遊鹿苑하사 轉四諦法輪하시며 次說阿含方等等部하사 漸令根性純熟케하시고 方說此般若大部하사 開示悟入佛之知見하시니 夫大雄氏之演說般若가 凡四處十六會라 經二十一載에 說半千餘部하시니 於諸部中에 獨此一部를 冠以金剛하사 以爲喩者는 此之一部가 以約該博하고 金剛一喩가 廣含諸義일새 故로 以爲喩也니라 般若는 此翻爲智慧니 何名爲智慧오 虛空이 不解說法聽法하며 四大가 不解說法聽法이요 只今目前에 歷歷孤明한 勿形段者가 能說法聽法也니라 此說聽底一段孤明이 輝天鑑地하며 曜古騰今하야 行住坐臥와 語默動靜하는 一切時一切處에 昭昭靈靈하야 了然常知하나니 此所以得名爲般若也니라 喩以金剛하신 意謂何以오 此一段孤明이 處萬變而如如不動하며 淪浩劫而宛爾常存하나니 宜乎比乎金剛之堅也요 斬斷竹木精靈하며 截斷彌天葛藤하나니 宜乎比乎金剛之利也라 喩以金剛하신 其意以此니라 亦名摩訶般若니 摩訶는 此翻爲大니 何名爲大오 此一段孤明이 語其明則明逾日月하고 言其德則德勝乾坤이며 其量이 廣大하야 能包虛空하고 體遍一切하야 無在不在라 三世에 初無間斷時하고 十方에 都無空缺處하니 此所以得名爲摩訶也니라 波羅蜜은 此翻爲到彼岸이니 何名爲到彼岸

고 迷之者曰衆生이요 悟之者曰佛이니 雲收雨霽하며 海湛空澄하야 霽月光風이 相和하고 山光水色이 互映은 此悟者之境界也요 霧罩雲籠하며 上明下暗하야 日月이 掩其明하고 山川이 隱其影은 此迷者之境界也라 迷之而背覺合塵을 名在此岸이요 悟之而背塵合覺을 名到彼岸이니 此所以得名爲波羅蜜也니라 經者는 徑也니 詮如上之妙旨하사 開後進之徑路하야 令不涉乎他途하고 能直至乎寶所니 此所以得名爲經也니라 又略而釋之則摩訶般若者는 通凡聖該萬有하야 廣大無邊之智慧也요 金剛般若者는 堅不壞利能斷하야 鎔凡鍛聖之智慧也라 波羅蜜者는 悟如是旨하고 行如是行하야 超二死海하며 達三德岸也니라 經者는 以如是言으로 詮如是旨하야 現益當世하고 成轍後代니 或名金剛般若波羅蜜經하며 或名摩訶般若波羅蜜經이 其義以此니라 題以八字로 摠無量義하고 經以一部로 攝難思敎하니 題稱八字에 念過一藏이요 經持四句에 德勝河沙라 經義與果報를 佛稱不思議가 蓋以此也니라 然이나 此는 只是約敎論耳어니와 若約祖宗門下一卷經하야 言之則入息出息에 常轉經이어니 豈待形於紙墨然後에 以爲經哉아 所以로 古人이 道하사대 般若波羅蜜이여 此經이 非色聲이어늘 唐言에 謾翻譯이요 梵語에 強安名이로다

> 捲箔秋光冷이요
> 開窓曙氣淸이라
> 若能如是解하면
> 題目이 甚分明이라하시니라

설의 일체 중생이 안으로 종지*〔지혜〕를 머금고 있는 것은 부처님과 다름이 없지만 다만 미혹함으로써 망령되이 我와 人을 헤아려서 업의 구덩이에 빠져 반성할 줄 모르므로 석가노인이 도솔천으로부터 왕궁에 내리시어 마야부인의 태에 들어가셨도다. 달이 차서 출생하시어 두루 일곱 걸음을 걸으시며 눈으로 사방을 둘러보시고 하늘과 땅을 가리키며 사자후를 하시되 '천상천하 유아독존'이라.

---

* 種智: 현상계의 萬法을 다 아는 佛智의 하나, 一切種智의 준말.

나이 19세가 되시어 네 방향의 문을 두루 돌아보시고 생로병사의 네 가지 모습이 서로 우리의 육신을 핍박함을 보시고 한밤중에 성을 넘어 출가하시어 설산에 들어가시니라. 육년 고행을 하시다가 납월 8일 밤에 샛별을 보시고 깨달음을 얻으셨도다. 처음 녹야원에서 사제법륜을 굴리시고 다음에 아함과 방등의 법을 설하사 근기로 하여금 차츰 익어가게 하시니라. 그리고 이 반야대부를 설하시어 부처님의 지견〔知見〕을 열어보여서 깨달음에 들어가게 하시니 저 大雄氏〔부처님〕의 반야를 연설하심은 무릇 네 곳에서 육십 회에 달하셨느니라. 二十년 동안 六百부를 설하시니 여러 부 가운데서 홀로 이 일부를 金剛이라고 비유하신 것은 이 一部가 간략하지만 많은 뜻을 지니고 있고, 금강이라는 하나의 비유가 온갖 뜻을 널리 함축하고 있으므로 비유되었도다.

　반야는 지혜라 번역되니 무엇을 이름하여 지혜인가. 허공이 설법이나 청법할 줄 모르며 사대육신 또한 설법, 청법할 줄 모르나 지금 눈앞에 역력히 孤明〔홀로 분명함〕한 모양없는 것이 능히 설법, 청법하느니라. 이 말하고 들을 줄 아는 하나의 고명〔一物〕이 하늘과 땅에 꽉차 있으며 옛과 오늘에 빛나고 드날려서 행주좌와 어묵동정하는 일체시간 일체처에 환하게 밝아서 요연히 항상 알 수 있음이 반야라 이름한 이유니라.

　금강으로써 비유한 뜻이 무엇인가. 이 하나의 孤明이 온갖 변화에 처하되, 여여해서 움직이지 않으며 오랜 세월이 흘러도 그대로 항상 있으니 마땅히 금강의 견고함에 비유한 것이요, 竹木 같은 精靈들〔혼미한 정신〕을 베어 끊으며 많은 번뇌와 망상들을 절단하니 금강의 예리함에 비유함이 당연하며 금강으로써 비유하신 뜻이 여기에 있느니라.

　또한 마하반야라고도 명하니 마하는 크다고 번역하는데 무엇을 이름하여 크다고 하는가. 이 하나의 고명이 그 밝기를 말하면 밝기가 해와 달보다 밝고, 그 덕을 말하면 그 덕이 하늘과 땅보다 뛰어나며 그 양이 광대하여 능히 허공을 에워싸고 그 체가 일체에 두루하여서 있고 있지 않음이 없는지라, 과거 현재 미래에 한 순간도 끊일 사이가 없고 시방에 한 곳도 빈 곳이 없으니 이것이 마하라 이름한 까닭이로다.

바라밀은 도피안이라 번역하니 무엇이 도피안인가. 미혹한 사람을 중생이라 하고 깨달은 사람을 부처라 하니, 구름이 걷히고 비가 개이며 바다가 맑고 하늘도 맑아서, 개인 달과 빛과 바람이 서로 화하고 산색과 물빛이 서로 비침은 깨달은 사람의 경계요, 안개가 덮이고 구름이 끼며 위는 맑고 아래는 어두우며 일월이 그 밝음을 가리우고 산천이 그 자취를 숨김은 미혹한 사람의 경계로다. 미혹하여 깨달음을 등지고 번뇌 속에 있음을 此岸[이 언덕]에 있다 하고 그것을 깨달아서 번뇌를 등지고 깨달음에 있음을 도피안[저 언덕에 이르름]이라 하니 이것이 바라밀이라 한 까닭이니라.

經이란 徑[길]이니 위와 같이 묘한 뜻을 말씀하신 것은 후진들이 걸어가야 할 길을 열어서 다른 길로 들어서지 않게 하고 보배의 장소에 곧바로 이르게 함이니, 이것이 經이라 이름한 이유니라.

또 간략하게 간추린다면 마하반야는 범부와 성인에 다 통하고 萬有를 전부 지니고 있어서 광대무변한 지혜요, 금강반야는 견고해서 파괴되지 않고 예리해서 능히 다른 것을 끊으니, 범부를 녹이고 성인을 단련하는 지혜니라. 바라밀은 이와 같은 뜻을 깨닫고 이와 같은 행을 행해서 二死海*를 뛰어넘어 三德의 언덕에 도달함이니라.

經이란 이와 같은 말로써 이와 같은 뜻을 전해서 當世에도 이익을 주고 후세 사람에게도 法轍[법도]을 이룸이니 그 이름을 금강반야바라밀경이라 하고 혹은 마하반야바라밀경이라고 한 뜻이 여기에 있느니라. 제목 여덟 자로 한량없는 뜻을 함축하고 있고 경의 얼마 안 되는 글로써 사량할 수 없는 일대 가르침을 다 섭수하고 있으니 제목八

---

* 二死海는 分段生死[윤회하는 범부들의 생사(業因에 따라)]와 變易生死[보살이 세상에 나서 번뇌를 끊고 성불하기까지 받는 생사. 迷悟의 경계를 지나가는 상태.]이다. 三德은 대열반에 갖추어져 있는 세 가지 덕으로 법신 또는 知德, 반야 또는 斷德, 해탈 또는 恩德.

자[마하반야바라밀경, 금강반야바라밀경]를 일컬음은 부처님의 일대장경을 한꺼번에 다 외움과 같도다. 경의 四구를 갖는 것은 그 덕이 항하사보다 수승하여서 경의 뜻과 과보를 부처님께서 불가사의하다고 한 까닭이 여기에 있느니라. 그렇지만 이는 교과적인 입장에서 논했을 뿐이나 만약 祖宗門下[선종]에서의 한 권의 경을 말하자면, 숨을 들이쉬고 내쉬는 가운데 항상 경을 굴리거니와, 종이에 글로 형상화시킨 연후에만 어찌 경이라 하겠는가. 그러므로 옛사람이 이르시되

   반야바라밀이여!
   이 경은 모양과 소리가 아니거늘
   唐言으로 부질없이 번역하고
   梵語로 굳이 이름을 두었도다.

   발을 거두니 가을빛이 차고
   창문을 여니 서기가 맑도다
   만약 이렇게 능히 안다면
   제목이 심히 분명하다 하시니라.

雙林傅大士　　贊
六祖大鑒禪師　口訣
圭峰密禪師　　纂要
冶父〇川禪師　頌
豫章鏡禪師　　提綱
涵虛堂得通　　說誼

圭峰密禪師疏論纂要幷序

圭峰 鏡心이 本淨하고 像色이 元空이라 夢識이 無初어늘 物境이 成有하니 由是로 惑業이 襲習하고 報應이 綸輪하야 塵沙劫波에 莫之遏絶일새

說誼 心也者는 冲虛妙粹하고 炳煥靈明호대 如彼古鏡이 體自虛明하야 瑩徹無礙라 妙絶名相之端하고 淨無能所之跡일새 故로 云鏡心이 本淨이니라 內而根身과 外而器界를 皆謂之像色이라 阿賴耶識一念之妄이 變起根身器界하나니 若離妄念하면 卽無一切境界之相일새 故로 云像色이 元空이니라 夢識은 只因不覺而有니 心若常覺이면 夢識이 無由現發일새 故로 云夢識이 無初니라 不覺心動을 名爲覺明이라 因明起照하야 見分이 俄興하고 由照立塵하야 相分이 妄布하나니 於是에 根身이 頓起하야 世界成差일새 故로 云物境이 成有니라 根身이 旣興하고 世界已成에 根塵이 相對하고 識風이 相鼓하야 鎖眞覺於夢宅하며 瞖智眼於風塵이라 沈迷三界之中하고 匍匐九居之內하야 生死循環하야 無有窮已일새 故로 云由是로 惑業이 襲習하고 報應이 綸輪하야 塵沙劫波에 莫之遏絶이라하시니라

규봉 거울인 마음은 본래 깨끗하고 像色〔형상인 모습〕은 원래 공함이라. 그러나 꿈〔夢〕인 識은 처음이 없거늘 사물인 경계가 있음을 이루니, 이로 말미암아 온갖 미혹과 업이 찌들려 있고 업의 과보가 계속 줄을 이어서 티끌 같은 많은 세월 동안 그칠 날이 없도다.

설의 마음이란 깊고 텅비고 미묘하고 순수하여〔冲虛妙粹〕밝고 맑아 영명함〔炳煥靈明〕이 저 옛거울이 스스로 본체가 텅비고 아주 밝게 사무쳐서 걸림이 없음과 같은지라, 妙하여 이름이나 모양이라 할 것이

다 끊어지고 깨끗하여 능소〔주관과 객관〕의 자취가 없으므로 거울인 마음이 본래 깨끗하다고 이르시니라. 안으로의 根身〔몸〕과 밖으로의 器界〔이 세계〕를 다 상색이라 한다. 阿賴耶識 한 생각의 망념이 몸과 이 세계를 변하여 일으키니, 만약 이 망념을 버리면 일체 경계의 상이 없으므로 상색이 원래 공하다 이르셨다. 몽식〔꿈인 식〕은 다만 깨닫지 못함을 인하여 있음이니 마음이 만약 항상 깨어 있으면 꿈인 식이 나타날 이유가 없으므로 꿈식은 처음이 없다고 하시니라. 불각심〔최초의 무명〕이 움직이는 것을 각명〔깨달아야 할 밝음〕이라 함은, 밝음을 인해서 비춤을 일으키니 사물을 보는 인식작용〔見分〕이 일어나고 비춤으로 인해 거울속에 영상〔塵〕이 생겨서 현상〔相分〕이 망령되게 나열되도다. 이에 근신〔몸〕이 한꺼번에 일어나서 세계가 온갖 차별을 이루므로 이르되 사물인 경계가 있음을 이루었다 하느니라. 몸이 이미 일어나고 세계가 이미 이루어지매 육근과 육진이 서로 대하고 인식작용〔識風〕이 서로 두드려서 참다운 깨달음은 夢宅〔꿈집〕에 가두어 버리고 지혜의 눈은 풍진에서 눈멀게 함이라. 삼계 가운데 깊이 미혹하고 九居* 안에서 기어다녀 생사를 순환하며 벗어날 때가 없으므로 이르되 이로 인하여 미혹의 업이 찌들려 있고 과보의 업이 줄을 이어서 오랜 세월 동안 그칠 날이 없다고 하시니라.

---

* 九居 : 九有情居의 약칭 중생이 머물고자 원하는 주처가 9가지임.
① 欲界의 人天 : 중생의 몸이 여러 가지고 생각도 서로 다른 곳.
② 梵象天 : 몸은 다르나 생각이 같은 곳.
③ 極光淨天 : 몸은 같으나 생각이 다른 곳.
④ 遍淨天 : 몸도 생각도 같은 곳.
⑤ 無想天 : 생각도 없고 그 생각하는 대상도 없는 곳.
⑥ 空無邊處 : 끝없는 허공의 자재함을 좋아하는 중생이 사는 곳.
⑦ 識無邊處 : 생각을 여읜 곳.
⑧ 無所有處 : 寂靜하고 無想한 定에 住하는 곳.
⑨ 非想非非想處 : 識處의 有想을 여의고 無所有處의 無想도 여읜 곳.

圭峰 故我滿淨覺者가 現相人中하사 先說生滅因緣하사 令悟苦集滅道케하시니 旣除我執이나 未達法空이라 欲盡病根하사 方談般若하시니 心境이 齊泯이라 卽是眞心이요 垢淨이 雙亡이라 一切淸淨이로다 三千瑞煥하시고 十六會彰하시니 今之所傳은 卽第九分이라 句偈隱略하고 旨趣深微하야 慧徹三空하고 檀含萬行이로다 住一十八處하사 密示階差하시고 斷二十七疑하사 潛通血脈하시니 不先遣遣이면 曷契如如리오 故雖策修나 始終無相이라 由斯로 敎理皆密하고 行果俱玄하야 致使口諷牛毛나 心通麟角이로다 或配入名相하야 着事乖宗하며 或但云一眞하야 望源迷派하니 其餘胸談臆注는 不足論矣로다 河沙珍寶와 三時身命으로 喩所不及이 豈徒然哉아 且天親無着은 師補處尊이어시늘 後學은 何疑하야 或添或棄아 故今所述은 不攻異端하노니 疏是論文이라 乳非城內니라 纂要名意와 及經題目은 次下卽釋일새 無煩預云이로다

　　　稽首牟尼大覺尊과 能開般若三空句와
　　　發起流通諸上士하사옵노니 冥資所述契群機케하소서

—**圭峰序文 끝**—

규봉 그러므로 우리 부처님께서 그 모습을 사람속에 나타내시어 처음엔 생멸인연을 설하시고 고집멸도를 깨닫게 하시니 이미 아집은 없앴으나 法空은 통달하지 못했음이라. 병의 뿌리까지 뽑고자 하여 바야흐로 반야를 설하시니 마음과 경계가 함께 없어짐이 곧 眞心이요 더럽고 깨끗함을 모두 잊으면 일체가 다 청정하도다〔상대적인 것이 다 없어진 상태〕.

　삼천대천세계에 상서를 나투시고 십육회에 드러내시니 지금 전하는 바는 제九회에 해당하도다. 구절과 게송이 간략하게 숨어있고 그 뜻이 깊고 미묘해서 지혜는 三空에 사무치고 보시〔檀〕는 만행을 머금었도다. 十八처에 머무시며 階差〔닦아 올라가는 순서〕를 세밀히 보이시고 二十七가지 의심을 끊으시어 그윽히 혈맥을 통하게 하시니 먼저 버렸다는 마음까지도 버리지 않으면 어찌 여여한 데

계합하리오.

 그러므로 모름지기 경책해서 닦으나 처음과 끝에 相이 없는지라. 이로 말미암아 교리가 다 은밀하고 行果가 함께 현현(玄玄)해서 입으로 외우는 이는 소털과 같이 많으나 마음으로 통하는 이는 기린의 뿔과 같이 귀하도다. 혹은 名과 相에 빠져들어서 事〔현상〕에 집착하여 근본 뜻을 어기며, 혹은 다만 一眞〔한결같은 진〕이라 하여 근원만 바라보아서 부분을 미혹하니 그 나머지의 胸談臆注〔개인소견〕는 족히 논할 게 없도다. 항하사 같은 진귀한 보배와 三時〔아침, 낮, 저녁〕로 몸을 바쳐 보시하는 것도 그 비유가 미치지 못한다 함이 어찌 부질없는 말이겠는가. 또 천친과 무착은 補處尊〔미륵〕을 스승으로 하셨거늘 후학은 무엇을 의심하여 혹 첨부하기도 하고 버리기도 했겠는가. 지금 서술한 바는 異端을 공박하지 않으니 疏는 이 論文〔천친, 무착의 뜻을 이끌어옴〕이라. 우유는 성안의 것이 아님이라〔가짜가 아님〕. 纂要한 이름의 뜻과 경의 제목은 다음에 해석하게 되므로 번거로이 미리 말하지 않노라.

　　　　석가모니 대각존과
　　　　반야 三空句를 능히 열어주심과
　　　　발기하고 유통한 모든 윗분들께 머리 조아리노니
　　　　서술한 바가 모든 근기에 계합하도록 그윽히 도와주소서.

－규봉스님서문 끝－

圭峰의 科段解釋

將釋此經할새 未入文前에 懸叙義門하야 略開四段호리니 第一은 辯敎因緣이요 第二는 明經宗體요 第三은 分別處會요 第四는 釋通文義니라 初中에 有二하니
　初는 摠論諸敎니 謂酬因酬請하야 顯理度生也니 若據佛本意則唯

爲一大事因緣故로 出現於世하야 欲令衆生으로 開佛知見等이요 後는 別顯此經이라 於中에 有五하니

一은 爲對除我法二執故니 由此二執하야 起煩惱所知二障하나니 由煩惱障이 障心하야 心不解脫하야 造業受生하야 輪廻五道하고 由所知障이 障慧하야 慧不解脫하야 不了自心하고 不達諸法性相하며 縱出三界라도 亦滯二乘하야 不得成佛일새 故名障也라 二執을 若除하면 二障이 隨斷이니 爲除二執일새 故說此經이라

二는 爲遮斷種現二疑故니 謂遮未起種子之疑하고 斷現起現行之疑니 卽經中에 答所問已하고 便躡迹하야 節節斷疑니 乃至經終히 二十七段이라

三은 爲轉滅輕重二業故니 轉重業하야 令輕受하고 滅輕業하야 令不受라

四는 爲顯示福慧二因故니 佛成正覺하사 未說般若之前에 衆生이 由無妙慧하야 施等住相하야 皆成有漏하며 或滯二乘일새 故談般若하사 顯示妙慧로 爲法身因하고 五度로 爲應身因하시니 若無般若면 卽施等五가 非波羅蜜이라 不名佛因일새 故須福慧二嚴하야사 方成兩足尊也라

五는 爲發明眞應二果故니 謂未聞般若之前엔 但言色相이 是佛이라하고 不知應化가 唯眞之影하야 不如實見眞身應身일새 故此發明二果하야 令知由前二因證得이니라

第二明經宗體中에 二니

初에 宗者는 統論佛敎인댄 因緣爲宗이어니와 別顯此經인댄 則實相般若와 觀照般若가 不一不二로 以爲其宗이니 以卽理之智로 觀照諸相일새 故如金剛이 能斷一切요 卽智之理가 是爲實相일새 故如金剛이 堅牢難壞니 萬行之中에 一一不得昧此일새 故로 合之하야 以爲經宗이라

二에 體者는 文字般若가 卽是經體니 文字는 卽含聲名句文이니 文字性空이 卽是般若라 無別文字之體일새 故皆含攝하야 理無不

盡하야 統爲敎體니라
　第三分別處會中에 二니
　初는 總明佛說大部處會中에 二니 初에 六百卷文은 四處十六會說이니 一은 王舍城鷲峯山에 七會니 山中에 四會며 山頂에 三會요 二는 給孤獨園에 七會요 三은 他化天宮摩尼寶藏殿에 一會요 四는 王舍城竹林園白鷺池側에 一會며 後에 此經은 卽第二處第九會니 第五百七十七卷이라 後는 別明傳譯此經時主니 前後六譯이라 一은 後秦羅什이요 二는 後魏菩提流支는 兼譯天親論三卷이요 三은 陳朝眞諦는 兼譯金剛仙論과 及本記四卷이요 四는 隋朝笈多는 兼譯無着論兩卷이요 五는 唐初玄奘과 又日照三藏은 譯功德施論二卷也요 六은 大周義淨은 幷再譯天親論三卷이니 上六人은 皆三藏이니라
　今所傳者는 卽羅什이 弘始四年에 於長安草堂寺에 所譯也라 天竺에 有無着菩薩이 入日光定하사 上昇兜率하야 親詣彌勒하사 稟受八十行偈하시고 又將此偈하사 轉授天親하신대 天親이 作長行解釋하야 成三卷論하사 約斷疑執以釋하시며 無着은 又別造兩卷論하사 約顯行位以釋하시니라
　今科經은 唯約天親釋義니 卽兼無着이며 亦傍求餘論하고 探集諸疏니 題云纂要가 其在玆焉이니라
　第四釋通文義中에 二니
　初解題目이라
　金剛者는 梵云跋折羅니 力士所執之杵가 是此寶也라 金中最剛일새 故名金剛이니 帝釋이 有之라 薄福者는 難見이니라 極堅極利로 喩般若焉이니 無物可能壞之로되 而能碎壞萬物이니라 涅槃經에 云譬如金剛이 無能壞者로되 而能碎壞一切諸物이라하며 無着이 云金剛은 難壞라하며 又云能斷이라하며 又云金剛者는 細牢故니 細者는 智因故요 牢者는 不可壞故라하시니 皆以堅喩般若體요 利喩般若用이니라 又眞諦記에 說六種金剛하니 一은 靑色이 能銷災厄이니 喩

般若가 能除業障이요 二는 黃色이 隨人所須니 喩無漏功德이요 三은 赤色이 對日出火니 慧對本覺하야 出無生智火요 四는 白色이 能淸濁水니 般若가 能淸疑濁이요 五는 空色이 令人空中行坐니 慧破法執하야 住眞空理요 六은 碧色이 能銷諸毒이니 慧除三毒이라 傍兼은 可矣어니와 非堅利之本喩니라 般若者는 正翻云慧니 卽照五蘊空하야 相應本覺之慧가 是也니라 若約學者의 從淺至深하야 言之인댄 則攝聞思修三慧하야 摠爲般若니라 故로 無着이 云能斷者는 般若波羅蜜中聞思修요 所斷은 如金剛의 斷處而斷故라하며 又云 細者는 智因故者는 智因은 卽慧也니라 依智度論컨대 因位를 名般若요 果位를 名智則聞思修를 皆名爲細니 細妙之慧가 佛智之因矣라 般若는 能斷일새 故在因位요 佛果는 無斷일새 轉受智名이니라 若依大品經인댄 若字는 通智慧二義니 故로 智與慧가 名義는 少殊나 體性은 無別이니라 波羅蜜者는 此云彼岸到라 應云到彼岸이니 謂離生死此岸하고 度煩惱中流하야 到涅槃彼岸이니라 涅槃은 此云圓寂이며 亦云滅度니 一切衆生이 卽寂滅相이라 不復更滅이언마는 但以迷倒로 妄見生死일새 名在此岸이어니와 若悟生死本空하야 元來圓寂하면 名到彼岸이니라 若兼般若廻文인댄 應云到彼岸慧니라 經者는 梵音에 修多羅어든 義飜爲契經이라 契者는 詮表義理하야 契合人心이니 卽契理契機일새 故名契也요 經者는 佛地論에 云能貫能攝일새 故名爲經이니 以佛聖敎로 貫穿所應說義하야 攝持所化生故니라

　　此疏는 本是爲評經者하야 指其科段이니 雖次第科經이나 而不次第釋文하고 但隨難處하야 卽略擧節目而已요 亦不備述義意니라 義意는 悉在傳示者의 口訣이요 不在疏中이니 不得但以銷疏로 而爲講也니라 講者는 須從首至末히 次第以深玄義意로 銷釋經文이니 難處는 卽約疏요 易處는 卽直說也니라

규봉의 과단해석

　　장차 이 경을 해석함에 있어서 本文에 들어가기 전에 미리 義

門을 펴서 간략히 四段을 열으리니

㉮一은 교의 인연을 말하고 ㉮二는 경의 종체를 밝힘이요 ㉮三은 모인 장소를 분별하고 ㉮四는 글뜻을 해석하여 통하게 함이다.

㉮一에 둘이 있으니, ㉯一. 첫째는 모든 가르침을 논함이니 인연에 답하고, 請함에 답해서 이치를 나타내어 중생을 제도하는 것이니 만약 부처님의 본뜻에 의거한다면 오직 一大事因緣으로 세상에 출현하시어 중생으로 하여금 부처님의 지견을 열어주게 함이요, ㉯二. 둘째는 이 경을 달리 나타냄이라. 그 중에 五가지가 있으니 ㉰一. 我執과 法執(二執)을 없애기 위함이니, 이 두 가지 집착으로 말미암아 번뇌장과 소지장을 일으키니 번뇌장은 마음을 장애하기 때문에 마음이 해탈하지 못해서 업을 짓고 생을 받으니 五道(육도중)에 윤회함이다. 所知障은 지혜를 장애하기 때문에 지혜가 해탈하지 못하여 자기 마음을 알지 못하고 제법의 性相(본질과 현상)을 통달하지 못하니 비록 삼계를 벗어나더라도 또한 二乘에 머물러서 성불하지 못하므로 障이라 名하였다. 만약 二執(두 가지 집착)을 없애면 두 가지 장애가 저절로 끊어짐이니 二執을 없애기 위하여 이 경을 설함이라.

㉰二. 종자와 현행의 두 가지 의심을 차단키 위함이니 아직 일어나지 않은 종자의 번뇌를 막고 현재 일어난 現行의 의심을 끊는 것을 말함이니, 경 가운데 물은 것을 답하시고 문득 자취를 밟아서 구절구절 의심을 끊어줌이니 경을 마칠 때까지 二十七의단이다.

㉰三. 가볍고 무거운 두 가지 업을 굴려서 멸하게 함이니 무거운 업은 굴려서 가볍게 받고 가벼운 업은 멸하여 받지 않게 함이다.

㉰四. 복과 혜 두 가지 因을 나타내 보이기 위함이니 부처님이

정각을 이루시어 반야경을 설하기 전에는 중생이 妙慧(묘한 지혜)가 없으므로 보시를 해도 상에 주하여 다 有漏를 이루고 혹은 二乘에 머무는 까닭에 반야를 설하여 묘혜를 나타내 보임으로써 법신의 인을 삼고 五度(五바라밀)로 應身(化身)의 인을 삼으니 만약 반야가 없다면 곧 보시 등의 五가지가 바라밀이 되지 못함이라. 부처님의 종자(씨)라고 말하지 못하므로 복과 혜 두 가지 장엄을 갖춰야 바야흐로 양족존을 이루는 것이다.

㉣五. 진신과 응신의 二果를 밝히기 위함이니 반야를 듣기 전에는 다만 부처님 모습(色相) 그대로가 부처님이라고 하고 응신, 화신이 오직 眞의 그림자임을 알지 못해서 여실히 진신과 응신을 보지 못하므로 이 二果를 밝혀서 앞의 二因(복과 혜)을 증득하여 알게하셨다.

㉮二는 경의 宗體를 밝히는 것 중에서 둘이 있으니,

㉯一. 첫째 宗이란 것은 불교를 통론하면 인연법이 宗이 되거니와 이 경을 달리 표현하면 實相반야와 觀照반야가 하나도 아니고 둘도 아님으로써 그 宗을 삼는다. 진리의 모습 그대로(卽理之智)의 지혜로써 모든 相을 관조하는 것이니 이는 금강이 능히 일체를 끊는 것과 같고, 지혜에 즉한 이치(卽智之理)가 바로 실상이므로 금강이 아주 견고해서 다른 것이 깨뜨리기 어려움과 같으니 만행 가운데 낱낱이 이것(반야)을 昧하지 않게 하기 위한 고로 합하여 경의 종을 삼은 것이다.

㉯二. 둘째 體란 것은 문자반야가 곧 이 경의 體이니 문자는 곧 聲, 名, 句, 文을 포함하니 문자의 성품이 공함을 반야라 한다. 별다른 문자의 체가 없으므로 그것을 다 포함해서 이치가 다하지 않음이 없어서 통틀어 가르침의 체를 삼았다.

㉮三은 處會를 분별한 중에 두 가지가 있으니 첫째 부처님이 설하신 大部(반야 六백부)의 처와 會를 모두 밝힌 가운데 둘이니

㈇一. 첫째, 육백 권의 글은 네 곳과 十六 회에 설하시니 ㈐一. 왕사성 취봉산에서 七회와 山中에서 四회며 山頂에서 三회이고 ㈐二. 급고독원에서 七회요 ㈐三. 타화자재천궁의 마니보장전에서 一회요 ㈐四. 왕사성 죽림원 백로 연못가에서 一회다. 다음에 이 경[금강경]은 제二처 제九회니 제五七七권에 해당된다.

㈇二. 둘째, 이 경은 번역한 때와 사람을 밝힘이니 전후의 여섯 분이 있다.

㈈一. 後秦의 구마라즙이요 ㈈二. 後魏의 菩提流支는 천친론 三권과 같이 번역했고 ㈈三. 陳朝의 眞諦는 금강선론과 本記四卷을 같이 번역했고 ㈈四. 隋朝의 笈多는 무착론 二권을 같이 번역했고 ㈈五. 唐初의 현장과 일조삼장은 공덕시론 二권을 번역하고 ㈈六. 大周의 의정은 천친론 三권을 아울러 다시 번역하니 위의 여섯 분은 모두 三藏法師[경·율·논에 달통한 자]이시다.

지금 전하는 것은 구마라즙이 弘始四年에 장안 초당사에서 번역한 것이다. 천축의 무착 보살이 있어 日光定[일광삼매]에 들어가시어 도솔천에 오르사 미륵 보살을 친견하여 八十行의 게송을 받으셨다. 또 이 게를 천친에게 전수하였고 천친은 長行의 해석을 지어서 三권론을 이루어 의심[二十七斷]과 집착 끊음을 가지고 해석하셨다. 무착은 또 따로 양권의 논을 지어서 간략히 행위[十八住]를 나타내어 해석하셨다. 지금의 경을 科目한 것은 오직 天親의 해석한 뜻을 가지고 과목한 것이니, 즉 無着을 겸한 것이며 또한 다른 논문에서도 구했고 다른 疏도 채집함이니 제목에 纂要[요점만 모았다]라 한 이유가 여기에 있다.

㈀四는 글뜻을 해석한 가운데 둘이 있으니 ㈇一. 첫째 제목을 해석함이다. 금강이란 범어로 跋折羅이니 力士가 갖고 있는 金剛杵[방망이]가 곧 이 보배인 것이다. 쇠 중에서 가장 강해서 금강이라 부르니 제석천이 그것을 지니고 있으며 박복한 사람은 보기

어렵다고 한다. 지극히 견고하고 날카로워서 반야에 비유하니 어떤 물건으로도 능히 이를 부수지 못하지만 또한 다른 것을 능히 깨뜨릴 수 있는 것이다. 열반경에서 비유하건대 금강을 능히 깨뜨릴 것이 없으며 금강은 능히 일체 모든 물건을 깨뜨릴 수 있음과 같다고 한다. 무착이 이르되 금강은 파괴하기 어렵다 하고 또 능히 다른 것을 끊는다고 한다. 또한 금강이란 섬세하고 견고하다고 하니 섬세하다함은 지혜의 씨앗이요 견고하다함은 파괴할 수 없다고 하시니 이는 견고로써 반야의 체에 비유하고 예리한 것으로써 반야의 작용[用]에 비유한 것이다. 또 眞諦記에 六종의 금강을 설하시니 ㉮一. 청색은 능히 재액을 소멸하니 반야가 업장을 녹이는 데 비유하고 ㉯二. 황색은 사람의 구하는 바를 따름이니 無漏功德[새지 않는 공덕]에 비유하고 ㉰三. 적색은 해가 불을 내니 慧가 본각에서 무생의 智火를 냄이요 ㉱四. 백색은 흐린 물을 맑히니 반야가 의심의 흐린 물을 맑힐 수 있음이요 ㉲五. 空色은 사람으로 하여금 空에서 行하고 坐하게 하니 지혜가 법집을 파하여 진공의 이치에 머물게 함이요 ㉳六. 碧色은 모든 독을 능히 녹일 수 있으니 지혜가 三毒을 녹임이라. 곁으로 겸한 것은 가하거니와 굳고 날카로움의 본래 비유는 아니다. 반야란 바로 번역하면 慧이니, 곧 오온이 공함을 비추어 본각의 혜에 상응함이 이것이다. 만일 학자의 얕은 데서부터 깊은 데까지 묶어서 말하자면 곧 聞, 思, 修 三慧를 섭수하면 모두 반야가 됨이다. 그러므로 무착이 이르되 能斷이란 반야바라밀 중의 聞, 思, 修요, 所斷은 금강의 끊을 곳을 끊음과 같다고 한다. 또 經은 지혜의 씨앗인 고로 智의 因은 곧 慧이다. 智度論에 의하면 因位를 반야라 名하고 果位를 智라고 했은즉 聞, 思, 修를 다 섬세하다 하니, 섬세하고 묘한 혜가 부처님의 智慧의 因이다. 반야는 능단이어서 因位에 있고 佛果는 無斷이므로 굴려서 智라고 이름한다. 만일 大品經에 의하면 若자는 지와 혜 두 가지 뜻에 통함이니 지와 혜가 이름과 뜻은 조금 다르나 體性은 다름이 없다. 바라밀이란 彼岸到이고 응당 도피안이라 이르니 생사의 이 언덕을 떠나서 번뇌의 흐름을 건너 열반의 저 언덕에 다달음을 말한다. 열반이란 圓寂이며 또한 멸도니 일체중생이 곧 적멸상이라서 다시 더 멸할 것이 없지만 다만 미혹과 전도 때문에 망령되이 생사를 보므로 이 언덕에 있다고 하거니와 만일 생사가 본래 공하며 원래 원적[열반]함을 깨달으면 저 언덕에 이르렀다 한다. 만약 반야를 달리 말하면 응당 도피안혜[저 언덕에 이르는 지혜]라 이른다. 경이란 범음으로 수다라인데 뜻으로 번역하면 契經이다. 계는 뜻과 이치를 말로써 표현하여 사람의 마음에 계합하니 곧 이치에도 계합하고 근기에도 계합하여 계라 이름하였다. 경이란 佛地論에 이르되 능히 꿰기도 하고 섭수하기도 해서 경이라 했으니, 부처님의 성스런 가르침으로써 응당히 설하신 뜻을 꿰어서 교화할 중생을 포섭해가는 까닭이다. 이 疏는 본래 이 경을 평론하는 자를 위하여 그 科段을 가리킴이니 비록 차례로 경을 科目했으나 차례로 글을 해석하지 않고 다만 어려운 곳만 간략히 節目만 들었을 뿐이고 뜻을 갖추어서 서술하지는 못하였다. (금강경의)뜻은 전하고 보이는[示] 이의 口訣에 다 있는 것이요 疏中에 있지 않으니 다만 소를 해석하는 것으로 강의하지 말라. 강의하는 이는 처음부터 끝까지 차례로 깊고 오묘한 뜻으로 경문을 해석할지니 어려운 곳은 疏를 가지고 할 것이요 쉬운 곳은 바로 설할지니라.

冶父

冶父 ○
說誼 圓相之作이 始於南陽忠國師하니 國師가 傳之耽源하시고 源이

傳之仰山하시다 源이 一日에 謂仰山曰國師가 傳六代祖師의 圓相九十七介하사 授與老僧하시고 臨示寂時에 謂予曰吾滅後三十年에 有一沙彌 來自南方하야 大振玄風하리니 次第傳授하야 無令斷絶케하라하시니 吾詳此識컨댄 事在汝躬일새 我今付汝하노니 汝當奉持하라 山이 旣得에 遂焚之하시다 源이 一日에 謂仰山曰向所傳圓相을 宜深秘之니라 山이 曰燒却了也니이다 源이 曰此乃諸祖의 相傳底어늘 何乃燒却고 山이 曰某가 一覽而已知其意호니 能用卽得이라 不可執本也니이다 源이 曰在子卽得이어니와 來者는 如何오 山이 於是에 重錄一本하야 呈似하시니 一無舛訛러라 源이 一日에 上堂이어시늘 山이 出衆하사 畫一圓相○하야 以手로 托起하사 作呈勢하시고 却叉手而立하신대 源이 以兩手로 交拳示之하시다 山이 進前三步하사 作女人拜하신대 源이 遂點頭어시늘 山이 卽禮拜하시니 此는 圓相所自作也니라 今師가 題下에 畫一圓相하신 意旨如何오 卽文字하야 拈出離文字底消息이니라 若是離文字底消息인댄 擬議得麼아 計較得麼아 不可以有心으로 求며 不可以無心으로 得이며 不可以語言으로 造며 不可以寂黙으로 通이니 直饒釘嘴鐵舌이라도 也卒話會不及이니라 然雖如是나 畢竟作麼生道오 生佛이 同源이요 妙體無物이라 三世諸佛이 出不得이며 歷代祖師가 出不得이며 天下老和尙이 出不得이며 六道輪廻도 亦出不得이며 三世間과 四法界의 一切染淨諸法이 無一法도 出此圓相之外니 禪은 謂之最初一句子요 敎는 謂之最淸淨法界요 儒는 謂之統體一太極이요 老는 謂之天下母라 其實은 皆指此也니 古人이 道하사대 古佛未生前에 凝然一相圓이라 釋迦도 猶不會어니 迦葉이 豈能傳者가 是也니라.

야부 ○ (금강반야바라밀경에 대한 야부 스님의 견해)

설의 원상을 지음이 남양 慧忠 국사께서 시작했으니 국사께서 탐원에게 전하시고 탐원이 앙산에게 전하셨다. 탐원이 하루는 앙산에게 일러 말하길 "국사께서 육대조사의 원상 九十七개를 전하사 老僧이 받으시고 돌아가실 때에 나에게 이르시길 '내가 멸후 三十년에 한 사미가 남쪽으로부터 와서 玄風〔禪風〕을 크게 떨치리니 차례로 전수해서 단절하지 않게 하라'하시니 내가 이 예언을 자세히 살펴보니 이 일이 너에게 있음이라. 내가 지금 너에게 주노니 너는 마땅히 받들어 가지라" 앙산이 이미 얻으매 그것을 태워버렸다. 탐원이 하루는 앙산에게 말하길 '지난 번 전해준 원상을 깊이 간수하라' 하니 앙산이 '태워버렸습니다' 하였다 탐원이 말하길 '이것은 여러 조사 스님이 서로 전한 것인데 어찌 태워버렸는가'하니, 앙산이 말하길 '제가 한번 보고 이미 그 뜻을 다 알았으니 쓸 때가 되면 능히 쓸 수 있어서 가히 그 本〔○〕에 집착할 것은 아닙니다'하였다. 탐원이 이르길 '너에게 있어서는 그럴 수 있지만 앞으로 오는 자는 어떻게 하겠는가'하니 앙산이 이에 한 본을 그려서 들어 바치니 하나도 잘못됨이 없었다. 탐원이 하루는 법상에 오르시매 앙산이 대중 가운데서 나와 한 원상을 그려서 손으로 받쳐 드시는 자세를 지으시고 물러나 차수하고 서 계시는데 탐원이 양수로써 交拳〔인사하는 자세〕하여 보이셨다. 앙산이 앞으로 세 걸음 나가서 여인의 절을 하는데 탐원이 드디어 머리를 끄덕거리시거늘 앙산이 즉시 예배하니, 이것은 원상이 이로부터 지어진 것이로다.

지금 야부 스님께서 제목 아래에 원상을 그리신 뜻은 무엇인가. 문자에서 문자를 벗어나는 소식을 끌어냈음이라. 만약 이 문자를 떠난 소식일진대 그것은 사량으로 이해되거나 계교할 수 있는 것인가. 가히 有心으로 구할 수 없고 無心으로 얻을 수도 없으며 언어로써 표현할 수도 없으며 적묵(묵묵)함으로써 통할 수도 없음이니, 설사 쇠로 된 부리〔입술〕와 철로 된 혀로도 마침내 말이 미칠 수 없음이라. 비록 그러하나 필경 어떻게 말해야 하는가. 중생과 부처가 같은 근원이요, 妙體엔 사물〔事物〕이 없음이라. 삼세의 부처님도 그것을 벗어날 수 없으며 역대조사도 벗어날 수 없고 천하 노화상도 그것에서 벗어날 수 없으며 육도에 윤회하는 이들도 또한 벗어날 수 없음이로다.

삼세간*〔기세간, 중생세간, 지정각세간〕과 사법계*의 일체 染淨 제법이 한 법도 이 원상 밖을 벗어날 수 없음이니 선은 그것을 일러 최초의 一句字라 하고, 敎에서는 가장 청정한 법계라 한다. 유교에서는 통체가 한 태극이라 하고 노자는 천하의 어머니라 하여 그 實은 다 이것을 가리켰다. 옛사람이 이르되 옛부처님이 나시기 이전에 분명하게 한 모양이 둥글었음이라. '석가도 오히려 알지 못했거니 가섭이 어찌 능히 전했겠는가.' 한 것이 이것이다.

冶父 法不孤起라 誰爲安名고
說誼 法之一字는 直指圓相이요 安名二字는 直指經題니 法不自名이라 要因名現일새 所以安名이니라 所以로 道호대 總持無文字로대 文字現總持라하시니 應云法不孤起라 所以安名이어늘 而云誰爲安名은 語忌十成故며 恐成死語故니 圓話自在하야사 免夫招謗이니라 又法不自名일새 所以安名이니라 然雖如是나 安名者가 誰오 若道黃面老子安인댄 黃面老子가 未嘗安이시니 何則고 自從鹿野苑으로 終至拔提河히 於是二中間에 未曾說一字요 若道不是黃面老子安인댄 今此經題는 從甚處得來오 且道하라 是安名가 不是安名가
야부 법은 홀로 일어나는 것이 아님이라.
　　　　누가 이름을 두었는가.

---

* 三世間
　①器世間 : 국토세간, 佛이 化度한 境界.
　②衆生世間 : 여래가 교화한 機類.
　③智正覺世間 : 여래의 지혜를 갖추어 세간, 출세간의 법을 깨닫는 것.
* 四法界 : 화엄종의 우주관.
　①事法界 : 차별적인 현상계.
　②理法界 : 평등적인 本體界.
　③理事無礙法界 : 현상계와 본체계는 一體不二의 관계에 있다.
　④事事無礙法界 : 事와 事는 多緣에 의하여 서로 그 작용이 교섭하여 事事무애 중중 무진임을 말함. 그래서 無盡法界라 함.

설의 법이란 한 글자는 바로 원상을 가리키고 安名 두 글자는 바로 경의 제목을 가리키니 법은 스스로 이름하지 않음이라. 필요에 인하여 이름을 나타내므로 이름을 두었도다. 그런 이유로 말씀하시되 總持〔다라니〕는 문자가 아니되 문자로써 총지를 나타냄이니 마땅히 법은 홀로 일어남이 아니라. 그리하여 이름을 두었다 하거늘 '누가 이름을 두었는가'한 것은 十成〔원만함, 완전함〕을 꺼리는 연고로 말한 것이며 死語〔죽은 말〕를 이룰까 두려워한 까닭이니 완전한 말이 자재하여야 비방을 면하리라. 또한 법은 스스로 이름하지 않으므로 이름을 둔 것이로다. 비록 이와 같으나 이름을 둔 자는 누구인가. 만약 黃面老子〔佛〕가 했다고 하면 황면노자는 일찍이 이름을 두지 않으셨으니 어인 일인가. 녹야원〔초전법륜지〕으로부터 발제하〔구시라〕에서 마칠 때까지 이 두 중간에 일찍이 한 자도 설하지 않으셨으니 만약 황면노자가 하지 않았다면 지금 이 경의 제목은 어느 곳에서부터 왔는가. 또 일러보아라. 이름을 둔 것인가, 이름을 두지 않은 것인가.

冶父 摩訶大法王이여 無短亦無長이로다 本來非皂白이로대 隨處現靑黃이로다 花發看朝艶이요 林凋逐晩霜이로다 疾雷는 何太擊고 迅電도 亦非光이로다 凡聖도 元難測이어니 龍天이 豈度量이리오 古今에 人不識일새 權立號金剛이로다

說誼 他本에 擊은 作急하고 元은 作猶하다
法王은 非指丈六金身이라 人人本有底一着子니 能爲萬像之主라 故로 號爲法王이니 古人이 道호대 法中王最高勝하니 恒沙如來同共證者가 是니라 法王之爲體也가 孤高更無上하고 廣博無邊表하야 乾坤이 在其內하고 日月이 處其中이라 恢恢焉蕩蕩焉하야 逈出思議之表일새 故로 號爲大法王이니라 無短云云은 實相無相이요 本來云云은 無相現相이요 花發云云은 當處出生하야 當處寂滅이요 疾雷云云은 妙旨迅速하야 難容擬議요 凡聖云云은 箇事極幽玄하야 智識俱不到니 非但古人罔措라 亦乃今人도 不識일새 爲止小兒啼하야 權且立虛名이니라 只如依權現實底道理를 作麼生道오 月隱中峯에 擧扇喩之요 風息太虛에

動樹訓之니라
야부 크고 크신 법왕이시여
      짧지도 않고 길지도 않음이로다
      본래 검지도 않고 희지도 않지만
      곳에 따라 청황으로 나타나도다.

      꽃 피어 아침의 고운 모습 보이고
      나무들 낙엽지니 늦서리 내리도다
      천둥은 어찌 그리 크게 치는가.
      빠른 번개도 역시 빛이 아니로다.

      범부 성인 원래로 측량키 어렵거니
      천룡팔부가 어찌 헤아리리오.
      예나 지금이나 아는 사람 없어서
      방편으로 金剛이라 이름했도다

설의 다른 책엔 擊은 急이고 元은 猶로 되어 있다. 법왕은 丈六金身을 가리킴이 아니요, 사람사람이 본래 지니고 있는 一着子〔한물건〕이니 능히 만상의 주인이 되므로 법왕이라 이름했도다. 옛사람이 이르되 법왕이 가장 높고 수승하니 항하사와 같은 많은 여래가 다같이 증득했다함이 이것이라. 법왕의 체의 됨됨이 높고 높아 다시 위가 없고, 넓고 넓어 한정할 수 없어서 하늘과 땅이 그 안에 있고 일월이 그 가운데 처했도다. 크고 커서 탕탕하여 멀리 생각밖을 벗어났으므로 대법왕이라 했다. '짧지도 않다'함은 實相은 相이 없음이요 '본래~'는 상이 없는 가운데 상을 나타냄이요. '꽃이 피어~'는 그 자리에서 일어나고 그 자리에서 없어짐을 말함이요. 천둥~'이라 함은 묘한 뜻이 신속해서 사량분별을 용납하지 않음이요, '범부 성인'이라 함은 그 일이 지극히 깊고 그윽해서 지혜와 識으로써 이르지 못하니 다만 옛사람들도 그것을 어찌하지 못했을 뿐만 아니라 또한 지금의 사람도 알지 못하여 어린아이의 울음을 그치기 위해서 방편으로 헛된 이름을 세웠도다. 그러면 저 방편을 의지하여 진실〔實〕을 나타내는 도리를 어떻게 말할 것인가.

   달이 중봉에 숨으니
   부채를 들어 그것에 비유하고
   바람이 큰 하늘에서 쉬매
   나무를 흔들어서 그것을 알리도다.

宗鏡

宗鏡 只這一卷經은 六道含靈의 一切性中에 皆悉具足이언마는 蓋爲受身之後에 妄爲六根六塵이 埋沒此一段靈光하야 終日冥冥하야 不知不覺이라 故로 我佛이 生慈悲心하사 願救一切衆生하사 齊超苦海하야 共證菩提일새 所以로 在舍衛國하사 爲說是經하시니 大意는 只是爲人으로 解粘去縛하고 直下에 明了自性하야 免逐輪廻하야 不爲六根六塵의 所惑이니라 若人이 具上根上智면 不撥自轉이라 是胸中에 自有此經이니 且將置三十二分於空閑無用之地라도 亦不是過어니와 如或未然인댄 且聽山野의 與汝로 打葛藤去也어다 夫金剛經者는 自性이 堅固하야 萬劫不壞를 況金性堅剛也요 般若者는 智慧也요 波羅蜜者는 登彼岸義也니 見性得度하면 卽登彼岸이요 未得度者는 卽是此岸이니라 經者는 徑也니 我佛이 若不開箇徑路시면 後代兒孫이 又向甚麼處하야 進步리오 且道하라 這一步를 又如何進고 看取下文하라 此經深旨는 無相으로 爲宗하야 顯妄明眞이시니 ○劍鋒이 微露에 掃萬法之本空하고 心花發明에 照五蘊之非有라 直得雲收雨霽하고 海湛空澄하야 快登般若慈舟하야 直到菩提彼岸이니라 且道하라 心花發明이 在甚麼處오 太湖三萬六千頃에 月在波心說向誰오

說誼 劍鋒으로 至彼岸은 萬法이 本空하고 五陰이 非有어늘 但以妄緣으로 而得成立이라 智照妄緣하면 萬法이 俱沈이요 體露眞常하면 五蘊이 皆空이니 到這裏하야는 一似雲收雨霽하고 海湛空澄하야 無一物爲緣爲對하며 無一事爲障爲碍라 快登般若慈舟하야 直到菩提彼岸이니라 太湖云云은 佛法이 在世間하야 不離世間覺이니 離世覓菩提는 猶如求兎角이니라 欲識得佛法的的大意인댄 直須向十二時中四威儀內覺觀波濤中하야 虛捕來虛捕去니 覷來覷去하면 忽地에 識得根源去在니라 縱然識得根源去라도 只可自怡悅이언정 不堪持贈君이니라

종경 다만 이 한 권의 경은 육도의 모든 생명의 일체 성품중에 다 구족하고 있건만, 대개 몸을 받은 후에는 망령되이 육근육진이 한줄기 신령스런 빛〔經〕을 매몰시켜서 종일토록 캄캄하여 알지 못하고 지각하지 못함이라. 우리 부처님이 자비심을 내어 일체중생을 구하시고자 다함께 고해를 뛰어넘어서 깨달음을 증득하기를 원하셨도다. 그래서 사위국에 계시어 이 경을 설하시니 그 큰 뜻은 다만 사람들에게 붙어 있는 것〔粘 ; 끈끈한 것〕을 떼어주고 속박됨을 풀어서 바로 그 자리에서 밝게 자성을 요달해서 윤회에서 벗어나 육근육진이 미혹되지 않게하기 위함이라. 만약 사람이 높은 근기와 높은 지혜를 갖추면 굴리지 않아도 저절로 구르도다. 이는 胸中에 스스로 이 경을 가지고 있음이니 장차 三十二分의 금강경을 저 텅빈 쓸데없는 곳에 두어도 허물이 되지 않거니와 혹 그렇지 않으면 그대와 더불어 하는 나의 쓸데없는 소리를 들어볼지어다.

　대저 금강경이란 자성이 견고해서 만겁에도 무너지지 않는 것은 금강의 성품이 견고하고 강한 데 비유한 것이요, 반야란 지혜이고 바라밀은 피안에 오른다는 뜻이다. 性品을 보아 제도함을 얻으면 곧 저 언덕에 오름이고, 제도함을 얻지 못한 자는 곧 이 언덕이로다. 經이란 길〔徑〕이니 우리 부처님이 이 길을 열어주지 않았으면 우리 후인들이 어느 곳을 향해서 나아갈 수 있으리오. 또

일러라. 이 첫 한걸음을 어떻게 나아갈 것인가. 다음 글을 보아라.

　이 경의 깊은 뜻은 無相으로 宗을 삼아서 妄을 드러내고 眞을 밝히시니 칼날〔반야〕이 조금 드러나매 만법이 본래 공함을 쓸어버리고 마음꽃〔心花〕이 밝게 피어나매 五蘊이 있지 않음을 비쳐보도다. 바로 구름이 걷히고 비가 개이며 바다는 고요하고 하늘이 맑아서 유쾌하게 반야의 자비로운 배에 올라서 바로 깨달음의 저 언덕에 이를지니라. 또 일러라. 마음꽃이 밝게핀 것이 어느 곳에 있는가.

　　　태호〔중국의 큰 호수〕의
　　　三만 六천 경의 달은
　　　파도 중심에 있는데
　　　그 아름다움을 누구를 향해 설하겠는가.

설의 '칼날로부터~저 언덕에 이른다'하는 것은 만법이 본래 공하고 오온이 있지 않거늘 다만 망령된 인연으로써 성립한 것이라. 지혜로 망령된 인연을 비추면 만법이 모두 함께 없어짐이요. 體가 진상을 드러내면 오온이 모두 空함이니 여기에 이르러서는 마치 구름이 걷히고 비가 개이듯 하고, 바다가 고요하고 하늘도 맑아서 한 물건도 반연되거나 상대가 되는 것이 없으며, 한 가지 일도 장애가 되지 않도다. 그러므로 유쾌히 반야 자비의 배에 올라서 바로 깨달음〔菩提〕의 저 언덕에 이르는 것이다. '태호운운~'은 불법이 세간에 있으면서 세간의 깨달음〔覺〕을 떠나지 않는 것이니, 세간을 떠나서 깨달음을 찾는 것은 오히려 토끼의 뿔을 구하는 것과 같다. 불법의 的的〔확실한〕한 대의를 알고자하면 모름지기 하루종일 四威儀〔행주좌와 어묵동정〕 안을 향하여 일어나는 파도 속을 관하여 엿볼지니, 엿보아오고 엿보아가면 문득 그곳에서 바로 근원을 알게될 것이로다. 비록 그렇게 근원을 알았다해도 다만 가만히 기뻐할 것이요, 그대에게 줄 수는 없음이니라.

宗鏡 法王權實令雙行하니 雷捲風馳海岳傾이라

霹靂一聲에 雲散盡하니 到家에 元不涉途程이로다
說誼 捲은 當作震이라 大凡垂化는 有權有實하며 有照有用이라 今佛이 從無言中하야 興敎海之波瀾하시고 向敎海裏하야 現無言之密旨하시니 是謂權實令雙行也니라 風行草偃하야 化功이 神速하니 五欲海가 自渴하고 我人山이 自倒라 圓音落處에 雲散盡하니 不曾擡步便還家로다

종경 법왕께서 방편〔權〕과 實法을 쌍으로 행하시니
　　　　우뢰가 진동하고 바람이 몰아쳐
　　　　바다와 산이 기울어지도다.
　　　　벽력 한 소리에 구름은 다 흩어지고
　　　　집에 이르러 보니 원래 길에 나선 적이 없었더라.
　　　　(깨닫고 보니 우리가 있는 그 자리가 바로 찾고자 한 그 자리라는 뜻)

설의 (다른 책에 捲은 震으로 되어 있음)
　대개 교화를 드리우는 데는 방편도 있고 實法도 있으며 비춤도 있고 작용도 있도다. 지금 부처님이 말없는 가운데서 敎海의 파도를 일으키시고 교해 속을 향해서 무언의 밀지를 나타내시니 이것은 방편과 실을 쌍으로 행한 것이다. 바람이 불어 풀이 쓰러지니 가르침의 功이 신속하고 오욕의 바다가 저절로 마르고 我人의 산이 저절로 무너지도다. 圓音이 떨어지는 곳마다 구름이 다 걷히니, 일찍이 걸음을 옮기지 않은 상태로 곧 집에 돌아왔음이로다.

무비해설 금강경을 해석하는 데는 옛부터 몇 가지의 분류방법이 있으나 천친의 二十七가지 의심을 끊는 것과, 양무제의 아들 소명태자의 三十二分으로 나누어 보는 두 가지의 해석법을 가장 많이 취하여 왔다. 그 중에서도 소명태자의 三十二分 분류법은 너무나 잘 알려져서 거의 금강경 해석의 정설로 되어 있다. 이 번역에서도 三十二分에 의거하여 간단한 해설을 붙인다.

圭峰

圭峰 後釋經文에 准常三分하리니 一은 序分이요 二는 正宗分이요 三은 流通分이니라 初文에 又二니 一은 證信序요 二는 發起序니라 今初라

규봉 ㈏二. 다음은 경문을 해석하는 데 상례에 준해서 셋으로 나누리니

㈐一. 서분이요(도입)
㈐二. 정종분이요(전개)
㈐三. 유통분이다.(종결)
㈐一. 서분에 둘이 있으니
㈑一. 증신서와
㈑二. 발기서다.

法會因由分 第一 (법회를 이룬 연유)

如是我聞하사오니 **一時**에 **佛**이 **在舍衛國祇樹給孤獨園**하사 **與大比丘衆千二百五十人**으로 **俱**러시니
이와 같이 내가 들었다. 한때 부처님께서 사위국 기수급고독원에 계시사 큰 비구들 천이백오십 인과 더불어 함께 하셨다.

圭峰　文前에 分三하리니
一은 明建立之因이니 則佛臨滅度하사 阿難이 請問四事하신대 佛이 一一答하사대 我滅度後에 一은 依四念處住요 二는 以戒爲師요 三은 黙擯惡性比丘요 四는 一切經首에 皆云如是我聞하사오니 一時에 佛이 在某處하사 與衆若干等이니라 二는 明建立之意니 意有三焉하니 一은 斷疑故니 謂結集時에 阿難이 昇座하사 欲宣佛法하신대 感得自身의 相好如佛하야 衆起三疑하니 一은 疑佛이 重起說法이요 二는 疑他方佛來요 三은 疑阿難成佛이라 故說此言에 三疑頓斷이요 二는 息諍故니 若不推從佛聞하고 言自製作이면 則諍論이 起요 三은 異邪故니 不同外道經初에 云阿憂等이니라
　三은 正釋文義라 具六成就니 謂信聞時主處衆이라 六緣이 不具면 敎則不興이니 必須具六일새 故云成就니라
　六成就者는 一은 信이니 若兼我聞合釋則指法之辭也니 如是之法을 我從佛聞이요 單釋如是者인댄 智度論에 云信成就也라 佛法大海에 信爲能入이요 智爲能度니 信者는 言是事如是하고 不信者는 言是事不如是라 又聖人說法이 但爲顯如니 唯如爲是일새 故稱如是라 又有無不二가 爲如요 如非有無가 爲是니라

二는 聞이니 我는 卽阿難의 五蘊假者요 聞은 謂耳根發識이니 廢別從摠일새 故云我聞이라 阿難의 所不聞二十年前之經은 有云如來重說이라하며 有云得深三昧하야 摠領在心이라하니 若推本而言인댄 阿難은 是大權菩薩이시니 何法不通이리오

三은 時니 師資合會하야 說聽究竟일새 故言一時니 諸方時分이 延促不同일새 故但言一이라 又說法領法之時에 心境이 泯하고 理智 融하며 凡聖이 如하고 本始가 會니 此諸二法이 皆一之時니라

四는 主니 具云佛陀어든 此云覺者라 起信에 云所言覺義者는 謂心體離念이니 離念相者가 等虛空界하야 卽是如來平等法身이라하시니 則以無念으로 名之爲佛이라 然이나 覺有三義하니 一은 自覺이니 覺知自心이 本無生滅이요 二는 覺他니 覺一切法이 無不是如요 三은 覺滿이니 二覺理圓을 稱之爲滿이라 故知有念이면 則不名覺이니 起信에 云一切衆生을 不名爲覺은 以無始來로 念念相續하야 未曾離念이라하며 又云若有衆生이 能觀無念者는 卽爲向佛智故라하시니라

五는 處니 舍衛는 此云聞物이니 謂具足欲塵財寶多聞解脫等하야 遠聞諸國이라 故로 義淨이 譯云名稱大城이라하다 祇樹等者는 卽祇陀太子의 所施之樹요 給孤獨園者는 須達長者의 所買之園이라 祇陀는 此云戰勝이니 波斯匿王의 太子也라 生時에 王이 與外國戰勝일새 因以爲名이라 梵語에 須達은 此云善施니 給孤獨이 卽是善施며 又亦常行施故라 西國에 呼寺爲僧伽藍이어든 此云衆園이니라

六은 衆이니 與者는 幷也며 及也라 大者는 名高德著이라 比丘者는 梵語어든 此含三義故로 存梵不譯이니 一은 怖魔요 二는 乞士요 三은 淨戒라 衆者는 理和事和라 千二百五十人者는 佛이 初成道에 度憍陳如等五人하시고 次度迦葉三兄弟와 兼徒摠一千하시고 次度舍利弗目乾連과 各兼徒一百하시고 次度耶舍長者子等五十人하시니 經擧大數일새 故減五人이요 是常隨衆일새 故偏列數언정 非無餘衆이니 文이 隱顯耳라 俱者는 一時一處니라

法會因由分 第一　77

규봉　경문 앞에 셋으로 나누리니

㉣一. 建立의 因(동기)을 밝힘이니 부처님이 돌아가실 무렵에 아난이 四가지 일을 물으신 데 대하여 부처님이 낱낱이 답하시되 '내가 멸도한 후에 ㉤一. 四念處에 의지하여 주할 것이요, ㉤二. 계로써 스승을 삼음이요, ㉤三. 나쁜 비구는 침묵으로 물리칠 것이요, ㉤四. 일체 경의 첫머리에 "이와 같이 내가 들었다 한때 부처님이 모처에 계시사 대중 약간명 등과 더불어 함께 하셨다"할 것이니라'

㉣二. 建立한 뜻을 밝힘이니 뜻에 세 가지가 있다.

㉤一. 의심을 끊기 위함이니 結集할 때 아난이 법좌에 올라 불법을 펴고자 할 때 자신의 모습이 부처님과 같음을 감득하여 대중이 세 가지 의심을 일으켰다. 첫째, 부처님이 다시 오셔서 설법하시는가. 둘째, 다른 곳의 부처님이 오셨는가. 셋째, 아난이 성불했는가. 의심함이다. 그러므로 이 말(이와 같이 내가 들었다)을 설하매 세 가지 의심이 단번에 끊어짐을 말한 것이다.

㉤二. 다툼을 쉬게 함이니 만약 부처님으로부터 들었다 하지 않고 자기의 제작이라 말하면 곧 쟁론이 일어남이다.

㉤三. 삿된 道와 다른 까닭이니 外道의 경초에 阿憂(범어)라고 한것과 같지 않음이다.

㉣三. 글뜻을 바르게 해석함이다. 여섯 가지 성취를 갖춤이니 信, 聞, 時, 主, 處, 衆이다. 여섯 가지 인연이 갖춰지지 않으면 가르침이 일어나지 않으니 반드시 六가지를 갖춰야 하므로 성취라 하다.

육성취라 함은

㉤一. 信성취이니 만약 '我聞'을 합하여 해석한 즉 법을 가리킨 말이니, 이와같은 법을 내가 부처님으로부터 들음이요, '如是'만을 해석하면 지도론에 이르되 믿음이 성취된 것이라 한다. 불법의 큰 바다에는 믿음이 있어야 들어갈 수 있으며 지혜로써 건널수 있으

니 믿는 이는 이 일이 이와 같음을 말하고 믿지 않는이는 이 일이 이와 같지 않음을 말한다. 또 성인의 설법이 다만 如(같음)를 나타내기 위함이니 오직 如가 是(옳음)가 되므로 如是라한다. 또 有와 無가 둘이 아님이 如가 되고 如는 유무가 아님이 是가 된다.

㉮二. 聞성취이니 我는 곧 아난의 거짓오온이요 聞은 耳根(귀)이 識(알음알이)을 낸 것을 말함이니 낱낱이 들은 것을 폐하고 총체적인 것을 따르므로 "내가 들었다"하다. 어떤 이는 아난이 부처님으로부터 못들은 처음 二十년동안의 경은 여래께서 거듭 설하셨다하며, 또한 깊은 삼매를 얻어서 모두 깨달아 마음에 있다고 하니 만약 근본을 추구해 말하면 아난은 큰 방편의 보살이니 무슨 법인들 통하지 못하였겠는가.

㉮三. 時성취이니 스승과 제자가 함께 모여 설함과 듣는 일이 완성되어서 일시(한때)라고 하다. 지역마다 시간이 같지 않아서 다만 한때라 하고 또 법을 설하고 법을 알아듣는 그때에 마음과 경계가 없어지고 理와 智가 융통하고 범부와 성인이 같고 本과 始가 함께 모이니 이 두 법이 다 한때인 것이다.

㉮四. 主성취이니 갖추어 말하면 佛陀인데 覺者라고도 한다. 기신론에 이르되 覺義란 心과 體가 생각을 떠난 것이니 생각을 떠남이 허공계와 같아서 곧 여래의 평등한 법신이라 하시니 곧 무념을 이름하여 불이라 하다. 그러나 覺은 세 가지 뜻이 있으니

㉯一. 自覺-자기 마음이 본래 생멸이 없는 것을 깨닫는 것이요,

㉯二. 覺他-일체법이 이와 같지 않음이 없음을 깨닫는 것이요,

㉯三. 覺滿-자각과 각타의 이치가 원만함을 稱하여 滿이라 하다. 그러므로 알라. 생각이 있으면 覺이라 할 수 없으니, 기신론에 이르되 일체중생을 각이라 하지 않음은 무시이래로 생각생각이 상속해서 일찍이 생각을 떠난 적이 없다 하며, 또한 만약 어떤 중

생이 능히 無念을 觀하는 이는 곧 佛智를 향함이 되는 연고라 하다.

㉤五. 處성취이니 사위국은 聞物이라 이르니 욕진(유흥) 재보(경제) 다문(학문) 해탈(종교) 등이 모두 성하던 도시여서 멀리 다른 나라에 알려짐을 말한다. 그러므로 義淨이 번역하기를 큰성이라 하다. 祇樹等이란 곧 기타 태자가 보시한 나무이고 급고독원이란 수달 장자가 산 동산이다. 기타는 전승이라 번역하니 파사익왕의 태자이다. 태어날 때 왕이 외국과의 전쟁에서 이겼음을 인하여 이름하였다. 범어로 수달은 善施(좋은 마음으로 베품)이니 급고독은 곧 이를 베품이며 항상 보시를 행한 때문이다. 서국(인도)에서는 절을 승가람이라 하나 한문으론 衆園이다.

㉥六. 衆성취이니 與는 아울러(幷)이며 함께(及)이다. 大는 이름이 높고 덕이 드러난 사람이다. 比丘란 범어로 세 가지 뜻을 지닌 고로 번역하지 않으니, ㉮一. 마구니를 두렵게 함이요 ㉮二. 乞士요 ㉮三. 淨戒이다. 衆이란 이치로도 화합하고 일에도 화합함이라. 천이백오십 인이란 부처님이 처음 성도할 때 교진여 등 五인을 제도하고 다음엔 가섭 三형제와 그의 신도 일천 명을 모두 제도하고 다음엔 사리불, 목건련과 각각 신도 일백 명을 제도하시고 또 야사 장자의 아들 등 五十인을 제도하시니 이 경엔 큰 수만 드시고 五인을 감한 것이요, 항상 대중이 따르는 고로 치우쳐 수를 열거할 망정 다른 대중이 없는 것은 아니나 글에 나타내지 않으셨다. 俱(함께 했다)란 같은 때 같은 곳이다.

六祖 如者는 指義요 是者는 定詞니 阿難이 自稱如是之法을 我從佛聞은 明不自說也라 故로 言如是我聞이라하시니라 又我者는 性也라 性卽我也니 內外動作이 皆由於性하야 一切를 盡聞일새 故稱我聞也니라 言一時者는 師資會遇齊集之時니라 佛者는 是說法之主요 在者는 欲明處所니 舍衛國者는 波斯匿王의 所居之國이니라 祇

者는 太子名也니 樹是祇陀太子의 所施일새 故言祇樹니라 給孤獨者는 須達長者之異名이니 園이 本屬須達일새 故言給孤獨園이니라 佛者는 梵語어든 唐言에 覺也라 覺義有二하니 一者는 外覺이니 觀諸法空이요 二者는 內覺이니 知心空寂하야 不被六塵의 所染하야 外不見人之過惡하고 內不被邪迷의 所惑일새 故名曰覺이니 覺卽佛也니라 與者는 佛이 與比丘로 同住金剛般若無相道場일새 故言與也니라 大比丘者는 是大阿羅漢故니 比丘者는 是梵語어든 唐言에 能破六賊일새 故名比丘니라 衆은 多也니 千二百五十人者는 其數也니라 俱者는 同處平等法會니라

육조 如란 가리키는 뜻이고 是란 결정된 말이라. 아난이 스스로 일컬어 "이와 같은 법을 나는 부처님으로부터 들었다"함은 자기가 말하지 않음을 밝힘이니라. 그러므로 여시아문이라 하시니라. 또 我는 성품이고 성품은 곧 나이니 내외동작이 다 성품으로 말미암아 일체를 다 들으므로, 내가 들었다라고 함이니라. 한때란 스승과 제자가 함께 모인때이고 佛이란 설법하는 주인이며 在는 처소를 밝히고자 함이고 사위국이란 파사익왕이 사는 나라다. 祇는 태자의 이름이고 樹는 기타 태자가 베푼 것이므로 기수라 하느니라. 급고독이란 수달장자의 다른 이름이니 園이 본래 수달 장자의 것이었으므로 급고독원이라 함이니라. 불이란 범어이고 당언에 覺이라. 각에는 두 가지 뜻이 있으니 하나는 외각으로 모든 법이 공함을 觀하는 것이고 둘째는 내각으로 마음이 공적함을 알아서 육진의 물듦을 입지 않고 밖으로 남의 허물을 보지 않으며 안으로는 삿되고 미혹되지 않으므로 깨달음이라 부르니 각은 곧 불이니라. 더불어〔與〕란 부처님이 비구와 더불어 금강반야의 無相道場에 같이 주하셨으므로 與라 함이니라. 큰비구란 대아라한이니 비구란 범어이고 당언에는 능히 여섯 가지(안, 이, 비, 설, 신, 의)도적을 깨뜨렸으므로 비구라 하느니라. 들(衆)은 많다는 뜻이고 천이백오십 인이란 그 숫자이다. 함께〔俱〕란 평등법회에

함께 처함이니라.

冶父 如是여
說誼 如是之言을 古人이 說有多途호대 今川老는 蓋取有無不二爲如와 如非有無爲是니라
야부 여시여.
설의 여시란 말은 고인들이 여러 갈래로 설하셨는데, 지금 川老(야부)는 대개 유와 무가 둘이 아님을 如라 했고 또 여는 유, 무가 아닌 것이 是가 됨을 취한 것이다.

冶父 古人이 道하사대 喚作如如인댄 早是變了也라하시니 且道하라 變向甚麼處去오 咄 不得亂走어다 畢竟作麼生고 道火不曾燒却口니라
說誼 南泉이 問講師하사대 講甚麼經고 云講涅槃經이니다 云經中에 以何爲極則고 云以如如로 爲極則이니다 云喚作如如인댄 早是變了也니 須向異類中行하야 道取異中事하야사 始得다하야시늘 法眞一이 頌云호대 涅槃寂滅이 本無名하니 喚作如如早變生이라 若問經中何極則하면 石人이 夜聽木鷄聲이라호리라하시니 謂涅槃寂滅이 本無名字하니 若立名字하면 未免變異去在라 須向異類中行하야 道取異中事하야 圓轉不觸하야사 始得이니라 且道하라 變向甚麼處去오 咄不得亂走어다 若以變不變으로 商量하면 又却不是也니라 畢竟作麼生고 涅槃寂滅이 雖本無名이나 亦不妨因名現體니 爲甚如此오 說名之時에 早已風吹不入이요 水洒不著이라 只有一段通身寒光이어니 喚作如如인들 有甚變去리오
야부 고인이 이르시되 여여라 말한다면 이것은 이미 변한 것이라 하시니 또 일러라. 변하여 어느 곳을 향해 갔는가. 咄(돌) 어지럽게 쫓아다니지 말지어다. 필경 어떻게 해야 하는가. 불(火)을 아무리 말해도 일찍이 입을 태운 적은 없도다.
설의 남전이 강사에게 물으시되 "무슨 경을 강의하는가." "열반경을

강의합니다." 또 묻기를 "열반경중에서 무엇을 極則(제일 중요시함)으로 삼는가." 답하길 "여여로 극측을 삼습니다." 남전이 이르길 "여여라 말한다면 이미 변해버렸으니 모름지기 異類中(다른 입장, 또는 축생류)을 향해 행해서 異中事를 취해야 비로소 옳지 않는가." 하시거늘 법진일이 게송으로 말씀하시되

　　　　"열반적멸이 본래 이름이 없으니
　　　　여여라 하면 이미 변해버림이라.
　　　　만약 경중에서 무엇이 극측인가 물으면
　　　　석인이 밤에 목계(나무로 만든 닭)소리를 듣는다 하시니라.

　열반적멸이 본래 이름이 없으니 만약 이름을 세우면 변해버림을 면치 못하니 모름지기 異類中을 향해 행해서 이류사를 취해 말해야 원만히 굴려 부딪치지 않으므로 비로소 옳으니라.
　또 일러라. 변함은 어느 곳을 향해 갔는가. 어지럽게 쫓아다니지 말라. 만약 변함과 불변함으로써 헤아리면 또한 도리어 옳지 않음이다. 필경 어떻게 할 것인가. 열반적멸이 비록 본래 이름은 없으나 또한 이름으로 인하여 열반적멸의 체가 나툼을 방해하지도 않으니 어찌하여 그런가. 이름을 말할 때 이미 바람이 불어도 들어가지 못하고 물을 뿌려도 붙지 않도다. 다만 일단의 몸에 사무친 찬빛이 있으니(깨달은 자의 입장에서) 여여라 말한들 무엇이 변해버릴 것인가.

冶父　如如여 靜夜長天에 一月孤로다
說誼　水與波가 無二하고 波與水가 不別하니 淸寥寥時에 元的的이요 白的的處에 亦寥寥로다
야부　如여 如여.
고요한 밤 먼 하늘에 하나의 달이 외롭도다.
설의　물과 물결이 둘이 아니고 물결과 물이 다르지 않으니, 맑고 고요한 때가 원래 적적(분명)하고, 백적적(밝고 분명)한 곳이 또한 고요하도다.

冶父 是是여 水不離波波是水라 鏡水塵風不到時에 應現無瑕照天地니 看看하라
說誼 指水全是波요 指波全是水라 毘盧華藏이 物物頭頭요 萬像森羅 全機無垢로다 機無垢여 本淸淨하니 鏡淨水澄하야 風塵이 不到라 湛湛地에 明歷歷하야 輝天鑑地하고 曜古騰今이로다 要會麼아 要會인댄 高着眼이어다
야부 是여 是여.
　　　물은 물결을 떠나지 않으니, 물결이 바로 이 물이로다.
　　　거울 같은 물에 塵風이 이르지 않아야
　　　응해서 나타나매 티없이 천지를 비추니
　　　자세히 보고 보아라.
설의 물전체가 이 물결임을 가리키고 물결 전체가 이 물임을 가리켰도다. 비로자나와 화장세계가 사물 하나하나에 다 갖추어져 있고 삼라만상 전부가 때(垢)가 없도다. 삼라만상에 때가 없음이여. 본래 청정하여 거울도 맑고 물도 맑아서 풍진이 이르지 않음이라. 맑고 맑은 곳에 밝고 역력해서 하늘을 빛내고 땅을 비춰서 옛에도 빛났고 지금도 빛나도다. 알기를 요하는가. 알고자 하면 눈을 높이 뜰지어다.(高着眼)

冶父 我여
說誼 指天指地獨立底人이로다
야부 我여.
설의 하늘을 가리키고 땅을 가리키며 홀로 서 있는 사람이로다.

冶父 赤裸裸淨洒洒하야 沒可把로다
說誼 古人이 道하사대 阿呵呵是甚麼오 南北東西에 唯是我라하시니 雖云南北東西에 唯是我나 爭乃一切處에 摸搽不着이리오 是可謂境上施爲渾大有나 內外中間覓摠無로다
야부 적나라하고 정쇄쇄하여 가히 잡을 수 없도다.

설의 고인이 말하되 하하하! 이 무엇인가. 남북동서에 오직 이 '나'라 하시니, 비록 남북동서에 오직 나 하나인데 어찌 일체처에서 찾지 못하겠는가. 이것은 가히 경계 위에서 혼연히 크게 있으나 내외 중간을 찾아봐도 모두 없음이로다.

야부 我我여 認得分明成兩箇라 不動纖毫合本然하니 知音이 自有松風和로다
설의 若道我有인댄 眼中着屑이요 若道我無인댄 肉上剜瘡이니라 所以로 道호대 有我直應還未達이요 若言無我更愚癡라하니 一體上에 兩般見이여 析虛空作兩片이로다 兩頭俱不涉하야사 方得契如如니 踏得家田地하야 唱出無生曲이로다 無生曲子를 孰能和오 蕭蕭松籟送淸音이로다

야부 我여, 我여.
　　　인식하면 분명히 두개(주관 객관)를 이룸이라.
　　　조금도 움직이지 않고 본연에 합하니
　　　知音者가 있어서 저절로 솔바람에 화답하도다.

설의 만약 내(我)가 있다 하면 눈에 티가 있음이요 만일 내가 없다 하면 긁어서 부스럼을 만듦이라. 그러므로 말하길 내가 있다 하면 도리어 통달하지 못하고 내가 없다하면 더욱 우치하리라. 한 몸에 두 가지 견해가 있음이여, 허공을 쪼개서 두 조각을 만듦이로다. 두 가지에 모두 들어가지 않아야 바야흐로 여여한데 계합하여 자기집의 땅(家田地)을 밟고 무생곡을 부르리라.
　　　무생곡에 누가 능히 화답하겠는가.
　　　소슬한 솔바람소리가 청음을 보냄이로다.

야부 聞이여
설의 本是一精明이 分爲六和合이니 合處에 如瞥地하면 見處가 是眞聞이니라
야부 聞이여.

설의 본래 한 精明이 나뉘어져 육화합(육경+육근=육식)이 되었으니 합한 곳에서 깨달으면 보는 곳이 참으로 듣는 것이니라.

冶父 切忌隨他去어다
說誼 滿耳非音이어니 聞箇甚麼며 廓然無我어늘 聞底는 是甚麼오 了得如是하면 鶯歌與燕語를 從敎鬧浩浩어니와 若未如然인댄 宮商幷角徵가 化我常抽牽하리니 所以로 道호대 切忌隨他去라하시니라
야부 간절히 경계를 따라가지 말지어다.
설의 귀에 가득한 것이 소리가 아니거늘 듣는 것이 무엇이며, 확연히 내가 없거늘 듣는 자는 이 누구인가. 이같이 깨달으면 꾀꼬리 소리와 제비의 지저귐을 시끄러운 대로 맡겨두거니와 만약 그렇지 못하면 궁상각치우(세상의 모든 소리)가 나를 항상 끌어당기리라. 그러므로 말하되 간절히 경계를 따라가지 말지어다.

冶父 聞聞이여 猿蹄嶺上이요 鶴唳林間이라 斷雲風捲하고 水激長湍이로다 最好晩秋霜午夜에 一聲新雁이 覺天寒이로다
說誼 (好는 一作愛) 鶴唳猿啼聲入耳하니 誰信圓通門大啓오 反聞聞處에 心路斷하면 八音이 盈耳不爲塵하리라 不聞이 曾不礙於聞하니 頭頭爲我話無生이로다 夜靜秋空征鴈響이여 一聲聲送報天寒이로다 且道하라 是聞가 不是聞가 淡薄豈拘聲色外며 虛閑寧墮有無中이리오
야부 聞이여, 聞이여,
　　　원숭이는 고개위에서 울고
　　　학은 숲속에서 우는데
　　　조각 구름은 바람에 걷히고
　　　물은 긴 여울져 흐르도다.
　　　가장 좋은 늦가을의 서리내린 한 밤에
　　　새끼 기러기 한 소리가 하늘이 차가움을 알리도다.
설의 (好는 한 곳에서는 愛로 됨) 학이 울고 원숭이 우는 소리가 귀

에 들어오니, 누가 원통문이 크게 열림을 믿으리오. 듣는 곳을 돌이켜서 다시 듣는 곳에 마음길이 끊어지면, 팔음이 귀에 가득하더라도 번뇌가 되지 않으리라. 듣지 않는 것이 일찍이 듣는 데 걸리지 않으니 낱낱 사물이 나를 위해서 무생을 말하도다.

> 고요한 밤 가을하늘에 날아가는 기러기의 메아리여,
> 한 소리 울려 하늘이 차가움을 알려오도다.
> 또 일러라. 이것이 듣는 것인가. 듣지 않는 것인가.
> 담박한 것이 어찌 聲色 밖에 걸릴 것이며
> 비어 고요함이 어찌 유무중에 떨어지리오.

冶父 一이여
說誼 天地之根이요 萬化之源이라 千途가 共向於彼하고 萬像이 皆宗於此로다
야부 一이여.
설의 천지의 근본이며 온갖 변화의 근원이라. 천 가지 길이 다 저것(一)을 향하고 삼라만상이 이것을 근본하도다.

冶父 相隨來也로다
說誼 三界萬法이 皆從斯起하니 兵隨印轉이요 影逐形生이로다
야부 서로 따라 옴이로다.
설의 삼계의 만법이 다 이것으로부터 일어나니 군사들은 印(깃발)을 따라 움직이고 그림자는 형상을 좇아 나타나도다.

冶父 一一이여 破二成三이 從此出이라 乾坤混沌未分前에 以是 一生參學畢이로다
說誼 破二도 以一也며 成三도 亦以一也니 成之破之가 皆從斯得이로다 興來先天地요 無形本寂寥하니 能爲萬像主요 亦爲諸佛母라 若人이 了得此하면 無事不圓通하리라.
야부 一이여 一이여 둘을 파하고 셋을 이루는 것이 이것으로 일

어났도다. 천지가 나뉘기 이전에 이것으로 일생의 공부를 마쳤음이로다.
설의 둘을 파함도 하나로써 하고 셋을 이룸도 역시 하나로써 하니 이루고 파하는 것이 다 이것으로써 되도다. 일으켜 오매 천지보다 먼저이고, 형상없이 본래 고요하니 능히 만상의 주인이 되고 모든 부처님의 어머니가 되도다. 만약 사람이 이것을 요달하면 일마다 원만하여 통하지 않음이 없으리라.

冶父 時여
說誼 遠劫一念이 無碍하고 古今始終이 該通이라 爲甚如此오 動靜이 常在靑山中이니라
야부 時여.
설의 오랜 세월과 일념(한순간)이 걸림이 없고, 옛과 지금과 시작과 끝이 다 하나로 통하도다. 무엇이 이같은가. 動과 靜이 항상 靑山中(동하지 않는 마음의 심체)에 있음이니라

冶父 如魚飮水에 冷暖自知로다
說誼 怎生이 是冷暖底滋味오 明月堂前에 時時九夏요 太陽門下에 日日三秋로다 此味를 無人識하니 親嘗하야사 始自知니라
야부 물고기가 물을 마시매 차고 더움을 스스로 앎이로다
설의 무엇이 이 冷暖의 맛인가.
　　　달밝은 집앞에는 항상 여름이고
　　　햇빛 비친 문앞에는 나날이 가을이로다.
　　　이런 맛을 아는 사람이 없으니
　　　친히 맛보아야 비로소 스스로 아느니라.

冶父 時時여 淸風明月이 鎭相隨라 桃紅李白薔薇紫를 問着東君自不知로다
說誼 淸風明月을 不得別會니 淸風拂時에 明月照하고 明月照時에

淸風拂이로다 桃李薔薇는 東君造化底物事로대 東君이 不知하고 淸風明月은 人人受用底家事로대 人人이 不會하나니 不會不知여 人人이 盡有一雙眉요 箇箇面前에 更無人이로다 着語云自知라하고 頌云不知라하시니 不知與自知 相去多少오 但知不知하면 是眞自知니라

야부 時여 時여.
　　　청풍명월은 항상 서로 따르고
　　　도화는 붉고 오얏꽃은 희며 장미꽃이 붉음을
　　　동군(봄바람)에게 물으니
　　　스스로 알지 못하도다

설의 청풍과 명월을 따로 알지 말 것이니 청풍이 불 때 명월이 비치고 명월이 비출 때 청풍이 불도다. 복숭아꽃, 오얏꽃, 장미꽃은 봄바람(동군)의 조화속의 산물인데 봄바람이 알지 못하고, 청풍과 명월은 사람들이 수용하는 집안일이지만 사람들이 알지 못하니, 알지 못하고 알지 못함이여, 사람들이 다 한 쌍의 눈썹을 가졌음이요. 개개의 면전에 다시 사람이 없도다. 착어에 이르되 '스스로 안다'고 했고 頌에는 '알지 못한다' 하시니 알지 못함과 스스로 안다는 것이 서로의 거리가 얼마인가.
　　다만 알지 못함을 안다면 이것이 참으로 스스로 아는 것이니라.

冶父 佛이여
說誼 本源天眞이 是아 相好嚴身이 是아 一身이 分作兩鄕心이로다
야부 佛이여.
설의 본래 천진한 근원이 이것인가. 훌륭한 상호가 이것인가. 한 몸이 나뉘어서 두 마음을 지었도다.

冶父 無面目說是非漢이로다
說誼 無形還有像하니 逢人說是非로다
야부 면목도 없이 시비를 설하는 놈이로다.
설의 형상이 없는데 도리어 모습이 있다 하니 사람을 만나 시비를

했도다.

冶父 小名은 悉達이요 長號는 釋迦라 度人無數하사 攝伏群邪로다 若言他是佛인댄 自己는 却成魔니 只把一枝無孔笛하야 爲君吹起太平歌로다

說誼 世與出世가 是俱化儀니라 雖然如是나 妙相은 無形이요 眞名은 非字니 形之與名을 甚處에 得來오 不因江招月이면 爭知應萬般이리오 應萬般이여 多少人天이 言下에 知歸하고 多少魔群이 廻邪返正고 此是拔亂返正하야 致得太平이어니와 須知有本太平하야사 始得이니 若將報化云是佛인댄 自己天眞은 竟何物고 君看四十九年迹하라 太虛空 裏에 生閃電이로다 君看四十九年說하라 權將黃葉止兒啼로다 唯有一處가 也大難忘하니 黃葉葉底無孔笛으로 吹起吾家劫外歌로다 劫外歌여 歌何事오 歌詠人人本太平이로다 怎生是本太平고 人人脚下에 淸風拂이요 箇箇面前에 明月白이로다

야부 어릴 때 이름은 싯달타이고 커서 이름은 석가라.
　　수많은 사람을 제도하시고
　　삿된 무리를 거두어 항복받으셨도다.
　　만약 저를 부처라 하면
　　자기는 도리어 魔가 되니
　　다만 한 대의 無孔笛(피리)을 잡아서
　　그대를 위해 太平歌를 부르리라.

설의 세간과 출세간이 모두 교화하는 儀式이니 비록 이와 같으나 妙相은 형상이 없음이요 참된 이름은 글자가 아니니, 형상과 이름을 어느 곳에서 얻어 올 것인가. 江을 인하여 달을 불러오지 않으면 어찌 온갖 곳에 응함을 알 것인가. 온갖 곳에 응함이여. 많은 사람과 天人이 言下에서 돌아갈 줄 알고 많은 마군이 삿됨을 돌이켜 바름(正)에 돌아갔도다. 이것은 어지러움을 뽑아버리고 바른 것에 돌아가서 태평을 이루거니와, 모름지기 본래 태평한 것이 있음을 알아야 비로소 옳은

것이니라.

만약 보신 화신을 가리켜 부처님이라 하면 自己의 天眞(佛性)은 무슨 물건인가.

그대는 四十九년의 자취를 보아라. 큰 허공속에서 번개불이 번쩍하는 소식이로다.

그대는 四十九년의 설함을 보아라. 방편으로 黃葉(經)을 가지고 아이의 울음을 그치게 함이로다. 오직 한 곳이 크게 잊기 어려우니 황엽과 무공적(法音)으로 내집의 劫外歌를 불러 일으키도다. 겁 밖의 노래여!

무엇을 노래하는가. 사람사람이 본래 가지고 있는 태평가를 부름이로다.

무엇이 본래의 태평한 것인가. 사람사람의 발아래(그자리)에 淸風이 불며 사람사람의 면전에 달이 밝음이로다.

冶父 在여

說誼 主中主여 長年을 不出戶로다 又寂然不動이로다 又獨坐庵中寂無事로다

야부 在여.

설의 주인 가운데 주인이여. 긴 세월동안 문밖을 벗어나지 않았도다. 또한 적연(寂然)하여 움직이지 않았고 또 홀로 암자에 앉아 고요히 일이 없음이로다.

冶父 客來須看이니 也不得放過하고 隨後便打니라

說誼 若一向坐在家舍則途中事가 闕이요 一向行在途中則家裏事疏니 要須在家舍而不虧途中事하고 在途中而不昧家裏事하야사 始得다 所以로 道호대 妙喜 豈容無着問이리오마는 漚和론 爭負絶流機아하시니라 又客來云云은 感而遂通이요 不得云云은 隨緣無着이니라 又客來云云은 若遇客來어든 須善待요 不得云云은 是客이 稍有賊氣在니 知有賊氣어든 須打殺니라

야부 客이 오면 자세히 살필지니 그냥 지나치지 말고 뒤따라가

서 문득 쳐야하느니라.

설의 만약 한결같이 집에 앉아만 있으면 途中의 일이 잘못되고 또 한결같이 도중에만 있으면 家裏事(집안일)가 소홀히해짐이니, 모름지기 家事에 있으면서 途中일을 잊지 말고, 도중에 있으면서 가사를 소홀히하지 않아야 비로소 옳도다.

그러므로 이르되 妙喜(문수보살)가 어찌 無着 선사의 질문을 용납하리오마는 방편으로 絶流機(대근기)를 저버리겠는가 하였다. 또 '객이 오면'이라 한 것은 느껴서 마침내 통하는 것이요, '그냥 지나치지 말라'한 것은 인연을 따라 집착하지 않음이라.

또 '객이 오면'이라 한 것은 만약 客이 오면 모름지기 잘 대접할 것이요, '그냥 지나치지 말라'함은 이 客은 조금 도적기가 있으니 도적기가 있음을 알면 쳐죽일 것이니라.(자기 본심을 지키고 있다가 번뇌가 일면 사정없이 쳐없애라는 뜻)

冶父 獨坐一爐香하야 金文을 誦兩行이로다 可憐車馬客이여 門外에 任他忙이로다
說誼 家裏事와 途中事를 一道俱行이니 常在途中하야 而昧於家裏事가 是可憐也로다 又獨坐云云은 寂照不二하야 體用如如요 可憐云云은 未了底人이 坐在聲色裏하야 三德彼岸에 相去大遠하니 是可憐也로다 又儵然獨坐眼惺惺하니 任他客賊門外忙이로다

야부 홀로 한 향로 옆에 앉아서
　　경전(金文) 두어 줄을 외우도다.
　　가련하다. 車馬의 客이여.
　　문밖에서 그의 분망함에 맡기도다.

설의 집안일과 도중일을 한 길로 함께 해야 하는데, 항상 도중에 있어서 가사일에 어두운 것이 가련하다 함이로다.

또 '홀로 한 향로'라는 것은 寂과 照가 둘이 아니어서 體와 用이 如如함이요, '가련하다'함은 깨닫지 못한 사람이 聲色(바깥 경계) 속에 앉아 있어서 三德(법신, 해탈, 반야)의 저 언덕에서 서로의 거리가 너

무 먼 것이 가련하다 함이로다.
　또 소연히 홀로 앉아 눈이 성성하니 저 객적이 문밖에서 분망함을 그대로 내버려 둠이로다.

冶父　與大比丘衆千二百五十人으로 俱여
說誼　主伴이 交參하고 說聽이 同會로다
야부　큰 比丘들 천이백오십 인과 함께 함이여.
설의　부처님(主)과 대중(伴)이 함께 참석하여 설하고 듣는 자가 함께 모였도다.

冶父　獨掌이 不浪鳴이로다
說誼　師資合會하야사 方成唱和로다
야부　한 손바닥은 부질없이 홀로 소리내지 못하도다.
설의　스승과 제자가 모두 모여서 바야흐로 先唱하고 和答함을 이루도다.

冶父　巍巍堂堂이여 萬法中王이라 三十二相이요 百千種光이라 聖凡이 瞻仰하고 外道歸降이로다 莫謂慈容을 難得見하라 不離祇園大道場이로다
說誼　依眞起化에 化道方成이요 感畢遂隱에 而眞常住로다 世云호대 佛生迦毘羅하사 成道摩竭陀하야 說法波羅奈하시고 入滅拘尸羅라하나니 蓋釋迦老子가 於淨飯王宮에 示現出生하사 十九에 出家하고 三十에 成道하사 住世四十九年하시며 說法三百餘會하시고 壽登八十에 而示入滅하시니 其示滅以來가 于今二千餘載라 迹此觀之컨댄 世云佛有去來가 可矣어니와 據實而觀컨댄 來無所來라 月印千江이요 去無所去라 空分諸刹이로다 伊麽則雖云出世나 未曾出世요 雖云入滅이나 未曾入滅이니라 所以로 道호대 莫謂慈容을 難得見하라 不離祇園大道場이라하시니 要識慈容麽아 擬議思量千萬里니라 要識道場麽아 觸目無非古道場이로다

야부　높고 높아 당당함이여.
　　　　만법 가운데 왕이로다.
　　　　삼십이상이요
　　　　백천 가지의 빛이로다.
　　　　성현, 범부가 우러르고
　　　　외도가 귀의하여 항복하도다.
　　　　자비로운 모습 뵙기 어렵다 이르지 말라.
　　　　祇園 大道場에 아직 그대로 계시도다.

설의　眞(身)에 의해서 化(身)가 일어나매 가르침이 바야흐로 이루어지고, 감응하여 마치면 드디어 숨으니 마침내 眞이 항상 머무름이로다. 世人이 말하길 부처님은 가비라에서 탄생하시고 마갈타에서 성도하시어 바라나에서 설법하시고 구시라에서 입멸하셨다 하시니, 대개 석가모니께서는 정반왕궁에서 출생하시어 十九세에 出家하시고 三十세에 성도하시어 四十九년을 세상에 계시면서 三百여 회나 설법하시고 八十세가 되시어 입멸을 보이시니, 그 입멸을 보이신 이래로 지금까지 二千여 년이라. 이 자취를 관하건대 부처님은 오고감이 있다고 말하는 것이 옳기도 하지만, 실체를 들어 관해 보면 와도 온 바가 없음이라.

　달은 千江에 비침이요. 가도 가는 자취가 없음이라. 허공을 모든 세계로 나눔과 같도다. 이러한즉 비록 세상에 나오셨다 말하나 일찍이 세상에 나오신 것이 아니고 비록 입멸했다고 하나 일찍이 입멸함이 없으니, 이런 까닭으로 이르되 자비스러운 모습을 뵙기 어렵다 말하지 말라. 기원정사의 대도량을 떠나지 않았다 하시니,

　그러면 자비로운 모습을 알고자 하는가. 의심하고 사량하면 천만 리나 멀어지도다.

　기원정사의 대도량을 알고자 하는가. 눈 닿는 곳마다 옛 도량 아님이 없도다.(지금, 여기, 이 자리가 기원도량 아님이 없다)

圭峰　二는 發起序者는 謂乞食威儀가 離於邪命이라 是爲持戒니

戒能資定하고 定能發慧일새 故以戒定으로 發起般若正宗이니라 於中에 有二하니 一은 戒요 二는 定이니 今初라

규봉 ㉥二. 發起序란 걸식하는 威儀가 삿되게 목숨을 유지하는 데에서 떠남을 말함이라. 이것은 持戒가 되나니 계는 능히 定을 돕고 定은 능히 慧를 발하므로 계정(戒定)으로써 반야의 바른 종지를 발기함이다. 그중에 두 가지가 있으니 ㉮一. 첫째는 戒이고 ㉮二. 둘째는 定이니 아래 본문이 ㉮一. 첫째이다.

爾時에 世尊이 食時에 着衣持鉢하시고 入舍衛大城하사 乞食하실새 於其城中에 次第乞已하시고 還至本處하사

그때는 세존께서 공양하실 때라 옷을 입으시고 발우 가지시어 사위대성에 들어가시사 걸식하실 때 그 성중에서 차례로 걸식하여 본래의 처소로 돌아오사,

圭峰 分七節釋하리니 一은 化主니 成實論에 說具上九號하야 爲物欽重일새 故曰世尊이니 天上人間이 共所尊故라하니라 二는 化時니 食時辰은 當日初分이니 求乞易得하야 不惱自他요 乞已歸園에 正當巳時니 如常齋法이니라 三은 化儀니 着僧伽梨衣하고 持四天王의 所獻鉢이니라 四는 化處니 園이 在城東南五六里하니 自外之內가 爲入이요 處廣人多曰大니라 五는 化事니 佛이 爲欲顯頭陀功德하사 令放逸者로 慙愧하야 以同事攝일새 故自乞食이니라 瓔珞女經에 說化身이 如全段金剛하야 無生熟藏이라하시니 今所乞者는 利益他故라 故로 淨名이 云爲不食故로 應受彼食이라하시니라 六은 化等이니 於中에 有五하니 一은 由內證平等理하야 外不見貧富相이요 二는 心離貪慢하야 慈無偏利요 三은 表威德이 不懼惡象沽酒婬女等家요 四는 息凡夫의 猜嫌이요 五는 破二乘의 分別이니라 七은 化終이라 然이나 已字는 義屬下句로대 文連上句요 飯食字는 義屬上句로대

文連下句니 若廣其文하야 令當句中備者인댄 應云次第乞하시고 乞
已에 還至本處하사 飯食하시고 飯食訖에 收衣鉢이니 佛若不食이면
他福이 不滿이니라 寶雲經에 說隨所乞食하야 分爲四分하니 一은 擬
與同梵行이요 二는 擬施貧病乞人이요 三은 水陸衆生이요 四는 自
食이니라 十二頭陀經엔 唯說三分하고 除梵行하니라 二는 定이라

규봉 일곱 가지 節로 나누어 해석하리니,

㈀一. 化主(교화의 주인) : 成實論에서 說하되 부처님은 九號
(如來, 應供, 正徧知, 明行足, 善逝, 世間解, 無上士, 調御丈夫, 天人
士)를 갖추어야 중생들이 공경하고 존중함이 되어서 世尊이라 하
니 天上과 人間이 함께 존중하기 때문이라 하다.

㈀二. 化時 : 식사 때는 당일 아침이니 구걸함에 얻기 쉬워서 자
타를 번거롭게 하지 않고 밥을 얻고 나서 돌아오면 巳時에 해당
하니 일상적인 齋法(공양법도)이다.

㈀三. 化儀(의식) : 僧伽梨(가사)를 입고 四天王이 헌공한 발우
를 가짐이다.

㈀四. 化處 : 기원정사는 성의 동남쪽 五~六리에 있으니 밖에
서 안으로 가는 것을 入이라 하고, 장소가 넓고 사람이 많음을 大
라 하다.

㈀五. 化事 : 부처님이 두타공덕을 나타내고자 하여 게으른 자
로 하여금 부끄럽게 해서 同事로써 攝하는 고로 스스로 걸식하시
다. 瓔珞女經에는 부처님의 화신은 마치 한 덩어리의 금강과 같아
서 내장(生熟藏)이 없다 하시니, 지금 밥을 비시는 것은 남에게
이익하기 위함이고, 淨名이 이르되 먹지 않음이 되므로 응당 저
음식을 받는다 하다.

㈀六, 化等 : 그중 다섯 가지가 있으니 ㈁一.안으로 평등한 이치
를 증득하여서 밖으로 빈부의 모습을 보지 않는다. ㈁二.마음에
貪慢을 여의어서 자비가 치우침이 없다. ㈁三.부처님의 위덕으로
惡象, 沽酒, 婬女 등의 집을 두려워하지 않는다. ㈁四.범부의 시

기하고 혐오하는 것을 쉽게 하다. ㉠五.二乘의 분별을 깨뜨림이다.

㉥七. 化終 : 已자는 뜻이 下句에 속했으나 글은 上句에 連하고 飯食자는 뜻이 上句에 속했으나 글은 下句에 連하니 구체적으로 말하면 "응당 차례로 비시고 빌고 나매 본처에 돌아오시어 공양을 잡수시고 공양이 끝나시매 의발을 거두셨다"할 것이니 부처님이 만일 잡숫지 않으면 시주한 사람의 복이 만족하지 못하리라. 寶雲經에 說하되 걸식한 바를 따라 네 가지로 나누면 ㉠一.범행하는 이들과 더불어 같게 함이요, ㉠二.가난하고 아픈 걸인에게 베풀려 함이요, ㉠三.水陸衆生에게 함이요, ㉠四.스스로 잡수심이다.

十二頭陀經엔 오직 세 가지만 설하고 梵行은 제외하였다.

㉥二. 定이다.

飯食訖하시고 **收衣鉢**하시며 **洗足已**하시고 **敷座而坐**하시다
공양을 마치시고 옷과 발우를 거두시며 발을 씻으신 뒤 자리를 펴고 앉으셨다.

說誼 入城乞食은 法身不癡니 以般若로 開示也요 收衣洗足은 般若無着이니 以解脫로 開示也요 敷座而坐는 解脫寂滅이니 以法身으로 開示也니라 方談般若에 以此開示者는 般若之所以爲般若也가 指其本體則名爲法身이요 指其大用則名爲解脫이요 指其當體則名爲般若니라 何則고 直般若는 非般若라 般若가 具法身解脫이요 直解脫은 非解脫이라 解脫이 具法身般若요 直法身은 非法身이라 法身이 具解脫般若니 擧一에 卽具三이요 言三에 體卽一이니라 方談般若에 以此開示者가 不其然乎아

설의 성에 들어가 걸식하는 것은 法身이 어리석지 않은 것이니 반야로써 열어 보임이요, 옷을 거두고 발을 씻으심은 반야(지혜)가 집착함

이 없음이니 해탈로써 열어보임이로다. 자리를 펴고 앉으심은 해탈이 적멸함이니 법신으로 열어보이시니라. 바야흐로 반야를 말하매 이것으로써 열어보인 것은 반야가 반야된 까닭이 그 본체를 가리킨즉 이름이 법신이고 그 작용은 해탈이요, 그 당체는 반야이니라. 무슨 까닭인가. 반야만의 반야는 참다운 반야가 아니고 반야는 법신과 해탈을 갖춰야 함이요, 해탈만의 해탈은 참다운 해탈이 아니라 법신과 반야를 갖춰야 함이요, 법신만의 법신은 참다운 법신이 아니라 해탈과 반야를 갖춰야 함이니, 하나를 들면 셋을 갖추고 셋을 말하면 體는 곧 하나이니라. 바야흐로 반야를 말하매 이것으로써 열어보인 것은 그것이 그러하지 않은가.

圭峰 分三節釋하리니 一은 屛資緣이니 將欲入定에 須息攀緣이라 衣鉢을 不收면 心有勞慮일세 故佛示現하사 爲後軌也니 卽收大衣하고 着七條니라 二는 淨身業이니 阿含經에 說佛行에 離地四指하야 蓮花承足이라하야늘 今示現洗者는 順世表法하야 爲後軌也니라 三은 正入定이니 敷座坐禪者는 由身端故며 心離沈掉故니라 魏譯에 云 如常敷座하야 結跏趺坐하고 端身而住하야 正念不動이라하며 唐譯에 云端身正願하야 住對面念이라하며 無着이 云顯示唯寂靜者라야 於法에 能覺能說故라하시니 然이나 大聖現迹은 必有所表시니 表本覺之佛이 在五蘊之都하야 覺魔軍本空을 名爲戰勝이요 照心識具德이 卽是給孤요 求法養神을 名乞士衆이니라 覺心이 旣發에 寧棄塵勞아 將欲徧觀하사 遂入識藏하야 心心數法을 次第思惟하시니 卽妄而眞이라 皆得法喜니 法喜無體하야 融合覺心이로다 思惟는 假緣이니 忘緣하샤 可符眞性이요 觀照는 是迹이니 拂迹하사 返本還源이니라 返本還源에 法空心寂이니 空寂眞體에 般若朗然이라 欲談般若正宗하사 如是示現發起시니라 資聖疏에 云夫身有二하니 一은 僞요 二는 眞이라 五陰僞軀는 假衣食以生育이어니와 法身은 無相하야 因般若以照成하나니 群生은 保僞遺眞이어든 諸佛은 養眞棄僞하시며

群生은 旣迷眞而取僞어늘 佛乃假僞迹而引眞일새 故託乞食之緣하야 將施法喜之化라 故로 涅槃經에 云汝諸比丘는 雖行乞食이나 初未曾乞大乘法食이라하시니라 上釋序分은 竟하다 二는 正宗分에 二門分別하니 初는 且約無着의 七種義句하야 以懸判이요 後는 正用天親의 答問斷疑하야 以科釋이니라 初中에 七義句者는 一은 種姓不斷이니 謂護念付囑이요 二는 發起行相이니 謂申請讚許요 三은 行所住處니 謂十八住니 從佛正說로 直至經終히 是無相行의 所住處矣라 四는 對治니 謂一一住處에 皆具邪行과 共見正行의 二種對治라 五는 不失中道니 謂由對治하야 離增減二邊하야 不失中道라 六은 地位니 謂由不失中道하야 成賢聖位의 信行地와 淨心地와 如來地라 七은 立名이니 謂由前六에 智慧堅利하고 位地潤狹일새 故名金剛이니라 後四는 但約第三句中十八住說이요 無別經文이니 十八住處者는 一은 發心住니 經에 云應如是降伏其心이니 所有一切等이라 二는 波羅蜜相應行住니 不住色布施等이라 三은 欲得色身住니 可以身相見等이라 四는 欲得法身住니 法身은 有二하니 一은 言說法身이니 頗有衆生等이니 因言顯理故요 二는 證得法身이니 復有二種하니 一은 智相이니 如來 得阿耨耶等이요 二는 福相이니 若人이 滿三千等이라 五는 於修道得勝中無慢住니 須陀洹等이라 從此로 至十六住히 如次對治十二種障이니 意明欲求色身法身인댄 須離是障이라 障盡故로 入十七證道니 今當對治第一慢障이라 六은 不離佛出時住니 昔在然燈等이라 離第二少聞障이니 不離佛世하면 則具多聞이라 七은 願淨佛土住니 菩薩이 莊嚴佛土不等이라 離小攀緣作念修道障이니 緣形相土則小요 無緣則大니 契法界故라 八은 成熟衆生住니 人身이 如須彌等이라 離捨衆生障이니 若見大小하면 不能濟物이라 九는 遠離隨順外論散亂住니 如恒河中所有沙等이라 離樂隨順外論散亂障이니 恒沙寶施도 不及持經이어늘 如何外學하야 不修正法이리오 十은 色及衆生身搏取中에 觀破相應行住니 三千世界所有微塵等이라 離破影像相中無巧便障이니

旣離散亂하야 與定相應인댄 以細末不念二種方便으로 破麁至細하고 泯細至空則除影像之相想이라 十一은 供養給侍如來住니 可以三十二相으로 見如來不等이라 離福資粮不具障이니 不以相見하고 常見法身을 名爲給侍니 福無邊矣라 十二는 遠離利養과 及疲乏熱惱故로 不起精進과 及退失住니 恒沙身命布施等이라 離樂味懈怠利養障이니 恒沙命施도 猶劣受持어든 豈爲一身이 耽着利養하야 身疲心惱而懈怠耶아 十三은 忍苦住니 忍波羅蜜의 割截身等이라 離不能忍苦障이니 無我等相하면 累苦能忍이라 十四는 離寂靜味住니 當來之世에 若有能於此經에 受持讀誦等이라 離智資粮不具障이니 日三時捨身을 一一沙數라도 不及信經이어늘 如何唯專禪定하야 耽寂靜味하고 闕於智慧하야 而不持說이리오 十五는 於證道時에 遠離喜動住니 云何住降伏等이라 離十一不自攝障이니 我能住降하면 心生喜動이니 動則不能自攝이라 十六은 求佛敎授住니 於然燈佛所에 有法得菩提等이라 離十二無敎授障이니 欲入初地인댄 須佛敎授일새 故約遇佛하야 得無所得而證道矣라 十七은 證道住니 人身長大等이라 攝種性智로 證徧行如하야 成法報身일새 故로 長大矣라 十八은 上求佛地住니라 於中에 復有六種具足하니 一은 國土淨具足이니 我當莊嚴佛土等이니 此는 敎二地已上諸大菩薩이요 二는 無上見智淨具足이니 有肉眼不等이라 此下는 皆唯佛果일새 故云無上이니 無上之言이 貫通下四요 三은 福自在具足이니 若人이 滿三千界七寶等이요 四는 身具足이니 佛을 可以具足色身等이요 五는 語具足이니 汝勿謂如來說法等이요 六은 心具足이니 佛得阿耨菩提아 爲無所得耶로 乃至應作如是觀이니라 又十八住를 略爲八種하야도 亦得滿足이니 一은 攝住處요 二는 波羅蜜淨住處니 一二는 次配요 三은 欲住處니 攝三及四요 四는 離障礙住處니 卽前十二障也니 從五乃至十六이요 五는 淨心住處요 六은 究竟住處니 上二는 次配十七十八이요 七은 廣大住處요 八은 甚深住處니 上二는 各皆攝十八住處니 一一住中에 皆深皆廣하니라 十八住文을

配位地者인댄 第一은 十住요 第二는 十行中前六이요 三은 第七行이요 四는 後三行이요 五至十四는 如次配十廻向이요 十五는 煖頂이요 十六은 忍世第一이요 十七은 初地요 十八은 從二地로 乃至佛地니라 上來懸判은 竟하다

규봉 三절로 나누어 해석하면

㈎一. 屛資緣(도와주는 인연을 막음) : 장차 入定하고자 하면 모름지기 반연을 쉬어야 함이라. 의발을 거두지 않으면 마음에 번거로움이 있으므로 부처님이 나타내 보이시어 후세에 규칙을 삼게 하시니 곧 큰옷을 거두시고 七조가사(평상복)를 입으시니라.

㈎二. 身業을 깨끗이 함이니, 아함경에 설하되 부처님이 길을 걸으시면 땅에서 네 손가락 높이로 연꽃이 발을 받든다 하거늘 이제 발을 씻으심은 세인의 법을 따라서 후세의 규칙을 삼게 하심이다.

㈎三. 바로 정에 들어감이니 자리를 펴고 좌선하는 것은 몸이 단정한 것을 연유한 것이며, 마음이 혼침과 망상을 떠난 이유이다. 魏나라 번역에는 평소와 같이 자리를 펴고 가부좌하여 몸을 단정히 하면 正念이 不動한다고 하며 唐譯에는 몸을 단정히 하고 願을 바르게 하여 對面念에 住한다고 하다.

無着이 이르되 오직 적정함을 드러내 보여야만 법을 능히 깨닫고 능히 설한다 하시니, 그러나 大聖人이 자취를 보이심은 반드시 표할 바가 있는 것이니 本覺의 부처님이 오온의 마을(몸안)에 있어서 마군이 본래 없음을 아는 것을 戰勝이라 하고, 心識을 비추어 덕을 갖추는 것이 곧 외로운 이를 돕는 것이요, 法을 求해서 정신을 기르는 것을 乞士衆이라 名한다. 覺心(보리의 마음)을 이미 발하매 어찌 수고로움을 버리랴. 장차 두루 觀하고자 하사 드디어 識藏에 들어서 心과 心數法을 차례로 사유하시니 妄에 即한 眞이라서 다 法喜를 얻는 것이니 法喜는 體가 없어서 覺心에 융합하는 것이다. 思惟는 인연을 빌림이니 인연을 잊어야 가히 眞性

에 부합함이요 觀照는 곧 자취이니 자취를 떨어버려야 근본을 돌이켜서 근원에 돌아오는 것이다. 근본을 돌이켜 근원에 돌아오면 法이 空하고 마음도 고요하니 空寂한 眞體에 반야가 밝은 것이다. 반야의 正定을 말씀하고자 하여 이와 같이 示現하고 발기하셨다. 資聖疏에 이르되 몸은 두 가지가 있으니,

㉮一. 僞(거짓)와 ㉮二. 眞(참)이다. 오온의 거짓몸은 衣食으로써 生育되거니와 法身은 相이 없어서 반야로 인하여 비춤을 이루니 모든 중생은 僞만 보존하고 眞을 잃어버리며 諸佛은 眞만 기르고 僞를 버리시도다. 중생은 이미 眞을 迷하고 僞를 취한 것이며 佛은 僞의 자취를 빌려서 眞을 이끌어오도다. 그러므로 걸식의 인연에 의탁하여 法喜의 교화를 베풀고자 하는 것이다. 故로 열반경에 이르되 너희 비구들은 비록 걸식을 행하나 일찍이 大乘의 法食은 구걸하지 못하였다고 한다. 以上은 序分〔법회 인유분〕 해석함을 마쳤다.

㉯二. 正宗分에는 二門으로 분별하니 ㉰一. 初는 무착의 七種義句를 잡아서 미리 科判해 봄이고 ㉰二. 後는 正히 天親의 물음에 답하고 의심을 끊음으로써 과목을 해석한 것이다. 初中에 七義句란,

㉱一. 種性이 끊어지지 않음이니 호념하고 부촉함을 말한 것이다.

㉱二. 發起의 行相이니 수보리의 물음에 讚許한 것이다.

㉱三. 行이 住한 곳이니 十八住를 말한 것이다. 부처님이 正說로부터 경을 마칠 때까지 이 無相行이 住할 곳이다.

㉱四. 對治니 낱낱이 주하는 곳마다 다 삿된 행과 正行을 보는 것 등 두 종류의 대치를 갖춘 것이다.

㉱五. 中道를 잃지 않음이니 對治함을 말미암아 增減의 二邊을 떠나서 中道를 잃지 않는 것이다.

㉱六. 地位이니 中道를 잃지 않음을 말미암아 賢聖位의 信行地

와 淨心地와 如來地를 성취한 것이다.

㈣七. 立名이니 六에 지혜가 견고하고 날카로우며 지위가 넓고 좁음을 말미암은 고로 금강이라 이름한 것이다.

後의 ㈣四는 다만 三句(㈣三.)中 十八住를 잡아서 설한 것이고 별다른 경문은 없다.

十八住處란.

㈣一. 發心住 : 경에 이르되 "응당 이와 같이 그 마음을 항복받을지니 있는 바 일체 중생 종류인~" 등이라

㈣二. 波羅蜜相應行住 : "색에 머물지 않고 보시하며~"

㈣三. 欲得色身住 : "몸모양으로써 여래를 볼 수 있겠느냐" 등이다.

㈣四. 欲得法身住 : 法身은 둘이 있으니 ㈅一. 言說法身은 "자못 어떤 중생이~" 등이니 말로써 이치를 나타내는 까닭이다.

㈅二. 證得法身은 여기에도 두 가지가 있다. 하나는 智相이니 "여래가 아뇩다라를 얻었느냐" 등이고 또 하나는 福相이니 "만약 사람이 만삼천대천세계~" 등이다.

㈣五. 於修道得勝中無慢住(수도하여 수승함을 얻은 中에 게으름이 없는 住) : 수타원 등이다. 여기서부터 十六住에 이르기까지 차례와 같이 十二種障을 대치하니 뜻이 색신과 법신을 구하고자 하면 이 두 가지 장애를 떠나야 함을 밝힌 것이다. 장애가 다했으므로 十七證道에 들어가니 第一의 慢障(게으른 장애)을 대치함에 해당한다.

㈣六. 不離佛出時住 : "옛적에 연등불회상에서~" 등이다. 第二 少聞障을 여읨이니 부처님이 세상을 떠나지 않으면 多聞을 갖추는 것이다.

㈣七. 願淨佛土住 : "보살이 불국토를 장엄하느냐" 등이다. 작은 인연으로 생각을 지어 수도하는 장애를 떠남이니 形相土를 인연하면 小이고 인연함이 없으면 大니 法界에 계합한 까닭이다.

㉕八. 成熟衆生住:"사람몸이 수미산 같다면~" 등이다. 중생심을 버리는 데 있어서 장애됨을 여의는 것이니 만약 大小(분별)를 보면 능히 중생을 제도하지 못한다.

㉕九. 遠離隨順外論散亂住(불교외의 이론에 따름으로 마음이 산란해짐을 멀리 여의는 住) "항하 가운데 있는 바 모래수~"이다. 불교외의 어떤 이론에 따름으로써 즐겨하는 장애를 여읨이니 항하사와 같은 많은 보물로써 보시하는 것도 경을 가지는 것에 미치지 못하거늘 어찌 다른 학문을 하여 正法을 닦지 않으리오.

㉕十. 色及衆生身搏取中에 觀破相應行住:"三千世界에 있는 미진" 등이다. 影像相(法)을 破하는 가운데 선교 방편이 없다는 장애를 여의는 것이니 이미 산란을 여의어서 定에 相應하면 細末과 不念의 두 가지 방편으로 거친 번뇌를 깨뜨려 細에 이르고 미세한 것을 없애서 空한 데까지 이르면 영상상을 없애는 것이다.

㉕十一. 供養給侍如來住:"가히 三十二상으로 여래를 볼 수 있겠느냐" 등이다. 복덕이 갖춰지지 않는 장애를 여읨이니 相으로써 보지 않고 항상 法身으로써 보는 것을 "받든다"고 이름하니 그 복이 한량이 없다.

㉕十二. 遠離利養과 及疲乏熱惱故로 不起精進과 及退失住:"항하의 모래수와 같은 몸으로 보시하면" 등이다. 懈怠하고 利養함을 즐겨하는 장애를 여읨이니 항하사와 같은 몸을 보시함도 오히려 경을 수지함만 못하거늘 어찌 一身을 이롭게 하는 데 탐착하여 몸이 피로하고 마음이 번거롭다고 해서 게으름을 피우겠는가.

㉕十三. 忍苦住:忍辱波羅蜜의 "신체를 낱낱이 베일 적에~" 등이다. 능히 고통을 참지 못하는 장애를 여읨이니 我相, 人相 등이 없으면 온갖 고통을 능히 참는 것이다.

㉕十四. 離寂靜味住:"오는 세상에 만약 능히 이 경을 수지독송하면~" 등이다. 智資粮(지혜)을 갖추지 못한 장애를 여읨이니 하루에 세 번씩 몸을 바쳐 보시함을 모래수만큼 할지라도 經을 믿

는 것에 미치지 못하거늘 어찌 오로지 禪定만 해서 고요함을 즐기고 지혜를 잃어서 經을 설하지 않으리오.

㊇十五. 於證道時에 遠離喜動住: "어떻게 머물며 항복하리까." 等이다. 十一의 스스로 섭수하지 못하는 장애를 여읨이니 내가 능히 住하고 항복하면 마음에 喜動을 내나니 動하면 능히 스스로 거두지 못한다.

㊇十六. 求佛敎授住: "연등불회상에서 법이 있어서 보리를 얻었는가~"등이다. 十二의 無敎授장애를 여읨이니 初地에 들고자 하면 부처님의 가르침을 구해야 하므로 부처님을 만나 얻을 바 없음을 얻어서 證道하는 것이다.

㊇十七. 證道住: "사람몸이 장대함~"등이다. 種性智를 攝하여 두루 진여를 행함을 證하여 法身, 報身을 이루므로 長大라 한다.

㊇十八. 上求佛地住: 여기에 六가지가 구족하니

㊀一. 國土淨具足: "내가 마땅히 불국토를 장엄하리라"등이다. 이것은 二地已上의 모든 대보살을 가리킴이다.

㊀二. 無上見智淨具足: "육안이 있느냐" 等이다. 이것은 오직 佛果이므로 위없다(無上) 함이니 위없다는 말이 밑의 四가지를 관통하였다.

㊀三. 福自在具足: "어떤 사람이 삼천대천세계에 가득찬 칠보~"등이다.

㊀四. 身具足: "부처를 구족한 색신으로써~"등이다.

㊀五. 語具足: "너희는 여래께서 설법한다 말하지 말라"등이다.

㊀六. 心具足: "부처가 아뇩보리를 얻었느냐. 얻은 바 없음으로부터 내지 응당 이와 같이 관할지니라"등이다.

또 十八住를 간략히 八種으로 삼아도 역시 만족하니

㊇一. 攝住處요 ㊇二. 波羅蜜淨住處이다.(十八住中의) ㊇一 과 ㊇

二.는 차례대로 배열하고 ㈣三.欲住處는(十八住中) ㈣三, ㈣四를 섭함이다. ㈣四.離障礙住處는 곧 앞의 十二障礙이니(十八住中) ㈣五 부터 ㈣十六까지 이른다. ㈣五.淨心住處요 ㈣六.究竟住處니 위의 둘은 차례대로(十八住中)㈣十七, ㈣十八에 짝하였다. ㈣七.廣大住處요 ㈣八.甚深住處니 위 두 가지는 각각 다 十八住處를 攝함이니 낱낱의 住中에 다 깊고 다 넓게 포함되어 있다.

十八住文을 位地(五十二階位中)에 배열하면 ㈣一은 十住요 ㈣二는 十行中 앞의 六行(환희행~선현행)이요, ㈣三은 제七行이요 ㈣四는 나머지 三行이요. ㈣五 부터 ㈣十四까지 차례대로 十廻向에 배대하고 ㈣十五는 煖頂이요 ㈣十六은 忍과 世第一이요 ㈣十七은 初地요 ㈣十八은 二地부터 佛地까지이다. 이상으로 科判은 마쳤다.(무착의 十八住 입장에서 본 금강경)

六祖 爾時者는 當此之時요 食時者는 是今辰時니 齋時欲至也니라 着衣持鉢者는 爲顯敎示迹故也니라 入者는 自城外而入也요 舍衛大城者는 名舍衛國豊德城也니 卽波斯匿王의 所居之城일새 故言舍衛大城也니라 言乞食者는 表如來가 能下心於一切衆生也니라 次第者는 不擇貧富하고 平等以化也니라 乞已者는 如多乞이 不過七家니 七家數滿에 更不至餘家也니라 還至本處者는 佛意 制諸比丘하사 除請召外에 不得輒向白衣舍故로 云爾니라 洗足者는 如來示現에 順同凡夫일새 故言洗足이니라 又大乘法은 不獨以洗手足으로 爲淨이니 蓋言洗手足이 不若淨心이니 一念心淨하면 卽罪垢悉除矣니라 如來가 欲說法時에 常儀가 敷施檀座일새 故言敷座而坐也니라

육조 爾時란 것은 그때를 말함이요 食時란 지금의 辰時(오전 七~九시)이니 齋時(사시 九~十一)에 이르고자 한 것이니라. 着衣持鉢이란 가르침을 나타내고 자취를 보이기 위한 것이니라. 入이

란 성밖에서부터 들어간 것이요 舍衛大城이란 사위국의 豊德城을 이름한 것이니 즉 파사익왕이 사는 성을 사위대성이라 말함이니라.

걸식이란 여래께서 능히 일체중생에게 下心한 것을 나타냄이니라. 次第란 빈부를 가리지 않고 평등하게 교화하신 것이니라. 乞已란 빌 때 일곱 집을 넘지 않고 일곱 집의 수가 차면 다시 다른 집에 이르지 않음이니라. 還至本處란 부처님의 뜻으로 모든 비구를 제어하시어 신도들이 초청하지 않을 때에는 갑자기 신도의 집에 가지 못하게 하므로 그렇게 말씀하셨느니라. 洗足이란 여래가 示現하시매 범부와 같음을 따라서 세족이라 하시니라. 또 大乘法에서는 홀로 수족을 씻는 것으로 깨끗하다고 여기지 않으니 대개 수족을 씻는 것은 마음을 깨끗이 함만 같지 못하니 一念의 마음이 깨끗하면 곧 죄와 허물이 모두 없어지는 것을 말하느니라. 여래가 설법하고자 하실 때에는 항상 위의가 자리를 펴고 檀에 앉으시므로 敷座而坐라 하시니라.

傅大士 法身은 本非食이요 應化도 亦如然이어늘 爲長人天益하사 慈悲作福田이로다 收衣는 息勞慮요 洗足은 離塵緣이라 欲說三空理하사 跏趺示入禪이로다

부대사 法身은 본래 먹는 것이 아니요
응신, 화신도 또한 그러하거늘
길이 人天의 이익을 위해서
자비로 복전을 지으셨도다.
가사를 거두심은 수고로움과 번거로움을 쉼이요
洗足은 번뇌의 인연을 떠남이라.
三空의 이치를 설하고자 하여
가부좌하시고 禪에 들어가심을 보이셨도다.

冶父 惺惺著이샷다

說誼 惺之一字를 或以爲了慧라하며 或以爲寂靜이라하니 則惺惺者는 定慧圓明하야 寂照不二之謂也니라 只如定慧圓明하야 寂照不二를 作麽生道오 眼掛長空하고 手握靈鋒이로다

야부 惺惺著이셨다.

설의 惺이란 한자는 了慧(완전히 깨달아 마침)라 하며 혹은 寂靜이라 하니 惺惺이란 定과 慧가 두렷해서 寂과 照가 둘이 아님을 말함이니라.
다만 定慧가 두렷이 밝아서 적과 조가 둘이 아님을 어떻게 말할 것인가.
눈을 長空에 걸어두고 손에는 신령스런 칼을 잡았음이로다.

冶父 飯食訖兮洗足已하시고 敷座坐來誰共委오 向下文長을 知不知아 看看平地波濤起니라

說誼 入城乞食과 收衣洗足과 敷座宴坐가 一一皆是徹困爲人底時節이니라 入城乞食과 收衣洗足은 且置하고 只如敷座宴坐를 作麽生道오 高提祖令發光寒하니 直得毘耶에 口掛壁이로다 這裏에 除却上上根코는 未免一場懡㦬니 根機莫等일새 要以多方으로 接得이니라 獲鳥者가 羅之一目이나 不可以一目으로 爲羅요 治國者가 功在一人이나 不可以一人으로 爲國이라 所以로 黃面老子가 曲爲中下하사 乃下一步하사 向言說海하야 橫身而入하사 東說西說하시며 橫說竪說하시니라 所以로 道호대 高提祖令當機用하니 利物에 應知語帶悲라하시니 向下文長이 正以此也니라 然이나 慈尊의 伊麽施設이 要之利害가 不細하니 還知得利害也未아 入城乞食收衣宴座로 以至東說西說橫說竪說히 善權方便은 卽不無어니와 據實而觀컨댄 人人分上에 如靑天白日相似하야 本來無爲無事하야 盡大地가 都盧是淸平世界어늘 黃面老子가 向淸平世界上하야 施設戈甲하시니 可謂無事中起事로다 所以로 道호대 看看平地波濤起니라 又古人이 道호대 澄澄性海와 湛湛智源이여 文字言詞가 從玆流出이라하시니 則黃面老子가 向大寂滅海하사 繁興言說波瀾하시니

要之言說波瀾이 初非外來라 終不離於大寂滅海니 敷座處에 如未薦得이면 向言說海하야 薦取하야사 始得다 所以로 道호대 看看平地波濤起니라

야부 공양하시고 발을 씻으신 다음에
자리펴고 앉으심은 누구와 함께 하심인가.
아래의 긴 문장을 아는가. 모르는가.
보고 보아라. 평지에 파도가 일어나도다.

설의 入城乞食과 收衣洗足과 敷座宴坐하심은 낱낱이 다 가슴깊이 사무치는 사람을 위한 소식이로다. 입성걸식과 수의세족은 그만두고 저 부좌연좌를 어떻게 말할 것인가. 禪師의 가르침을 높이 들어 찬빛을 발하니 바로 비야리 성에서 입을 벽에 건 것과 같도다. (유마 거사가 비야리 성에서 가만히 앉아 黙言으로써 불이법문을 설함과 같이 부처님이 부좌이좌한 그곳에 불이법문이 없겠는가.)

여기에서 상상근기를 제외하고는 한바탕 부끄러움을 면치 못할 것이니, 근기가 같지 않으므로 여러 가지 방법으로써 대중들을 제접한 것이니라. 새를 잡는 것은 그물의 한 눈금으로 족하나 그물의 한 눈금을 그물이라 하지 못함이요, 나라를 다스림에 그 功은 한 사람에게 있으나 한 사람으로써 나라라함은 옳지 않도다. 그러므로 黃面老子(佛)가 곡진히 중하근기를 위해서, 한 차원 낮추어 언설의 바다에 몸을 비껴 들어가시니 동설서설하시고 횡설수설하시니라. 이 까닭에 조사의 가르침을 높이 들어 근기에 따라 쓰니 중생을 이롭게 하는 것은 그 말씀이 자비를 띠고 있음을 알라고 하시니 아래의 문장이 바로 이것이니라. 그러나 자비로운 부처님의 이러한 설하심이 요컨대 이득과 해가 미세하지 못하니 도리어 利가 되고 害가 됨을 알겠는가.

성에 들어가 걸식하고 옷을 거두어 자리에 앉으심으로부터 동설서설과 횡설수설에 이르기까지 좋은 방편은 없지 않지만 그 실제를 관하건대, 사람사람의 分上은 靑天白日과 같아서 본래 함도 없고 일도 없어서 온천지가 모두 그대로 淸平世界(佛國土)거늘 황면노자(佛)가 청평세계를 向하여 괜히 창과 갑옷을 만들어 냈으니 가히 일없는 가

운데 일을 만들었도다. 그러므로 이르되 '보고 보아라. 평지에서 파도가 일어났도다(治言)'. 또 古人이 말하되 맑고 맑은 성품의 바다와 '맑고 맑은 지혜의 근원이여, 문자와 언사가 다 여기로부터 흘러 나왔다' 하시니 황면노자가 大寂滅의 바다를 향해서 언설의 파도를 번거롭게 일으켰으니 요컨대 언설의 파도가 애초에 밖에서 온 것이 아니라 마침내 대적멸의 바다를 떠나지 않았으니 자리를 펴고 앉은 그곳에서 알아듣지 못하면 언설의 바다를 향하여 그 가운데서 취하여야 비로소 얻는도다. 그러므로 잘 보아라. 평지에서 파도가 일어나는 것을!

宗鏡 調御師가 親臨舍衛하시니 威動乾坤이요 阿羅漢이 雲集祇園하시니 輝騰日月이로다 入城持鉢은 良由悲愍貧窮이요 洗足收衣는 正是宴安時節이로다 若向世尊의 未擧已前하야 薦得이라도 由且不堪이니 開口已後에 承當하면 自救도 不了하리라 宗鏡이 急爲提撕하야도 早遲八刻이니 何故오 良馬는 已隨鞭影去어늘 阿難이 依舊世尊前이로다 乞食歸來會給孤하사 收衣敷座正安居하시니 眞慈弘範이 超三界하야 調御人天得自如하다

종경 조어사(佛)께서 친히 사위국에 가시니 그 위엄이 하늘과 땅을 진동하고, 아라한들이 기원정사에 운집하시니 그 빛이 일월처럼 빛나도다. 발우를 가지고 성에 들어가심은 진실로 빈궁함을 슬퍼하고 애처롭게 여김이요, 발씻고 옷을 거두심은 바로 편안한 시절이라. 만약 세존의 꽃을 들기 이전(拈華微笑)을 향해서 알아차렸다 해도 오히려 아직은 능하지 못함이니 입을 연 뒤에 알아차리면 자기를 구원하지도 못하리라. 종경이 급하게 이끌어 온다 해도 벌써 八刻(二시간)이 늦었으니, 왜냐하면 좋은 말은 채찍 그림자를 따라 달리거늘 아난이 여전히 세존 앞에 있도다. 걸식하고 돌아와 급고독원에 모여서 옷을 거두고 자리를 펴고 편안히 안거하시니 참다운 자비와 큰 모범이 삼계를 초월해서 人天을 調御하여 스스로 如如(그러함)함을 얻으셨도다.

무비해설 금강경은 제목에서 보여주듯이 반야를 근본사상으로 삼는다. 이 반야는 무상과 무주와 묘행으로써 그 뜻을 삼는다. 그러면 무상과 무주와 묘행을 설하게 된 동기와 원인은 무엇인가. 그 구체적인 표현으로써 부처님은 걸식을 하시고 발을 씻으시고 자리를 펴고 앉으셨다.

일체의 상이 없으면 반야는 그대로 드러나 빛을 발하게 된다. 이러한 반야를 빛나게 하는 아 인 중생 수자, 四相의 소멸을 부처님은 걸식으로 보여주셨다. 이 걸식에서 마하반야가 빛나고 있음을 알아야 한다. 더욱 분명히 하기 위해서 부처님은 발을 씻으셨고 또한 철저히 보여주기 위해서 다시 자리를 펴고 앉으셨다. 우린 여기에서 반야를 보아야 하리라. 더 이상의 친절을 어디에서 찾을 것인가. 이 세상 사람 중에 어느 누가 밥먹고 발을 씻고 자리를 펴고 앉지 않는 이 있을까마는 네 가지 상이 없이 사는 사람은 매우 드문 것이다. 또한 반야로써 사는 사람은 더욱 귀하다.

이 분(分)은 금강경을 설하게 된 연유일 뿐만 아니라 금강경의 모든 것이 여기에 함축되어 있다.

圭峰 第二는 依天親論하야 約答問斷疑科釋에 總分四段하리니 一은 善現申請이라 又二니 一은 整儀讚佛이라

규봉 ㉣二.는 天親論에 의거하여 문답으로 의심을 끊어서 科를 해석함에 모두 四단으로 나누면 ㉮一.善現(수보리)이 신청하다. 여기에 두 가지가 있으니 ㉯一.위의를 정돈하고 부처님을 찬탄하다.

善現起請分 第二 (선현이 법을 청하다)

時에 **長老須菩提**가 **在大衆中**이라가 **卽從座起**하사 **偏袒右肩**하시며 **右膝着地**하시고 **合掌恭敬**하사 **而白佛言**하사대 **希有世尊**하 **如來**가 **善護念諸菩薩**하시며 **善付囑諸菩薩**하시나니
그때에 장로 수보리가 대중 가운데 있다가 자리에서 일어나 오른쪽 어깨에 옷을 벗어메고 오른쪽 무릎을 땅에 꿇으며 합장하고 공경히 부처님께 사뢰었다.
"희유하십니다. 세존이시여, 여래께서는 모든 보살들을 잘 호념하시며 모든 보살들에게 잘 부촉하십니다."

說誼 楊岐가 云黃面老子가 幸自可憐生이로다 被須菩提의 出來道介希有하야 當下에 氷消瓦解라하시니 此老此說은 只要敎人으로 向劫外承當이니라 所以로 大慧가 擧此話云黃面老子가 不下一言이어시늘 須菩提가 見介甚麽道理인대 便道希有오 但向楊岐의 氷消瓦解處看하야 自然看得破하면 一生參學事畢이라하시고 又古德이 頌云四溟에 風息月當天하니 不動波瀾駕鐵船이라 賴得空生이 重漏洩하야 免同良馬暗窺鞭이라하시니 則世尊이 端坐하사 不下一言處에 最初一句子를 覿面提持하사 向諸人面前하야 兩手로 分付了也어시늘 須菩提가 早知如是하사 出來道希有하시니 不有須菩提면 誰知暗中明이리오 因憶毘耶의 當日事하니 一聲雷震三千界로다

설의 양기(方會禪師) 스님이 이르되 黃面老子(佛)가 (수보리 덕택에) 스스로 가련하게 되었도다. 수보리가 나와서 "희유하십니다"함을 듣고 그 자리에서 氷消瓦解(얼음이 녹고 기와가 풀림)라 하시니 양기 스님의 이러한 말씀은 사람들로 하여금 劫 밖을 향해서 알아차리게 하는 소식이니 이런 까닭에 大慧(종고선사) 스님은 이 말을 들추어

말하길 황면노자가 한 말씀도 하지 않았는데 수보리가 무슨 도리를 보았길래 "희유하십니다"라고 말했는가. 다만 양기 스님이 말한 빙소와해처를 향하여 보아 자연히 간파하면 一生參學事畢(일생의 공부하는 일을 마침 : 大慧)이라 하시고 또 古德(정음) 선사께서 頌하시길

  四海에 바람이 쉬니 달은 하늘에 떠있어서
  파도를 움직이지 않고 철선을 몰고가도다.
  공생(수보리)의 거듭 누설함을 힘입고서
  良馬는 그윽히 채찍질을 면하도다 하시니,

즉 세존이 단정히 앉아 한마디도 하지 않은 그곳에서 최초의 한마디를 엿보아 이끌어서 모든 사람의 면전을 향하여 두 손으로 분부하였거늘 수보리가 벌써 이와 같은 도리를 알고서 자리에서 나와 "희유하십니다"하시니 수보리가 아니었으면 누가 어둠속에서 밝음을 알았으리오.

  비야리 성의 그때 일(유마거사의 黙言)을 기억하건대
  한 우뢰소리가 삼천세계를 진동함이로다.

圭峰 長老者는 德長年老라 唐譯에 云具壽니 壽卽是命이요 魏譯에 云慧命이니 以慧爲命이니라 須菩提는 有三義譯하니 謂善吉善現空生이니 生時에 室空은 解空之善瑞가 現矣라 相師가 占云唯善唯吉이라하다 從座起下는 皆整理威儀니 修敬之相이니라 希有者는 世所無故니라 如來者는 從如而來니라 論에 云善護念者는 依根熟菩薩說이니 謂與智慧力하야 令成就佛法하고 與敎化力하야 令攝取衆生이니라 善付囑者는 依根未熟菩薩說이니 懼其退失하야 付授智者니 付者는 將小付大요 囑者는 囑大化小니라 菩提薩埵는 此云覺有情이니 三釋이라 一은 約境이니 所求所度요 二는 約心이니 有覺悟之智호대 餘情慮之識이요 三은 約能所니 所求能求라 三皆如次配覺及有情이니라

규봉 長老라 함은 덕이 높고 나이가 많음이라. 唐譯에 具壽니 壽

는 수명이요, 魏譯에는 慧命이라 하니 智慧로써 생명을 삼는 것이다. 수보리는 세가지 뜻으로 번역하니 善吉 善現 空生이니 날 때 방이 텅빈 것은 空의 도리를 이해하는 좋은 상서가 나타남이라. 相師가 점쳐 이르되 오직 선하고 오직 길하다고 하다. 從座起의 다음 글들은 다 위의를 정리한 것이니 공경을 닦는 相이다. 希有란 세상에 없는 연고이며 如來란 진여에서 온 것이다. 論(천친론)에 이르되 선호념한다는 것은 근기가 성숙한 보살을 의지하여 설함이니 지혜의 힘을 주어서 불법을 성취케하고 敎化의 힘을 주어서 중생을 통솔케 하는 것이다. 선부촉이란 근기가 미숙한 보살을 의지하여 설함이니 혹 물러설까 두려워하여 지혜로운 사람에게 붙여주는 것이다, 付란 작은 것을 가져 큰 것에 부탁하는 것이요, 囑이란 큰 것에 부탁하여 작은 것을 교화하는 것이다.
보리살타(Bodhisattva)는 覺有情이니 세 가지로 해석한다.

㊀一. 境界를 의지함이니 구할 바와 제도할 바이다(所求所度).

㊁二. 마음을 의지함이니 깨달음의 지혜가 있으되 情慮의 識(의식)이 남음이다.

㊂三. 能所(주관, 객관)를 의지함이니 구할 바와 능히 구함이다. 세 가지 모두 순서대로 覺과 有情에 배열한 것이다.

六祖 何名長老오 德尊年高일새 故名長老니라 須菩提는 是梵語어든 唐言에 解空이니 隨衆所坐일새 故云卽從座起니라 弟子가 請益에 先行五種儀니 一者는 從座而起요 二者는 端整衣服이요 三者는 偏袒右肩하며 右膝着地요 四者는 合掌코 瞻仰尊顔하야 目不暫捨요 五者는 一心恭敬하야 以伸問辭니라 希有는 略說三義하리니 第一希有는 能捨金輪王位요 第二希有는 身長丈六과 紫磨金容과 三十二相과 八十種好가 三界無比요 第三希有는 性能含吐八萬四千法하사 三身圓備시니 以具上三義일새 故云希有也니라 世尊者는 智慧超三界하야 無有能及者며 德高更無上하야 一切咸恭敬일새 故

曰世尊이니라 護念者는 如來가 以般若波羅蜜法으로 護念諸菩薩이요 付囑者는 如來가 以般若波羅蜜法으로 付囑諸菩薩이니라 言善護念者는 令諸學人으로 以般若智로 護念自身心하야 不令妄起憎愛하야 染外六塵하야 墮生死苦海하고 於自心中에 念念常正하야 不令邪起하야 自性如來를 自善護念이요 言善付囑者는 前念淸淨을 付囑後念淸淨하야 無有間斷하야 究竟解脫이니 如來가 委曲誨示衆生과 及在會之衆하사 當常行此일새 故云善付囑也니라 菩薩은 是梵語어든 唐言에 道心衆生이며 亦云覺有情이니 道心者는 常行恭敬하야 乃至蠢動含靈이라도 普敬愛之하야 無輕慢心일새 故名菩薩이니라

육조 무엇을 長老라 하는가. 덕이 높고 나이가 높으므로 長老라 하느니라. 수보리는 범어인데 唐言으론 解空이니, 대중을 따라서 앉았으므로 卽從座起라 하느니라. 제자가 法門을 청함에는 먼저 다섯 가지 威儀를 행하시니 一. 자리에서 일어남이요 二. 의복을 단정히 함이요 三. 오른쪽 어깨에 옷을 벗어메고 오른쪽 무릎을 땅에 붙임이요 四. 합장하고 존안을 우러르고 눈을 잠시도 떼지 않음이요. 五. 一心으로 공경하며 묻는 말을 잘 여쭈어야 하느니라. 希有는 간략히 세 가지 뜻이 있으니 제一. 희유는 능히 金輪의 왕위를 버림이요, 제二. 희유는 身長이 丈六과 얼굴의 금색광명과 三十二상과 八十종호가 삼계에 비할 데 없음이요, 제三. 희유는 부처님의 성품이 능히 八만 四천 法을 머금기도 하고 吐하기도 하시어 三身이 원만히 갖추어 있으니 이것으로써 위의 세 가지 뜻을 갖추었으므로 희유하다고 하느니라. 세존이란 지혜가 삼계를 초월하여 능히 미칠 자가 없으며 덕이 높아 다시 위가 없어서 일체 중생이 다 공경하므로 세상에서 가장 높다 하느니라. 護念이란 여래가 반야바라밀법으로써 모든 보살들을 호념함이요, 付囑이란 여래가 반야바라밀법으로써 제보살들을 부촉함이니라. 善護念이란 모든 學人으로 하여금 반야의 지혜로써 자기의 몸과

마음을 호념해서 이로 하여금 망령되이 憎愛의 마음을 일으켜서 겉의 육진에 물들어 생사의 고해에 떨어지지 않게 하며, 자기 마음 가운데 생각생각을 항상 바르게 하여 삿된 마음이 일어나지 않게 해서 自性如來를 스스로 잘 호념함이니라. 부촉이란 앞생각이 청정한 것을 뒷생각까지 청정하게 잘 부촉해서 끊어질 틈이 없게하여 마침내 해탈하는 것이니라. 여래가 중생과 모여 있는 대중에게 자세히 가르쳐 보여서 항상 이것을 행하게 하므로 선부촉이라 하느니라. 菩薩은 범어인데 唐言에 道心衆生이며 또한 覺有情이니 道心이란 항상 공경을 행해서 준동함령(미물)이라도 널리 공경하고 사랑해서 가볍게 여기거나 업신여기지 않으므로 보살이라 하느니라.

冶父 如來가 不措一言이어시늘 須菩提가 便興讚歎하시니 具眼勝流는 試着眼看이어다
說誼 相逢不拈出하야도 擧意便知有하니 是何境界오 同道라야 方知니라
야부 여래가 한 말씀도 하지 않으셨거늘 수보리가 문득 찬탄하였으니, 눈을 갖춘 훌륭한 무리들은 시험삼아 잘 착안해 볼지어다.
설의 서로 만나서 꺼내지 않아도 뜻을 들면 문득 아는 자가 있으니 이 무슨 경계인가. 道가 같아야 바야흐로 알도다.

冶父 隔檣見角에 便知是牛요 隔山見煙에 便知是火로다 獨坐巍巍여 天上天下어늘 南北東西에 鑽龜打瓦로다 咄
說誼 知火知牛事希奇하니 知音相見이 正如是로다 獨坐云云은 混虛空爲自身하고 盡大地爲坐具하야 坐斷千差하야 不通凡聖이니 是可謂 天上天下渾漫漫이라 更無一物爲等倫이로다 若是過量漢인댄 一見에 便不疑어니와 若非過量漢인댄 未免暗思量하리라

야부 담넘어 뿔을 보면 문득 소인줄 알고
산넘어 연기를 보면 문득 불인줄 알도다.
홀로 앉아 높고 높음이여! 천상천하거늘
남북동서에서 거북과 기와로 점을 치도다. 咄!

설의 불을 알고 소를 아는 일은 희귀하니 知音者(서로 알아주는 사람)가 서로 보는 것이 정히 이와 같도다. 獨坐라 함은 온 허공으로 자신을 삼고 온 대지를 방석으로 삼아서 온갖 차별을 끊고 앉아서 凡聖에 통하지 않으니 이것이 가히 천상천하에 혼연히 늠름한 모습이로다. 다시 어떤 물건이 있어서 그것과 짝하겠는가. 만약 이런 過量漢(대근기)이라면 한번 보고 다시 의심할 것이 없거니와 과량한이 아닐진대 저으기 사량함을 면치 못하리라.

圭峰 二는 正發問端이라
규봉 ㈎二. 바로 물음을 시작하다.

世尊하 **善男子善女人**이 **發阿耨多羅三藐三菩提心**하나는
應云何住며 **云何降伏其心**하리잇고
세존이시여, 선남자 선여인이 아뇩다라삼먁삼보리심을 발하오니 응당 어떻게 머무르며 어떻게 그 마음을 항복받으오리까."

說誼 空生이 一見世尊端坐하시고 便不疑十方婆伽梵하사 仍發證同諸佛之心하야 直問云호대 塵不得出은 由未得住요 心不解脫은 由未降心이니 云何得住하야사 不住六塵이며 云何降心하야사 得心解脫이리잇고하시니 不言我已發心호니 云何住降이리잇고하고 而以善男善女로 言者는 諱却己悟也니라 人人分上에 不假修治하야도 本自圓成이어늘 空生이 以此로 問者는 雖復本來金이나 終以銷成就니 此는 正同善財가 於福城東畔에 初遇文殊하사 頓證法界하고 歷參五十三善知識하야 於一

一善知識所에 白言호대 我已先發菩提心호니 云何學菩薩道며 修菩薩行이니라

설의 空生이 세존께서 단정히 앉아계심을 한번 보고 문득 시방의 婆伽梵(佛)을 의심치 않아서, 제불과 같이 증득한 마음을 發하여 바로 묻기를 "육진에서 벗어나지 못하는 것은 머물 자리에 머물지 못하는 까닭이며, 마음이 해탈하지 못하는 것은 마음을 항복받지 못한 까닭이니 어떻게 제대로 머물러야 육진에 주하지 않으며 어떻게 마음을 항복받아야 마음에 해탈을 얻을까." 하시니라. "내가 이미 발심했으니 어떻게 주하고 항복하리까"하고 말하지 않고 선남자 선여인으로써 말한 것은 自己의 깨달음을 숨긴 것이니라.

사람사람의 그릇이 닦고 다스림을 빌리지 않아도 본래 스스로 원만히 이루었거늘 공생이 이것으로써 묻는 것은 비록 금이긴 하지만 마침내 녹여야 새롭게 성취되는 것이니 이는 善財동자가 福城 동쪽 언덕에서 처음 문수보살을 만나서 한꺼번에 법계를 증득하고서도 五十三선지식을 친견하여 낱낱 선지식의 처소에서 사뢰어 말씀하되 "내가 이미 보리심을 발하였으니 어떻게 보살의 길을 배우며 어떻게 보살행을 닦으리이까"한 것과 정히 같으니라.

圭峰 曲分爲二하니 先擧當機니 華嚴에 云忘失菩提心하고 修諸善業者는 魔所攝持라하다 阿耨多羅三藐三菩提는 此云無上正徧正覺이니 謂正智徧智로 覺知眞俗하야 不偏不邪니라 後正申問이니 魏譯에 云應云何住며 云何修行이며 云何降伏其心하리잇고하니 意云若人이 發菩提心已에 住何境界며 修何行業이며 妄心이 若起어든 云何降伏이니라 故로 佛이 令安住四心하고 修六度行하야 於中降心하야 不令着想이니라 秦譯에 略修行者는 意云住道降心이 卽是修行이니 謂四心六度를 皆名住修降伏이니라 故로 無着이 云住는 謂欲願이오 修行은 謂相應等持요 降伏은 謂彼心이 若散에 制令還住라하시니라 又十八住中에 一一皆以住修降伏으로 釋之니 故知約

義雖三이나 而行是一이니라

규봉 자세하게 두 가지로 나누리니

㊀一. 첫째 해당되는 근기를 듦이라. 화엄에 이르되 보리심을 잃고 모든 선업을 닦는 자는 마군이의 포섭한 바가 된다고 하다. 아뇩다라삼먁삼보리는 無上正徧正覺(위없이 바르고 두루한 바른 깨달음)이니 正智와 徧智로 眞과 俗을 깨달아서 치우치지도 않고 삿되지도 않음을 말한 것이다.

㊁二. 둘째는 바로 물음을 편 것이니 魏譯에 이르되 어떻게 머물고 어떻게 수행하며 어떻게 그 마음을 항복하리까 함이니, 그 뜻을 말하면 만일 사람이 보리심을 발한 뒤에 어떤 경계에 머물고 어떤 行業을 닦아야 하며 망상이 일어나면 어떻게 항복해야 하는가이다. 그러므로 佛이 四心에 安住하고 六度行을 닦아서 그 가운데서 마음을 항복받아 그로 하여금 相에 집착하지 않게 함이다. 秦譯에 이르되 修行을 생략한 뜻은 住道(어디에 마음을 두느냐)와 降心(마음을 어떻게 다스리는가)이 곧 수행이니 四心*과 六度를 다 이름해서 머물고 수행하고 항복한다 한 것이다. 그러므로 無着이 이르되 住는 하고자 하는 것이요, 修行은 相應해서 함께 가지는 것이요, 항복은 만약 마음이 산란하면 통제하여 한 곳에 머물게 한다 하다. 또 十八住中에 일일이 모두 住修降으로써 해석했으니 그러므로 알라. 비록 뜻은 세 가지나 그것을 행하는 것은 하나이다.

六祖 善男子者는 平坦心也며 亦是正定心也니 能成就一切功德하야 所住無碍也니라 善女人者는 是正慧心也니 由正慧心하야 能

---

* 四心이란
　一. 廣大心, 二. 第一心, 三. 常心, 四. 不顚倒心
　六度行은 六波羅蜜
　一.보시, 二.지계, 三.인욕, 四.정진, 五.선정, 六.반야

出一切有爲無爲功德也니라 須菩提가 問하사대 一切發菩提心人이
應云何住며 云何降伏其心하리잇고하시니 須菩提가 見一切衆生이
躁擾不停함이 猶如隙塵하며 搖動之心이 起如飄風하야 念念相續하
야 無有間歇하시고 爲令降伏故로 問하사대 若欲修行인댄 如何降伏
其心하리잇고하시니라

육조 선남자란 평탄한 마음이며 또한 正定心이니 능히 일체 공
덕을 성취해서 가는 곳마다 걸림이 없음이니라. 선여인이란 正慧
心이니 정혜심을 말미암아 능히 일체 유위와 무위의 공덕이 출생
함이니라. 수보리가 물으시되 일체의 보리심을 발한 사람은 응당
어떻게 머물며 어떻게 그 마음을 항복받으리까. 하신 것은, 수보
리가 일체 중생을 보니 조급하고 흔들려서 머물지 못하는 것이
마치 문틈으로 비치는 먼지와 같으며 요동치는 마음이 회오리바
람과 같아서 생각생각 상속하여 그 사이에 쉴 수가 없음을 보시
고 그런 마음을 항복하게 하고자 물으시되, 만약 수행하고자 하면
어떻게 그런 마음을 항복받아야 하는가 하시니라.

야부 這一問은 從甚處出來오
설의 法法이 虛融하야 無法可住요 心心이 寂滅하야 無心可降이니
今此住降二問은 從甚處出來오 又須菩提는 佛稱解空第一하시니 豈不
知妄心이 本空하고 塵境이 本寂이리오 若果知得인댄 如何輕發此問來
오 又問法에 法無可問이요 修道에 道無可修라 但向未發問時하야 着
眼이니 何須更問住與未住와 降與未降이리오 如是着語한 意旨如何오
若明今日事하면 昧却本來身이니라
야부 이 한 물음은 어느 곳으로 부터 나왔는가.
설의 法과 法이 모두 텅비고 융통해서 法은 가히 머물 곳이 없으며
마음마음은 적멸해서 마음을 가히 항복받을 것이 없으니 지금의 住하
고 降伏하는 두 가지 물음은 도대체 어느 곳에서 나왔는가.
　또 수보리는 부처님께서 空도리를 이해하는데 제일인자라 하였는데

어찌하여 망령된 마음이 본래 공적하고, 바깥경계가 본래 고요한 도리를 몰랐겠는가. 만약 알아서 얻었을진댄 어떻게 가볍게 이런 질문을 던졌겠는가. 또 법을 물으매 법은 가히 물을 것이 없음이요, 도를 닦으매 도는 가히 닦을 것이 없음이라. 다만 그 묻기 이전의 소식을 향해서 착안해야 함이니 어찌 모름지기 '머물고 머물지 못함'과 '항복하고 항복하지 못함'을 다시 물을 것이 있겠는가. 이와 같이 착어(着語:이 한 물음은 어느 곳으로 부터 나왔는가)하신 뜻이 무엇인가

　　만약 오늘의 일을 밝힌다면
　　본래의 몸을 못보게 되리라.

冶父 你喜我不喜요 君悲我不悲라 鴈思飛塞北하고 燕憶舊巢歸로다 秋月春花無限意를 箇中에 只許自家知니라

說誼 你與我와 君與我는 本分人이 向今時人하야 稱이니 你能住降하면 心生喜動하고 未能住降하면 心生悲憂어니와 我此世界는 本自淸平하야 理亂이 俱亡이니 何傷何喜리오 如鴈之思塞北과 燕之憶舊巢어니 豈以悲喜로 爲心哉아 只有一段空이 來去自由耳라 以至春生夏長하며 秋收冬藏과 月圓月缺하며 花開花落히 凡有消長盈虛者가 莫不各有無窮無盡之意存焉하니 此는 父不得而傳이며 師不得而授라 各自當人이 自肯自悟하야사 始得다

야부 너는 기뻐도 나는 기쁘지 않고
　　　그대는 슬퍼도 나는 슬프지 않도다
　　　기러기는 북쪽으로 날아갈 것을 생각하고
　　　제비는 옛집으로 돌아올 것을 생각하도다
　　　가을달과 봄꽃의 무한한 뜻은 (본래의 참모습)
　　　그 속에서 다만 스스로 알 뿐이로다.

설의 너와 나, 그대와 나는 本分人(본성자리)이 今時人(新薰)을 향해서 일컬음이니 너는 능히 주하고 항복하면 마음이 기뻐하고 능히 住하고 降伏하지 못하면 마음이 슬프고 근심하거니와 나의 이 세계(本分人)는 본래 스스로 맑고 고요해서 정리되고 정리되지 않음이 모

두 없으니 무엇이 상하고 무엇이 기쁘리오. 마치 기러기가 저 북쪽을 생각하는 것과 제비가 옛집을 생각함과 같으니 어찌 슬퍼하고 기뻐하는 것으로써 마음을 삼겠는가. 다만 일단의 空이 오고감에 자유로울 뿐이로다. 이로써 봄에는 만물이 소생하고 여름에는 자라며 가을에는 거두고 겨울엔 갈무리하는 것과 달이 차고 기울며 꽃이 피고 지는 데 이르기까지 무릇 줄고 늘며 차고 비는 것이 각각 무궁무진한 뜻이 있으니, 이는 아버지가 아들에게 전할 수 없으며 스승이 제자에게 줄 수 없음이라. 각자 當人이 스스로 긍정하고 스스로 깨달아야 비로소 옳도다.

圭峰 二는 如來讚許라
규봉 ㊯二. 如來가 찬탄하고 허락함이라.

佛言하사대 **善哉善哉**라 **須菩提**야 **如汝所說**하야 **如來**가 **善護念諸菩薩**하며 **善付囑諸菩薩**하노니 **汝今諦聽**하라 **當爲汝說**호리라 **善男子善女人**이 **發阿耨多羅三藐三菩提心**하나니는 **應如是住**하며 **如是降伏其心**이니라

부처님께서 말씀하시되 "선재선재라. 수보리야, 네 말과 같이 여래는 모든 보살들을 잘 호념하며 모든 보살들을 잘 부촉하느니라. 너희는 지금 자세히 들으라. 마땅히 너희를 위해 설하리라. 선남자 선여인이 아뇩다라삼먁삼보리심을 발하였으면 응당히 이와 같이 머물며 이와 같이 그 마음을 항복받아야 하느니라."

圭峰 曲分爲三호리니 一은 印讚所讚이니 重言善哉는 讚美之極이라 護付能令佛種不斷이 是事必然일새 故로 印讚言如汝所說이니라 二는 勸聽許說이니 無以生滅心行으로 聽實相法이니라 智論偈에 云

聽者端視如渴飮하야 一心入於語義中이라 踊躍聞法心悲喜여 如是之人可爲說이라하다 三은 標勸將陳이니 我當爲汝하야 如是如是 委細而說이니라 三은 善現이 佇聞이라

규봉 자세히 세 가지로 나누면 ㉰一. 찬탄할 것을 인정해서 찬탄함이니 거듭 선재라 한 것은 찬미의 극치이다. 호념하고 부촉해서 능히 부처님의 종자가 끊어지지 않게 하는 것은 당연한 것이다. 그러므로 '네 말과 같아서'하고 인정하며 찬탄하셨다.

㉰二. 듣기를 분부해서 설함을 허락한 것이니 생멸의 心行으로 實相法(생멸을 떠난 것)은 들 수 없느니라. 智度論의 偈에 이르되 法을 듣는 자는 단정하게 우러르는 것이 마치 목마른 자가 물을 마시는 것과 같이 해서 일심으로 말뜻속으로 들어가야 하고 뛸듯이 기쁜 마음으로 법을 듣고, 마음으로 슬퍼하고 기뻐하며 이같이 감동하는 이를 위해 가히 설한다 하다.

㉰三. 권하는 것으로써 앞으로 진술할 것을 표한 것이니 "내가 마땅히 너를 위하여 이와 같이 자세하게 설한다"고 하다.

㉰三. 善現이 기다려서 들음이라.

唯然世尊하 **願樂欲聞**하노이다
"그렇습니다. 세존이시여, 바라옵건대 듣고자 합니다."

說誼 當爲汝說이여 欲說這介事요 願樂欲聞이여 欲聞這介事로다
설의 "마땅히 너를 위하여 설함이여"는 이 일을 말하고자 함이요, "원컨대 듣고자 함이여"는 이 일을 듣고자 함이로다.

圭峰 唯者는 順從之辭니 禮對曰唯요 野對曰阿니라 十地經에 云 如渴思冷水하며 如飢思美食하며 如病思良藥하며 如衆蜂依蜜하야 我等도 亦如是하야 願聞甘露法이라하다
규봉 唯는 순종하는 말이니 예우를 唯라 하고 낮춤을 阿라 한

다. 十地經에 이르되 목마른 자가 냉수를 생각하듯 하고 주린 자가 좋은 음식을 생각하듯 하며 병자가 좋은 약을 찾듯이 하고 벌떼가 꿀에 매달리듯 하여 우리들도 또한 이와 같이 감로법을 듣고자 한다 하다.

六祖　是는 佛이 讚歎須菩提가 善得我心하며 善知我意也니라 佛이 欲說法에 常先戒勅하사 令諸聽者로 一心靜默일새 故로 云汝今諦聽하라 吾當爲說이라하시니라 阿之言은 無요 耨多羅之言은 上이요 三之言은 正이요 藐之言은 偏이요 菩提之言은 知니 無者는 無諸垢染이요 上者는 三界無能比요 正者는 正見也요 偏者는 一切智也요 知者는 知一切有情이 皆有佛性하야 但能修行하면 盡得成佛이니라 佛者는 卽是無上淸淨般若波羅蜜也니 是以로 一切善男子善女人이 若欲修行인댄 應知無上菩提道하며 應知無上淸淨般若波羅蜜多法하야 以此로 降伏其心이니라 唯然者는 應諾之辭요 願樂者는 願佛이 廣說하사 令中下根機로 盡得開悟니 樂者는 樂聞深法이요 欲聞者는 渴仰慈誨也니라

육조　이것(선재 선재라)은 부처님께서 수보리가 여래의 마음을 잘 알며 여래의 뜻을 잘 안 것을 찬탄함이니라. 부처님이 설법하고자 하시매 항상 먼저 분부하사 모든 듣는 자로 하여금 한마음으로 조용하게 함이니 그러므로 "너는 자세히 들으라. 내가 마땅히 너를 위해 설하리라"하시니라. 阿는 無이고 耨多羅는 上이요 三은 正이고 藐은 偏이요 菩提는 知니 無는 모든 때묻고 물듦이 없음이요, 上은 삼계에 능히 비할 데 없음이요, 正은 정견이고 偏은 일체지이며 知는 일체 有情이 모두 佛性이 있어서 다만 능히 수행하면 다 성불하게 됨을 아는 것이니라. 佛은 위없이 맑고 깨끗한 반야바라밀이니 이것으로써 선남자 선여인이 만약 수행하고자 하면 응당히 위없는 보리도를 알아야 하며 응당히 無上淸淨 반야바라밀법을 알아서 이로써 그 마음을 항복할 것이니라. 唯然

이란 응락하는 말이요 願樂는 부처님이 널리 설하여 중·하근기로 하여금 모두 깨닫기를 원함이고 樂은 깊은 법을 즐거이 들음이요 欲聞이란 자비스러운 가르침을 간절히 바란 것이니라.

傅大士　希有希有佛이여　妙理極泥洹이라　云何降伏住여　降伏住爲難이로다　二儀는　法中妙요　三乘은　敎喩寬이라　善哉라　今諦聽이여　六賊이　免遮欄이로다

부대사　"희유하십니다. 희유하십니다. 부처님이시여"
　　　　묘한 이치가 열반에 다 했음이라.
　　　　어떻게 항복하고 주한다 함인가 함이여.
　　　　항복하고 머문다는 것은 어려웁도다.
　　　　두 가지 위의(住, 降)는 法中에 묘한 것이나,
　　　　三乘은 가르쳐줌이 지극히 너그러웁도다.
　　　　선재라, 이제 자세히 들으라 함이여.
　　　　六賊(육근)이 遮欄을 면했도다.(툭 트였도다)

冶父　往往事因叮囑生이로다
說誼　只這介事　要因叮囑而現이로다
야부　가끔가끔의 일이 자세히 부촉함을 인하여 생기도다.
설의　다만 이 일은 자세히 부촉하는 것으로 인하여 나타남이로다.

冶父　七手八脚이요　神頭鬼面이라　棒打不開요　刀割不斷이라　閻浮踔躑幾千廻요　頭頭不離空王殿이로다
說誼　神用自由하고　妙體難睹라　動彈不得이요　堅固難壞로다　生死路에　幾度往返고　脚跟이　元來淸淨如空이로다
야부　손이 일곱에 다리가 여덟이요
　　　　신의 머리에 귀신의 얼굴이라
　　　　棒으로 쳐도 열지 못하고

칼로 베어도 끊지 못하도다.
염부제에서 뛰는 것이 그 몇천 번인가.
낱낱이 空王殿을 떠나지 않았도다.

설의 신비한 쓰임은 자유스럽고 묘체는 보기 어려움이라. 흔들고 퉁겨봐야 얻지 못하고, 견고하여 무너뜨리기 어려움도다. 생사의 길에서 몇 번이나 왕복했던가. 발자취는 원래 청정하여 허공과 같도다.

宗鏡 昔奇哉之善現이 讚希有之慈尊하사 悲憐濁世衆生하야 諮決菩提心要하시니 可謂一經正眼이요 三藏絶詮이라 千聖이 不傳하시고 諸祖가 不說이시니 如是降伏이여 扁舟已過洞庭湖요 護念丁寧이여 何啻白雲千萬里리오 爲甚麼如此오 毘婆尸佛이 早留心하사 直至而今不得妙니다

說誼 善現之所以奇哉者는 以其不待聲教而信無疑也요 慈尊之所以希有者는 以其不現聲教而開覺人天也니 無言演化는 爲上根上智는 卽得이어니와 中下之機는 如盲處日하야 不知玄化의 所在니라 又末世衆生은 尙未遇玄化하야 爲二障之所礙하야 昧菩提之知見이니 須假語言方便하야 開示菩提心要니라 以故로 空生이 爲之諮決하시니 只此菩提心要는 可謂一經正眼이요 三藏絶詮이라 千聖이 不傳하시고 諸祖不說이시니 如是降伏과 護念丁寧을 謂之如標月指는 卽得이어니와 謂之一經正眼인댄 扁舟已過洞庭湖라 何啻白雲千萬里리오 爲甚如此오 多劫留心尙茫然이니라

종경 옛날에 기특한 善現이 희유하신 慈尊(佛)을 찬탄하사 오탁악세의 중생을 가엾게 여겨서 보리심의 요체를 물어 해결하시니 가위 一經의 正眼이 되며 三藏(경, 율, 논)의 훌륭한 말씀이로다. 천 명의 성인이 전하지 못하시고 모든 조사가 설하지 못하시니 "이와 같이 항복하라"함이여. 조각배는 이미 동정호를 지났음이요 "호념하고 정성스럽게 부촉함이여" 어찌 흰구름이 천만리 뿐이리오. 무엇 때문에 이 같은가. 비바시불(과거 七佛中 최초佛)이 벌

써 마음을 머물러서 지금에까지 이르렀는데도 아직까지 이 묘함을 얻지 못하였도다.

설의 善現이 기특하다고 한 것은 聲敎(부처님 음성으로 설하심)를 기다리지 않고 믿어 의심하지 않음이요. 慈尊(佛)이 희유하다는 것은 그 聲敎를 나타내지 않고도 人天을 깨닫게 했으니 무언으로 교화를 펴는 것은 상근기와 상지혜자에게는 곧 옳거니와 중·하근기는 마치 눈먼 사람이 햇빛에 나가는 것과 같아서 현묘한 교화의 있는 곳을 알지 못함이니라. 또 말세 중생은 오히려 현묘한 교화를 얻지 못해서 二障(번뇌장, 소지장)의 걸림이 되어서 보리의 지견을 어둡게 했으니 모름지기 말의 방편을 빌려서 보리심의 요체를 열어보여야 하느니라. 이 까닭으로 空生이 그들을 위하여 물으셨으니 다만 이 보리심의 요체는 가히 一經의 正眼이요 三藏의 절묘한 말이로다. 여러 성인이 전하지 못하시고 모든 조사가 설하지 못하시니 이와 같이 항복함과 정성스런 호념은, 이것을 가지고 달을 가리키는 손가락으로 안다면 좋거니와 이것을 일러 一經의 正眼이라 한다면 조각배는 이미 동정호수를 지났음이라. 어찌 백운이 천만리일 뿐이리오. 무엇 때문에 이 같은가. 오랜 세월동안 여기에 대해 마음을 써 왔지만 아직도 아득하기만 함이니라.

宗鏡 問處孤高答處深하니 妙圓眞淨不須尋이라 瞥然如是知端的하면 黙契菩提大道心하리라

說誼 一問一答에 妙理斯在하니 妙圓眞淨을 不須別處尋覓이로다 寒山指頭에 月團團하니 多少傍觀이 眼如盲고 但向指頭開活眼하면 滿目寒光을 無處藏하리라

종경 묻는 곳도 높고 답한 곳도 깊으니
妙하고 圓하고 眞淨하여 찾을 수 없어라
언뜻 이같이 端的함을 알면
묵묵히 菩提의 大道心에 契合하리라.

설의 一問과 一答에 묘한 이치가 그 안에 있으니 妙하고 원만하고

참되고 깨끗함을 다른 데서 찾지 말라.
>寒山의 손가락끝에 달은 둥근데
>다소의 방관자들의 눈은 맹인과 같도다.
>다만 손가락끝을 향해서 活眼을 열면
>눈에 가득한 찬빛(法의 光明)은 감출 곳이 없으리라.

무비해설 반야는 흔히 공으로 설명되기도 한다. 공의 이치를 가장 잘 아는 수보리가 평소에 의심스럽던 점과 알고 싶었던 것을 부처님께 묻는 대목이다. 즉 보리심을 발한 사람은 어떻게 살며 어떻게 그 마음을 다스려야 하는가. 다시 말하면 반야의 삶은 무엇이며 부처로서의 삶은 무엇인가 하는 문제이다.

그러나 이러한 것이 과연 밖에서 찾아지고 얻어질 것들인가. 무엇이나 다 수보리(우리) 자신속에 있는 것이고 어떠한 길도 모두 수보리 자신에게 있거늘 어찌 밖을 향해서, 또 남에게 물어야 하는가. 부처님께서는 이러한 사실을 이미 걸식을 통해서 다 보여주셨고 자리를 펴고 앉으심으로써 전부 보여 주셨다. 인간의 본래면목을, 반야의 참모습을.

圭峰 四는 如來正說이라 於中에 文二니 一은 正答所問이요 二는 躡迹斷疑라 初文에 分二하니 一은 擧總標別하야 以牒問이라

규봉 ㉣四. 여래의 정설이라. 그중에 두 가지니 ㉓一. 물음에 대한 바른 답이요, ㉓二. 자취를 밟아서 의심을 끊음이라. 처음을 둘로 나누면 ㉔一. 總을 들어 別을 표해서 거듭 물음이라.

大乘正宗分 第三 (대승의 바른 종지)

佛이 **告須菩提**하사대 **諸菩薩摩訶薩**이 **應如是降伏其心**이니
부처님께서 수보리에게 말씀하시되 "모든 보살마하살은 응당 이와 같이 그 마음을 항복받을지니라."

六祖 前念淸淨하고 後念淸淨을 名爲菩薩이요 念念不退하야 雖在塵勞나 心常淸淨을 名摩訶薩이니라 又慈悲喜捨의 種種方便으로 化導衆生을 名爲菩薩이요 能化所化에 心無取着을 名摩訶薩이니 恭敬一切衆生이 卽是降伏其心이니라 處眞을 名不變이요 契如를 名不異니 遇諸境界호대 心無變異를 名曰眞如니라 亦云外不假曰眞이요 內不亂曰如라 念念無差曰是니라
육조 앞생각이 청정하고 뒷생각도 청정한 것을 보살이라 함이요, 생각생각이 물러서지 않고 비록 세상 가운데 있으나 마음이 항상 청정함을 마하살이라 하느니라. 또 慈悲喜捨의 가지가지 방편으로 중생들을 교화함을 보살이라 하고 能化所化(교화하는 사람이나 받는 사람)에 대하여 마음에 집착함이 없는 것을 마하살이라 하니, 일체 중생을 공경하는 것이 곧 그 마음을 항복받음이니라. 眞에 처함을 불변이라 하고 진여에 계합함을 不異라고 하니 모든 경계를 만나되 마음에 변하고 달라짐이 없음을 眞如라 하느니라. 또한 밖으로 거짓됨이 없음을 眞이라 하고 안으로 산란하지 않음을 如라 하며 생각생각 차별이 없는 것을 是라 하느니라.

圭峰 二는 約別顯摠하야 以答問이니 此는 以降伏으로 爲摠이요 住修로 爲別也라 謂住修之中에 皆有降伏이니 經意在此일새 故로 唯

標降伏이니라 有科此標云擧後攝初者는 乃令經文으로 極不穩暢하
야 理例顚倒니 自古言敎에 秪有以初攝後언정 未聞將後攝初어든
況詳經文컨댄 無別答降伏之處하니 卽知降伏이 在住修中이니라 住
修는 皆令離相이니 是答降伏問也니라 不別答者는 此經은 宗於離
相이요 離相이 正是降心이니 本意가 欲明降心일새 因約住修하야 以
顯住修降伏이 本不相離니라 故로 無着의 十八住中에도 每住에 皆
有住修降伏이니라 文中에 二니 一은 答安住降心問이라 又四니 一은
廣大心이라

규봉 ㈐二. 別을 잡아 總을 나타내어 문답함이니 이것은 항복으로써 總을 삼고 住, 修로써 別을 삼음이라. 住, 修 가운데 다 항복이 있으며 經의 뜻이 여기에 있으므로 오직 항복만을 표시함이다. 어떤 이가 이것을 科目하여 표시해 말하길 後를 들어 初를 섭한 것은 경문으로써 극히 온당치 못하여 이치의 例가 전도된 것이니 옛부터 言敎를 말하매 다만 初로써 後를 섭함이 있을지언정 後를 가지고 初를 섭함은 듣지 못했다 하거늘 하물며 經文을 자세히 살피건대 따로 항복을 답한 곳이 없으니 곧 알라. 항복이 住 修中에 있도다. 住와 修는 다 相을 떠나게 함이니 이는 항복의 물음에 대한 답이로다. 달리 답하지 않았다는 것은 이 經은 相 떠남을 宗으로 하고 상 떠남이 마음을 바르게 항복하는 것이니, 이 금강경의 본뜻이 마음을 항복하는 것을 밝히고자 하므로 住, 修로 인하여 住 修 降伏이 본래 서로 떠나지 않음을 나타낸 것이다. 그러므로 無着의 十八住中에도 매 住마다 다 住, 修, 降伏이 있었다. 이 글중에 두 가지가 있는데 ㉮一. 安住 降心의 물음에 대한 답이다. 또 이중에 네 가지가 있으니 ㉮一. 廣大心이다.(四心中 첫째)

所有一切衆生之類인 若卵生과 若胎生과 若濕生과 若化
生과 若有色과 若無色과 若有想과 若無想과 若非有想非

無想을
"있는 바 일체 중생의 종류인 난생·태생·습생·화생·유색·무색·유상·무상·비유상·비무상을

圭峰 三界普度일새 故云廣大心也니라 初句는 標요 若卵下는 列이라 列中에 文三이니 一은 受生差別이니 天獄은 化生이요 鬼通胎化요 人畜은 各四요 諸餘微細한 水陸地空은 不可具分品類니라 卵劣在初者는 二釋이니 一은 約境이니 具緣多者가 爲首요 二는 約心이니 從本至末이 爲次니라 二는 依止差別이니 有色은 四禪이요 無色은 四空이니라 三은 境界差別이니 功德施에 云有想은 則空識二處요 無想은 則無所有處요 若非等은 則有頂이라하다 二는 第一心이라

규봉 三界를 널리 제도하므로 광대심이라 한다. ㉯一. 첫 구절(일체 중생지류)은 標(기치)요 약란생 밑으로는 분류이다. 분류중에 三가지로 나누면
　㉮一. 受生差別(생을 받는 데의 차별) : 천상지옥은 化生이요 귀신은 태생과 화생에 통하고 인간과 축생은 각각 넷이 있음이요 모든 나머지 미세한 水, 陸, 地, 空은 가히 종류를 구분 못한다. 卵生이 처음에 있는 것은 두 가지 해석이 있으니 첫째는 경계에 의지함이니 인연이 많은 것이 앞에 있게 되고 둘째는 마음을 의지함이니 근본부터 지말에 이르름이 그 다음이 됨이다.
　㉮二. 依止差別 : 有色은 四禪(天上)이요 無色은 四空(天上)이다.
　㉮三. 境界差別 : 功德施보살이 지은 論에 이르되 有想은 空界, 識界 二處이고 無想은 곧 無所有處이다 若非等은 有頂天이라 한다.
㉯二. 第一心이다.(四心中 둘째)

我皆令入無餘涅槃하야 **而滅度之**호리니
내가 다 무여열반에 들어가게 해서 그들을 다 멸도하리라.

圭峰 卽無住處涅槃은 不共二乘일새 故云第一이니라 無着이 云何故로 願此不可得義오 生所攝故니라 又云卵濕과 無想有頂은 則不能이어늘 云何普入고 有三因緣하니 一은 難處生者는 待時故요 二는 非難處生이니 未成熟者로 成熟之故요 三은 已成熟者로 解脫之故니라

규봉 무주처 열반은 二乘(성문 연각)과 같지 않으므로 第一心이라 한다. 무착이 이르되 무엇 때문에 이 不可得의 뜻을 원하는가. 중생을 섭수하는 연고니라. 또 卵·濕과 無想, 有頂은 곧 제도하지 못하거늘 어떻게 널리 들어가게 한다고 하는가.

여기엔 세가지 인연이 있으니 ㉠一. 제도받기 어려운 곳에 나는 것은 시간을 기다리는 연고이고 ㉠二. 제도받기 어려운 곳에 나지 않는 것은 미성숙자가 성숙되게 함이며 ㉠三. 이미 성숙한 자는 이것으로 하여금 해탈케하는 연고이다.

六祖 卵生者는 迷性也요 胎生者는 習性也요 濕生者는 隨邪性也요 化生者는 見趣性也니 迷故로 造諸業하고 習故로 常流轉하며 隨邪에 心不定이요 見趣에 多淪墜니라 起心修心하야 妄見是非하고 內不契無相之理를 名爲有色이요 內心守直하야 不行恭敬供養하고 但見直心是佛하야 不修福慧를 名爲無色이요 不了中道하고 眼見耳聞에 心想思惟하야 愛着法相하야 口說佛行호대 心不依行을 名爲有想이요 迷人이 坐禪호되 一向除妄하고 不學慈悲喜捨智慧方便하야 猶如木石하야 無有作用을 名爲無想이요 不着二法想故로 名若非有想이요 求理心在故로 名若非無想이니 煩惱萬差나 皆是垢心이요 身形無數나 摠名衆生이니라 如來가 大悲普化하사 皆令得入無餘涅槃也하야 而滅度之者는 如來가 指示三界九地衆生이 各有涅槃妙心하사 令自悟入無餘시니 無餘者는 無習氣煩惱也니라 涅槃者는 圓滿淸淨義니 滅盡一切習氣하야 令永不生하야사 方契此也니라 度者는 渡生死大海也니 佛心이 平等하사 普願與一切衆

生으로 同入圓滿淸淨無餘涅槃하야 同渡生死大海하야 同諸佛所證也니라 有人이 雖悟雖修나 作有所得心者는 却生我相하나니 名爲法我라 除盡法我하야사 方名滅度也니라

육조 卵生이란 성품이 迷한 것이고 胎生이란 習性이요 濕生이란 邪를 따르는 성품이고 化生이란 보고 취하는 性이니 미한 까닭에 모든 업을 짓고 거듭함으로써 항상 流傳하고 삿됨을 따르매 마음이 안정하지 못함이요, 온갖 갈래를 다 보므로 빠지고 떨어짐이 많으니라. 마음을 일으키고 마음을 닦아서 망령되이 시비를 보고 안으로 無相의 이치에 계합하지 못함을 有色이라 함이니라.

내심으론 곧은 마음만 지켜서 공경·공양을 행하지 않고 다만 곧은 마음만을 부처라고 보아서 복과 혜를 닦지 않음을 無色이라 하도다. 中道를 요달하지 못하고 눈으로 보고 귀로 들으며 마음으로 사유하여 法相에 애착해서 입으로는 佛行을 말하되 마음으로 행하지 않음을 有想이라 함이요, 미한 사람이 좌선하며 한결같이 망념만 없애고 자비희사의 지혜방편을 배우지 않아서 마치 목석과 같이 아무 작용이 없는 것을 無想이라 하느니라. 두 가지 法相〔有無〕에 집착하지 않는 고로 非有想이라 하고 이치를 구하는 마음이 있는 고로 非無相이라 하느니라.

번뇌는 만 가지 차별이 있으나 이는 다 때묻은 마음이요, 몸의 형상이 헤아릴 수 없으나 모두 중생이라 이름하느니라. 여래께서 대자비로 널리 교화하시어 다 무여열반에 들게 하여서 그들을 다 멸도하게 하는 것은, 여래께서 三界의 九地衆生이 각각 열반묘심이 있음을 가리켜 보이심으로써, 그들로 하여금 스스로 무여열반에 깨달아 들어가게 하심이니라. 無餘란 習氣, 번뇌가 없음이니라. 열반이란 원만 청정의 뜻이니 일체 습기를 모두 멸해서 영원히 번뇌가 다시 나지 않게 하여 바야흐로 이에 계합하는 것이니라. 度란 생사대해를 건너는 것이니 佛心이 평등해서 널리 일체중생과 더불어 다같이 원만하고 청정한 무여열반에 들어서 다같이

생사대해를 건너서 과거 모든 부처님이 증득한 것과 똑같이 되길 원함이니라. 어떤 사람이 비록 깨닫고 수행을 하나 얻을 것이 있다고 생각하는 사람은 도리어 我相을 냄이니 그것을 이름하여 法에 對한 我相이라 함이다. 法에 對한 我相을 모두 없애야 바야흐로 滅度라 하느니라.

圭峰 三은 常心이라
규봉 ㉠三. 常心이라.(四心中 三)

如是滅度無量無數無邊衆生호대 **實無衆生得滅度者**니라
이와 같이 한량없고 셀 수 없고 가없는 중생을 멸도하되 실로는 멸도를 얻은 중생이 없느니라."

圭峰 一은 性空故요 二는 同體故니 論에 云自身滅度가 無異衆生이라하다 三은 本寂故요 四는 無念故요 五는 法界故니라
규봉 常心(제도했다는 마음이 없는 것)이란 ㉠一. 성품이 공한 까닭이요 ㉠二. 同體이기 때문이다. 論에 이르되 자신의 멸도가 중생과 다름이 없다고 하다. ㉠三. 본래 근본이 적정한 연고이다. ㉠四. 무념인 까닭이요 ㉠五. 法界인 까닭이다. (법계엔 法아닌 것이 없기 때문이다)

六祖 如是者는 指前法也라 滅度者는 大解脫也니 大解脫者는 煩惱及習氣와 一切諸業障이 滅盡하야 更無有餘일새 是名大解脫이니라 無量無數無邊衆生이 元各自有一切煩惱貪瞋惡業하니 若不斷除하면 終不得解脫일새 故言如是滅度無量無數無邊衆生이라하시니라 一切迷人이 悟得自性하면 始知佛이 不見自相하시며 不有自智어시니 何曾度衆生이리오마는 祇爲凡夫가 不見自本心하며 不識佛意하

고 執着諸相하야 不達無爲之理하야 我人不除일새 是名衆生이니 若
離此病하면 實無衆生이 得滅度者니라 故로 言妄心無處卽菩堤라
生死涅槃이 本平等이라하시니 又何滅度之有리오

육조 如是란 앞의 法(무여열반)을 가리킴이라. 滅度란 대해탈이
니 대해탈은 번뇌와 습기와 일체의 모든 업장이 다 멸하여 다시
남음이 없음이니 이를 대해탈이라 하느니라. 무량, 무수, 무변중생
들이 원래 각각 스스로 일체의 번뇌와 탐진치와 악업이 있으니
만일 끊어 제거하지 못하면 마침내 해탈을 얻지 못하므로 그래서
"이와 같이 무량, 무수, 무변중생을 멸도한다"하시니라. 일체 미한
사람이 自性을 깨달아 얻으면, 부처님께서는 자신의 相을 보지 않
으시며 자신의 지혜도 두지 않음을 비로소 알게 되리니, 하물며
어찌 일찍이 중생을 제도한다는 것이 (부처님 가슴에 남아 있겠
는가. 다만 범부가 스스로의 본심을 보지 못하고) 부처님의 뜻을
알지 못하며 모든 相에 집착하여서 無爲의 이치를 통달하지 못하
여 我와 人을 제거하지 못함을 衆生이라 이름하니, 만약 이 病만
여의면 실로 중생이 멸도를 얻음이 없으리라. 그러므로 망심이 없
는 곳이 곧 보리이고 생사열반이 본래 평등이라 하시니 또 어찌
멸도했다는 것이 있으리오.

圭峰 四는 不顚倒心이라
규봉 ㉔四. 顚倒되지 않은 마음이라.(四心中 四)

何以故오 須菩堤야 若菩薩이 有我相人相衆生相壽者相하면 卽非菩薩이니라

무슨 까닭인가. 수보리야, 만약 보살이 아상 인상 중생상
수자상이 있으면 곧 보살이 아니니라.

說誼 悲化含生入無餘하고 智冥眞際絶能所로다 見有可度면 卽乖眞이라 我人不生하야사 名菩薩이니라
설의 자비로써 중생을 교화해서 無餘에 들게 하고 지혜가 眞際에 명합해서 能所를 끊었도다. 가히 제도할 것이 있다고 보면 眞과 어긋남이라. 我相, 人相이 나지 않아야 보살이라 하느니라.

圭峰 論에 云遠離依止身見衆生等相이라 故로 無着이 云已斷我見하야 得自行平等相故로 信解自他平等하야 顯示降伏心中攝散時에 衆生想도 亦不轉이니 如彼爾炎住故라하시니라
규봉 論에 이르길 依止, 身見과 衆生 等의 相을 멀리 떠나야 함이라. 그러므로 무착이 이르되 아견을 이미 끊어서 自行의 平等相을 얻은 고로 自他가 평등함을 믿어 알아서, 항복하는 마음 가운데 산란함이 드러날 때 중생상도 또한 움직이지 않음을 저 爾炎*(智母)과 같이 住하는 까닭이라 하시니라.

六祖 衆生과 佛性이 本無有異언마는 緣有四相하야 不入無餘涅槃하나니 有四相하면 卽是衆生이요 無四相하면 卽是佛이라 迷하면 卽佛이 是衆生이요 悟하면 卽衆生이 是佛이니라 迷人이 恃有財寶學問族姓하야 輕慢一切人을 名我相이요 雖行仁義禮智信이나 而意高自負하야 不行普敬하고 言我解行仁義禮智信이니 不合敬爾를 名人相이요 好事는 歸己하고 惡事는 施人을 名衆生相이요 對境取捨分別을 名壽者相이니 是謂凡夫四相이니라 修行人도 亦有四相하니 心有能所하야 輕慢衆生을 名我相이요 自恃持戒하야 輕破戒者를 名人相이요 厭三塗苦하야 願生諸天이 是衆生相이요 心愛長年하야 而勤修福業하야 諸執不忘이 是壽者相이니 有四相하면 卽是衆生이요 無四相하면 卽是佛이니라

---

* 爾炎(智母) : 근본지는 후덕지를 길러내는 어머니다.

육조 衆生과 佛性이 본래 다름이 없건만 四相이 있으므로 인하여 무여열반에 들어가지 못하니, 四相이 있으면 곧 중생이요 사상이 없으면 곧 부처이니라. 迷하면 佛이 곧 중생이 되고 깨달으면 중생이 곧 佛이로다. 迷한 사람이 재보와 학문과 族姓(가문)이 있음에 의하여 모든 사람들을 업신여기는 것을 我相이라 하고 비록 仁義禮智信을 行하나 뜻이 높다는 자부심을 가져서 널리 모든 사람들을 공경하지 않고 말하기를 '나는 인의예지신을 행할 줄 안다'하고 남을 공경하지 않음을 人相이라 하도다. 좋은 일은 자기에게 돌리고 나쁜 일은 남에게 돌림을 중생상이라 함이요, 어떤 경계에 대하여 취사분별함을 수자상이라 하니 이것들을 범부의 四相이라 하느니라. 修行人도 또한 四相이 있으니 마음에 能所가 있어서 중생을 가볍게 여김을 아상이라 하고, 자기가 戒가짐을 믿고 파계자를 업신여기는 것을 人相이라 함이다. 삼악도의 고통을 싫어하여 天上에 나기를 원하는 것이 중생상이요 마음에 오래 삶을 좋아해서 부지런히 복업을 닦아 모든 집착을 잊지 못하는 것이 수자상이니, 四相이 있으면 곧 중생이요 四相이 없으면 곧 부처이니라.

傅大士 空生이 初請問에 善逝가 應機酬하시니 先答云何住요 次敎如是修하다 胎生卵濕化를 咸令悲智收케하시니 若起衆生見이면 還同着相求니라

부대사 空生이 처음 물음을 청함에
　　　　善逝(佛)께서 근기에 맞게 답하시니
　　　　먼저 云何住를 답하시고
　　　　다음엔 如是修를 가르치셨도다.
　　　　태생 난생 습생 화생을
　　　　다 대자비의 지혜로써 거두게 하시니
　　　　만약 중생의 견해를 일으킨다면

도리어 相에 집착해서 구하는 것과 같으니라.

야부 頂天立地요 鼻直眼橫이로다

설의 從一法界하야 形分九類하니 形形이 皆具一法界라 所以로 一一頭指天하고 脚踏地하며 一一鼻直向下垂하고 眼橫在上方이로다.

야부 이마는 하늘을 향하여 땅위에 서 있고, 코는 수직으로 있으며 눈은 가로 놓여 있도다.

설의 한 법계로부터 형상이 아홉 가지로 나뉘니 모양모양이 다 한 법계를 갖추었도다. 그런 까닭에 낱낱의 머리는 하늘을 가리키고 다리는 땅을 밟으며 낱낱의 코는 아래를 향해 곧게 드리웠고 눈은 옆으로 비껴 위쪽에 있음이로다.

야부 堂堂大道여 赫赫分明이라 人人本具하고 箇箇圓成이라 秖因差一念하야 現出萬般形이로다

설의 堂堂大道여 廓周沙界요 赫赫分明이여 光吞萬象이로다 人人本具여 着衣喫飯과 彈指揚眉를 不要別人이요 介介圓成이여 折旋俯仰과 歌伸謦咳를 不借他力이로다 只因云云은 春色이 無高下로대 花枝自短長이니라 自短長이여 也不妨하니 九類同居一法界라 紫羅帳裏撒眞珠로다 雖然如是나 若但伊麽商量인댄 盡十方世界가 都盧是無孔鐵鎚라 畜生은 永作畜生하고 餓鬼는 永作餓鬼하야 無有一介도 發眞歸源이니라 既然如是인댄 畢竟作麽生고 風和에 花織地요 雲淨에 月滿天이로다

야부 堂堂한 大道여
　　　밝고 밝아 분명하도다.
　　　사람사람이 본래 갖추어졌고
　　　낱낱이 원만하게 이루어졌도다.
　　　다만 한 생각이 비끄러짐으로 인하여
　　　만 가지 형상이 나타났도다.

설의 당당한 大道여. 확연하여 항하사 세계에 두루 펼쳐져 있음이요.

밝고 밝아 분명함이여. 그 빛이 만상을 머금었도다. 사람사람이 본래 갖춰져 있음이여. 옷입고 밥먹는 것과 손가락을 튕기고 눈썹을 움직임은 다른 사람에게 要함이 아님이요. 낱낱이 원만하게 이룸이여. 折旋俯仰과 歎伸聲咳(몸의 온갖 동작)는 남의 힘을 빌림이 아니로다. '다만 한 생각이~인하여'라는 것은 봄빛은 높고 낮음이 없으나 꽃가지는 스스로 짧고도 길도다. 스스로 짧고도 길음이여. 이 또한 서로 방해하지 않으니 九類가 함께 한 법계에 사는지라 붉은 비단 장막 위에 진주를 뿌림과 같도다. 비록 이와 같으나 만약 다만 이렇게만 생각한다면 온 시방세계가 모두 구멍없는 망치와 같아서 축생은 길이 축생을 짓고 아귀는 영원히 아귀만 지어서 한 개도 眞을 발하여 근원에 돌아갈 수 없음이니라. 이미 이와 같음인댄 필경 어떻게 할 것인가

　　봄바람이 불면 꽃이 땅을 수놓고
　　구름이 걷히면 달빛이 하늘에 가득함이로다.

宗鏡 涅槃淸淨이여 盡令含識依歸요 四相俱忘이여 實無衆生滅度니 如斯了悟하면 便能脫死超生이어니와 其或未然인댄 依舊迷封滯殼하리라 會麼아 生死涅槃이 本平等하니 妄心盡處卽菩提로다

說誼 悲化含生은 卽不無나 爭乃能所歷然가 智冥眞際하면 平等無有高下니 如斯了悟하면 便能超生脫死어니와 其或未然인댄 依舊迷無明之封蘁하고 滯有漏之形殼하리라

종경 열반 청정이여. 일체 중생으로 하여금 다 귀의케하고 四相을 모두 잊음이여. 실로 중생을 멸도함이 없으니 이와 같이 깨달으면 능히 생사를 초탈하거니와 그렇지 못하면 옛을 의지하여 미망의 껍질에 갇혀 있게 되느니라. 알겠는가. 생사열반이 본래 평등하니 망심 다한 곳이 곧 보리(깨달음)로다.

설의 자비로써 중생을 교화함은 없지 않으나 能所(나다 남이다 하는 생각)가 역연함은 어찌할까. 지혜가 眞際에 명합하면 평등하여 고하가 없으니 이같이 깨달으면 능히 생사를 초탈하거니와 혹 그렇지 못하면 옛처럼 무명의 미한 겉몸뚱이에 미혹하여 有漏의 껍질에 머무르리라.

大乘正宗分 第三

宗鏡 頂門具眼辨來端하니 衆類何曾入涅槃이리오 絶後再甦無一物하니 了知生死不相干이로다

說誼 有智無悲도 亦只是一隻眼이요 有悲無智도 亦只是一隻眼이니 悲智雙運하야 出入自在하야사 方得名爲頂門具眼이니라 來端者는 生佛平等之一源이요 悲智不二之一體니 唯有具眼하야사 辨得有分이니라 來端을 旣已辨得인댄 何更見有能度所度리오 衆生滅盡而無滅하니 生佛이 都盧眼裏花로다

종경 頂門의 눈을 갖추어 단서를 가려보니
　　　온갖 종류가 일찍이 열반에 들었으리오.
　　　끊어진 후에 다시 소생하여 한 물건도 없어야
　　　생사가 서로 간섭되지 않음을 깨달아 앎이로다.
　　　(깨달은 눈으로 살펴 보니 실로 열반에 들 중생이 없고 생사가 둘이 아님을 안 것이다.)

설의 지혜는 있고 자비가 없음은 다만 한쪽의 눈이요 자비만 있고 지혜가 없음도 또한 한쪽의 눈이니, 자비와 지혜를 쌍으로 굴려 出入이 자재하여야 비로소 頂門의 눈을 갖춤이 되도다. 來端(단서)이란 중생과 부처가 평등한 한 근원이고 지혜와 자비가 둘이 아닌 한 몸이니 오직 눈을 갖춰야 가려낼 분이 있도다. 단서를 이미 가려낼진대 어찌 다시 능히 제도하고 제도될 것이 있음을 보리오.
　　　중생을 다 멸하되 멸함이 없으니
　　　중생과 부처가 모두 눈 속의 꽃이로다.

무비해설 대승이란 시대와 국가와 민족을 초월해서 어느 시대 어떤 사람들에게도 다 해당되는 진리를 뜻하는 것으로 모두를 다 저 언덕에 실어나르는 가장 바르고 으뜸가는 가르침이다. 보살은 이렇게 마음을 써야한다. 이를테면 온갖 여러 가지 중생들을 다 제도하되 실은 제도한 바가 없어야 한다. 보살은 어떠한 경우라도 상이 없어야 하고 만약 상이 있으면 보살이라 할 수 없다. 이는 반야의 인생이 아니고, 부처의 인생이 아니고, 사람의 참모습이 아니다.

사람의 본래 면목이라는 입장에서 볼 때 부처와 중생은 나눌 수 없는 것인데 누가 누구를 제도한다는 일이 있을 수 있겠는가. 보살의 조건은, 사람의 조건은, 사람의 참모습을 알아야 하고, 그렇다면 제도한다는 상은 있을 수가 없는 것이다.

대승의 바른 종지야말로 가장 크고 바른 가르침이며, 어느 사람에게라도 다 해당되는 진리인 것이다.

圭峰　二는 答修行降心問이라 於中에 又五니 一은 總標라

규봉　㋐二. 修行 降心의 물음에 답한 것이니 그중에 五가지가 있다. ㉠一. 總標라 (모두 표시함)

妙行無住分 第四 (묘행은 머묾이 없음)

復次須菩提야 **菩薩**이 **於法**에 **應無所住**하야 **行於布施**니
또 수보리야, 보살은 법에 응당히 머문 바 없이 보시를 할지니

圭峰 於法者는 統標諸法이요 應無下는 正明修行이니라 問이라 菩薩萬行에 何唯說一고 答이라 萬行이 不出六度니 六度를 總名布施니라 故로 偈에 云檀義가 攝於六하니 資生無畏法이여 此中一二三을 是名修行住라하며 無着이 云若無精進이면 疲乏故로 不能說法이요 若無禪定이면 卽貪信敬利養하야 染心說法이요 若無智慧면 便顚倒說法이라하시니라 二는 別釋이라

규봉 於法이란 제법을 모두 표한 것이다. "응당히 주하는 바 없이~"는 수행을 바르게 밝힌 것이다. 問, 보살의 만행에 어찌 오직 하나만 설하였는가. 答, 만 가지 행은 육바라밀을 벗어나지 않으니 육바라밀의 모든 이름을 布施라 한다. 그러므로 偈(미륵 八十송중 三번째)에 이르되 단바라밀(布施)의 뜻은 여섯 가지를 섭하니, 재보시(一) 無畏施(二, 三), 法施(四, 五, 六)이다. 이 중에 一, 二, 三을 수행住라 이름한 것이다. 무착이 이르되 만약 精進이 없으면 부족한 까닭에 능히 법을 설하지 못함이요, 만일 선정이 없으면 곧 믿고, 공경하며, 이익되는 일에 탐하여 물든 마음으로 說法함이요 만약 지혜가 없으면 곧 전도된 설법이라 하시니라.

㉯二. 달리 해석함이라.

所謂不住色布施며 **不住聲香味觸法布施**니라

이른바 색에 머물지 않고 보시하며 성향미촉법에도 머물지 않고 보시해야 하느니라.

圭峰 本論엔 但指三事가 爲色等이니 謂自身과 報恩과 果報니라 故로 偈에 云自身及報恩과 果報斯不着하야 護存已不施하고 防求於異事라하다

규봉 本論엔 다만 三事가 색성향 등을 가리킴이니 自身과 報恩과 果報를 말하였다. 故로 偈에 이르되 자신 및 보은, 과보에 집착하지 않고 자기만을 생각하여 보시하지 않음을 막고, 별다른 수행(異事)을 구하지도 말라 하다.

六祖 言復次者는 連前起後之辭니라 凡夫布施는 只求身相端嚴과 五欲快樂故로 報盡에 卽墮三塗일새 世尊이 大慈로 敎行無相布施하야 不求身相端嚴과 五欲快樂하고 但令內破慳心하며 外利益一切衆生이니 如是相應을 是名不住色布施니라

육조 復次라 한 것은 앞을 이어서 뒷말을 일으키려는 것이니라. 범부의 보시는 다만 몸의 단정하고 엄숙함과 오욕의 쾌락을 구하는 고로 과보가 다하면 곧 삼도(지옥, 아귀, 축생)에 떨어지므로 세존께서 대자비로 무상보시를 행하게 해서 신상단엄과 오욕쾌락을 구하지 않고 다만 안으로는 간탐심을 깨뜨리고 밖으로는 일체중생을 이익케 하기 위함이니, 이와 같이 상응하는 것을 색에 머물지 않고 보시한다 하느니라.

圭峯 三은 總結이라
규봉 ㉧三. 총결이라.

須菩提야 **菩薩**이 **應如是布施**하야 **不住於相**이니

수보리야. 보살은 응당 이와 같이 보시하여 상에 머물지 않아야 되느니라.

圭峰 前엔 但指三事어니와 今則心境空有를 微細盡袪니라 故로 偈에 云遠離取相心이라하며 論에 云不見施物受者施者라하며 無着이 云不住相想이라하시니라 有人이 將此結文하야 爲別答降伏이라하니 非也라 前標次釋此結에 皆云無住가 都是修中降伏之義어늘 何忽偏配結文하야 爲別答問이리오

규봉 앞에서는 다만 三事만 가리켰으나 지금은 心, 境, 空, 有(마음과 경계와 있다 없다)를 미세하게 다 제거한 것이다. 故로 偈에 이르되 相 취하는 마음을 멀리한다 하며 論에 이르되 施物(주는 물건), 受者(받는 자), 施者(주는 자)를 보지 않는다 하다. 無着이 이르되 相이라는 생각에 머물지 않는다 하다. 어떤 사람이 이 결론적인 글(윗 경문)을 가리켜 항복을 달리 표현한 답이라 하니, 이것은 틀린 말이다. 앞의 표와 이 해석과 이 총결에 다 "머물지 말라"함은 모두 수행 가운데 마음을 항복한다는 뜻이니, 어찌 문득 결론적인 글에 치우쳐 놓고서 달리 답이라고 하겠는가.

六祖 應如無相心布施者는 爲無能施之心하며 不見所施之物하며 不分別受施之人이 是不住相布施也니라

육조 응당 무상심과 같이 보시한다는 것은, 능히 보시한다는 마음도 없고 베푸는 물건도 보지 않으며 받는 사람도 분별하지 않는 것을 상에 머물지 않는 보시라 하느니라.

圭峰 四는 顯益이라
규봉 ㉔四. 이익을 나타냄이라.

何以故오 **若菩薩**이 **不住相布施**하면 **其福德**을 **不可思量**이니라

무슨 까닭인가. 만약 보살이 상에 머물지 않고 보시하면 그 복덕은 가히 헤아릴 수 없느니라.

說誼 以智起行에 獲福無邊이로다
설의 지혜로써 자비행을 일으키면 복얻음이 가이 없도다.

六祖 菩薩이 行施에 心無所希하면 其所獲福이 如十方虛空하야 不可較量이니라 一說에 布者는 普也요 施者는 散也니 能普散盡胸中의 妄念習氣煩惱하야 四相이 泯絶하야 無所蘊積이 是眞布施라하며 又說에 布者는 普也니 不住六塵境界하며 又不有漏分別하고 惟常返歸淸淨하야 了萬法空寂이라하니 若不了此意하면 惟增諸業일새 故須內除貪愛하고 外行布施하야 內外相應하야사 獲福無量이니라 見人作惡하야도 不見其過하야 自性에 不生分別이 是爲離相이요 依敎修行하야 心無能所가 卽是善法이라 修行人이 心有能所하면 不名善法이요 能所心이 不滅하면 終不得解脫이니 念念常行般若智하야사 其福이 無量無邊이니라 依如是修行하면 感得一切人天의 恭敬供養하리니 是名爲福德이라 常行不住相布施하야 普敬一切含生하면 其功德이 無有邊際하야 不可稱計也니라

육조 보살이 보시를 행할 때 마음으로 바라는 것이 없으면 그 얻는 복이 十方의 허공과 같아서 가히 헤아릴 수 없느니라. 一說에 布란 普(넓다)요 施란 散(사방에 흩는다)이니 가슴 가운데 있는 모든 망념 습관 번뇌를 널리 흩어버리고 四相을 끊어 없애서 전혀 쌓여 있지 않게 하는 것이 참 보시라 하며, 또 일설에는 布란 普니 육진경계에 머물지 않으며 有漏의 分別도 하지 않고 오직 항상 청정한 데 돌아가서 만법이 공적함을 요달함이니라. 만약 이 뜻을 요달하지 못하면 오직 온갖 업만 더하므로 모름지기 안

으로 탐애를 없애고 밖으로 보시를 행해서 내외가 상응하여야 복 얻음이 무량함이니라. 사람들이 악 지음을 보아도 그것을 허물로 보지 않아서 自性 가운데 분별을 내지 않음이 離相이 되느니라. 가르침에 의해 수행해서 마음에 能所가 없는 것이 곧 善法인 것이라. 수행인이 마음에 능소가 있으면 선법이라 할 수 없고 능소심이 멸하지 않으면 마침내 해탈치 못하니 순간순간 항상 반야지혜를 행하여야 그 복이 무량무변한 것이니라. 이같은 수행에 의지하면 일체 人天의 공경하고 공양함이 따르니 이것을 복덕이라 하도다. 항상 不住相布施를 행하여 널리 일체 모든 생명을 공경하면 그 공덕이 끝이 없어서 가히 헤아릴 수 없느니라.

傅大士　檀波羅蜜布施頌에 曰施門이 通六行하고 六行이 束三檀이라 資生無畏法이여 聲色勿相干이로다 二邊에 純莫立하고 中道도 不須安이니 欲覓無生處인댄 背境向心觀이어다

尸羅波羅蜜持戒頌에 曰尸羅得淸淨이여 無量劫來因이라 妄想은 如怨賊이요 貪愛는 若參辰이로다 在欲而無欲이요 居塵不染塵이니 權依離垢地하야 當證法王身이로다

羼提波羅蜜忍辱頌에 曰忍心은 如幻夢이요 辱境은 若龜毛니 常能修此觀하면 逢難轉堅牢로다 無非亦無是며 無下亦無高니 欲滅貪瞋賊인댄 修行智慧刀니라

毘離耶波羅蜜精進頌에 曰進修名焰地여 良爲慧光舒라 二智는 心中遣이요 三空은 境上袪로다 無明이 念念滅하니 高下執情除라 觀心如不間이면 何啻至無餘리오

禪波羅蜜禪定頌에 曰禪河는 隨浪靜이요 定水는 逐波淸이라 澄神生覺性이요 息慮滅迷情이로다 遍計虛分別이라 由來假立名이니 若了依他起하면 無別有圓成이니라

般若波羅蜜智慧頌에 曰慧燈은 如朗日이요 蘊界는 若乾城이라 明來暗便謝니 無暇暫時停이로다 妄心이 猶未滅이면 乃見我人形이

어니와 妙智圓光照하면 唯得一空名이로다

萬行齊修頌에 曰三大僧祇劫에 萬行具齊修라 旣悟無人我하야 長依聖道流로다 二空을 方漸證하고 三昧任遨遊라 創居歡喜地하야 常樂遂忘憂로다

부대사 단바라밀보시송에 이르되 보시는 육도만행에 통하고 육도만행은 세 가지 보시로 묶는다. 資生(물질)과 無畏와 法이여, 聲色이 서로 간섭하지 않도다. 二邊도 오로지 세우지 말고 中道도 모름지기 두지 말지니 無生處를 찾고자 하면, 경계를 등지고 마음을 향해 觀할지어다.

시라바라밀지계송에 이르되 尸羅가 청정을 얻음이여, 무량겁으로부터 因하였도다. 망상은 원수나 도적 같고 탐애는 별같이 많도다. 欲에 있어도 欲이 없으며 塵世에 있으되 塵世에 물들지 않으며 방편으로 離垢地를 의지하여 마땅히 法王身을 증득해야 하리라.

찬제바라밀인욕송에 이르되 참는 마음은 幻夢과 같고 辱境(욕된 경계)은 거북이 털(본래 없는 것=空)과 같으니 항상 이런 觀을 능히 닦으면 어려움을 만날수록 더욱 견고해지도다. 그름도 없고 옳음도 없으며 낮음도 높음도 없으니, 탐진치의 도적을 멸하고자 하면 모름지기 지혜의 칼을 써야 하리라.

비리야바라밀정진송에 이르되 닦아나가는 것을 焰地라 함이여. 진실로 지혜의 빛이 펼쳐지도다. 二智(근본지·후덕지)는 심중에서 보내고 三空까지도 경계위에서 제거해야 함이로다. 무명이 순간순간 없어지니 높고 낮은 집착의 정을 제거해야 함이라. 마음을 관하는데 만약 끊일 사이가 없으면 어찌 무여열반에 이를 뿐이리오.

禪바라밀선정송에 이르되 禪의 물은 물결따라 고요해지고 定의 물은 파도를 쫓아서 맑아지도다. 맑은 정신은 覺性을 내고 생각을 쉬는 것은 迷한 생각을 멸하는 것이로다. 遍計(所執性)는 헛된 분

별이어서 본래부터 그것은 거짓 이름이라. 만약 依他起性(他에 의해 일어남)을 안다면 달리 圓成(實性)이 있지 않느니라.
　般若바라밀지혜송에 이르되 지혜의 등불은 밝은 해와 같으며 蘊界(오온·육근·십이처·십팔계) 등은 잠시 있는 것이라서 밝음이 오면 어둠이 확 물러나니 잠시도 머물 겨를이 없도다. 망념이 아직 멸하지 않았으면 我人의 형상을 보거니와 묘한 지혜의 원만한 빛이 비치면 오직 一空(我空)의 이름을 얻음이로다.
　萬行齊修頌에 이르되 三大 아승지겁에 만행을 갖추어 함께 닦음이라. 이미 我人이 없음을 깨달았으면 길이 聖道의 무리에 의지해야 함이로다. 二空을 바야흐로 점점 증득하고 삼매에서 마음대로 노닐도다. 비로소 歡喜地에 살면서 항상 즐기며 드디어는 근심을 잊음이로다.

冶父　若要天下行인댄 無過一藝强이니라
說誼　無才者가 行天下則脚頭到處에 無與立談者하리니 其窮을 可知요 有才者가 行天下則無所住而不自得하리니 其樂을 不可言이니라 無慧眼者가 妄加功行則行行이 有着하야 去道轉遠이요 有慧眼者가 入於行海則心心이 淸淨하야 徑與本地로 相應하리니 旣與本地로 相應인댄 塵沙德用과 無量妙義가 元自具足하야 不從他得이니라
야부　만약 天下에서 행하고자 하면 한 가지 재주를 뛰어나게 할지니라.
설의　재주없는 者가 天下를 행하면 발가는 곳마다 더불어 말할 사람이 없으리니 그 궁함을 가히 알 만할 것이요, 재주있는 자가 천하를 행하면 가는 데마다 스스로 얻으니 그 즐거움은 가히 말하지 못하리라. 혜안이 없는 자가 망령되이 공덕을 더하면 행마다 집착이 있어서 도에 이르기가 더욱 멀어지고 혜안이 있는 자가 행의 바다에 들어 가면 마음마다 청정해서 바로 근본지와 더불어 相應하리니 이미 본지(本地)와 더불어 상응하면 온갖 많은 덕과 작용과 무량한 묘한 뜻이

원래 스스로 구족해서 다른 데서 얻지 않을 것이니라.

冶父 西川十樣錦에 添花色轉鮮이라 欲知端的意인댄 北斗를 面南看이어다 虛空이 不閑絲毫念이라 (毫는 一作頭라) 所以彰名大覺仙이니라

說誼 般若智로 以爲質하고 萬行花로 以爲文하니 智行이 相資하야 文質이 彬彬이라 伊麽則以智起行智愈明하니 錦上添花色轉鮮이로다 又行施가 固已偉然이어늘 更能無住하니 其施益大라 所以로 道호대 西川十樣錦에 添花色轉鮮이라 欲知端的意인댄 北斗를 面南看이니 北斗南星이 位不別이어늘 言南言北이 也由情이로다 伊麽則行施가 卽無住라 一時無前後하야 逈出有無之境하고 不坐格外之機라 蕭然無寄하야 量同太虛하니 大覺之名이 於是乎彰이며 無量福聚가 於是乎成이로다

야부 西川(中國)의 十樣錦(좋은 비단)에
　　　꽃을 수놓으니 색이 더욱 곱도다.
　　　분명한 뜻을 알고저 하면
　　　북두칠성을 남쪽을 향해 볼지어다.
　　　허공은 털끝만한 생각도 거리끼지 않으니
　　　이 까닭에 大覺仙이라 이름함이로다.

설의 반야 지혜로 그 바탕을 삼고 만행의 꽃으로 무늬를 놓으니 지혜와 만행이 서로 어울려 무늬와 바탕이 빛나고 빛남이라. 이러한즉 지혜로써 행을 일으키니 지혜가 더욱 밝아져서 비단위에 꽃을 더한 듯 색이 몹시 고움이로다. 또한 보시하는 것이 진실로 이미 거룩하거니와 그 위에 주함이 없으니(無住相布施) 그 베풂은 더욱더 크도다. 이 까닭에 "서천의 좋은 비단에 꽃을 수놓으니 색이 더욱 곱도다. 그 분명한 뜻을 알고저 하면 북두칠성을 남쪽을 향해 볼지어다." 北斗와 南星이 그 위치가 다르지 않거늘 南이라 말하고 北이라 말함은 또한 情(집착)을 말미암음이로다. 이러한즉 보시는 無住相으로 행하면 一時에 전후가 없어서 멀리 有無의 경계를 벗어나고 格外의 근기에도 앉지 않으니 소연히 의지함이 없어 그 양이 허공과 같아서, 大覺(佛)의

이름이 여기에 드러나며 무량의 복무더기가 여기에 이뤄지도다.

須菩提야 **於意云何**오 **東方虛空**을 **可思量不**아 **不也**니이다 **世尊**하

수보리야, 어떻게 생각하느냐. 동쪽 허공을 가히 생각으로 헤아릴 수 있겠느냐. "못하겠습니다. 세존이시여."

六祖 緣不住相布施하야 所得功德을 不可稱量이라 佛이 以東方虛空으로 爲譬喩일새 故問須菩提하사대 東方虛空을 可思量不아하시니 不也니이다 世尊者는 須菩提가 言東方虛空을 不可思量이니라

육조 相에 住하지 않은 보시를 인하여 얻은 그 공덕은 가히 헤아릴 수 없음이라. 부처님이 동쪽 허공을 비유로 삼고 수보리에게 물으시되 "동쪽 허공을 가히 생각으로 헤아릴 수 있겠느냐." "못하겠습니다. 세존이시여." 하신 것은 수보리가 동쪽 허공을 가히 생각으로 헤아릴 수 없음을 말한 것이니라.

須菩提야 **南西北方**과 **四維上下虛空**을 **可思量不**아 **不也**니이다 **世尊**하 **須菩提**야 **菩薩**의 **無住相布施**하는 **福德**도 **亦復如是**하야 **不可思量**이니라

"수보리야, 남서북방과 사유상하허공을 가히 생각으로 헤아릴 수 있겠느냐." "못하겠습니다. 세존이시여." "수보리야, 보살의 상에 머물지 않고 보시한 복덕도 또한 이와 같아서 가히 생각으로 헤아릴 수 없느니라."

說誼 菩薩萬行이 無念爲宗이니 一得其宗하면 無所施而不可라 其所獲福이 寬廣如空이로다

설의 보살의 만행이 無念으로 宗을 삼으니 한번 그 宗(근본)을 얻으

면 베푸는 것마다 옳지 않음이 없어서 그 얻는 복이 너그럽고 넓기가 마치 허공과 같음이로다.

圭峰 初句에 徵者는 論에 云若離施等相想이면 云何能成施福이라 하다 若菩薩下는 釋이라 於中에 又三이니 初는 法說이니 爲疑無福일새 故로 云福不可思量으로 以斷之니라 東方下는 喩說이니 可知로다 菩薩無住相下는 法合이니라 虛空者는 無着이 云猶如虛空이 有三因緣하니 一은 徧一切處니 謂於住不住相中福生故요 二는 寬廣이니 高大殊勝故요 三은 無盡이니 究竟不窮故라하시니라

규봉 처음의 물음이란 論에 이르되 만약 보시 등의 생각을 떠나면 어떻게 보시의 복을 이루겠는가 하다. 若菩薩 이하는 해석이라. 그 가운데 三가지가 있으니 初는 法說이니 복이 없음을 의심하므로 복은 가히 생각으로 헤아릴 수 없는 것으로 그 의심을 끊는 것이다. 東方 이하는 喩說(비유로 설함)이니 가히 알 수 있도다. 菩薩 無住相 이하는 法과 비유를 합한 것이다. 虛空이란 무착이 이르되 허공은 세 가지 인연이 있으니 ㉠일체처에 두루하여 상에 머물거나 머물지 않는 가운데 복이 나는 까닭이요 ㉡너그럽고 넓어서 높고 크고 수승한 까닭이고 ㉢다함이 없어서 마침내는 끝까지 다하지 않은 까닭이라 하시니라.

六祖 佛言하사대 虛空이 無有邊際하야 不可思度이니 菩薩의 無住相布施하야 所得功德도 亦如虛空하야 不可度量하야 無邊際也라 하시니라 世界中大者가 莫過虛空이요 一切性中大者가 莫過佛性이니 何以故오 凡有形相者는 不得名爲大어니와 虛空은 無形相故로 得名爲大며 一切諸性은 皆有限量일새 不得名爲大어니와 佛性은 無限量일새 故名爲大니라 此虛空中에 本無東西南北하니 若見東西南北이면 亦是住相이라 不得解脫이요 佛性은 本無我人衆生壽者하니 若有此四相可見이면 卽是衆生相이라 不名佛性이니 亦所謂住

相布施也니라 雖於妄心中에 說有東西南北이나 在理則何有리오 所謂東西不眞이라 南北曷異니 自性이 本來空寂하야 混融無分別이라 故로 如來가 深讚不生分別也니라

육조 佛言하시되 "허공은 끝이 없어서 생각으로 헤아릴 수 없으니 보살이 상에 주하지 않고 보시하여 얻은 공덕도 마치 허공과 같아서 헤아릴 수 없고 끝이 없다" 하시니라. 세계 가운데서 가장 큰 것은 허공만큼 큰 것이 없고 일체 성품 가운데 불성보다 큰 것은 없음이니, 왜냐하면 무릇 형상이 있는 것은 크다고 할 수 없으나 허공은 형상이 없는 고로 크다고 할 수 있는 것이니라. 즉 일체의 모든 성품은 다 한량이 있어서 크다고 하지 못하거니와 佛性은 한량이 없어서 크다고 이름할 수 있느니라. 이 허공 가운데 본래 동서남북이 없으니 만약 동서남북을 본다면 역시 相에 주함이 되어서 해탈을 얻지 못함이요, 佛性에는 본래 我人衆生壽者가 없으나 만약 이 四相이 있음을 보면 곧 중생상인 것이어서 불성이라 이름할 수 없으며 또한 상에 주하는 보시가 되는 것이니라. 비록 망심 가운데는 동서남북이 있다고 설하나 이치에 있어서는 무엇이 있으리오? 이른바 "동서가 참이 아닌데 어찌 남북인들 다르리오." 自性이 본래 공적하고 혼융하여 분별이 없으므로 如來께서 분별을 내지 않는 것을 깊이 찬탄하셨느니라.

규봉 五는 結勸不住라
규봉 ㉑五. 相에 머물지 않기를 결론적으로 권함이라.

須菩提야 菩薩이 但應如所敎住니라
수보리야, 보살은 다만 응당히 가르친 바와 같이 머물지니라.

六祖 應者는 順也니 但順如上所說之敎하야 住無相布施하면 卽菩薩也니라
육조 應이란 따른다는 뜻이니, 다만 위와 같이 설한 가르침을 따라서 無相布施에 住하면 곧 보살이니라.

傅大士 若論無相施인댄 功德極難量이니 行悲濟貧乏호대 果報不須望이어다 凡夫情行劣일새 初且略稱揚이니 欲知檀狀貌인댄 如空徧十方이니라
부대사 만약 무상보시를 논한다면
　　　　그 功德이 지극해서 헤아리기 어려우니
　　　　자비를 행해서 가난을 구제하되
　　　　그 과보는 바라지 말지어다.
　　　　범부의 情으로 行하는 것은 부족하므로
　　　　처음엔 간략히 칭량했으나,
　　　　보시의 모양을 알고자 하면
　　　　허공이 시방에 두루한 것과 같음이니라.

冶父 可知禮也니라
說誼 無住者는 萬行之大本也요 萬行者는 無住之大用也라 慈尊이 敎以無住로 爲住하시니 大本이 已明이나 而大用을 亦不可不知也니라 禮也者는 人間世之大用也라 存亡之所繫며 禍福之所由興也니 人이 知禮則進退를 可觀이며 擧措得宜하야 無施不可어니와 苟不知禮則雖曰無事於心이나 動輒違規하리니 豈有進退升降之可觀乎아 由是로 禮也者는 可知而不可不知也니라
야부 可히 禮를 알도다(예를 아는 사람이로다).
설의 無住란 만행의 큰 근본이요, 만행이란 무주의 큰 작용이라, 慈尊(佛)이 무주로써 住하는 것을 가르쳤으니, 그 근본은 이미 밝혔으나 그 큰 작용은 불가불 알아야 하느니라. 禮란 인간세상에 큰 작용이라

서 삶과 죽음에 얽매이고 禍와 福이 禮로 인하여 일어나는 것이니, 사람이 예를 알면 진퇴가 아름다우며 들고 놓음에 마땅함을 얻어서 그 베푸는 것마다 옳지 않음이 없거니와, 진실로 예를 모른다면 비록 마음에 일이 없다고 하나 그 움직임이 문득 예(규칙)를 어김이니 어찌 진퇴와 오르고 내림이 아름답다 할 수 있겠는가. 이로 말미암아 예란 가히 알아야 하며 불가불 알아야 하느니라.

冶父 虛空境界를 豈思量가 大道淸幽理更長이로다 但得五湖風月在하면 春來依舊百花香하리라

說誼 無住로 爲住하니 廓然如空이라 雖然如是나 大道는 不屬有住無住하니 方之海印이요 越彼太虛로다 太虛中에 不妨有五湖風月이요 無住中에 亦不妨繁興大用이니 古人이 道호대 莫把無心云是道하라 無心도 猶隔一重關이라하시니 無心이 正是無住之義라 要向無住中하야 繁興大用하야 圓具萬德하야사 方與大道로 相應去在하리니 到這裏하야는 見聞覺知가 依前受用家風이요 色香味觸이 元是遊戲之場이니라

야부 허공 경계를 어찌 사량하겠는가.
　　　 大道가 맑고 깊어 그 이치 더욱 길도다.
　　　 다만 五湖에 風月이 있음을 안다면
　　　 봄이 옴에 여전히 百花가 향기로우리라

설의 無住로 住를 삼으니 확연히 허공과 같도다. 비록 그러나 大道는 有住와 無住에 속하지 않으니 저 海印에 견줄 수 있고 저 太虛를 넘었도다. 큰 허공 가운데는 五湖의 風月이 있음도 방해롭지 않음이요. 無住 가운데는 또한 大用이 크게 일으킴도 방해롭지 않으니 古人이 말하길 "無心을 가지고 道라고 이르지 말라. 무심도 오히려 관문이 남아있다"하시니 無心이 바로 무주의 뜻이니라. 無住中을 향하여 큰 작용을 많이 일으켜서 원만히 만행만덕을 갖추어야 바야흐로 大道와 더불어 상응하여 가리니 여기에 이르러서는 보고, 듣고, 깨달아 아는 것이 예로부터 수용하는 家風이며 色香味觸(육진경계)이 원래 유희하는 장소이니라(내가 수행하는 도량이다).

宗鏡 住相布施는 猶日月之有窮이요 不着六塵은 若虛空之無際로다 自他俱利하야 福德難量이니 豁然運用靈通이요 廓爾縱橫自在로다 且道하라 還有住着處麼아 妙體本來無處所하니 通身何更有蹤由리오

說誼 住相布施는 徒眩人之耳目이니 違於無住大道라 但感有漏之報하야 失於無邊大利함이 猶彼日月이 但能代明而不能通乎晝夜어니와 無住行施는 身心이 澹寂하고 內外一如하야 契乎無住大道하야 終獲無邊大利함이 如彼太虛가 廓然無際하야 以之處己하며 推以及人이니 其爲福德이 實爲難量이로다 福德難量은 且置하고 怎生이 是無住底道理오 豁然運用靈通이요 廓爾縱橫自在로다 且道하라 還有住着處麼아 妙體無處所하니 通身沒蹤由로다

종경 상에 머물러 보시하는 것은 日月이 끝이 있음과 같고, 육진에 집착하지 않음은 허공이 한계가 없는 것과 같도다. 自他가 함께 이롭게 하는 복덕은 헤아리기 어려우니, 활연히 운용해서 신령스럽게 통하고 확트여 종횡으로 자재함이로다. 한번 일러 보아라. 또한 어디에 머문 곳이 있는가. 묘체는 원래 처소가 없으니 온몸이 어찌 다시 자취가 있으리오.

설의 相에 머물러 보시하는 것은 한갓 부질없이 남의 이목을 현혹시키는 것이며 無住大道를 어김이라. 다만 有漏의 과보만 얻고 가없는 큰이익을 잃어버림이 마치 저 해와 달이 교대로 밝아서 능히 주야를 통할 수 없는 것과 같도다. 무주상보시를 행하는 것은 심신이 담적하고 안과 밖이 한결같아서 無住大道에 계합하여 마침내 끝없는 큰이익을 얻는 것이 마치 저 허공이 넓고 끝이 없는 것과 같도다. 그로써 자기에게도 처하며 미루어 남에게도 미치게 함이니 그 복덕의 됨이 실로 헤아리기 어렵도다. 복덕이 헤아리기 어려움은 그만두고 무엇이 무주의 도리인가. 활연히 운용하여 신령스럽게 통함이요, 확트여 종횡으로 자재함이로다. 또 말하라. 住着處가 있는가. 묘체는 원래 처소가 없으니 온몸이 자취가 없음이로다.

宗鏡 運力檀度契眞常하니 福等虛空不可量이라 無影樹頭에 花爛熳하니 從他採獻法中王이로다

說誼 無住行施는 施契性空이니 性空이 無邊일새 福亦無際로다 因無住而萬行이 俱沈하야 果闕圓常則無住之於行果에 固有妨矣어니와 因無住而萬行이 爰起하여 得福無邊則無住之於行果에 大有益焉하야 而固無妨矣니라 旣無妨矣則行行이 無着하야 福亦不受가 固其宜矣니라 爲甚如此오 有樹元無影하니 生長劫外春이라 靈根이 密密蟠沙界하니 寒枝無影鳥不棲로다 莫謂栽培何有鄉하라 劫外春風에 花爛熳이로다 花爛熳이여 從他採獻法中王이로다

종경 보시에 힘써서 眞常에 계합하니
　　　 복이 허공과 같아 헤아리기 어렵도다.
　　　 그림자 없는 나무에 꽃이 많이 피었으니
　　　 마음대로 꺾어서 法中王께 바치리라.

설의 무주상 보시를 행함에는 그 보시가 性空(성품이 공함)에 계합하니 性空은 무변이며 복 또한 끝이 없음이로다. 무주로 인한 만행이 함께 잠기면 그 결과가 圓常을 손상시킨즉 무주를 행한 결과가 진실로 방해가 되거니와 無住로 인한 만행이 일어나면 가없는 복을 얻은 즉 무주의 행한 결과는 큰 이익이 있어서 진실로 방해함이 없도다. 이미 방해가 없은즉 행과 행이 집착이 없어서 복 또한 받지 않는 것은 진실로 당연하도다. 어찌하여 이같은가. 나무가 있으나 원래 그림자가 없으니 劫 밖의 봄(시간을 초월함)에 생장함이라. 신령스런 뿌리가 밀밀히 많은 세계에 서렸으니 찬 가지에 그림자가 없어서 새도 깃들지 않도다. 何有鄉(이상향)에 재배한다고 이르지 말라. 겁 밖의 봄바람에 꽃이 만발하였도다. 꽃이 만발함이여, 꽃을 꺾어 法中王께 바치오리다.

무비 아름다운 행위란 어디에도 안주하거나 집착하지 않는다. 보살은 어디에도 안주하거나 집착하지 않고 살아야 한다. 보시란 보살의 생활이고 사람의 생활이다. 그 삶이 색 성 향 미 촉 법 그 어디에도 안주하거나 집착한다면 이미 바람직한 삶이 아니다. 보살의 삶이 아니

며, 아름다운 행위가 아니다. 안주하지 않고 집착하지 않는 삶이야말로 온 우주를 다 채우고도 남는다. 온 법계를 다 채우고도 남는다. 이러한 삶이야말로 인간본연의 모습이며, 세계적인 삶 우주적인 삶이다. 반야적인 삶인 것이다.

圭峰 二는 躡跡斷疑라 論에 云自此已下는 示現斷生疑心이니 於中에 文分二十七段이라 第一은 斷求佛行施住相疑니 疑云爲求佛果行施인댄 卽是住所求佛相이어니 云何無住며 又不住相爲因인댄 豈感色相之果리오 因果不類라할새 故로 斷之니라 文이 四니 一은 擧疑因以問이라

규봉 ㉯二. 자취를 밟아 의심을 끊음이라. 論에 이르되 여기서부터는 의심끊는(疑斷) 것을 보임이니 그 中에 글을 二十七단으로 나눔이라. ㉳一. 第一은 부처를 구하려고 보시를 행함도 相에 주하는 것이 아닌가 하는 의심을 끊음이니 의심해 이르되 佛果를 구하기 위해 보시를 행함인댄 부처를 구하는 相에 주하는 것이 어찌 無住가 되며 또한 부주상으로 因을 삼으면 어찌 色相의 果를 얻으리오. 因果가 같지 않으므로 (그 의심을) 끊는 것이라, 글이 四가지니 ㉮一. 의심의 원인을 들어서 물음이라.

如理實見分 第五 (바른 도리를 실답게 봄)

須菩提야 **於意云何**오 **可以身相**으로 **見如來不**아
수보리야, 어떻게 생각하느냐. 몸의 모양으로써 여래를 볼 수 있겠느냐."

圭峰 本秪因以相爲佛故로 對前不住相起疑일새 佛이 擧疑起之因하야 問答하사 欲令除斷이니라 二는 防相得以酬라
규봉 본래 다만 相으로써 부처 삼음을 인한 까닭으로 앞의 不住相에 대해 의심을 일으킬새 부처님께서 의심을 일으킨 인연을 들어 문답으로 이를 끊어서 없애고자 하시니라.
㊟二. 相으로 얻음을 막아서 답함이라

不也니이다 **世尊**하 **不可以身相**으로 **得見如來**니
"못보겠습니다. 세존이시여, 몸의 모양으로써 여래를 볼 수 없습니다.

圭峰 遮防疑者가 欲以相求로 令得見佛일새 故로 答云不可以相으로 得見이니 論에 云爲防彼相成就로 得如來身이라하다
규봉 의심하는 자가 相을 구하는 것으로써 부처를 보고자 함을 막고저 하여 "몸의 모양으로써 볼 수 없으니"하고 답하였다. 論에 이르되 저 相成就를 막기 위한 고로 如來身을 얻었다고 하다.

六祖 色身은 卽有相이요 法身은 卽無相이니 色身者는 四大和合하야 父母所生이라 肉眼所見이어니와 法身者는 無有形段하야 非有靑

黃赤白이라 無一切相貌하야 非肉眼能見이요 慧眼으로는 乃能見之니라 凡夫는 但見色身如來하고 不見法身如來하나니 法身은 量等虛空이라 是故로 佛이 問須菩提하사대 可以身相으로 見如來不아하시니 須菩提가 知凡夫는 但見色身如來하고 不見法身如來일새 故로 言不也니이다 世尊하 不可以身相으로 得見如來라하시니라

육조 色身은 곧 相이 있음이요 法身은 相이 없음이니, 色身이란 四大(地, 水, 火, 風)가 화합하여 부모가 낳았기에 육안으로 볼 수 있거니와 法身이란 형상이 없어서 靑·黃·赤·白이 있지 않으며 일체 형상과 모양이 없어 육안으로 능히 볼 수 없으므로, 慧眼이라야 능히 볼 수 있음이니라. 범부는 다만 색신으로 된 여래를 보고 법신여래는 보지 못하니 법신은 그 양이 허공과 같음이라. 이런 고로 부처님이 수보리에게 물으시되 "가히 身相으로 여래를 볼 수 있느냐"하시니 수보리가 범부는 다만 色身如來만 보고 法身如來는 보지 못함을 알고서 "못보겠습니다. 세존이시여, 몸의 모양으로써 여래는 볼 수 없습니다"고 하시니라.

圭峰 三은 釋體異有爲라
규봉 ㉮三. 體가 有爲와 다르다는 것을 해석함이라.

何以故오 如來所說身相은 卽非身相이니이다
무슨 까닭인가 하면 여래께서 설하신 몸의 모양은 곧 몸의 모양이 아닙니다.

說誼 佛擧身相問空生하사 欲明妙圓無相身이어시늘 空生은 本是獅子兒라 不曾逐塊能咬人이로다 莫以無相云是斷하라 非形이 終不外於形이니라

설의 부처님께서 몸모양을 들어 空生에게 물으시어 묘하고 원만한 無相身(모양없는 몸)을 밝히고자 하시거늘 空生은 본래 사자새끼라서

일찍이 흙덩이를 쫓지 않고 사람을 깨물었도다(本質을 追求함). 無相을 일러서 의심을 끊었다고 이르지 말라. 형상이 아닌 것은 마침내 형상을 벗어난 것이 아니니라.

圭峰 相是有爲라 生住異滅이어니와 佛體는 異此일새 故非身相이니라 偈에 云三相이 異體故者는 佛體가 異於有爲三相也니라 住異二相은 同是現在일새 故合爲一이어니 若細分인댄 卽四니라 故로 唯識에 云生表此法이 先非有요 滅表此法이 後是無요 異表此法이 非凝然이요 住表此法이 暫有用이라하다

규봉 相은 有爲이고 生, 住, 異, 滅이거니와 부처님몸은 이와 달라서 몸 모양이 아닌 것이다. 偈에 이르되 三相이 體가 다르다는 것은 佛體가 有爲의 三相과 다르다는 것이나. 住, 異, 二相은 같은 현재이므로 합하여 하나가 되었고 만약 세분하면 즉 四相(생, 주, 이, 멸)인 것이니라. 그러므로 唯識에서 이르되 生은 이 法을 표하면 태어나기 전에는 있지 않다는 뜻이고 滅은 이 법이 이후에는 없음이며 異는 이 법이 고정된 것이 아님이고 住는 이 법이 잠깐 쓸 데가 있음을 표시한 것이라 하다.

六祖 色身은 是相이요 法身은 是性이라 一切善惡이 盡由法身이요 不由色身이니 法身이 若作惡하면 色身이 不生善處하고 法身이 作善하면 色身이 不墮惡處하나니라 凡夫는 唯見色身하고 不見法身일새 不能行無住相布施하며 不能於一切處에 行平等行하며 不能普敬一切衆生이어니와 見法身者는 卽能行無住相布施하며 卽能普敬一切衆生하며 卽能修般若波羅蜜行하야 方信一切衆生이 同一眞性이라 本來淸淨하야 無有垢穢하야 具足恒沙妙用이니라

육조 色身은 相이고 法身은 性이라, 일체 선악이 다 법신을 말미암음이고 색신에 말미암지 않으니, 法身이 만약 악을 지으면 색신이 좋은 곳에 나지 않고 법신이 선을 지으면 색신이 나쁜 곳에

떨어지지 않느니라. 범부는 오직 색신만 보고 法身을 보지 못하므로 능히 無住相布施를 행하지 못하며 일체처에 평등한 행을 행하지 못하여 널리 일체 중생을 능히 공경치 못하는 것이니라. 法身을 보는 자는 능히 무주상보시를 행하며 널리 일체 중생을 공경하여 능히 반야바라밀행을 닦아서 바야흐로 일체 중생이 동일한 참된 성품이라 본래 청정하여, 때문거나 더러움이 없어서 많은 묘한 작용이 구족됨을 믿는 것이니라.

冶父 且道하라 卽今行住坐臥는 是甚麽相고 休瞌睡어다
說誼 吾今色身이 卽是常身法身이니 不得離却色身코 別求常身法身이어다 若也離却色身코 別求常身法身인댄 慈氏宮中에 願生兜率이요 含元殿裏에 更覓長安이니라 所以로 道호대 卽今行住坐臥는 是甚麽相고하시니라 要見常身法身인댄 直須向行住坐臥處하야 覰破하야사 始得이니 離却日用코 別求常身法身인댄 便是鬼窟裏에 作活計니라 所以로 道호대 休瞌睡하라하시니라

야부 또 일러라. 지금의 行住坐臥는 이 무슨 相인가. 졸지 말지어다.

설의 나의 이 색신이 常身인 法身이니 色身을 떠나서 따로 상신법신을 구하지 말라. 만약 색신을 떠나서 달리 상신법신을 구하면 미륵궁 중에서 도솔천에 나기를 원함과 같고 含元殿(장안에 있는 궁전) 속에서 다시 장안을 찾는 것과 같음이니라. 그러므로 말하길 "지금의 행주좌와는 이 무슨 相인가." 常身法身을 보고자 하면 바로 행주좌와처를 향해 간파하여야 비로소 얻을 수 있으니 날마다 쓰는 것을 떠나서 달리 상신법신을 구하면, 문득 이 귀신굴 속에서 살 궁리를 하는 것이니라. 그러므로 말하길 "졸지 말지어다"하시니라.

冶父 身在海中休覓水하고 日行嶺上莫尋山이어다 (嶺上은 一作山嶺이라) 鶯吟燕語가 皆相似하니 莫問前三與後三이어다

說誼 淸淨水中에 遊魚自迷요 赫赫日中에 盲者不睹라 常在於其中하야 經行及坐臥호대 而人이 自迷하야 向外空尋하나니 身在海中이라 何勞覓水며 日行山嶺이라 豈用尋山이리오 鶯與鶯吟이 聲莫二요 燕與燕語 語一般이라 但知物物이 非他物하면 莫問千差與萬別이니라

야부 몸이 바다 가운데 있으면서 물을 찾지 말고
매일 산위를 행하면서 산을 찾지 말지어다.
꾀꼬리 울음과 제비 지저귐이 서로 비슷하니
前三과 더불어 後三을 묻지 말지어다.

설의 맑은 물 가운데 노는 고기는 스스로 迷하고, 밝고 밝은 대낮에도 눈먼 자는 볼 수 없음이라. 그 가운데 항상 있으면서 움직이고 앉고 눕지만 사람들이 스스로 미하여 밖을 향해 부질없이 찾으니, 몸이 바다 가운데 있음이라. 어찌 수고로이 물을 찾을 것이며, 매일 산고개를 오름이라. 어찌 산을 찾을 것인가. 꾀꼬리와 꾀꼬리 소리가 둘이 아니고 제비와 제비 지저귐이 한가지로다. 다만 物物이 다른 물건이 아님을 알면 천 가지 만 가지 차별을 묻지 않으리라.

圭峰 四는 印佛身無相이라
규봉 ㉎四. 佛身은 無相임을 印證함이라.

佛이 **告須菩提**하사대 **凡所有相**이 **皆是虛妄**이니 **若見諸相非相**하면 **卽見如來**니라
부처님께서 수보리에게 이르시되 "무릇 형상이 있는 것은 다 허망하니 만약 모든 형상을 형상 아닌 것으로 보면 곧 여래를 보리라."

說誼 目前에 無法하니 觸目皆如라 但知如是하면 卽爲見佛이니라
설의 눈앞에 法이 없으니 눈 닿는 곳마다 모두가 如如함이라. 다만 이같이 알면 곧 부처님을 보게 됨이니라.

圭峰 非但佛身이 無相이라 但是一切凡聖依正有爲之相이 盡是 虛妄이니 以從妄念所變現故라 妄念이 本空이어니 所變이 何實가 故로 起信에 云一切境界가 唯依妄念하야 而有差別하니 若離心念 하면 則無一切境界之相이라하다 若見諸相等者는 遮離色觀空也니 恐聞相是虛妄하고 又別求無相佛身일새 故로 云相卽非相이 便是 如來니 不唯佛化身無相이 是如來라 所見一切相이 皆無相이 卽 如來也니라 故로 起信에 云所言覺義者는 謂心體離念이니 離念相 者가 等虛空界하야 卽是如來平等法身이라하며 肇가 云行合解通하 면 則爲見佛이라하다 偈에 云離彼가 是如來者는 離彼三相이 是法 身如來라하니 無着은 則於色身에 但離遍計하야 不執色相하면 卽眞 色身이라 故로 彼論에 云此爲顯示如來色身이며 又此當第三欲得 色身住處라하다

규봉 비단 佛身이 無相일 뿐만 아니라 다만 일체 凡聖, 依報, 正 報(범성이 의지하고 있는 세간 기세간 등)인 일체 有爲의 相이 모두 허망한 것이니, 이는 망념으로부터 변하여 나타난 연고이다. 妄念은 본래 空한 것인데 변함이 어찌 실답겠는가. 故로 기신론에 이르되 일체의 경계가 오직 망념에 의하여 차별이 있으니 心念을 떠나면 곧 일체 경계에 相이 없다고 하다. 若見諸相等이란 色을 떠나서 空 관하는 것을 막은 것이니 相이 허망하다 함을 듣고 따 로 모양없는 佛身을 구할까 두려워하므로 이르되 "형상을 고정된 형상이 아닌 것으로 볼 때가 곧 여래인 것이다"한 것이니 오직 부처님의 化身이 無相한 것을 如來라 할 뿐만 아니라, 보이는 일 체의 相이 모두 無相한 것이었을 때 곧 如來라 하느니라. 故로 기 신론에 이르되 '覺의 뜻이란 몸과 마음에서 생각이 떠난 것이니 觀念의 相이 허공계와 같아서 곧 여래의 평등법신이라'하며, 肇 (승조)法師가 이르되 行이 합하고 解가 통하면 곧 부처를 본다고 하다. 偈에 이르되 저(彼)를 떠난 것을 여래라 한 것은 저 三相을 떠남이 法身如來라 하니, 무착은 곧 색신에 다만 遍計만 여의어서

색상을 집착하지 않으면 곧 참다운 色身이라 하다. 그러므로 저 論에 이르되 이는 여래의 색신을 드러내기 위함이며 또 이는 제 三색신의 주처를 얻고자 하는데 해당한 것이라 하다.

六祖　如來가 欲顯法身일새 故說一切諸相이 皆是虛妄이니 若悟一切諸相이 虛妄不實하면 卽見如來無相之理也라하시니라
육조　如來가 법신을 나타내고자 하므로 설하되 "일체 모든 상이 모두 허망한 것이니 만약 일체 모든 상이 허망하여 실이 아님을 깨달으면 곧 여래의 無相한 이치를 보리라"하시니라.

傅大士　如來가 擧身相은 爲順世間情이니 恐人이 生斷見하야 權且立虛名이로다 假言三十二요 八十도 也空聲이라 有身非覺體요 無相乃眞形이로다
부대사　여래께서 몸모양을 드신 것은
　　　　　세간의 情을 따른 것이니,
　　　　　사람들이 斷見을 낼까 두려워해서
　　　　　방편으로 헛된 이름을 세웠도다.
　　　　　거짓으로 三十二상이라 하고
　　　　　八十종호 또한 헛된 소리로다.
　　　　　몸이 있는 것은 覺의 體가 아니요
　　　　　모양(相)이 없어야 참다운 형상이로다.

冶父　山是山水是水니 佛이 在甚麼處오
說誼　若一向佛身이 無相인댄 相外에 必有佛身이어늘 卽今見山에 卽是山이요 見水에 卽是水니 佛이 在甚麼處오
야부　산은 산이요 물은 물이로다. 부처님은 어느 곳에 계시는가.
설의　만약 한결같이 佛身은 모양이 없다 하면, 모양 밖에 반드시 佛身이 있어야 하거늘 지금 산을 보면 곧 이 산이요 물을 보면 곧 이 물

이니, 부처님은 어느 곳에 계시는가.

冶父 有相有求가 俱是妄이요 無形無見이 墮偏枯로다 堂堂密密
何曾間이리오 一道寒光이 爍太虛로다
說誼 執有執無 俱成邪見이니 有無無二하야사 一味常現하리라
야부 相이 있고 求함이 있음은 이 모두 妄이요,
　　　無形 無見은 치우친 소견에 떨어짐이로다.
　　　당당하고 밀밀하여 어찌 간격이 있으리오.
　　　한 줄의 寒光(찬빛)이 큰허공을 빛내도다.
설의 有에 집착하고 無에 집착하는 것은 함께 邪見을 이루는 것이
니, 有無 둘 다 없어야 한맛[一味]으로 항상 나타나리라.

宗鏡 金身顯煥이여 巍巍海上孤峰이요 妙相莊嚴이여 皎皎星中圓
月이로다 雖然如是나 畢竟非眞이니 經에 云眞非眞恐迷하야 我常不
開演이라하시니 且道하라 意在於何오 一月이 普現一切水하니 一切
水月이 一月攝이로다
說誼 報化高大는 一似海岳之巍巍요 妙相端嚴은 猶如江月之皎皎
로다 然이나 此身此相이 遇緣卽現하고 緣盡則隱하나니 任他報化隱現하
야 寂光眞身이 常湛湛이요 從敎水月有無하야 天上一輪이 常皎皎로다
一身이 應爲千百億이여 千百億身이 一身攝이로다
종경 金身이 환하게 나투심이여. 높고 높은 바다 위의 孤峰이요.
妙相이 장엄함이여, 밝고 밝은 별중에 두렷한 달이로다. 비록 이
같으나 필경에 眞이 아니니, 經에 이르되 眞과 非眞에 미혹될까
두려워하여 내가 늘 열어 펴지 않는다 하시니 또 일러라. 뜻이 어
디에 있는가. 하나의 달이 모든 물에 널리 나타나니, 모든 물에
비친 달은 하나의 달에 포섭됨이로다.
설의 報身, 化身의 높고 큼은 마치 바다 위에 산봉우리가 높음과 같
고, 妙相의 端嚴은 마치 江에 비친 달처럼 밝고 밝도다. 그러나 이 몸

과 이 相은 인연을 만나면 곧 나타나고 인연이 다하면 곧 숨으니, 보신 화신이 숨고 나타나는데 맡겨두어서, 大寂光의 眞身은 늘 담담함이요. 물 속의 달이 있고 없음에 맡겨 두어서, 하늘에 뜬 한 달은 항상 밝고 밝도다. 一身이 應하여 千百億이 됨이여. 천백억화신은 一身에 포섭됨이로다.

宗鏡 報化非眞了妄緣이니 法身淸淨廣無邊이라 千江에 有水千江月이요 萬里에 無雲萬里天이로다
說誼 看取棚頭弄傀儡하라 抽牽이 全借裏頭人이니라 裏頭人이여 量恢恢하니 瑩若淸空絶點霞로다 絶點霞여 隨機普現百億身이라 刹塵有機刹塵身이요 刹塵無感但眞身이로다

종경 報身 化身은 진이 아니고 마침내 망령된 인연이니
　　　法身은 청정하고 넓어 끝이 없음이라.
　　　千江에 물이 있으매 千江에 달이 비치고
　　　萬里에 구름이 없으니 만리가 하늘뿐이로다.
설의 棚頭(무대) 위에서의 인형극을 잘 보아라. 당기고 미는 것이 다 裏頭人(뒤에서 조정하는 사람)의 (힘을) 빌린 것이로다. 裏頭人이여, 그 양이 크고 크니 그 빛남은 맑은 하늘에 구름 한 점 없음과 같도다. 구름 한 점 없음이여. 근기를 따라서 널리 백억화신을 나투도다. 刹塵(온세계)에 機가 있으매 찰진의 몸이요 찰진에 감득함이 없으면 다만 眞身이로다.

무비 진리를 곡해하지 않고 사실대로 보는 길이다. 진리 그 자체로서의 여래를 육신의 모습으로 볼 수 있겠는가. 모든 형상이란 다 실체가 없이 허망한 것. 그 모든 현상들을 볼 때 이미 된 형상으로만 보지 않는다면 그는 진리인 여래를 볼 수 있으리라.
　우리 눈에 보이는 것은 모두가 형상뿐이다. 진리의 모습 부처의 모습은 어디에 있는 것일까. 실상의 모습은 이 형상을 떠나서 달리 어디에 있는 것일까. 자리를 펴고 앉아 볼 일이다. 철저히 앉아 볼 일이다.

主峰 第二는 斷因果俱深無信疑라 論에 云無住行施는 因深也요 無相見佛은 果深也라 未來惡世에 必不生信하리니 空說何益이리요 할새 斷之니라 文이 四니 一은 約無信以呈疑요 二는 呵疑詞以顯信이요 三은 明能信之所요 四는 示中道之玄門이니 今初라

규봉 ㉮二는 因果가 함께 깊어서 믿을 수 없다는 의심을 끊음이라. 論에 이르되 머무름 없이 행하는 보시는 因이 깊음이요 상(相)이 없이 부처를 보는 것은 果가 깊음이라. 미래의 惡世에 반드시 믿음을 내지 않으리니 공연히 설한들 무엇이 이익되겠는가 하는 것을 끊음이다. 글에 네 가지가 있으니 ㉯一.믿음 없음에 의해서 의심을 들어 바침이요 ㉯二.의심되는 말을 꾸짖어 믿음을 나타냄이요 ㉯三.능히 믿는 까닭을 밝힘이요 ㉯四.中道의 玄門을 보임이니, 지금은 처음 ㉯一.이라.

正信希有分 第六 (바른 믿음은 희유하다)

須菩提가 **白佛言**하사대 **世尊**하 **頗有衆生**이 **得聞如是言說章句**하사옵고 **生實信不**잇가

수보리가 부처님께 사뢰었다. "세존이시여, 자못 어떤 중생이 이와 같은 말씀을 듣고서 진실한 믿음을 내오리까."

圭峰 魏에 云頗有衆生이 於未來世云云이어늘 今略此句者는 影在後五五百歲也니라 句詮差別이요 章者는 解句니라 實信者는 大品에 云於一切法에 不信이 是信般若라하다

규봉 魏譯에 이르되 "자못 어떤 중생이 미래세에…"라고 했거늘 지금의 이 문구를 생략한 것은 後五五百년후(二千五百년후)를 나타낸 것이다. 句는 차별을 말함이고 章은 句를 해석한 것이다. 實信이란 大品에 이르되 "一切法을 믿지 않는 것이 般若를 믿는 것이다"라고 하다.

六祖 須菩提가 問此法이 甚深하야 難信難解라 末世凡夫가 智慧微劣하니 云何信入하리잇고 佛答은 在下하다

육조 수보리가 "이 法은 심히 깊어서 믿기 어렵고 알기 어려움이라. 말세의 범부는 지혜가 적고 하열해서 어떻게 믿어 들어가겠습니까"하고 물으셨다. 부처님 답은 아래에 있도다.

圭峰 二는 呵疑詞以顯信이라
규봉 ㉮二. 의심되는 말을 꾸짖어 믿음을 나타냄이라.

佛이 告須菩提하사대 莫作是說하라 如來滅後後五百歲에
有持戒修福者가 於此章句에 能生信心하야 以此爲實하리니
부처님이 수보리에게 이르시되 "그런 말 하지 말아라. 여
래가 멸도한 뒤 후 오백세에도 계를 지니고 복을 닦는 자
가 있어서 이 말씀에 능히 믿는 마음을 내고 이로써 실다
움을 삼으리라."

說誼 上來問答은 只明得無住無相之義니라 若是無住無相之義인댄
甚深難解하야 不近人情하니 去聖愈遠에 容有不信일새 故로 問也니라
然이나 此固不外乎衆生日用이며 亦乃該通過現未來하니 由是로 雖是
末世나 如有勝機면 必當生信하야 以此無住無相之義로 以爲實然也니
라 無相은 是虛玄妙道요 無住는 是無着眞宗이니 若是眞宗妙道인댄
直是法身向上이라 非干向下니라 恁麼則以此爲實者는 法身向上으로
以爲實也라 法身向上으로 爲實則三身이 皆屬向下하야 是權非實이
明矣로다 爲甚如此오 三身이 皆是對機示現이라 畢竟非眞故也니라 趙
州가 道하사대 金佛은 不度爐하고 木佛은 不度火하고 泥佛은 不度水어니
와 眞佛은 內裏座라하시니 眞佛이 豈不是向上人也며 三佛이 豈不是三
身也리오 臨濟가 道하사대 入淨妙國土中하야 着淨妙衣하고 說法身佛하
며 入無差別國土中하야 着無差別衣하고 說報身佛하며 入解脫國土中
하야 着解脫衣하고 說化身佛이라하야시늘 大慧 拈云하사대 要識臨濟老
漢麼아 法身報身化身이여 咄哉라 魍魎妖精이로다 三眼國中에 逢着하
니 笑殺無位眞人이라하시니 則向上은 是實이요 三身은 是權이 灼然灼
然이로다 又經顯法身이라 以此爲實者는 法身으로 以爲實也니 法身이
是實則報化 是權非實이 明矣로다

설의 위의 문답은 다만 無住 無相의 뜻을 밝힌 것이니라. 만약 무주
무상의 뜻이라면 심히 깊고 알기 어려워서 우리 상식에 가깝지 않으
니, 성인에 이르기가 더욱 멀어져서 혹 믿지 못함이 있을까 하여 물은
것이니라. 그러나 이것은 진실로 중생의 日用에서 벗어나지 않은 것이

며, 또한 과거, 현재, 미래를 전부 갖추고 있는 것이로다. 이로 말미암아 비록 말세라 하나 만약 수승한 근기가 있으면 반드시 마땅히 신심을 내어서 이 無住, 無相의 뜻으로써 실다움을 삼으리라. 無相은 텅비고 현묘한 道이고 無住는 집착이 없는 참된 근본〔眞宗〕이니 만약 이 眞宗, 妙道라면 바로 이 法身向上(법신보다 더 높은 것)이라. 向下에는 간섭되지 않으니, 이러한즉 이로써 실다움을 삼는다 하는 것은 法身向上으로써 실다움을 삼음이라. 법신 향상으로 실다움을 삼은즉 三身이 모두 向下에 속하여서, 이는 방편이고 실이 아님이 분명하도다. 무엇 때문에 이같은가. 三身이 다 근기에 따라서 나타나므로 필경엔 眞이 아닌 까닭이니라. 趙州스님이 말씀하시되 "金佛은 화로를 건너가지 못하고 木佛은 불을 건너가지 못하고, 진흙불(泥佛)은 물을 건너가지 못하지만 眞佛은 내 안에 앉아 있으시다" 하시니 眞佛이 어찌 이 向上人이 아니며 三佛(金·木·泥)이 어찌 이 三身이 아니리오. 臨濟가 이르시되 정묘국토중에 들어가서 정묘한 옷을 입고 법신불을 설하며 차별없는 국토에 들어가서 차별없는 옷을 입고 보신불을 설하며, 해탈국토중에 들어가서 해탈의 옷을 입고 화신불을 설한다 하시거늘 大慧(종고) 스님이 이것을 들어 말하되 임제 스님의 취지를 알고자 하는가. 法身, 化身, 報身이여, 咄哉라. 도깨비 요정이로다. 三眼國中에서 만나 無位眞人(차별심이 없는 참된 사람)을 비웃는다 하시니 곧 向上은 이 진실이요 三身은 방편인 것이 분명하도다. 또 經에서는 법신을 나타냄이라. 이것으로써 실다움을 삼는다는 것은 법신으로써 實을 삼음이니 법신이 實이라면 보신, 화신은 방편이요 實이 아님이 분명하도다.

圭峰 後五百歲者는 大集에 云初五百歲는 解脫이 牢固요 二는 禪定이 牢固요 三은 多聞이 牢固요 四는 塔寺가 牢固요 五는 鬪諍이 牢固라하다 本疑惡世無信일새 故擧惡世하야 以斷疑니라 持戒修福者는 戒定也요 以此爲實者는 正解無倒故니라 無着이 云增上戒等 三學으로 顯示修行少欲等功德이니 戒出三塗요 定出六欲이요 慧出三界라하다 三은 明能信之所以라 於中에 文二니 一은 明歷事善

友하야 積集信因이라

규봉 後五百歲란 것은 大集에 이르되, 처음 오백년은 해탈이 牢固함이고 제二는 선정이 牢固함이며 제三은 多聞이 뇌고함이고 제四는 塔寺가 뇌고하며 제五는 鬪諍이 뇌고함이라 하다. 본래 오탁악세에 믿음이 없음을 의심했으므로 악세를 들어 의심을 끊음이라. "계를 지니고 복을 닦는 것"이란 戒와 定이요 이것으로써 실다움을 삼는다"란 바로 이해해서 전도됨이 없는 까닭이니라. 무착이 이르되 보다 높은 계·정·혜 등 삼학으로 욕심을 없애는 공덕을 닦는 것을 나타냄이니 戒는 삼악도를 벗어나고 定은 六欲에서 벗어나고 慧는 삼계에서 벗어난다고 하다.

㈜三. 능히 믿는 까닭을 밝힘이라. 그중에 두 가지니 ㈜一. 선지식을 두루 섬겨서 믿음에 대한 씨앗을 쌓음이라.

當知是人은 不於一佛二佛三四五佛에 而種善根이라 已於無量千萬佛所에 種諸善根하야 聞是章句하고 乃至一念生淨信者니라

마땅히 알라. 이 사람은 한 부처나 두 부처나 셋, 넷, 다섯 부처님께 선근을 심었을 뿐만 아니라 이미 한량없는 천만 부처님께 모든 선근을 심었으므로 이 말씀을 듣고 한 순간이라도 깨끗한 믿음을 내는 사람이니라.

主峰 於多佛所는 明久事善友니 則緣勝也요 種諸善根은 明久伏三毒이니 則因勝也니라

규봉 많은 부처님 처소라는 것은 좋은 선지식을 오랫동안 섬김을 밝힘이니 곧 연이 수승함이요, 모든 선근을 심는다는 것은 삼독을 오랫동안 조복함을 밝힌 것이니 곧 인이 수승함이니라.

六祖 於佛滅後後五百歲에 若復有人이 能持大乘無相戒하야 不妄取諸相하며 不造生死業하야 一切時中에 心常空寂하야 不被諸相所縛하면 卽是無所住心이라 於如來深法에 心能信入하리니 此人의 所有言說은 眞實可信이니라 何以故오 此人은 不於一劫二劫三四五劫에 而種善根이라 已於無量千萬億劫에 種諸善根이니 是故로 如來가 說하사대 我滅後後五百歲에 有能離相修行者면 當知是人은 不於一二三四五佛에 種諸善根이라하시니라 何名種諸善根고 略說次下하리니 所謂於諸佛所에 一心供養하야 隨順敎法하며 於諸菩薩과 善知識과 師僧과 父母와 耆年宿德尊長之處에 常行恭敬供養하고 承順敎命하야 不違其意를 是名種諸善根이요 於六道衆生에 不加殺害하며 不欺不賤하며 不毁不辱하며 不騎不箠하며 不食其肉하야 常行饒益을 是名種諸善根이요 於一切貧苦衆生에 起慈愍心하야 不生輕厭하고 有所須求어든 隨力惠施를 是名種諸善根이요 於一切惡類에 自行和柔忍辱하야 歡喜逢迎하야 不逆其意하고 令彼로 發歡喜心하며 息剛戾心을 是名種諸善根이니라 信心者는 信般若波羅蜜이 能除一切煩惱하며 信般若波羅蜜이 能成就一切出世功德하며 信般若波羅蜜이 能出生一切諸佛하며 信自身中佛性이 本來淸淨하야 無有染汚하야 與諸佛性으로 平等無二하며 信六道衆生이 本來無相하며 信一切衆生이 盡能成佛이니 是名淨信心也니라

육조 부처님 멸도후 후오백세에 만약 어떤 사람이 능히 대승의 無相戒를 가지고 망령되이 모든 상을 취하지 않으며, 생사의 업을 짓지 않고 일체의 시간 가운데서 마음이 항상 공적하여 모든 모양에 속박되지 않으면 이것이 곧 머무름이 없는 마음이라. 저 여래의 깊은 법에 마음으로 능히 믿고 들어가리니 이런 사람의 말은 진실해서 가히 믿을 만하니라. 왜냐하면 이 사람은 한 겁이나 두 겁, 삼사오 겁에 선근을 심었을 뿐만 아니라 이미 무량천만억 겁에 모든 선근을 심은 것이니, 이 까닭에 여래께서 "내가 멸후

후오백세에 능히 相을 떠난 수행자가 있으면 마땅히 알라. 이 사람은 一 二 三 四 五 불께만 모든 선근을 심은 것이 아니니라"하시니라.

　무엇을 이름하여 선근을 심었다 하는가. 아래에 간략히 설하면 이른바 모든 부처님 처소에 일심으로 공양하여 교법을 수순하고, 모든 보살과 선지식과 스승이나 스님과 부모와 연세 많은 분이나 덕이 많은 분 등 존경하는 분들의 처소에 항상 공경공양하고, 높은 가르침을 받들어서 그 뜻을 어기지 않음을 이름하여 모든 선근을 심는 것이라고 함이요. 육도의 모든 중생에게 살해를 가하지 않으며 속이지도 않고 천하게 여기지도 않으며 해치지도 않고 욕하지도 않으며 타지도 않고 채찍질도 하지 않으며 그 고기를 먹지도 않고, 항상 이익되게 행함을 이름하여 모든 선근을 심는 것이라 하느니라. 일체의 가난하고 고통받는 중생에게 자비하고 불쌍히 여기는 마음을 일으켜서 가벼이 여기거나 싫어하는 생각을 내지 않고, 구하려 하면 힘을 따라서 베풀어 줌을 이름하여 모든 선근을 심음이 되는 것이니라. 일체 악한 무리에게 스스로 和柔하고 인욕을 행해서 즐거이 맞이하여 그 뜻을 거스리지 않고 그로 하여금 환희심을 내게 해서 사나운 마음을 쉬게 하는 것을 모든 선근을 심는다고 하는 것이니라.

　信心이란 것은 반야바라밀이 능히 일체번뇌를 제거함을 믿으며, 반야바라밀이 능히 일체 출세공덕을 성취함을 믿으며, 반야바라밀이 능히 일체제불을 출생시킴을 믿으며, 자기 몸중의 佛性이 본래 청정하여 더러움에 물듦이 없어서 모든 佛性과 더불어 평등하여 둘이 없음을 믿으며, 육도 중생이 본래 상이 없음을 믿으며, 일체중생이 모두 능히 성불함을 믿는 것이니, 이를 깨끗하게 믿는 마음이라 하느니라.

　傅大士　因深果亦深이여 理密奧難尋이라 當來末法世에 唯慮法

將沈이로다 空生이 情未達하야 聞義恐難任이니 如能信此法하면 定是覺人心이로다

부대사 원인도 깊고 결과도 깊음이여
　　　　이치가 밀밀하고 깊어서 찾기 어렵도다.
　　　　앞으로 오는 末法世上에
　　　　오직 법이 침체할까 두려워하도다.
　　　　空生은 情이 통달하지 못하여
　　　　이 뜻을 듣고 감당하기 어려울까 두려워하니,
　　　　만약 이런 법을 능히 믿으면
　　　　결정코 이것은 바르게 깨달은 사람의 마음이로다.

冶父 金佛은 不度爐하고 木佛은 不度火하고 泥佛은 不度水로다

說誼 三佛이 從來로 未免有壞니 三身도 亦然하야 畢竟非眞이니라 以三佛로 配於三身하신 意旨如何오 法身은 堅固不動하고 報身은 上冥下應하고 化身은 曲順機宜어든 金은 剛而不柔하고 木은 能柔能剛하고 泥는 柔而不剛하니 以三佛로 配於三身이 其意以此니라 又金之氣는 爲秋之凉이라 其質이 在地則確然其堅이니 是는 體句也요 木之氣는 爲春之煖이라 其質이 在地則蒼然其靑이니 是는 用句也요 土則旺於四季하야 爲金木等之所依니 是는 中間句也니라 又金佛은 一鑄便成이니 是는 中間句也요 木佛은 減減而成이니 是는 無句也요 泥佛은 加加而就니 是는 有句也니라 金佛은 不可以度爐니 度爐則鎔却去요 木佛은 不可以度火니 度火則燒却去요 泥佛은 不可以度水니 度水則爛却去라 此則三句가 一一非實이니 伊麼則以此爲實者는 三句外一句로 以爲實也니라 又金佛은 不須度爐요 木佛은 不須度火요 泥佛은 不須度水니 此則三句가 一一總不動着이니라 伊麼則有句也端端的的이요 無句也端端的的이요 中間句也端端的的이니 體用等도 亦然이니라 又法身은 以畢竟空寂으로 爲栖止니 何聲之可聞이며 何相之可睹리오 非金木等의 所能模邈也요 唯有報化는 妙相이 端嚴하야 令人樂見이며

音聲이 淸雅하야 令人樂聞이라가 及其示滅也에 人之像之호대 或鑄以
金하며 或彫以木하며 或塑以泥하나니 伊麽則現前金佛木佛泥佛이 皆
從報化中來也라 不度爐不度火不度水는 明報化非實也니라

야부 金佛은 화로를 지나가지 못하고 木佛은 불을 건너가지 못
하며 泥佛은 물을 건너지 못하도다.

설의 三佛이 종래로 부서짐을 면하지 못하고 三身도 역시 그러해서
필경 眞이 아닌 것이라. 三佛로써 三身을 배대하신 뜻은 무엇인가. 法
身은 견고해서 움직이지 않고 報身은 위로 명합하고 아래로 응하며
化身은 근기에 마땅함을 따라 구부려서 수순하거늘, 金은 굳으나 부드
럽지 않고 木은 능히 부드럽고 강하며 泥(진흙)는 부드럽지만 강하지
못하니 三佛로써 三身을 짝지운 뜻이 이런 것이로다. 또 金의 氣는 마
치 가을의 서늘함과 같고 그 바탕이 땅에 있은즉 확연하여 그 견고한
것이 體의 句요, 木의 氣는 봄의 따뜻함과 같아서 그 바탕이 땅에 있
으면 파랗게 푸르는 것이 用의 句요, 土는 사계절에 왕성해서 금, 목,
수, 화 등에 의지함이 되는 것이 中間의 句가 되느니라. 또 금불은 한
번 녹여 부우면 금방 이뤄지니 이는 중간구요, 목불은 깎고 깎아서 이
뤄지니 이는 無句요, 泥佛은 더하고 더해서 이뤄지니 이것은 有句로
다. 금불은 가히 용광로를 지나가지 못하니 용광로를 지나가면 녹아버
림이요, 목불은 불을 건너가지 못하니 불을 건너가면 타버리고 진흙불
은 물을 건너가지 못하니 물을 건너면 풀어져 버리느니라. 이것은 三
句가 낱낱이 眞이 아니니, 이런즉 "이것으로써 실다움을 삼는다"는 三
句 밖의 一句로써 實을 삼는 것이니라. 또 금불은 모름지기 용광로를
지나가지 못하며, 목불은 불을 건너가지 못하고, 진흙불은 물을 건너
지 못하니, 이것은 三句가 낱낱이 다 움직이지 못함이니라. 이러한즉
有句는 분명하고 뚜렷하고(端端的的) 無句도 분명하고 뚜렷하며 중간
구도 분명하고 뚜렷해서 體와 用 등도 또한 그러한 것이니라. 또 法身
은 필경 空寂으로써 깃들어 의지하는 것이니, 무슨 소리를 가히 들을
것이며 무슨 상을 가히 볼 수 있으리오. 金이나 木 등으로 능히 모양
을 본뜨지 못하며, 오직 보신 화신은 妙相이 단엄해서 사람들이 즐겨

보게 하며 음성이 청아해서 사람들이 즐겨 듣게 하다가 그 멸을 보이시매 사람들이 그것을 형상으로 만드는데, 혹 금으로 주조하기도 하고 혹은 나무로 조각하며 혹은 진흙으로 빚으니, 이러한 앞에 드러난 금불, 목불, 니불은 모두 보신 화신 가운데서부터 나온 것이라. 용광로를 건너지 못하고 불을 건너지 못하며 물을 건너지 못함은 보신 화신이 실답지 않음을 밝힘이니라.

冶父 三佛形儀總不眞하니 眼中瞳子面前人이라 若能信得家中寶하면 啼鳥山花一樣春이로다
說誼 三身이 只是那人影이라 悟來影影不是他로다 又三句但從一句來하니 一句悟來三則一이로다 又報化非眞全是影이라 眞若悟來影非他로다

야부 三佛의 형상과 거동은 다 진실이 아니고
　　　 눈가운데의 瞳子엔 그대앞의 사람이라.
　　　 만약 능히 집에 있는 보배를 믿기만 하면
　　　 새울고 꽃피는 것이 한결같은 봄이로다.

설의 三身이 다만 그 사람의 그림자이고 깨닫고 보면 그림자 그림자가 다른 것이 아니로다. 또 三句가 다만 一句로부터 왔으니 一句를 깨달으면 三이 곧 一이로다. 또 보신 화신은 眞이 아니고 온전히 그림자이지만 만약 眞을 깨달으면 그림자가 다른 것이 아니로다.

圭峰 二는 明善友所攝으로 成就信德이라 於中에 亦二니 一은 明攝受得福하야 顯福德門이라
규봉 ㉔二.는 선지식을 섭수함으로써 信, 德 성취함을 밝힘이라. 그 중에 두 가지가 있으니 섭수하여 복얻음을 밝혀서 복덕의 문을 나타냄이라.

須菩提야 如來가 悉知悉見하노니 是諸衆生이 得如是無量

福德이니라

수보리야, 여래는 다 알고 다 보나니 이 모든 중생들이 이렇게 한량없는 복덕을 얻느니라.

說誼 諸佛所證이 只證此法이시며 是人所信도 亦信此法이니 信由宿熏이라 不是無因이요 信必有證이라 當成兩足이로다

설의 모든 부처님의 증득한 것이 다 이 법을 증득하심이며 이 사람의 믿는 것도 역시 이 법을 믿는 것이니, 믿음은 宿熏(과거에 훈습한 인연)을 말미암은 것이라서 因이 없지 않고 믿으면 반드시 증득함이 있어서 마땅히 兩足尊(福과 慧)을 이루리라.

主峰 無着이 云謂於一切行住所作中에 知其心四蘊하고 見其依止色身이라 故로 此等이 顯示善友所攝이니라 論에 云若不說見이면 或謂如來가 以比智知며 若不說知면 或謂如來가 以肉眼見일새 故須二語니라 得福德者는 魏에 云生如是福德하며 取如是福德이라하고 無着이 云生者는 福正起時요 取者는 卽彼滅時에 攝持種子어늘 此云得者는 生取二義가 不離於得이니 得之一字에 生取俱攝이라하다

규봉 무착이 이르시되, 일체 행주좌와의 생활속에서 그 마음의 四蘊(수상행식)을 알고 그 의지의 色身을 보는 것이라. 그러므로 이런 것 등이 선지식의 포섭한 것을 나타냄이니라. 論에 이르되 만약 見을 설하지 않으면 혹 여래가 比智(견주어 아는 지혜)로써 안다고 할 것이며, 만약 知를 설하지 않으면 혹 여래가 육안으로써 본다고 하므로 두 가지를 말함이니라. 복덕을 얻는 것이란 魏譯에 이르되 "이같은 복덕을 내고(生) 이같은 복덕을 取한다"고 하며, 무착이 이르되 "生이란 복이 정히 일어날 때이고 取란 저가 멸할 때 種子를 섭지하거늘 여기에서 得이란 生과 取의 두 뜻이 得의 뜻을 떠나지 않으니 得 한 자에 生 取가 다 포함됐다"고 하

다

傅大士 信根生一念을 諸佛이 盡能知라 修因於此日이요 證果未來時로다 三大經多劫에 六度久安施아 熏成無漏種하야사 方號不思議니라

부대사 信根(믿음의 뿌리)을 一念에 냄을
　　　　諸佛이 능히 다 알도다.
　　　　因은 오늘에 닦음이요
　　　　果를 증득함은 미래의 때로다.
　　　　三大 아승지 겁을 지나도록
　　　　六道로써 어찌 오래 베풀 것인가.
　　　　無漏의 種子를 훈습해 이루어야
　　　　바야흐로 不思議(佛)라 부르리라.

야부 種瓜得瓜요 種果得果로다
說誼 昔年所學이 卽今日所信이요 因地所習이 卽果上所證이로다
야부 오이를 심으면 오이를 얻음이요, 과일을 심으면 과일을 얻도다.
설의 옛날에 배운 것이 곧 오늘의 믿는 것이요, 因地(처음 발심했을 때)에서 익힌 것이 果位에 증득한 것이로다.

冶父 一佛二佛千萬佛이 各各眼橫兼鼻直이라 昔年에 親種善根來러니 今日에 依前得渠力이로다 須菩提須菩提여 着衣喫飯이 尋常事어늘 何須特地却生疑오
說誼 諸佛이 同證眼橫鼻直이시니 承事諸佛은 只要學得眼橫鼻直이니라 眼橫鼻直身은 非但千萬佛이라 張三李四도 皆同有하니 昔已學得이라 今能生信이로다 須菩提須菩提여 卽日用이 便是니 有甚難會리오
야부 一佛, 二佛, 千萬佛이

각각 눈은 가로 있고 코는 세로 놓였도다.
옛날에 친히 선근을 심어 왔더니
오늘은 옛에 의지하여 큰힘을 얻었도다.
수보리 수보리여. 옷입고 밥먹음이 일상의 일이거늘
어찌하여 모름지기 특별히 의심을 내는가

설의 모든 부처님이 眼橫鼻直(다 똑같은 도리)을 함께 증득하셨으니 모든 제불을 받들어 섬기는 것도 바로 안횡비직을 배우고자 하는 것이로다. 안횡비직의 몸은 비단 천만불 뿐 아니라 張三李四(누구나)도 똑같이 있으며 옛날에 이미 배워얻은 것이라서 지금에 능히 믿음을 냄이로다. 수보리 수보리여, 곧 日用(착의끽반)이 문득 이것이니 무슨 알기 어려움이 있으리오.

圭峰 二는 明攝受所以하야 顯智慧門이니 由無二執일새 故得攝受니라 於中에 亦二니 一은 正明已斷麤執이라

규봉 ㉔二. 섭수의 이유를 밝혀서 지혜의 문을 나타냄이니 두 가지 집착이 없음을 말미암아 섭수함을 얻는 것이다.
그 중에 두 가지니 ㉮一. 이미 거친 집착 끊음을 바로 밝힘이라.

何以故오 **是諸衆生**이 **無復我相人相衆生相壽者相**하며 **無法相**하며 **亦無非法相**이니라
무슨 까닭인가. 이 모든 중생은 다시 아상, 인상, 중생상, 수자상이 없으며 법이라는 상도 없으며 법 아니라는 상도 또한 없느니라.

說誼 麤細垢盡에 圓明體露로다
설의 거칠고(麤) 미세한(細) 때(垢)가 다하면 圓明한 體가 드러나도다.

正信希有分 第六 179

圭峰　初徵에 信者는 以何義故로 得如來悉知悉見고 後釋에 有
二하니 一은 無我執이니 執取自體가 爲我요 計我展轉하야 趣於餘
趣가 爲人이요 計我盛衰苦樂의 種種變異相續이 爲衆生이요 計我
一報命根이 不斷而住가 爲壽者니라 二는 無法執이니 論에 云無法
相者는 能取所取에 一切法無요 亦無非法相者는 無我가 卽顯眞
空實有라 然이나 離二執이 正是得佛知見이니 成就正信之本일새
善根福德이 却是相兼이니라 故로 論에 云有智慧便足이어늘 何故로
復說持戒功德고 爲示現生實相差別義故로 亦有持戒功德이요 依
信心恭敬하야 能生實相故로 不但說般若라하시니라

규봉　처음 물음에, 믿는 사람은 무슨 뜻으로 여래가 다 알고 다
본다고 하는가. 後釋에 두 가지가 있으니, 첫째는 我執이 없음이
니 자기 몸을 집착함이 我가 되고 我가 더욱더 발전해서 다른 것
을 취하고 계교함이 人이 되며 나의 성쇠 고락의 가지가지 변이
상속을 계교함이 衆生이 되고 내가 한번 받은 생명이 끊어지지
않고 머문다고 계교하는 것이 壽가 된다 함이요, 둘째는 法執이
없음이니 論에 이르되 무법상이란 능히 취하고(能取) 취할 것에
(所取) 일체법이 없음이요, 또한 무비법상이란 무아가 眞空의 實
有(妙有)를 나타냄이라. 그러나 두 가지(我執, 法執) 집착을 떠난
것이 바로 부처님의 지견을 얻음이니, 바른 믿음의 근본을 성취하
므로 선근과 복덕이 도리어 서로 겸한 것이니라. 故로 論에 이르
되 지혜가 있으면 만족하거늘 어찌하여 다시 지계공덕을 설하셨
는가. 실상 차별내는 것을 드러내 보이기 위한 고로 또한 지계공
덕이 있음이요, 신심공경을 의지해서 능히 실상을 내는 고로 다만
반야만 설하지 않았다고 하시니라.

六祖　若有人이 於如來滅後에 發般若波羅蜜心하며 行般若波羅
蜜行하야 修習解悟하야 得佛深意者는 諸佛이 無不知之시니라 若有
人이 聞上乘法하고 一心受持하면 卽能行般若波羅蜜無相無着之

行하야 了無我人衆生壽者四相하리니 無我者는 無受想行識也요 無人者는 了四大不實하야 終歸地水火風也요 無衆生者는 無生滅心也요 無壽者者는 我身이 本無어니 寧有壽者리오 四相이 旣無인댄 卽法眼이 明徹하야 不着有無하야 遠離二邊하고 自心如來를 自悟自覺하야 永離塵勞妄念하야 自然得福無邊하리라 無法相者는 離名絶相하야 不拘文字也요 亦無非法相者는 不得言無般若波羅蜜法이니 若言無般若波羅蜜法이라하면 卽是謗法이니라

육조 만약 어떤 사람이 여래 멸후에 반야바라밀의 마음을 내고 반야바라밀을 행해서 닦고 익히고 알고 깨달아서 부처님의 깊은 뜻을 얻은 자는 모든 부처님이 그를 알지 못함이 없느니라. 만약 어떤 사람이 깊은 가르침을 듣고 일심으로 받아가지면 곧 능히 반야바라밀 무상무착행을 행하게 되어서 마침내 我人衆生壽者의 四相이 없으리라. 我相이 없다는 것은 수상행식이 없음이고, 人相이 없다는 것은 四大가 實이 아니어서 마침내 지수화풍으로 돌아감을 요달함이요, 衆生相이 없다는 것은 생멸심이 없음이고, 壽者相이 없다는 것은 내 몸이 본래 없음이니 어찌 목숨이 있으리오. 四相이 이미 없음인댄 곧 法眼이 밝게 드러나서, 有無에 집착함이 없이 二邊을 멀리 떠나고 자기 마음 가운데 있는 여래를 스스로 깨닫고 자각해서 길이 塵勞妄念을 떠나면, 자연히 복얻음이 끝이 없으리라. 無法相이란 이름을 떠나고 相을 떠나서 文字에 얽매이지 않음이고, 또한 無非法相이란 반야바라밀법이 없음을 말하는 것이 아니니, 만약 반야바라밀법이 없다고 한다면 곧 이 법을 비방하는 것이니라.

야부 圓同太虛하야 無欠無餘로다

설의 人有身이여 圓滿空寂者가 是요 人有心이여 廣大靈通者가 是라 此身此心은 阿誰獨無리오마는 但以無明不了하야 妄認四大하야 爲自身相하고 六塵緣影으로 爲自心相일새 由是로 身以圓滿之體로 隱於形

殼之中하고 心以靈通之用으로 匿於緣慮之內하며 脫或知非라도 亦成斷見이라 由滯二邊하야 圓滿之體와 靈通之用이 不能顯現이라가 如今에 我法雙忘하야 其忘亦忘하니 圓滿之體와 靈通之用이 豁爾現前하야 初無欠剩이로다

야부 두렷함이 큰허공과 같아서 모자람도 없고 남음도 없도다.

설의 사람에게 몸이 있음이여, 원만하고 공적한 것이 이것이요. 사람에게 마음이 있음이여, 광대하고 영통한 것이 이것이로다. 이 몸 이 마음이 누군들 홀로 없으리오마는, 다만 무명을 요달하지 못하여 망령되이 四大를 오인해서 자기의 몸뚱이로 여기고, 육진의 그림자로 자기 마음을 삼아서, 이로 말미암아 몸의 원만한 體가 형체(틀)속에 갇히고, 마음의 영통한 쓰임(用)이 緣慮(생각하는 마음)안에 숨어 있으니, 설혹 잘못된 줄 알더라도 또한 단견을 이루는 것이라. 二邊에 막힘을 말미암아서 원만한 體와 영통한 用이 능히 드러나지 못하다가 지금에 와서 我와 法을 쌍으로 잊고, 그 잊은 것까지도 또한 잊으니, 원만한 體와 영통한 用이 활연히 앞에 나타나서, 아예 모자람도 없고 남음도 없음이로다.

야부 法相非法相이여 開拳復成掌이로다 浮雲이 散碧空하니 萬里天一樣이로다

설의 是法非法이여 一常一斷이니 斷常은 雖異나 爲病은 是同이라 爲病是同이여 開拳成掌이로다 開拳成掌이여 何必不必이로다 斷常이 俱亡하야사 一味方現하리라

야부 法相과 非法相이여.
　　　주먹을 펴니 다시 손바닥이로다.
　　　뜬구름이 푸른 하늘에서 흩어지니
　　　만리의 하늘이 온통 푸른 하늘뿐이더라.

설의 옳은 법과 그른 법이여. 하나는 常이고 하나는 斷이니, 단과 상은 비록 다르나 병이 되는 것은 같도다. 병이 됨이 이같음이여. 주먹을 펴니 손바닥이 됨이로다. 주먹을 펴니 손바닥이 됨이여. 何必이요 不

必이로다. 斷常이 함께 없어야 한맛이 바야흐로 나타나리라.

圭峰　二는 因顯未除細執이라
규봉　㋑二. (앞의 것을) 因하여 細執(미세한 집착)을 없애지 못함을 나타냄이라.

何以故오 是諸衆生이 若心取相하면 卽爲着我人衆生壽者니 何以故오 若取法相이라도 卽着我人衆生壽者며 若取非法相이라도 卽着我人衆生壽者니라
무슨 까닭인가. 이 모든 중생이 만약 마음에 상을 취하면 곧 아상 인상 중생상 수자상에 집착함이 되나니, 무슨 까닭인가. 만약 법상을 취하더라도 곧 아상 인상 중생상 수자상에 집착함이며 만약 법 아닌 상을 취하더라도 곧 아상 인상 중생상 수자상에 집착함이 되느니라.

圭峰　分兩節釋하리니 初는 總明二相이니 總解取法非法을 盡名相也며 亦是建立取相則我等相이 便生之義宗也니라 後는 若取法下는 別明二相이니 論에 云但有無明使하고 無現行麁煩惱면 示無我見이라하며 無着이 云但取法及非法想轉하면 非我等想이니 以我想과 及依止가 不轉이니라 中有徵者호대 取法은 但爲法相이어늘 何故로 便着我等고 釋云取非法도 亦着我等이어든 何況取法가하시니 以後釋前也니라
규봉　두 節을 나눠서 해석하리니, 初는 二相을 모두 밝히는 것으로써 法과 非法을 취하는 것은 다 相이 됨을 해석한 것이며, 또한 相을 취하면 我, 人等의 相이 생긴다는 뜻으로 건립된 것이다. 後는 若取法相 밑에는 二相을 달리 밝힌 것이니, 論에 이르되 다만 무명의 번뇌만 있고 드러난 거친 번뇌가 없으면 아견 없음을 보

인 것이라 하며, 무착이 이르되 다만 법과 비법상을 취하여 轉하면 我等의 想이 아니니 我想 및 依止가 轉하지 않음이다. 중간에 묻는 자가 있으되 법을 취한다는 것은 다만 法相이 되거늘 어찌하여 我等의 相에 집착한다고 하는가. 해석하여 이르되 非法을 취함도 또한 我等에 집착함이 되는데 어찌 하물며 法에 취하겠는가 하시니, 後(細)로써 前(麁)을 해석한 것이다.

六祖 取此三相하면 並着邪見이니 盡是迷人이라 不悟經意니라 故로 修行人이 不得愛着如來의 三十二相이며 不得言我解般若波羅蜜法이며 亦不得言不行般若波羅蜜行하고 而得成佛이니라

육조 이 三相(相, 法相, 非法相)을 취하면 아울러 사견에 집착함이니 다 미혹한 사람이라. 經의 뜻을 깨닫지 못한 것이니라. 故로 수행인은 여래의 三十二相을 애착하지 말고, 나는 반야바라밀법을 안다고 말하지도 말며 또한 반야바라밀행을 행하지 않고도 成佛한다고 말하지 말 것이니라.

傅大士 人空法亦空이여 二相이 本來同이라 遍計는 虛分別이요 依他는 礙不通이로다 圓成은 沈識海하야 流轉若飄蓬하니 欲識無生性인댄 心外斷行蹤이니라

부대사 사람도 空하고 法 또한 空함이여.
　　　　두 가지 相이 본래 같은 것이라.
　　　　遍計는 헛된 분별이요,
　　　　依他는 걸려서 통하지 않음이로다.
　　　　圓成은 識의 바다에 잠겨서
　　　　그 流轉함이 바람에 흩날리는 쑥꽃(홀씨)과 같으니
　　　　생함이 없는 性을 알고자 하면
　　　　마음 밖의 행적을 끊어야 하느니라.

圭峰　四는 示中道之玄門이라
규봉　㉔四. 中道의 玄門을 보임이라.

是故로 **不應取法**이며 **不應取非法**이니라
이러한 까닭으로 응당 법을 취하지 말아야 하며 응당 법 아님도 취하지 말아야 하느니라.

說誼　取法은 只由不知法卽非法이요 取非法은 只由不知非法卽法이니 一眞法界는 無是無非며 此無도 亦無니라 所以로 道호대 何於一法中에 有法有不法이리오하시니 脫或分別是法非法이라도 拈一放一이라 有甚了期리오
설의　법을 취함은 다만 법이 곧 비법임을 알지 못한 때문이고, 비법을 취함도 다만 비법이 곧 법임을 알지 못한 때문이니, 一眞法界는 옳음도 없고 그름도 없으며, 이 없다는 것도 또한 없는 것이니라. 이 까닭에 말하되 "어찌 一法中에 法이 있음과 법아님이 있으리오"하시니 설혹 이 법과 법아님을 분별할지라도 하나를 잡고 하나를 놓음이라 언제 마칠 기약이 있으리오.

傅大士　有因은 名假號요 (假號는 一本에 作無號라) 無相은 有馳名이라 有無無別體하야 無有有無形이로다 有無無自性이어늘 妄起有無情하나니 有無가 如谷響이라 勿着有無聲이어다
부대사　有因은 假號라 부르고
　　　　無相은 이름만 있음이라.
　　　　有無가 달리 體가 없어서
　　　　有無의 形이 없음이로다.
　　　　有無가 自性이 없거늘
　　　　망령되이 有無의 情을 일으키니,
　　　　有無가 마치 골짜기의 메아리 같으므로

有無의 소리에 집착하지 말지어다.

冶父 金不博金이요 水不洗水로다
說誼 只是一般金이어니 豈分能博所博이며 只是一般水이니 豈分能洗所洗리오 恁麽則法則一味어늘 見有二取니 二取相亡하야사 一味方現하리라
야부 金으로 금을 살 수 없으며 물로써 물을 씻지 못하도다.
설의 다만 이 똑같은 금인데 어찌 능히 바꿔줄 것과 바꿔가질 것으로 나누며 다만 똑같은 물인데 어찌 씻는 물과 씻어지는 물로 나누겠는가. 이러한즉 法은 곧 한맛이거늘 見에 두 가지 취함이 있으니, 二取의 相이 없어야 한맛이 바야흐로 나타나리라.

冶父 得樹攀枝는 未足奇라 (攀枝는 一本에 作攀高라) 懸崖撒手하야사 丈夫兒니라 水寒夜冷魚難覓하니 留得空船載月歸로다
說誼 得一心存이 未是奇라 一處亦亡하야사 是丈夫니라 到這裏하야는 凡情이 脫盡하고 聖解도 亦亡이니 但將無私照하야 却來是非場이로다
야부 (벼랑에서) 나뭇가지를 잡음은 족히 기이함이 아니라,
　　　　벼랑에서 손을 놓아야 비로소 장부로다.
　　　　물도 차고 밤도 싸늘하여 고기찾기 어려우니
　　　　빈배에 달빛만 가득 싣고 돌아오도다.
설의 한 마음을 얻어 두는 것이 기이한 게 아니라 한 곳마저도 없어야 장부이니라. 이 경지에 이르러서는 범부의 뜻이 다 떨어지고 성인의 앎도 또한 없어야 함이니, 다만 사심없이 비춤을 가져서 도리어 是非의 場에 왔도다.

以是義故로 如來가 常說호대 汝等比丘가 知我說法을 如筏喩者라하노니 法尙應捨어든 何況非法가
이런 뜻인 까닭으로 여래가 항상 말하길 "너희들 비구는

내 설법을 뗏목으로 비유함과 같이 알라"하노니 법도 오히려 응당 버려야 하거늘 어찌 하물며 법 아님이겠는가.

說誼 佛所說法은 只是入道方便이니 依方便而入道則可어니와 守方便而不捨則不可하니라 方便도 尙應捨離어든 此離를 亦何所存이리오
설의 부처님이 설하신 법은 다만 道에 들어가는 방편이니, 이 방편에 의해서 도에 들어가는 것은 옳거니와 방편을 지키고 버리지 않음은 옳지 않느니라. 方便도 오히려 응당히 버려야 하거늘 이 버려야 할 것을 어찌 보존하리오.

圭峰 曲分爲二하니 初는 正結歸中이요 後는 引說以證이니라 筏喩는 假言顯義니 不應如言執義니라 不執은 卽爲不取니 非全棄也니라 偈에 云彼不住隨順이 於法中證智라하며 論에 釋云不住者는 得證智捨敎니 如到彼岸이요 隨順者는 隨順彼證智之敎法이니 如未到彼岸이라하다 無着이 云法尙應捨者는 實相生故요 何況非法者는 理不應故라하시니라
규봉 자세히 둘로 나누면 初는 正히 中道에 돌아감을 결론함이요, 後는 說을 이끌어 證을 삼음이다. 뗏목의 비유는 말을 빌려서 뜻을 나타냄이니 응당히 말과 같이 뜻도 집착하지 말지니라. 집착하지 않음은 곧 不取가 됨이니, 온전히 다 버린 것은 아니니라. 偈에 이르되 저가 주하지 않고 수순하는 것은 法中의 지혜를 증득했다 하며, 論에서 해석하되 不住란 證智를 얻어 가르침을 버리는 것이니 피안에 이르름과 같으며, 隨順이란 저 증지의 敎法을 수순함이니 피안에 이르지 못함과 같다고 하다. 無着이 이르되 法尙應捨란 實相이 나는 까닭이고, 何況非法이란 이치가 맞지 않은 까닭이라 하다.

六祖 法者는 是般若波羅蜜法이요 非法者는 生天等法이라 般若

波羅蜜法은 能令一切衆生으로 過生死大海케하나니 旣得過已하야는
尙不應住어든 況生天等法을 而得樂着가
육조 法이란 반야바라밀법이요, 非法이란 천상에 태어나는 것
등의 법이라. 반야바라밀법은 능히 일체중생으로 하여금 生死大
海를 건너가게 하는 것이니, 이미 건너가서는 오히려 응당 주하지
말 것이거든 어찌 天上에 나는 등의 법에 즐거이 집착하겠는가.

傅大士 渡河에 須用筏이요 到岸에 不須船이라 人法知無我하면 悟
理詎勞筌이리요 中流도 仍被溺이어니 誰論在二邊가 有無에 如取一
하면 卽被汚心田하리라
부대사 강을 건너는 데는 모름지기 뗏목을 쓸 것이고
　　　　 언덕에 이르러서는 뗏목을 사용치 않음이라.
　　　　 人과 法에 있어서 我가 없음을 안다면
　　　　 이치를 깨달았음이라. 어찌 筌(방편)을 수고롭히리오.
　　　　 中流(中道)에도 오히려 빠질 수 있거든
　　　　 누가 二邊에 있음을 論할까.
　　　　 有無에서 만약 하나를 취한다면
　　　　 곧 마음밭을 더럽히리라.

冶父 水到渠成이로다
說誼 一作成渠라 佛所說法은 卽眞卽俗이시니 卽俗故로 解脫이 卽文
字라 四十九年을 東說西說하시고 卽眞故로 文字가 卽解脫이라 三百餘
會에 未曾說一字시니라 若着文字하면 見派迷源이요 若捨文字하면 望
源迷派니 源派를 俱不迷하야사 方入法性海니라 旣入法性海하야는 無
念智가 現前이니 無念智現前이여 所向無碍하야 觸處皆通하리라
야부 물이 이르면(고이면) 개울이 이루어지도다.
설의 (다른 책엔 개울을 이뤘다 하다) 부처님이 설하신 법은 眞에도
해당하고 俗에도 해당하니, 俗에 해당한 고로 해탈이 곧 文字여서 四

十九년을 東說西說하시고, 眞에도 해당한 고로 文字가 곧 해탈이라. 三百여회에 일찍 한 자도 설하지 않았다 하시니 만약 문자에 집착하면 派(줄기)만 보고 源(근원)을 迷할 것이요, 만약 문자를 버리면 근원만 보게 되어 줄기를 迷하게 되니 源과 派를 함께 迷하지 않아야 바야흐로 法性海에 들어가느니라. 이미 法性海에 들어가서는 無念智가 현전함이니 무념지가 현전함이여. 향하는 데마다 걸림이 없어서 부딪치는 곳마다 다 通하리라.

冶父 終日忙忙에 那事無妨이라 不求解脫하고 不樂天堂이로다 但能一念歸無念하면 高步毘盧頂上行하리라

說誼 無念智現이여 這邊那邊에 打成一片이라 縛脫이 無二요 升沈이 一際라 旣得正因하야 但不認着하면 高步毘盧頂하야 自成眞快活하리라

야부 終日토록 바쁘고 바쁘나
　　그 어느 일도 방해되지 않도다.
　　해탈도 구하지 않고
　　천당도 즐기지 않도다.
　　다만 능히 한생각 무념으로 돌아가면
　　높이 毘盧頂上을 걸어가리라.

설의 無念智가 나타남이여. 이쪽과 저쪽을 쳐서 한 덩어리를 이룸이라. 속박과 해탈이 둘이 아니요, 떠오름과 잠김이 한때로다. 이미 正因을 얻고서 다만 오인하지만 않는다면 毘盧頂上을 높이 걸어서 스스로 참다운 쾌활을 이루리라.

宗鏡 因勝果勝이여 信心이 明了無疑요 人空法空이여 眞性이 本來平等이로다 直饒名相이 雙泯하고 取捨兩忘이라도 要且猶筏在니라 咦彈指에 已超生死海하니 何須更覓度人舟리오 善根成熟信無疑하니 取相求玄轉背馳라 一念頓超空劫外하니 元來不許老胡知로다

종경 원인도 수승하고 결과도 수승함이여. 믿는 마음이 명료해

서 의심이 없음이요. 人도 空하고 法도 空함이여. 眞性이 본래 평등하도다. 설사 名과 相이 쌍으로 없어지고 취하고 버림을 둘 다 잊는다 해도 오히려 뗏목이 남아 있느니라. 咦! 손가락을 튕기는 사이에 이미 生死海를 뛰어넘으니, 어찌 모름지기 다시 사람 건너는 배를 찾으리오.

　　　선근이 성숙하여 믿어 의심하지 않으니
　　　相을 取하고 玄妙한 이치를 구하는 것이 더욱 배치됨이라.
　　　한 생각에 몰록 空劫밖을 초월하니
　　　원래 老胡(달마)의 앎을 허락하지 않도다.

무비　이 시대에 있어서 올바른 믿음을 갖기란 희유한 일이다. 부처님은 모든 것을 다 드러내어서 사람들로 하여금 남김 없이 다 알게 하였다. 그래서 더욱 어렵고도 희유한 것일까.
　"눈앞에 보이는 저것은 부처가 아니다. 그러므로 눈앞에 보이는 저 모든 것이 다 여래이다."
　이 도리를 바로 믿고 안다는 것은 참으로 희유한 일이며 기쁘고 즐거운 일이다. 상(相)에 매달리지 않으면 무한히 자유로울 수가 있고, 相에 집착하지 않으면 우주적인 삶을 살 수가 있다. 법이니 진리이니 하는 것에도 매달릴 일이 아닌데, 하물며 법이 아니고 진리가 아닌 것이야 말해 무엇하겠는가. 그러므로 부처님께서는,
　"나의 설법을 물을 건널 때만 필요로 하는 뗏목으로 알라."
고 하셨다. 이렇게 믿고 이해하는 지혜의 삶이란 과연 어렵고 희유한 일인가.

圭峰 第三은 斷無相云何得說疑라 論에 云向說不可以相으로 見佛이라하니 佛非有爲어늘 云何釋迦가 得阿耨菩提며 云何說法고할새 斷之니라 文이 二니 一은 問答斷疑라 文이 四니 一은 擧疑因以問이라

규봉 ㉳三. 無相이라면 어떻게 說할 수 있겠는가 하는 의심을 끊음이라. 論에 이르되 앞서 말하길 가히 相으로써 부처를 보지 못한다 하니 부처님은 有爲가 아니거늘 어찌 석가모니께서 아뇩보리를 얻었으며 어떻게 설법하는가 함을 끊음이니라. 文에 두 가지니

㉴一. 문답으로 의심을 끊음이라. 이것을 넷으로 나누면

㉵一. 의심의 원인을 들어 물음이라.

無得無說分 第七 (얻을 것도 없고 설할 것도 없음)

須菩提야 **於意云何**오 **如來**가 **得阿耨多羅三藐三菩提耶**아 **如來**가 **有所說法耶**아

수보리야, 어떻게 생각하느냐. 여래가 아뇩다라삼먁삼보리를 얻었다고 하는가. 여래가 설한 바 법이 있다고 하는가."

圭峰 佛問得不은 意顯不得이니라 故로 無着이 云顯示翻於正覺取故라하다 二는 順實理以酬라

규봉 "佛이 얻었느냐"하고 물으심은 얻지 못함을 나타내기 위함이니라. 故로 無着이 이르되 正覺의 取함에서 뒤바뀜을 나타낸 연고라 하다. ㉯二. 실다운 이치에 따라서 대답함이라.

須菩提가 **言**하사대 **如我解佛所說義**컨댄 **無有定法名阿耨多羅三藐三菩提**며 **亦無有定法如來可說**이니이다

수보리가 말씀드리되 "제가 부처님의 설하신 뜻을 알기에는 아뇩다라삼먁삼보리라고 이름할 만한 결정적인 법이 없으며, 또한 여래가 설하셨다 할 고정된 법도 없습니다.

說誼 眞如佛性菩提涅槃으로 以至六度諦緣等一切名言이 皆是對機不得已之施設이라 就實而觀하면 初無伊麽事로다 又乘時有說이나 無實法與人이로다

설의 眞如 佛性 菩提 涅槃으로써 六度 四諦 十二因緣 등 일체의 名

言에 이르기까지 다 근기에 대하여 부득이 설함이로다. 사실에 나아가 觀하면 아예 이러한 일은 없음이로다. 또한 때에 따라서 說함은 있으나 실다운 법으로써 사람에게 준 것은 아님이로다.

圭峰 偈에 云應化는 非眞佛이요 亦非說法者라하다
규봉 偈에 이르되 應身 化身은 眞佛이 아니며 또한 설법하는 이도 아니라 하다.

六祖 阿耨多羅는 非從外得이니 但心無我所하면 卽是也니라 秖緣對病設藥하야 隨宜爲說이시니 何有定法乎아 如來가 說하사대 無上正法은 心本無得이며 亦不言不得이언마는 但爲衆生의 所見이 不同일새 如來가 應彼根性하사 種種方便으로 開誘化導하사 俾其離諸執着케하사 指示一切衆生의 妄心이 生滅不停하야 逐境界動이라 前念이 瞥起어든 後念이 應覺이니 覺旣不住라 見亦不存이시니 若爾인댄 豈有定法爲如來可說也리오 阿者는 心無妄念이요 耨多羅者는 心無驕慢이요 三者는 心이 常在正定이요 藐者는 心이 常在正慧요 三菩提者는 心常空寂하야 一念凡心이 頓除에 卽見佛性也니라
육조 아뇩다라는 밖으로부터 얻은 것이 아니고 다만 마음에 我所(내것)가 없으면 곧 이것이니라. 다만 병에 따라 약을 베풀음을 인하여, 마땅함을 따라서 설하시니, 어찌 결정적인 법이 있으랴. 여래가 설하시되 위없는 정법은 마음에 본래 얻을 것이 없으며 또한 얻지 못했다고도 말할 수 없으니, 다만 중생들의 소견이 같지 않으므로 여래가 根性에 따라 갖가지 방편으로 열어주고 달래고 이끌어주고 인도하시며 그들로 하여금 모든 집착을 떠나게 하시니라. 일체 중생의 망령된 마음이 일어나고 멸하며 머물지 않아서 경계를 좇아 움직이는 고로 앞생각이 문득 일어나면 뒷생각이 바로 깨달을 것이니, 바로 망상이 일어난 줄 알면 이미 주하지 않음이라서 見도 또한 있지 않다고 가리켜 보이셨도다. 만약 그러할

진댄 어찌 定한 法이 있어서 여래가 가히 설함이 되겠는가. 阿(無)란 것은 마음에 망념이 없음이요, 耨多羅는 마음에 교만이 없음이고 三이란 마음이 늘 正定에 있음이요 藐이란 마음이 늘 正慧에 있음이라. 三菩提는 마음이 항상 공적해서 한 생각 범부의 마음을 몰록 제거하면 곧 佛性을 보느니라.

冶父 寒卽言寒이요 熱卽言熱이로다
說誼 以有二乘說二乘하시고 以有大乘說大乘하시니 應物行權無定法이라 隨緣立理脫羅籠이로다
야부 추우면 춥다고 말하고 더우면 덥다고 말하도다.
설의 二乘이 있으므로 二乘을 說하고 大乘이 있으므로 대승을 설하시니, 중생에 응하여 방편을 행하시니 결정적인 法은 없음이로다. 인연을 따라서 이치를 세우니 그물(굴레)을 벗어나도다(완전해탈).

冶父 雲起南山雨北山하니 驢名馬字幾多般고 請看浩渺無情水하라 幾處隨方幾處圓고
說誼 依俙說諦緣하시고 更爲談六度하시니 以機不同으로 法亦無定이라 從此分開萬種名이로다 以無念智應群機하시니 半滿偏圓多少說고 多少說이며 曾無一字落言詮이로다
야부 구름은 남산에서 일고 비는 북산에서 내리니
　　　　나귀이름들에 馬자가 얼마나 많았는가.
　　　　청컨대 넓고 아득한 無情水를 보아라.
　　　　몇 곳이 모났으며 몇 곳이나 둥글었는가.
설의 그럴듯하게 四諦 十二因緣을 설하시고 다시 육바라밀을 말씀하시니 근기가 같지 않음으로 법 또한 일정함이 없도다. 이로 좇아 만 가지 이름으로 나뉘어졌도다. 무념지로써 온갖 근기에 응하시니 半敎 滿敎 偏敎 圓敎가 얼마나 많은가. 그 많은 말들이여. 일찍이 한 글자도 말에 떨어지지 않았도다.

圭峰 三은 釋無定法之言이라
규봉 ㉝三. 결정적인 법이 없다는 말을 해석함이라.

何以故오 **如來所說法**은 **皆不可取**며 **不可說**이며 **非法**이며 **非非法**이니
무슨 까닭인가 하면, 여래께서 설하신 법은 다 취할 수 없으며 말할 수도 없으며 법도 아니고 법 아님도 아니기 때문입니다.

說誼 佛所說法은 若說有相과 若說無相에 圓話自在하야 終不滯於一邊이라 所以로 不可取說이니라 又佛所說法은 謂是法이라도 亦不是며 謂非法이라도 亦不是니 若定非法인댄 渡河에 須用筏이요 若定是法인댄 到岸에 不須船이니라 所以로 有時에 道호대 至理一言이 革凡成聖이라하고 有時에 道호대 三乘十二分敎는 是甚麼오 熱椀鳴聲이라하시니 金屎之論도 亦以此也니라

설의 부처님께서 설하신 법은 有相이라 설했거나 無相이라 설했거나 간에 원만한 말로 자재하여서 마침내 일변에 머물지 않음이라. 그러므로 가히 취할 것이 아니며 설할 것도 아니니라. 또한 부처님께서 설하신 법은 이 법이라 말해도 옳지 않으며, 법이 아니라 말해도 옳지 않으니 만약 결정코 법이 아니라 말하면 강을 건너는 데는 모름지기 뗏목을 쓰는 것이요, 만약 결정코 이 법이라 하면 언덕에 이른 후에는 배를 필요로 하지 않음이니라. 이 까닭에 어떤 때에 말하길 "지극한 이치의 한마디가 범부를 고쳐서 성인을 만든다"하고 어떤 때엔 말하길 "三乘十二分敎는 이 무엇인가. 뜨거운 그릇에 물붓는 소리"라 하시니 金과 屎의 말도 또한 이것 때문이니라.

圭峰 無着이 云不可取者는 謂正聞時요 不可說者는 謂正說時요

非法者는 分別性故요 非非法者는 法無我故라하며 論에 云彼法非法은 依眞如義說이니 非法者는 一切法이 無體相故요 非非法者는 彼眞如無我하야 實相有故니라 何故로 唯言說하고 不言證고 有言說者는 卽成證義故니 若不證者인댄 卽不能說이라하다

규봉 무착이 이르되 不可取란 正히 들을 때를 말함이고 不可說이란 正히 說할 때를 말함이라. 非法이란 分別性인 것이고 非非法이란 法에 我가 없는 연고이다. 論에 이르되 저 法과 非法은 진여를 의지하여 설한 것이니 非法이란 일체의 법은 體相이 없기때문이며 非非法이란 저 진여에 我가 없어서 實相이 있는 연고이다. 무엇 때문에 오직 說만 말하고 證을 말하지 않는가. 說이라 말하는 것은 증득했다는 뜻을 이룬 것이니, 만약 증득하지 못한 것은 능히 설할 수 없다고 하다.

六祖 恐人이 執着如來所說文字章句하야 不悟無相之理하고 妄生知解일새 故로 言不可取니라 如來가 爲化種種衆生하사 應機隨量이시니 所有言說이 亦何有定乎아 學人이 不解如來深意하고 但誦如來所說敎法하야 不了本心하야 終不成佛일새 故로 言不可說也니라 口誦心不行하면 卽非法이요 口誦心行하야 了無所得하면 卽非非法이니라

육조 사람들이 여래의 설하신 文字 章句에 집착하여 無相의 이치를 깨닫지 못하고 망령되이 알음알이를 낼까 두려워하였으므로 不可取라 하시니라. 如來께서 갖가지 중생들을 교화하기 위하여 근기에 응하고 그 量에 따르시니 부처님이 설하신 언설이 또한 어찌 定함이 있겠는가. 學人이 여래의 깊은 뜻을 알지 못하고 다만 여래의 설하신 교법만 외우고 여래의 本心을 요달하지 못하여 마침내는 성불하지 못하므로 不可說이라 하시니라. 입으로만 외우고 마음으로 행하지 않으면 곧 非法이요, 입으로 외우고 마음으로 행하여 마침내 얻을 바가 없음(無所得)을 요달하면 곧 非非法

이니라.

傅大士 菩提離言說이여 從來無得人이라 須依二空理하야사 當證法王身이니라 有心俱是妄이요 無執乃名眞이니 若悟非非法하면 逍遙出六塵하리라

부대사 菩提가 言說을 떠남이여.
　　　　종래로 얻은 사람이 없도다.
　　　　모름지기 二空(我法)의 이치를 의지하여
　　　　마땅히 法王身을 증득하도다.
　　　　有心은 모두 妄이요
　　　　집착이 없어야 眞이라 할 수 있으니,
　　　　만약 非非法을 깨달으면
　　　　소요자재하여 六塵에서 벗어나리라.

冶父 是甚麼오

說誼 佛所說法은 如水上에 按胡蘆相似하야 觸着便轉이라 無定法可取며 無定法可說이니 若定說有인댄 爭奈非有며 若定說無인댄 爭奈非無리오 旣非有無法인댄 畢竟是甚麼오 又謂法謂非法이 旣皆不是인댄 畢竟是甚麼오

야부 是甚麼오(무엇이냐).

설의 부처님이 설하신 법은 마치 물 위에 떠 있는 표주박과 같아서 부딪치기만 해도 금방 움직이도다. 定한 法은 가히 취할 게 없으며 定한 法은 가히 설할 게 없으니, 만약 결정코 설할 것이 있다고 하면 非有(있지 않음)는 어찌하며 만약 결정코 설할 것이 없다면 非無(없지 않음)는 어찌하리오. 이미 有無의 法이 아닐진대 필경 무엇인가. 또 法이라 말하고 非法이라 말하는 것은 이미 다 옳지 않으니, 필경에 무엇인가.

冶父 恁麼也不得이며 不恁麼也不得이니 廓落太虛空에 鳥飛無影迹이로다 咄 撥轉機輪却倒廻하니 南北東西任往來로다

說誼 定有定無俱不是니 莫向四句覓黃老어다 黃老는 不坐四句中이니 不坐四句中이여 鳥飛空中無影迹이로다 咄更須向鳥道裏轉身하야사 始得이니 南北東西一天地에 莫分彊界任往來로다 又法與非法이 二俱不是니 二見이 皆非佛本心이라 誰向空中覓鳥迹이리오 咄縱然伊麼去라도 亦非佛本心이니 若也眞知佛本心인댄 謂是法이라도 亦不妨이며 謂非法이라도 亦不妨이니라

야부 이래도 되지 않고 저래도 되지 않으니,
　　　텅빈 큰 허공에 새가 나르나 그 자취가 없도다.
　　　咄! 機輪을 움직여 도리어 거꾸로 돌아가니
　　　南北東西에 뜻대로 왕래하도다.

설의 결정코 있음과 결정코 없음이 모두 옳지 않으니 四句를 향해서 黃老(佛)를 찾지 말지어다. 황노는 四句 가운데 앉아있지 않으니 四句 中에 앉아있지 않음이여. 새가 공중에 날아가도 그림자 자취가 없도다. 咄! 다시 새가 날아간 그 길을 향해 몸을 굴려야 비로소 옳음이니, 남북동서 한 천지에 경계를 나누지 않고 자유롭게 왕래하도다. 또 법과 비법이 둘 다 옳지 않으니 두 가지 견해가 다 부처님의 본심이 아님이라. 누가 공중에서 새의 자취를 찾으리오. 咄! 비록 이렇게 되더라도 또한 부처님의 본심이 아니니 만약 부처님의 본심을 참으로 알고자 하면, 법이라 이를지라도 방해되지 않고 非法이라 해도 방해되지 않도다.

圭峰 四는 釋無取說之所以라
규봉 ㉘四. 取하고 說할 게 없는 까닭을 해석함이라.

所以者가 何오 一切賢聖이 皆以無爲法으로 而有差別이니이다
까닭이 무엇인가 하면, 모든 현성이 다 무위법으로써 차

별을 두었기 때문입니다.

說誼 一切賢聖所證法이 皆以無爲로 有差別이니 而此差別이 卽無爲라 逈出中間與二邊이로다 伊麽則一味無爲法이 在聲聞則名四諦요 在緣覺則名因緣이요 在菩薩則名六度니 六度因緣與四諦가 一一無取不可說이로다

설의 일체 賢聖의 증득한 법이 다 無爲로써 차별을 두었으니 이 차별이 곧 무위라. 중간과 二邊을 멀리 벗어났도다. 이러한즉 한맛의 무위법이 聲聞에 있은즉 四諦라 하고 緣覺에 있은즉 十二因緣이라 하고 보살에 있은즉 육바라밀이라 하니, 육도와 十二인연과 四諦가 낱낱이 취할 것도 없고 설할 것도 없음이로다.

圭峰 魏譯에 云一切聖人이 皆以無爲法으로 得名이라하며 論에 云聖人은 但依眞如淸淨得名이요 非別得法일새 故無取說이라하다 而有差別者는 論에 云眞如가 具足淸淨과 分淸淨故라하며 無着이 云無爲者는 無分別義라 是故로 菩薩은 有學得名이요 如來는 無學得名이니 初無爲者는 折伏散亂時에 顯了故요 後無爲者는 唯第一義者의 無上覺故라 三乘賢聖이 皆修證無爲일새 故로 通說爲差라하시니라

규봉 魏譯에 이르되 一切聖人이 다 무위법으로 이름을 얻었다 하며 論에 이르되 聖人이 다만 진여청정을 의지하여 이름을 얻었고 달리 법을 얻지 않았으므로 取하고 설할 것이 없다고 하다. 而有差別이란 論에 이르되 진여는 具足淸淨(완전한 청정)과 分淸淨(부분 청정)인 연고라 하며 무착이 이르되 무위란 무분별의 뜻이다. 이 까닭에 보살은 有學으로 이름을 얻으며 여래는 無學으로 이름을 얻으니 처음(初)의 無爲란 산란을 항복할 때 환히 드러남이요, 나중(後)의 무위란 오직 第一義者의 無上覺인 연고이다. 三乘賢聖이 모두 무위를 닦고 증득하므로 통틀어 차별이 된다고 설

하시니라.

六祖 三乘根性이 所解不同하야 見有淺深일새 故言差別이니라 佛說無爲法者는 卽是無住니 無住가 卽是無相이며 無相이 卽是無起며 無起가 卽是無滅이라 蕩然空寂하야 照用齊收하며 鑑覺無礙가 乃眞是解脫佛性이니라 佛은 卽是覺이며 覺은 卽是觀照며 觀照는 卽是智慧며 智慧는 卽是般若波羅蜜多니라

육조 三乘들의 根性이 아는 바가 같지 않아 見解에 얕고 깊음이 있어서 차별이라 하느니라. 부처님이 설하신 無爲法이란 곧 無住이니 無住가 無相이며 무상이 곧 無起며 무기가 곧 無滅이라. 蕩然히 공적하여 照와 用을 가지런히 거두며 깨달음에 걸림이 없는 것이 참으로 解脫佛性이니라. 佛은 곧 覺이며 각은 곧 觀照며 관조는 곧 지혜이며 지혜는 곧 반야바라밀다이니라.

傅大士 人法俱名執이나 了卽二無爲라 菩薩은 能齊證이요 聲聞은 離一非로다 所知煩惱盡하면 空中에 無所依니 常能作此觀하면 證果定無疑니라

부대사 人과 法이 모두 집착이라 하지만
　　　　　요달하면 곧 둘 다 무위라.
　　　　　보살은 능히 함께 증득함이요,
　　　　　聲聞은 하나의 그름(非)만을 여의었도다.
　　　　　所知障과 煩惱障이 다하면
　　　　　空 가운데 의지할 게 없으니
　　　　　항상 이런 觀을 지으면
　　　　　果를 증득하매 결정코 의심할 게 없도다.

冶父 毫釐有差하면 天地懸隔이로다
說誼 法雖一味나 見有千差하니 所以千差가 只在一念이라 一念之差

에 隔同天地로다 雖然如是나 天地一統이니 伊麽則金爲千器에 器器
皆金이요 栴檀萬片이 片片皆香이로다
야부 털끝만한 차이가 있으면 天地처럼 벌어지도다.
설의 법이 비록 한맛이나 견해에 천차가 있으니 이 까닭에 천차가
다만 한생각에 있음이라. 한 생각차이에 나누어짐이 天地와 같으니 비
록이와 같으나 천지는 한 덩어리로다. 이러한즉 금으로 천 개의 그릇
을 만들면 그릇그릇이 다 金이요, 전단 만 조각이 조각마다 모두 香이
로다.

야부 正人이 說邪法하면 邪法이 悉歸正이요 邪人이 說正法하면 正
法이 悉歸邪라 (歸邪는 一作皆邪라) 江北成枳江南橘이여 春來에 都放
一般花로다
설의 一味無爲法이 能正亦能邪라 一種이 分南北하니 南北이 一般
花로다
야부 바른 사람이 삿된 법을 설하면
邪法이 다 正에 돌아오고
삿된 사람이 바른 법을 설하면
正法이 다 邪에 돌아가도다.
江北에서는 탱자가 되고 江南에선 귤이 됨이여.
봄이 오면 모두 똑같이 꽃이 피도다.
설의 한맛의 무위법이 능히 바르기도 하고 능히 삿되기도 함이라.
한 종자가 남북으로 갈리지만 남북의 꽃은 한가지로다.

종경 得亦非說亦非여 能仁機輪이 電掣이요 取不可捨不可여 空
生舌本이 瀾翻이로다 且道하라 無爲法이 爲甚麽有差別고 萬古碧
潭空界月을 再三撈漉始應知아
설의 得而無得이며 說而無說이니 神妙其機여 電光이 難能入手요 取
之不可取며 捨之不可捨니 快然其舌이여 勇浪이 能爲高下로다 此則

且置하고 只如無爲法이 爲甚麼有差別고 君今欲識無爲理인댄 不離千差萬別中이니라 雖然如是나 但知空月이 落潭心하면 爭似癡猿枉勞形이리오

종경 얻는다는 것도 틀리고 설한다는 것도 또한 틀림이여. 能仁(佛)의 機輪(솜씨)이 번개침과 같음이요. 取할 수도 없고 버릴 수도 없음이여. 空生의 혀뿌리가 물결침과 같도다. 또 일러라. 무위법이 무엇 때문에 차별이 있는가. 만고의 푸른 못에 뜬 허공의 달을 재삼 건져보아야 비로소 알겠는가.

설의 얻되 얻음이 없으며 설하되 설함이 없으니 신묘한 근기여. 번개빛은 손에 넣기 어려움이요. 取할래야 취할 수 없고 버릴래야 버릴 수 없음이니 쾌연한 그 혀여. 사나운 물결이 능히 오르고 내리도다. 이것은 그만두고 다만 저 무위법은 무엇 때문에 차별이 있는가. 그대가 이제 無爲의 이치를 알고자 하면 천차만별중을 떠나지 않아야 하도다. 비록 이와 같으나 다만 허공의 달이 못 가운데 떨어짐을 알면 어찌 어리석은 원숭이가 헛되이 형상을 수고롭힘과 같으리오.

宗鏡 雲捲秋空月印潭하니 寒光이 無際與誰談고 豁開透地通天眼하니 大道分明不用參이로다

說誼 若使空月不印潭이면 豈謂寒光廣無邊가 照天照地含萬像하니 無窮此味를 與誰談고 但於頂門에 能具眼하면 更向何處覓玄宗이리오

종경 구름 걷힌 가을하늘의 달이 못에 비치니
　　　찬빛의 끝없음을 누구와 더불어 얘기할꺼나.
　　　천지를 꿰뚫는 안목을 활짝 여니
　　　大道가 분명하여 참구함을 쓸 게 없도다.

설의 만약 허공의 달이 못에 비치지 않으면 어찌 찬 달빛이 넓고 끝이 없다고 말하겠는가. 하늘도 비추고 땅도 비춰서 萬像이 머금고 있으니 무궁한 이 맛을 누구와 얘기할까. 다만 이마에 능히 눈(慧眼)을 갖추면 다시 어느 곳을 향해 玄宗을 찾으리오.

무비 참다운 본 성품은, 참다운 진리는 본래 텅 비어서 일체 상과 일체 법이 없는 것이다. 맑고 깨끗하여 아무것도 얻을 것이 없으며 아무런 할 말도 없는 것이다. 그렇다면 주고 받을 일인들 있을 수 있겠는가. 묵묵히 앉아나 있을 수밖에. 본래 이와 같은 이치라면 무엇이 깨달음이며 무엇이 설법이란 말인가. 모든 지혜로운 사람들은 무위법에서 온갖 차별과 분별들을 일으켰을 뿐이다. 그러므로 모든 차별과 분별들은 그 근본이 무위법임을 알아야 하리라.

主峰 二는 校量顯益이라 於中에 有四하니 一은 擧劣福以問이라
규봉 ㉯二. 헤아려 이익을 나타냄이라. 그중에 네 가지니 ㉮一. 작은 복(劣福)을 들어서 물음이라.

依法出生分 第八 (법에 의하여 출생함)

須菩提야 **於意云何**오 **若人**이 **滿三千大千世界七寶**로 **以用布施**하면 **是人**의 **所得福德**이 **寧爲多不**아
"수보리야, 어떻게 생각하느냐. 만약 어떤 사람이 삼천대천세계에 가득한 칠보로써 보시한다면 이 사람이 얻을 복덕이 얼마나 많겠는가."

圭峰 俱舍偈에 云四大洲日月과 蘇迷盧欲天과 梵世各一千을 名一小千界요 此小千千倍를 說名一中千이요 此千倍大千이니 皆同一成壞라하다 七寶者는 金銀琉璃珊瑚碼磝赤眞珠玻瓈니라 二는 釋福多以酬라

규봉 俱舍論 게송에 이르되 四大州의 日月과 소미로의 욕천과 범세천의 각각 一千을 一小千세계라 하고 이 小千의 천배를 중천세계라 하며 이것의 천배를 大千세계라 하니 모두 생겨났다가 무너진다고 하다. 칠보란 금, 은, 유리, 산호, 마노, 적진주, 파리이다.
㉯二. 복이 많음을 해석하여 답함이라.

須菩提가 **言**하사대 **甚多**니이다 **世尊**하 **何以故**오 **是福德**이 **卽非福德性**일새 **是故**로 **如來**가 **說福德多**니이다
수보리가 말씀드리되 "매우 많습니다. 세존이시여, 왜냐하면 이 복덕은 곧 복덕성이 아니므로 이 까닭에 여래께서 복덕이 많다고 말씀하였습니다."

圭峰 無着이 云是福者는 標牒이요 卽非者는 約勝義空이요 是故

者는 約世俗有라하다
규봉　무착이 이르되 '이 복덕'이란 거듭 말하는 것을 표함이요, 卽非라는 것은 勝義空(출세간적인, 진리적인 空)을 잡음이요 是故란 世俗有(세속에 있음)를 잡음이라 하다.

六祖　三千大千世界七寶로 持用布施하면 得福이 雖多나 於性上에 一無利益이어니와 依摩訶般若波羅蜜多修行하야 令自性으로 不墮諸有하면 是名福德性이니라 心有能所하면 卽非福德性이요 能所心이 滅하야사 是名福德性이며 心依佛敎하야 行同佛行하면 是名福德性이요 不依佛敎하야 不能踐履佛行하면 卽非福德性이니라.

육조　삼천대천세계의 칠보를 가지고 보시에 쓰면 복 얻음이 비록 많으나 성품자리에는 하나도 이익됨이 없도다. 마하반야바라밀다를 의지하여 수행하며, 자성으로 하여금 모든 有에 떨어지지 않으면 이를 福德性이라 이름하도다. 마음에 능소가 있으면 곧 복덕성이 아니요 능소심이 끊어져야 복덕성이라 한다. 마음에 부처님의 가르침을 의지하고 行이 부처님의 行과 같으면 이를 복덕성이라 이름하고 부처님의 가르침을 의지하지 않고 능히 부처님의 행을 실천하고 이행하지 않으면 곧 복덕성이 아니니라.

圭峰　三은 判經福超過라.
규봉　㉔三. 經의 福이 초과함을 판단함이라.

若復有人이 於此經中에 受持乃至四句偈等하야 爲他人說하면 其福이 勝彼하리니
만약 또 어떤 사람이 이 경 가운데서 사구게만이라도 받아지녀서 다른 사람을 위하여 설한다면 그 복이 저 앞의 복보다 수승하리니

說誼 福德性者는 離能所絶是非하며 泯存亡無得失하야 眞淨無漏者가 是라 如是福德은 等空難量하며 絶對無倫하야 不應以多少待對之言으로 稱之니 今則反是일새 只可說名爲多언정 不應以無量無邊으로 稱之어니와 若能持經悟理하야 行無住行하면 則所作이 出於無心하야 行行이 一一淸淨이라 所感福德이 宜其眞淨無漏하야 而終無有極也니라 故로 前에 讚云호대 若菩薩이 不住相布施하면 其福德을 不可思量이라 하시니라

설의 福德性이란 能所를 떠나고 是非를 끊으며 存亡을 없애고 득실도 없애서 진정한 無漏가 이것이라.

이같은 복덕은 허공과 같아서 헤아리기 어려우며 상대가 끊어지고 짝할 수 없어서 응당히 다소나 상대로써 일컫지 못하리니, 지금엔 이와 반대로 다만 가히 많다고 설할지언정 응당 무량무변으로써 칭하지 못함이로다. 만약 능히 경을 가지고 이치를 깨달아서 無住行을 행하면 그 짓는 바가 무심에서 나와서 행마다 낱낱이 청정함이라. 감득한 복덕이 마땅히 참답고 깨끗하고 새는 것이 없어서 마침내 다함이 없느니라. 그러므로 앞에서 찬탄하여 말하되 만약 보살이 상에 주하지 않고 보시하면 그 복덕이 가히 헤아릴 수가 없다 하시니라.

圭峰 偈에 云受持法及說이여 不空於福德이니 福不趣菩提어니와 二能趣菩提라하니 四句偈者는 但於四句에 詮義究竟하면 卽成四句偈니 如經에 凡所有相이 皆是虛妄이니 若見諸相非相하면 則見如來가 此最妙也니라 然이나 但義具四句하면 持說에 則趣菩提니 文或增減이라 不必唯四어니 義若闕者인댄 則互成謗이니라

규봉 偈에 이르되 法을 수지하고 또 설함이여. 복덕이 헛되지 않음이니 복은 보리에 나아가지 않거니와 수지하고 설함은 보리에 나간다고 하도다. 四句偈란 다만 네 구절의 뜻을 전해마치면 곧 사구게를 이루도다. 저 經에 '凡所有相이 皆是虛妄이니 若見諸相非相하면 則見如來'가 가장 묘함이니라. 그러나 다만 뜻이 四句를 갖추면 수지와 설함이 곧 보리에 나아가는 것이니 글이 혹 더하고

감함이 있더라도 굳이 四句일 필요는 없거니와, 만약 뜻이 완전치 못하면 곧 서로 비방을 이루게 되리라.

傅大士 寶滿三千界를 齎持作福田이라도 唯成有漏業이라 終不離人天이어니와 持經取四句하면 與聖作良緣이니 欲入無爲海인댄 須乘般若船이니라

부대사 삼천세계를 가득 채울 보물을
　　　　 싸가지고 福田을 짓더라도
　　　　 단지 有漏의 업을 이루는 것이라서
　　　　 마침내 人天을 떠나지 않거니와
　　　　 경을 가져 四句를 취하면
　　　　 聖人과 더불어 좋은 인연을 지으니,
　　　　 無爲의 바다에 들고자 하면
　　　　 모름지기 반야선을 탈 것이니라.

六祖 十二部教大意가 盡在四句之中하니 何以知其然고 以諸經中에 讚歎四句偈가 即是摩訶般若波羅蜜多시니 以摩訶般若는 爲諸佛母라 三世諸佛이 皆依此經修行하야 方得成佛이시니 般若心經에 云三世諸佛이 依般若波羅蜜多일새 故得阿耨多羅三藐三菩提라하시니라 從師所學曰受요 解義修行曰持라 自解自行은 是自利요 爲人演說은 是利他니 功德이 廣大하야 無有邊際니라

육조 十二部 가르침의 큰 뜻이 다 四句偈 안에 있으니 어찌하여 그러함을 아는가. 모든 경중의 四句偈를 찬탄함이 곧 이 마하반야바라밀다이시니 이로써 마하반야는 모든 부처님의 어머니가 되는지라 三世諸佛이 다 이 경을 의지해서 수행하여 바야흐로 성불하시니, 반야심경에 이르되 삼세제불이 반야바라밀다를 의지하여 아뇩다라삼먁삼보리를 얻었다 하시니라. 스승으로부터 배우는 것을 受라 하고 뜻을 이해하여 수행함을 持(실천)라 하도다. 스스로

이해하고 스스로 행함은 自利요 남을 위해 연설함은 利他니 공덕
이 광대하여 끝이 없느니라.

冶父 事向無心得이니라
說誼 信此經則無我理顯이요 知無我則心無異緣이요 心無異緣則
胸中이 洒落하야 淸淨如空이요 心旣淸淨則諸佛祖의 神通機用과 自
餘無量妙義의 前所未獲을 皆從斯得하리라.
야부 일은 무심에서 이루어지느니라.(事向無心得이니라.)
설의 이 經을 믿으면 無我의 이치가 드러나고 무아를 알면 마음에
다른 인연이 없으며, 마음에 다른 인연이 없으면, 흉중이 깨끗하여 청
정함이 허공과 같고, 마음이 이미 청정하면 모든 부처님과 조사의 신
통기용과 그밖의 무량한 묘한 뜻의, 전에 얻지 못한 것을 다 이로부터
얻으리라.

冶父 寶滿三千及大千이라도 福緣이 應不離人天이니 若知福德
元無性하면 買得風光不用錢하리라.
說誼 七寶는 人世之所重也요 捨施는 人情之所難也어늘 今以七寶로
滿三千而施之하니 可謂能所難能也로다 然其行施也가 如未契於無
念眞宗이면 則其感果也가 但是人天有漏之報而已어니와 若依此經하
야 知福性空하면 則不因施功하야도 本地風光이 自然呈露하리라.
야부 삼천대천세계를 채울 만한 보배로 보시하더라도
　　　　복의 인연은 人間과 天上을 떠나지 않으니
　　　　복덕이 원래 성품이 없음을 알면
　　　　本地風光을 사는 데 돈을 쓰지 않으리라.
설의 칠보는 인간세상에서 중히 여기는 바이고 베푸는 것은 사람의
마음으로 행하기 어려운 것이거늘, 지금 칠보로써 삼천세계에 가득히
베푸니 가히 어려운 것을 능히 함이로다. 그러나 보시를 행하는 것이
만약 無念眞宗에 계합하지 않으면 그 감득한 과보가 다만 인간과 천

상에 나는 有漏의 과보이거니와, 만약 이 경을 의지해서 복덕성의 空함을 알면 베푸는 功을 인하지 않아도 본지풍광(우리의 본래모습)이 자연히 드러나리라.

圭峰 四는 釋超過所以라 於中에 二니 一은 正釋이라
규봉 ㉛四. 超過하는 까닭을 해석함이라. 이 중에 둘이 있으니
㉛一. 바른 해석이라.

何以故오 須菩提야 一切諸佛과 及諸佛阿耨多羅三藐三菩提法이 皆從此經出이니라
무슨 까닭인가. 수보리야, 일체 모든 부처와 모든 부처의 아뇩다라삼먁삼보리법이 모두 이 경으로부터 나왔기 때문이니라.

說誼 祗這 一卷經은 量包太虛하고 體遍一切하니 佛之與法의 玄根이 在玆로다 又三身之佛은 人性中固有언마는 但以無明所覆로 不能顯現이라가 今以智慧觜로 啄破無明殼하니 三身之佛이 當處現前이로다
설의 다만 이 한 권의 경은 그 모양이 太虛를 에워싸고 그 體가 일체에 두루했으니 부처님과 法의 현묘한 뿌리가 바로 여기에 있음이로다. 또 三身의 부처님은 사람의 성품 가운데 다 있지만 다만 무명으로 덮여서 능히 나타나지 못하다가, 이제 지혜의 부리(觜)로써 무명의 껍질을 쪼아 깨뜨리면 三身의 부처님이 그 자리에서 나타나도다.

圭峰 諸佛菩提法者는 論에 云名爲法身이니 於彼法身에 此二가 能作了因이라하다 一切諸佛者는 卽報化身이니 論에 云於此에 能爲生因이라하다
규봉 諸佛의 보리법이란 論에 이르되 法身이라 이름하니, 저 법신에 이 두 가지(持와 說)가 능히 성숙한 인(了因)을 짓는다고

하다. 一切諸佛이란 곧 보신 화신이니 論에 이르되 이에 능히 덜 성숙된 因(生因)이 된다 하다.

六祖 此經者는 非指此一卷之文이라 要顯佛性이 從體起用하야 妙利無窮이니 般若者는 卽智慧也라 智以方便으로 爲功이요 慧以決斷으로 爲用이니 卽一切時中에 覺照心이 是라 一切諸佛과 及阿耨多羅三藐三菩提法이 皆從覺照中生일새 故로 云從此經出이라하시니라

육조 此經이란 이 한 권의 글을 가리킴이 아니라, 요는 佛性이 體로부터 用을 일으켜서 묘한 이치가 무궁함을 나타낸 것이니 반야란 곧 지혜라, 智는 방편으로 덕을 삼음이요. 慧는 지혜의 결단으로 作用을 삼음이니 곧 모든 시간 가운데 깨달아 비추는(覺照心) 마음이 이것이니라. 일체 제불과 아뇩다라삼먁삼보리법이 다 깨달아 비추는 곳으로부터 나오는 까닭에 '이 경으로부터 나온다'고 하시니라.

冶父 且道하라 此經은 從甚麼處出고 須彌頂上이요 大海波心이니라
說誼 人이 但知有子하고 不知有父하며 雖知有父나 亦不知有祖在니 須彌頂上과 大海波心이 豈不是祖之面目이리오 須彌頂上이여 形名不到요 大海波心이여 嶷然千差로다 嶷然千差여 浩浩沒涯岸이요 形名不到여 巍巍杳難攀이로다 到這裏하야는 佛佛祖祖 計較不成이며 一切物類로 比況不及이로다

야부 또 말하라. 이 경(此經)은 어느 곳으로부터 왔는가.
　須彌頂上이요 大海의 파도중심이니라.
설의 사람들이 다만 자식 있음만 알고 아비가 있음은 알지 못하며, 비록 아비 있음은 아나 또한 할아버지가 계심은 알지 못하니, 수미산의 정상과 大海의 파도중심이 어찌 할아버지의 면목이 아니리오. 수미

정상이여, 형상이나 이름으로써 이르지 못하고 大海波心이여, 억연히 천차만별이로다. 억연(높이 빼어나고 아주 뛰어난 모양)한 천차여, 넓고 넓어 가이없고. 형상과 이름이 이르지 못함이여, 높고 아득하여 더위 잡고 오르기 어렵도다. 여기에 이르러서는 부처와 부처, 祖師와 조사가 헤아리지 못하며 일체의 어떤 사물로도 비교할 수 없음이로다.

冶父 佛祖垂慈實有權하시니 言言이 不離此經宣이로다 此經出處를 還相委아 便向空中駕鐵船이니라 (空中은 他本에 作雲中이라) 切忌錯會어다

說誼 頓獲大事了하야는 灰頭土面伊麼來하야 爲霑枯槁洒甘露하니 滴滴이 皆從此經出이라 知得此經出處已하야는 好向芳草岸頭行이로다 切忌錯會여 有甚錯會리오 無雲生嶺上이요 有月落波心이로다 有月落波心이여 上界에 光不歇이요 無雲生嶺上이여 舒卷이 也尋常이로다

야부 佛祖께서 자비를 베푸시어 진실에서 방편을 두시니
　　　말씀말씀이 다 이 경을 떠나지 않고 베푸셨도다.
　　　이 經의 出處를 자세히 아는가.
　　　문득 하늘을 향해 鐵船을 몰고 갈지니라.
　　　간절히 바라노니 잘못 알지 말지어다.

설의 큰일(깨달음)을 몰록 얻어 마치고는, 재묻은 머리와 흙묻은 얼굴(灰頭土面)로 이렇게 와서, 마른 나무들을 적시기 위하여 감로를 뿌리니 그 방울방울이 다 이 경으로부터 나왔도다. 이 경의 출처를 알고 나서는 저 방초언덕을 향해 거닐지니라.
　　　간절히 잘못 앎을 꺼림이여.
　　　무슨 잘못 알 것이 있으리오.
　　　구름이 없으면 산봉우리가 드러나고
　　　달이 있으면 파도중심에 떨어지도다.
　　　달이 있으면 波心에 떨어짐이여.
　　　하늘에는 그 빛이 쉬지 않음이요.
　　　구름이 없으면 산봉우리가 드러남이여,

그 펴고 거둠은 늘 있는 일이로다.

圭峰 二는 轉釋이라
규봉 ㉔二. 전전히 해석함이라.

須菩提야 所謂佛法者는 卽非佛法이니라
수보리야, 이른바 불법이라 하는 것도 곧 불법이 아니니라.

說誼 眞性이 不碍緣起하니 經能出生佛法이요 緣起가 不碍眞性하니 佛法이 卽非佛法이로다
설의 참된 성품은 緣起에 걸리지 않으니, 經이 능히 불법을 출생함이요. 緣起가 참된 성품에 걸리지 않으니, 佛法이 곧 불법이 아니로다.

圭峰 第一義中에 無有佛法이 從經出也니라
규봉 第一義 가운데엔 불법이 經으로부터 나온 것이 없느니라.

六祖 此說一切文字章句가 如標如指하니 標指者는 是影響之義라 依標取物이요 依指觀月이니 月不是指요 標不是物이니라 但依經取法이라 經不是法이니 經文은 卽肉眼可見이어니와 法은 卽慧眼으로 能見이니라 若無慧眼者면 但見其經하고 不見其法이라 若不見其法이면 卽不解佛意니 旣不解佛意인댄 終不成佛道니라
육조 여기에서 말한 一切의 문자장구(文字章句)가 표식과 같고 손가락과 같으니, 표식과 손가락은 그림자나 메아리의 뜻이다. 표식을 의지해서 사물을 취하고 손가락을 의지해서 달을 보는 것이니, 달은 이 손가락이 아니요 표식은 이 사물이 아닌 것이다. 다만 경을 의지해서 법을 취하는 고로 經은 곧 이 법이 아닌 것이어서 經文은 곧 육안으로 볼 수 있지만, 法은 혜안이라야 볼 수

있도다. 만약 혜안이 없는 자는 다만 그 經만 보고 그 법은 보지 못하는 것이라. 만약 그 법을 보지 못하면 곧 부처님의 뜻을 알지 못함이니, 이미 부처님의 뜻을 알지 못하면 마침내 불도를 이루지 못하리라.

冶父　能將蜜果子하야 換汝苦胡蘆로다
說誼　佛法也여 如彼蜜果子요 非佛法也여 如彼苦胡蘆로다 佛非佛法非法이여 如將蜜果하야 換苦胡蘆어니와 更知道甜果는 徹蔕甜하고 苦胡는 連根苦니라
야부　능히 단 과자를 가지고 너의 쓴 호로와 바꾸도다.
설의　佛法이여, 저 단 과자와 같고 非佛法이여, 저 쓴 호로와 같도다. 佛이 佛이 아니고 법이 법이 아님이여, 단 과자를 가지고 쓴 호로와 바꿈과 같거니와 다시 단 과일은 꼭지까지 달고 쓴 호로는 뿌리까지 쓴 것을 알지니라.

冶父　佛法非法이여 能縱能奪이라 有放有收하며 有生有殺이로다 眉間에 常放白毫光이어늘 癡人은 猶待問菩薩이로다
說誼　左之右之에能方能圓이라 鷺鷥立雪非同色이요 崑崙騎象稍依俙로다 人人이 盡有一雙眉하야 一雙眉際에 放毫光이로다 放毫光이여 本現成하니 何須向外空尋覓이리오
야부　佛法이 法이 아님이여,
　　　　능히 놓아두기도 하고 능히 뺏기도 함이라.
　　　　놓아두기도 하고 거두기도 하며
　　　　살리기도 하고 죽이기도 하도다.
　　　　미간에 항상 白毫光을 놓거늘
　　　　어리석은 이는 오히려 보살에게 묻도다.
설의　좌로 가고 우로 가고, 능히 모나기도 하고 둥글기도 하도다. 흰 백로가 눈 위에 서 있으나 같은 색이 아니요, 곤륜(崑崙)이 코끼리를

타니 조금 비슷하도다. 사람사람이 다 한 쌍의 눈썹이 있어서 한쌍의 미간에 백호광을 놓음이로다. 백호광을 놓음이여, 본래 다 이루었는데 어찌 모름지기 밖을 향해 부질없이 찾으리오.

宗鏡 寶滿三千에 財施는 有盡이어니와 偈宣四句에 法施는 無窮이니 發生智慧光明하야 流出眞如妙道로다 所以로 稱揚德勝하사 了達性空하야 徹諸佛之本源하며 豁一經之眼目케하시니 還見四句親切處麽아 眞性이 洞明依般若하니 不勞彈指證菩提로다
徒將七寶施三千이나 四句親聞了上根이로다 無量劫來諸佛祖가 從玆超出涅槃門이로다
說誼 徒將七寶施三千이나 但是人天有漏因이어니와 四句親聞了上根하면 當證無餘大涅槃이로다 淸淨無餘大涅槃이여 佛祖皆因四句證이로다

종경 삼천세계에 가득찬 보물로써 재물보시하는 것은 다함이 있거니와, 게송으로 四句를 선설하는 法보시는 다함이 없음이니 지혜광명을 발해서 眞如妙道를 흘러냄이로다. 이 까닭에 덕의 수승함을 드날려서 性의 空함을 요달하고 모든 부처님의 본원에 사무치면 一經의 안목을 활연히 열게 하시니, 四句의 친절함을 도리어 보는가.
　참된 성품이 훤히 밝아서 반야를 의지하니 수고롭게 손가락을 퉁기지 않아도 보리를 증득하도다.

　　　　한갓 칠보로써 삼천세계에 보시하기보다
　　　　四句를 친히 들으면 上根을 요달하도다.
　　　　무량겁래의 모든 부처님과 조사께서는
　　　　이로부터 열반의 문을 뛰어 넘으셨도다.

설의 한갓 칠보를 가지고 삼천세계에 보시하나 이는 인간과 天上의 有漏因이 되거니와, 四句를 친히 듣고 上根을 요달하면 마땅히 무여의 열반을 증득하리라. 청정하고 무여한 대열반이여. 佛祖가 다 四句로

인해서 증득하셨도다.

무비 모든 부처님과 부처님의 깨달음은 다 이 반야바라밀의 법에서 출생한다.

이 세상에서 가장 복된 삶은 무엇인가. 그것은 반야의 삶, 온전한 자기자신으로써의 삶이다. 왜 그러한가. 모든 것은 내 자신속에 구족되어 있으며 내 자신은 이 우주만유를 창조하는 주인이며, 못나고 어리석은 존재가 아니고 참으로 더없이 훌륭한 존재인 까닭이다. 그러므로 이 반야바라밀의 가르침이야말로 가장 복된 삶을 가져다 주며, 부처와 부처의 깨달음이 출생하는 곳임에 틀림없다.

그러나 어찌 반야바라밀에 치우치고 불법에 빠져만 있을 것인가. 반야바라밀은 반야바라밀이 아니요, 불법은 불법이 아니라는 사실도 간과해서는 안될 일이다.

圭峰 第四는 斷聲聞得果是取疑라 論에 云向說聖人이 以無爲法으로 得名이라 故로 法不可取說이어늘 云何聲聞이 各取自果하야 如證而說고할새 斷之니라 文이 四니 一은 入流果라

규봉 ㉔四, 성문이 과를 얻는 것도 取하는 것이 아닌가. 하는 의심을 끊음이다. 論에 이르되 앞에서 말한 '성인이 무위법으로 이름을 얻었다'하므로 法은 가히 취하여 설하지 못하거늘 어떻게 성문이 각각 자기의 성과를 취하여 증득한 바대로 설할까 하는 의심을 끊음이다. 이를 네 가지로 나누면 ㉮一. 入流果이다.

一相無相分 第九 (하나의 상도 상이 아님)

須菩提야 **於意云何**오 **須陀洹**이 **能作是念**호대 **我得須陀洹果不**아
수보리야 어떻게 생각하느냐. 수다원이 능히 이런 생각을 하되 '내가 수다원과를 얻었다'하는가.

六祖 須陀洹者는 梵語어든 唐言에 逆流니 逆生死流하야 不染六塵하고 一向修無漏業하야 得麁重煩惱不生하야 決定不受地獄畜生修羅異類之身일새 名須陀洹果니라 若了無相法하면 卽無得果之心이니 微有得果之心이면 卽不名須陀洹일새 故로 言不也라하시니라
육조 수다원이란 범어이고 唐言으로는 逆流니, 생사의 흐름을 거슬러서 육진에 물들지 않고 한결같이 無漏業만 닦아서 거칠고 무거운 번뇌가 나지않게 하여서, 결정코 지옥, 아귀, 축생 등 異類의 몸을 받지 않으므로 수다원과라 이름하느니라. 만약 無相法을 요달하면 곧 果를 얻었다는 마음이 없으리니, 조금이라도 果를 얻었다는 마음이 있으면 곧 수다원이라 이름할 수 없으므로 不也(아닙니다)라고 말씀하시니라.

須菩提가 **言**하사대 **不也**니이다. **世尊**하 **何以故**오 **須陀洹**은 **名爲入流**로대 **而無所入**이니 **不入色聲香味觸法**일새 **是名須陀洹**이니이다
수보리가 말씀드리되 "아니옵니다. 세존이시여. 무슨 까닭

인가 하면 수다원*은 성류에 든다고 하지만 들어간 바가
없으니 색성향미촉법에 들어가지 않으므로 이를 이름하
여 수다원이라 합니다."

六祖　流者는 聖流也니 須陀洹人이 已離麁重煩惱故로 得入聖流
요 而無所入者는 無得果之心也니 須陀洹者는 乃修行人의 初果
也니라
육조　流란 것은 聖人의 무리이니 수다원의 사람이 이미 거친 번
뇌를 여읜 까닭에 聖流에 들어간 것이요, 而無所入이란 것은 果를
얻었다는 마음이 없는 것이니 수다원이란 수행인의 첫 결과이니
라.

圭峰　須陀洹은 此云入流니 入聖流故며 亦云預流니 預聖流故니
라 秖由不入六塵일새 名入聖流니 不是別有所入故니라 論에 云聖
人이 得果에 不取一法하며 不取六塵境界일새 故名逆流며 乃至羅
漢도 不取一法일새 以是義故로 名阿羅漢이니라 然이나 非不取無爲
自果로대 但於證時에 離取我等煩惱일새 是故로 無如是心我能得
果라하시니 若起如是心我能得果면 即爲着我人等이니라 故知得果
는 是不取義어늘 何得疑云是取아 二는 一來果라
규봉　수다원은 여기에서 入流라 하니, 聖流에 들어간 까닭이며
또한 預流라 이르니 성류에 참예한 연고이다. 다만 육진에 들어가
지 않음을 이름하여 성류에 들어갔다 함이니, 따로 들어간 바가
있지 않은 까닭이다. 論에 이르되 성인이 과를 얻음에 一法도 취
하지 않으며 육진경계도 취하지 않은고로 逆流(생사의 류를 거스
름)라 명하며, 내지 아라한들도 한법도 취하지 않음을 아라한이라
이름하도다. 그러나 無爲인 自果를 취하지 아니함이 없되 다만 증

---

* 수다원(shotapana) : 인도말의 음역.

득할 때 我를 취하는 등의 번뇌를 여의는 고로 '이와 같이 내가 능히 果를 얻었다 하는 마음이 없다'하시니 만약 이와 같이 내가 果를 얻었다는 마음을 일으키면 곧 아상, 인상 등에 집착함이 되는 것이다. 그러므로 알라. 과를 얻었다는 것은 不取의 뜻이거늘 어찌 의심해서 말하길 '취했다'하는가.

㈀二. 一來果이다.

須菩提야 **於意云何**오 **斯陀含**이 **能作是念**호대 **我得斯陀含果不**아 **須菩提**가 **言**하사대 **不也**니이다 **世尊**하 **何以故**오 **斯陀含**은 **名一往來**로대 **而實無往來**일새 **是名斯陀含**이니이다
"수보리야, 어떻게 생각하느냐. 사다함이 능히 이런 생각을 하되 '내가 사다함과를 얻었다'하는가." 수보리가 말씀드리되 "아닙니다. 세존이시여, 무슨 까닭인가 하면 사다함은 이름이 일왕래로되 왕래함이 없으므로 이름을 사다함이라 합니다."

圭峰 **斯陀含**은 **此云一來**니 **斷欲界六品修惑**하고 **從此命終**에 **一往天上**이라가 **一來人間**하야 **便得斯陀含果**일새 **故名一來**요 **而實無來者**는 **已悟無我**어니 **誰能往來**리오
규봉 사다함은 일래(한번 왕래함)라는 말이니, 欲界의 六品修道惑을 끊고 이로써 목숨을 마치면 한번 천상에 갔다가 한번 人間으로 와서 곧 사다함과를 얻으므로 一來라 함이요 而實無來(실로 온것이 없다)란 이미 무아를 깨달았거니와 누가 능히 왕래하리오.

六祖 **斯陀含者**는 **梵語**어든 **唐言**에 **一往來**니 **捨三界結縛**하야 **三界結盡**일새 **故名斯陀含**이니라 **斯陀含**을 **名一往來者**는 **從人間死**하

야 卽生天上하고 從天上하야 却到人間生이니 竟出生死하야 三界業
盡일새 名斯陀含果니라 大乘斯陀含者는 目睹諸境에 心有一生一
滅하고 無第二生滅일새 故名一往來니 前念起妄에 後念卽止하고
前念有着에 後念卽離하야 實無往來일새 故曰斯陀含也니라

육조 사다함이란 범어이고 唐言에 一往來이니 삼계의 결박을 버려서, 삼계의 결박이 없으므로 사다함이라 이름하느니라.
사다함을 일왕래라 한 것은 인간이 죽어 天上에 나고 天上에서 곧 이어 人間으로 태어나는 것이니, 마침내는 生死를 벗어나 삼계의 업이 다하여서 사다함이라 이름하는 것이다. 大乘의 사다함이란 눈으로 모든 경계를 볼 적에 마음에 一生一滅만 있고 제二의 생멸이 없는 고로 一往來라 하니, 앞생각이 妄을 일으키면 뒷생각이 곧 그치고, 앞생각에 집착이 있으면 뒷생각이 곧 그 집착을 떠나서 실로 왕래가 없으므로 사다함이라 말하느니라.

圭峰 三은 不來果라
규봉 ㉮三. 不來果이다.

須菩提야 於意云何오 阿那含이 能作是念호대 我得阿那含
果不아 須菩提가 言하사대 不也니이다 世尊하 何以故오 阿那
含은 名爲不來로대 而實無不來일새 是故로 名阿那含이니이
다
"수보리야, 어떻게 생각하느냐. 아나함이 능히 이런 생각을 하되 '내가 아나함과를 얻었다' 하는가." 수보리가 말씀드리되 "아닙니다. 세존이시여, 무슨 까닭인가 하면 아나함은 이름이 오지 않는다 하오나 실로는 오지 않음이 없으므로 이름을 아나함이라 합니다."

一相無相分 第九　219

說誼　此本에 元無無不之不字어늘 今冶川頌本하야 加之라 一切佛法이 皆從此經出이요 一切賢聖이 皆以無爲法으로 而有差別이니 佛法이 旣非佛法인댄 差別聖果인들 亦何有實이리오 伊麼則若佛若法若僧寶가 畢竟冥然合一機로다
설의　이 책에는 원래 無不의 不字는 없는데 지금 야부 스님의 頌本을 상고하여 더함이라.
　일체 佛法이 다 이 경으로부터 나온 것이며, 일체의 성현이 다 무위법으로써 차별을 두었으니, 佛法이 이미 佛法이 아닐진대 차별의 聖果인들 또한 무슨 實이 있으리오. 이러한즉 불보, 법보, 승보가 필경엔 명현히 一機에 합함이로다.

圭峰　阿那含은 此云不來며 亦云不還이니 斷欲界九品修惑盡하고 命終에 一往天上하야 更不還來下界일새 故云不來니라 而實無來는 義同前釋하다
규봉　아나함은 不來(오지 않음)라 하며 또한 不還이라 이르니 욕계의 九品修惑을 끊어 다하고 목숨을 마치면 한번 천상에 가서 다시는 下界에 돌아오지 않으므로 不來라 하다.
　而實無來는 뜻이 앞의 해석과 같다.

六祖　阿那含은 梵語어든 唐言에 不還이며 亦名出欲이니 出欲者는 外不見可欲之境하고 內無欲心可得하야 定不向欲界受生일새 故名不來며 而實無不來일새 亦名不還이니 以欲習이 永盡하야 決定不來受生일새 是故로 名阿那含也니라
육조　아나함은 범어이고 唐言에는 不還이니 또한 欲에서 벗어남이로다. 出欲이란 밖으로는 가히 욕심낼 만한 경계를 보지 않고, 안으로는 욕심이 없어서 결정코 욕계를 향하여 생을 받지 않으므로 不來라 하고, 실로는 오지 않음도 없으니 不還이라고도 함이니라. 욕의 習이 영원히 다하여 결정코 와서 생을 받지 않는 고로

아나함이라 하느니라.

傅大士 捨凡初入聖이여 煩惱漸輕微라 斷除人我執하고 創始至無爲로다 緣塵及身見을 今者乃知非니 七返人天後에 趣寂不知歸로다

부대사 범부를 버리고 聖位에 처음 듦이여
번뇌가 점점 경미해지도다.
人・我의 집착을 끊어버리고
비로소 無爲에 이르렀도다.
緣塵(육진)과 身見이
지금에야 그른 줄 아니
일곱 번 人天을 돌아온 후에
寂에 나아가 돌아올 줄 모르도다.

冶父 諸行이 無常하야 一切皆苦로다
說誼 皆苦는 他本에 作皆空하니 空字가 近是라 四果無果하야 歸一妙空이로다
야부 諸行이 無常하여 一切가 다 苦로다
설의 皆苦는 다른 책에 皆空이라하니 空자가 더 가깝도다. 四果는 果가 없어서 하나의 妙한 空에 돌아가도다.

冶父 三位聲聞이 已出塵이나 往來求靜有疎親이로다 明明四果가 元無果하니 幻化空身이 卽法身이로다
說誼 六塵境內에 齊得出이나 涅槃城裏에 有疎親이라 有疎親分四果여 四果無果幻空身이로다
幻空身卽法身이여 混融平等勿疎親이로다
야부 三位의 聲聞이 이미 塵에서 벗어났으나
往來하며 靜을 구하니 親疎가 있음이로다.

분명하고 분명한 四果는 원래 果라는 것이 없으니
幻化 空身(허망한 몸뚱이)이 곧 法身이로다.

설의 육진 경계 안에서 벗어났으나 열반의 城 속에는 疎와 親이 있음이라. 소친이 있어서 四果를 나눔이여, 四果는 果가 없어서 허망한 몸뚱이로다. 허망한 몸뚱이가 곧 法身이라 함이여, 혼융하고 평등하여 소친이 없도다.

圭峰 四는 不生果라 阿羅漢은 此譯에 有三하니 一은 無賊이니 三界見修煩惱盡故요 二는 不生이니 不受後有故요 三은 應受니 應受人天廣大供養故니라 於中에 有三하니 一은 擧所得以問이라

규봉 ㉮四. 不生果라. 아라한은 세 가지로 번역하니 ㉦一. 無賊; 三果의 見·修의 번뇌가 다한 연고이다.
㉦二. 不生; 다시 있음(后有)을 받지 않는 연고이다.
㉦三. 應受(아라한); 응당히 人天의 광대한 공양을 받을 수 있는 연고이다. 그 中 세 가지가 있으니 ㉦一. 소득을 들어서 물음이라.

須菩提야 **於意云何**오 **阿羅漢**이 **能作是念**호대 **我得阿羅漢道不**아
"수보리야, 어떻게 생각하느냐. 아라한이 능히 이런 생각을 하되 '내가 아라한도를 얻었다' 하는가."

六祖 諸漏已盡하야 無復煩惱일새 名阿羅漢이라 阿羅漢者는 煩惱永盡하야 與物無諍이니 若有得果之心하면 卽是有諍이라 若有諍하면 非阿羅漢이니라

육조 모든 漏(번뇌)가 이미 다하여 다시 번뇌가 없으므로 아라한이라 이름하도다. 아라한이란 번뇌가 영원히 다해서 중생(物)과 더불어 다툼이 없음이니, 만약 果를 얻었다는 마음이 있으면 곧

다툼이 있음이라. 만약 다툼이 있으면 아라한이 아니니라.

圭峰 二는 明無取以答이라
규봉 ㈎二. 無取를 밝혀서 답함이라.

須菩提가 **言**하사대 **不也**니이다 **世尊**하 **何以故**오 **實無有法名阿羅漢**이니 **世尊**하 **若阿羅漢**이 **作是念**호대 **我得阿羅漢道**라하면 **卽爲着我人衆生壽者**니다
수보리가 말씀드리되 "아닙니다. 세존이시여, 무슨 까닭인가 하면 실로 아라한이라 할 법이 없기 때문입니다. 세존이시여, 만약 아라한이 이런 생각을 하되 '내가 아라한도를 얻었다'하면 이는 곧 아상 인상 중생상 수자상에 집착함입니다."

六祖 阿羅漢은 梵語어든 唐言에 無諍이라 無諍者는 無煩惱可斷하며 無貪瞋可離하야 情無違順하야 心境俱空하고 內外常寂을 是名阿羅漢이니 若有得果之心이면 卽同凡夫일새 故로 言不也라하시니라.
육조 아라한은 범어이고 唐言에는 無諍이라. 무쟁이란 끊을 만한 번뇌가 가히 없고, 여읠 만한 탐진치도 없으며 情에 어김이나 따를 것이 없어서 마음과 경계가 함께 공하고 내외가 항상 고요한 것을 아라한이라 名하니, 만약 과를 얻었다는 마음이 있으면 곧 범부와 같은 고로 '그렇지 않습니다'라고 말씀하시느니라.

圭峰 三은 引已證令信이라 於中에 文三이니 一은 明佛先印이라
규봉 ㈎三. 이미 증득함을 이끌어 믿게함이라. 그 中에 세 가지가 있으니 ㈀一. 부처님이 먼저 인가하심을 밝힘이라.

世尊하 **佛說我得無諍三昧人中**에 **最爲第一**이라 **是第一離欲阿羅漢**이라하시니

세존이시여, 부처님께서는 저를 무쟁삼매를 얻은 사람 가운데서 제일이라 하시니, 이는 욕심을 떠난 제일의 아라한이라고 하심이나

說誼 **內不被見聞**의 **使殺**하고 **外不被聲色**의 **染汚**하야 **內外淸淨**하야 **曠然虛閑**을 **是名無諍**이며 **亦名離欲**이니라
설의 안으로 見聞의 끄달림을 입지 않고 밖으로 聲色의 물듬을 입지 않아서 內外가 청정하여 확연히 虛閑함을 無諍이라 名하며 또한 離欲이라고도 하느니라.

圭峰 **無諍者**는 **不惱衆生**이니 **能令衆生**으로 **不起煩惱故**니라 **佛**이 **讚之**하사대 **十弟子中**에 **善現**이 **第一離欲者**라하시니 **三界煩惱**에 **但有貪心**하면 **盡名爲欲**이요 **非唯欲界**니라
규봉 무쟁이란 중생을 번거롭게 하지 않음이니 능히 중생으로 하여금 번뇌를 일으키지 않게 하는 연고이다. 부처님이 그를 칭찬하되 십제자중에 善現이 제일 욕심을 떠난 자라 하시니 三界의 번뇌에 다만 탐심이 있으면 다 欲이라 이름하고 오직 欲界 뿐만은 아닌 것이다.

六祖 **何名無諍三昧**오 **謂阿羅漢**이 **心無生滅去來**하고 **唯有本覺常照**일새 **故**로 **云無諍三昧**니라 **三昧**는 **是梵語**어든 **唐言**에 **正受**며 **亦云正見**이니 **遠離九十五種邪見**을 **是名正見也**니라 **然**이나 **空中**에 **有明暗諍**하고 **性中**에 **有邪正諍**하니 **念念常正**하야 **無一念邪心**이 **卽是無諍三昧**라 **修此三昧**하야 **人中**에 **最爲第一**이니 **若有一念得果之心**이면 **卽不名無諍三昧**니라

육조 무엇을 무쟁삼매라 하는가. 아라한이 마음에 생멸거래가 없고 오직 本覺이 항상 비추고 있으므로 무쟁삼매라 하느니라.
　삼매란 범어이고 당언에는 正受(받아들임)라 하며 또한 正見이라고도 하니, 九十五種의 사견을 멀리 떠나는 것을 正見이라 하느니라. 그러나 허공 가운데는 明暗의 다툼이 있고 性品中에는 邪와 正의 다툼이 있으니, 생각생각이 항상 정직하여 한생각도 삿된 마음이 없는 것을 무쟁삼매라 하느니라. 이 삼매를 닦은 사람 가운데서 가장 제일이 됨이니 만약 한생각이라도 과를 얻었다는 마음이 있으면 곧 무쟁삼매라 이름할 수 없느니라.

冶父 把定則雲橫谷口요 放下也에 月落寒潭이로다
說誼 不爲有邊所動이여 根境法中에 無影迹이요 不爲無邊所寂이여 這邊那邊에 應無虧로다 應無虧여 月落寒潭이요 無影迹이여 雲橫谷口로다 把定이 是아 放行이 是아 把定放行이 俱不是하니 一掃掃向三千外로다
야부 把定하면 구름이 골짜기에 걸쳐 있고
　　　　放下하면 달이 찬못에 떨어지도다.
설의 有에 動하는 바가 되지 않음이여, 육근과 육경의 법 가운데 그림자나 자취가 없음이요. 無의 고요한 바가 되지 않음이여, 이쪽 저쪽의 응함에 이지러짐이 없도다. 응당히 이지러짐이 없음이여, 달이 찬못에 떨어짐이요. 그림자나 자취가 없음이여, 구름이 골짜기에 걸쳤도다, 把定(잡아 정함)이 옳으냐 放行(놓음)이 옳으냐. 把定과 放行이 함께 옳지 않으니, 한번 쓸어 삼천세계 밖으로 쓸어버리도다.

冶父 喚馬何曾馬리오 呼牛未必牛라 兩頭를 都放下하고 中道도 一時休라 六門에 迸出遼天鶻하니 獨步乾坤總不收로다
說誼 喚馬呼牛總不然하니 放行把定이 俱不是라 旣不涉於明暗兩頭하고 亦不坐於毘盧頂顙이라 六根門頭에 沒蹤由하니 三千里外에 閑

一相無相分 第九

獨步로다 閑獨步여 快如遼天鶻이라 乾坤도 收不得이어니 宇宙가 豈能藏이리오

야부 말이라고 부른들 어찌 말이 되며
소라고 부른들 반드시 소가 아니로다.
두 가지를 함께 놓아버리고
中道도 일시에 쉴지어다.
六門에서 먼하늘의 매처럼 迸出하니
乾坤에 홀로 걸어서 모두 거두지 못하도다.

설의 말이라 부르고 소라고 부름이 모두 그렇지 않아서 放行과 把定이 옳지 못함이라. 이미 明暗의 양쪽에 들어가지 않고 또한 비로자나불의 이마에도 앉지 않음이라. 六根門頭에 자취가 없으니 三千里 밖에서 부질없이 홀로 긷도다.
 부질없이 홀로 걸음이여. 그 쾌활하기가 저 멀리 하늘 끝까지 날아가는 매와 같도다. 건곤도 거둬들여 얻지 못하거니, 우주가 어찌 능히 그것을 감추리오.

圭峰 二는 彰己不取라
규봉 ㉠二. 自己가 取하지 않음을 드러냄이라.

我不作是念호대 我是離欲阿羅漢이라하노이다
저는 제가 욕심을 떠난 아라한이라고 생각지 않습니다.

圭峰 三은 却釋佛意라
규봉 ㉠三. 도리어 부처님의 뜻을 해석함이라.

世尊하 我若作是念호대 我得阿羅漢道라하면 世尊이 卽不說須菩提가 是樂阿蘭那行者어니와 以須菩提가 實無所行일새 而名須菩提가 是樂阿蘭那行이라하시나이다

세존이시여, 제가 만약 이런 생각을 하되 '내가 아라한 도를 얻었다'하면 세존께서는 곧 '수보리는 아란나행을 즐기는 자'라고 말씀하시지 않으려니와 수보리가 실로 행하는 바가 없으므로 '수보리는 아란나행을 즐기는 자'라고 이름하셨습니다.

說誼 離欲無諍에 已稱第一이요 又不作念하니 善不可加로다 反是則豈得名爲無諍이리오
설의 욕심을 여의고 다툼이 없음을 이미 제일이라 칭함이요. 또한 그런 생각을 짓지 않으니 더이상 좋을 수가 없도다. 이와 반대가 된다고 하면 어찌 무쟁이라고 이름할 수 있으리오.

圭峰 無所行者는 論에 云離二種障이니 一은 煩惱障이요 二는 三昧障이라 故無所行이라하다 阿蘭那者는 此云寂靜이니라
규봉 無所行(행할 바가 없음)이란, 論에 이르되 두 가지 장애를 여의는 것이니 一. 번뇌장이요 二. 삼매장이라. 그러므로 행하는 바가 없는 것이라 하다. 아란나란 寂靜을 말하는 것이다.

六祖 阿蘭那는 是梵語어든 唐言에 無諍行이니 無諍行이 卽是淸淨行이니라 淸淨行者는 爲除去有所得心也니 若存有所得心이면 卽是有諍이요 有諍이면 卽非淸淨道니 常行無所得心이 卽是無諍行이니라
육조 아란나는 범어이고 唐言에는 無諍行이니, 다툼이 없는 행이란 곧 淸淨行이니라. 청정행이란 有所得心을 제거한 것이니, 만약 얻은 바가 있다는 마음을 두면 곧 다툼이 있음이요, 다툼이 있으면 곧 청정도가 아님이니, 항상 무소득심을 행하는 것이 곧 무쟁행이니라.

傅大士 無生亦無滅이며 無我復無人이라 永除煩惱障하고 長辭後有身이로다 境亡心亦滅하야 無復起貪瞋이라 無悲空有智하야 翛然獨任眞이로다

부대사 生도 없고 滅도 없으며
我가 없으니 다시 人도 없음이라.
번뇌장을 영원히 없애니
길이 後有身(뒤에 몸을 받음)을 받지 않도다.
경계가 없어지니 마음도 또한 멸하여
다시는 탐진치를 일으키지 않음이라.
자비가 없이 공연히 지혜만 있어서
홀로 유연히 眞에 맡기도다.

冶父 認着하면 依前還不是니라
說誼 以有無諍之實일새 故有無諍之名이니 名實을 更須忘却하야사 始得다 若也未忘却이면 依前還不是니라
야부 認着(알았다고) (말)하면 그전(공부하기 이전)처럼 도리어 옳지 못하도다.
설의 無諍의 實이 있으므로 무쟁의 이름이 있으니, 名과 實을 모름지기 망각해야 비로소 옳은 것이다. 만약 망각하지 못하면 전처럼(수행 전) 도리어 옳지 못하리라.

冶父 蚌腹에 隱明珠하고 石中에 藏碧玉이라 有麝自然香이니 何用當風立이리오 (當은 一作臨이라). 活計看來恰似無나 應用頭頭皆具足이로다
說誼 明珠碧玉이 隱不露하니 大智如愚看似癡라 道存乎己하면 自發外니 何用區區逆人知리오 莫謂渠無活計在하라 應用頭頭皆具足이로다
야부 조개 속엔 밝은 구슬 숨어 있고

돌 속엔 푸른 옥 감추었어라.
사향이 있으매 자연히 향기롭나니
어찌하여 바람 앞에 섰으리오.
살림살이 보아오면 흡사 없는 듯하나
응용하면 낱낱이 다 구족함이로다.

설의 밝은 구슬과 푸른 옥은 숨어서 드러나지 않으니, 큰 지혜자는 어리석은 듯하여 우치한 것 같으나, 도가 자기에게 있으면 저절로 밖으로 드러나게 되니 어찌 구구하게 사람에게 알리리오. 그가 살림살이가 없다고 말하지 말라. 응용하면 낱낱이 다 구족함이로다.

宗鏡 人天往返에 諸漏未除러니 道果雙忘에 無諍第一이라 超凡入聖이여 從頭勘證將來요 轉位廻機여 透底盡令徹去로다 委悉麼아 勿謂無心云是道하라 無心도 猶隔一重關이니라

說誼 超凡入聖이여 從頭勘證將來나 爭奈死水沈潛이리오 要須死水裏에 轉身廻機向此來하야아 令於大寂滅海에 透底深入하야 徹證無餘니 還相委悉此意麼아 莫以滅定爲究竟하라 於道에 猶未達一間이니라

종경 인간과 천상에 가고오는 동안 모든 번뇌를 없애지 못하였다가 道와 果를 쌍으로 잊으니 無諍이 제일이로다. 범부를 초월하여 聖人에 들어감이여. 처음부터 증득하여 옴이요. 位를 굴리고 機를 돌이킴이여. 밑까지 뚫어서 다 사무쳐 가는도다.
 자세히 아는가. 無心이 이 道라고 말하지 말라. 無心도 오히려 한 관문이 막혔도다.

설의 범부를 초월하여 성인에 들어감이여, 처음부터 증득하여 오나 어찌 死水에 沈潛(깊이 잠김)하리오. 모름지기 死水에서 몸을 굴리고 機를 돌이켜 이곳을 향해 와서 大寂滅의 바다에 밑바닥까지 깊이 들어가야, 깊이 사무쳐서 증득함에 남음이 없을지니, 도리어 이 뜻을 자세히 아는가. 滅盡定으로써 究竟을 삼지 마라. 道에 있어서는 오히려 한칸을 도달하지 못하였도다.

一相無相分 第九 229

宗鏡 果位聲聞이 獨善身하니 寂然常定이 本非眞이라 廻心頓入如來海하야 倒駕慈航逆渡人이로다
說誼 聲聞獨善은 不是仁人이니 若是仁人인댄 兼善天下니라 寂然常定은 死水沈潛이니 若是眞龍인댄 不藏死水니라 要須死水裏에 轉身하야 廻入大寂滅海하야 興悲度生하야사 始得다

종경 果位의 聲聞이 홀로 一身만 다스리며
　　　寂然히 항상 定에 있음은 본래 眞이 아니로다.
　　　마음을 돌이켜 몰록 여래의 바다에 들어가서
　　　자비의 배를 거꾸로 돌려
　　　건너는 사람을 맞이해야 함이로다.
설의 聲聞의 獨善은 어진 사람이 할 바가 아니며, 만약 어진 사람이라면 겸하여 天下를 다 좋게(어질게) 해야 함이니라. 적연히 항상 定에 든 것은 死水에 침잠한 것이니, 만약 참다운 용이라면 죽은 물에 잠기지 말지니라. 모름지기 사수 속에서 몸을 뒤쳐 일으켜서 대적멸의 바다에 돌이켜 들어가서 자비로써 중생들을 제도해야 비로소 옳은 것이다.

무비 절대적이며 완전한 불성의 실다운 모습은 모양이 아니다.
　모든 수행의 결과는 이 실상에서 이루어지는 것이다. 수다원, 사다함, 아나함, 아라한, 보살과 부처에 이르기까지 어떤 결과도 본래 모양 없는 實相에서 이루어졌고 하나하나의 聖果가 실상반야의 현현이라면 결과의 모양도 있을 수 없으며, 얻었다는 마음의 흔적이 추호라도 남아 있어서는 진정한 성과가 아니다. 하물며 청정행을 좋아하고 적정행을 좋아하는 수보리에 있어서랴.
　성인이 되고 賢人이 되는 일도 그와 같은데 작은 선행을 하고 반딧불과 같은 이름을 얻고 조그마한 공을 세우는 그런 일에 생색을 내고 자신을 과시하고 선전을 해서 알아주기를 바라고 그래서 알아주지 않으면 섭섭해하고 급기야 작은 공덕마저 날려버리는 瞋心을 일으키는 일을 무심코 한다면 그 꼴이 어떻겠는가 그것은 밝은 삶이 아니고

무지몽매한 삶이다. 지혜로운 삶이 아니고 어리석은 삶이다. 어떤 경우라도 相에 집착할 일이 아니다.

圭峰 第五는 斷釋迦然燈取說疑라 論에 云釋迦는 昔於然燈佛所에 受法하시고 彼佛은 爲此佛說法이어시늘 云何言不可取不可說고할새 故로 經에 斷之니라

규봉 ㈎五, 석가와 연등불이 取하고 說했다는 의심을 끊음이라. 論에 이르되 석가는 옛날에 연등불 처소에서 법을 받으시고 연등불은 석가모니를 위해 說하셨거늘 어찌하여 '不可取, 不可說'이라고 말하는가 하므로 經에서 이 의심을 끊은 것이다.

莊嚴淨土分 第十 (정토를 장엄함)

佛이 **告須菩提**하사대 **於意云何**오 **如來**가 **昔在然燈佛所**하야 **於法**에 **有所得不**아 **不也**니이다 **世尊**하 **如來**가 **在然燈佛所**하사 **於法**에 **實無所得**이니이다

부처님께서 수보리에게 이르시되 "어떻게 생각하느냐, 여래가 옛적에 연등불 회상에서 법에 얻은 것이 있느냐." "아닙니다. 세존이시여, 여래께서는 연등불 회상에서 법에 실로 얻은 것이 없습니다."

說誼 已明聲聞無取了하시고 將現菩薩亦無取하사 先擧自己因地上에 師亦無言己無聞하시니 空生이 知佛明無得하사 果能答以無所得이로다 因甚道無所得고 以迹論之則釋迦가 彼時에 因聞然燈의 所說法要하사 熏成正覺하시니 豈是無得이리오 然이나 此는 但以借緣見道로 爲得耳니라 以實言之則釋迦는 本是天上天下에 獨尊獨貴底人이라 位過諸佛이시며 富有萬德이시니 何曾受他點眼이며 何容有法更得이리오 所以로 道호대 謂得然燈記인댄 寧知是舊身이리오하시니라

설의 이미 聲聞들이 取할 것이 없음을 밝히시고 장차 보살도 또한 취함이 없음을 나타내려하사, 먼저 自己가 因地上(처음 수행 당시)에 스승도 말이 없으시고 자기도 들음이 없음을 먼저 드시니, 空生이 부처님께서 얻은 바가 없음을 밝히기 위함을 알아서, 과연 능히 무소득으로써 답하였다. 왜 무소득이라 말했는가. 자취로써 그것을 논한즉 석가가 저때에 연등불의 설하신 法要를 들으므로 인하여 正覺을 이루시니 어찌 얻은 것이 없으리오. 그러나 이는 다만 인연을 빌려 見道한 것으로써 얻음을 삼은 것일 뿐이니라. 사실로써 말하면 석가는 본래 천상천하에 홀로 높고 홀로 귀한 사람이라. 그 지위가 모든 부처님을

지나시며 그 富가 만덕을 소유하셨으니, 어찌 일찍이 다른 이가 점안해 줌을 받을 것이며 또 어찌 다시 얻을 만한 법이 있음을 용납하겠는가. 그러므로 말하되 연등불께 수기를 얻었다 말할진댄 어찌 옛몸을 알았으리오. 하시니라

圭峰 於法에 實無所得者는 然燈佛說은 說是語言이요 釋迦所聞은 唯聞語言이니 語言은 非實智證法故니라 論에 云釋迦가 於然燈佛所에 言語所說은 不取證法이니 以是義故로 顯彼證智는 不可說不可取라하다

규봉 法에 實無所得이란, 연등불이 설하신 說은 말이요. 석가가 들은 바도 오직 말만 들은 것이니, 말이란 실다운 지혜로써 증득한 법이 아닌 연고이다. 論에 이르되 釋迦가 연등불 처소에서 말로써 설한 것은 取하여 증득한 法이 아니니, 이러한 뜻으로써 저 증득한 지혜는 不可說이고 不可取임을 나타낸 것이라 하다.

六祖 佛이 恐須菩提가 有得法之心일가하사 爲遣此疑故로 問之어시늘 須菩提가 知法無所得하사 而白佛言하사대 不也라하시니라 然燈佛은 是釋迦牟尼佛의 授記之師라 故로 問須菩提하사대 我於師處聽法에 有法可得不아하야시늘 須菩提가 即謂法即因師開示나 而實無所得이라하시니 但悟自性이 本來淸淨하며 本無塵勞하야 寂而常照하면 即自成佛이니 當知世尊이 在然燈佛所하사 於法에 實無所得也라 如來法者는 譬如日光이 明照하야 無有邊際나 而不可取니라

육조 부처님께선 수보리가 법을 얻었다는 마음이 있을까 두려워해서, 이런 의심을 없애기 위한 고로 그에게 물었거늘 수보리가 법을 얻은 바가 없음을 알고, 부처님께 말씀드리되 "아닙니다"라고 하시니라. 연등불은 석가모니께 수기한 스승이라. 그러므로 수보리에게 물으시되 내가 스승의 처소에서 법을 들을 때 "법 가히

얻은 것이 있느냐"하시거늘 수보리가 곧 이르되 "법이란 스승으로 인해서 開示되긴 하나, 실로 얻은 바는 없습니다"하시니, 다만 自性이 본래 청정하며 본래 塵勞가 없고 고요하되 항상 비추고 있음을 깨달으면 곧 스스로 성불하는 것이니 마땅히 알라. 세존이 연등불 처소에 계시사 법에 있어 실로 얻은 바가 없음이니라. 如來法이란 비유컨대 햇빛이 밝게 비쳐 끝이 없으나 가히 취할 수는 없음과 같느니라.

傅大士 昔時에 稱善慧러니 今日에 號能仁이라 看緣緣是妄이요 識體體非眞이로다 法性은 非因果요 如理는 不從因이니 謂得然燈記인댄 寧知是舊身이리오

부대사   옛날에는 善慧라 일컫더니
　　　　　今日엔 能仁(佛)이라 부르도다.
　　　　　인연을 보면 인연은 이 妄이요
　　　　　體를 알면 體는 眞이 아니로다.
　　　　　法性은 因果가 아니요
　　　　　여실한 이치(지혜)는 因을 좇지 않으니
　　　　　연등불의 수기를 얻었다 말한다면
　　　　　어찌 이 옛몸임을 알리오.

冶父 古之今之로다
說誼 非但昔年에 無所得이라 至今出世라도 亦無得이니 伊麼則古亦只如是여 今亦只如是로다
야부 옛날이요, 지금이로다.(옛날은 옛날이고 지금은 지금이로다.)
설의 비단 옛날에만 무소득일 뿐만 아니라 지금 出世하여도 또한 얻을 게 없으니, 그러한즉 옛날에도 또한 이같았으며 지금에도 또한 다만 이같도다.

冶父　一手指天하고 一手指地하시니 南北東西에 秋毫不視로다 生來心膽이 大如天하시니 無限群魔가 倒赤幡이로다

說誼　指天指地를 會也未아 南北東西一釋迦로다 一釋迦여 誰籠罩오 心膽이 恢恢大如天하시니 一口吞盡諸佛祖로다 佛祖도 尙被渠吞却이어든 魔外가 如何得不降이리오

야부　한 손은 하늘을 가리키고 한 손은 땅을 가리키시니
　　南北東西에 추호도 볼 수 없도다.
　　태어나면서부터 心膽이 하늘같이 크시니
　　무한한 마군들의 붉은 깃발을 넘어뜨리도다.

설의　하늘을 가리키고 땅을 가리킴을 아는가. 남북동서에 오직 한 석가로다. 한 석가여, 누가 뒤덮고 있는가.
　심장과 담이 크고 커서 하늘 같으시니 한 입으로 모든 부처님과 조사를 다 삼켰도다. 佛祖도 오히려 삼킴을 당했거늘 마군과 외도가 어찌 항복하지 않겠는가.

圭峰　第六은 斷嚴土違於不取疑라 論에 云若法不可取인댄 云何諸菩薩이 取莊嚴淨土며 云何自受法王身고할새 此中에 且斷嚴土之疑니라 斷之文이 三이니 一은 擧取相莊嚴問이라

규봉　㈏六, 장엄불토가 不取에 어긴다는 의심을 끊음이라. 論에 이르되 만약 법 가히 취하지 않을진대 어찌하여 모든 보살이 정토장엄을 취하며, 어찌하여 스스로 法王身을 받는가 하므로 이 가운데서 또한 불토장엄의 의심을 끊음이라. 끊는 글이 셋이니
　㈎一. 相을 取해서 장엄함을 들어서 물음이라.

須菩提야 於意云何오 菩薩이 莊嚴佛土不아
"수보리야, 어떻게 생각하느냐. 보살이 불국토를 장엄하느냐."

圭峰 佛意가 欲明法性眞土일새 故問取形相莊嚴土不아하시니라
二는 釋離相莊嚴答이라
규봉 부처님의 뜻이 法性眞土(진리, 각의 자리)를 밝히고자 하므로 물으시길 형상을 취하여 불토를 장엄하느냐고 하시니라.
㉯二. 相을 떠난 장엄을 해석하여 답함이라.

不也니이다 **世尊**하 **何以故**오 **莊嚴佛土者**는 **即非莊嚴**일새 **是名莊嚴**이니이다
"아닙니다. 세존이시여, 왜냐하면 불국토를 장엄한다는 것은 곧 장엄이 아니고 그 이름이 장엄입니다."

說誼 內而根身과 外而器界가 皆是淸淨智境이며 一一無爲佛土니라 根身器界를 因甚喚作淸淨智境과 無爲佛土오 捏目에 空花亂墜요 不然이면 滿目蒼蒼이니라 作麼生莊嚴고 情忘勿疎親이요 見盡無內外로다 作麼生이 是非莊嚴고 情見忘處에 不留蹤하면 見佛見祖를 若冤讎니라
설의 안으로 육근의 몸(根身)과 밖으로의 세계(器界)가 다 청정한 지혜의 경계이며 낱낱이 함이 없는 불토니라.
根身과 器界를 무엇 때문에 청정한 지혜의 경계와 無爲의 佛土라 부르는가. 눈을 누르면 헛꽃이 어지럽게 떨어지고, 그렇지 않으면 눈 가득히 푸르를 것이니라. 어떻게 장엄하는가. 情을 잊으면 疎親이 없고 所見이 다하면 內外가 없음이로다. 무엇이 非莊嚴인가. 情과 見이 잊혀진 곳에서도 자취를 머물지 않으면, 부처를 보고 祖師를 보는 것이 마치 원수와 같으리라.

圭峰 偈에 云智習唯識通이니 如是取淨土라 非形은 第一體요 非嚴은 莊嚴意라하며 論에 釋云諸佛은 無有莊嚴國土事요 唯眞實智慧로 習識通達일새 故不可取니라 莊嚴이 有二하니 一은 形相이요 二는 第一義相이니라 非嚴者는 無形相故요 莊嚴意者는 即是第一莊

嚴이니 以一切功德으로 成就莊嚴故라하다

규봉 偈頌에 이르되 智習(지혜의 습기)과 唯識으로 통하는 것이니 이와 같이 정토를 취함이다. 形相이 아닌 것은 제일의 體이고 장엄이 아닌 것을 장엄의 뜻이라 하며, 論에 해석해 이르되 諸佛은 국토를 장엄하는 일이 없고 오직 진실한 지혜로 智習과 唯識으로써 통달할새 故로 不可取인 것이다. 장엄에 두 가지가 있으니 ㉠一. 形相이요, ㉡二. 第一義相이라. 非嚴이란 形相이 없는 연고이고 장엄의 뜻은 곧 제일장엄이니, 일체 공덕으로써 장엄을 성취한 까닭이라 하다.

六祖 佛土淸淨하야 無相無形하니 何物이 而能莊嚴耶아 唯以定慧之寶로 假名莊嚴이니라 莊嚴이 有三하니 第一莊嚴은 世間佛土니 造寺寫經과 布施供養이 是也요 第二莊嚴은 身佛土니 見一切人에 普行恭敬이 是也요 第三莊嚴은 心佛土니 心淨하면 卽佛土淨이라 念念常行無所得心이 是也니라

육조 불토가 청정해서 無相無形하니 무슨 물건이 능히 장엄할 것인가. 오직 定과 慧의 보배로써 거짓 장엄이라 이름하느니라. 장엄에는 세 가지가 있으니 제一장엄은 世間佛土로써 절을 짓고 寫經과 布施供養이 이것이고 제二장엄은 身佛土이니 모든 사람을 볼때 널리 공경하는 것이 이것이요 제三장엄은 心佛土이니 마음이 청정하면 곧 불토가 청정한 것이어서 생각생각이 얻을 바 없는 마음을 행하는 것이 이것이니라.

冶父 孃生袴子요 靑州布衫이로다

說誼 孃生袴子는 純而無雜이라 然이나 唯古非今이요 靑州布衫은 儉而無華라 然이나 但質無文이니 本始合體하야 文質이 彬彬하야사 始可名爲十成莊嚴이니라

야부 어머니의 속옷이요 靑州에서 만든 장삼(布衫)이로다.

설의 어머니의 속옷은 순수하여 잡됨이 없음이라. 그러나 오직 옛이고 지금이 아님이요. 청주의 布衫은 검소해서 화려하지 않으나 다만 질박해서 무늬가 없으니, 本과 始가 體에 합하여 무늬와 바탕이 빛나고 빛나야만 비로소 만족할 만한 장엄이 된다고 하느니라.

冶父 抖擻渾身白勝霜하니 蘆花雪月이 轉爭光이로다 幸有九皐翹足勢하니 更添朱頂又何妨가
說誼 功中就位에 脫盡廉纖이요 位裏轉身에 更添光彩로다
야부 온몸을 털어버리니 희기가 서리보다 더 희고
갈대꽃과 雪月은 더욱 빛을 다투도다.
다행히 깊은 못에 한 마리 학이 빼어났으니
다시 붉은 이마를 더한들 무엇이 방해로우랴.
설의 功 가운데서 위의에 나아감에 廉纖(자질구레한 것)을 다 벗어 버리고, 위의 속에서 몸을 굴림에 다시 광채를 더함이로다.

圭峰 三은 依淨心莊嚴勸이라
규봉 ㈎三. 淨心 장엄을 의지하여 권함이라.

是故로 **須菩提**야 **諸菩薩摩訶薩**이 **應如是生淸淨心**이니 **不應住色生心**하며 **不應住聲香味觸法生心**이요
이런 까닭으로 수보리야, 모든 보살마하살은 응당 이와 같이 청정한 마음을 낼지니 응당히 색에 머물러서 마음을 내지 말며 응당 성 향 미 촉 법에 머물러서 마음을 내지 말 것이요,

說誼 何謂淸淨心고 無取無着이 是니라 若欲無取着인댄 須開智慧眼

이니 一切賢聖이 以開智慧眼故로 善能分別諸根境界호대 於中無着하야 而得自在니라 由是로 根塵識界가 廓達無碍하야 一一明妙하며 一一淸淨如虛空이니 是可謂天水相連爲一色이라 更無纖靄隔淸光이로다 般若利用이 如是甚深하며 如是自在하니 須開慧眼하야 普應根門하야 念念淸淨하며 塵塵解脫이요 不應無智하야 染着諸境이니라

설의 무엇을 청정심이라 하는가. 취함도 없고 집착도 없는 것이 이것이니라. 만약 취하고 집착함이 없고자하면 모름지기 智慧의 눈을 열어야 하니, 일체 현성이 지혜의 눈을 연 까닭으로 능히 모든 根의 境界를 잘 분별하되 그 가운데에 집착함이 없어서 自在함을 얻느니라. 이로 말미암아 육근, 육진, 육식의 경계가 확트여 걸림이 없어서, 낱낱이 밝고 묘하며 낱낱이 허공같이 청정하여서 이것은 가위 하늘과 물이 서로 이어져서 일색이 됨이라. 다시 纖靄(조각구름)도 淸光을 막지 않았도다.

반야의 날카로운 작용이 이와 같이 심히 깊으며 이와 같이 자재하니 모름지기 지혜의 눈을 열어 널리 根門에 응하여, 생각생각마다 청정하고 낱낱이 해탈할 것이요, 응당히 지혜가 없이 모든 경계에 물들거나 집착하지 말 것이니라.

圭峰 論에 云若人이 分別佛土가 是有爲形相이라하야 而言是我成就者인댄 彼住於色等境中이니 爲遮此故로 云應如是生淸淨心하야 不應住色等也라하시니라 而生其心者는 則是正智라 此是眞心이니 若都無心이면 便同空見이니라

규봉 論에 이르되 만약 어떤 사람이 佛土를 분별함에 有爲의 形相이라고 하여 '내가 성취했다'고 말하면 그는 色 等의 경계에 주하는 것이니, 이것을 막기 위한 까닭으로 응당 이와 같이 청정심을 내어서 응당히 色 等에 住하지 말라 하시니라. 그 마음을 낸다

고 하는 것은 곧 바른 지혜를 말함이고, 이것은 참다운 마음이니, 만약 도무지 마음이 없으면 모두 텅 빈 견해와 같은 것이니라.

六祖 諸修行人이 不應說他是非니 自言我能我解라하야 心輕未學이면 此非淸淨心也니 自性에 常生智慧하야 行平等慈하야 下心恭敬一切衆生이 是修行人의 淸淨心也니라 若不自淨其心하고 愛着淸淨處하야 心有所住하면 卽是着法相이라 見色着色하야 佳色生心은 卽是迷人이요 見色離色하야 不佳色生心은 卽是悟人이니 佳色生心은 如雲蔽天이요 不佳色生心은 如空無雲하야 日月이 長照며 佳色生心은 卽是妄念이요 不佳色生心은 卽是眞智니 妄念이 生하면 卽暗이요 眞智가 照하면 卽明이라 明하면 卽煩惱가 不生이요 暗하면 卽六塵이 競起니라

육조 모든 수행인은 응당히 남의 是非를 말하지 말지니, 스스로 말하되 나는 能하고 나는 잘 안다 하여 마음으로 배우지 못한 사람을 가벼히 여기면 이것은 청정심이 아니로다. 自性에 항상 지혜를 내어서 평등한 자비를 행하고, 下心하여 일체 중생을 공경하는 이것이 수행인의 청정심이니라. 만약 그 마음을 스스로 깨끗하게 하지 않고 청정한 곳에 애착해서 마음에 머문 바가 있으면 곧 法相에 집착하는 것이라. 色을 보면 색에 집착하고 색에 머물러 마음을 내는 것은 곧 미한 사람이요, 색을 보되 색을 여의어서 색에 주하지 않고 마음을 내는 것은 곧 깨달은 사람이니, 색에 주하여 마음을 내는 것은 구름이 하늘을 가리는 것과 같고 색에 주하지 않고 마음을 내는 것은 마치 하늘에 구름이 없어서 해와 달이 잘 비춤과 같으며, 佳色生心은 곧 망념이요 不佳色生心은 곧 참다운 지혜이니 망념이 일어나면 곧 어둡고 참다운 지혜가 비추면 즉 밝은 것이라. 밝으면 곧 번뇌가 일어나지 않고 어두우면 곧 육진

이 다투어 일어나느니라.

傅大士 掃除心意地를 名爲淨土因이니 無論福與智하고 先且離貪瞋이니라 莊嚴은 絶能所라 無我亦無人이니 斷常에 俱不染하면 穎脫出囂塵하리라

부대사 마음과 뜻을 깨끗하게 하는 것을 淨土의 因이라 하니
　　　　복과 지혜를 논하지 말고 먼저 탐진치를 여읠지니라.
　　　　장엄은 能所를 끊음이라 我도 없고 人도 없으니
　　　　斷과 常에 함께 물들지 않으면
　　　　시끄러운 塵世에서 훤히 벗어나리라.

冶父 雖然恁麼나 爭奈目前에 何오
說誼 雖然不應住於色聲이나 色聲이 爭奈目前何오.
야부 비록 그러하나 눈앞에 있는 것을 어찌하리오.
설의 비록 그렇게 色聲에 응당히 주하지 않으나, 색성이 눈앞에 있는 것을 어찌할 것인가.

冶父 見色非干色이요 聞聲不是聲이라 色聲不礙處에 親到法王城이로다
說誼 目前諸法이 鏡裏看形이라 鏡裏看形不礙我하니 眉目分明非別人이라 非別人이여 此是相見法王處로다 所以로 道호대 鏡裏에 見誰形고 谷中에 聞自聲이라 見聞而不惑이어니 何處匪通程이리오하시니라
야부 色을 보면 색에 간섭받지 않고
　　　소리를 들어도 이 소리가 아니로다.
　　　색과 소리가 걸리지 않는 곳에서
　　　친히 法王城에 이르리라.

설의 눈앞의 모든 법이 거울속에서 形相을 보는 듯하여서, 거울속에서 형상을 보는 것은 나에게 걸리지 않으니, 눈썹과 눈이 분명하여 다른 사람이 아니로다. 다른 사람이 아님이여, 이것은 法王處를 相見하는 것이다. 그러므로 말하되 거울속에서 누구의 형상을 보는가. 골짜기 속에서 자기 소리를 들음이로다. 보고 들음에 유혹되지 않으니 어느 곳인들 길이 통하지 않으리오 하시니라.

應無所住하야 而生其心이니라
응당 머문 바 없이 그 마음을 낼지니라.

說誼 不須空然逐風波하고 常在滅定應諸根이니 是可謂暗中有明이로다 又無所住者는 了無內外하고 中虛無物이 如鑑空衡平하야 而不以善惡是非로 介於胸中也요 生其心者는 以無住之心으로 應之於事호대 而不爲物累也니라 孔夫子가 云君子之於天下也에 無適也하며 無莫也하야 義之與比라하시니 此는 言心無所倚하야 而當事以義也니 當事以義則必不爲物累矣며 不爲物累則必不失其宜矣니라 聖人이 時異而道同하고 語異而相須를 於斯에 可見也已로다 謝氏가 於無適莫註中에 引經此句하야 以爲猖狂自恣하야 而卒得罪於聖人이라하니 何其言之不審이 至於如是之甚耶아 昔者에 盧能이 於五祖忍大師處에 聞說此經하고 到此하야 心花頓發하사 得傳衣盂하야 爲第六祖하사 自爾로 五葉이 結果하야 芬芳天下하시니 故知只此一句가 出生無盡人天師也로다 嗚呼라 謝氏여 何將管見하야 擬謗蒼蒼乎아

설의 모름지기 공연히 풍파를 쫓지 말고 항상 멸진정에 머물러 모든 根機에 응해야 함이니, 이것은 가위 어두운 가운데서 밝음이 있는 도리로다. 또 無所住란 마침내 내외가 없고 중간도 비어서 事物이 없는 것이 마치 거울이 텅비고 평평한 저울대와 같아서 선악시비를 가슴속에 두지 않는 것이요. 生其心이란 주하는 바 없는 마음으로써 事에 응

하되 物에 얽매이지 않는 것이니라. 공자가 이르되 군자(賢人)가 천하에 머물면 옳은 것도 없고 옳지 않음도 없어서, 뜻과 더불어 和한다 하시니 이는 마음에 의지하는 바가 없어서 일을 당함에 義로써 행함을 말함이니, 일을 당하여 義로써 행한즉 반드시 사물의 얽매임이 되지 않으며, 사물의 얽매임이 되지 않은즉 반드시 그 마땅함을 잃지 않는 것이니라. 聖人이 비록 태어난 시대는 다르나 道는 같고, 말은 비록 다르나 서로 필요로 함은 여기에 이르러서 가히 볼 만하도다. 謝氏가 無適莫(可, 不可도 없음)의 註 가운데 經의 이 句를 인용하되, 창광히(미친듯) 스스로 방자하게 함으로써 마침내 성인에게 죄를 지었다 하니 어찌 말을 살피지 못함이 이같이 심한 데까지 이르렀는가. 옛날에 盧能(혜능)이 五祖 홍인 대사의 처소에서 이 經 설함을 듣고, 여기에 이르러 마음꽃이 활짝 피어서 가사와 발우를 전해 받으사 제육조가 되셨도다. 그로부터 五葉이 열매를 맺어 천하를 향기롭게 하셨도다. 그러므로 알라. 다만 이 한 구절(응무소주 이생기심)이 다함이 없는 人天의 스승을 出生하시도다. 오호라 謝氏여, 어찌 좁은 소견으로 저 푸르고 넓은 하늘을 비방하려 하였던가.

冶父 退後退後어다 看看하라 頑石이 動也로다
說誼 明中에 莫留蹤하고 却向暗中歸어다 看看하라 可不動底가 如今 動也니 動還無動하야사 始得다
야부 뒤로 물러서고 물러설지어다.
　　　　보고 보아라. 頑石(굳은 돌)이 움직이도다.
설의 밝은 가운데서 자취를 머물지 말고 도리어 어두운 곳을 향하여 돌아오도다. 잘 보아라. 動할 수 없는 것이 지금에 動하니, 動하는 것이 도리어 동함이 없어야 비로소 옳은 것이다.

冶父 山堂靜夜坐無言하니 寂寂寥寥本自然이라 何事西風이 動

林野하야 一聲寒鴈이 唳長天고
說誼 本自無動이어니 何須動也리오 須信道어다 四海에 浪靜龍穩睡하고 九天에 雲淨鶴飛高로다

야부 고요한 밤 山堂에 말없이 앉았으니
적적하고 요요함이 본래 그대로더라.
무슨 일로 西風은 林野를 動케하여
한소리 찬 기러기가 長天을 울게 하는가.

설의 본래 스스로 동함이 없거늘 어찌 모름지기 동하리오.
모름지기 믿을지어다.
四海에 물결이 고요하면 용이 숨어서 잠을 자고
九天에 구름 개이면 학이 높이 날도다.

圭峰 第七은 斷受得報身有取疑니 疑意는 如前하다 斷之文이 二니 一은 問答斷疑라

규봉 ㈃七. 報身을 받는 것도 取함이 있다는 의심을 끊는 것이니 의심하는 뜻은 앞과 같다. 의심을 끊는 글은 두 가지니 ㉮一. 問答으로써 의심을 끊음이라.

須菩提야 譬如有人이 身如須彌山王하면 於意云何오 是身이 爲大不아 須菩提가 言하사대 甚大니이다 世尊하 何以故오 佛說非身이 是名大身이니이다

"수보리야, 비유하건대 어떤 사람이 몸이 큰 수미산 같다면 어떻게 생각하느냐, 그 몸이 크다고 하겠느냐." 수보리가 말씀드리되 "매우 큽니다. 세존이시여, 왜냐하면 부처님께서는 몸 아닌 것을 이름하여 큰몸이라 하셨습니다."

說誼 放下根塵識하야 淸淨至無餘하니 圓滿空寂體가 豁爾於焉現이라 體同龜毛像巍巍하니 須彌橫海落群峰이로다 擧問空生深有以하시니 恐人於斯에 生認着이어시늘 空生이 果能知佛意하사 答以非身好知音이로다 只如非身底道理를 作麼生道오 未曾暫有像宛然하니 像雖宛然이나 同兎角이로다

설의 육근과 육진과 육식을 모두 놓아버려서 청정하여 남음이 없으니, 원만하고 공적한 體(몸)가 활연히 나타나도다. 體는 같으나 그 모습은 대단히 크니, 수미산이 바다에 비껴 있으매 뭇 봉우리보다 우뚝 섰도다. 空生에게 물은 것은 깊은 까닭이 있으니 사람들이 여기에서 오인을 낼까 두려워하셨거늘, 空生이 과연 부처님의 뜻을 알아서 몸이 아님으로써 답한 것은 좋은 知音者로다. 다만 저 몸아님의 도리를 어떻게 말할 것인가.

   일찍이 잠시도 있지 않으나 형상은 완연하니
   상이 비록 완연하나 토끼뿔과 같음이로다

圭峰 論에 云如須彌山이 勢力高遠일새 故名爲大로대 而不取我是山王이니 以無分別故인달하야 報佛도 如是하야 以得無上法王體일새 故名爲大로대 而不取我是法王이니 以無分別故라하니 故로 偈에 云如山王無取하야 受報도 亦復然이라하다 非身名身者는 非有漏有爲身이요 是無漏無爲身이라 故로 偈에 云遠離於諸漏와 及有爲法故라하며 論에 云若如是면 卽無有物이요 唯有淸淨法身이니 以遠離有爲法故라 以是義故로 實有我體니 以不依他緣住故라하다

규봉 論에 이르되 수미산의 세력이 높고 멀므로 大가 된다 하되 '나는 이 山中의 王이라'고 취하지 않는 것은 분별이 없는 까닭이어서, 보신불도 또한 이와 같이 위없는 法王體를 얻었으므로 大가 된다 하다. 그래서 내가 이 法王이라고 취하지 않는 것은 분별이 없는 까닭이라 하다. 그러므로 偈에 이르되 山王의 취함이 없는

것과 같아서 報를 받는 것도 또한 그러하다고 하다. 非身을 身이라고 하는 것은 有漏와 有爲의 身이 아니요, 이것은 無漏와 無爲의 身인 것이다. 故로 偈에 이르되 만약 이와 같으면 곧 物이 없음이요. 오직 淸淨法身이 있을 따름이니 有爲法을 멀리한 까닭이다. 이런 뜻 때문에 實로 我의 體가 있으니 他緣을 의지하여 머물지 않는 연고라 하다.

六祖 色身이 雖大나 內心量小하면 不名大身이요 內心量大하야 等虛空界하야사 方名大身이니 色身은 縱如須彌라도 終不爲大니라
육조 몸뚱이는 비록 크나 內心의 量이 작으면 큰몸이라 이름할 수 없고 內心의 量이 커서 허공계와 같아야 비로소 큰몸이라 이름히니, 몸뚱이는 비록 수미산 같더라도 마침내 大가 되시 못하니라.

傅大士 須彌高且大여 將喻法王身이라 七寶齊圍繞요 六度自相隣이로다 (自字는 他本에 作次字라) 四色은 成山相이요 慈悲는 作佛因이니 有形終不大요 無相乃爲眞이니라
부대사 수미산이 높고 또한 큼이여
　　　　그를 法王身에 비유함이라.
　　　　칠보를 가지런히 두름이요
　　　　六度가 스스로 서로 이웃했도다.
　　　　四色(청황적백)은 山의 모습을 이루고
　　　　자비는 佛因을 짓나니
　　　　형상이 있음은 마침내 큰 것이 아니며
　　　　형상이 없어야 참다움이 되느니라.

冶父 設有인들 向甚麼處着고
說誼 賴同兎角이어니 設有인들 向什麼處着고 大烘焰裏에 難停物이로다.
야부 설사 있다 한들 어느 곳을 향해서 着할 것인가.
설의 토끼뿔과 같으니 설사 있다 한들 어느 곳을 향해서 착할 것인가. 큰 불꽃 속에서는 사물을 머물러 두기 어렵도다.

冶父 擬把須彌作幻軀하니 饒君膽大更心麁라 目前에 指出千般有라도 我道其中一也無라하니라 便從這裏入이어다
說誼 大身說非身이여 心膽이 大麁生이라 幸而喚作非身하니 設使喚作是身이라도 我道龜毛滿目前이라하니라 伏請諸人은 須從這裏入이어다
야부 수미산을 가지고 환화 같은 몸뚱이를 지으려 하니
　　　설사 그대가 담이 크고 또 마음이 크다 하여
　　　눈앞에서 천만 가지 지적해 낼지라도
　　　나는 그中에서 한 개도 없다 말하리라.
　　　곧 이곳으로부터 들어갈지어다.
설의 큰몸을 몸이 아니라 말함이여, 心膽이 크고 큼이라. 다행히 몸이 아니라 부르니 설사 이 몸이라 부를지라도 나는 거북이 털(헛것)이 눈앞에 가득하다고 말하리라. 엎드려 청하노니 모든 사람들은 모름지기 이 도리(본래 없는 도리) 속으로 들어갈지어다.

宗鏡 如來가 續焰然燈이시나 實無可得之法이요 菩薩이 莊嚴佛土시나 應無所住之心이라 諸妄이 消亡에 一眞이 淸淨이로다 昔究法華妙旨라가 親感普賢誨言이라 淸淨身心하야 安居求實하며 冥符奧義하야 豁悟前因하니 直得心法兩忘하고 根塵俱泯이로다 且道하라 莊嚴箇什麼요 彈指에 圓成八萬門이요 刹那에 滅却三祇劫이로다
說誼 雖曰續焰然燈이나 傳介什麼며 得介什麼오 雖曰莊嚴佛土나

所嚴은 何土며 能嚴은 何人고 能所旣無에 心應無住라 心旣無住諸妄消요 妄旣消亡一眞現이로다 昔究法華妙旨라가 感驗契實하야 直得心法兩亡하고 根塵俱泯이로다 且道하라 莊嚴介什麽오 一彈指間에 無法不圓이요 一刹那際에 無罪不滅이라 莊嚴淨土事如是하니 而與實相不違背로다

종경 여래가 (지혜의) 불꽃을 연등불로부터 이으셨으나 실로 얻은 法이 없으며, 보살이 佛土를 장엄하나 응당히 주하는 바가 없는 마음이어서, 모든 망념이 녹아 없어지매 一眞이 청정하도다. 옛날 法華經의 묘한 뜻을 연구하다가 친히 보현보살의 가르친 말씀을 감득하여서 심신이 청정하여 편안히 진실을 구하며 깊은 뜻에 명합하여 활연히 과거의 인연을 깨달으니, 바로 心과 法을 둘 다 잊으므로 육근과 육진이 함께 없어짐이로다. 또 말하리. 장엄이란 무엇인가. 彈指(손가락 퉁기는 사이)에 팔만사천 바라밀문을 원만히 이루고 찰나에 三大 아승지겁을 멸하도다.

설의 비록 지혜의 불꽃을 연등불로부터 이었다 하나 전한 것은 그 무엇이며 얻은 것은 그 무엇인가. 비록 佛土를 장엄한다고 하나 장엄할 곳(所)은 어느 국토이며 능히(能) 장엄함은 누구인가. 能과 所가 없음에 마음이 응당히 주하지 않는지라. 마음이 이미 주하지 않으면 모든 妄이 녹고 망념이 이미 소멸되면 하나의 眞만이 나타남이로다. 옛날에 법화경의 妙旨를 연구하다가 효험을 감득하고 如實한데 계합하여 바로 마음과 법을 모두 잊고 육근과 육진을 함께 없어짐을 얻었도다. 또 말하라. 장엄함은 그 무엇인가. 한번 손가락을 퉁김에 法마다 원만하지 않음이 없으며 한 찰나 사이에 멸하지 못할 죄가 없음이로다. 정토를 장엄함이 이와 같으니 실상과 더불어 위배되지 않음이로다.

宗鏡 正法眼中에 無所得이어늘 涅槃心外에 謾莊嚴이라 六塵空寂

을 無人會하니 推倒須彌浸玉蟾이로다

說誼 莊嚴淨土事如何오 得正法眼眞宗要로다 何謂正法眼고 了法無所有로다 法旣無所有인댄 一切心亦無라 無心無所得을 是謂涅槃心이니 此眞莊嚴을 人不會하야 取相身土謾莊嚴일새 故號大身說非身하사 致令知見無所寄케하시니라

종경 正法眼 가운데는 얻을 바가 없거늘
涅槃心 밖에서 부질없이 장엄함이라.
육진이 공적함을 아는 이 없으니
수미산을 넘어뜨려 玉蟾(달빛)에 잠기게 하도다.

설의 정토를 장엄하는 일이 어떠한가. 正法眼과 眞宗要를 얻음이로다. 무엇을 정법의 눈이라 하는가. 法에 있는 바가 없음을 요달함이로다. 법이 이미 무소유인댄 일체 마음 또한 없음이라. 無心과 무소득을 열반심이라 하니, 이 참다운 장엄을 사람들이 알지 못해서 相을 취하여 身과 土에 부질없이 장엄함일새. 그러므로 큰몸은 몸이 아니라고 설하시니 知見으로 하여금 기댈 데가 없게 하시니라.

무비 이땅에 진정한 불국토 건설과 정토의 실현을 위해서 어떻게 해야 하는가. 커다란 사원이 곳곳에 서고 수많은 사람들이 운집하는 것이 정토를 장엄함이 아니다. 길이 넓혀지고 공장이 들어서고 빌딩이 높이 솟음도 아니다. 그것은 이땅에 반야행자가 있어야 하고 空의 실천자가 있어야 한다. 모든 현상은 연기의 법에 의하여 이룩되었음을 아는 이가 있어야 한다. 또한 반야바라밀법으로 이 세상을 정화했으되 정화했다는 마음의 흔적이 없어야 한다. 색 성 향 미 촉 법 어디에도 안주하지 말자. 부디 안주하고 집착하지 않고 그 마음을 써보자. 매이지 말고 살아보자. 결코 안주하고 집착할 일이 아님을 깨달을 때 비로소 반야의 삶이 실현되리라. 이것이 아름다운 불국토를 꾸미는 것이며 이땅이 정화되는 것이리라.

念念菩提心이면 處處安樂國이라. 순간순간 깨어있으면 곳곳이 모두 안락국이라.

圭峰 二는 校量顯勝이라 於中에 文二니 一은 約外財校量하야 廣顯經勝이요 二는 約內財校量하야 倍顯經勝이니라 初中에 二니 初는 校量勝劣이요 二는 釋勝所以라 初中에 文三이니 一은 約多河以辨沙라

규봉 ㉎二. 較量하여 수승함을 나타냄이다. 그중에 두 가지니 ㉐一. 外財를 가지고 교량하여서 널리 경이 수승함을 나타냄이다. ㉐二. 內財를 가지고 헤아려서 경이 수승힘을 배로 나타냄이라.

㉐一. 가운데 두 가지니 ㉑一. 수승함과 하열함을 헤아림이요, ㉑二. 수승한 까닭을 해석함이다. ㉑一을 셋으로 나누면 ㉠一. 여러 恒河를 가지고 모래를 表現함이라.

無爲福勝分 第十一 (무위복이 수승함)

須菩提야 **如恒河中所有沙數**하야 **如是沙等恒河**가 **於意云何**오 **是諸恒河沙**가 **寧爲多不**아 **須菩提**가 **言**하사대 **甚多**니이다 **世尊**하 **但諸恒河**도 **尙多無數**어든 **何況其沙**리잇가

"수보리야, 항하에 있는 모래처럼 많은 항하가 또 있다면 어떻게 생각하느냐. 이 모든 항하에 있는 모래가 얼마나 많겠느냐." 수보리가 말씀드리되 "매우 많습니다. 세존이시여, 다만 저 여러 항하만이라도 오히려 무수히 많거늘 하물며 그 모래수이겠습니까."

說誼 一恒河沙數無窮하니 沙等恒河亦無盡이로다 一性中有恒沙用하니 如恒沙用法無盡이로다 一一恒沙亦無盡하니 一一法有恒沙用이로다

설의 한 항하의 모래수도 무궁하지만
모래수와 같이 많은 항하도 또한 무진하도다.
한 성품 가운데는 항하사와 같은 묘용이 있으니
항하사와 같은 묘용의 그 법도 다함이 없도다.
낱낱의 항하사 또한 무진하니
낱낱의 법 가운데도 항하사와 같은 작용이 있음이로다.

圭峰 恒河者는 從阿耨池東面流出이니 周四十里라 沙細如麵하고 金沙混流어든 佛多近此說法일새 故取爲喩니라

규봉 恒河란 아뇩지라는 못의 동쪽으로부터 흘러나왔으니 주위

가 四十리라. 모래의 가늘기는 밀가루 같고 금모래가 섞여 흐르며 부처님이 이 강가에서 여러 차례 설법하였으므로 항하강을 취하여 비유로 삼으셨느니라.

冶父 前三三後三三이로다
說誼 天地日月과 萬像森羅와 性相空有와 明暗殺活과 凡聖因果의 凡諸名數를 一句에 都說破로다
야부 前三三 後三三이로다.
설의 천지 일월과 삼라만상과
　　　　性, 相, 空, 有와 明暗과 殺活과
　　　　凡聖과 因果의 무릇 모든 이름과 숫자를
　　　　이 한 구절에 모두 다 설파했도다.

冶父 一二三四數河沙여 沙等恒河數更多로다 算盡目前無一法하야사 方能靜處薩婆訶하리라
說誼 一二三四等恒河여 一恒河沙로 以爲數하니 一恒河沙가 猶未足이라 沙等恒河數更多로다 諸法이 無邊數難窮하니 窮盡諸法無異法이로다 了得法法無異法하야사 方能靜處薩婆訶하리라
야부 一, 二, 三, 四의 수가 항하사와 같음이여,
　　　　모래 같은 항하의 수가 다시 또한 많도다.
　　　　셈을 다하여 눈앞에 一法도 없어야
　　　　비로소 능히 적정처에서 사바하(성취)하리라.
설의 一, 二, 三, 四의 수가 항하사와 같음이여, 한 항하의 모래로써 수를 세니 한 항하의 모래로는 오히려 만족하지 못함이라. 모래 같은 항하의 수라야 많음이 되도다. 모든 법이 가없이 많아 헤아리기 어려우나 모든 법을 다 궁구하면 다른 법이 아니로다. 법과 법이 다른 법이 없음을 요달하여야 바야흐로 적정처에서 사바하하리라.

圭峰　二는 約多沙以彰福이라
규봉　㈎二. 많은 모래를 가지고서 복을 드러냄이다.

須菩提야 **我今實言**으로 **告汝**호리니 **若有善男子善女人**이 **以七寶**로 **滿爾所恒河沙數三千大千世界**하야 **以用布施**하면 **得福**이 **多不**아 **須菩提**가 **言**하사대 **甚多**니이다 **世尊**하

　"수보리야, 내가 이제 진실한 말로 너에게 이르노니, 만약 어떤 선남자, 선여인이 칠보로써 저 항하의 모래수와 같은 삼천대천세계에 가득 채워서 보시한다면 얻을 복이 많겠느냐." 수보리가 말씀드리되 "매우 많습니다. 세존이시여."

圭峰　論에 云前已說喩어늘 何故로 復說고하며 偈에 云說多義差別이며 亦成勝校量이니 後福이 過於前일새 故로 重說勝喩라하다 何故로 不先說此喩오 爲漸化衆生하야 令信上妙義故며 又前未顯以何等勝功德으로 能得菩提故니라 三은 約多福以顯勝이라

규봉　論에 이르되 전에 이미 비유를 설했거늘 어떤 연고로 다시 설하는가. 偈에 이르되 많은 뜻의 차별을 설한 것이며 또한 수승한 교량(헤아림)을 이룸이니 뒤의 복이 앞의 것보다 나으므로 거듭 수승하다는 비유를 하였다고 하다. 무슨 까닭으로 먼저 이 비유를 설하지 않았는가. 점차로 중생을 교화하여 그로 하여금 보다 더 깊은 이치로 이끌어 가려는 때문이며, 또 前엔 何等의 수승한 공덕으로써 능히 보리(깨달음) 얻음을 나타내지 못한 연고니라.
㈎三. 많은 복을 가지고 수승함을 나타냄이라.

無爲福勝分 第十一

佛이 **告須菩提**하사대 **若善男子善女人**이 **於此經中**에 **乃至 受持四句偈等**하야 **爲他人說**하면 **而此福德**이 **勝前福德**하리라

부처님께서 수보리에게 이르시되 "만약 선남자 선여인이 이 경 가운데서 사구게만이라도 받아 지니고 다른 사람을 위하여 설한다면 그 복덕은 앞에서 칠보로 보시한 복덕보다 수승하리라."

說誼 施寶는 終感生死일새 所以爲劣이요 持經은 當趣菩提일새 所以 爲勝이니라
설의 칠보를 보시하는 것은 마침내 생사를 감득하므로 하열한 이유가 되고, 경을 수지하는 것은 마땅히 보리에 나아감으로 수승함이 되느니라.

圭峰 施感生死요 經趣菩提니 大意는 同前하다
규봉 보시는 생사를 감득함이요 경은 보리에 나아감이니 큰뜻은 앞의 뜻과 같다.

六祖 布施七寶는 得三界富貴報요 講說大乘經典은 令諸聞者로 生大智慧하야 成無上道니 當知受持福德이 勝前七寶福德也니라
육조 칠보를 보시하는 것은 三界의 부귀한 과보를 얻음이요, 대승경전을 강설하는 것은 모든 듣는 자로 하여금 대지혜를 내어서 無上道를 이루게 함이니 마땅히 알라. 경을 수지하는 복덕이 앞의 칠보를 보시하는 복덕보다 수승하리라.

傅大士 恒河數甚多요 沙數更難量이라 將沙齊七寶하야 能持布

施漿이라도 有相皆爲幻이라 徒言智慧強이니 若論四句偈인댄 此福이 未爲長이니라

부대사 항하의 수가 심히 많으며
        모래수 또한 헤아리기 어렵도다.
        모래수와 같은 칠보를 가지고
        능히 보시해 줄지라도
        相이 있으면 다 幻이 됨이라.
        한갓 지혜가 강함을 말할 뿐이니
        만약 四구게를 논할진대
        이 복(布施)은 길지 못하리라.

冶父 眞鍮로 不換金이로다
說誼 眞鍮가 雖眞이나 比之精金하면 猶是僞寶요 施福이 雖勝이나 比之經福하면 猶是劣福이로다
야부 진짜 놋쇠라도 금과는 바꾸지 않도다.
설의 진짜 놋쇠가 비록 진짜이긴 하나 순금에 비하면 오히려 가짜 보배가 되고, 보시하는 복이 비록 수승하긴 하나 經 가지는 福에 비유하면 오히려 하열한 복이 되도다.

冶父 入海算沙徒費力이라 區區未免走紅塵이니 (紅은一作埃라) 爭如運出家珍寶하야 枯木生花別是春가
說誼 棄本逐風波하니 終成有漏因이라 有漏因이여 爭如直下明自己리오 因甚要須明自己오 人人脚跟下에 淸淨本解脫이라 更明今日事하면 別有一春光하리라.
야부 바다에 들어가 모래를 셈은 한갓 힘만 허비함이라.
        구구히 홍진에서 허덕임을 면치 못하니

어찌 내집의 진귀한 보배를 꺼내어서
枯木에 꽃피우는 특별한 봄만 같겠는가.

설의 근본을 버리고 풍파를 좇으니 마침내 有漏의 因을 이룸이라. 有漏의 因이여, 어찌 바로(直下에) 자기를 밝힘만 같으리오. 무엇 때문에 모름지기 自己를 밝혀야 하는가.

사람 사람의 선 자리가
청정하여 본래 해탈이라.
다시 오늘의 일을 밝힌다면
특별히 한 봄빛이 있으리라.

宗鏡 滿積恒沙七寶로 周廻布施三千하면 福德이 分明하야 果因이 不昧어니와 能宣四句之偈하면 勝前萬倍之功이니 用眞智以照愚함이 如急流而勇退로다 且道하라 退後에 如何오 象踏恒河徹底過하니 大千沙界가 百雜碎로다

說誼 七寶施來에 福德果因이 分明이나 四句宣來에 勝前施功萬倍니라 持說此經이 因甚勝前福德고 前則智眼이 未明하야 癡心을 未除어니와 此則智以照愚하야 愚不得住니라 且道하라 爾後에 如何오 利根이 依經解義하면 洞明此道淵源하리니 淵源이 旣已洞明하야는 曠劫無明이 當下灰라 無明이 旣已灰여 目前境界가 何有리오

종경 항하사에 가득한 칠보로써 삼천대천세계에 두루 보시하면 그 복덕이 분명하여 果와 因이 어둡지 않거니와 능히 사구게를 선설하면 앞의 功德보다 만배나 수승하리니, 참다운 지혜를 써서 어리석음을 비추는 것이 급류(생사의 흐름)에서 용감하게 물러남과 같도다. 또 말하라. 물러간 후에는 어떻게 할 것인가.

코끼리가 항하강을 건너는데는
철저히 밑바닥까지 밟으니

대천沙界(有爲, 有漏의 세계)가
다 깨뜨려지도다.

설의 칠보를 보시하는 것은 복덕의 果와 因이 분명하나 四句를 선설함은 앞의 보시공덕보다 만배나 수승하도다. 이 경을 수지하고 설하는 것이 무엇 때문에 앞의 복덕보다 수승한 것인가. 앞에서는 지혜의 눈이 밝지 못해서 어리석은 마음을 없애지 못했거니와, 이것은 지혜로써 어리석음을 비추어서 어리석음이 머물지 못함이니라. 또 말하라. 그후에는 어떠한가. 영리한 근기가 경을 의지해서 뜻을 이해하면, 이 도리의 淵源(깊은 근원)이 환히 밝혀지리니, 연원이 이미 밝혀지면 오랜 시간의 무명이 그 자리에서 사그러짐이라. 무명이 이미 사그러짐이여, 눈앞의 경계가 어찌 있으리오.

宗鏡 重增七寶滿恒沙여 如棄甜瓜覓苦瓜요 豁悟眞空元不壞여 百千三昧가 總虛花로다
說誼 甜瓜服來에 心自悅이요 苦瓜服來에 氣未便이니 持經에 當受無上樂이요 布施에 終成有漏因이로다 布施는 因甚하야 終成有漏하고 持經은 因甚하야 受樂無窮고 持經은 豁悟眞空이요 布施는 空然住相이니 住相布施는 生天福이라 猶如仰箭射虛空이요 豁悟眞空은 元不壞라 百千三昧가 總虛花로다

종경 칠보를 거듭 더하여 항사계에 가득함이여.
　　　단 오이를 버리고 쓴 오이를 찾음과 같음이로다.
　　　眞空이 원래 무너지지 않음을 활연히 깨달음이여.
　　　백천 삼매가 모두 헛된 꽃이로다.
설의 단 오이를 먹으면 마음이 스스로 기쁘고 쓴 오이를 먹으면 기분이 편치 못함이니, 경을 가지면 마땅히 위없는 즐거움을 받고, 보시하면 마침내 有漏因을 이루도다. 보시는 무엇 때문에 마침내 유루를 이루고, 경을 가지면 무엇 때문에 무궁한 즐거움을 받는가. 경을 가지

는 것은 眞空을 활연히 깨달음이요, 보시는 공연히 相에 住하는 것이
니, 상에 주한 보시는 天上에 나는 복이라서 마치 허공을 향해 화살을
쏘는 것과 같도다. 진공을 활연히 깨닫는 것은 원래 무너짐이 없음이
라. 백천 삼매(보시 등 온갖 것들)가 다 헛된 꽃이로다.

무비   無爲한 반야의 복은 가장 훌륭하다. 이 세상에는 많은 사람들
이 각양각색의 인생을 나름대로 살아가고 있다. 과연 어떤 인생이 가
장 훌륭하고, 어떤 삶이 가장 복된 것일까. 만약 어떤 사람이 크나큰
재물로써 남을 위해 보시를 하고서 얻은 보람과 행복에 대해서 우리
는 큰 찬사를 보내야 하리라. 그러나 어떠한가. 그것은 언젠가 끝날
때가 있고 언젠가 소멸할 때가 있는 것으로 그것을 有爲의 행복, 다함
이 있는 복덕이라 한다.
 그러나 여기에 완전무결한 행복이 있다. 그것은 이 금강경을 가지는
일이다. 반야바라밀을 가지는 일이다. 또한 반야를 모두와 함께 나누
는 일이다. 이 일이야말로 이 세상에서 그 어떤 행복보다도 값진 것이
며 영원하고도 완전무결한 행복인 것이다.

圭峰   二는 釋勝所以라 於中에 文五니 一은 尊處歎人勝이라 又三
이니 一은 明處可敬이라

규봉   ㉔二. 수승한 까닭을 해석함이라. 그 中에 五가지니 ㉮一. 處
(경이 있는 곳)를 높임과 사람을 찬탄하는 수승함이라. 그 중에
또 세 가지니 ㉱一. 處所가 가히 공경할 만함을 밝힘이라.

尊重正敎分 第十二　　(바른 가르침을 존중함)

復次須菩提야 **隨說是經**호대 **乃至四句偈等**하면 **當知此處**는 **一切世間天人阿修羅**가 **皆應供養**을 **如佛塔廟**어든
그리고 또 수보리야, 어디서나 이 경을 설하되 사구게만이라도 설한다면, 마땅히 알라. 이곳은 일체 세간의 천상, 인간, 아수라 등이 다 응당 공양하기를 부처님의 탑묘와 같이 할 것이거늘

圭峰　大般若에 說天帝가 不在에 諸天이 若來하야 但見空座라도 盡皆作禮供養而去라하다 窣堵波는 此云高顯이니 塔者는 邊國訛語라 廟는 貌也니 於塔中에 安佛形貌니라
규봉　大般若經에서 說하되 제석천왕이 부재시에 만약 다른 천왕이 와서 다만 빈 자리만 볼지라도 모두 다 예를 올리고 공양하고 간다고 하다. 窣堵波(탑, 범어)는 높이 드러남이니 塔이란 변방의 사투리라. 廟는 貌이니 탑 가운데 부처님의 형상을 안치한 것이니라.

六祖　所在之處에 如見人하면 卽說是經호대 應念念常行無念心과 無所得心하야 不作能所心說이니 若能遠離諸心하야 常依無所得心하면 卽此身中에 有如來全身舍利일새 故言如佛塔廟니라 以無所得心으로 說此經者는 感得天龍八部가 悉來聽受어니와 心若不淸淨하고 但爲名聞利養하야 而說是經者는 死墮三途하리니 有何利益이리오 心若淸淨하야 而說是經者는 令諸聽者로 除迷妄心하고 悟

得本來佛性하야 常行眞實일새 感得天人阿修羅人非人等이 皆來供養하리라

육조 경이 있는 곳에서 사람을 만나면 곧 이 경을 설하되, 응당히 생각생각에 늘 無念心과 無所得心을 행하여, 能所心(분별심)을 지어서 설하지 말지니, 만약 모든 마음을 멀리하여 항상 무소득심에 의지하면 곧 이 몸 가운데 여래의 全身舍利가 있음일새, 故로 부처님의 탑묘와 같다고 함이니라. 무소득심으로 이 경을 설한 자는 천룡팔부가 다 와서 듣고 받아가짐을 느끼지만, 마음이 청정하지 못하고 다만 명예와 이익을 위해서 이 경을 설한 자는 죽어서 삼악도에 떨어지리니 무슨 이익이 있으리오. 마음이 만약 청정하여 이 경을 설한 자는 모든 듣는 자로 하여금 미혹되고 망령된 마음을 없애고, 본래의 불성을 깨달아서 항상 참되고 실답게 행하게 하므로 천인과 아수라 인 비인 등이 다 와서 공양하리라.

圭峰 二는 顯人獲益이라
규봉 ㉮二. 사람들의 이익 얻음을 나타냄이라.

何況有人이 盡能受持讀誦가 須菩提야 當知是人은 成就最上第一希有之法이니

어찌 하물며 어떤 사람이 능히 경을 다 수지하고 독송함이겠는가. 수보리야, 마땅히 알라. 이 사람은 최상이며 제일인 희유한 법을 성취하리라.

說誼 四句偈者는 對全經하야 而言其小分也라 雖是小分이나 隨所說處하야 皆應供養如塔이니 小分도 尙爾어든 況盡能持說全經者乎아 此則不啻如塔廟尊崇이니 當知是人은 決定成就最上無上第一無比한

希有難得之法也니라

설의 사구게란 경 전체에 대하여 작은 부분에 불과한 것이라. 비록 작은 분량이지만 설한 바의 곳을 따라 다 응당히 탑과 같이 공양함이니 작은 부분도 오히려 그렇거늘 하물며 능히 경 전체를 가지고 설하는 것이겠는가. 이는 곧 탑묘와 같이 尊崇할 뿐만 아니라 마땅히 알라. 이 사람은 결정코 最上, 無上, 第一, 無比하고 희유하여 얻기 어려운 법을 성취함이니라.

圭峰 前에 四句도 猶勝이어든 況此盡受持아 故로 最上等也니라 三은 顯處有佛이라

규봉 앞에선 四句도 오히려 수승하다 했는데 하물며 이것을 받아지님이라. 그러므로 최상등이니라. ㉣三. 그곳에는 부처님이 계심을 나타냄이라.

若是經典所在之處는 卽爲有佛과 若尊重弟子니라
만약 이 경전이 있는 곳에는 곧 부처님과 존중할 제자가 계심이 되느니라.

說誼 前明經勝하고 次敎尊重人法하시며 此顯經勝之所以하시니 人間世之所尊重者는 賢聖也요 顯聖之所宗者는 佛也요 佛之所宗者는 經也라 此經은 佛及賢聖도 尙以爲宗하시니 其勝을 可知로다 前明佛法僧三이 皆從一經流出하사 而言一切佛法이 皆從此經出이며 一切賢聖이 皆以無爲法으로 而有差別이라하시고 此明佛法僧三이 會歸一經하사 而言經典所在之處엔 卽爲有佛과 若尊重弟子라하시니 前則從體起用이요 此則攝用歸體也로다 又前明佛法僧三이 一一泯迹하사 而言佛法非法과 四果無果로 以至嚴非嚴身非身하시고 此明佛法僧三이 却向一處

活하사 而言經典所在之處엔 則爲有佛과 若尊重弟子라하시니 前則把定乾坤黑이요 此則放開日月明이로다 伊麽則此一行文은 亦可謂之全體句也여 亦可謂之全用句也니 是可謂之雙明雙暗이며 是可謂之雙放雙收로다

설의 앞에서는 經이 수승함을 밝혔고 다음엔 사람과 법을 존중함을 가르치시며 여기에선 경이 수승한 까닭을 나타내시니 인간 세상에서 존중할 바는 賢聖이요, 현성들이 으뜸삼는 바는 부처님이요, 부처님이 宗을 삼는 바는 經이라. 이 경은 부처님과 현성들도 오히려 宗으로 여기시니 그 수승함을 가히 알 만하도다. 앞에서 佛法僧, 三이 다 이 一經으로부터 흘러나옴을 밝히시니 일체 불법이 다 이 경으로부터 나오며 일체 현상이 다 무위법으로써 차별이 있다고 말씀하셨다. 여기에선 불법승, 삼이 一經에 회귀함을 밝히시어, 경전이 있는 곳엔 곧 부처님과 존중하는 제자가 있다 하시니라. 앞에서는 體로부터 用을 일으키는 것이요, 여기에선 用을 섭하여 體로 돌아가는 것이로다. 또 앞의 불법승, 삼이 낱낱이 자취가 없음을 밝히사 佛法이 법 아님과 四果가 果가 아닌 것으로써, 장엄이 장엄이 아니며 몸이 몸 아님에 이르름을 말씀하시고, 여기에서 불법승, 삼이 도리어 한 곳을 향해 살아있음을 밝히사 경전이 있는 곳엔 곧 부처님과 존중하는 제자가 있음을 말씀하시니라. 앞에서는 잡아 정하면 건곤이 어둡고, 여기에선 놓아버리니 일월이 밝도다. 이러한즉 한 줄의 글은 가히 온전한 體의 句라 하며 또한 온전한 用의 句라 하도다. 이것은 가히 雙明, 雙暗이라 말하며 雙放, 雙收라 이름이로다.

圭峰 經顯如來法身이니 依法則有報化요 又一切賢聖이 皆以無爲法으로 得名이니 經顯無爲일새 必有賢聖과 尊重弟子니라

규봉 經에는 여래의 法身을 나타냄이니 法에 의지하면 報化가

있음이요, 또 일체 현성이 다 무위법으로써 이름을 얻은 것이니, 經은 무위를 나타내기 때문에 반드시 현성과 존중하는 제자가 있음이니라.

六祖 自心으로 誦得此經하며 自心으로 解得經義하고 更能體得無着無相之理하야 所在之處에 常修佛行하야 念念無有間歇이면 卽自心이 是佛일새 故言所在之處에 卽爲有佛이라하시니라

육조 자기 마음으로 이 경을 외우고, 자기 마음으로 경의 뜻을 이해하며, 다시 능히 無相, 無着의 이치를 체득하여, 있는 바의 곳에서 항상 부처님의 행을 닦아서, 생각 생각이 쉬지 않으면 자기 마음이 곧 이 부처인 것이로다. 그러므로 이 경이 있는 곳은 곧 부처님이 계신다고 하시니라.

傅大士 恒沙爲比量하야 分爲六種多라도 持經取四句하면 七寶詎能過리오 法門遊歷處에 供養感修羅라 經中에 稱最勝하니 尊高似佛陀로다

부대사 항하사로 비교하여
　　　　　나누어 六種의 많음을 삼더라도
　　　　　경을 가지고 사구를 취하면
　　　　　칠보가 어찌 지나치리오.
　　　　　法門 있는 곳에 공양하면
　　　　　아수라도 다 감득하도다.
　　　　　經中에서 가장 수승하다 일컬으니
　　　　　그 경의 존귀함이 불타와 같도다.

冶父 合如是로다
說誼 舒卷自由하고 隱現無碍하니 理合如是로다 又白雲은 只合在靑山이니 山含白雲이 也相宜로다
야부 합당히 이와 같도다.
설의 펴고 거두는 것이 자유스럽고 숨고 나타남에 걸림이 없으니 이 치가 합당함이 이와 같도다. 또한 흰구름은 다만 청산에 있으니 산이 흰구름을 머금고 있는 것이 또한 서로 그럴 듯하도다.

冶父 似海之深이요 如山之固로다 左旋右轉에 不去不住로다 出窟金毛師子兒가 全威哮吼衆狐疑로다 深思不動干戈處에 直攝天魔外道歸로다
說誼 日月이 雖明이나 明不到요 劫火壞時에 渠不壞로다 然亦賓主交參에 善能廻互하야 轉身無滯하며 大用이 全彰하야 群邪自伏이라 端拱九重에 四海朝宗이로다
야부 바다같이 깊고
　　　　산같이 견고하며
　　　　좌우로 돌고
　　　　가지도 머물지도 않도다.
　　　　굴에서 나온 금빛 사자새끼가
　　　　온전한 위세로 포효하니 여우들이 의심하도다.
　　　　깊이 생각하여 무기를 쓰지 않는 곳에
　　　　바로 천마외도를 포섭하여 돌아가도다.
설의 일월이 비록 밝으나 그 밝음은 금강경에 이르지 못하고 겁화로써 무너질 때도 이 금강경은 무너지지 않도다. 그러나 또한 손과 주인이 교참함에, 잘 어우러져 몸을 굴려 막힘이 없으며, 큰 작용이 온전히 드러나서, 온갖 삿됨이 저절로 항복됨이라. 다만 구중궁궐에 단정히 앉아 있어도 四海에서 우러러보도다(朝宗되도다).

宗鏡 慈愍三根隨說하시니 乃人天이 敬仰이요 受持四句에 皆應如塔廟尊崇이로다 常行無念之心하면 卽爲希有之法이니 如何是最上第一句오 非但我今獨達了라 恒沙諸佛이 體皆同이로다 說處隨宜不滯空하니 勸持四句爲流通이로다 天龍이 覆護尊如塔하니 功德이 無邊讚莫窮이로다

종경 자비로써 어여삐 여기시어 세 가지 근기를 따라 설하시니 이에 人天이 우러러 공경함이요. 四句를 수지함에 다 응당히 부처님의 탑묘와 같이 존중하도다. 무념의 마음으로 행하면 곧 희유한 법이 되도다. 어떤 것이 최상의 제일구인가. 비단 나만 지금 홀로 깨달았을 뿐 아니라 항하사의 제불이 體가 다 같음이로다.

곳을 따라 설하되 마땅히 空에 걸림이 없으니
사구를 가지고 권하여 유통하도다.
천룡이 보호하길 탑과 같이 존중하니
그 공덕이 가없어 다 찬탄할 수 없도다.

무비 올바른 가르침은 존중되어야 한다 이 세상에는 가르침도 많고 主義 주장도 많다. 그러나 무엇이 진정 값있는 가르침이며 존중되어야 할 사상인가. 그것은 곧 이 금강경의 가르침이며 반야바라밀의 사상인 것이다. 반야는 만유의 진정한 생명이며 모든 존재의 근원인 것이다. 그러므로 반야를 수지독송하고 설하는 사람은 마땅히 높이 존중되어야 한다. 그는 최상의 진리, 희유한 진리를 성취한 사람이기 때문이다. 우리는 그를 일러 성자이며, 깨어있는 사람이며, 참사람이라 한다.

圭峰 二는 約義辨名勝이라
규봉 ㉔二. 뜻에 의지하여 이름이 수승함을 밝힘이라.

如法受持分 第十三 (법답게 받아지님)

爾時에 **須菩提**가 **白佛言**하사대 **世尊**하 **當何名此經**이며 **我等**이 **云何奉持**하리잇고 **佛**이 **告須菩提**하사대 **是經**은 **名爲 金剛般若波羅蜜**이니 **以是名字**로 **汝當奉持**하라

그때에 수보리가 부처님께 사뢰었다. "세존이시여, 이 경을 무엇이라 이름하며 저희들이 어떻게 받들어 지니오리까."

부처님께서 수보리에게 이르시되 "이 경은 금강반야바라밀이니 이 이름으로써 너희들은 마땅히 받들어 지닐지니라.

說誼 從初敷座로 極至於此하야 一經體備하고 說義已周로다 由是로 空生이 請安經名하사 以求奉持어시늘 如來가 於是에 叩其兩端하사 兩手分付하다

설의 처음 '자리를 펴고 앉으심'으로부터 여기에까지 一經의 體가 갖추어졌고 설하신 뜻은 이미 두루하였도다. 이로 말미암아 空生이 經의 이름을 두고자 청하시니, 이것으로써 받들어 갖기를 구하시므로, 여기에 여래께서 그 양단(安名과 奉持)의 물음에 양손으로 분부하셨다.

冶父 今日에 小出大遇로다
說誼 一問經名求奉持어늘 和盤托出親分付하시니 可不謂之大遇乎아
야부 今日에 조금 내놓고 크게 얻었도다.

설의 經의 이름을 한번 물어서 받아지님을 구한 것인데 소반까지 내밀어 친히 분부하시니 가히 크게 얻었다고 말하지 않겠는가.

冶父 火不能燒요 水不能溺이며 風不能飄요 刀不能劈이라 軟似兜羅하고 硬如鐵壁하니 天上人間에 古今不識이로다. 咦
說誼 般若波羅蜜이여 千變變不去로다 雖然變不去나 物來卽應이요 雖然應物이나 亦不變去로다 非情識到어니 那容思慮리오
야부 불이 태우지 못하고 물이 빠뜨리지 못하며
바람도 날리지 못하고 칼도 자르지 못하도다.
부드럽기는 도라솜과 같고 단단하기는 철벽과 같음이라.
天上과 人間이 古今에 알지 못하도다. 咦!
설의 반야 바라밀이여, 천 번이나 변해도 변해가지 않도다. 비록 그렇게 변하지 않는다 하나 중생이 오면 중생에 응하고, 비록 그렇게 중생에 응하나 또한 변해가지 않음이라. 우리 생각(情識)으로는 이를 수 없으니 어찌 사려를 용납하겠는가.

所以者가 **何**오 **須菩提**야 **佛說般若波羅蜜**이 **卽非般若波羅蜜**일새 **是名般若波羅蜜**이니라
그 까닭이 무엇인가. 수보리야, 부처가 설한 반야바라밀은 곧 반야바라밀이 아니고 그 이름이 반야바라밀이니라.

說誼 說經安名分付了하시고 且恐依語生知解라 故說般若非般若하사 令知文字性本空케하시니라
설의 경을 설하시고 이름 안치함을 분부해 마치시고, 또한 말에 의지하여 알음알이를 낼까 두려워하였음이라. 그러므로 반야바라밀이 반야바라밀이 아니라고 설하시어, 이로 하여금 문자의 성품이 본래 공한

것을 알게 하시니라.(언어 문자의 한계를 뛰어넘으라는 뜻)

圭峰 佛立經名은 約能斷惑이니 斷惑故로 勝也니라 則非般若者는 無着이 云對治如言執이라하시니라
규봉 부처님이 經 이름을 세우심은 능히 끊는 미혹을 잡은 것이니 미혹을 끊음으로써 수승한 것이다. 卽非般若란 무착이 이르되 저 말(반야바라밀)에 집착함을 다스린 것이라 하다.

六祖 佛說般若波羅蜜하사 今諸學人으로 用智慧하야 除却愚心生滅이시니 生滅이 滅盡에 卽到彼岸이라 若心有所得이면 卽不到彼岸이요 心無一法可得이면 卽是到彼岸이니 口說心行이 乃是到彼岸也니라.
육조 부처님이 반야바라밀을 설하심은, 모든 학인으로 하여금 지혜를 써서 어리석은 마음이 생멸하는 것을 없애게 하심이니, 생멸이 모두 없어지면 곧 피안에 이르는 것이다. 만약 마음에 얻은 것이 있으면 곧 피안에 이르지 못하고 마음에 한 법도 가히 얻을 것이 없으면 곧 피안에 이르는 것이니, 입으로 설하고 마음으로 행하는 것이 피안에 이르는 것이니라.

冶父 猶較些子로다
說誼 般若를 說非般若여 是則固是나 猶隔一線道로다
야부 오히려 조금 비슷하도다.
설의 반야를 반야가 아니라고 말함이여. 그 말이 옳기는 진실로 옳으나 오히려 한 線의 길이 막혔도다.

冶父 一手擡一手搦하고 左邊吹右邊拍이로다 無絃彈出無生樂하

야사 不屬宮商律調新이니(律은 一作格이라) 知音知後에 徒名邈이로다

說誼 般若가 卽非般若여 一擡一搦하고 左吹右拍이로다 擡搦吹拍이 善則善矣나 尙非好手니 無絃琴上에 彈出無生曲子하야사 始可名爲好手니라 若是無生曲子인댄 不屬擡搦與吹拍이니 雖然不屬彼宮商이나 格調淸新別宮商이라 此曲을 從來로 和者稀하니 子期之聽도 尙茫然이로다

야부 한 손으로 들고 한손으로 잡으며
왼쪽으로 불고 오른쪽으로 치도다.
줄 없이도 無生의 가락을 퉁겨내어야
宮商에 속하지 않고도 律調가 새롭나니
知音者가 안 후에는 한갓 이름이 아득함이로다.

설의 반야가 곧 반야가 아님이여. 한 손으로 들고 한 손으로 잡으며 왼쪽으로 불고 오른쪽으로 치도다. 들고, 잡고, 불고, 치는 것이 좋기는 좋으나, 오히려 좋은 솜씨는 못되니 줄 없는 거문고에서 無生曲을 퉁겨내어야 비로소 좋은 솜씨라 이름하느니라. 만약 이 無生曲이라면 들고, 잡고, 또한 불고 치는 것에 속하지 않으니 비록 그렇게 저 궁상각치우에 속하지는 않으나 격조가 청신하여 宮商과 다른 것이라. 이 곡은 예로부터 화답하는 이가 드무니 種子期의 들음도 오히려 망연하도다.

圭峰 三은 佛無異說勝이라.
규봉 ㉏三 부처님께서 異說 없음이 수승함이라.

須菩提야 **於意云何**오 **如來**가 **有所說法不**아 **須菩提**가 **白佛言**하사대 **世尊**하 **如來**가 **無所說**이니이다
"수보리야, 어떻게 생각하느냐, 여래가 설한 바 법이 있느

如法受持分 第十三

냐" 수보리가 부처님께 사뢰어 말씀드리되 "세존이시여, 여래께서는 설하신 바가 없습니다."

說誼 佛稱空生善解空하시니 果能知佛本無言이로다 然雖如是나 自從阿難結集來로 名句文身의 差別言詞가 布在方策하야 溢于西乾하고 盈于東震하야 迄至于今하니 黃面老子가 若都無說인댄 如是法藏은 夫誰說來오 須信道어다 有言이라도 皆成謗이요 無言이라도 亦不容이니라

설의 부처님께서는 空生이 空을 잘 이해한다고 일컬으시니, 과연 공생은 부처님께서 본래 말이 없으심을 잘 알았도다. 비록 이와 같으나 아란이 경을 결집함으로부터 名, 句, 文身(팔만 대장경)의 차별언사가 方策(경전)에 펴 있어서 西乾(인도)에 넘치고 東震(중국)에 가득 차서 지금에 이르렀으니 부처님이 모두 설함이 없다고 하면 이같은 팔만대장경은 대저 누가 설해 왔는가. 모름지기 믿을지어다. 말이 있다 할지라도 모두 비방함이 되고 말이 없다 해도 또한 용납하지 못할지니라.

圭峰 無所說者는 無別異增減之說하고 但如證而說이니 旣如其證인댄 則無所說이라 三世諸佛이 皆然이니 故로 云無異說이니라 故로 論에 云無有一法도 唯獨如來說이요 餘佛不說이라하며 無着이 云第一義는 不可說이라하다

규봉 無所說이란 것은 별달리 증감이 없다는 말이고, 다만 증득한 대로 설한 것이니 이미 증득한 것과 같다면 곧 설한 것도 없으리라. 삼세제불이 다 그러하신 고로 다른 설이 없느니라, 그러므로 論에 이르되 한법도 오직 여래가 설한 것이 아니고 다른 부처님도 설하지 않으셨다 하며 무착이 이르되 第一義는 가히 설할 수 없는 것이라 하다.

六祖 佛이 問須菩提하사대 如來說法이 心有所得不아 須菩提가 知如來說法이 心無所得일새 故言無所說也라하시니라 如來意者는 欲令世人으로 離有所得之心일새 故說般若波羅蜜法하사 令一切人으로 聞之하고 皆發菩提心하야 悟無生理하야 成無上道也시니라

육조 부처님이 수보리에게 물으시되 "如來의 설법이 마음으로 얻은 것이 있는가." 수보리는 여래 설법이 마음으로 얻은 것이 없음을 알므로 "설한 것이 없습니다"고 하였다. 여래의 뜻이란 세상사람으로 하여금 有所得心(얻은 것이 있는 마음)을 떠나게 하고자 하시므로 반야바라밀법을 설하시어 일체인이 그것을 듣고 모두 보리심을 발하여 無生의 이치를 깨달아서 위없는 도를 이루게 하심이니라.

傅大士 名中에 無有義요 義上에 復無名이라 金剛喩眞智여 能破惡堅貞이로다 若到波羅岸이면 入理出迷情이니 智人은 心自覺이요 愚者는 外求聲이로다

부대사 이름 중에는 뜻이 없고
　　　　뜻 위에는 다시 이름이 없음이라,
　　　　금강으로 참다운 지혜에 비유함이여!
　　　　능히 악의 굳고 곧은 것을 깨뜨렸도다.
　　　　만약 저 언덕에 이르르면
　　　　이치에 들어가서 어리석은 정을 벗어나리니
　　　　지혜있는 사람은 마음을 스스로 깨달음이요
　　　　어리석은 사람은 밖으로 소리를 구함이로다.

冶父 低聲低聲하라
說誼 佛無所說이여 是則固是나 無言도 亦非佛本心이라 故로 云低

聲低聲하라하시니 又莫謂一向無所說하라 人天耳裏에 鬧浩浩로다 鬧浩浩여 伏請하노니 低聲低聲하라

야부 소리를 낮추고 소리를 낮추어라.(조용 조용하라)
설의 부처님께서 설한 바가 없음이여. 옳기는 진실로 옳으나 無言도 부처님의 본심이 아님이라. 그러므로 소리를 낮추고 낮추라고 하시니 또한 한결같이 無所說이라고만 말하지 말라. 人天의 귓속에 시끄럽기가 浩浩하도다. 대단히 시끄러움이여. 엎드려 청하노니 소리를 낮추고 낮추어라.

冶父 入草求人不奈何하야 利刀斫了手摩挲로다 雖然出入無蹤迹이나 紋彩全彰을 見也麽아
說誼 要識黃面老麽아 此老는 本不愛草하시며 亦不厭草하시니 不愛草故로 入草하야 見此老不得이요 不厭草故로 出草하야 覓此老不得이니라 所以로 道호대 雖復不依言語道나 亦復不着無言說이라하시니 看看하라 黃面老子가 現也여 摩醯眼前에 藏身無地로다

야부 풀숲에 들어가 사람을 구하려 해도 어쩌지 못하여
날카로운 칼로 베고 나서 손으로 어루만지도다.
비록 그러히 그 出入에 자취가 없으나
무늬가 온전히 드러남을 보았는가

설의 黃面老(佛)를 알고자 하는가. 이 노인은 본래 풀(부처님 설법)을 사랑하지 않으시며 또한 풀을 싫어하지도 않으시니, 풀을 사랑하지 않는 고로 풀숲에 들어가서 이 노인을 볼래야 볼 수 없고 풀을 싫어하지 않는 까닭에 풀을 벗어나서 이 노인을 찾을래야 찾을 수 없음이라. 그러므로 말하되 비록 언어의 길을 의지하지도 않으나 또한 다시 무언설을 집착하지도 않는다 하시니라. 잘 보아라. 황면노자(佛)가 나타남이여, 마혜수라(大自在天神)의 눈앞에서는 몸을 숨길래야 숨길 곳이 없도다.

圭峰 四는 施福劣塵勝이라
규봉 ㉗四. 보시한 복은 하열하고 미진은 수승함이라.

須菩提야 **於意云何**오 **三千大千世界所有微塵**이 **是爲多不**아 **須菩提**가 **言**하사대 **甚多**니이다 **世尊**하 **須菩提**야 **諸微塵**을 **如來**가 **說非微塵**일새 **是名微塵**이며 **如來**가 **說世界非世界**일새 **是名世界**니라
"수보리야, 어떻게 생각하느냐, 삼천대천세계에 있는 미진이 많지 않겠느냐." 수보리가 말씀드리되 "매우 많습니다. 세존이시여." "수보리야, 모든 미진을 여래가 설하되 미진이 아니라 그 이름이 미진이며, 여래가 설한 세계도 세계가 아니라 그 이름이 세계니라.

說誼 此는 擧塵界之喩하사 以明無所說也니라 於一大地에 有三千하니 三千界塵이 數難窮이라 離却本有一大地하면 世界微塵이 總皆空이로다 於一佛乘에 說三乘하시니 無盡法門이 從玆始라 離却本有一佛乘하면 法法이 皆空無所有로다 伊麼則從初轉四諦로 至今談般若히 可謂有法可示여 有言可宣이어니와 以實而觀컨댄 理本亡言이라 無法可示며 佛本無心이라 無言可宣이니 塵非塵則名數가 卽非名數요 界非界則三乘이 卽非三乘이니라 會三에 何待靈山會리오 祇園座上에 早歸一이로다

설의 이것은 미진세계(삼천대천세계)의 비유를 들어서 설한 바 없는 도리를 밝히시니라. 一大地에 삼천세계가 있으니 삼천세계 미진은 그 수를 헤아리기 어렵도다. 본래 있는 一大地를 떠나면 세계의 미진이 모두 다 空함이로다. 一佛乘에서 三乘(성문, 연각, 보살)을 설하시니 무진법문이 이로부터 시작되도다. 본래 있는 一佛乘을 떠나면 법법이

다 空해서 있지 않도다. 이러한즉 처음 四諦를 전함으로부터 이제 반야를 말하는데 이르기까지 법으로 가히 보일 수 있었으며 말로써 베풀 수 있다고 말하거니와 실제로써 관하건대 이치는 본래 말이 없어서 법은 보일 수 없는 것이며, 부처는 본래 마음이 없는지라 말로써 가히 베풀 것이 없으니 塵이 진이 아닌즉 이름이나 숫자가 곧 이름이나 숫자가 아니고 界가 界가 아닌즉 삼승이 곧 三乘이 아닌 것이로다. 三乘을 아는데 어찌 영산회상을 기다리리오. 기원정사의 좌상에서 일찍이 一佛乘에 돌아갔도다.

圭峰 論에 云寶施福德은 是煩惱因이니 以能成就煩惱事故요 地塵은 無記니 非煩惱因일새 故로 塵勝施劣이라하며 大雲이 云諸地塵은 則非貪等煩惱塵이라 是名無記地塵이요 如來가 說彼三千界는 卽非煩惱染因界라 是名地塵無記界니 是則界爲塵因이라 塵不生煩惱요 施爲福因이라 福生煩惱라하다

규봉 論에 이르되 보배를 보시한 복덕은 번뇌의 인이니 능히 번뇌사를 성취한 까닭이요, 地塵(땅덩이)은 無記이니 번뇌의 인이 아니므로 塵은 수승하고 보시는 劣하다고 하며, 大雲이 이르되 모든 地塵은 곧 탐진치의 번뇌진이 아니라 無記地塵이라 이름하고 여래가 저 삼천세계를 설한 것은 곧 번뇌의 染因界(물든 인의 세계)가 아니라 地塵의 無記界라 이름하니, 이는 곧 界는 塵因이 되는지라 진은 번뇌를 나지 않게 하고 보시는 복의 인이 되니 복은 번뇌를 낸다고 하다.

六祖 如來가 說衆生性中妄念이 如三千大千世界中所有微塵하니 一切衆生이 被妄念微塵의 起滅不停하야 遮蔽佛性하야 不得解脫하나니 若能念念眞正하야 修般若波羅蜜無着無相行하면 了

妄念塵勞가 卽淸淨法性하리라 妄念이 旣無인댄 卽非微塵이요 了眞卽妄하며 了妄卽眞하야 眞妄이 俱泯하면 無別有法일새 故로 云是名微塵이니라 性中에 無塵勞하면 卽是佛世界요 心中에 有塵勞하면 卽是衆生世界니 了諸妄念空寂일새 故로 云非世界요 證得如來法身하야 普現塵刹하야 應用無方일새 是名世界니라

육조 여래가 설하되 중생성품 중의 망념은 삼천대천세계의 미진과 같으니 일체 중생이 미진처럼 많은 망념을 일으키고 멸하며, 잠시도 머물지 못하여 불성을 막고 가려서 해탈을 얻지 못하나니, 만약 능히 생각 생각을 참답고 바르게 하여 반야바라밀의 무착 무상행을 닦으면, 망념진로가 곧 청정법성임을 깨달으리라. 망념이 이미 없어지면 곧 미진이 아니고, 眞이 곧 妄인 줄 깨달으며, 妄이 곧 眞임을 깨달아서 眞妄이 함께 없어지면 달리 법이 없음일새, 이 까닭에 미진이라 이름하느니라. 성품중에 塵勞가 없으면 곧 불세계이고, 心中에 塵勞가 있으면 곧 중생세계이니 모든 망념이 空寂함을 깨달은 고로 非世界라고 함이요, 如來法身을 증득하여 널리 온갖 세계에 나타나서 응용함에 막힘이 없으므로 이를 세계라 이름한 것이니라.

傅大士 積塵成世界요 析界作微塵이라 界喩人天果요 塵爲有漏因이로다 塵因은 因不實이요 界果는 果非眞이니 果因이 知是幻하면 逍遙自在人이니라

부대사 티끌을 쌓아 세계를 이루고
　　　　 세계를 쪼개면 티끌이 됨이라.
　　　　 세계는 人天의 果에 비유하고
　　　　 티끌은 有漏因이 되도다.
　　　　 塵因은 실답지 못한 因이요

界의 果는 참답지 못한 果이니,
果와 因이 이 幻인 줄 알면
消遙自在한 사람이니라.

冶父 南贍部洲요 北鬱單越이로다
說誼 今師가 直取塵界하사 以明平常不動也시니 塵非塵則塵塵이 淨妙身이요 界非界則界界가 黃金國이라 界界가 旣知黃金國則更說什麼非世界며 塵塵이 旣知淨妙身則更說什麼非微塵이리오 只可喚作南贍部洲요 北鬱單越이로다
야부 남섬부주요 북울단월이로다.
설의 이제 야부 스님께서 바로 塵界를 取하여 이로써 平常不動을 밝히시니 塵이 塵이 아닌즉 진진이 모두 淨妙身이요, 세계는 세계가 아닌즉 세계 세계가 그대로 황금국인 것이라. 세계 세계가 이미 황금국인 줄 알면 다시 무엇때문에 非世界라 설하며 진진이 이미 정묘한 법신인 줄 알았다면 어이하여 非微塵이라 설함인가. 다만, 가히 남섬부주라 하고 북울단월이라 부를 뿐이로다.

冶父 頭指天脚踏地하고 饑則飡困則睡라 此土西天이요 西天此土로다 到處元正이 便是年이니 南北東西秪者是로다
說誼 指天踏地人所同이라 飢飡困睡孰不能이리오 只這眞消息은 彼此無兩般이니 只如無兩般底道理를 作麼生道오 梅枝片白에 足知天下春이요 梧桐一葉에 可知天下秋라 從此不疑天下事하니 天下人皆應似我로다 應似我여 久旱에 逢甘雨하니 何人이 獨不喜리오 又頭指云云은 平常總不動이요 此土云云은 彼此無兩般이요 到處云云은 無私一着子가 全該一切處로다
야부 머리는 하늘을 가리키고 다리는 땅을 밟으며
주리면 먹고 곤하면 잠을 자도다.

이곳이 西天이요 西天(극락)이 이곳이로다.
곳곳의 설날은 똑같은 새해이니
남북 동서에 다만 이것일 뿐이로다.

설의 하늘을 가리키고 땅을 밟음은 사람이 모두 같음이라. 주리면 먹고 곤하면 자는 것은 누가 능히 못하리오. 다만 이 참 소식은 피차에 두 가지가 없으니 다만 저 두 가지가 없는 도리를 어떻게 말할 것인가. 매화 가지의 한 송이 흰 꽃은 족히 천하에 봄임을 알리고 오동잎 하나 떨어지면 천하에 가을임을 알림이라. 이것으로써 천하의 일을 의심하지 않으니 天下의 사람이 다 응당히 나와 같도다. 응당히 나와 같음이여, 오랜 가뭄에 단비를 만났으니 어떤 사람인들 홀로 기쁘지 않으리오. 또한 '머리는 하늘을…'이란 평상하여 모두 움직이지 않음이요, '이곳이 ~'란 피차 두 가지가 없음이요 '곳곳의'란 사사로움이 없는 一着子가 온전히 일체처를 갖췄음이로다.

圭峰 五는 感果離相勝이라
규봉 ㉤五. 結果를 감득하는 것이 相을 여의어 수승함이라.

須菩提야 於意云何오 可以三十二相으로 見如來不아 不也니이다 世尊하 不可以三十二相으로 得見如來니 何以故오 如來가 說三十二相이 即是非相일새 是名三十二相이니이다

"수보리야, 어떻게 생각하느냐. 三十二相으로써 여래를 볼 수 있겠느냐." "아닙니다. 세존이시여, 三十二상으로 여래를 볼 수 없습니다. 왜냐하면 여래께서 설하신 三十二상은 곧 상이 아니고 그 이름이 三十二상이기 때문입니다."

說誼 是相非相이 皆非佛이요 相卽非相이 乃爲眞이라 若能如是知端的하면 天眞面目을 更何疑아

설의 이 相과 상 아님이 모두 부처가 아님이요. 相은 곧 상 아님이라야 참다운 것이라. 만약 능히 이와 같이 분명한 도리를 알면 天眞面目을 어찌 다 의심하겠는가.

圭峰 恐施寶者가 云我施求佛이어니 誰言煩惱리오할새 故로 此經에 云可以相으로 爲佛不아하다 論에 云持說此經하면 能成菩提하야 勝彼福德이니 何以故오 彼相은 於佛菩提에 非法身相故라 經福이 能降施福하야 得三十二相이라하니 意明經福降施라야 方得色相佛身이니 若但寶施인댄 卽煩惱因이니라

규봉 칠보를 보시한 자가 이르되 "나의 보시는 부처를 구하는 것이니 누가 번뇌라고 하리오"할까 두려워하므로 이 경에 이르되 "가히 相으로써 부처를 삼겠는가"하다. 論에 이르되 이 경을 가지고 설하면 능히 깨달음을 이루게 되어 저 보시의 복덕보다 수승하리니, 왜냐하면 저 相은 부처님의 깨달음에 있어서 法身相이 못되는 연고이다. 經의 福은 능히 보시한 복을 낮추어서 三十二相을 겨우 얻게 한다 하니, 그 뜻은 經의 福은 보시한 복을 낮추어서 바야흐로 色相의 佛身을 겨우 얻게 함을 밝힌 것이다. 만약 다만 칠보만 베풀면 곧 번뇌의 원인이 되느니라.

六祖 三十二相者는 是三十二淸淨行이니 於五根中에 修六波羅蜜하고 於意根中에 修無相無爲하면 是名三十二淸淨行이니라 常修此三十二淸淨行하면 卽得成佛이어니와 若不修三十二淸淨行이면 終不成佛이며 但愛着如來의 三十二相하고 自不修三十二行이면 終不見如來니라

육조 三十二相이란 三十二淸淨行이니 五根中에 육바라밀을 닦고 意根中에 無相과 無爲를 닦으면 이것을 三十二청정행이라 이름하느니라(五근×육바라밀+무상, 무위=三十二상).

항상 三十二청정행을 닦으면 곧 성불을 얻거니와 만약 三十二청정행을 닦지 않으면 마침내 성불하지 못하며 다만 여래의 三十二상만을 애착하고 스스로 三十二행을 닦지 않으면 마침내 여래를 보지 못하리라.

傅大士 佛問空生相에 善現이 答相非하니 一相全無相이라 無相佛何爲아 了達人空理하면 法空을 未覺知니 一切全無相하야사 方號大慈悲니라
부대사 부처님께서 공생에게 相을 물으매
　　　　善現이 相이 아니라고 대답하니
　　　　한 相은 온전히 相이 없는지라
　　　　無相을 부처님이 어찌하겠는가
　　　　人空의 이치만 요달하면
　　　　法空의 이치를 알지 못함이니
　　　　一切가 온전히 相이 없어야
　　　　바야흐로 대자비(佛)라 부르느니라.

冶父 借婆衫子拜婆年이로다
說誼 佛이 欲明無相이어시늘 果能答相非하시니 若使佛問相이면 亦能答以相이로다.
야부 할머니의 옷을 빌려 입고서 할머니에게 절하도다.
설의 부처님이 無相을 밝히고자 하심에 과연 능히 相이 아닌 것으로써 답하시고 만약 부처님이 相으로써 물으시면 또한 능히 相으로써

답함이로다.

冶父 爾有我亦有요 君無我亦無라 有無俱不立하니 相對觜盧都로다

說誼 承問有答不參差하니 爾有爾無我亦然이라 有無를 俱不立이여 相對默無言이로다 有無不立하야 無言以對여 外道가 問佛에 世尊이 良久하시니 其勢然也라 彼可謂騎賊馬趁賊이요 此可謂借婆衫拜婆年이로다

야부 너가 있으니 나 또한 있고
그대가 없으면 나 또한 없음이라.
有와 無를 함께 세우지 않으니
서로 대하여 입만 침묵하도다.

설의 물음 후의 답이 어긋나지 않으니 너가 있고 너가 없음에 나 또한 그러하도다. 有와 無를 세우지 않음이여, 상대하여 묵묵히 말이 없음이로다. 有와 無를 세우지 않고 무언으로써 대항하여 外道가 부처님께 묻자 세존이 良久(침묵)하시니 그 勢가 당연히 그러하도다. 저것은 가위 도적의 말을 타고 도적을 쫓는 격이요. 이것은 가위 할머니옷을 빌려 입고 할머니에게 절함이로다.

主峰 二는 約內財校量하야 倍顯經勝이라 於中에 文二니 一은 校量勝劣이라

규봉 ㉘二. 內財를 잡아 헤아려서 經이 수승함을 배로 나타냄이니 그 中에 두 가지이다. ㉙一. 수승하고 열함을 헤아림이라.

須菩提야 若有善男子善女人이 以恒河沙等身命으로 布施어든

수보리야, 만약 어떤 선남자 선여인이 항하의 모래수와 같은 많은 목숨으로 보시했을지라도

傅大士 施命如沙數여 人天業轉深이라 既掩菩提相이요 能障涅槃心이로다 猿猴는 探水月하고 閻蕩은 拾花針이라 愛河浮更沒이요 苦海出還沈이로다

부대사 목숨으로 보시하기를 모래숫자와 같음이여.
　　　　人天의 업이 더욱 깊어짐이라.
　　　　이미 보리의 相을 가졌음이요,
　　　　능히 열반의 마음을 장애함이로다.
　　　　원숭이는 물에 있는 달을 건지고
　　　　閻湯은 花針을 줍도다.
　　　　애욕의 물결에 떴다가 잠김이요,
　　　　고해에서 나왔다가 도리어 잠기도다.

若復有人이 **於此經中**에 **乃至受持四句偈等**하야 **爲他人說**하면 **其福**이 **甚多**니라
만약, 또 어떤 사람이 이 경 가운데서 사구게만이라도 받아지녀서 다른 사람을 위해 설한다면 그 복이 저 복보다 매우 많으니라."

說誼 無智慧眼하야 空然捨施하면 此非菩提正路라 反招生死苦輪이요 受持四句하야 開得慧眼하면 此眞菩提正路라 當證涅槃眞常하리니 有爲無爲가 優劣이 皎然이로다

설의 지혜의 안목이 없이 공연히 베풀기만 하면 이는 보리의 바른 길이 아니며 도리어 생사의 고통스런 윤회를 초래함이 되고, 四句를

수지하여 혜안을 뜨면 이는 참다운 보리의 바른 길이어서 마땅히 열반 眞常을 증득하리니 有爲와 無爲의 차별이 분명하도다.

六祖 世間重者가 莫過於身命이어늘 菩薩이 爲法하야 於無量劫中에 捨施身命하야 分與一切衆生하면 其福이 雖多나 亦不如受持此經四句之福이니 多劫捨身호대 不了空義하면 妄心을 不除라 元是衆生이요 一念持經하야 我人頓盡하면 妄想이 旣除라 言下成佛일새 故知多劫捨身이 不如持經四句之福이니라

육조 세간에서 중히 여기는 것은 목숨보다 더한 것이 없거늘 보살이 법을 위하여 무량겁 동안 목숨을 보시하고 베풀어 일체 중생에게 나눠주면 그 복이 비록 많으나, 이 경의 사구게를 수지하는 복과는 또한 같지 않으니, 다겁 동안 몸을 보시하되 空의 도리를 요달하지 못하면 망령된 마음을 없애지 못하는 것이라, 원래 이 중생인 것이요. 한순간이라도 경을 가져서 我와 人이 다 없어지면 망상도 또한 이미 없어짐이어서 言下에 성불일세. 그러므로 알라. 오랜 세월 동안 몸을 보시함은 경의 사구게를 가지는 복만 같지 않도다.

傅大士 經中에 持四句여 應當不離身이라 愚人은 看似夢하고 智者는 見唯眞이로다 法性이 無前後하야 無中非故新이라 蘊空無實體어니 憑何見有人이리오

부대사 경 가운데서 四句를 가짐이여.
응당 몸을 떠나지 않았도다.
어리석은 사람은 꿈같이 보고
지혜있는 사람은 오직 眞만을 보도다.
법의 성품은 전후가 없고

중간도 없어서 옛이나 새것도 아니로다.
오온이 공하여 실체가 없으니
무엇을 의지하여 사람이 있음을 보리오.

冶父 兩彩一賽로다
說誼 優劣皎然은 卽不無나 然이나 皆未免修斷功勳이어니와 若是本分衲僧인댄 動靜에 皆行施어니 何勞捨身命이며 語黙에 皆轉經이어니 何煩讀文字리오 伊麼則持經行施를 不故兼而自兼이로다
야부 두 가지 색이 한 주사위로다(두 가지 색을 가진 주사위로다).
설의 우열이 분명한 것은 곧 없지 않으나, 그러나 다 닦고 끊는 공훈은 면치 못하거니와, 만약 本分衲僧이면 動하고 靜함이 다 보시를 행하거니와 어찌 수고로이 목숨을 버릴 것이며, 말과 침묵이 다 經을 전하는 것이거늘 어찌 번거롭게 문자를 익히리오. 그렇다면 경을 가짐과 보시를 행함은 짐짓 겸하지 않아도 저절로 겸한 것이로다.

冶父 伏手滑槌로 不換劍하니 善使之人은 皆總便이라(蓋總便은 他本에 作能穩便이라) 不用安排本現成하니 箇中에 須是英靈漢이라 囉囉哩哩囉囉여 山花笑野鳥歌로다 此時에 如得意하면 隨處薩婆訶하리라
說誼 若是本分人인댄 卽日用이 便是妙用이어니 何須更借修斷方便이리오 不用今日安排하야도 妙用이 本自現成하니 此非劣機境界라 須是過量人이라야 始得오 只如過量人境界를 作麼生道오 海晏河淸風月好하니 人人이 齊唱太平歌로다 何獨人人이 如是리오 花笑山前洩天機하고 鳥歌林外話無生이라 頭頭自有無窮意하니 得來無處不逢原이로다
야부 손에 쥔 滑槌로 칼과 바꾸지 않으니
　　　 잘 쓰는 사람은 모두 다 편리하도다.
　　　 安排를 쓰지 않아도 본래 다 이루었으니

그중에 모름지기 이 英靈한 사람이라
라라리리라라여.
산에서는 꽃이 피고 들에서는 새가 지저귀도다.
이때에 만약 뜻을 얻으면
어느 곳에서든지 살바하하리라.

설의 만약 이 本分人이라면 날마다 쓰는 것이 다 妙用이어서 어찌 모름지기 닦고 끊는 방편을 빌릴 것인가. 금일의 안배를 쓰지 않아도 묘용이 본래 스스로 이루어져 있으니 이는 하열한 근기의 경계가 아님이로다. 모름지기 過量人(뛰어난 사람)이라야 비로소 될 수 있도다. 다만 저 과량인의 경계를 어떻게 말할까.

바다는 잔잔하고 냇물은 맑아서 風月이 좋으니
사람 사람이 모두 태평가를 부르도다.
어찌 홀로 사람만이 그러리오.
꽃은 산 앞에서 웃으며 천기를 누설하고
새는 숲 밖에서 지저귀며 無生을 말하도다.
낱낱이 다 스스로 무궁한 뜻이 있으며,
얻고 나면 그 근원을 만나지 못할 곳이 없으리라.

宗鏡 大覺尊이 本來不立一字하사 而直指人心이어시늘 須菩提가 無端特請標名하사 而强生枝節이로다 縱使等河沙施身命이라도 無相可求며 析世界如微塵이라도 無法可說이니 且道하라 奉持介什麼오 咄 金剛寶劍이 倚天寒하니 外道邪魔가 俱腦裂이로다

說誼 咄 不須向外謾馳求니 馳求未免作兩段하리라

종경 大覺尊(佛)께서 본래 한 글자도 세우지 않고 바로 사람의 마음을 가리키셨거늘, 수보리가 무단히 이름을 특별히 청하여 억지로 枝와 節을 냈도다. 비록 항하사와 같은 목숨을 보시하더라도 相은 가히 구할 게 없으며, 세계를 부수어 가는 먼지같이 할지라

도 법은 가히 설할 수 없음이니 또 말하라. (이런 경지에서) 그
무엇을 받들어 가질 것인가. 咄!
      금강보검이 하늘 높이 치솟았으니
      外道와 邪魔가 모두 뇌가 쪼개지도다.
설의 咄! 모름지기 밖을 향해서 부질없이 馳求하지 말 것이니
      치구하면 양단 지음을 면치 못하리라. (금강보검에 의하여 두
      조각이 날 것이다)

宗鏡 箇裏에 本無元字脚하니 空中에 誰肯強安名가 等閑點出金
剛眼하야 照破魔王八萬城이로다
說誼 此事從來로 無註脚하니 誰向空中強安名이리오 不須向外謾馳
求하고 只要點出金剛眼이어다 等閑點出金剛眼하니 滿目虛空이 當撲
落이로다 滿目虛空이 虛空이 旣撲落하니 魔宮이 無所寄로다
종경 그 속에 본래 元字의 다리가 없으니
      空中에 누가 구태여 이름을 두었는가.
      넌지시 금강안을 끄집어 내어
      魔王의 팔만성을 照破하리라.
설의 이 일은 본래 註脚(설명)이 필요없으니 누가 공중을 향해 구태
여 이름을 두었으리오. 모름지기 밖을 향해 부질없이 치구하지 말고
다만 금강의 눈을 점출할지어다. 넌지시 금강안을 점출하니 눈에 가득
한 허공이 부서져 내리도다. 허공이 이미 부서져 내리니 마군의 궁전
이 의지할 데가 없도다.

무비 모든 것이 원만하고 구족하고 수승해서 생사까지 초월하여 있
는 이 도리를 무엇이라 일러야 좋은가. 언어와 문자가 붙을 수 없고
생각이 미칠 수 없는 그 자리를 굳이 말로 표현하자면 금강반야바라
밀이라 하리라. 그러나 그 자리는 금강반야바라밀이라고만 할 수 없는

것이다. 그러므로 부처님은 일찍이 금강반야를 말씀하신 적이 없으며 저 작은 먼지도 말한 적이 없으며 큰 세계도 말한 적이 없다. 지금까지 일체의 相도 없고, 법도 없고, 법아님도 없고, 얻을 것도, 설할 것도, 聖果도 없고, 정토장엄도 없고, 이몸마저 없다고 하시고 여기에서 금강반야바라밀을 받아 가지라 하신다. 무엇이 반야바라밀인가. 반야바라밀이 반야바라밀이 아니고 그 이름이 반야바라밀인 것이다.

 이런 대화가 있다. 어느 날 수보리가 좌선하고 있는데 공중에서 꽃을 뿌리거늘 수보리가 "꽃을 뿌리는 자가 누구인가." "하늘의 제석입니다." "어찌하여 꽃을 뿌리는가." "존자께서 반야바라밀을 잘 설하시어 존중히 꽃공양을 올립니다." "내가 무엇을 설하였는가." "말씀 없으심이 참다운 설법입니다."

 이와 같이 반야바라밀을 법답게 받아 가지라.

圭峰 捨身이 勝於寶施요 持說이 又勝捨命이니라 二는 釋勝所以라 於中에 文五니 一은 泣歎未聞深法勝이라

규봉 몸을 버리는 것이 보배를 보시하는 것보다 수승함이요 경을 가지고 설하는 것이 또한 목숨 버리는 것보다 수승함이니라.
 ㉔二. 수승한 이유를 해석함이라. 그 中에 五가지니 ㉚一. 깊은 법을 아직 듣지 못함을 울면서 탄식함이 수승함이라.

離相寂滅分 第十四 (상을 떠나서 적멸함)

爾時에 **須菩提**가 **聞說是經**하사옵고 **深解義趣**하사 **涕淚悲泣**하사 **而白佛言**하사대 **希有世尊**하 **佛說如是甚深經典**은 **我從昔來所得慧眼**으로 **未曾得聞如是之經**호이다
이때에 수보리가 이 경 설하심을 듣고 깊이 그 뜻을 깨달아 눈물을 흘리고 슬피 울면서 부처님께 사뢰었다 "희유하십니다. 세존이시여, 부처님께서 이렇게 심히 깊은 경전을 설하심은 제가 예로부터 얻은 바 혜안으로도 일찍이 이와 같은 경은 얻어 듣지 못하였습니다."

說誼 經初엔 以上根悟入일새 故로 不動悲欣하고 直讚希有어니와 此는 迹同中容하야 權示悟入일새 故로 悲欣交集然後에 讚佛希有하시니라
설의 經初에는 上根으로써 깨달아 들게 할새 그러므로 슬픔이나 기쁨에 동하지 않고 바로 희유하다고 찬탄했거니와, 여기서는 자취를 중근기와 같이해서 방편으로 깨달아 들어감을 보이므로 슬픔과 기쁨이 뒤섞인 연후에 부처님의 희유함을 찬탄하시니라.

圭峰 捨身之苦도 已感人心이어든 何況更聞하고 不及持說가 是故悲淚니라 論에 云念彼身苦하야 尊重法故로 悲淚라하다 慧眼은 人空也요 未聞은 法空也니라
규봉 (남을 위해) 몸을 버린 고통도 이미 사람의 마음을 감동하는데 어찌 하물며 다시 듣고 가지고 설하는데 미치지 않겠는가. 이런 까닭에 슬피 운 것이다. 論에 이르되 저 몸의 고통을 생각해서 法을 존중히 여긴 고로 슬피 운다 하다. 혜안은 人空이요 듣지

못한 것은 法空이니라.

傅大士　聞經深解義하야 心中喜且悲라 昔除煩惱障하고 今能離所知로다 徧計는 於先了하고 圓成은 證此時라 宿乘無礙慧하야 方便勸人持로다
부대사　경을 듣고서 깊은 뜻을 이해하여
　　　　　마음으로 기뻐하기도 하고 슬퍼함이라.
　　　　　옛날엔 번뇌의 장애를 제하고
　　　　　지금엔 능히 所知의 장애를 떠났도다.
　　　　　徧計를 먼저 요달하고
　　　　　원성실성은 이때 증하였도다.
　　　　　옛날에 걸림없는 지혜를 입어서
　　　　　이제 방편으로 사람들이 가지도록 권하도다.

冶父　好笑어늘 當面諱了로다
說誼　喜事現前에 也好吐笑어늘 涕淚悲泣은 只要諱却이로다 又深悟佛意에 忍不云喜하고 內悅外悲하시니 所以堪笑로다
야부　좋게 웃어야 하거늘 얼굴을 마주하여 숨겼도다.
설의　기쁜 일이 현전함에 웃음을 토해야 좋거늘 눈물을 흘리고 슬피 우는 것은 다만 숨기기를 要함이로다. 또한 부처님의 뜻을 깊이 깨달으매 차마 기쁘다고 말하지 못하고 안으로는 기뻐하고 밖으로 슬퍼하니 그 까닭에 웃음을 견딤이로다.

冶父　自少來來慣遠方하니 幾廻衡岳渡瀟湘하고 一朝에 踏着家鄕路하니 始覺途中日月長이로다
說誼　因小利養하야 捨父逃逝하야 流落天涯하니 幾度往返我人山下며 幾度出沒恩愛河中고 忽逢良友의 指示하야 踏得常樂家鄕하니 始知昔年生死路에 虛送百千閑日月이로다

야부 젊어서부터 돌아다녀 먼 길에 익숙하니
몇 번이나 형악산을 돌고 소상강을 건넜던가.
하루아침에 고향길을 밟으니
비로소 途中에 세월이 긴 것을 깨달았도다.

설의 작은 이익으로 인하여 아버지를 버리고 멀리 도망가서 하늘가를 떠도니, 몇 번이나 我人의 山下를 가고 돌아왔으며 몇 번이나 恩愛의 물속을 出沒했던가. 홀연히 좋은 친구의 가리킴〔指示〕을 만나서 항상 즐거운 고향을 밟으니, 비로소 옛날 생사의 길에서 부질없이 긴 세월 보냄을 알겠음이로다.

圭峯 二는 心淨契實具德勝이라 於中에 文二니 初는 正明이라
규봉 ㉮二. 마음이 깨끗해지면 진실에 계합하게 되어 덕을 갖춤이 수승함이라. 그 中에 두 가지니 ㉯一은 正히 밝힘이라.

世尊하 **若復有人**이 **得聞是經**하고 **信心淸淨**하면 **卽生實相**하리니 **當知是人**은 **成就第一希有功德**이니이다
세존이시여, 만약 또 어떤 사람이 이 경을 얻어 듣고 신심이 청정하면 곧 실상을 내리니, 마땅히 이 사람은 제일 희유한 공덕을 성취한 사람임을 알겠습니다.

圭峯 論에 云此中에 有實相이요 餘者는 非實相이라하다
규봉 論에 이르되 이 가운데 實相이 있음이요 나머지는 實相이 아니라고 하다.

六祖 自性不癡를 名慧眼이요 聞法自悟를 名法眼이니라 須菩提는 是阿羅漢이라 於五百弟子中에 解空第一이시며 已曾勤奉多佛이시니 豈不得聞如是深法하고 今於釋迦牟尼佛所에 始聞也리오 然이나

或是須菩提가 於往昔所得은 乃聲聞慧眼이라가 今始得聞如是深經하고 方悟佛意일새 悲昔未悟故로 涕淚悲泣가 聞經諦會를 謂之淸淨이라 從淸淨中하야 流出般若波羅蜜多深法이니 當知決定成就諸佛功德이니라

육조 自性이 어리석지 않음을 혜안이라 하고 법을 듣고 스스로 깨닫는 것을 法眼이라 함이니라. 수보리는 아라한이라. 오백제자 중에 空도리를 아는 데는 제일이시며 이미 일찍이 많은 부처님을 부지런히 섬기었으니, 어찌 이와 같은 깊은 법을 듣지 못하고 이제 석가모니 부처님 처소에서 비로소 들었으리오. 그러나 혹시 수보리가 옛날에 얻은 것은 聲聞의 혜안이어서, 지금 비로소 이같은 깊은 경전을 듣고 바야흐로 부처님의 뜻을 깨달았을새, 옛날에 깨닫지 못한 것을 슬퍼한 고로 체루비읍했는가. 經을 듣고 싶이 이해하는 것을 청정하다고 함이라. 淸淨한 가운데서 반야바라밀다의 깊은 법이 유출되니 마땅히 알라. 결정코 제불 공덕을 성취할지니라.

圭峰 二는 拂迹이라
규봉 ㈏二는 자취를 떨어버림이라.

世尊하 是實相者는 卽是非相일새 是故로 如來가 說名實相이니이다
세존이시여, 이 실상이란 곧 이 상이 아님이니 이 까닭에 여래께서 실상이라고 말씀하셨습니다.

說誼 經顯眞常妙體하시니 聞經生信하면 妙體實相이 當處現前일새 故로 云信心淸淨하면 卽生實相이라하시니라 此實相者는 不可以見聞覺智로 求며 不可以色香味觸으로 覓이라 故로 云是實相者는 卽是非相일새 是故로 如來가 說名實相이라하시니라 又是實相者는 非有相非無相하

며 非非有相非非無相일새 是故로 如來가 說名實相이라하시니라
설의   경에서는 참되고 항상한 묘체를 나타내시니 경을 듣고 신심을 내면 묘체 실상이 바로 그 자리에서 나타나므로 이르되, 신심이 청정하면 바로 이 자리에서 실상을 낸다고 하시니라. 이 실상이란 見聞 覺智로써 구할 것이 아니며 색, 향, 미, 촉으로 찾을 것이 아님이라. 그러므로 이르되 이 실상이란 곧 相이 아니므로 여래께서 실상이라 이름하시니라. 또 이 실상이란 有相도 아니고 無相도 아니며 非有相도 아니고 非無相도 아닐새, 이 까닭에 여래께서 實相이라 이름한다 하시니라.

圭峰   無着이 云爲離實相의 分別故라하다
규봉   무착이 이르되 실상의 분별을 떠나기 위한 까닭이라 하다.

六祖   雖行淸淨行이나 若見垢淨二相이 當情하면 並是垢心이라 卽非淸淨心也니 但心有所得하면 卽非實相이니라
육조   비록 청정한 행을 행하나 만약 垢(더러움)와 淨(깨끗함)의 두 가지 相이 마음에 있으면 이것은 아울러 때묻은 마음이어서 곧 청정심이 아닌 것이니, 다만 마음에 얻은 바가 있으면 곧 실상이 아니니라.

傅大士   未有無心境이요 曾無無境心이라 境亡心自滅이요 心滅境無侵이로다 經中에 稱實相이여 語妙理能深이니 證知唯有佛이라 小聖이 詎堪任이리오
부대사   마음없는 경계도 있지 않고
　　　　　일찍이 경계없는 마음도 없음이라.
　　　　　경계가 없으면 마음도 저절로 멸하고
　　　　　마음이 멸하면 경계도 그 마음을 침범하지 않음이로다.
　　　　　경 가운데서 실상이라 일컬음이여.

묘한 이치를 말한 것이 능히 깊으니
증득해서 아는 것은 오직 부처님뿐이라.
작은 성인이 어찌 감당하리오.

冶父 山河大地를 甚處에 得來오
說誼 若謂一向非相인댄 卽今山河大地가 顯然是相이니 甚處에 得來오
야부 山河大地를 어느 곳에서 얻어오리오.
설의 만약 한결같이 相이 아니라 하면 지금의 산하대지는 분명 이 相인데, 어느 곳에서 얻어왔는가.

冶父 遠觀山有色이요 近聽水無聲이라 春去花猶在요 人來鳥不驚이로다 頭頭皆顯露하니 物物이 體元平이라 如何言不會오 秖爲太分明일새니라
說誼 迷之則目前有法이라 所以로 遠於道也요 悟之則耳畔無聲이라 所以로 近於道也니라 所以로 道호대 以衆生妄見則種種紛紜이어니와 以如來實見則一切眞寂이라하시니라 雖云無色聲이나 相相이 常宛然이요 雖云常宛然이나 相相을 不可得이라 所以로 道호대 無相無空無不空하니 卽是如來眞實相이라하시니라 此眞實相은 頭頭上顯하고 物物上明하야 無時無處而不明顯也니 旣頭頭上顯하고 物物上明인댄 老盧는 因甚하야 道不會佛法고 眉底兩眼이 極分明하니 反觀眸子作何樣고
야부 멀리 바라보니 산은 색이 있고
　　　가까이 들으니 물은 소리가 없음이로다.
　　　봄은 갔건만 꽃은 아직 남아 있고
　　　사람이 와도 새는 놀라지 않도다.
　　　頭頭가 다 드러내니
　　　物物의 體가 원래 평등하도다.
　　　어떻게 모른다고 말하겠는가.

　　　　다만 너무나도 분명한 것을.

설의 미한즉 눈앞에 법이 있음이라. 이 까닭에 道에서 멀고 깨달은 즉 귓가에 소리가 없음이라. 이 까닭에 道에 가까우니라.

　그러므로 말하되 중생의 망견인즉 가지가지가 시끄럽거니와 여래의 實見인즉 일체가 眞이고 寂靜이라 하시니라. 비록 色聲이 없다 말하나 相과 相이 항상 완연하고 비록 항상 완연하다 말하나 相과 相을 가히 얻지 못함이라. 그러므로 말하되 相도 없고 空도 없고 不空도 없으니 곧 여래의 진실상이라 하시니라. 이 진실상은 낱낱의 가운데 다 나타나 있고 사물 사물 위에 분명해서 때마다 곳마다 밝게 나타나지 않음이 없으니 이미 頭頭에 다 나타나고 物物 위에 밝은데 老盧는 무엇때문에 佛法을 알지 못한다 말하는가. 눈썹 밑에 두 눈이 극히 분명하니 도리어 눈동자를 보아라. 무슨 모양을 지었는가.

圭峰 三은 信解三空同佛勝이라 於中에 文三이니 一은 總標信解라
규봉 ㉮三. 三空을 믿어 아는 것이 부처님같이 수승하다. 그 中에 세 가지니 ㉯一. 信解를 모두 標함이라.

世尊하 **我今得聞如是經典**하고 **信解受持**는 **不足爲難**이어니와
세존이시여, 제가 지금 이와 같은 경전을 얻어 듣고 믿어 알고 받아지니기는 족히 어렵지 않거니와

冶父 若不得後語면 前話也難圓이로다
說誼 若使空生으로 但說其易하고 不言其難이면 話不得圓이어니와 如今에 難易를 俱說하니 話得爲圓이로다
야부 만약 뒷말을 얻지 못하면 앞의 말도 원만하기 어렵도다.
설의 만약 空生으로 하여금 다만 그 쉬운 것만 말하고 어려움을 말하지 않으면 그 말이 원만함을 얻지 못하거니와, 지금의 어려운 것과 쉬운 것을 함께 설하니 말씀이 원만하게 되었도다.

冶父 難難難이여 如平地上靑天이요 易易易여 似和衣一覺睡로다
行船이 盡在把梢人하니 誰道波濤從地起오
說誼 言其難也인댄 五目으로 不能睹며 二耳로 不能聞이요 言其易也
인댄 開眼便見하고 側耳便聞하며 開口則頭頭說破하고 擧足則步步踏
着이니 平地上天이 誠不易나 和衣覺睡가 豈爲難이리오 看看하라 難易가
只是一人의 機變이로다

야부 어렵고 어렵고 어려움이여.
마치 평지에서 靑天에 오름과 같고
쉽고 쉽고 쉬움이여.
옷 입은 채 한숨 자고 깸과 같도다.
배가 가는 것은 삿대 잡은 이에 있으니
누가 파도가 땅으로부터 일어난다 말하리오.

설의 그 어려움을 말할진대 다섯 가지 눈으로써 능히 보지 못하고
두 귀로도 듣지 못함이요, 그 쉬움을 말할진대 눈만 뜨면 곧 보이고
귀를 기울이면 곧 들리며 입만 열면 낱낱이 다 설파하고, 발을 들면
걸음걸음이 다 그것을 밟으니 평지에서 하늘에 오름은 진실로 쉽지
않으나, 옷입은 채 자다가 깨는 것이 어찌 어려우리오. 잘 보아라. 어
렵고 쉬움이 다만 이 한 사람의 機變이로다.

若當來世後五百世에 其有衆生이 得聞是經하고 信解受持 하면 是人은 卽爲第一希有니이다

만약 오는 세상 후 오백세에 그 어떤 중생이 이 경을 얻어
듣고서 믿어 알고 받아 지닌다면, 이 사람은 곧 제일 희유
함이 되겠습니다.

說誼 經顯人人本有하시니 此本有底一着子는 硬如鐵壁이요 軟似兜
羅로다 軟似兜羅故로 受持卽易요 硬如鐵壁故로 受持卽難이니 空生이
左叩右擊하사 以現其中이로다

설의 경에서는 사람 사람이 본래 지니고 있음을 나타내시니, 이 본래 지니고 있는 一着子는 굳기가 철벽과 같고 부드럽기는 도라솜과 같도다. 부드럽기가 솜과 같은 고로 받아지니기는 쉽고 굳기가 철벽 같은지라 받아지니기는 어려우니, 空生이 좌로 두드리고 우로 치시어 이로써 그 가운데를 나타내셨도다.

冶父 行住坐臥와 着衣喫飯이 更有甚麽事리오
說誼 佛法이 只在日用의 行住坐臥處와 着衣喫飯時하야 一切時一切處에 一一呈露靡遺하니 旣然如是인댄 信解受持가 何難之有며 雖然信解나 亦何希有리오
야부 행주좌와 착의끽반(가고 머물고 앉고 누움과 옷입고 밥먹는 것)하니 다시 무슨 일이 있으리오.
설의 佛法이 다만 날마다 쓰는 행주좌와 處와 옷입고 밥먹는 때에 있는 것이어서 어느 때 어느 곳에나 낱낱이 드러나고 빠뜨림이 없으니, 이미 이와 같음인데 信解하고 受持함에 무슨 어려움이 있을 것이며, 비록 그렇게 신해수지할 지라도 또 어찌 희유하다 하리오.

冶父 冰不熱火不寒이요 土不濕水不乾이라 金剛은 脚踏地하고 幡竿은 頭指天이라 若人이 信得及하면 北斗를 面南看하리라
說誼 氷不熱로 至頭指天은 平常總不動着이니 只如平常底道理를 作麽生道오 行船에 宜擧棹요 走馬에 卽加鞭이며 若遇飢來飯하고 還因困卽眠이니라 君今欲識平常道인댄 北斗南星이 位不別이니 只如不別底道理를 且作麽生道오 雨中에 看好月이요 火裏에 汲淸泉이며 直立頭垂地요 橫眠脚指天이로다
야부 얼음은 뜨겁지 않고 불은 차지 않으며
흙은 습하지 않고 물은 건조하지 않도다.
金剛神은 다리로 땅을 밟고
깃대의 머리는 하늘로 향했도다.

		만약 누구라도 이 도리를 믿으면
		북두를 남쪽으로 향하여 보리라.

설의 '얼음은 뜨겁지 않고'로부터 '하늘로 향했도다'까지는 평상 도리라서 모두 움직이지 않는 것이니 다만 저 평상한 도리를 어떻게 말할까. 배가 가는 데는 마땅히 삿대를 들어야 하며 말을 달리는 데는 곧 채찍을 가해야 되며 만약 주리면 밥을 먹고 곤하면 잠을 자도다.

그대가 지금의 평상한 도리를 알고자 하면 북두와 남성의 그 위치가 다르지 않으니 다만 저 다르지 않은 도리를 또한 어떻게 말할 것인가.

		비오는 가운데서 좋은 달을 봄이요,
		불 속에서 맑은 샘물을 길러 냄이며
		바로 서서 머리를 땅에 드리움이요,
		가로누워 자며 다리로 하늘을 가리킴이로다.

圭峰 無着이 云未來法滅時에도 尙有菩薩受持라 故無我人等取어늘 云何汝等은 於正法時에 遠離修行하야 不生慚愧오하다 二는 別顯三空이라

규봉 무착이 이르되 미래에 법이 멸할 때에도 오히려 보살들이 受持함이 있는지라. 그러므로 我人等의 取가 없거늘 어찌하여 너희들은 정법 시대에 수행을 멀리하여 부끄러움을 내지 않는가 하다.

㈁二. 三空을 달리 나타냄이라.

何以故오 **此人**은 **無我相**하며 **無人相**하며 **無衆生相**하며 **無壽者相**이니 **所以者**가 **何**오 **我相**이 **卽是非相**이며 **人相衆生相壽者相**이 **卽是非相**이라 **何以故**오 **離一切諸相**이 **卽名諸佛**이니이다

왜냐하면 이 사람은 아상이 없으며 인상이 없으며 중생상

이 없으며 수자상도 없기 때문입니다. 까닭이 무엇인가
하면 아상은 곧 이 상이 아니며 인상, 중생상, 수자상도
곧 이 상이 아닙니다. 왜냐하면 일체 모든 상을 떠난 것
을 이름하여 모든 부처님이라 하기 때문입니다."

說誼 聞經信受를 何名第一希有오 以離四相하야 超然獨步故也니라
四相遠離가 爲難이어늘 因甚却能遠離오 以開智慧眼하야 了四相本空
故也니라 了相本空하야 而能遠離를 何名第一希有오 離一切相을 卽
名諸佛故也니라

설의 경을 듣고서 信受하는 것을 어찌하여 제일 희유하다 하는가.
四相을 떠나서 초연히 홀로 걷기 때문이니라. 四相을 멀리 하는 것은
어려움이 되거늘 어떻게 능히 멀리 할 수 있는가. 지혜의 눈을 떠서
四相이 본래 공함을 요달하여야 하느니라. 相이 본래 공한 줄을 요달
해서 능히 멀리 떠남을 어찌 제일 희유하다 하는가. 일체상을 떠난
것을 곧 제불이라 이름하기 때문이니라.

圭峰 無着이 云無我等者는 無人取我相이요 卽非相等者는 無法
取요 離一切相者는 顯示諸菩薩의 隨順學相이니 諸佛世尊이 離一
切相일새 是故我等도 應如是學이라하다

규봉 무착이 이르되 無我等이란 사람이 我相을 취하지 않음이고
卽非相等이란 法相을 취하지 않음이며 離一切相이란 모든 보살이
수순하여 배우는 相을 나타낸 것이니 諸佛과 世尊이 일체상을 떠
났으므로 우리들도 응당 이와 같이 배운다고 하다.

六祖 須菩提가 深悟佛意하사 呈自見處하시니 業盡垢除하야 慧眼
이 明徹하면 信解受持는 卽無難也니라 世尊이 在世說法之時에도
亦有無量衆生이 不能信解受持어늘 何必獨言後五百歲리오 蓋佛
在之日엔 雖有下根不信과 及懷疑者라도 卽往問佛하면 佛이 卽隨

宜爲說하사 無不契悟어니와 佛滅度後後五百歲엔 漸至末法이라 去聖遙遠하야 但存言敎하니 若人이 有疑면 無處諮決하야 愚迷抱執하야 不悟無生하고 着相馳求하야 輪廻諸有하리니 於此時中에 得聞深經하고 淸心敬信하야 悟無生理者는 甚爲希有일새 故로 言第一希有也니라 於如來滅後後五百歲에 若有人이 能於般若波羅蜜甚深經典에 信解受持하면 卽知此人은 無我人衆生壽者相이니 無此四相하면 是名實相이라 卽是佛心일새 故로 云離一切諸相을 卽名諸佛也라하시니라

육조 수보리가 깊이 부처님의 뜻을 깨달아 자기의 見處를 드러내시니 업이 다하고 때〔垢〕가 없어져서 지혜의 눈이 밝게 트이면 믿고 알고 받아 지님은 어려움이 없느니라. 세존이 세상에 계시면서 설법할 때에도 무량한 중생이 능히 신해수지하지 못하였거늘 하필이면 홀로 후 오백세를 말했으리오. 대개 부처님이 계실 때에는 비록 하근기라서 믿지 않고 회의를 품은 사람이 있었더라도 곧 부처님께 가서 물으면 부처님이 곧 마땅함을 따라서 그들을 위해 설하시어 깨닫지 못함이 없었거니와, 부처님이 멸도한 후, 후 오백세엔 점점 말법에 이르르니 聖人에 가기가 더욱 멀어져서 말씀만 있으니, 만약 사람이 의심이 있으면 물어 해결할 곳이 없어서, 어리석고 미하여 집착을 안고서 無生의 이치를 깨닫지 못하고 상에 집착하여 치구해서 육도에 윤회하리니, 이때에 깊은 경을 얻어듣고 맑은 마음으로 공경하고 믿어서, 無生의 이치를 깨닫는 자는 심히 희유함이 되므로 제일 희유라고 하시니라. 여래 멸후 후 오백세에 만약 어떤 사람이 능히 반야바라밀의 심히 깊은 경전을 信解受持하면, 곧 알라. 이 사람은 아상, 인상, 중생상, 수자상이 없음이니 이 네 가지 상이 없어지면 이것을 이름하여 實相이라. 이는 곧 佛心일새. 그러므로 일체 모든 상을 떠난 것을 이름하여 諸佛이라 하시니라.

傅大士 空生이 聞妙理여 如蓬植在麻라 凡流가 信此法하면 同火出蓮華로다 恐人生斷見하야 大聖이 預開遮하시니 如能離諸相하면 定入法王家니라

부대사 空生이 妙理를 들음이여.
　　　　　쑥을 삼밭에 심음과 같도다.
　　　　　범부의 무리가 이 법을 믿으면
　　　　　불 속에서 연꽃이 피는 것과 같도다.
　　　　　사람들이 斷見을 낼까 두려워하여
　　　　　큰 聖人이 미리 열고 막으시니
　　　　　만약 능히 모든 상을 떠나면
　　　　　결정코 法王의 집에 들어가리라.

冶父 心不負人이면 面無慙色이로다
說誼 佛有三身하시니 是法身耶아 報身耶아 化身耶아 看彼毘盧老漢의 住處하라 非三非一이로대 而三而一이니 若使文殊로 不來途中하고 普賢으로 忘却靑山이면 早已辜負毘盧老漢이라 辜負毘盧則心有慊然하야 面有慙色이어니와 如今不然하야 寒山은 忘却來時路하고 拾得은 相將携手歸라 所以로 心無慊然하야 面無慙色이로다
야부 마음에 사람을 저버리지 않으면 얼굴에 부끄러운 색이 없을 것이로다.
설의 부처님께는 三身(세 가지 몸)이 있으니 이는 法身인가 報身인가 化身인가. 저 비로자나불의 주한 곳을 보아라. 三도 아니고 一도 아니로되 능히 三도 되고 一도 됨이니 만약 문수로 하여금 途中에 오지 않고 보현으로 하여금 靑山을 忘却하게 한다면 벌써 비로자나불*을 저버리는 것이라. 비로자나불을 저버린즉 마음에 겸연함이 있어서 얼굴에 부끄러운 빛이 있거니와 지금은 그렇지 않아서 寒山은 올 때의

---

* 비로자나佛 : 文殊(大智) : 體－내면(靑山) (內)家裏事→寒山　靑山元不動
　　　　　　　普賢(大行) : 用－실천(白雲) (外)途中事→拾得　白雲自去來

길을 잊어버리고 拾得은 서로 손을 잡고서 돌아오는지라 그러므로 마음에 겸연함이 없어서 얼굴에 부끄러운 빛이 없도다.

冶父 舊竹에 生新筍하고 新花가 長舊枝로다 雨催行客路요 風送片帆歸로다 竹密에 不妨流水過요 山高에 豈礙白雲飛리오
說誼 本始雙成하야 父子가 同業이라 旣然同業인댄 莫戀家裏事하고 好作途中客하며 亦莫戀途中하고 却向家裏歸어다 雖然如是나 途中이 不碍家裏事요 家裏가 不碍途中事로다 看看하라 文殊普賢이 左旋右轉하니 毘盧滿面笑春風이로다

야부 묵은 대에서 새순이 나고
새꽃은 옛가지에서 자라도다.
비는 나그네 길을 재촉하고
바람은 조각배를 돌아가게 하도다.
대나무 빽빽해도 물 흘러감을 방해치 않고
산이 높다 한들 흰구름 흘러감을 어찌 막으리오.

설의 本覺과 始覺을 쌍으로 이루어서 父子가 동업이라. 이미 동업일진대 집안일은 생각지 말고 좋게 途中에 客을 지을 것이며 또한 途中일은 생각지 말고 도리어 집을 향해 들어갈지어다. 비록 이같으나 도중일은 집안일에 걸리지 않고 집안일은 途中事에 걸리지 않음이로다. 잘 보아라. 문수 보현이 좌로 돌고 우로 도니 비로자나佛의 얼굴에 春風의 미소가 가득하도다.

圭峰 三은 如來印定이라
규봉 ㈏三. 如來께서 印定함이라.

佛이 告須菩提하사대 如是如是하다

부처님께서 수보리에게 이르시되 "그렇다 그렇다."

六祖 佛이 印可須菩提의 所解가 善契我心일새 故로 重言如是也니라

육조 부처님이 수보리의 아는 것이 자신의 마음에 잘 계합함을 인정하실새. 그러므로 거듭 '그렇고 그렇다'고 하시니라.

圭峰 四는 聞時不動希有勝이라

규봉 ㉮四. 경을 들을 때에 動하지 않아 희유한 것이 수승함이라.

若復有人이 得聞是經하고 不驚不怖不畏하면 當知是人은 甚爲希有니

만약 또 어떤 사람이 이 경을 듣고 놀래지 않고 겁내지 않으며, 두려워하지도 않으면 마땅히 알라. 이 사람은 심히 희유함이 되느니라.

說誼 空生의 希有之說이 妙契於理일새 故로 讚言如是如是라하시니라 衆生이 違背覺王이 其來久矣라 聞佛開示하고 多生驚怖하나니 苟不驚怖면 甚爲希有로다 比之窮子가 㛈㛈孤露하야 爲日已久라 得見父王이 實爲天幸이로다 然이나 其父는 門庭이 高峻하고 窮子는 志意가 下劣일새 見已에 未免驚怖去在나니 見已에 不驚怖者는 甚爲希有로다

설의 空生의 희유한 말씀이 묘하게 이치에 계합하므로 찬탄해 말하되 '그렇고 그렇다' 하시니라. 중생이 覺王(佛)을 위배하여 온 것이 오래로다. 이제 부처님의 開示함을 듣고 여러 번 놀래고 두려움을 내나니, 진실로 놀래고 두렵지 않으면 심히 희유함이로다. 비유컨대 집나간 窮子가 가난하고 헐벗은 지 오래됐음이라. 父王을 뵌 것이 실로 천행이 되도다. 그러나 그 아버지는 門庭이 고준하고 그 궁자는 뜻이 하열하여 보고나니 놀랍고 두려워함을 면치 못하나니, 보고남에 놀래고 두려워하지 않는 자는 심히 희유함이 되도다.

圭峰 論에 云驚者는 謂非處生懼요 怖者는 不能斷疑心故요 畏者는 一向怖故니 其心이 畢竟墮驚怖故라하다

규봉 論에 이르되 驚이란 非處(곳답지 못한 곳)에서 두려움을 내는 것이요, 怖란 능히 의심을 끊지 못한 것이고 畏란 한결같이 두려워하는 것이니 그 마음이 필경에 驚怖에 떨어진다고 하다.

六祖 聲聞은 久着法相하야 執有爲解하며 (爲解는 一作所解라) 不了諸法本空하야 一切文字가 皆是假立하고 忽聞深經에 諸相不生하면 言下卽佛일새 所以驚怖어니와 唯是上根菩薩은 得聞此理하고 歡喜受持하야 心無怖畏退轉이니 如此之流가 甚爲希有也니라

육조 聲聞은 오랫동안 法相에 집착하여 有爲의 알음알이를 고집히고, 諸法이 본래 공하여 일체 文字가 다 거짓으로 세운 것임을 요달하지 못하여, 홀연히 깊은 경전을 듣고 모든 상이 나지 않으면 言下에 부처를 이루는 것이므로 이 까닭에 놀래고 겁내거니와, 오직 상근기의 보살은 이 이치를 얻어듣고서 기쁘게 수지하여 마음에 두려워 퇴전함이 없으니 이러한 무리는 심히 희유함이 되도다.

傅大士 如能發心者는 應當了二邊이니 涅槃은 無有相이요 菩提는 離所緣이로다 無乘及乘者여 人法兩俱捐이니 欲達眞如理인댄 應當識本源이니라

부대사 만약 능히 발심한 사람은
응당 二邊을 요달해야 할지니,
열반은 相이 없음이요,
菩提는 반연함을 떠났음이로다.
乘과 乘者(수레와 수레탈 사람)가 없음이여.
人과 法을 둘 다 함께 버려야 하니,
진여의 이치를 요달하고자 하면

응당 本源을 알지니라.

冶父　秖是自家底니라
說誼　不生驚怖를 說爲希有하니 是則是矣나 而父子가 本自同氣며 亦自同家니 何曾驚怖며 雖不驚怖라 亦何希有리오
야부　다만 자기 것이기 때문이니라.
설의　놀래고 두려워하지 않음을 희유라 하니 이는 옳기는 옳으나 父子는 본래 같은 氣이며, 또한 스스로 같은 집이니, 어찌 일찍이 경포할 것이며 비록 두렵고 놀래지 않음이 또한 어찌 희유하리오.

冶父　毛吞巨海水요 芥子에 納須彌로다 碧漢에 一輪滿하니 淸光이 六合輝로다 踏得故鄕田地穩하니(鄕은 一作關이라) 更無南北與東西로다
說誼　塵毛芥子는 物之最微者也요 巨海須彌는 物之最大者也라 以最微로 攝最大하니 非情識之所到로다 然이나 智以照之則塵毛芥子가 不曾小며 巨海須彌가 不曾大니 容巨海於毛端하고 納須彌於芥子가 是吾輩之常分이라 非假於他術이니라 因甚如此오 性天覺月이 虛徹靈明하야 輝騰六合하고 光被萬像하야 洪纖巨細가 無一不容其光焉이니 踏得這般境界하며 見得這般消息하야는 更說甚麼是東是西와 是南是北이리오 南北東西가 皆吾化라 一切由我總無妨이니 恁麼則建立도 亦在我며 掃蕩도 亦在我로다
야부　한 터럭이 큰바다를 다 삼키고
　　　　겨자 속에 수미산을 드리우도다.
　　　　푸른 하늘에 한 달이 둥글으니
　　　　맑은 빛이 六合에 빛나도다.
　　　　고향땅을 밟아서 안온하니
　　　　다시 남북동서가 없도다.
설의　먼지, 털, 겨자는 사물로써 가장 작은 것이요, 큰 바다와 수미산은 사물로써 가장 큰 것이로다. 가장 작은 것으로써 가장 큰 것을 거

두는 것은 우리의 상식으로써 이를 바가 아니로다. 그러나 지혜로 그 것을 비춰본다면 먼지, 털, 겨자가 곧 작은 것이 아니며 큰 바다와 수 미산이 곧 큰 것도 아니니 큰 바다를 터럭끝에 용납하고 수미산을 겨 자에 받아들이니 이것은 우리들의 상식이어서 다른 기술을 빌린 것이 아니니라. 무엇 때문에 이 같은가. 성품의 하늘에 覺의 달이 虛徹靈明 (사무치게 밝아서)하여 六合에 밝게 빛나고 빛이 삼라만상에 입혀져 서 넓고 좁고 크고 가는 것이 한 가지도 그 빛을 용납하지 않음이 없 으니, 이 경계에 오르며 이런 소식을 본다면 다시 무슨 동서와 남북을 말하리오. 남북 동서가 다 내가 만든 것이라. 일체가 다 나로 말미암아 서 모두 방해가 없으니 이런즉 건립하는 것도 역시 나에게 있으며 그 것을 없애는 것도 또한 나에게 있음이로다.

圭峰 五는 大因淸淨第一勝이라
규봉 ㉑五. 큰 원인인 청정제일이 수승함이라.

何以故오 須菩提야 如來가 說第一波羅蜜이 卽非第一波羅蜜일새 是名第一波羅蜜이니라

무슨 까닭인가. 수보리야, 여래가 설한 제일 바라밀이 제 일 바라밀이 아님일새 그 이름이 제일 바라밀이니라.

說誼 聞經不怖를 因甚道甚爲希有오 此法이 物無與等이로대 而能與 物爲等이라 深玄幽奧하야 不近人情하니 聞者가 多生驚怖하야 信解者가 誠難이어늘 如今에 能生淨信하야 不生驚怖일새 所以希有로다
설의 경을 듣고서 두려워하지 않음이 어째서 심히 희유하다고 하는 가. 이 법은 어떤 사물과 더불어 같지 않으며 또한 능히 사물과 더불 어 평등함이라. 深玄하고 幽奧하여 人情에 가깝지 않으니 듣는 자가 많은 놀라움과 두려움을 내어서 믿고 이해한다는 것이 실로 어렵거 늘, 지금에 능히 깨끗한 믿음을 내어서 겁내고 두려워하지 않는 것이

희유한 까닭이로다(희유에 대한 내용).

圭峰 何以故者는 有二하니 一은 躡前不驚等徵이요 二는 都躡前勝以徵이니라 論에 云此法門은 名爲大因이니 勝餘修多羅라 故名爲淸淨이니 無量諸佛이 同說故니라 故彼珍寶檀等이 無如是功德이니 是故로 彼福德中에 此福이 爲勝이라하다

규봉 '하이고'란 두 가지 뜻이 있으니 一. 앞에서 不驚等을 밟아서 물은 것이요. 二. 앞의 수승한 것을 모두 섭하여 물은 것이니라. 論에 이르되 이 법문은 이름이 大因이 되니 다른 수다라(경전)보다 수승한 것이라. 그러므로 이름이 청정이 되니 숱한 부처님이 다같이 설한 까닭이니라. 그러므로 저 진귀한 보물을 보시한 것 등은 이 같은 공덕이 없는 것이니 이 까닭에 저 복 중에서 이 복이 수승함이 된다고 하다.

六祖 口說心不行하면 卽非요 口說心行하면 卽是며 心有能所하면 卽非요 心無能所하면 卽是니라

육조 입으로 말하고 마음으로 행하지 않으면 곧 그름이고, 입으로 말하고 마음으로 행하면 곧 옳은 것이며, 마음에 能과 所가 있으면 곧 그름이고, 마음에 能所가 없으면 곧 옳은 것이다.

傅大士 波羅를 稱彼岸이여 於中에 千種名이라 高卑는 緣妄識이요 次第는 爲迷情이로다 焰裏에 尋求水하고 空中에 覓響聲이라 眞如何得失가 今始號圓成이로다

부대사 波羅를 彼岸이라 일컬음이여.
그중에 천 가지 이름이 있도다.
높고 낮음은 妄識을 인연함이고
차례는 迷한 情 때문이로다.
불꽃 속에서 물을 찾고

허공에서 메아리를 찾음이라.
眞如를 어찌 얻고 잃을 것인가.
지금 비로소 圓成이라 부르리라.

冶父 八字打開하야 兩手分付하다
說誼 第一波羅蜜이여 更無向上이요 非第一波羅蜜이여 不異向下로다 是名第一波羅蜜이여 是向上耶아 向下耶아 向上向下를 都說示하사 兩手로 分付了也로다
야부 八字로 打開하여 兩手로 分付하셨다(양팔로 열어보여 두 손으로 드러내었다).
설의 제일 바라밀이여, 다시는 向上이 없음이요. 제일 바라밀이 아님이여, 向下와 다르지 않도다. 제일 바라밀이라 이름함이여, 이는 向上인가 向下인가. 향상 향하를 모두 설해 보여서 두 손으로 다 들어 바쳤도다.

冶父 是名第一波羅蜜이여 萬別千差가 從此出이라 鬼面神頭가 對面來하니 此時에 莫道不相識하라
說誼 第一波羅蜜이여 差別이 所從出이라 窅然幽奧深難測이나 爭奈頭頭常現露리오 常現露여 別無眞하니 此時에 莫道不相識하라
야부 제일 바라밀이라 이름함이여,
천차만별이 이로부터 나왔도다.
鬼面과 神頭로써 대면하여 오니
이때에 서로 모른다고 말하지 말라.
설의 제일 바라밀이여, 온갖 차별이 이로부터 나왔도다. 요연히 아득히 깊어 측량키 어려우나, 낱낱이 항상 드러나 있음을 어찌하리오. 항상 드러나 있음이여, 따로 참다운 것이 없으니 이때에 서로 모른다고 말하지 말라.

圭峰 第八은 斷持說이 未脫苦果疑라 論에 云向說捨身은 苦身果報故로 福劣이니 若爾인댄 依此法門持說에 諸菩薩의 行苦行도 亦是苦果어늘 云何此法은 不成苦果오할새 斷之니라 文二니 一은 明超忍以斷疑요 二는 勸離相以安忍이니라 初中에 文二니 一은 明忍體라

규봉 ㈀八은 經을 가지고 說함이 苦의 과보를 벗어나지 못한다는 의심을 끊음이다. 論에 이르되 앞에서 말해온 몸을 버리는 것은 몸을 괴롭게 한 과보인 고로 복이 劣함이니, 만약 그렇다면 이 법문을 의지해 持說함에 모든 보살이 고행을 행함도 역시 고의 과보이거늘 어찌하여 이 법은 苦果를 이루지 않는가. 하므로 그것을 끊음이다. 글에 두 가지니 ㉮一. 忍을 넘어서 의심 끊음을 밝힘이고 ㉮二. 相을 떠나서 安忍함을 권함이다. ㉮一에 두 가지니 ㉯一. 忍의 體를 밝힌 것이라.

須菩提야 **忍辱波羅蜜**을 **如來**가 **說非忍辱波羅蜜**일새 **是名忍辱波羅蜜**이니라

수보리야, 인욕바라밀도 여래가 설하되 인욕바라밀이 아니고 그 이름이 인욕바라밀이니라.

圭峰 忍到彼岸에 已離苦相이어든 況彼岸非岸이어니 誰苦誰忍이리오 二는 明忍相이라 於中에 又二니 初는 引一生에 證極苦忍이라 又二니 一은 正明이라

규봉 忍이 피안에 이르름에 이미 苦의 相을 떠났으니 하물며 저 언덕은 언덕이 아니므로 누가 고통스럽고 누가 참을 것이 있겠는가. ㉯二. 忍相을 밝힌 것이라. 그 中에 둘이니 ㉯一. 일생에 極苦의 忍을 증득함을 이끈 것이라. 또 두 가지니 ㉰一. 正히 밝힘이라.

何以故오 **須菩提**야 **如我昔爲歌利王**에 **割截身體**하야 **我於爾時**에 **無我相**하며 **無人相**하며 **無衆生相**하며 **無壽者相**호라
어찌한 까닭인가. 수보리야, 내가 옛적 가리왕에게 신체를 낱낱이 베일 때에 나는 그때에 아상이 없었고 인상이 없었으며 중생상도 없었고 수자상도 없었느니라.

圭峰 歌利王은 此云極惡이니 佛昔作仙하야 在山中修道러니 王獵疲寢에 妃共禮仙이어늘 王이 問得四果不아 皆答云不로라 王이 怒하야 割截한대 天이 怒하야 雨石이어늘 王이 懼而懺悔한대 仙은 證本無瞋이라 王乃免害하다 論에 云不但無苦라 而乃有樂이니 以慈悲故라 하다 二는 反顯이라

규봉 가리왕은 극악이라 하니 부처님이 옛날 仙人으로 山中에서 수도할 때에 왕이 사냥하다 피로하여 잠이 든 사이 그 왕비들이 모두 선인에게 예배하거늘, 왕이 四果를 얻었느냐고 물음에 못얻었다 답하니 왕이 노하여 몸을 베었는데, 하늘이 노하여 돌비를 내려서 왕이 놀라 참회하였다. 仙人은 본래 성냄 없음을 증득하였으므로 왕이 이에 해를 면하였다. 論에 이르길 다만 苦가 없을 뿐 아니라 즐거움까지 있으니 자비로써 한 연고라 하다. ㉮二. 반대로 나타냄이라.

何以故오 **我於往昔節節支解時**에 **若有我相人相衆生相壽者相**이면 **應生瞋恨**일러니라
왜냐하면 내가 옛적에 마디마디 사지를 베일 때에 만약 아상 인상 중생상 수자상이 있었으면 응당 성내고 원망함을 내었으리라.

說誼 上讚信解하사 令發心竟하시고 將勸菩薩의 離相發心하려하사 先

擧自己의 行菩薩道時에 逢難安忍하던 離相之迹하시니 忍辱波羅蜜者
는 逢難安忍하야 求到彼岸也요 非忍辱波羅蜜者는 辱境이 本空하고
忍心이 本寂하야 無彼岸可到也니라 爲甚如此오 如我昔爲歌利의 割
截하야 不見有辱境當情하며 亦不見有身心이 當彼所害하야 初無我人
之相이라 尙不見有辱境身心이어니 何更見有彼岸可到也리오 因甚知
無我相고 我於彼時에 若有我相이면 應生瞋恨이니 旣不生瞋일새 故知
無相也니라

설의 위에선 信解를 찬탄하사 이로 하여금 발심해 마치시고 장차 보살의 相 떠난 발심을 권하려 하사 먼저 자기가 보살도를 행할 때, 어려움을 만나서 忍에 안주하던, 상 떠난 자취를 드신 것이다. 인욕 바라밀이란 어려움을 만나서 忍에 안주하여 피안에 이르름을 구하는 것이요. 인욕바라밀이 아니란 것은 辱境이 본래 공하고, 참는 마음이 본래 공적해서 피안에 가히 이를 것이 없느니라. 어째서 이같은가. 내가 옛날 가리왕에게 할절했을 때와 같아서 욕된 경계가 마음에 있음도 보지 못하며, 또한 몸과 마음이 해치는 것을 당함도 보지 못하여서 애초에 我相, 人相이 없는 것이라. 오히려 辱境과 身心이 있음을 보지 못하거늘 어찌 다시 피안에 이르름이 있음을 가히 보겠는가. 그러면 무엇을 인하여 아상이 없음을 아는가. 내가 저때에 만약 아상이 있었으면 응당히 성내고 원망을 냈을 것이나 이미 성내고 원망을 하지 않았으므로 相이 없음을 알겠느니라.

六祖 見有辱境當情하면 卽非요 不見有辱境當情하면 卽是며 見
有身相이 當彼所害하면 卽非요 不見有身相이 當彼所害하면 卽是
니라 如來가 因中在初地時에 曾爲忍辱仙人하사 被歌利王에 割截
身體호대 無一念痛惱之心하시니 若有痛惱之心이면 卽生瞋恨이시리
라 歌利王은 是梵語어든 此云無道極惡君也니라 一說에 如來가 因
中에 曾爲國王하사 嘗行十善하야 利益蒼生하시니 國人이 歌稱此王
일새 故云歌利니라 王이 求無上菩提하야 修忍辱行이러시니 爾時에
天帝釋이 化作栴陀羅하야 乞王身肉이어늘 王이 卽割施하야 殊無瞋

惱라하니 今存二說하노니 於理에 俱通하니라

육조 辱境(참는 경계)이 마음에 있음을 보면 곧 그릇된 것이고 辱境이 마음에 있음을 보지 못하면 곧 옳은 것이로다. 身相(몸모양)이 저 害하는 것을 당함이 있음을 보면 곧 그른 것이고, 몸모양이 해치는 것을 당함을 볼 수 없으면 곧 옳은 것이니라. 여래가 因中(인행시)의 初地에 있을 때에 일찍이 인욕선인이 되어 가리왕에게 신체가 할절되대 한 생각도 아파하거나 괴롭다는 생각이 없으셨으니, 만약 아프고 괴로움이 마음에 있으면 곧 瞋恨을 내었으리라. 가리왕은 범어인데 극악무도한 임금이라 이르니, 一說엔 如來가 因中〔前世〕에 일찍이 국왕이 되어서 항상 十善을 행하여 蒼生을 이익케 하시니 국민이 이 왕을 노래로써 칭하기를 歌利라 불렀느니라. 王이 무상보리를 구하여 인욕행을 닦으니 이때에 제석천이 栴陀羅(백정)로 변하여 王의 身肉을 구걸하므로 왕이 곧 베어서 베풀면서 조금도 성내거나 괴로워하지 않았다 하니, 지금의 두 가지 설이 있음은 이치에 있어서 모두 다 통하느니라.

冶父 智不責愚니라
說誼 仙人이 逢難不動이어시늘 歌利가 昧仙證空하니 愚智가 皎然이라 逢難不動이 是不責愚니라
야부 지혜는 어리석음을 책망하지 않는다.
설의 仙人은 어려움을 만나도 동하지 않으시거늘, 가리왕은 선인이 空 증득한 것을 모르니 어리석음과 지혜는 밝고 분명하도다. 어려움을 만나도 동하지 않는 것이 어리석음을 책망하지 않는 것이로다.

冶父 如刀斷水요 似火吹光이라 明來暗去에 那事無妨이로다 歌利王歌利王이여 誰知遠煙浪에 別有好商量이리오
說誼 商은 一作思라 靈源이 湛寂하야 攪之不可動이며 靈焰이 烜赫하야 吹之不可滅이라 任他八風交馳하야 內智가 湛爾常凝하니 歌利之愚가

焉知逢難之中에 具無限好消息也리오

야부 칼로써 물을 베는 것과 같고
불로써 빛을 부는 것과 같도다.
밝음이 오면 어둠이 가시니
무슨 일이라도 방해롭지 않도다.
가리왕 가리왕이여.
누가 遠煙浪에 달리 좋은 사량이 있음을 알리오.
안개와 물결이 자욱한 곳에
따로 좋은 경치가 있음을 누가 알리오.

설의 (商은 思라고도 함) 신령스런 근원이 밝고 고요해서 흔들어도 가히 동하지 않으며 신령스런 불꽃이 밝게 빛나서 불어도 가히 꺼지지 않음이라. 저 八風이 交馳함에 맡겨서 안으로의 지혜가 맑아 항상 엉겨 있으니 가리왕의 어리석음이 어려움을 만난 가운데서 무한한 좋은 소식이 갖추어 있음을 어찌 알리오.

圭峰 後는 引多生에 證相續忍이라
규봉 ㉔二. 多生에 相續된 忍 증득함을 이끈 것이라.

須菩提야 又念過去於五百世에 作忍辱仙人하야 於爾所世에 無我相하며 無人相하며 無衆生相하며 無壽者相호라
수보리야, 또 과거 오백세 동안에 인욕선인이었던 일을 생각하니 그때의 세상에서도 아상이 없었으며 인상도 없었고 중생상도 없었으며 수자상도 없었느니라.

說誼 非但一生에 安忍無相이라 五百生中에 頻遭此苦하야도 悉皆無相이니라
설의 비단 一生을 잘 참아서 相이 없었을 뿐만 아니라 오백생 중에서 자주 이런 고통을 만났어도 모두 다 相이 없었도다.

圭峰 累苦故로 忍이요 忍熟而樂이니 但與正定慈悲相應故니라 偈에 云離我及恚相이면 實無有苦惱요 共樂有慈悲니 如是苦行果라 하다

규봉 누적한 苦인 까닭에 忍이요. 忍이 익으면 즐거우니 다만 正定과 자비로써 상응하는 까닭이니라. 偈에 이르되 我 및 성냄을 떠나면 실로 고뇌가 있지 않고 같이 즐겨하여 자비가 있음은 이 같은 고행의 결과라 하다.

六祖 世者는 生也라 如來가 因中에 於五百生에 修行忍辱波羅蜜하사 以得四相不生하시니 如來가 自述往因者는 欲令一切修行人으로 成就忍辱波羅蜜이니라 行忍辱波羅蜜人이 旣行忍辱行인댄 先須不見一切人過惡하고 冤親平等하야 無是無非하야 被他의 打罵殘害하야도 歡喜受之하야 倍加恭敬이니 行如是行者는 卽能成就忍辱波羅蜜이니라

육조 世란 生이다(五百世→五百生). 여래가 因中(前生)의 오백생에 인욕바라밀을 수행하사 이로써 四相이 일어나지 않음을 얻으셨도다. 여래가 스스로 과거의 원인을 술회한 것은 일체의 수행인으로 하여금 인욕바라밀을 성취케 함이니라. 인욕바라밀을 행하는 사람이 이미 인욕행을 하고자 하면 먼저 모름지기 일체인의 과오를 보지 않고, 원수나 친한 이나 평등히 하며, 옳고 그름도 없이 하여, 다른 사람이 때리거나 꾸짖거나 해칠지라도 환희로써 그것을 받아들여서 더욱더 그를 공경할지니, 이같은 행을 행하는 자는 곧 능히 인욕바라밀을 성취함이니라.

傅大士 暴虐唯無道일세 時稱歌利王이라 逢君出遊獵하야 仙人이 橫被傷이로다 頻經五百世여 前後極時長이라 承仙忍辱力하야 今乃證眞常이로다

부대사 暴虐하여 오직 無道하므로

그때 사람들이 가리왕이라 칭했도다.
사냥 나온 임금을 만나서
仙人이 뜻밖에 傷함을 당했도다.
여러 오백세를 지남이여.
전후로 지극히 긴 시간이로다.
仙人의 인욕력을 받아서
지금 이에 眞常(참답고 항상함)을 증득했도다.

冶父 目前에 無法하니 從敎柳綠花紅이요 耳畔에 無聞하니 一任鶯吟燕語로다
說誼 深達法性空하야 塗割에 兩無心하니 達性空則根塵이 無礙요 得無心則事事無妨이로다 所以로 道호대 智明頭頭明이요 心閑事事閑이라 하시니라
야부 눈앞에 법이 없으니
　　　버들이 푸르고 꽃이 붉은 데에(본연의 모습) 맡겨둠이요,
　　　귓가에 들림이 없으니
　　　꾀꼬리가 읊조리고 제비가 지저귐에 일임하도다.
설의 法性이 空함을 깊이 通達해서 塗(약을 발라줌)와 割(해침)에 둘 다 무심하니, 성품이 空함을 통달한즉 六根과 六塵이 걸림이 없음이요. 無心을 얻은즉 일마다 방해롭지 않도다. 그러므로 말하되 지혜가 밝으면 낱낱이 다 밝음이요, 마음이 한가하면 일마다 다 한가하다고 하시니라.

冶父 四大가 元無我요 五蘊이 悉皆空이라 廓落虛無理여 乾坤이 萬古同이라 妙峯이 嶷嶷常如故하니 誰管顚號括地風이리오
說誼 四大五蘊이 同鏡像하니 空空無我亦無人이라 無我無人性常住하니 同地同天古到今이로다 古到今이여 無變異하니 從敎八風來彭彭이로다
야부 四大가 원래 我가 없음이요

五蘊은 다 空하도다.
텅 비어 허무한 이치여.
하늘과 땅은 萬古에 같도다.
妙峯은 높고높아 항상 옛과 같으니
땅을 휩쓸고 가는 회오리바람을 누가 관계하리오.

설의 四大五蘊이 거울 속의 모습과 같으니 空하고 空해서 我도 없고 또한 人도 없도다. 我도 없고 人도 없어서 性이 항상 住하니 땅도 같고 하늘도 같아서 예나 지금이 같음이로다. 예나 지금이 같음이여(시간을 초월함). 변하거나 달라진 것이 없으니 八風이 彭彭함에 맡기도다.

圭峰 二는 勸離相以安忍이라 論에 云若有菩薩이 不離我相이면 見苦行苦에 欲捨菩提心일새 故勸離相이라하며 無着이 云爲對治不忍因緣이니 不忍因緣이 有三種苦하니 謂流轉苦와 衆生相違苦와 乏受用苦라하다 於中에 文二니 一은 總標라

규봉 ㉮二. 상 떠남을 권해서 忍에 安住케 함이라.

論에 이르되 만약 보살이 我相을 떠나지 않으면, 괴로움을 보거나 괴로움이 있을 때 보리심을 버리고자 하므로, 相 떠나기를 권한 연고라 하며, 無着이 이르되 참지 못할 인연을 대치함이니 참지 못할 인연에 세 가지 苦가 있으니 流轉苦(흘러가는 고통)와 衆生相違苦(중생이 서로 어기는 고통)와 乏受用苦(수용이 부족한 고통)이라 하다. 이 중에 두 가지니 ㉮一. 總標이다.

是故로 須菩提야 菩薩이 應離一切相하고 發阿耨多羅三藐三菩提心이니

그러므로 수보리야, 보살은 응당 일체상을 떠나서 아뇩다라삼먁삼보리심을 낼지니

說誼 旣悟自心이 與佛無殊인댄 更能塵塵無着하고 念念無生하야사 是眞發心이며 名眞菩薩이니라 由是로 凡有發心者는 要應離相也니 此는 正勸離相發心也니라 又離相發心者는 是非人我가 俱是虛妄이니 悉應遠離하고 但發無上菩提之心也니라 然이나 所謂離相은 但了相虛妄하야 能所不生을 卽名爲離요 非別有相爲可離也니라

설의 이미 자기 마음이 부처와 다름 없음을 깨달았으면, 다시 능히 사물사물에 집착하지 않고 생각생각이 일어나지 않아야 이것이 참으로 발심한 것이며 참다운 보살이라고 하느니라. 이로 말미암아 무릇 발심한 사람은 요컨대 응당히 相을 떠나야 함이니, 이는 바로 相을 떠나서 발심해야 함을 권한 것이니라. 또 상을 떠나서 발심한다는 것은 是, 非, 人, 我가 다 허망한 것이어서 다 멀리 떠나고 다만 無上菩提心만 발할 뿐이니라. 그러나 다만 상 떠난다는 것은, 다만 相이 허망한 줄을 요달하여서 能과 所라는 생각을 일으키지 않는 것이 바로 상을 떠난 것이지, 따로 상이 있어서 가히 떠나야 될 상이 있는 것은 아니로다.(근본적으로 相의 空한 이치를 깨달으면 떠나야 할 相은 없는 것이다)

圭峰 若離相發心하면 雖逢大苦나 卽能不捨니라 無着이 云離一切相者는 爲離如是三苦相也라하시니라

규봉 만약 相을 떠나서 발심하면 비록 큰 고통을 만나더라도 곧 능히(보리심을) 버리지 않느니라. 무착이 이르되 일체 상을 떠났다는 것은 이와 같은 세 가지 고통의 相을 떠남이 된다 하다.

冶父 是가 卽此用가 離此用가

說誼 旣云離相發心인댄 心與相이 相去多少오 沖虛妙粹하고 廣大靈明하야 離諸幻妄을 名之爲心이요 日用是非人我와 現前色香味觸이 俱是虛妄을 皆名爲相이니라 然이나 相非外來라 全是自心起用이니 伊麼則此心이 卽此用가 離此用가 若道卽此用인댄 爭奈絶相離名이며

若道離此用인댄 爭奈不礙諸相이리오 畢竟作麽生道오 若人이 識得心하면 大地無寸土니라 所以로 道호대 於一毛端에 現寶王刹하고 坐微塵裏하야 轉大法輪이라하시니라

야부 이것은 이 用에 卽한 것인가. 이 用을 떠난 것인가.

설의 이미 相 떠난 발심이라 말하면 마음과 相이 서로의 거리가 얼마인가. 텅 비어 묘하게 순수하고 크고 신령스럽게 밝아서 모든 幻과 妄을 여의는 것을 이름하여 마음이라 함이요 日用의 是 非 人 我와 現前의 색향미촉이 다 허망한 것을 이름하여 相이라 하느니라. 그러나 이 相이란 밖에서 온 것이 아니고 모두 자기 마음에서 일어난 작용이니 이러한즉 이 마음이 이 用에 卽한 것인가. (곧 이 용인가.) 이 用을 떠난 것인가. 만약 이 用에 卽했다면 어찌 相을 끊고 이름을 떠날 수 있으며, 만약 이 用을 떠났다면 어찌 모든 相에 걸리지 않으리오.

  필경 어떻게 말할 것인가.
  만약 사람이 마음을 알아 얻으면
  大地에 寸土도 없으리라(모두 마음으로만 보인다).
  그러므로 이르되
  한 터럭 끝에 寶王刹(큰세계, 佛刹)이 나타나고
  미진속에 앉아서 大法輪을 굴린다 하시니라.

야부 得之在心이요 應之在手라(在는 一作於라) 雪月風花요 天長地久라 朝朝鷄向五更啼하고 春來處處山花秀로다

설의 失其旨也인댄 離却日用코 別求生涯어니와 得其源也인댄 機境上에 把得便用이니라 伊麽則頭頭가 淨妙國土요 物物이 常住眞身이라 一切聲이 是佛聲이요 一切色이 是佛色이니 觸處天眞하야 雌黃無分이라 鷄向五更啼하고 處處山花秀하니 可得雌黃麽아

야부 얻는 것은 마음에 있고
  쓰는 것은 손에 있음이라.
  눈[雪] 위를 비추는 달빛과 바람에 나부끼는 꽃이요,
  하늘은 높고 땅은 넓도다.

아침마다 닭은 五更에 울고
봄이 오면 산마다 꽃이 빼어나도다.

설의 그 뜻을 잃어버리면 일상생활을 떠나서 따로 生涯를 구하거니와 그 根源을 얻으면 일체 경계 위에서도 그것을 잡아 곧 씀이니라. 이러한즉 낱낱이 정묘한 국토요(우리의 마음자리), 사물사물이 항상 머물러 있는 眞身이로다(청정법신). 일체의 모든 소리는 다 부처님의 음성이요 일체의 모든 물질이 다 佛色이니 닿는 곳마다 모두 天眞해서 雌黃*을 가릴 수 없도다. 닭은 오경에 울고 산마다 꽃들이 빼어 났으니 가히 자황을 얻겠는가.

圭峰 二는 別顯이라 於中에 文二니 一은 對治不忍流轉苦라
규봉 ㉮二. 낱낱이(別顯) 드러냄이라. 그 중에 둘이 있으니
  ㉮一. 참지 못하면 流轉하는 고통을 對治함이라.

不應住色生心하며 **不應住聲香味觸法生心**이요 **應生無所住心**이니라
응당 색에 머물러서 마음을 내지 말며, 응당 성, 향, 미, 촉, 법에 머물러서도 마음을 내지 말고 응당 머문 바 없는 그 마음을 낼지니라.

六祖 不應住色生心者는 是都標也요 聲香等은 別列其名也라 於此六塵에 起憎愛心일새 由此로 妄心이 積集하야 無量業結하야 覆蓋佛性하나니 雖種種勤苦修行이라도 不除心垢하면 終無解脫之理니라 推其根本컨댄 都由色上住心이니 如能念念常行般若波羅蜜하면 推諸法空하야 不生計着하며 念念常自精進하야 一心守護하야 無令放逸이니라 淨名經에 云求一切智하야 無非時求라하며 人般若

---

* 雌黃;비소와 황산의 화합물로써 나눌 수도 가를 수도 없는 색소.

經에 云菩薩摩訶薩이 晝夜精進호대 常住般若波羅蜜多하야 相應作意하야 無時暫捨라하시니라

육조 응당히 색에 주하여 마음을 내지 않는다는 것은 모두 통틀어 표한 것이요, 聲香 等은 따로 그 이름을 열거한 것이라. 이 육진에서 증애의 마음을 일으키면 이로 말미암아 妄心이 쌓여서 무량의 업이 맺어져 불성을 덮나니, 비록 가지가지로 힘든 수행을 할지라도 마음의 때를 없애지 못하면 마침내 해탈의 이치가 없느니라(마음이 보리, 열반에 머문다 해도 머문다는 것은 때(垢)와 같은 것이다). 그 근본을 추구하건대 모두 색위에 마음을 머무는 까닭이니 만약 능히 순간순간에 항상 반야바라밀을 행하면 모든 法이 空함을 미루어 알아서 계교와 집착을 내지 않으며, 생각생각에 항상 스스로 정진하고 일심으로 수호하여 이로 하여금 방일함이 없게 할 것이니라. 정명경(유마경)에 이르되 一切智를 구하려면 어느 때나 다 구해야 하며, 대반야경에 이르되 보살마하살이 주야로 정진하되 항상 반야바라밀다에 주하여 서로 응하게 뜻을 지어서 때마다 잠시도 버림이 없게 하라 하시니라.

若心有住면 卽爲非住니

만약 마음에 머뭄이 있으면 곧 머뭄 아님이 되느니라.

六祖 若心住涅槃이면 非是菩薩住處라 不住涅槃하며 不住諸法하야 一切處不住하야사 方是菩薩住處니 上文에 說應無所住하야 而生其心者是也니라

육조 만약 마음이 열반에 머무르면 이는 보살이 주할 곳이 아닌 것이라. 열반에도 주하지 않고, 제법에도 주하지 않으며 일체처에도 주하지 않아야 바야흐로 보살의 주처인 것이니, 위에서 설한 '응당히 머문 바 없이 그 마음을 낸다'는 것이 이것이니라.

是故로 **佛說菩薩**이 **心不應住色布施**라하노라
그러므로 부처님이 말하기를 "보살은 마땅히 마음을 색에 머물지 말고 보시하라" 하느니라.

六祖 菩薩이 不爲自身의 五欲快樂하야 而行布施하고 但爲內破慳心하며 外利益一切衆生하야 而行布施니라
육조 보살은 자신의 오욕 쾌락을 위해서 보시를 행하지 않고, 다만 안으로 아끼는 마음을 깨뜨리며 밖으로는 일체 중생을 이익케 하기 위하여 보시를 행하느니라.

圭峰 初는 正明流是集諦요 轉是苦諦니 無着이 云若着色等하면 則於流轉苦中에 疲乏故로 菩提心이 不生이라하다 後는 引證이니 引前說無住施가 具含六度하야 證此文矣니라 二는 對治不忍相違苦라
규봉 初는 정히 流는 集諦가 되고 轉은 苦諦가 됨을 밝히는 것이니, 무착이 이르되 만약 색성 등에 집착하면 즉시 流轉의 苦中에서 피로하고 궁핍한 까닭에 보리심이 나지 않는다 하다. 後는 證을 이끎이니 앞에 설한 무주상보시가 육도를 모두 포함하고 있음을 이끌어 이 글을 증명하느니라. ㉔二. 참지 못하면 서로 어기는 고통을 대치함이라(對治不忍 相違苦).

須菩提야 **菩薩**이 **爲利益一切衆生**하야 **應如是布施**니
수보리야, 보살은 일체중생을 이익하기 위하여 응당 이와 같이 보시하느니

說誼 識浪이 內湧則境風이 作而常動하고 智水가 內凝則風塵이 息而常靜이니 靜無靜相이라 眞明自照니 是謂無住生心이라 是眞菩薩住

離相寂滅分 第十四　319

處니라 由是로 發心之者는 凡於應用之際에 但當無念而應하고 不應
着意攀緣이니 着意墮魔坑이라 非眞菩薩住處也니라 所以然者는 菩薩
發心은 只爲益生이니 自若有住면 豈能令他無住리오 所謂有諸己然後
에 求諸人하며 無諸己然後에 非諸人이 是也니라 所謂無念無住는 正
似秋天野水에 森羅自顯이니 豈同寒灰枯木하야 一於忘懷者哉아 忘懷
는 沈鬼窟이라 亦非菩薩住處也니 若眞住處인댄 不依有住而住하고 不
依無住而住하며 亦不依中道而住하야 如是而住也니라

설의　識의 물결이 안으로 용솟음치면 경계의 바람이 일어나서 항상 움직임이요. (마음속에서 망상과 번뇌가 일면 모든 경계도 바로 시끄러워지는 것이다) 智慧의 물이 안으로 엉기면 풍진(육진경계)이 쉬게 되어 항상 고요할 것이요, 고요하되 고요하다는 相이 없어야 참답고 밝은 것이 스스로 비추는 것이니 이것을 주하는 바 없이 마음을 낸다고 이르는 것이라. 이것이 참된 보살이 머물 곳이니라. 이로 말미암아 發心한 사람은 무릇 응용할 때에 다만 마땅히 무념(집착없이)으로써 응하고, 응당 뜻에 집착하여 반연하지 말 것이니, 뜻에 집착하면 마군이의 구덩이에 떨어지게 되어 참다운 보살이 머물 곳이 못되느니라. 그렇게 된 까닭은 보살의 발심은 다만 중생을 이익케 하기 위한 것이니 만약 스스로 주함이 있으면 어찌 다른 이로 하여금 주하지 않게 할 수 있겠는가. 이른바 자기에게 있은 연후에 남에게도 있기를 구할 것이며 자기에게(허물이) 없은 연후에 남을 그르다 하는 것이 이것이니라.

　이른바 무념, 무주라는 것은 가을하늘과 맑은 물 위에 삼라만상이 저절로 드러남과 같으니, 싸늘한 재와 고목처럼 한결같이 생각만 잊는 것과 어찌 같겠는가. 생각을 잊는 것은 귀신굴속에 잠기는 것이어서 또한 보살의 住處가 아님이니 만약 참다운 주처라면 有住를 의지해서 住하지도 말고 無住를 의지하여 주하지도 말며 또한 中道를 의지하여 주하지도 않아야 이와 같이 주하는 것이니라.

六祖　菩薩者는 行法財等施하야 利益無疆이니 若作能利益心하면

卽是非法이요 不作能利益心하면 是名無住니 無住가 卽是佛心也니라

육조 보살이란 法과 재물 등을 똑같이 베풀어서 이익을 끝없게 하는 것이니, 만약 능히 이익케 한다는 생각을 내면 곧 법이 아님이요 능히 이익케 한다는 마음을 내지 않으면 이것을 無住라 하니, 이 無住가 곧 佛心이니라.

傅大士 菩薩이 懷深智여 何時不帶悲아 投身憂虎餓하고 割肉濟鷹飢로다(濟는 一本에 作恐이라) 精勤三大劫호대 曾無一念疲하니 如能同此行이면 皆得作天師니라

부대사 보살이 깊은 지혜를 품고 있음이여. 어느 때인들 자비를 띠지 않겠는가 몸을 던져서 주린 호랑이를 염려하고 살을 베어서 굶주린 매를 구제하도다. 정근을 삼아승지겁 동안 하였으되 일찍이 한 순간도 고달픔이 없었으니 만약 능히 이 행과 같으면 다 人天의 스승이 되리라.

冶父 有佛處에 不得住하고 無佛處에 急走過하야 三十年後에 莫言不道어다

說誼 有佛處에 有敎可遵이요 無佛處에 無敎可效라 然이나 有敎無敎가 盡令人으로 不得洒洒落落이니 旣不坐於兩邊인댄 亦不滯於中道하야 透過三關已하야는 亦復不留蹤이니라

야부 부처님 있는 곳에도 머물지 말고, 부처님 없는 데서는 급히 지나갈지니 삼십년 후에(너에게) 이르지 않았다고 말하지 말지어다.

설의 부처님 있는 곳에서는 가르침이 있어서 가히 좇을 만하고 부처님이 없는 곳에서는 가히 본받을 만한 가르침이 없도다. 그러나 가르침이 있고 없는 것은 다 사람으로 하여금 洒洒落落(깨끗한 상태)하게 하지 못함이니 이미 양변에 앉지 않았을진댄 또한 중도에도 머물지

말고 세 가지 관문(有敎, 無敎, 中道)을 뚫고 지나서는 또한 다시 자취에도 머물지 말지니라.

冶父 朝遊南嶽하고 暮往天台로다 追而不及이요 忽然自來로다 獨行獨坐無拘繫하니 得寬懷處에 且寬懷로다
說誼 彼此無所止하고 中間도 亦無蹤이라 蕭然獨脫無拘繫하니 雲蹤鶴態로 喩難齊로다 旣不坐於三千里內하고 亦不立於三千里外하니 是可謂逸驥之於春風廣野요 神龍之於月明滄海로다

야부 아침에는 南岳山에서 놀고
   저물면 天台山에 가도다.
   쫓으려 해도 미치지 못하더니
   홀연히 저절로 오는도다.
   홀로 행하고 홀로 앉아 걸림이 없으니
   너그러운 생각이 있음에 또한 너그러워짐이로다.

설의 彼此에 머물 것이 없고 중간도 또한 자취가 없음이라. 소연히 홀로 벗어나서 구속과 얽매임이 없으니, 구름의 자취와 학의 자태로 비유하여도 똑같이 표현하기 어렵도다. 이미 삼천리(有敎, 無敎, 中道) 안에 앉아 있지 않고 또한 삼천리 밖에서도 서있지 않으니 이것은 가히 春風廣野에서 준마가 달림과 같고 달밝은 푸른 바다에 神龍이 오름과 같도다.

如來가 **說一切諸相**이 **卽是非相**이며 **又說一切衆生**이 **卽非衆生**이니라
여래가 설한 일체의 모든 상은 곧 이 상이 아니며 또한 일체의 중생이라고 설함도 곧 중생이 아니니라.

說誼 諸相이 本空하야 無相可住요 衆生이 本寂하야 無生可度也니 此所以勸離相發心也니라

설의 모든 相이 본래 공하여 相에 가히 머물 것이 없음이요, 중생이 본래 고요하여 중생 가히 제도할 것이 없음이니 이 까닭에 相을 떠난 발심을 권함이니라.

六祖 如者는 不生이요 來者는 不滅이니 不生者는 我人不生이요 不滅者는 覺照不滅이니라 下文에 云如來者는 無所從來며 亦無所去일새 故名如來라하시니 如來가 說我人等四相은 畢竟可破壞라 非眞覺體也요 一切衆生은 盡是假名이라 若離妄心하면 卽無衆生可得일새 故로 言卽非衆生也라하시니라

육조 如란 不生이요 來란 不滅이니, 不生이란 아상 인상을 내지 않음이요 不滅이란 깨달아 비춤이 멸하지 않음이니라. 下文에 이르되 如來란 좇아온 바도 없으며 또한 가는 바도 없으므로 如來라 하시니, 如來가 설하신 我人等 四相은 필경 가히 무너질 것이라서 참된 覺의 體가 아님이요. 일체 중생은 모두 다 거짓이름이어서, 만약 망심만 떠나면 곧 중생은 가히 얻을 것이 없으므로 곧 중생이 아니라고 말씀하시니라.

冶父 別有長處하니 不妨拈出이로다
說誼 相卽非相이며 生卽非生이여 只說得一半이요 說不及一半이니 一半을 更須拈出하야사 始得다
야부 따로 長處(좋은 곳)가 있으니
　　　　잡아 내는데 방해롭지 않도다.
설의 相은 곧 相이 아니고 중생은 곧 중생이 아님이여. 다만 반만 말했고 반은 아직 말로써 미치지 못했으니 반을 다시 모름지기 잡아 내어야 비로소 옳도다.

冶父 不是衆生不是相이여 春暖黃鶯이 啼柳上이로다 說盡山雲海月情이어늘 依前不會空惆悵이로다 休惆悵하라 萬里無雲天一樣이로

다

說誼 纖毫不掛處에 萬像頓彰時라 山頂白雲은 封不開요 海天明月은 正簫然이로다 見已에 情自悅하니 此情을 說向誰오 傍有遠鄕客作夢이어늘 扶起分明說此情하니 睡初起라 眼昏昏하야 依前不會空惆悵이로다 休惆悵하라 一道寒光이 滿目前이로다

야부 중생도 아니고 相도 아님이여.
따뜻한 봄날 노란 꾀꼬리 버들 위에서 우누나.
山雲과 海月의 情을 다 설했거늘
예전처럼 알지못하고 공연히 쓸쓸해 하도다.
서글퍼하지 말라.
만리에 구름 한 점 없으니 하늘이 한모양뿐이더라.

설의 가는 털도 걸지 못하는 곳에 萬像이 몰록 드러날 때로다. 山頂의 흰구름은 봉하여 열지 않았고 海天의 明月은 正히 분명하도다. 보고나매 情이 절로 즐거우니 이 情을 누구를 향해 말할까. 곁에 먼 고향의 나그네가 꿈꾸고 있어서 붙잡아 일으켜 분명한 이 정경을 말하니, 잠이 막 깬지라 눈이 昏昏하여 예전처럼 알지 못하고 공연히 서글퍼하도다.
서글퍼하지 마라.
한줄기 차가운 광명이 눈앞에 가득한 것을!

主峰 無着이 云旣爲衆生行施인댄 云何於彼에 生瞋이리오 由不能無衆生想故니라 衆生이 相違時에 卽生疲乏일새 故로 顯示人無我法無我니 其第三苦는 此不用之라하며 論에 云諸相者는 衆生相也요 非相者는 無我也니라 陰中見我가 是衆生相이니 一切衆生者는 五陰法也요 非衆生者는 陰空故로 法無我也라하다 第九는 斷能證無體非因疑라 論에 云於證果中에 無道어늘 云何彼於果에 能作因이리오할새 斷之니라 文二니 初는 斷疑라

규봉 무착이 이르되 이미 중생을 위해서 보시를 행했으면 어찌

하여 저 사람에게 진심(瞋心)을 내리오. 능히 중생이란 相이 없지 않기 때문이다. 중생이 서로 어길 때 피곤함을 내므로 人無我와 法無我를 드러내니 제三의 苦는 여기에서 쓰지 않았다. 論에 이르되 諸相이란 衆生相이요 非相이란 無我인 것이다. 五陰中에서 我를 보는 것이 이 중생상이니 일체 중생이란 五陰法이요. 非衆生이란 五陰이 본래 공한 고로 법에 아가 없다고 하다. ㉏九는 능히 증득하는 것은 體가 없어서 因이 아니라는 의심을 끊는 것이다. 論에 이르되 "과를 증득하는 데는 길이 없거늘 어찌하여 저들은 果에서 능히 因을 지으리오"함을 끊음이다. 글에 두 가지니 ㉮一. 初는 의심을 끊음이라.

須菩提야 如來는 是眞語者며 實語者며 如語者며 不誑語者며 不異語者니라
수보리야, 여래는 참다운 말을 하는 자며 실다운 말을 하는 자며 사실과 같이 말하는 자며 거짓이 아닌 말을 하는 자며 다른 말을 하지 않는 자니라.

說誼 諸法實相을 說也說盡하시고 乃云我所說法은 眞不僞며 實不虛며 上不違如理하고 下不誑衆生이라 佛佛이 皆然하야 初無異說이라하시니라
설의 모든 법의 실상을 설하고 설하여 다하시고, 이에 이르러 내가 설한 바 법은 참다워서 거짓이 아니며 실다워서 헛되지 않으며 위로는 여여한 이치에 어기지 않고 아래로는 중생을 속이지 않음이라. 모든 부처님이 다 그러해서 애초에 다른 말씀이 없다 하시니라.

圭峰 佛所有說은 皆如其事니 今說證果인들 何疑不然이리오 眞語者는 說佛大菩提法也니 是眞智故요 實語者는 說小乘四諦니 諦是實義요 如語者는 說大乘法이니 大乘法은 有眞如어니와 小乘은

離相寂滅分 第十四　325

無也요 不異語者는 說三世授記等事가 更無參差니 佛이 將此四語하야 不誑衆生일새 是故로 秦譯에 加不誑語하니라

규봉　부처님이 설하신 것은 다 그 일과 같으니(사실을 사실대로 관하고 사실 그대로 설하심), 지금 果를 증득한 것을 말함인들 어찌 그렇지 않다고 의심하리오. 眞語란 부처님의 大菩提法을 설한 것이니 이것은 참다운 지혜인 까닭이요. 實語란 소승사제를 설한 것이니 諦(진리)는 실다운 뜻이요. 如語란 大乘法을 설한 것이니 大乘法은 眞如가 있거니와 소승은 없는 까닭이요. 不異語란 三世의 授記 等을 설한 것은 다시 어긋남이 없음이니, 부처님이 네 가지를 가지고 중생을 속이지 않은 고로 秦譯에는 不誑語를 더한 것이니라

六祖　眞語者는 說一切有情無情이 皆有佛性이요 實語者는 說衆生이 造惡業에 定受苦報요 如語者는 說衆生이 修善法에 定受樂報요 不誑語者는 說般若波羅蜜法이 出生三世諸佛호대 決定不虛요 不異語者는 如來所有言說이 初善中善後善이시니 旨意微妙하야 一切天魔外道가 無有能超勝과 及破壞佛語者也니라

육조　眞語란 일체 有情 無情이 모두 불성이 있음을 설한 것이요. 實語란 중생이 악업을 지으면 결정코 苦의 報를 받는 것이요. 如語란 중생이 선법을 닦으면 결정코 樂의 報를 받음이요. 不誑語란 반야바라밀법이 삼세제불을 출생하되 결정코 헛되지 않음이니라. 不異語란 여래가 하신 言說이 처음도 좋고 중간도 좋으며 결론도 좋음을 설하시니, 뜻이 미묘하여 일체의 천마외도들이 능히 초월할 수 없고 부처님의 말씀을 파괴할 수 없음이니라.

傅大士　衆生與蘊界가 名別體非殊니 了知心似幻이라도 迷情見有餘니라 眞言은 言不妄이요 實語는 語非虛니 始終無變異라 性相本來如로다

부대사 중생과 오온계가 이름은 다르되 體는 다르지 않으니
마음이 幻과 같음을 요달하여 알지라도
迷한 情으로 보면 남음이 있느니라.
眞語는 말이 망령되지 않음이고
實語는 말이 헛되지 않으니
시작과 끝이 변하거나 다르지 않음이라.
性相이 본래 如如함이로다.

冶父 知恩者가 少하고 負恩者가 多로다
說誼 諄諄之慈가 靡所不至언마는 隨語生解者가 衆하고 承言會旨者 鮮하니 承言會旨는 所以知恩이요 隨語生解는 所以負恩이니라
야부 은혜를 아는 者는 적고 은혜를 저버리는 者는 많도다.
설의 지극하고 지극한 자비가 이르지 못한 곳이 없건만 말을 따라 알음알이를 내는 자는 많고, 말을 받아듣고 뜻을 아는 자는 드무니 말을 받아 뜻을 아는 것은 은혜를 아는 것이고, 말을 따라서 알음알이를 내는 것은 은혜를 저버리는 것이니라.

冶父 兩箇五百이 是一貫이요 阿爺元是丈夫漢이라 分明對面向 渠言이나(向은 一作報라) 爭奈好心이 無好報리오 眞語者 實語 者여 呵呵呵 啫啫啫이로다
說誼 天下에 無二道요 聖人은 無兩心이니 如來眞實說이여 只說這介 法이라 琴上에 分明彈報知나 一曲無生을 和者稀로다 邈然天地間에 唯師獨知恩이라 忍俊不禁笑呵呵하고 肯心自許云啫啫이로다 且喜瞿 曇이 逢此老하노니 白雲千載에 一知音이라 連下三聲을 字細看하라 亦 與忠老로 作知音이로다
야부 두 개의 오백근이 일관이요
아버지는 원래 장부로다.
분명히 대면하여 그를 향해 말하나

좋은 마음에 좋은 報가 없음을 어찌하리오.
眞語者, 實語者여. 가가가, 야야야로다(하하하, 그렇고 그렇도다).

설의 천하에는 두 道가 없음이요 성인은 두 마음이 없으니, 여래의 진실한 말이여, 다만 이 法을 설할 뿐이로다. 거문고를 퉁기어 분명히 알리나 한 곡조 無生曲에 화답하는 자가 드물도다. 아득한 천지 사이에 오직 스님(야부)만이 홀로 은혜를 알도다. 그 준걸함을 참을래야 참지 못하여 '하하하' 웃고, 기꺼이 스스로 허락하여 이르되 '야야야'(그렇고 그렇도다)라 하도다. 또한 瞿曇(佛)이 이 노인(冶父) 만남을 기뻐하노니 흰구름만 뒤덮인 천년 사이에 한 知音者를 만났음이라. 아래로 이은 세 소리(가가가,야야야)를 자세히 보아라. 또한 忠老와 더불어 知音者를 지었도다.

圭峰 二는 離執이라
규봉 ㉮二. 집착을 떠남이라

須菩提야 如來所得法은 此法이 無實無虛하니라
수보리야, 여래가 얻은 바 법인 이 법은 실다움도 없고 헛됨도 없느니라.

說誼 前明所說하시고 此明所得하시니 所說도 亦只是不二法이며 所得도 亦只是不二法이라 無實無虛는 是言不二니라
설의 앞에서는 설한 바를 밝히시고, 여기서는 얻은 바를 밝히시니 설한 바도 또한 두 법이 아니며, 얻은 것도 역시 두 법이 아님이라. 무실무허는 둘이 아닌 도리를 말함이니라.

圭峰 無實者는 如其言說하야 性非有故요 無虛者는 不如言說하야 自性有故니라

규봉 無實이란 그 말이 自性이 있지 않은 것과 같은 까닭이요. 無虛란 그 言說이 自性이 있는 것과 같지 않은 연고이다.

六祖 無實者는 以法體空寂하야 無相可得이라 然이나 中有恒沙性德하야 用之不匱일새 故言無虛니 欲言其實인댄 無相可得이요 欲言其虛인댄 用而無間이니라 是故로 不得言有며 不得言無니 有而不有요 無而不無라 言辭不及者가 其唯眞智乎인저 若不離相修行이면 無由臻此也니라

육조 無實이란 法의 體가 空寂해서 相을 가히 얻을 수 없도다. 그러나 그 가운데는 항하사 같은 性德을 갖추고 있어서 그것은 써도 다하지 못한 까닭에 無虛라고 말했도다. 그 實을 말하고자 하면 相은 가히 얻지 못하고 그 虛를 말하고자 하면 쓰되 끊어질 사이가 없느니라. 그러므로 有라고 말하지 못하며 無라고도 말하지 못하니, 있으되 있음이 아니고 없으되 없음이 아님이라. 言辭로써 미치지 못하는 것은 오직 그 참다운 지혜인저! 만약 상을 떠나서 수행하지 않으면 여기에 이를 수가 없느니라.

傅大士 證空便爲實이요 執我乃成虛라 非空亦非有어니 誰有復誰無리오 對病應施藥이요 無病藥還祛니 須觀二空理하야사 穎脫入無餘니라

부대사 空을 증득하면 문득 實이 되고,
我에 집착하면 虛를 이루느니라.
空도 아니고 또한 有도 아니니
무엇이 있고 다시 무엇이 없으리오.
병을 만나면 응당 약을 베풀고
병이 없으면 약 또한 버리나니,
모름지기 二空의 이치를 관하여
훤출하게 無餘에 들어가도다.

冶父 水中鹹味요 色裏膠淸이로다
說誼 是有아 是無아 是實가 是虛아
야부 물속의 짠맛이요, 색깔속에 있는 아교의 깨끗함(투명함)이로다.
설의 있는 것인가 없는 것인가. 실다운 것인가 헛된 것인가.

冶父 硬似鐵軟如酥하고 看時有覓還無라 雖然步步常相守나 要且無人識得渠로다 咦
說誼 且强且柔하니 易見難曉로다 雖一切處에 披露分明이나 乃一切處에 摸揉不着이로다 更知道어다 十聖三賢도 不知處하니 有時에 閑掛寺門前이로다
야부 굳기는 철과 같고 부드럽기는 연유와 같으며
　　　　보면 있는 듯하나 찾으면 도리어 없도다.
　　　　비록 그렇게 걸음걸음에 항상 서로 따르나
　　　　또한 그를 아는 이 아무도 없도다. 咦!
설의 또한 강하기도 하고 부드럽기도 하니 쉽게 보되 밝히기는 어렵도다. 비록 일체처에서 헤쳐 드러내면 분명하나, 그러나 일체처에서 찾으려면 찾을 수 없도다. 다시 알지어다. 十聖三賢도 그 있는 곳을 알지 못하나 어느 땐 한가롭게 절문 앞에 걸려 있도다.

圭峰 第十은 斷如徧有得無得疑라 論에 云若聖人이 以無爲眞如法으로 得名인댄 彼眞如가 一切時處에 恒有어늘 何故로 有得者하며 有不得者오할새 斷之니라 文二니 一은 擧喩斷疑라
규봉 ㉕十은 如(진여)가 有得과 無得에 두루하다는 의심을 끊음이라. 論에 이르되 만약 성인이 無爲의 진여법으로써 이름을 얻었다면 저 眞如가 일체의 時와 處에 항상 있거늘 어찌하여 얻는 자도 있고 얻지 못하는 자가 있는가 하므로 그것을 끊음이라. 두 가지가 있으니 ㉮一. 비유를 들어서 의심을 끊음이라.

須菩提야 **若菩薩**이 **心住於法**하야 **而行布施**하면 **如人**이 **入暗**에 **卽無所見**이요 **若菩薩**이 **心不住法**하야 **而行布施**하면 **如人**이 **有目**하야 **日光明照**에 **見種種色**이니라

수보리야, 만약 보살이 마음을 법에 머물러서 보시하면 마치 사람이 어두운 곳에 들어가매 아무것도 보이는 바가 없는 것과 같고, 만약 보살이 마음을 법에 머물지 않고 보시하면 마치 사람이 눈도 있고 햇빛도 밝게 비쳐서 여러 가지 사물을 보는 것과 같느니라.

圭峰 論에 云無智住法에 心不淸淨故로 不得이요 有智不住法에 心淸淨故로 得이니 有目者는 如得對治法이요 日光者는 如所治闇盡에 能治現前이니라 旣有目及日光인댄 合見空中諸色이니 空喩眞如之性이요 色喩性上萬德이라하다

규봉 論에 이르되, 지혜없이 법에 주하면 마음이 청정하지 못한 고로 얻음이 없고, 지혜가 있고서도 법에 주하지 않으면 마음이 청정하여 얻는 것이니, 눈이 있는 자는 對治할 法을 얻음과 같고 日光이란 대치할 바의 어둠이 다하면 능히 다스림이 현전하는 것과 같으니라. 이미 눈과 햇빛이 있다면 합당히 공중의 모든 사물들을 다 볼 것이니, 空은 眞如의 性品에 비유한 것이요. 사물은 성품 가운데 갖추어진 萬德에 비유한 것이라 하다.

六祖 於一切法에 心有住着하면 則不了三輪體空이 如盲處暗하야 無所曉了니라 華嚴經에 云聲聞이 在如來會中하야 聞法에 如盲如聾은 爲住法相故어니와 若菩薩이 常行般若波羅蜜多無着無相行하면 如人이 有目하야 處於皎日之中이어니 何所不見也리오

육조 일체법에 마음이 머물고 집착하면 곧 三輪의 體(주는 자, 받는 자, 물건)가 空함을 요달하지 못한 것이 마치 눈먼 자가 어

두운 곳에 처함과 같아서 밝게 아는 바가 없느니라. 화엄경에 이르되 聲聞들은 如來會中에서 법을 들으면 맹인과 같고 귀머거리와 같이 되는 것은 法相에 주하였기 때문이거니와, 만약 보살이 항상 반야바라밀다의 무착무상행을 행하면 사람이 눈이 있고 밝은 햇빛속에 처함과 같으니 무엇인들 보지 못하리오.

傅大士 不拘寂靜地하면 縱橫觸處通이어니와 若心依相住하면 有作枉施工이니라 離法如行慧하면 淸光이 一鏡中이니 靈源이 常獨照라 坦蕩總含容이로다

부대사 寂靜地에 얽히지 않으면
　　　　종횡으로 만나는 곳마다 통하거니와
　　　　만약 마음이 相에 의해 주하면
　　　　지음이 있어서 그릇되게 工(功德)을 베푸느니라.
　　　　法을 떠나서 지혜를 행하면
　　　　맑은 빛이 한 거울 가운데 있어서
　　　　신령스런 근원이 항상 홀로 비춤이라.
　　　　평탄하고 탕탕해서 모두 포용하리라.

圭峰 二는 讚經功德이라 於中에 有二하니 一은 總標라
규봉 ㉮二. 經의 공덕을 찬탄함이라. 그 중에 두 가지니 ㉠一. 總標이다.

須菩提야 當來之世에 若有善男子善女人이 能於此經에 受持讀誦하면 卽爲如來가 以佛智慧로 悉知是人하며 悉見是人하야 皆得成就無量無邊功德하리라

수보리야, 오는 세상에서 만약 어떤 선남자 선여인이 능히 이 경을 받아지니고 읽고 외우면, 여래가 부처의 지혜

로써 이 사람을 다 알며 이 사람을 다 보아서 모두가 한량없고 끝없는 공덕을 성취하게 되리라.

說誼 前明無住所以하시고 此喩明無住하시니 法本無實이라 不應住於有며 法本無虛라 不應住於無니라 住於有則違於空寂本體요 住於無則違彼靈明之本用이니 旣與本體本用으로 相違則性上萬德이 無由顯發하리니 如人이 入暗에 卽無所見이라 是可謂盲者가 不知光所在하야 低頭冷坐暗思量이니라 不住有則契乎本體하고 不住無則契乎本用이니 旣與本體本用으로 相契則性上萬德이 當處現前하리니 如人이 有目하야 當陽見色이라 是可謂決散浮雲孤月上하니 大千沙界一時明이로다

설의 앞에서는 無住한 까닭을 밝히시고 여기서는 비유로 無住를 밝히시니 법은 본래 실다움이 없음이라. 응당히 有에도 주하지 말 것이며, 법은 본래 헛되지 않아서 응당 無에도 주하지 말 것이니라. 有에 머문즉 저 空寂한 本體를 어기게 되고, 無에 머문즉 저 靈明한 本用(본래의 작용)을 어기는 것이니 이미 本體本用과 더불어 서로 어긋난즉 성품 위에 萬德이 나타날 수 없으리니, 마치 어떤 사람이 어둠에 들어가 아무것도 못봄과 같음이라. 이것은 가히 눈먼 자가 빛 있는 곳을 알지 못하여 머리를 떨구고 냉랭히 앉아서 그윽히 사량함을 말하는 것이니라. 有에 住하지 않은즉 本體에 계합하고 無에 住하지 않은즉 本用에 계합하니, 이미 本體, 本用과 더불어 서로 계합한즉 성품 위에 만덕이 그 자리에서 앞에 드러날 것이니라. 이는 마치 사람이 눈이 있어서 햇빛에서 사물을 보는 것과 같음이라. 이것은 가히 뜬구름을 다 흩날리고 둥근 달만이 떠오르니, 大千沙界가 일시에 밝아짐을 말하느니라.

圭峰 無着이 云讀誦者는 此說受持因故니 爲欲受故로 讀이요 爲欲持故로 誦이라하며 論에 云受持修行은 依總持法故요 讀誦修行은 依聞慧廣故라하니 是則從他聞法하고 內自思惟하야 爲得修行智也

니라 故로 偈에 云修從他及內라하다
규봉 무착이 이르되 讀誦이란 受持하는 因을 말하는 것이니, 받고자 하므로 讀(읽음)이요, 가지고자 하므로 誦(외움)이라 하다. 論에 이르되 수지의 수행은 총히 가지는 법을 의지하는 연고이고 독송수행은 聞慧가 넓음을 의지하는 연고라 하다. 이것은 곧 남에 겐 법을 듣고 안으로는 스스로 사유해서 수행의 지혜를 얻기 위한 것이다. 그러므로 偈에 이르되 수행이란 다른 것(他)으로부터 자신(內)에 이른다고 하다.

六祖 當來之世는 如來滅後後五百歲濁惡之時니 邪法이 競起하야 正法을 難行이라 於此時中에 若有善男子善女人이 得遇此經하야 從師禀授하고 讀誦在心하야 專精不忘하며 依義修行하야 悟入佛之知見하면 則能成就阿耨多羅三藐三菩提하리니 以是로 三世諸佛이 無不知之시니라
육조 當來之世는 여래가 멸하신 후 第五 오백년의 혼탁하고 악한 때이니 삿된 법이 일어나서 正法을 행하기 어려운 때로다. 이런 때에 만약 선남자 선여인이 이 경을 얻어서 스승으로부터 전해받고 독송하여 마음에 두고 오로지 정진해서 잊지 않으며 뜻에 의지하여 수행해서 부처님의 지견에 깨달아 들어가면 곧 능히 아뇩다라삼먁삼보리를 성취하리니, 그러므로 삼세제불이 그들을 다 아시느니라(悉知是人, 悉見是人).

冶父 因地而倒에 因地而起니 地向爾道什麽오
說誼 地不令人倒며 亦不令人起니 起倒由人이라 不關於地니라 法不令人悟며 亦不令人迷니 迷悟在人이라 不關於法이니라 法不令人取며 亦不令人舍니 取舍由人이라 不在於法이니라
야부 땅으로 인해 넘어진 사람은 땅을 인해서 일어나니, 땅이 너를 향해 무엇이라고 말하던가.

설의 땅은 사람으로 하여금 넘어지게도 하지 않으며 또한 사람을 일어나게도 하지 않으니, 일어나고 넘어지는 것은 사람으로 말미암음이어서 땅은 관계하지 않느니라. 법은 사람으로 하여금 깨닫게 하지 않으며 또한 사람을 迷하게도 하지 않으니 迷와 悟는 사람에게 있고 법은 관계하지 않도다. 법은 사람을 取하게 하지 않으며 또한 사람을 버리게도 하지 않으니 취하고 버리는 것은 사람으로 말미암음이어서 법에 있는 것이 아니니라.

冶父 世間萬事가 不如常하니 (不如常은 他本에 作總如常이라) 又不驚人 又久長이라 如常이여 恰似秋風至하야 無意涼人人自涼이로다

說誼 世間萬事가 不過常與不常이니 言其常也인댄 頂天立地하고 飢飡渴飮이라 又不驚人이며 亦乃久長이요 言其不常也인댄 身上出水하고 身下出火라 此則驚動人心이며 又不久長이로다 雖云奇特이나 就實而觀컨대 不如常也니라 伊麼則觸目皆道라 是平常이니 平常이 何以使人驚이리오 不以有相으로 驚於人하며 不以無相으로 驚於人이어늘 人於其間에 自生障碍하야 或以爲有相이라하야 着於有而落於常見之坑하며 或以爲無相이라하야 着於無而落於斷見之坑하나니 正似秋風은 無心이어늘 而人이 自涼이로다 迷悟도 亦然하니라

야부 세간만사가 한결같지 않으니
(不如常이 다른 책엔 모두 한결같으니)
또한 사람을 놀라게 하지 않으며 또한 오래가도다.
如常함이여! 한결같음이여!
흡사 가을바람과 같아서
사람을 서늘케 할 뜻이 없으나
사람들이 저절로 서늘해하도다.

설의 세간만사가 常과 不常에 지나지 않으니, 그 常을 말할진대 이마는 하늘에 두고 땅에 서 있으며 주리면 먹고 목미르면 마시도다. 또 사람을 놀라게 하지 않으며 또한 오래감이로다. 그 不常을 말할진대 몸 위에서 물이 나오고 몸 밑으로 불이 나옴이라. 이것은 사람의 마음

을 놀라 동하게 하며 또한 오래가지 않음이로다. 비록 奇特하다 하나 사실에 나아가 관하건대 如常하지 못하도다. 이러한즉 눈에 닿는 것마다 다 道로다. 이것이 平常의 도리이니 平常이 어찌 사람을 놀라게 하리오. 相이 있음으로써 사람을 놀라게도 하지 않으며 無相으로써 사람을 놀라게도 하지 않거늘, 사람이 그 사이에 스스로 장애를 내어서 혹 相이 있다고 여겨 有에 집착해서 常見의 구덩이에 떨어지며 혹은 無常이라고 여겨 無에 집착해서 斷見의 구덩이에 떨어지나니, 바로 가을 바람은 무심하거늘 사람들이 스스로 서늘해함과 같도다. 迷와 悟도 또한 그러하도다.

宗鏡 空生은 聞說是經하고 解義趣而悲流雨淚하시며 仙人은 垂慈弘忍하사 笑雪刃而謾斬虛空이로다 如是印可其詞하시니 能離一切諸相이로다 未審케라 感悟處에 有何奇特고 豁開慧眼明如日하시니 返照微塵世界空이로다

說誼 空生의 離相之言이 妙契於理하시니 佛稱如是하사 印可其詞로다

종경 空生은 이 경 설함을 듣고 그 뜻을 알아서 비오듯 눈물을 흘리시며, 仙人은 자비를 드리워 크게 참으사 雪刃(눈 같은 흰 칼날)으로 부질없이 허공베는 것을 비웃으시도다. 이와 같이 그 말을 인가하시니 능히 일체 모든 상을 떠남이로다.
    알 수 없어라.
    느껴서 깨달은 곳에 무슨 기특함이 있는가.
    활연히 혜안을 여니 밝기가 해와 같으시고
    返照하니 미진세계가 공함이로다.

설의 空生의 相 떠났다는 말이 묘하게 이치에 계합하시니 부처님이 '그렇다'라고 말하시어 그 말을 印可했도다.

宗鏡 善吉이 親聞徹見源하시니 悲欣이 交集讚慈尊이로다 心空法

朗超眞際하시니 堪報從前不報恩이로다

종경 선길(空生)이 친히 듣고 근원을 사무쳐 보시니
슬픔과 기쁨이 뒤섞여 慈尊을 찬탄하도다.
마음이 공하고 法이 밝아 眞際에 뛰어나시니
종전에 갚지 못한 은혜를 능히 갚았도다.

무비 모든 相을 떠나면 밝은 지혜로써 이해되는 적멸의 실다운 相이 나타난다. 수보리가 지금까지의 법문을 듣고 처음 있는 일이며 희유한 일이라고 감격하여 눈물을 흘리며 자신의 깨달음을 말한다. "세존이시여 만약 어떤 사람이 경전을 듣고 신심이 청정해지면 곧 실상이 밝게 나타날 것입니다. 그리고 이 사람은 제일가는 공덕, 희유한 공덕을 성취할 것입니다. 부언하건대 실상이란 모양이 아닙니다. 그러므로 여래는 실다운 상이라 하신 것입니다."

實相이란 무엇인가. 일체 모든 법의 진실한 상태를 뜻한다. 모든 법의 진실한 상태란 본래 생기지도, 소멸하지도 않으며 원만하고 걸림이 없이 평등하게 실제로 있는 것이다. 그리고 또 우주만유보다도 먼저 있으되 시작이 없으며 우주만유보다 더 뒤에 있으되 마침이 없다. 그래서 실상은 곧 나이며 곧 너이다. 실상은 곧 반야이며 모든 것의 모든 것이다. 이러한 실상을 깨달은 사람은 일체상을 떠난 것이므로 제일 희유한 사람이며 바로 부처이다.

金剛般若波羅蜜經上 終

金剛般若波羅蜜經 下

圭峰 二는 別顯이라 於中에 文十이니 一은 捨命不如라 又二니 一은 捨命福이라

규봉 ㈆二. 따로 나타냄이라 그 中에 열 가지가 있으니 ㈆一. 목숨을 희사하는 것이 不如(경전을 읽고 외우고 전하는 것만 같지 못하다)하다. 여기에 두 가지가 있으니. ㈎一. 목숨을 보시한 福이라.

持經功德分 第十五(경을 가지는 공덕)

須菩提야 若有善男子善女人이 初日分에 以恒河沙等身으로 布施하며 中日分에 復以恒河沙等身으로 布施하며 後日分에 亦以恒河沙等身으로 布施하야 如是無量百千萬億劫을 以身布施어든

수보리야, 만약 어떤 선남자 선여인이 아침에 항하의 모래수와 같은 몸으로 보시하고, 낮에 다시 항하의 모래수와 같은 몸으로 보시하며, 다시 저녁에도 또한 항하의 모래수와 같은 몸으로써 보시하여 이와 같이 무량한 백천만억 겁동안을 몸으로써 보시하더라도

圭峰 偈에 云以事及時大하야 福中에 勝福德이라하다 二는 信經福이라

규봉 偈에 이르되 事(항하사 등의 몸으로써 보시하는 일)와 時

(무량백천만억겁 동안)가 커서 복중에서 가장 수승한 복덕이라 하다

㉗二. 經을 믿는 복이라

若復有人이 **聞此經典**하고 **信心不逆**하면 **其福**이 **勝彼**하리니 **何況書寫受持讀誦**하야 **爲人解說**가
만약 또 어떤 사람이 이 경전을 듣고 믿는 마음이 거슬리지 않으면 그 복이 저 몸을 보시한 복보다 수승하리니, 어찌 하물며 경을 받아지니며 읽고 외워서 남을 위해 해설해줌이겠는가.

說誼 世人慳貪이 厚於地하야 寸絲施人도 尙爲難이어든 況捨身命而行施를 誰肯一念生其心이리오 今捨身命日三時하야 施經多劫尙無厭하니 此事希奇絶無倫이라 聞之使人竪寒毛어늘 今讚持經福勝彼하시니 信知此經이 爲無上이로다 佛訶布施言爲劣은 以其不能無所着이니 但能布施心無住하면 只此便是菩薩行이니라
설의 世人의 간탐심이 땅보다도 두꺼워서 한 토막의 실을 남에게 베품도 오히려 어려움이 되거늘 하물며 이 목숨을 버려서 보시하는 것을 누가 한 생각이라도 그런 마음내기를 즐겨하랴. 지금 목숨 버리기를 하루에 세번씩 해서 다겁이 지나도록 보시를 해도 오히려 싫어함이 없으니 이 일은 참으로 希奇해서 짝할 것이 없도다. 그것을 들으면 사람으로 하여금 머리끝이 서게 하거늘 지금 경을 가지는 복이 저보다 수승하다고 찬탄하시니 진실로 이 경전이 위없음을 알겠도다. 부처님이 보시하는 것을 하열하다 꾸짖은 것은, 능히 그것에 집착하는 바가 없지 않기 때문이니, 다만 보시를 하되 마음에 머문 바가 없다면 이깃이 곧 보살의 행이니라.

圭峰 信經은 劣於持說이요 多命은 勝於前喩니라

규봉 經을 믿는 것은 경을 가지고 설하는 것보다는 못하고, 많은 목숨을 보시하는 것은 앞의 비유(칠보로 보시하는 것)보다는 수승하니라.

六祖 佛說末法之時에 得聞此經하고 信心不逆하면 四相이 不生하리니 卽是佛之知見이라 此人功德은 勝前多劫捨身功德百千萬億하야 不可譬喩니 一念聞經하야도 其福이 尙多어든 何況更能書寫受持讀誦하야 爲人解說가 當知此人은 決定成就阿耨多羅三藐三菩提일새 所以로 種種方便으로 爲說如是甚深經典하사 俾離諸相하고 得阿耨多羅三藐三菩提케하시니 所得功德이 無有邊際니라 蓋緣多劫捨身하야도 不了諸相本空하면 有能捨所捨心在일새 元未離衆生之見이어니와 如能聞經悟道하야 我人頓盡하면 言下卽佛이라 將彼捨身有漏之福하야 比持經無漏之慧하면 實不可及이니 雖十方聚寶와 三世捨身이라도 不如持經四句之偈也니라

육조 부처님이 설하시되 말법시대에 이 經을 얻어듣고 믿는 마음이 거슬리지 않으면 四相이 나지 않으리니, 이는 곧 부처님의 지견이로다. 이 사람의 공덕은 앞의 다겁토록 몸을 보시한 공덕보다 백천만억배나 수승해서 가히 비유할 수 없으니, 한순간 경을 들어도 그 복이 오히려 많은데 하물며 다시 능히 베끼고 수지하고 독송하여 다른 사람에게 해설해 줌이랴. 마땅히 알라. 이 사람은 결정코 아뇩다라삼먁삼보리를 성취하리라. 이 까닭에 가지가지 방편으로 이와 같이 심히 깊은 경전을 설하며, 이로 하여금 모든 相을 떠나서 아뇩다라삼먁삼보리를 얻게 하시니, 얻을 바의 공덕이 그지 없으리라. 대개 多劫토록 몸을 버려 보시하여도 모든 相이 본래 공함을 깨닫지 못하면 能捨(능히 버리는 것)와 所捨(버릴 것)가 마음에 있는 것이므로 원래 중생의 견해를 떠나지 못한 것이지만, 능히 경을 듣고 道를 깨달아 我(相)와 人(相)이 단번에 없어지면 言下에 곧 부처인 것이라. 저 목숨을 보시한 유

루의 복을 가지고서 經을 가진 無漏의 慧에 비교한다면 실로 가히 미칠 수 없으니, 비록 十方세계의 무더기 보배와 三世토록 몸을 보시함이라도 經의 四句偈를 가지는 것만 같지 못함이니라.

傅大士 我生及壽者여 蘊上에 立虛名이라 如龜毛不實이요 似兔角無形이로다 捨身은 由妄識이요 施命은 爲迷情이니 詳論福比智인댄 不及受持經이니라

부대사 我人 衆生 및 壽者여.
　　　　오온 위에 부질없는 이름을 세움이라.
　　　　마치 거북의 털처럼 실답지 못하고,
　　　　토끼뿔같이 형상이 없도다.
　　　　몸을 버리는 것은 妄識을 말미암음이고
　　　　목숨을 보시하는 것은 迷한 情 때문이니
　　　　福과 지혜를 비교하여 자세히 논한다면
　　　　경을 수지하는 것엔 미칠 수 없느니라.

冶父 人天福報는 卽不無어니와 佛法은 未夢見在로다
說誼 捨身時事兩不輕하니 人天福報를 孰敢先이리오 然이나 所作이 出於迷情하야 終感不如意事니 若將經福論相去인댄 十萬八千이 未是遠이로다

야부 人天에 태어나는 복의 과보는 곧 없지 않으나 佛法은 꿈에도 보지 못함이로다.
설의 몸을 보시하는 시간과 일이 둘 다 가볍지 않으니 人天에 태어나는 복의 과보를 누가 감히 이보다 먼저 하리오. 그러나 그 지은 바가 迷한 情에서 나와 마침내는 뜻과 같지 않은 일을 감득하니, 만약 經을 가지는 복과 몸을 보시하는 복과의 거리를 論한다면 십만팔천리라 해도 먼 것이 아니로다. (유루(유위)의 복은 아무리 쌓아도 무루(무위)의 복이 되지 못함)

持經功德分 第十五　341

冶父 初中後發施心同하니 功德이 無邊算莫窮이로다 爭似信心心
不立하야 一拳打透太虛空가
說誼 三時捨身福無邊이나 爭似聞經一念信가 一念了達無生佛하면
其量이 恢恢大如空이어니와 更把虛空令粉碎하면 人天福報를 不堪論
이로다

야부 初, 中, 後의 베푸는 마음을 냄은 같으니
　　　　공덕은 그지없어 다 헤일 수 없도다.
　　　　어찌 信心의 마음을 세우지 않고서
　　　　한 주먹으로 저 허공을 쳐서 꿰뚫는 것만 같으랴.
설의 三時로 몸을 버리는 복이 그지없으나 어찌 경을 듣고 한순간
동안이라도 믿는 것만 같겠는가. 한순간에 중생과 부처가 없음을 요달
하면 그 量이 크고 커서 큰 허공과 같거니와 다시 허공을 잡아서 분
쇄한다면 人天에 나는 복의 과보와는 감히 논할 수 없음이로다.

圭峰 二는 餘乘不測이라
규봉 ㈜二. 餘乘(나머지 乘)은 測量치 못함이라

須菩提야 以要言之컨댄 是經이 有不可思議不可稱量無邊 功德하니

수보리야, 요약해서 말할진대 이 경은 생각할 수 없고 말
할 수도 없는 끝없는 공덕이 있느니라.

圭峰 偈에 云非餘者의 境界라하며 無着이 云不可思議者는 唯自
覺故요 不可稱量者는 無有等及勝故라하다
규봉 偈에 이르되 나머지 경계가 아니라 하며 無着이 이르되 불
가사의란 오직 자각하는 연고요 불가칭량이란 (그것보다) 같다
(等)든가 수승함이 없는 까닭이라 하다.

六祖　持經之人은 心無我所니 無我所故로 卽是佛心이라 佛心功德이 無有邊際일새 故로 言不可稱量也니라
육조　經을 가지는 사람은 마음에 我所(내것이라는 것)가 없어야 하니 我所가 없는 고로 이는 곧 부처의 마음이라. 불심공덕이 끝이 없는 고로 칭량할 수 없다고 하느니라.

圭峰　三은 依大心說이라
규봉　㉛三. 大心에 의해 說함이라.

如來가 **爲發大乘者說**이며 **爲發最上乘者說**이니라
여래는 대승에 발심한 자를 위하여 이 경을 설하며 최상승에 발심한 자를 위하여 이 경을 설하느니라.

說誼　是經이 德難量이라 獨爲上智說이니라
설의　이 경은 그 덕이 한량없음이라. 홀로 최상의 지혜자를 위하여 설하셨느니라.

圭峰　最上者는 一佛乘也니라
규봉　최상이란 一佛乘이다.

六祖　大乘者는 智慧廣大하야 善能建立一切法이요 最上乘者는 不見垢法可厭하고 不見淨法可求하며 不見衆生可度하고 不見涅槃可證하며 不作度衆生之心하고 亦不作不度衆生之心이니 是名最上乘이며 亦名一切智며 亦名無生忍이며 亦名大般若니라 有人이 發心하야 求無上道인댄 聞此無相無爲甚深之法하고 聞已에 卽便信解受持하야 爲人解說하야 令其深悟하고 不生毀謗하야 得大忍力과 大智慧力과 大方便力하면 卽能流通此經하리라

持經功德分 第十五

육조 대승이란 지혜가 광대해서 능히 일체법을 잘 건립하는 것이요, 최상승이란 더러운 법은 가히 싫어함을 보지 않으며 깨끗한 법을 구함도 보지 않고 제도할 중생도 보지 않으며 증득할 만한 열반도 보지 않고 중생을 제도한다는 마음도 짓지 않으며 또한 중생을 제도하지 않는다는 마음도 짓지 않으니, 이것을 최상승이라 名하며 또한 一切智라 名하고 無生忍이며 大般若라 이름하느니라. 어떤 사람이 발심하여 無上道를 구하려면 이 無上, 無爲의 심히 깊은 법을 듣고서 들은 후엔 곧바로 信解受持하여 사람을 위해 해설하고 그로 하여금 깊이 깨닫게 하여 훼방을 내지 않게 해서 大忍力과 大智慧力과 大方便力을 얻게 하면 바로 능히 이 經을 流通함이 되리라.

冶父 如斬一握絲하야 一斬에 一切斷이로다
說誼 此經이 令人斷障則如斬一握絲하야 一斬에 一切斷이요 令人成德則如染一縷絲하야 一染에 一切染이로다
야부 마치 한줌의 실을 끊음과 같아서 한번 끊으면 모두가 끊어짐이로다.
설의 이 경이 사람으로 하여금 장애를 끊게 하는 것은 곧 한줌의 실을 끊는 것과 같아서 한번 끊으면 일체가 끊어지고, 사람으로 하여금 덕을 이루게 하는 데는 곧 한 타래의 실을 물들임과 같아서 한번 물들이면 모두가 물듦이로다.

冶父 一拳打倒化城關하고 一脚趯翻玄妙寨로다 南北東西에 信步行하니 休覓大悲觀自在어다 大乘說最上說이여 一棒에 一條痕이요 一掌에 一握血이로다
說誼 搊倒化城踏玄關하니 濶步如來廣大利이로다 旣能與佛同活計인댄 大悲提接을 更何求아 大乘說最上說이여 一棒이 可當五千部요 一掌擊盡八萬門이로다 只此已成多事在니 何更喃喃話葛藤이리오 一

條痕一握血이여 乾坤이 失色이요 日月이 無光이로다

야부 한 주먹으로 化城의 關門을 打倒하고
한 발로 玄妙의 울타리를 차서 뒤엎도다.
남북동서에 마음대로 行하니
大悲의 觀自在를 찾지 말지어다.
大乘說 最上說이여.
一棒에 한가닥의 흔적이요
一掌에 한줌의 피로다.

설의 化城을 쳐버리고 玄關을 밟아버리니 如來의 광대한 세상을 활보하도다. 이미 능히 부처님과 더불어 살림살이를 같이할진대 大悲관자재보살의 지도(提接)함을 어찌 구할 것인가. 대승설 최상설이여, 한 방망이에 가히 오천부를 당하고 한 손바닥으로 팔만문을 다 치도다. 다만 이것도 많은 일을 이룬 것이니 어찌 다시 지껄이며 言語 文字(喃喃)를 말하리오. 한가닥의 흔적과 한줌의 피여. 乾坤이 빛을 잃고 日月이 빛이 없도다.

圭峰 四는 具德能傳이라
규봉 ㉔四. 德을 갖추어야 능히 傳함이라.

若有人이 **能受持讀誦**하야 **廣爲人說**하면 **如來**가 **悉知是人**하며 **悉見是人**하야 **皆得成就不可量不可稱無有邊不可思議功德**하리니 **如是人等**은 **卽爲荷擔如來阿耨多羅三藐三菩提**니라

만약 어떤 사람이 능히 이 경을 받아지니고 읽고 외우며 널리 사람들을 위하여 설한다면 여래는 이 사람을 모두 알며 이 사람을 모두 보나니, 이 사람은 헤아릴 수 없고 말할 수 없으며 끝이 없고 생각할 수 없는 공덕을 모두

성취하게 되리라. 이런 사람은 곧 여래의 아뇩다라삼먁삼보리를 짊어짐이 되느니라.

說誼 此經이 旣爲上智說來시니 若人이 持說하면 此必上智라 得佛知見하야 荷擔菩提가 必無疑矣로다
설의 이 經은 이미 최상의 지혜를 위해 설하였으니 만약 사람이 이 경을 가지고 설하면 이는 반드시 최상의 지혜인이라서 佛智見을 얻어 菩提를 짊어짐에 반드시 의심이 없으리라.

圭峰 成就等者는 偈에 云滿足無上界라하며 荷擔者는 無着이 云肩負菩提重擔故라하다
규봉 성취등이란 偈에 이르되 無上界를 만족하게 함이며, 하담이란 무착이 이르되 어깨에 菩提의 무거운 짐을 지는 연고라 하다.

六祖 上根之人은 聞此深經하고 得悟佛意하야 持自心經하야 見性究竟하고 復能起利他之行하야 爲人解說하야 令諸學者로 自悟無相之理하야 得見本性如來하야 成無上道하리니 當知說法之人의 所得功德이 無有邊際하야 不可稱量이니라 聞經解義하야 如敎修行하고 復能廣爲人說하야 令諸衆生으로 得悟修行無相無着之行하야 以能行此行하면 卽有大智慧光明하야 出離塵勞하리니 雖離塵勞나 不作離塵勞之念하면 卽得阿耨多羅三藐三菩提일새 故名荷擔如來니 當知持經之人은 自有無量無邊不可思議功德이니라
육조 상근기의 사람은 이 깊은 경전을 듣고서 부처님의 뜻을 깨달아 얻어 자기 마음의 經을 갖게 되어서 見性해 마치고는, 다시 능히 利他의 행을 일으켜서 남을 위해 해설하고 모든 학자로 하여금 스스로 無相의 이치를 깨닫게하여 如來의 本性을 볼 수 있게 하여서 無上의 道를 이루게 하리라. 마땅히 알라. 법을 설하는

사람의 얻을 바 공덕은 끝이 없어서 가히 칭량할 수 없느니라. 經을 듣고서 뜻을 이해하여 가르침과 같이 수행하고는 다시 능히 사람을 위하여 널리 설하여서 모든 중생으로 하여금 無相, 無着의 行을 수행해서 깨달음을 얻게함이라. 이런 행을 능히 행하게 하면 곧 지혜광명이 있게 되어 塵勞에서 벗어나리라. 비록 진로는 벗어났으나 진로를 벗어났다는 생각을 짓지 않으면 곧 아뇩다라삼먁삼보리를 얻게 되므로 荷擔如來라 이름하느니라. 마땅히 알라. 經을 가지는 사람은 저절로 무량무변 불가사의의 공덕이 있느니라.

冶父 擘開泰華手는 須是巨靈神이니라
說誼 荷擔佛菩提는 須是介中人이니라
야부 泰山과 華山을 쪼갤 수 있는 솜씨는 모름지기 이 巨靈神(火神)이로다.
설의 부처님의 菩提를 짊어진 이는 모름지기 이 가운데 사람이로다.

冶父 堆山積岳來여 一一盡塵埃로다 眼裏에 瞳人碧하고 胸中에 氣若雷로다 出邊에 沙塞靜이요 入國에 貫英才로다 一片寸心이 如海大하니 波濤에 幾見去還來오
說誼 若是介中人인댄 無理不窮하고 無事不通이라 直令虛空으로 粉碎하고 大地로 平沈이니 假使十方諸佛이 同時興現種種神變이라도 此人面前엔 盡成塵埃니라 爲甚如此오 拈槌堅拂도 他亦不顧하며 語言三昧도 他亦不聞하야 眼光이 爍破三千界하니 裏有瞳睛碧眸寒이로다 胸次洒落渾忘世하니 中有雷霆氣宇新이로다 外應衆緣隨處寂하고 內冥一寂應無虧로다 肚裏恢恢如海大하니 一任千差有與無로다
야부 山과 岳을 쌓고 쌓아옴이여.
　　　　 낱낱이 다 티끌이로다.
　　　　 눈속의 그 눈동자 푸르르고
　　　　 흉중의 그 기세는 우뢰 같도다.

변방에 나아가면 변방이 고요하고
나라안에 들어오면 英才를 꿰도다.
한 조각 작은마음이 바다처럼 크니
파도가 출렁임을 몇 번이나 보았던가.

설의 만약 그 가운데 사람일진대 그 이치가 다하지 않음이 없고, 일마다 통하지 않음이 없도다. 바로 허공으로 하여금 분쇄하고 대지로 하여금 平沈케 하니, 가령 시방의 제불이 동시에 갖가지 신통변화를 일으켜 나타낼지라도 이 사람의 면전에선 다 먼지와 같이 되도. 어찌하여 그러한가. 방망이를 잡고 拂子를 세움도(祖師들이 법을 드날리는 표현) 저들은 또한 돌아보지 않으며 語言三昧(훌륭한 설법)도 저들은 듣지 않아서, 眼光이 三千界를 불살라서 깨뜨리니 그 눈 속에 눈동자가 푸르르고 차갑도. 흉중이 洒落(물뿌린 듯)하여 혼연히 세상을 잊었으나 그 안에 우뢰가 있어서 기개와 도량이 신선하도. 밖으로 온갖 인연에 응하나 곳을 따라 고요하고 안으로는 한결같이 고요한 데 명합하나 그 응함에는 이지러짐이 없도. 뱃속이 넓고 넓어 바다같이 크니 천가지 차별인 有와 無에 일임하도.

圭峰 五는 樂小不堪이라
규봉 ㉗五. 작은 법을 좋아하는 사람은 감당하지 못함이라.

何以故오 須菩提야 若樂小法者는 着我見人見衆生見壽者見일새 卽於此經에 不能聽受讀誦하야 爲人解說하리라
무슨 까닭인가. 수보리야, 만약 작은 법을 좋아하는 자는 아견, 인견, 중생견, 수자견에 집착하게 되므로 곧 이 경을 능히 받아듣고 읽고 외우며 남을 위해서 해설하지 못하느니라.

說誼 因甚道此經이 爲發大乘者說이며 爲發最上乘者說이며 乃至云

如是人等은 卽爲荷擔阿耨菩提오 此經은 直示大人境界라 非是小根小智의 所能堪任故也니라

설의 무슨 까닭으로 이 경이 대승을 발한 자를 위하여 설하며 최상승을 발한 자를 위하여 설하며, 내지 이러한 사람들은 곧 아뇩보리를 짊어졌다고 말하는가. 이 經은 大人의 경계를 바로 보인 까닭에 작은 근기와 작은 지혜자는 능히 감당할 수 없는 연고이니라.

六祖 樂小法者는 爲二乘人이 樂小果하야 不發大心이니 以不發大心故로 卽於如來深法에 不能受持讀誦하야 爲人解說이니라

육조 작은 법을 즐긴다는 것은 二乘人이 작은 果를 즐겨서 큰마음을 발하지 못하는 것이니 큰마음을 발하지 못한 까닭에 곧 여래의 깊은 법을 수지독송해도 사람들을 위해 능히 해설하지 못하느니라.

傅大士 所作이 依他性하야 修成功德林이라 終無趣寂意요 唯有濟群心이로다 行悲에 悲廣大요 用智에 智能深이니 利他兼自利여 小聖이 詎能任이리오

부대사 짓는 바가 다른 이의 성품에 의지하여
　　　　 공덕을 닦아서 이룸이라.
　　　　 마침내 寂定(열반)에 나아갈 뜻은 없으며
　　　　 오직 중생들을 제도할 마음만 있을 뿐이로다.
　　　　 자비를 행함에 그 자비가 광대하고
　　　　 지혜를 씀에 그 지혜가 능히 깊으니
　　　　 남을 이롭게 하고 겸하여 자기도 이롭게 함이여.
　　　　 (그런 경계를) 작은 聖人이 어찌 능히 감당하리오.

冶父 仁者見之에 謂之仁이요 智者見之에 謂之智로다
說誼 此經이 以智立體하야 念念無生하고 以行起用하야 繁興無際하

니 此乃文殊普賢의 大人境界라 非小根小智의 所能掛懷니라 伊麼則 非智면 無以窮其體요 非仁이면 無以盡其用이니 依此而修者는 可謂 行悲에 悲廣大요 用智에 智能深이로다

야부 어진 이가 보면 '어질다(仁)' 말하고 지혜로운 이가 보면 '지혜롭다' 말하도다.

설의 이 經은 지혜로써 體를 세워서 생각생각에 生함이 없고 行으로써 用을 일으켜서 계속 일어나 끝이 없으니, 이것은 문수와 보현 같은 大人의 境界로다. 작은 근기와 작은 지혜자의 생각엔 능히 걸릴 만한 것이 못되도다. 이러한즉 지혜가 없으면 이로써 體를 궁구할 수 없고 仁이 아니면 그 作用을 다할 수 없으니, 이것을 의지해서 닦는 자는 가히 자비를 행함에 자비가 광대하고 지혜를 쓰면 지혜가 능히 깊어지도다.

야부 不學英雄不讀書하고 波波役役走長途로다 娘生寶藏을 無心用하야 甘作無知餓死夫로다 爭怪得別人이리오

설의 能文能武世第一이면 免見人間貧賤苦니 仁智於人에 亦如然하야 習來能得免沈淪이어니와 如今仁智兩不習일새 故於迷途에 長匍匐이라 德性寶藏이 雖然在나 不解用하야 自取呤嗬苦로다 旣然自取어니 歸咎何人이리오

야부 영웅도 배우지 않고 독서도 하지 않으며
 부지런 부지런히 먼길만 가도다.
 어머니가 낳아준 보배를 마음대로 쓸 줄 몰라서
 無知하게 굶어 죽는 것을 당연히 여기도다.
 어찌 다른 사람을 괴이하게만 여기리오.

설의 글에도 능하고 무술에도 능한 것이 세상 제일이면 인간의 빈천한 고통은 면할 수 있으리니, 어질고 지혜로운 것도 사람에게 또한 그러하여 익혀오면 능히 윤회에서 벗어날 수 있으리라. 지금은 仁과 智慧를 둘 다 익히지 못하여 迷한 길에서 오래도록 기어다님이라. 德性의 보배가 비록 우리에게 있으나 사용할 줄 몰라서 스스로 비척거리

는 고통을 취하도다. 이미 그렇게 스스로 취하였으니 그 허물을 누구에게 돌리리오.

圭峯 六은 所在如塔이라
규봉 ㈐六. 經이 있는 곳은 塔이 있는 것과 같음이라.

須菩提야 在在處處에 若有此經하면 一切世間天人阿修羅의 所應供養이니 當知此處는 卽爲是塔이라 皆應恭敬作禮圍繞하야 以諸華香으로 而散其處하리라
수보리야, 어느 곳이든지 만약 이 경이 있는 곳이면 일체 세간의 천상과 인간과 아수라 등이 응당 공양하게 되리니 마땅히 알라. 이곳은 탑이 됨이라. 모두가 공경히 예배하고 돌면서 여러 가지 꽃과 향으로써 그곳에 흩으리라.

說誼 此經이 從來로 無處不在로대 只因埋塵不顯하야 人不得知라 唯有大智人은 破塵擎來하야 廣爲人說하나니 此有此經之處也니라 此是人天眼이니 人天의 所應供이로다
설의 이 經은 예로부터 있지 않은 곳이 없으나 다만 먼지(六塵)에 묻혀서 나타나지 않았으므로 사람들이 그것을 알지 못함이라. 그러나 오직 큰 지혜자는 먼지를 깨뜨리고 드러내어서 사람들을 위해 널리 설하리니 이곳은 곧 경이 있음이니라.
 이것은 人天의 眼目이어서 人天이 응당 공양해야 함이로다.

六祖 若人이 口誦般若하고 心行般若하야 在在處處에 常行無爲無相之行하면 此人所在之處는 如有佛塔이라 感得一切人天이 各持供養하야 作禮恭敬을 與佛無異하리라 能受持經者는 是人心中에 自有世尊일새 故云如佛塔廟니 當知是人의 所作福德이 無量無邊이니라

持經功德分 第十五

육조 만약 사람이 입으로 반야를 외우고 마음으로 반야를 행해서 어느 곳에서든지 無爲 無相의 행을 늘 행하면 이 사람이 있는 곳은 마치 부처님의 탑이 있음과 같도다. 일체의 人天이 각기 공양하고 예를 올려 공경하기를 부처님과 다름없이 하리라. 능히 經을 수지하는 자는 이 사람의 마음 가운데 스스로 세존이 있음이 되므로 부처님의 탑묘와 같으리니, 마땅히 알라. 이 사람은 그 지은 복이 무량무변하리라. (한 생각이 바를 때 바로 그 한 생각이 부처이다. 경의 한 대목이라도 잡념없이 경에 심취하여 환희심을 일으켜 읽고 그 내용에 심취하면 그 마음에 부처님이 있고 바로 그 마음이 부처인 것이다.)

冶父 鎭州蘿蔔이요 雲門胡餠이로다
說誼 供養此經에 以何로 爲供養具오 鎭州蘿蔔이요 雲門胡餠이로다 僧이 問雲門호대 如何是超佛越祖之談이니잇고 門이 云胡餠이니라 開先暹和尙이 擧此話云하사대 如今二百員衲子가 東京西洛에 出一叢林하야 入一道場호대 到處에 嫌冷愛熱하야 喫却多少了也어니와 還有一人이 識得雲門胡餠也未아 山僧이 不是壓良爲賤이라 敢道未識得在라하노니 何故오 山僧이 二十年前에 藏在衣鉢下하야 鬼神도 亦不能知니 爾這一隊漢이 向甚麽處하야 摸捺이리오 若也不信인댄 今日에 普將供養大衆호리라 遂拈起柱杖하야 畫一圓相云하사대 好手底는 拈取하라 復云하사대 收라하시니 須知所以爲供養具하야사 始得다 此一枚胡餠이 非但可以供養一衆이라 亦可以供養十方諸佛이며 亦可以供養六途含靈이니라 作麽生供養고 鎭州의 一頭蘿蔔을 天下老和尙이 呑吐來呑吐去하며 雲門의 一枚胡餠을 天下衲僧이 咬嚼來咬嚼去하나니 苟知呑吐咬嚼인댄 早已供養了也니라
야부 鎭州의 무우요 雲門의 호떡이로다.
설의 이 經을 공양하되 무엇으로 공양구로 삼겠는가. 진주의 무우요 운문의 호떡이로다. 어떤 스님이 운문 스님께 묻되 "어떤 것이 부처를

뛰어넘고 祖師를 초월할 수 있는 말입니까." 운문 스님이 이르시되 "호떡이니라" 開先, 暹(宋初) 和尙이 이 말을 들추어 말하길 지금 이 백명의 衲子가 東京西洛의 한 총림에서 나와서 한 도량에 들어가되, 이르는 곳마다 찬 것을 싫어하고 따뜻한 것을 좋아해서 먹고 간 것이 그 얼마이며 또 한 사람이라도 운문의 호떡을 참으로 아는 사람이 있는가 (운문 호떡의 도리를 아는 이가 있는가.)

山僧(暹和尙)이 양반을 강제로 천하게(종으로) 하려는 것이 아니라 감히 말하건대 아무도 아는 사람이 없다고 하니 무슨 까닭인가. 섬 스님이 二十년전에 옷과 발우 밑에다 감추어 두어서 귀신도 능히 알지 못하거늘 지금 너희들은 어느 곳을 향해 호떡을 찾으리오.

만약 이런 이치를 믿지 않는다면 오늘 대중에게 널리 공양하리라. 드디어 주장자를 잡아세워 한 원상을 그리며 이르시되 "수단이 좋은 이는 잡아 취하라." 또 이르시되 "거둬들였다"하시니 모름지기 그것이 공양구가 되는 소이를 비로소 알았도다.

이 한 개의 호떡은 비단 한 대중에게 공양할 뿐 아니라, 또한 시방 제불께 공양한 것이며 또한 육도중생에게 다 공양한 것이니라. 어떻게 공양하는가. 진주의 한 개 무우를 천하 老和尙이 삼켰다 토하고 삼켰다 토하며 운문의 한 개 호떡을 천하 납승들이 씹어오고 씹어가니, 진실로 삼키고 토하고 또 씹을 줄 알면 벌써 이미 공양하여 마친 것이로다.

冶父 與君同步又同行하니 起坐相將歲月長이로다 渴飮飢湌常對面하니 不須回首更思量이니라

說誼 只如供養底一卷經을 向什麽處하야 看고 一切時處에 覿面相呈하니 擬議思量하면 對面千里니라

야부 그대와 함께 걷고 함께 행하며
　　　서고 앉음에 항상 서로 스느리며
　　　오랜 세월 함께 했음이로다.
　　　목마르면 마시고 주리면 먹으며 항상 서로 대하니

머리를 돌이켜 다시 생각 말지어다.

설의 다만 저 공양하는 한 권의 경전을 어느 곳을 향해서 볼 것인가. 일체의 때와 곳에서 얼굴을 보고 서로 받드니 헤아려서 사량하면 얼굴을 마주하여도 천리나 어긋나도다.

宗鏡 布施千萬億劫之身이여 福深於海요 爲發最上乘者說이여 擔重如山이로다 慶快撩起便行이나 且請依然放下하노니 (然은 當作前이라) 何故오 大力量人은 元不動하야 等閑抹過上頭關이니라

說誼 捨身之福이 深則深矣나 於此上乘에 了沒交涉이요 菩提重擔을 撩起便行이 快則快矣나 且請依前放下하노니 爲甚如此오 若是大力量人인댄 不肯聽他最上乘說하고 踏斷千差하야 直過那邊이니라

종경 천만억겁 동안 몸을 보시함이여. 그 복이 바다보다 깊음이요, 최상승에 발한 자를 위하여 설함이여. 그 짐이 산같이 무겁도다. 경쾌하게 일어나서 곧 행하나 또한 예전대로 내려놓기를 청하노니 무슨 까닭인가. 큰 역량있는 자는 원래 동하지 않아서 쉽게 上頭關(높은 관문)을 지나가느니라.

설의 몸을 버리는 복이 깊긴 깊지만 이 최상승엔 마침내 교섭할 것이 없음이요, 菩提의 무거운 짐을 일으켜 세워서 문득 행함이 유쾌하긴 유쾌하나 또한 그전처럼 내려놓기를 청하노니 무엇 때문에 이같은가. 만약 큰 역량있는 사람이라면 기꺼이 남의 최상승 설법을 듣지 않고 천 가지 차별을 밟아 끊어서 저 경계를 바로 지나가 버리느니라.

宗鏡 倒握吹毛掃異蹤하야 頓令心地盡開通이라 鋒芒이 獨露毘盧頂하니 凡聖이 齊敎立下風이로다

說誼 倒握一柄吹毛하고 掃盡千差萬別하야 頓令心地로 豁然開通하니 毘盧頂上에 鋒芒이 獨露하고 威光이 赫赫하야 寓目皆喪이라 所以로 凡聖이 立在下風이로다

종경 吹毛劍을 거꾸로 잡고 다른 자취를 다 쓸어서

몰록 心地로 하여금 다 개통케 하도다.
鋒芒(지혜의 칼끝)이 毘盧頂에 홀로 드러나니
凡聖 모두가 바람 아래 섰도다.

설의 한 자루의 취모검(날카로운 지혜의 칼)을 거꾸로 잡고 천차만별을 다 쓸어서 한꺼번에 心地로 하여금 활연히 개통하니, 비로정상에서 鋒芒(지혜의 칼끝)이 홀로 드러나 위광이 빛나고 빛나서 보는 대로 다 喪함이라. 이 까닭에 凡聖이 바람 아래 서 있음이로다.

무비 無相과 無住와 妙行의 반야경을 수지하는 공덕은 한량이 없다. 사람이 세상을 살아가는 양상은 각양각색이다. 과연 어떤 삶이 가장 값있고 보람된 삶일까. 사람들은 흔히 생명을 보존해 가는 것만으로도 숭고하고 존엄한 일로 생각하고 있다. 그러나 깨어있는 사람들의 생각은 다르다. 공자는 아침에 도를 깨달으면 저녁에 죽어도 좋다고 하였다. 그리고 세존은 "너희들의 소중한 목숨을 남을 위해서 무수히 버렸을 때 얼마나 많은 칭송과 찬사를 받겠는가. 또 명예와 공덕은 얼마나 많겠는가. 그렇더라도 그것보다 천배 만배 값지고 소중하고 찬란히 빛나는 삶이 여기 있다. 그것은 곧 반야의 삶이다. 반야의 삶이야말로 참생명의 삶이다. 무상 무주 묘행의 삶만이 가장 존귀하고 위대한 삶이다. 너희는 부디 그렇게 살아라"하고 가르치고 있다. 반야란 무엇인가. 낙엽이 지자마자 눈발이 휘날린다.

圭峯 七은 轉罪爲佛이라
규봉 ㈜七. 죄를 돌이켜 佛이 됨이라.

能淨業障分 第十六   355

能淨業障分 第十六 (능히 업장을 깨끗이 함)

復次須菩提야 **善男子善女人**이 **受持讀誦此經**호대 **若爲人輕賤**하면 **是人**이 **先世罪業**으로 **應墮惡道**언마는 **以今世人**이 **輕賤故**로 **先世罪業**이 **卽爲消滅**하고 **當得阿耨多羅三藐三菩提**하리라

다시 수보리야, 선남자 선여인이 이 경을 받아지니며 읽고 외우더라도 만약 남에게 업신여김을 당하면, 이 사람은 전생에 지은 죄업으로 응당 악도에 떨어질 것이로되, 금생의 사람들이 업신여김으로써 전생의 죄업이 모두 소멸되고 마땅히 아뇩다라삼먁삼보리를 얻으리라.

說誼   爲人輕賤은 明無我人이니 大率有我人者는 只欲爲人之上하고 不欲爲人之下어니와 達無我人者는 貴之不喜하며 賤之不怒하야 能下心於一切衆生하야 甘爲人之下也니라 由是로 昔年에 忍辱仙人은 爲歌利의 割截하시고 不輕菩薩은 爲四衆의 打罵하시니 此皆輕賤之事로대 初無瞋恨之心이라 故知爲人輕賤之事는 乃達無我人者之所爲也니 苟達無我則爲人輕賤도 猶爲法樂이니라 法無彼此어늘 見起我人하나니 因有我人하야 起業造罪라 罪業이 相形하야 障菩提路니 欲成菩提인댄 先除罪業이요 欲除罪業인댄 先斷我人이니라 若聞經解義하야 達無我理하고 又能修行無我之行하야 更不造生死之業하면 則罪根이 永除故로 縱有先世無量罪業이라도 卽同氷消瓦解하야 當成無上佛果菩提니라 故로 云若善男子善女人이 受持讀誦此經호대 若爲人輕賤하면 是人의 先世罪業이 卽爲消滅하고 當得阿耨多羅三藐三菩提라하시니라 雖然受持讀誦此經이나 若貪名聞利養하야 不能生淨信心하며 亦不能

知無我理하야 行無我行이면 則塵勞業用이 依舊熾然하리니 非唯不能
轉罪成佛이라 亦乃未免當墮惡途니라

설의　남으로부터 업신여김을 당하는 것은 我相 人相이 없음을 밝힌
것이니, 대개 我人(나다, 너다 하는 생각)이 있는 사람은 다만 남의 위
가 되고자 하고 남보다 아래 되고자 하지 않거니와, 我와 人이 없는
도리를 통달한 사람은 귀히 여겨도 기뻐하지 않고 천하게 여겨도 성
내지 않으며 능히 일체 중생에게 下心하여 남의 아래됨을 달게 여기
느니라. 이로 말미암아 옛날의 인욕선인은 가리왕에게 割截하게 되고
常不輕보살은 四部大衆의 때리고 꾸짖음을 당했어도 이것은 다 경천
하는 일이지만 아예 성내고 원망하는 마음이 없었도다. 그러므로 알
라. 남으로부터 경천당하는 일은 아상 인상이 없음을 통달한 자의 하
는 일이니 진실로 무아의 도리에 도달한즉 남의 경천함이 되어도 오
히려 법의 즐거움으로 삼는 것이니라. 法에는 彼此가 없거늘 見에 我
와 人을 일으키니 我와 人이 있음으로 인하여 業을 일으키고 죄를 짓
는 것이로다. 죄업이 형상을 이루어서 보리의 길을 장애하니 菩提를
이루고자 하면 먼저 죄업을 없애야 하고 죄업을 없애고자 하면 먼저
아와 인을 끊어야 함이니, 만약 경을 듣고서 뜻을 알아 무아의 이치를
통달하고 또한 무아의 행을 수행해서 다시는 생사의 업을 짓지 않으
면 곧 죄의 뿌리가 영원히 없어진 까닭으로 비록 선세의 무량한 죄업
이 있다 할지라도 곧 봄날에 얼음이 녹고 기와가 풀리는 것같이 마땅
히 위없는 부처님의 과보인 菩提(깨달음)를 이루느니라. 그러므로 이
르되 만약 선남자 선여인이 이 경을 수지 독송하되 남에게 경천을 당
하면 이 사람의 선세죄업은 곧 소멸되고 마땅히 아뇩다라삼먁삼보리
를 얻는다고 하느니라. 비록 그렇게 이 경을 수지 독송하나 만약 칭찬
이나 이익을 탐하여 능히 깨끗한 신심을 내지 않거나 또한 능히 무아
의 이치를 알지 못하여 무아의 행을 행하지도 않으면 번뇌와 업의 작
용이 예전처럼 치성하리니, 오직 이는 죄를 굴려서 성불하지 못할 뿐
만 아니라 악도에 떨어짐을 면치 못하리라.

圭峰 輕賤者는 總包니 於中에 或打或罵故니라 隋譯에 云輕賤甚輕賤이라하며 無着이 云此毁辱이 有無量門故로 復云甚輕賤이니 當得菩提者는 罪滅故라하다

규봉 輕賤이란 모두를 포함한 것이니 그것은 혹 때리기도 하고 꾸짖음도 있는 까닭이니라. 隋나라 번역에는 경천하고 또 심히 경천하게 여긴다 했으며 무착이 이르되 이것은 헐뜯고 욕하는 것이 한량없는 고로 다시 말하길 매우 경천하게 여김인 것이라 하다. 마땅히 菩提를 얻는다는 것은 죄가 멸한 까닭이라 하다.

六祖 佛言하사대 持經之人은 合得一切天人의 恭敬供養이어늘 爲多生에 有重業障故로 今生에 雖得受持諸佛如來의 甚深經典이나 常被人輕賤하야 不得人恭敬供養이어니와 自以受持經典故로 不起人我等相하야 不問冤親하고 常行恭敬하야 心無惱恨하며 蕩然無所計較하야 念念常行般若波羅蜜하야 曾無退轉이니 以能如是修行일새 故得從無量劫으로 以至今生의 所有極重惡障이 悉皆消滅이라하시니라 又約理而言인댄 先世者는 卽是前念妄心이요 今世者는 卽是後念覺心이니 以後念覺心으로 輕賤前念妄心하야 妄不能住일새 故로 云先世罪業이 卽爲消滅이라 妄念이 旣滅에 罪業이 不成하야 卽得菩提也니라

육조 부처님이 말씀하시되 經을 가진 사람은 합당히 일체 人天의 공경과 공양을 받아야 하지만, 많은 생에서 무거운 업장이 있게 된 까닭에 금생에 비록 모든 부처님들의 심히 깊은 경전을 수지하면서도 항상 남에게 업신여김을 당하고 남의 공경과 공양을 받지 못함이니라. 허나 스스로 경전을 받아가진 까닭에 我·人等의 相을 일으키지 않아서 원수나 친한 이를 가리지 않고 항상 공경을 행하여 마음에 번뇌와 한이 없으며 탕연히 계교할 바가 없어서 순간순간 항상 반야바라밀을 행함에 일찍이 물러남이 없으니, 능히 이와 같이 수행함으로써 무량겁으로부터 금생에 이르기까지

있는 바 극히 무겁고 나쁜 장애를 모두 다 소멸한다 하시니라. 또한 이치로써 말하면 先世란 곧 앞생각(과거)의 망령된 마음이요 今世란 뒷생각의 깨달은 마음이니, 뒷생각의 깨달은 마음으로 앞생각의 망령된 마음을 업신여겨서 망심이 머물지 못하게 하는 까닭에 선세죄업이 곧 소멸된다 하시니라. 망념이 이미 소멸됐으면 죄업이 성립되지 못하며 곧 보리를 얻음이 되는 것이니라.

傅大士 先身에 有報障하야 今日受持經하니 暫被人輕賤이나 轉重復還輕이로다 若了依他起하면 能除徧計情이니 常依般若觀하면 何慮不圓成이리오

부대사 선세의 몸에는 과보의 장애가 있으나
  금일 經을 수지하여
  잠시 남에게 경천함을 당함으로써
  무거운 것을 전환하여 도리어 가볍게 하도다.
  만약 依他起(他를 의지하여 일어남)를 요달하면
  능히 徧計의 情(두루 계교하는 마음)을 없애리니
  항상 반야의 관에 의지하면
  어찌 圓成하지 못함을 염려하리오.

冶父 不因一事면 不長一智니라
說誼 無我不造業하고 斷障成菩提가 全承受持經力이니 伊麼則不因了得一大事면 不能證之一切智로다
야부 한 가지 일을 因하지 않으면 한 가지 지혜가 자라지 않느니라.
설의 我가 없으면 업을 짓지 않고 장애를 끊으면 보리를 이루는 것은 온전히 경을 수지한 힘을 받은 것이니, 이런즉 一大事를 요달하지 않으면 능히 一切智를 증득하지 못하리라.

冶父 讚不及毀不及이라 若了一萬事畢이로다 無欠無餘若太虛어늘 爲君題作波羅蜜이로다

說誼 此一大事는 釋梵諸天이 稱贊不及이요 天魔外道가 毀謗無門이로다 若能了得一大事하면 諸佛祖의 神通機用과 百千三昧와 無量妙義를 只向一念間하야 了畢無餘하리니 此一大事는 無名字相하며 無迷悟相하야 圓同太虛하야 無欠無餘어늘 只爲未了底人하야 施設文字言詞로다

야부 찬탄도 미치지 못하고 훼방도 미치지 못함이라.
만약 하나를 요달하면 만사를 마침이로다.
모자람도 남음도 없는 것이 큰허공과 같거늘
그대를 위해서 '바라밀'이라 제목하도다.

설의 이 一大事는 釋 梵 諸天의 칭찬이 미치지 못하고 천마외도가 훼방할 문이 없음이로다. 만약 능히 일대사를 요달하면 모든 佛祖의 神通機用과 百千三昧와 한량없는 묘한 뜻을 다만 한순간에 다 알아서 남음이 없으리니, 이 일대사는 名字의 相도 없고 迷悟의 相도 없어서 원만함이 큰 허공과 같아서 부족함도 남음도 없으나 다만 요달치 못한 이를 위하여 文字와 言詞를 베푼 것이로다.

圭峰 八은 超事多尊이라 論에 云示現速證菩提法故라하다 於中에 文二니 一은 供佛多中全具福이라

규봉 ㉗八. 많은 세존을 섬기는 일보다 뛰어나도다. 論에 이르되 菩提法을 속히 증득함을 示現하는 연고라 하다. 그 중에 두 가지니 ㉮一. 부처님을 공양하는 많은 일중에 온전히 갖춘 복이라.

須菩提야 **我念過去無量阿僧祇劫**에 **於然燈佛前**에 **得值八百四千萬億那由他諸佛**하야 **悉皆供養承事**하야 **無空過者**호라

수보리야, 내가 과거 무량 아승지 겁을 생각하니, 연등불

을 뵙기 전에도 八百四천만억 나유타의 여러 부처님을 만나서 모두 다 공양하고 받들어 섬겼으며 헛되이 지냄이 없었노라.

圭峰 那由他者는 十億이 爲洛叉요 十洛叉가 爲俱胝요 十俱胝가 爲那由他니라
규봉 나유타란 十億이 낙차가 되고 십낙차가 俱胝가 되고 十구지가 나유타가 된다.

傅大士 如來說那由여 那由幾劫中고 我人衆生壽여 壽者盡俱空이로다 若悟菩提道하면 道者盡通同이니 二體俱實際라 際度出凡籠이로다
부대사 여래께서 나유타라 설함이여.
　　　　나유가 몇 겁 중인가.
　　　　我, 人, 衆生 壽者여.
　　　　壽者가 다 함께 空함이로다.
　　　　만약 菩提道를 깨달으면
　　　　道란 다 통하여 같음이니,
　　　　二體가 實際를 갖춤이라.
　　　　實際의 度가 범부의 굴레를 벗어남이로다.

圭峰 二는 持經多中少分福이라
규봉 ㉎二. 경을 가지는 많은 일중에서 작은 복이라.

若復有人이 於後末世에 能受持讀誦此經하면 所得功德이 於我所供養諸佛功德으로 百分에 不及一이며 千萬億分과 乃至算數譬喩로 所不能及이니라

만약 또 어떤 사람이 앞으로 오는 말세에 능히 이 경을 받아지니고 읽고 외우면 그 얻는 공덕은 내가 여러 부처님께 공양한 공덕으로는 백분의 일도 미치지 못하며 천만 억분과 내지 산수와 비유로도 미칠 수 없느니라.

說誼 佛不外求라 只向心覓이니 若欲見佛인댄 唯須內照니라 承事諸佛이 福則不無나 然亦未免向外馳求어니와 一念聞經하면 能生淨信하야 即自見性하야 直了成佛일새 所以로 供佛이 不及持經이니라

설의 부처는 밖에서 구하는 것이 아님이라. 다만 마음을 향해서 찾는 것이니, 만약 부처를 보고자 하면 오직 모름지기 안으로 비출지니라(자신을 살펴라). 여러 부처님을 받들어 섬김이 복은 없지 않으나 또한 밖을 향해서 어지럽게 구함을 면치 못하는 것이니 한순간이라도 경을 들으면 능히 깨끗한 믿음을 내게 되고 곧 스스로 見性하여 바로 성불해 마치리니 이 까닭에 부처님께 공양하는 것이 경을 가지는 것에 미치지 못하느니라.

六祖 供養恒沙諸佛하며 施寶滿三千界하며 捨身如微塵數한 種種福德이 不及持經은 一念에 悟無相理하야 息希望心하고 遠離衆生의 顚倒知見하야 即到波羅彼岸하야 永出三塗苦하고 證無餘涅槃일새니라

육조 항하사의 부처님께 공양하며, 보물을 삼천세계에 가득히 보시하며 몸 버리기를 미진수와 같이 하는 갖가지 복덕이 경을 가지는데 미치지 못하는 것은, 한순간에 無相의 이치를 깨달아서 희망심을 쉬고, 중생의 顚倒된 知見을 멀리 떠나서 곧 저 언덕에 이르러 영원히 삼악도의 고통을 벗어나고 무여열반을 증득함이니라.

傅大士 然燈이 未敎化엔 呼爲在佛前이라 得値河沙聖하야 供養不

爲難이어니와 末法難調製에 開經暫展看하면 斯人은 無斷見하야 萬
劫自安閑이로다

부대사 연등불이 교화하기 전에는
부처님 전에 있음이 된다 하도다.
항하사의 성인을 만나서
공양함은 어렵지 않으나
末法의 다스리기 어려울 적엔
경을 열고 잠시 펴보면
이 사람은 斷見이 없어서
만겁에 스스로 편안하고 한가하리라.

冶父 功不浪施니라
說誼 持經一念圓證하면 直了成佛일새 所以로 功不浪施니라
야부 功은 헛된 베풂이 아니니라.
설의 경을 수지하여 한순간에 원만히 증득하면 바로 성불하는 것이
므로 이 까닭에 功은 헛되지 않음이니라.

冶父 億千供佛이 福無邊이나 爭似常將古敎看가 白紙上邊에 書
黑字하니 請君開眼目前觀이어다 風寂寂水漣漣하니 謝家人이 秪在
魚船이로다
說誼 他本에 謝家人이 在釣魚船이라 要識古敎在處麼아 似海之深이
요 如山之高로다 要識古敎文彩麼아 煦日이 發生鋪地錦하니 無紋印
字錦上舒로다 請君大開娘生眼하야 十二時中에 常照了어다 常照了여
內外無侵眞境現하니 一人이 獨擅其中事로다 又古敎者는 以迹言之則
古佛의 能詮之敎也요 以理言之則學人의 一卷經也라 此一卷經은 佛
祖相傳底法印이며 衆生本有底一着子니 其來無始일새 故云古敎니라
白紙上邊書黑字者는 經卷에 本具文彩也라 白屬偏하니 自性隨緣二
用也요 黑屬正하니 寂滅一體也니라 請君開眼目前觀者는 勸令諸人으

로 不離日用하고 轉一大經卷也니라 風寂寂云云은 若轉得一大經卷하면 卽外而境風이 自寂하고 內而智水가 澄淸하야 隨緣任眞하며 逐處消遙가 一似虛舟駕浪에 自東自西하며 隨高隨下也니라 又風寂寂云云은 謂釣得錦鱗時에 也合風停而水面漣漣이요 觀照實相時에 也宜情忘而智水澄澄이니라 船爲釣魚之具요 敎爲悟眞之法이니 悟眞者가 專心悟眞之法하면 則必有悟眞之期요 釣魚者가 只在釣魚之船하면 則必有釣魚之時也니라

야부 억천 부처님을 공양함은 복이 끝이 없으나
　　　어찌 옛 가르침을 항상 가져보는 것과 같겠는가.
　　　白紙 위에 검은 글자를 써서 그대에게 청하노니
　　　눈을 뜨고 눈앞을 볼지어다.
　　　바람은 고요하고 물결은 잔잔하니
　　　집 떠난 사람은 다만 어선 위에 있도다.

설의 (다른 책엔 "집떠난 사람이 낚시배 위에 있도다"로 되어있음.) 옛 가르침이 있는 곳을 알고자 하는가. 마치 바다의 깊음과 같고 산이 높음과 같도다. 옛 가르침의 무늬를 알고자 하는가. 아침 햇빛이 땅 위에 비단을 깐 듯이 무늬없는 도장을 비단 위에 찍음이로다. 그대에게 청하노니, 어머니가 낳아준 눈을 뜨고서 十二時中(하루종일) 늘 비출지어다. 항상 비춤이여! 안팎으로 침범함이 없어서 참다운 경계가 나타나니, 한 사람이 홀로 그 가운데 일을 오로지 함이로다. 또한 옛 가르침이란 그 자취로써 말한즉 옛부처님이 능히 가르친 말씀이요, 이치로써 말하면 學人의 한 권의 經이로다. 이 한 권의 경은 부처와 조사가 서로 전한 法印이며 중생들이 본래 지니고 있는 一着子(한물건)이니 그것이 오매 시작이 없으므로 옛 가르침이라 이르도다. 백지 위에 검은 글자를 쓴 것은 경전에 본래 갖춘 무늬로다. (우리 마음 경전에도 온갖 만행만덕과 온갖 견문각지의 作用이 있다.)

흰 것은 치우친 데(偏)에 속하니 自性과 隨緣의 두 가지 쓰임(用)이요 검은 것은 正에 속하여 寂滅이 하나의 體이니라. "그대에게 청하노니 눈을 뜨고 앞을 보라"는 것은 모든 사람으로 하여금 日用을 떠나

지 않고 一大經卷 굴리기를 권함이니라. '바람은 고요하고~'한 것은 만약 一大經卷을 굴린다면 곧 밖으로의 경계 바람이 스스로 고요하고 안으로 지혜의 물이 말쑥하여 인연을 따라 眞에 맡기며 좇는 곳마다 逍遙하는 것이 빈배가 물결따라 저절로 동서로 가는 것 같으며 높고 낮은 데를 따름과 같도다. 또한 '바람은 고요하다'한 것은 아름다운 물고기를 낚을 때엔 바람이 그쳐 수면이 잔잔함이요, 實相을 관조할 때엔 마땅히 情을 잊으니 지혜의 물이 맑고 맑음이니라. 배는 고기를 낚는 도구요 가르침은 진리를 깨닫는 법이니, 진리를 깨닫는 자가 마음을 진리 깨닫는 법에 오로지 할 것 같으면 반드시 진리를 깨달을 기약이 있을 것이요, 고기 낚는 자가 다만 낚시배 위에 있으면 반드시 고기 낚을 때가 있으리라.

圭峰 九는 具聞則疑라
규봉 ㉔ 九. 갖추어 들으면 곧 의심함이라.

須菩提야 若善男子善女人이 於後末世에 有受持讀誦此經하는 所得功德을 我若具說者면 或有人이 聞하고 心卽狂亂하야 狐疑不信하리라
수보리야, 만약 선남자 선여인이 앞으로 오는 말세에 이 경을 받아지니며 읽고 외워서 얻는 공덕을 내가 다 갖추어 말한다면, 혹 어떤 사람은 듣고 마음이 몹시 산란하여 의심하고 믿지 않으리라.

六祖 佛言하사대 末法衆生이 德薄垢重하고 嫉妬彌深하야 衆聖이 潛隱하고 邪見이 熾盛하리니 於此時中에 如有善男子善女人이 受持讀誦此經하면 圓離諸相하고 了無所得하야 念念常行慈悲喜捨와 謙下柔和하야 究竟成就無上菩提어니와 或有聲聞小見은 不知

如來正法이 常在不滅일새 聞說如來滅後後五百歲에 有人이 能成就無相心하며 行無相行하야 得阿耨多羅三藐三菩提라하면 則心生驚怖하야 狐疑不信하리라

육조 부처님이 말씀하시되 말법중생은 덕이 엷고 번뇌는 무거우며 질투는 더욱 깊어져서 많은 성인들이 숨어버리고 삿된 견해는 치성하리니, 이러한 때에 만약 선남자 선여인이 이 경을 수지 독송하면 모든 相을 원만히 떠나게 되어 본래의 얻을 바 없음을 깨달아서 생각 생각에 항상 慈悲喜捨와 謙下와 유화를 행하여 끝내는 위없는 깨달음을 성취하거니와 혹 어떤 聲聞의 소견은 如來의 正法이 멸하지 않고 항상 있음을 알지 못하므로 여래가 멸한 뒤 후 오백세에 어떤 사람이 능히 無相心을 성취하고 無相行을 행하여 아뇩다라삼먁삼보리를 얻었나 함을 들으면 곧 마음이 두려움을 내어 의심하고 믿지 않으리라.

傅大士 了妄에 心明遣이요 無爲에 業漸離라 狂迷心境滅하니 凡愚盡總袪로다 經中에 稱末世여 狐疑且自迷라 性慧修眞實이여 只此是菩提로다

부대사 망념을 요달하면 마음을 밝게 보냄이요,
함이 없으면 業은 점점 떠나리라.
매우 미혹한 마음의 경계가 멸하니
범부의 우치함이 없어지도다.
경 가운데서 末世라 일컬음이여!
의심하여 또한 스스로 迷하도다.
性慧로써 진실을 닦음이여. 다만 이것이 菩提로다.

圭峰 十은 總結幽邃라
규봉 ㈎ 十. (이 경의 이치가) 아주 깊음을 총결함이라.

須菩提야 **當知是經**은 **義**도 **不可思議**며 **果報**도 **亦不可思議**니라
수보리야, 마땅히 알아라. 이 경은 뜻도 가히 생각할 수 없으며 과보도 또한 생각할 수 없느니라."

說誼 廣讚持經說經之功德을 不可得而思議라하시고 乃云所得功德을 我若具說者면 或有人이 聞하고 心卽狂亂하야 狐疑不信이라하시며 乃至云果報도 亦不可思議라하시니 聞經不信受하면 良藥이 現前不知服이요 果報不思議여 服來平地에 便升仙이로다

설의 "경을 가지고 경을 설하는 공덕은 가히 생각할 수 없다"고 널리 찬탄하시고, 이에 이르되 "얻을 바 공덕을 내가 다 갖추어 말한다면 혹 어떤 사람은 듣고 마음이 몹시 산란하여 의심하고 믿지 않으리라" 하시며 "내지 그 과보도 또한 생각할 수 없느니라" 하시니, 경을 듣고도 믿어 지니지 않으면 좋은 약이 앞에 있어도 먹을 줄 모름이요, 과보도 생각할 수 없다 함이여! (좋은 약을) 먹으면 평지에서 곧 신선에 오름이로다.

圭峰 無著이 云此는 顯示彼福體及果가 不可測量故라하다
규봉 무착이 이르되 이것은 복의 體와 과보를 가히 측량할 수 없음을 드러낸 연고라 하다.

六祖 是經義者는 卽是無着無相行이요 云不可思議者는 讚歎無着無相行이 能成就阿耨多羅三藐三菩提也니라
육조 이 경의 뜻이란 곧 無着, 無相의 행이요 가히 생각할 수 없다는 것은 무착 무상의 행이 능히 아뇩다라삼먁삼보리를 성취함을 찬탄한 것이니라.

傅大士 果報分明在여 善惡이 分兩枝라 末法難調製여 謗經失

路迷로다 狐疑에 生斷見이요 修卽是便宜니 覺悟無前後하면 成佛不爲遲니라

부대사 과보가 분명히 있음이여.
　　　　 선과 악 두 가지로 나눔이라.
　　　　 말법에 조복받기 어려움이여.
　　　　 경을 비방하여 길을 잃고 迷하도다.
　　　　 의심하면 斷見을 내고
　　　　 닦으면 곧 편리함이니,
　　　　 前後가 없음을 깨달으면
　　　　 성불이 더디지 않으리라.

冶父 各各眉毛眼上橫이로다
說誼 佛所說法은 只說得眼上眉毛시니 若是眼上眉毛인댄 生而固有라 誰獨且無리오
야부 각각의 눈썹은 눈 위에 가로놓여 있도다.
설의 부처님이 설하신 법은 다만 눈 위의 눈썹을 말한 것이니, 만약 이 눈 위의 눈썹이라면 나면서부터 본래로 있음이라.
　누군들 홀로 없으리오.
冶父 良藥은 苦口요 忠言은 逆耳라 冷暖自知가 如魚飮水로다 何須他日에 待龍華리오 今朝에 先授菩提記로다
說誼 旣皆同有인댄 聞不信受는 怎麽오 只爲太近難曉니라 雖然如是나 飮啄隨時에 飢飽自知라 伊麽則人人이 位同毘盧요 一一同居寂光이니 何待龍華記莂이리오 擧足卽是寂場이로다 以本分으로 論之則理合如斯어니와 若據今時하야 論之則此經이 如良藥하야 服來에 萬病消라 超然作金仙이언마는 只是不肯下口요 亦如忠言하야 信受에 自知非라 能爲衆中尊이언마는 只是不肯信受니라 唯有利根人은 言下에 自知非하야 一聞에 能總持하리니 鯤鯨이 飮海水라 位同大覺已어니 極果를 更何疑리오 果報不思議라하시니 誠哉라 佛所說이여

야부 좋은 약은 입에 쓰고
　　　　충성스런 말은 귀에 거슬림이라.
　　　　차고 더움을 스스로 아는 것은
　　　　고기가 물마심과 같으니
　　　　어찌 모름지기 다른 날에
　　　　용화세계를 기다리리오.
　　　　오늘 아침에 벌써 菩提의 수기를 받음이로다.

설의 이미 다같이 갖고 있지만 듣고도 信受하지 않음은 무슨 까닭인가. 다만 너무 가까워서 알기 어려움이니라.

비록 이같으나 마시고 먹는 것은 때를 따르는 것이며 주리고 배부름은 스스로 아는 것이로다. 이러한즉 사람사람의 지위는 비로자나불과 같고 낱낱이 寂光土에 함께 있으니 어찌 용화의 기별(수기)을 기다리리오. 발을 들면 곧 이곳이 적광의 도량이로다. 本分으로써 논한즉 이치가 합당히 이와 같거니와 만약 今時(新薰:현재의 입장)를 들어 논한다면 이 경은 마치 좋은 약과 같아서 먹으면 만병이 없어짐이라. 초연히 金仙(佛)을 짓건만 다만 기꺼이 입에 넣지 않음이요. 또한 충언과 같아서 信受하면 스스로 그릇됨을 알도다. 능히 대중의 존중함이 되건만 다만 기꺼이 信受하지 않느니라.

오직 영리한 사람은 언하에 스스로 그런 줄 알아서 한번 들으면 능히 다 가지리니 고래(鯤鯨)가 바닷물을 마심과 같도다. 그 지위가 大覺과 같거니와 지극한 과보를 다시 어찌 의심하리오. "과보가 불가사의하다"하시니 진실하도다! 부처님의 설하심이여!

宗鏡 宿業緣墮惡報어늘 今人賤而罪卽消하고 供諸佛誦此經하면 功德勝而喩莫及이로다 只如無着無相底는 還有果報也無아 妄心滅盡業還空하니 直證菩提超等級이로다
惡因誰作罪誰招오 眞性이 如空不動搖라 曠劫無明이 俱蕩盡하니 先天後地寂寥寥로다

종경 宿業의 인연으로 악의 과보에 떨어질 것이거늘 지금 사람들이 천하게 여기므로 죄가 곧 소멸되고, 諸佛께 공양하는 것보다 이 경을 외우면 그 공덕이 수승하여 어떤 비유로도 미칠 수 없음이로다. 다만 저 無着, 無相한 것은 또한 과보가 있는 것인가 없는 것인가. 망심이 멸하여 다하면 업도 또한 空하리니, 바로 菩提를 증득하여 등급을 초월하도다.

   악의 인연은 누가 짓고 그 죄는 누가 부르는가.
   참된 성품은 허공과 같아서 동요하지 않도다.
   오랜 동안의 무명을 모두 다 없애니
   하늘보다 먼저 하고 땅보다 뒤에 하여
   고요하고 고요하도다.

무비 금강경은 참으로 위대한 經이다. 아무리 큰 죄를 지어서 지옥에 갈 일이 있다해도 이 금강경만 수지 독송하면 그 죄업은 다 소멸하고 지옥은 즉시 사라진다. 佛前에서 천배 만배 절하고 피를 토하도록 염불을 해서가 아니고 이 금강경을 수지해서이다.

 금강경은 최상의 경이다. 세존은 연등불 시절부터 팔만사천만억 부처님을 친견하고 그 앞에서 갖가지 공덕을 쌓았다. 그리하여 오늘날 위대한 성자가 되었다. 그러나 꼭 그러했기 때문이었을까. 금강경을 수지하면 세존이 갖춘 모든 공덕과 지혜와 위덕을 갖출 수 있다.

 불교적 삶〔修行〕의 내용을 간단히 두 가지로 표현하면 업장을 소멸하는 일과 복덕과 지혜를 이루어 가는 일이다. 그것들을 다 충족시켜주고 다 해결해 주는 경이 곧 이 금강경이다. 혹자는 이런 말을 듣고 믿지 않고 비방할지도 모른다. 그러나 이 경의 의미는 참으로 불가사의하며 과보 또한 불가사의하다. 어리석은 사람들이 쉽게 믿는다면 족히 금강경이 될 수 없을지도 모른다.

圭峰 第十一은 斷住修降伏是我疑라 佛이 敎我住修降伏하며 兼不住前十重疑執過患케하시니 若無我者인댄 誰人이 受敎며 誰人이 住修며 誰人이 如此離過云云이리오 亦云除微細執故니 偈에 云於內心修行에 存我爲菩薩하면 此卽障於心이라 違於不住道라 하다 斷之文이 二니 初는 問이라

규봉 ㉂ 十一. 住하고 닦으며 항복하는 것도 이 我라는 의심을 끊음이라. 부처님이 나로 하여금 住 修 降伏케하시며 겸하여 앞의 열 가지 무거운 의심과 집착한 허물에 머물지 않게 하시니, 만약 我가 없으면 어떤 사람이 가르침을 받으며 어떤 사람이 머물고 닦으며 어떤 사람이 이와 같은 허물을 버린다고 운운하리오. 또한 미세한 집착을 없앤 연고이니 偈에 이르되 "內心으로 수행함에 내가 보살이 되었다는 생각을 두면 이는 곧 마음을 장애하는 것이라, 머물지 않는 道에 위배된다"고 하다. 그것을 끊는 데 두 가지니 ㉁ 一. 물음이라.

究竟無我分 第十七 (끝까지 我가 없음)

爾時에 **須菩提**가 **白佛言**하사대 **世尊**하 **善男子善女人**이 **發阿耨多羅三藐三菩提心**하나니는 **云何應住**며 **云何降伏其心**하리잇고

그때 수보리가 부처님께 사뢰었다. "세존이시여, 선남자 선여인이 아뇩다라삼먁삼보리심을 발하였으니, 어떻게 마땅히 머물며 어떻게 그 마음을 항복받으리까."

圭峰 二는 答이라 文三이니 一은 若名菩薩인댄 必無我라
규봉 ㉑ 二 답이라, 여기에 세 가지니 ㉓ 一. 만약 보살이라 이름한다면 필히 我가 없어야 함이다.

佛이 **告須菩提**하사대 **若善男子善女人**이 **發阿耨多羅三藐三菩提心者**는 **當生如是心**이니 **我應滅度一切衆生**호리라 **滅度一切衆生已**하야는 **而無有一衆生**도 **實滅度者**니라

부처님께서 수보리에게 이르시되 "만약 선남자 선여인이 아뇩다라삼먁삼보리심을 발하였으면 마땅히 이와 같은 마음을 낼지니, 내가 응당 일체 중생을 멸도하리라. 일체 중생을 멸도하고 나서는 한 중생도 멸도함이 없느니라.

說誼 滅度一切衆生은 不同二乘하야 悲化含生이요 無一衆生滅度는 智冥眞際하야 不生於化니 此當安住降心也니라
설의 일체 중생을 멸도하는 것은 二乘과 같지 않아서 자비로써 모든 중생을 교화함이요. 한 중생도 멸도함이 없다는 것은 지혜가 진리에

명합해서 교화했다는 생각을 내지 않음이니, 이는 마땅히 항복한 마음에 안주하는 것이니라.

六祖 須菩提가 問佛하사대 如來滅後後五百歲에 若有人이 發阿耨多羅三藐三菩提心者는 依何法而住며 如何降伏其心하리잇고 佛言하사대 當發度脫一切衆生心이니 度脫一切衆生하야 盡得成佛已하야는 不得見有一衆生도 是我度者라하시니 何以故오 爲除能所心也며 除有衆生見也며 亦除我見也니라

육조 수보리가 부처님께 물으시되 "여래가 멸한 뒤 후 오백세에 만약 어떤 사람이 아뇩다라삼먁삼보리심을 발한 이는 무슨 법에 의지하여 머물며 어떻게 그 마음을 항복받으리까." 하니, 부처님께서 말씀하시되 "마땅히 일체 중생을 제도하여 해탈케 하는 마음을 발할지니 일체 중생을 도탈해서 다 성불하고 나서는 어떤 한 중생도 내가 제도했다는 것을 볼 수 없다 하시니라. 무슨 까닭인가. 能所心(상대적인 생각)을 없앴기 때문이고 중생이 있다는 견해를 없앴기 때문이며, 또한 나라는 견해를 없앴기 때문이니라.

冶父 有時에 因好月하야 不覺過滄洲로다
說誼 駕起鐵船入海來하니 釣竿揮處에 月正明이로다 性愛蟾光寒照影하야 滄溟過來渾不覺이로다 更知道어다 途中에 却憶靑山事하니 終日行行不知行이로다

야부 어느 땐 달이 하도 좋아서 창주 지나가는 줄도 몰랐도다.
설의 철선을 끌고 바다에 들어가니 낚싯대 드리운 곳에 달이 환히 밝도다. 性品이 달빛에 차갑게 비치는 그림자를 사랑하여 滄溟을 지나도록 혼연히 깨닫지 못했도다.
다시 알지어다. 도중에 도리어 靑山의 일을 기억하니 종일토록 행하

고 행하여도 그 행함을 알지 못하도다.

冶父 若問云何住인댄 非中及有無라 頭無纖草蓋하고 足不履閻浮로다 細似隣虛析이요 輕如蝶舞初로다 衆生滅盡知無滅하니 此是隨流大丈夫로다

說誼 要識眞住處인댄 非中及有無라 脫然無所托하니 麁重淨無痕이로다 靑山에 留不得이어니 紫陌에 豈能容이리오 化生而無化하니 隨流大丈夫로다

야부 만약 어떻게 住하는가 묻는다면,
中도 아니고 有, 無도 아님이라.
머리엔 작은 풀도 덮지 않고
발은 염부제도 밟지 않았도다.
가늘기는 작은 먼지를 쪼갠 듯하고
가볍기는 나비춤의 날개짓과 같도다.
중생을 멸진하되 멸함이 없음을 알면
이는 流를 따르는 대장부로다.

설의 참된 住處를 알고자 하면 中 및 有無가 아니로다. 탈연하여 의탁할 것이 없으니, 거칠고 무거운 것(번뇌)이 다 청정해져서 흔적이 없음이로다.

靑山에도 머물지 않거니와 어찌 도시(紫陌)를 용납하겠는가. 중생을 교화하되 교화함이 없으니 이는 流를 따르는 대장부로다.

圭峰 二는 若有我相이면 非菩薩이라
규봉 ㉔ 二. 만약 我相이 있으면 보살이 아님이라.

何以故오 須菩提야 若菩薩이 有我相人相衆生相壽者相이면 卽非菩薩이니라

무슨 까닭인가. 수보리야 만약 보살이 아상 인상 중생상

수자상이 있으면 곧 보살이 아니니라.

六祖 菩薩이 若見有衆生可度면 卽是我相이요 有能度衆生心이면 卽是人相이요 謂涅槃可求면 卽是衆生相이요 見有涅槃可證이면 卽是壽者相이니 有此四相하면 卽非菩薩也니라

육조 보살이 만약 중생을 가히 제도할 게 있다고 보면 이는 곧 아상이요, 능히 중생을 제도하는 마음이 있으면 곧 인상이요, 열반을 가히 구한다 이르면 곧 중생상이요, 열반을 가히 증득할 게 있다고 보면 곧 수자상이니, 이 네 가지 상이 있으면 곧 보살이 아니니라.

圭峰 三은 能所俱寂이 是菩提라
규봉 ㉔ 三. 能所가 모두 고요해야 이것이 菩提니라.

所以者가 何오 須菩提야 實無有法發阿耨多羅三藐三菩提心者니라
그 까닭이 무엇인가 하면 수보리야, 실로 법이 있어서 아뇩다라삼먁삼보리심을 발한 것이 아니니라.

說誼 因甚道要須不生於化오 若謂我能度生하며 我是發心者라하면 我人이 競作하야 能所紛然이라 卽非菩薩이니라 我能我是를 因甚道非菩薩고 實際理地엔 曾無伊麼事니 我人이 頓盡하고 能所俱寂하야사 方與實際로 相應去在니라

설의 무엇 때문에 모름지기 교화하는 생각을 내지 않아야 하는가.
만약 내가 능히 중생을 제도하며 내가 발심한 사람이라 말하면 我와 人이 다투어 지어져서 能所가 어지러워지게 되어 곧 보살이 아님이니라. 나는 능하고 나는 옳다고 함을 왜 보살이 아니라고 하는가. 실

제의 진리 그 자리에는 일찍 이러한 일이 없으니 我와 人이 단번에 다하고 能所가 함께 고요해져야 바야흐로 실제와 더불어 서로 맞기 때문이니라.

六祖 有法者는 我人衆生壽者四法也니 若不除四法이면 終不得菩提요 若言我不發菩提心者라도 亦是我人等法이니 我人等法이 卽是煩惱根本이니라

육조 法이 있다는 것은 아 인 중생 수자의 네 가지 법이니, 만약 네 가지 법을 없애지 않으면 마침내 보리를 얻지 못함이요, 만약 나는 보리심을 발하지 않았다고 하더라도 또한 이것도 아 인 중생 수자 등의 법이니, 아 인 등의 법은 곧 번뇌의 근본이 되느니라.

傅大士 空生이 重請問에 無心爲自身이니 欲發菩提者는 當了現前因이니라 行悲에 疑似妄이요 用智에 最言眞이라 度生權立我요 證理卽無人이니라

부대사 空生이 거듭 물음을 청하매
　　　　無心으로 자신을 삼음이니,
　　　　보리심을 발하고자 하면
　　　　마땅히 앞에 나타난 요인을 요달할지니라.
　　　　자비를 행함에 妄인 듯 의심함이요
　　　　지혜를 씀에 가장 참답다고 말하도다.
　　　　중생을 제도하기 위해 방편으로 我를 세움이요
　　　　이치를 증득하면 곧 人이 없느니라.

冶父 少他一分인들 又爭得이리오
說誼 我人頓盡하고 能所俱寂이 功極則不無나 以實而觀컨댄 又爭得也리오

야부 저 하나마저 없는데 또 어찌 얻으리오.
설의 我, 人이 단번에 다하고 능소가 함께 고요해짐은 功이 지극하여 곧 없지 않으나 실제로써 관하건대 또한 어찌 얻으리오.

冶父 獨坐儵然一室空하니 更無南北與西東이라 雖然不借陽和力이나 爭奈桃花一樣紅이리오
說誼 脫然物外에 更無栖泊處하니 莫把此境云究竟하라 敢道此亦猶未在니 雖然不用苦鍛鍊이나 自有本地風光爛이로다
야부 홀로 소연히 一室이 空한 데 앉았으니
다시 남북과 동서도 없음이라.
비록 그렇게 화창한 봄날의 힘을 빌리지 않았으나
복숭아꽃이 온통 붉음은 어이하리오.
설의 탈연히 物 밖에 다시 깃들 곳이 없으니, 이 경계를 잡아서 최고(究竟)라고 말하지 말라. 감히 말하건대 이것도 또한 오히려 부족하니, 비록 그렇게 괴롭게 단련하지 않아도 저절로 本地風光의 찬란함이 있음이로다.

圭峰 第十二는 斷佛因에 是有菩薩疑라 論에 云若無菩薩이면 云何釋迦如來가 於然燈佛所에 行菩薩行고할새 斷之니라 文四니 一은 擧疑處라
규봉 ㈤ 十二. 부처의 種子(佛因)에 菩薩이 있다는 의심을 끊음이라. 論에 이르되 만약 보살이 없었으면 어찌 석가여래가 연등불 처소에서 보살행을 행하였겠는가. 의심하므로 그것을 끊는 글에 네 가지가 있으니 ㉮ 一. 의심난 곳을 들도다.

須菩提야 **於意云何**오 **如來**가 **於然燈佛所**에 **有法得阿耨多羅三藐三菩提不**아
수보리야, 어떻게 생각하느냐. 여래가 연등불 처소에서 법

이 있어 아뇩다라삼먁삼보리를 얻었느냐."

圭峰 降怨王이 請然燈佛하야 入城에 城中長幼가 盡迎할새 路泥어늘 善慧가 布髮한대 佛與授記하시다 故擧此問이니라 二는 斷疑念이라

규봉 降怨王(원수를 항복받는 왕)이 연등불을 청하여 성에 들어오심에 성중의 모든 사람이 다 영접할 때 길이 질퍽거리므로 선혜 동자가 머리를 풀어서 펴시니 부처님이 수기를 주셨도다. 그러므로 이 물음을 든 것이니라.

㉮ 二. 의심하는 생각을 끊음이라.

不也니이다 世尊하 如我解佛所說義컨댄 佛이 於然燈佛所에 無有法得阿耨多羅三藐三菩提니이다
"아닙니다. 세존이시여, 제가 부처님이 설하신 뜻을 이해하기에는 부처님이 연등불 처소에서 법이 있어 아뇩다라삼먁삼보리를 얻은 것이 아닙니다."

圭峰 善慧가 彼時에 都無所得하야 離諸分別이니 由無法故로 得記어니와 若有法者인댄 是有相心이라 不順菩提일새 佛不與記니라

규봉 선혜가 그때에 도무지 얻은 바가 없어서 모든 분별을 떠났음이니, 법이 없음을 말미암은 고로 수기를 얻었거니와, 만약 법이 있음인댄 상이 있는 마음이어서 보리를 수순하지 못하므로 부처님이 수기를 주지 않았을 것이니라.

六祖 佛이 告須菩提하사대 我於師處에 不除四相코 得受記不아 須菩提가 深解無相之理일새 故로 言不也라하시니라

육조 부처님이 수보리에게 이르시되 "내가 스승의 처소에서 四

相을 없애지 않고 수기를 얻었는가." 수보리는 無相의 이치를 깊이 이해하는 고로 "아닙니다"라고 하시니라.

圭峰 三은 印決定이라
규봉 ㉮ 三. 決定을 인가함이라.

佛言하사대 **如是如是**하다
부처님께서 말씀하시되 "그렇다 그렇다."

說誼 上明菩薩의 無我之意하시고 今擧自己의 無所得하사 重明無我之意하시니 佛이 欲明無得하사 假以有得問也어시늘 空生이 善契佛意하야 答以無得하니 可謂好知音也로다 再歎如是를 須着眼하라 滿口許他見家風이로다
설의 위에서는 보살의 無我의 뜻을 밝히시고, 지금은 자기의 얻음 없음을 들어서 거듭 無我의 뜻을 밝히시니라. 부처님이 얻음 없음을 밝히고자 하여 거짓으로 얻음이 있는 것으로 물으셨는데 空生이 부처님의 뜻에 잘 계합하여 얻음 없음으로써 답하시니 가위 좋은 知音者로다. 재차 '如是'라고 찬탄한 것을 착안하라. 입에 가득히 저 家風 본 것을 허락하도다.

六祖 善契佛意일새 故言如是니 如是之言은 是印可之辭니라
육조 부처님의 뜻에 잘 계합하였으므로 '그렇다'라고 하시니 '그렇다'란 말은 곧 인가한 말이니라.

冶父 若不同床睡면 爭知紙被穿이리오
說誼 同聲相應이요 同氣相求로다
야부 만약 같은 침상에서 잠자지 않았으면 어찌 紙被(종이 속옷)가 뚫어진 줄 알았으리오.

설의 같은 소리는 서로 응함이요, 같은 기운은 서로 구함이로다.

冶父 打鼓弄琵琶가 相逢兩會家로다 君行楊柳岸하고 我宿渡頭沙로다 江上에 晚來疎雨過하니 (疎는一作初라) 數峯이 蒼翠接天霞로다
說誼 空生이 見世尊이여 打鼓人이 逢弄琴者로다 見來에 歌何事오 君行楊柳我渡頭로다 要識渡頭光景麼아 雨過雲收江上晚하니 數峯蒼翠接天霞로다 箇中無限淸意味를 江上一句로 都說破로다

야부 북치는 이와 비파 타는 이가
둘이 한집에 모였도다.
그대는 버들 언덕을 거닐고
나는 나루터에서 잠자도다.
강 위엔 늦은 성긴 비가 지나가고
두어 봉우리의 푸른 빛은 하늘가 노을에 닿았도다.

설의 空生이 세존을 봄이여. 북치는 이가 비파 타는 이를 만났도다. 마주 보며 무슨 일을 노래할까. 그대는 버들 언덕을 거닐고 나는 나루터에 있도다. 나루터의 광경을 알고저 하는가. 비는 지나가고 구름이 걷히며 강위가 저무르니 두어 봉우리의 푸른빛이 하늘가 노을에 닿았도다. 그 속의 무한하고 맑은 의미를 강위의 한 구절로 모두 설파했음이로다.

須菩提야 實無有法如來得阿耨多羅三藐三菩提니라
수보리야, 실로 법이 있어서 여래가 아뇩다라삼먁삼보리를 얻음이 아니니라.

圭峰 論에 云我於彼時에 所修諸行이 無有一法도 得阿耨菩提라 하며 功德施論에 引佛說云若見於佛이면 卽見自身이요 見身淸淨이면 見一切淸淨이며 見淸淨智도 亦復淸淨이니 是名見佛이라 我如是見燃燈如來하고 得無生忍하야 一切智智가 明了現前일새 卽得

授記호니 是授記聲이 不至於耳며 亦非餘智之所能知라 我於此時에 亦非惛曀無覺이로대 然無所得이라하다 四는 反覆釋이라

규봉 論에 이르되 "내가 그때 닦은 모든 행이 한 법도 아뇩보리를 얻지 않았다"하며 功德施論에서 부처님의 말씀을 이끌어 말하되 만약 부처님을 보면 곧 자신을 봄이요 자신의 청정함을 보면 일체가 청정함을 보는 것이며 청정한 지혜를 봄도 또한 청정한 것이니 이것을 이름하여 부처를 보는 것임이라. 내가 이와 같이 연등 여래를 보고 無生忍을 얻어서 일체의 지혜와 種智가 밝게 현전함으로써 곧 수기를 얻었으니 이 수기하는 소리가 귀에 이르지 않았으며 또한 다른 지혜로써 능히 알 바도 아니니라. 내가 이때에 혼몽하여 모르지 않았으되, 그러나 얻을 바 없다고 하다. 아四. 반복해서 해석함이라.

須菩提야 若有法如來得阿耨多羅三藐三菩提者인댄 然燈佛이 即不與我授記하사대 汝於來世에 當得作佛호대 號를 釋迦牟尼어니와 以實無有法得阿耨多羅三藐三菩提일새 是故로 然燈佛이 與我授記하사 作是言하사대 汝於來世에 當得作佛하야 號를 釋迦牟尼라하시니

수보리야, 만약 법이 있어서 여래가 아뇩다라삼먁삼보리를 얻었음인댄 연등불이 곧 나에게 수기를 주면서 "너는 내세에 마땅히 부처를 이루리니 호를 석가모니라 하라"고 하시지 않았으려니와 실로 법이 있어서 아뇩다라삼먁삼보리를 얻은 것이 아니므로 이 까닭에 연등불이 나에게 수기를 주시면서 말씀하시되 "너는 내세에 마땅히 부처를 이루리니 호를 석가모니라 하리라"고 하시니라.

說誼 得失之言이 只緣迷悟나 而其實則迷介什麼며 悟介什麼오 迷悟既無인댄 得何曾得이며 失何曾失이리오 既然不可言有得

이라 亦復不應言無得이니 我佛見然燈도 了應如是知니라
설의 得과 失의 말은 다만 迷와 悟를 인연했으나 그 실인즉 迷한 것은 무엇이며 悟한 것은 또 무엇인가. 迷와 悟가 이미 없을진대 얻는다 한들 어찌 일찍이 얻는 것이며, 잃었다 한들 어찌 일찍이 잃은 것이리오. 이미 그러하여 가히 얻음이 있다고 말할 수 없음이라. 또한 다시 얻음이 없다고도 말할 수 없음이니 우리 부처님이 연등불을 본 것도 마침내 응당히 이와 같이 알지니라.

圭峰 無著이 云若正覺法可說이 如彼然燈所說者인댄 我於彼時에 便得正覺일새 然燈이 則不與我授記하사 言來世當得이어니와 以法不可說故로 我於彼時에 不得正覺이니 是故로 記言來世當得이라하시니라
규봉 무착이 이르되 만약 正覺의 法을 가히 설하는 것은 저 연등부처님의 설한 바와 같을진대 내가 저때에 곧 正覺을 얻었으므로 연등불이 곧 나에게 수기를 하사 "내세에 마땅히 얻으리라"고 하지 않았거니와, 法은 가히 설할 것이 없는 고로 내가 그때에 정각을 얻지 않았으므로 수기하여 말하되 "내세에 마땅히 얻으리라"고 하시니라.

六祖 佛言하사대 實無我人衆生壽者하야사 始得授菩提記니 我若有發菩提心이면 然燈佛이 卽不與我授記어니와 以實無所得일새 然燈佛이 始與我授菩提記라하시니 此一段文은 總成須菩提의 無我義니라
육조 부처님이 말씀하시되 실로 아 인 중생 수자가 없어야 비로소 菩提의 수기를 얻을 것이니, 내가 만약 보리심을 발함이 있다면 연등불이 곧 나에게 수기를 주지 않았거니와 실로 얻은 바가 없으므로 연등불이 비로소 나에게 보리의 수기를 주셨다고 하

시니라. 이 일단의 글은 모두 수보리의 無我의 뜻을 이룬 것이니라.

冶父 貧似范丹이나 氣如項羽로다
說誼 貧則貧矣나 自有衝天意氣로다
야부 가난하기는 范丹(후한의 청빈한 선비)과 같으나 그 기개는 項羽와 같도다.
설의 가난하기는 몹시 가난하나 스스로 충천하는 의기가 있도다.

冶父 上無片瓦하고 下無卓錐로다 日往月來에 不知是誰오 噫라
說誼 淸貧無所有나 意氣는 不敢籠이로다
야부 위로는 한 조각 기와도 없고
아래로는 송곳 꽂을 데도 없도다.
해가 지고 달이 떠도
알 수 없어라. 이 누구인가.
아! 슬프다
설의 청빈하여 가진 것이 없으나 그 意氣는 감히 숨길 수가 없도다.

圭峰 第十三은 斷無因則無佛法疑라 於中에 文三이니 一은 斷一向無佛疑라 論에 云若無菩薩이면 卽無諸佛如來니 有如是謗하야 謂一向無佛이라할새 爲斷此疑故로 云如來者는 卽是眞如라하시니라 於中에 文二니 一은 顯眞如가 是佛故로 非無라
규봉 ㈜ 十三. 因이 없으면 佛法도 없을 것이라는 의심을 끊음이라. 그 중에 세 가지니 ㈎一. 한결같이 부처님이 없다는 의심을 끊음이다. 論에 이르되 만약 보살이 없으면 곧 제불여래도 없으리니 이와 같은 비방이 있어서 한결같이 부처가 없다고 말하므로 이런 의심을 끊기 위하여 이르되 여래란 곧 진여라 하시니라. 그 중에 글이 두 가지니 ㈎一. 眞如가 부처인 까닭에 없음이 아님을

나타낸 것이라.

何以故오 **如來者**는 **卽諸法如義**니라
무슨 까닭인가 하면 여래라 함은 곧 모든 법이 여여하다는 뜻이니라.

說誼 旣得如來號인댄 必得菩提道어늘 因甚道無所得고 得名如來無別意라 以了諸法是眞如니라 眞如平等性淸淨하니 所得을 何以論其中이리오

설의 이미 여래라는 호를 얻었으면 반드시 菩提道를 얻었을 것이거늘 어찌하여 無所得을 말하는가. 여래란 이름을 얻음은 별뜻이 없음이라. 모든 법이 진여임을 요달할 뿐이니라. 진여는 평등하여 그 性德이 청정하니 그 얻은 바를 어찌 그 가운데서 논하리오.

圭峰 無著이 云眞如淸淨일새 故名如來니 猶如眞金이라하다
규봉 무착이 이르되 眞如는 청정하여 여래라 이름하니 마치 眞金과 같다고 하다.

六祖 言諸法如義者는 諸法은 卽是色聲香味觸法이니 於此六塵中에 善能分別호대 而本體湛然하야 不染不着하야 曾無變異호대 如空不動하야 圓通瑩徹하야 歷劫常存일새 是名諸法如義니라 菩薩瓔珞經에 云毁譽不動이 是如來行이라하며 入佛境界經에 云諸欲不染故로 敬禮無所觀이라하시니라
육조 '모든 법이 여여하다는 뜻'이라 말한 것은 諸法이란 곧 색, 성, 향, 미, 촉, 법이니 이 육진 가운데서 잘 분별하되 그 본체가 담연하여 물들지도 않고 집착하지도 않아서 일찍이 변이함이 없는 것이 허공과 같이 움직이지 않아서 원만히 통하고 환히 밝게 사무쳐서 몇 劫을 지나도 항상 있으므로 이름을 '모든 법이 여여

하다'고 하느니라. 보살 영락경에 이르되 헐뜯거나 칭찬에 동하지 않음이 여래의 행이라 하며, 入佛境界經에 이르되 모든 欲에 물들지 않는 고로 보는 바가 없는 데(佛)에 예경한다 하시니라.

冶父 ○住住하라 動著則三十棒호리라
說誼 只如眞如平等底道理를 作麼生道오 ○生佛이 幷沈하고 自他俱泯하니 天地地天天地轉이요 水山山水水山空이로다 雖然如是나 法法이 本來安本位하니 誰喚燈籠作露柱리오 伊麼則不應動着이니 動着則三十棒호리라
야부 ○머물고 머물러라(가만히 있으라). 움직이면 三十방을 치리라.
설의 다만 저 진여평등의 도리를 어떻게 말할 것인가. ○중생과 부처가 다 함께 없어지고 자타가 다 함께 없어지니 하늘이 땅이요 땅이 하늘이라. 하늘과 땅이 뒤바뀌고, 물이 산이고 산이 물이라. 물과 산이 다 공함이로다. 비록 이와 같으나 법과 법이 본래의 위치에 안치해 있으니 누가 燈籠(內 또는 體)을 불러 露柱(外 또는 用)라고 하리오. 그러한즉 응당 움직이지 말지니 움직인즉 三十방을 치리라.

冶父 上是天兮下是地요 男是男兮女是女로다 牧童이 撞着牧牛兒하니 大家齊唱囉囉哩로다 是何曲調오 萬年歡이로다
說誼 天天地地何曾轉이리오 水水山山各宛然이로다 百億活釋迦가 醉舞春風端하니 韻曲이 自然이라 誰不解和리오 萬年歡曲이 緣何有오 人人이 自有無生樂이로다
야부 위는 하늘이고 밑은 땅이라.
남자는 남자이고 여자는 여자로다.
목동이 목동을 만나니
大衆이 다 함께 라라리~ 부르도다.
이 무슨 곡조인가. 만년의 즐거움이로다.

究竟無我分 第十七

설의 하늘은 하늘이고 땅은 땅이라. 어찌 일찍이 뒤바뀌리오. 물과 물, 산과 산이 각각 완연함이로다. 백억의 살아있는 석가가 春風끝에서 취하여 춤을 추니 韻曲이 저절로 그러함이라. 누가 화답할 줄 모르리오. 만년의 즐거운 곡이 무엇으로 인하여 있는가. 사람사람이 저절로 無生樂이 있음이로다.

圭峰 二는 明佛卽菩提故로 無得이라
규봉 ㉐二. 부처가 곧 菩提인 까닭으로 無得임을 밝힘이라.

若有人이 言如來得阿耨多羅三藐三菩提라하면 須菩提야 實無有法佛得阿耨多羅三藐三菩提하니

만약 어떤 사람이 말하길 '여래가 아뇩다라삼먁삼보리를 얻었다'고 하면 수보리야, 실로 법이 있어서 부처님이 아뇩다라삼먁삼보리를 얻음이 아니니라.

圭峰 先標錯解니 魏에 云若有人이 言如來得阿耨菩提者인댄 是人은 不實語라하니라 後釋正見이니 偈에 云菩提는 彼行等이라하니 謂等前菩薩行無得也니라 無着이 云或이 謂然燈佛所엔 於法에 不得正覺이요 世尊이 後時에 自得正覺이라하니 爲離此取일새 故로 云若人言等이라하시니라 二는 斷一向無法疑니 論에 云有人이 謗言호대 若無因行이면 則如來 不得阿耨菩提라할새 爲斷此疑故로 云如來所得等이라하다 於中에 文二니 初는 遣執遮疑라

규봉 먼저(先)는 잘못 안 것을 표함이니 魏譯에 이르되 만약 어떤 사람이 여래가 아뇩보리를 얻었다고 한다면 이 사람은 실답지 못한 말을 한 것이라 하다. 뒤(后)는 正見을 해석함이니 偈에 이르되 菩提는 저 行 등이라 하니 앞의 보살행의 無得과 같다고 하다. 무착이 이르되 '혹 어떤 이가 이르길 연등불 처소에서는 법에

정각을 얻지 못했음이요, 세존께서 뒤에 스스로 정각을 얻었다'하니 이 취착을 떠나기 위한 고로 '만약 어떤 사람이 말하길~'이라 하시니라. ㉑二. 한결같이 法이 없다고 하는 의심을 끊음이니, 論에 이르되 어떤 사람이 비방하여 말하되 만약 因行이 없으면 곧 여래가 아뇩보리를 얻지 못하였다고 하므로 이런 의심을 끊기 위한 고로 '여래가 얻은 바'등이라 하다. 그 중에 글이 두 가지니 ㉓ 一. 집착을 보내고 의심을 막음이라.

須菩提야 如來所得阿耨多羅三藐三菩提는 於是中에 無實無虛하니라

수보리야, 여래가 얻은 바 아뇩다라삼먁삼보리는 이 가운데는 실다움도 없고 헛됨도 없느니라.

說誼 前言佛하사 以明無得無實하시고 此言法하사 以明所得無虛하시니 若論佛義인댄 猶如太虛하야 廓然無諸相하며 寂然無去住하야 盡十方世界가 都盧是一身이라 更無二相하니 傳介什麼며 得介什麼리오 所以로 道호대 實無有法如來得阿耨菩提等이라하시니라 若論法義인댄 如彼太虛에 白日相似하야 萬像森羅가 差別全身이요 見聞覺知가 應用無妨이라 這裏엔 說聽도 亦不無며 傳得도 亦不無니라 所以로 道호대 無實無虛라하시니 雖然無實이나 亦非無實也니라

설의 앞에서는 부처님을 말씀하시어 無得과 無實을 밝히시고 여기서는 법을 말하사 얻은 바가 헛됨이 없음을 밝히시니, 만약 부처님의 뜻을 논함인댄 마치 큰 허공과 같아서 확연히 모든 상이 없으며 적연하여 가고 주함이 없어서 온 시방세계가 모두 한몸인 것이라. 다시 두 相이 없으니 전한다는 것은 무엇이며 얻는다는 것은 무엇이리오. 그러므로 말하되 실로 법이 있어서 여래가 아뇩보리 등을 얻음이 아니라고 하시니라. 만약 법의 뜻을 논함인댄 저 큰 허공의 밝은 해와 같아서 삼라만상이 그대로 차별된 온전한 몸이요, 見聞覺知가 응용함에 방해가 없음

이라. 이 속에는 설하고 들음도 역시 없지 않으며 전하고 얻음도 또한 없지 않음이로다. 그러므로 말하되 無實無虛라 하시니 비록 그러히 실답지 못함이나 또한 실답지 못하지도 않느니라.

圭峰 論에 云無色等相故며 彼卽菩提相故라하고 無着이 云顯眞如無二故며 謂言說故니 謂彼正覺이 不無世間言說故라하다
규봉 論에 이르되 色等의 相이 없는 연고이며 그것이 곧 보리의 相인 연고라 하고 무착이 이르되 眞如가 둘이 아님을 나타낸 연고라 하며 言說을 말하는 연고이니 저 正覺은 세간의 언설이 없지 않은 연고라 하다.

六祖 佛言하사대 實無所得心으로 而得菩提니 以所得心이 不生일새 是故로 得菩提니라 離此心外에 更無菩提可得일새 故言無實也요 所得心이 寂滅하야 一切智가 本有하고 萬行이 悉圓備하야 恒沙德性이 用無乏少일새 故言無虛也니라
육조 부처님께서 말씀하시되 실로 얻을 바 없는 마음으로 菩提를 얻음이니, 얻을 바의 마음이 나지 않으므로 보리를 얻음이니라. 이 마음을 떠난 외에는 다시 보리를 가히 얻을 수 없으므로 실다움이 없다고 말함이요, 所得心이 寂滅하면 모든 지혜가 본래 있으며 萬行이 다 원만히 갖추어져서 항하사의 덕성을 쓰되 조금도 부족함이 없으므로 헛됨이 없다고 하느니라.

冶父 富嫌千口少요 貧恨一身多로다
說誼 實而無實이요 虛而無虛로다
야부 부유하면 千 입도 적다고 싫어하고, 가난하면 한 몸도 많다고 한탄하도다.
설의 실답되 실다움이 없음이요, 헛되되 헛되지 않음이로다.

冶父 生涯如夢若浮雲하니 活計都無絶六親이로다 留得一雙靑白眼하야 笑看無限往來人이로다
說誼 莫怪寥寥無一物하라 伊家活計自如然이로다 莫謂一向空無物하라 左之右之應無虧로다
야부 생애가 꿈과 같고 뜬구름과 같으니
　　 살 길을 모두 잃어 육친이 끊어졌도다.
　　 오직 한 쌍의 靑白眼을 얻어서
　　 무한한 往來人을 웃으며 보도다.
설의 요요하여 한 물건도 없음을 괴이하게 여기지 말라. 너의 집 살림살이가 본래로 그러하도다. 한결같이 空하여 物이 없다고 말하지 말라. 좌로 가나 우로 가나 응함에 모자람이 없도다.

圭峰 二는 釋義斷疑라
규봉 ㉔二. 뜻을 해석하여 의심을 끊음이라.

是故로 如來가 說一切法이 皆是佛法이라하노니
그러므로 여래가 설하되 '일체법이 다 불법이라' 하시니

說誼 前言無實則法法이 無自性이라 內而根身과 外而器界가 相相이 皆爲虛妄하야 無可指陳이요 此言無虛則法法이 依位住하야 鶴長鳧短하고 松直棘曲하야 相相이 元眞이라 無非實相이니 牛佛馬佛과 男佛女佛이 不相借借하야 各受法樂이로다
설의 앞에서는 無實을 말한즉 法과 法이 自性이 없어서 안으로 육근의 몸과 밖으로의 세계가 相과 相이 다 허망해서 가히 (이것이라고) 가르칠 것이 없음이고 여기에서는 無虛를 말한즉 法과 法이 다 法位에 주하여 학다리는 길고 오리는 짧으며 소나무는 곧고 가시는 굽어서 모양과 모양이 원래로 진실함이라, 實相 아님이 없으니 소부처, 말부처, 남부처, 여부처가 서로 빌리지 않고 각각 法樂을 수용함이로다.

冶父 明明百草頭에 明明祖師意로다
說誼 祖意明明百草頭니 百草頭上에 好開眸어다
야부 분명분명한 百草頭에 분명분명한 祖師의 뜻이로다.
설의 조사의 뜻이 百草頭에 분명분명하니 사물 하나하나 위에서 좋게 눈을 뜰지어다. (一切法이 皆是佛法)

冶父 會造逡巡酒하고 能開頃刻花로다 琴彈碧玉調요 爐煉白硃砂로다 幾般伎倆을 從何得고 須信風流出當家니라
說誼 造酒開花여 伎倆이 多端하니 如是伎倆이 非從他得이로다
야부 逡巡酒를 만들 줄 알고
頃刻花를 능히 피우도다.
거문고로 碧玉의 곡조를 타고
화로에 白硃砂를 단련하도다.
몇 가지 기량을 어디서 배웠는가.
모름지기 風流가 자기 집에서 흘러남을 믿을지니라.
설의 술을 빚고 꽃을 피움이여. 기량이 여러 가지이니 이와 같은 재주는 다른 이에게서 얻음이 아니로다.

須菩提야 所言一切法者는 卽非一切法일새 是故로 名一切法이니라

수보리야, 말한 바 일체법이란 곧 일체법이 아닐새 그러므로 일체법이라 이름하느니라.

說誼 前言無實無虛則捏取放開요 此言法卽非法則放開捏取로다 伊麼則佛則是法이요 法則是佛이니 佛法이 無二라 道方現前이로다
설의 앞에서는 無實無虛를 말한즉 잡았다가 놓음이요, 여기서 법이 곧 법 아님이라고 말한 것은 놓았다가 다시 잡음이로다. 이러한즉 佛이 곧 法이요 法이 곧 佛이니 佛과 法이 둘이 아니라. 道가 바야흐

로 現前함이로다.

圭峰 論에 云一切法이 皆眞如體일새 故皆佛法이라하다 卽非者는 由色等法이 卽眞如故로 卽非色等法이니 眞如는 常無色等諸相故요 是名者는 卽是眞如法自性矣니라

규봉 論에 이르되 一切法이 다 眞如의 體이므로 모두 佛法이라 하다. 卽非란 色 等의 法은 곧 진여임을 말미암은 고로 곧 색 등의 법이 아님이니, 진여는 항상 색 등의 모든 相이 없는 까닭이고 是名이란 곧 진여법의 自性이니라.

六祖 能於諸法에 心無取捨하며 亦無能所하면 熾然建立一切法호대 而心常空寂이니 故知一切法이 皆是佛法이어니와 恐迷者가 貪着一切法하야 以爲佛法일까하사 爲遣此病故로 言卽非一切法이요 心無能所하야 寂而常照하면 定慧齊行하고 體用一致일새 是故로 名一切法也니라

육조 능히 모든 법에 대해서 마음으로 取捨가 없고 또한 能所가 없으면 치연히 일체법을 건립하되 마음은 항상 공적함이니, 그러므로 알라. 일체법이 다 불법이거니와 迷한 사람은 일체법에 탐착하여 불법을 삼을까 두려워한 까닭에, 이런 병을 고치기 위해서 말씀하시기를 곧 일체법이 아니라고 말함이요, 마음에 능소가 없어서 고요하되 항상 비추면 定慧가 가지런히 행해지고 體와 用이 일치할새. 그러므로 이름하여 일체법이라 하느니라.

冶父 上大人丘乙己로다

說誼 斯道之體가 最尊極無上하고 廣博無邊表하며 混空爲體性하야 無物爲等倫이니 所以로 道上大人丘乙己니라 上大人之言은 世稱孔聖之談이나 然이나 此乃天下之公名이니 豈一人之獨稱哉아 但孔聖이 深體乎此하야 而其德之大成이 未嘗有間然故로 稱之云然이니 如所謂佛

者는 妙契天眞佛體故로 稱之爲佛也니라
야부 上大人 丘乙己로다. (공자님이로다, 聖人이로다.)
설의 이 道의 體는 가장 높고 지극하여 위가 없고 지극히 넓어서 끝이 없으며 온 허공으로 體性을 삼아서 어떤 물건과도 짝할 수 없으니, 그러므로 말하되 '上大人 丘乙己'로다. 上大人이란 세상에서 공자 성인을 말하나 이것은 天下의 公名이니, 어찌 한 사람만을 홀로 일컫는 것이겠는가. 다만 공자 성인이 깊이 이것을 체득하여 그 덕을 크게 이룬 것이 일찍이 끊임이 없는 고로 그렇게 칭함이니, 저 이른바 佛이란 것도 天眞佛體에 묘하게 계합한 고로 일컫기를 佛이라 함이니라.

冶父 是法非法不是法이여 死水藏龍活鱍鱍이요 是心非心不是心이여 逼塞虛空古到今이로다 秪者是라 絶追尋이로다 無限野雲을 風捲盡하니 一輪孤月이 照天心이로다
說誼 法則是心不是法이여 死水藏龍活鱍鱍이요 法旣非法心亦非여 非心心體塞天地로다 塞天地여 今古應無墜하야 分明在目前이로다 在目前이여 何用區區謾追尋이리오 是非雲盡하야 心法雙忘하니 大人面目이 當陽顯赫이로다
야부 是法과 非法은 이 법이 아님이여.
　　　죽은 물에 잠긴 용이 활발발하도다.
　　　是心과 非心은 모두 是心이 아님이여.
　　　허공을 가득 채우고 옛부터 오늘에 이르렀도다.
　　　다만 이것일 뿐이라, 달리 찾을 게 없도다.
　　　한없는 들구름을 바람이 다 거두니,
　　　둥근달만이 하늘 한가운데서 비춤이로다.
설의 법은 곧 마음이고 법이 아님이여. 죽은 물에 잠긴 용이 활발발하게 움직임이요. 법은 이미 법이 아니고 마음 또한 아님이여. 非心인 心體가 天地에 가득찼도다. 천지를 메움이여, 지금과 옛날에 응당 떨어짐이 없이 분명하게 눈앞에 있음이로다. 눈앞에 있음이여. 어찌 구

구하게 부질없이 따로 찾을 것인가. 是非의 구름이 다하여 마음과 법을 쌍으로 잊으니 大人의 면목이 햇빛에 나와 밝게 빛남이로다.

圭峰　三은 顯眞佛眞法體라
규봉　㈇三. 眞佛과 眞法의 體를 나타냄이라.

須菩提야 **譬如人身長大**하니라 **須菩提**가 **言**하사대 **世尊**하 **如來 說人身長大**가 **即爲非大身**일새 **是名大身**이니이다
수보리야, 비유하건대 사람의 몸이 장대함과 같느니라. 수보리가 말씀드리되 "세존이시여, 여래께서 설한 사람몸의 장대함도 곧 큰몸이 아니고 그 이름이 큰몸입니다."

說誼　此身이 無限量하고 無邊表하야 無一物可等이며 無一物能蓋伊니 設道大同須彌라도 早已局限他了也며 量同太虛라도 亦局限他了也니라 因甚道非身고 本是尊貴人이 不居尊貴位니 須彌頂上에 尋不遇라 芳草岸頭에 或相逢이로다 是名爲大身이여 令人特地愁라 摩竭에 爲之曾掩關하고 毘耶에 爲之口掛壁이로다
설의　이 몸은 한량이 없고 끝이 없어서 한 물건도 그것과 같은 것이 없으며 一物도 능히 그것을 덮을 수 없음이니, 설사 크기가 수미산과 같다고 말하더라도 벌써 그것에 국한된 것이며 그 양이 큰 허공과 같더라도 그것에 국한된 것이니라. 무엇을 인하여 몸이 아니라고 말하는가. 본래 존귀한 사람은 존귀한 위치에 머물지 않았으니 수미정상에서 찾아봐도 만나지 못함이라. 방초 우거진 언덕에서 혹 서로 만남이로다. 이름이 큰몸이라 함이여. 사람으로 하여금 특별히 서글프게 하도다. 마갈타에서 그를 위해 일찍이 문을 닫았고 비야리 성에서는(유마 거사 있던 곳) 그를 위해 입을 벽에 걸었음이로다.

圭峰　偈에 云依彼法身佛일새 故說大身喩니 身離一切障이며 及

徧一切境이로다 功德及大體일새 故卽說大身이요 非身卽是身일새 是故說大身이라하며 論에 云非身者는 無有諸相故요 大身者는 有眞如體故라하며 無着이 云攝一切衆生한 大身故로 於彼身中에 安立非自非他故라하다

규봉 偈에 이르되 저 法身을 의지하는 고로 큰몸을 비유해서 말함이니, 몸은 일체 장애를 떠났으며 또 일체 경계에 두루하도다. 공덕(보신)과 大體(법신)일새. 그러므로 곧 큰몸이라 설하였고 몸 아님이 이 몸일새. 그러므로 큰몸이라 하도다. 論에 이르되 非身이란 諸相이 있지 않음이고 大身이란 眞如의 體가 있음이라 하며, 무착이 이르되 일체중생을 포섭한 大身인 고로 저 몸 가운데서 自他가 아닌 도리를 세운 연고라 하다.

六祖 如來가 說人身長大가 卽爲非大身者는 以顯一切衆生의 法身이 本無處所일새 故言卽非大身이요 法身이 不二하야 無有限量일새 是名大身이니라 又以色身이 雖大나 內無智慧하면 卽非大身也요 色身이 雖小나 內有智慧하면 得名大身이며 雖有智慧나 不能依行하면 卽非大身이요 依敎修行하야 悟入諸佛無上知見하야 心無能所限量하면 是名大身이니라

육조 如來가 설한 사람몸의 장대가 곧 큰몸이 아니라는 것은 일체 중생의 法身이 본래 처소가 없는 것을 나타내므로 곧 큰몸이 아니라고 말함이요, 法身은 둘이 아니어서 한량이 없으므로 이름하여 큰몸이라 하느니라. 또한 色身이 비록 크나 안으로 지혜가 없으면 곧 큰몸이 아님이요. 色身이 비록 작으나 안으로 지혜가 있으면 큰몸이라 하며, 비록 지혜가 있으나 능히 의지하여 행하지 않으면 곧 큰몸이 아님이라. 가르침에 의지하여 수행해서 諸佛의 위없는 지견을 깨달아 들어가서 마음에 능소와 한량이 없으면 이것을 큰몸이라 이름하느니라.

冶父 喚作一物이라도 卽不中이니라
說誼 設道卽心卽佛이라도 爭奈非心非佛이며 設道一物이라도 亦非一物이로다
야부 一物이라 해도 맞지 않도다.
설의 설사 卽心이 卽佛이라 말하더라도 非心非佛임을 어찌 할 것이며 설사 一物이라 말하더라도 또한 一物이 아님이로다.

冶父 天産英靈六尺軀하니 能文能武善經書로다 一朝에 識破孃生面하니 方信閑名이 滿五湖로다
說誼 能文能武善經書하니 可謂天産之英靈이며 人間之俊傑이로다 然이나 只得雙眼圓明이요 未開得頂門正眼이니 識得大人面目然後에 許伊開得頂門正眼이니라 伊麼則目前所作이 只是閑事며 所聞도 亦只是閑名이로다
야부 하늘이 뛰어난 육척의 몸을 낳으시니
文에도 능하고 武에도 능하며 經書도 잘 하도다.
하루 아침에 본래면목을 알아 깨뜨리니
바야흐로 부질없는 이름들이
천하에 가득함을 믿겠도다.
설의 文武에도 능하고 經書에도 밝으니 가히 이르되 하늘이 낳은 뛰어난 사람이며 인간중의 준걸이로다. 그러나 다만 두 눈이 두렷이 밝음을 얻은 것이요, 頂門(지혜안)의 바른 눈은 열지 못했으니 大人의 안목을 안 연후에야 저 頂門의 正眼을 열었음을 허락함이니라. 이러한 즉 눈앞에서 짓는 것이 다만 부질없는 일이며 듣는 바도 또한 부질없는 이름들이로다.

圭峰 第十四는 斷無人度生嚴土疑라 論에 云若無菩薩者인댄 諸佛도 亦不成菩提며 衆生도 亦不入涅槃이며 亦無淸淨佛土어늘 何故로 諸菩薩이 發心하야 欲令衆生으로 入涅槃이며 起心修行하야 淸

淨佛土오할새 斷之니라 文三이니 一은 遮度生念이라 文三이니 一은 明失念이라

규봉 ㉔十四. 사람이 없다면 중생을 제도하고 불토를 장엄할 수 있는가 하는 의심을 끊음이라. 論에 이르되 만약 보살이 없을진대 모든 부처님도 또한 보리를 이루지 못하여 중생도 또한 열반에 들지 못할 것이며, 또한 청정불토도 없거늘 무슨 까닭으로 모든 보살이 발심하여 중생으로 하여금 열반에 들게 하며, 마음을 일으켜 수행해서 불토를 청정하게 하는가 하므로 그것을 끊음이라. 글에 세 가지니 ㉮一. 중생을 제도한다는 생각을 막음이라. 여기에 세 가지니 ㉳一. 失念을 밝힘이라.

須菩提야 **菩薩**도 **亦如是**허야 **若作是言**호대 **我當滅度無量衆生**이라하면 **卽不名菩薩**이니

"수보리야, 보살도 또한 이와 같아서 만약 이런 말을 하되 '내가 마땅히 한량없는 중생을 멸도하리라' 한다면 곧 보살이라 이름할 수 없음이니,

圭峰 偈에 云不達眞法界하야 起度衆生意와 及淸淨國土하나니 生心이 卽是倒라하다 二는 明無人이라

규봉 偈에 이르되 眞法界를 통달하지 못하여 중생을 제도한다는 것과 국토를 청정하게 한다는 생각을 일으키나니, 이런 마음을 내는 것이 곧 전도된 것이라 하다.
　㉳二. 사람이 없음을 밝힘이라.

何以故오 **須菩提**야 **實無有法名爲菩薩**이니라

무슨 까닭인가. 수보리야, 실로 법이 있어서 보살이라 이름하지 않느니라.

圭峰　無法名菩薩이어니 豈有我度衆生이리오 三은 引前說이라
규봉　법으로써 보살이라 이름할 게 없으니, 어찌 내가 중생을 제도함이 있으리오. ㉓三. 앞에서 설함을 이끔이라.

是故로 佛說一切法이 無我無人無衆生無壽者라하노라

그러므로 부처님이 설하되 "일체법은 아도 없고 인도 없고 중생도 없으며 수자도 없다" 하느니라.

說誼　始因空生問住降하사 敎以滅度而無滅하야 以明無住無我之意하사 令如是降心하며 如是安住也케하시고 次言實無有法如來得阿耨等이라하시고 又言一切法으로 以至云大身이 卽非大身하사 以明佛法道三이 皆空而無住하시고 此言菩薩도 亦如是로 至實無有法名爲菩薩하사 重明無住無我之意하사 乃云是故로 佛說一切法이 無我無人無衆生無壽者라하시니 伊麽則現前天地日月과 萬像森羅로 以至二乘諦緣과 菩薩六度와 諸佛無上正等菩提히 一一無住하며 一一無相하며 一一淸淨하며 一一寂滅하며 一一如銀山鐵壁相似하야 無有一法도 容思議於其間矣니라

설의　처음 空生의 住하고 降伏함에 대한 물음으로 인하여 중생을 멸도하되 멸도함이 없어야됨을 가르쳐서 無住, 無我의 뜻을 밝히시어 이로 하여금 이와 같이 항복하며 이와 같이 安住케 하시니라. 다음에는 實로 법이 있어서 여래가 아뇩보리 등을 얻지 않았다 하시고 또한 일체법으로부터 큰몸이 곧 큰몸이 아니라고 한 데까지 이르러서 말씀하사 佛, 法, 道 세 가지가 다 空하여 주함이 없음을 밝히셨다. 이어서 말씀하시되 보살도 또한 이와 같아서 실로 법이 있어서 보살이라 이름하지 않는 데까지 말씀하사 거듭 無住, 無我의 뜻을 밝히셨다. 이에 이르되, 그러므로 부처님이 설하신 일체법은 我도 없고 人도 없으며 衆生도 없고 壽者도 없다 하시니라. 이러한즉 눈앞에 나타난 天地日月과 삼라만상으로 二乘과 四諦와 십이인연과 보살의 육도만행과 제불

의 無上正等 菩提에 이르기까지 낱낱이 無住며 낱낱이 無相하며 낱낱이 淸淨하며 낱낱이 寂滅하며 낱낱이 은산철벽과 서로 같아서 한 법도 그 사이에 생각함을 용납할 수 없느니라.

六祖 菩薩이 若言因我說法하야 除得彼人煩惱라하면 卽是法我요 若言我能度得衆生이라하면 卽有我所니 雖度脫衆生이나 心有能所하야 我人不除하면 不得名爲菩薩이요 熾然說種種方便하야 化度衆生호대 心無能所하면 卽是菩薩也니라

육조 보살이 만약 말하되 나의 설법으로 인하여 저 사람의 번뇌를 없앤다고 하면 이는 곧 法我이고, 만약 내가 능히 중생을 제도한다고 하면 곧 我所가 있음이니, 비록 중생을 제도하고 해탈하나 마음에 능소가 있어서 我외 人을 없에지 못하면 菩薩이란 이름을 얻지 못하도다. 치연하게 가지가지 방편을 설하여 중생을 교화하고 제도하되 마음에 능소가 없으면 이는 곧 보살이니라.

冶父 喚牛卽牛요 呼馬卽馬로다
說誼 旣一一如銀山鐵壁相似인댄 作麼生出氣去오 喚牛卽牛요 呼馬卽馬니 法本是無라 道無라도 亦不乖法體며 法本是有라 道有라도 亦不乖法體니라
야부 소라고 부르면 곧 소이고 말이라 부르면 곧 말이로다.
설의 이미 낱낱이 은산철벽과 같음인댄 어떻게 기운을 내어 가겠는가. 소라고 부르면 곧 소이고 말이라 부르면 곧 말이니 법은 본래 없음이라. 없다고 말하여도 또한 法體를 어기지 않으며, 법은 본래 있음이라. 있다 하여도 또한 법체를 어기지 않느니라.

冶父 借婆衫子拜婆門하니 禮數周旋已十分이라 竹影이 掃階塵不動이요 月穿潭底水無痕이로다
說誼 看取門前禮數儀하라 借來堂上婆子衫이라 有影掃階塵不動하

니 當軒翠竹이 舞婆娑로다 有華透水水無痕하니 在天明月이 光烱曜로다 空耶아 有耶아 吾不稱斷이로다

야부 노파의 적삼을 빌려 입고
노파의 문앞에서 절을 하니
예의가 법도에 맞음이 이미 충분하도다.
대그림자 뜰을 쓸어도 티끌은 움직이지 않고
달빛이 연못을 뚫어도 물은 흔적이 없도다.

설의 문전에서 예의를 갖추는 거동을 보아라. 堂上의 노파옷을 빌려 입었도다. 그림자로 뜰을 쓸어도 티끌은 움직이지 않고 툇마루의 푸른 대나무만 춤을 너울너울 추도다. 빛으로 물을 뚫으나 물은 흔적이 없고 하늘의 밝은 달은 그 빛이 밝도다. 없느냐 있느냐 나는 단적으로 말할 수 없음이로다.

圭峰 二는 遮嚴土念이라 於中에 文二니 一이 明失念이라
규봉 국토를 장엄한다는 생각을 막음이라. 이 중에 두 가지니 ㉮ 一. 失念을 밝힘이라. (생각을 잃는 것)

須菩提야 **若菩薩**이 **作是言**호대 **我當莊嚴佛土**라하면 **是不名菩薩**이니
수보리야, 만약 보살이 이런 말을 하되 '내가 마땅히 불국토를 장엄하리라'한다면 이는 보살이라 이름할 수 없음이니

圭峰 二는 釋所以라
규봉 ㉮二. 까닭을 해석함이라.

何以故오 **如來**가 **說莊嚴佛土者**는 **卽非莊嚴**일새 **是名莊嚴**이니이다

무슨 까닭인가. 여래가 설한 불국토를 장엄한다는 것은 곧 장엄이 아니고 그 이름이 장엄이니라.

六祖 菩薩이 若言我能建立世界者는 卽非菩薩이요 雖能建立世界나 心有能所하면 卽非菩薩이니 熾然建立世界호대 能所心이 不生하야사 是名菩薩이니라 最勝妙定經에 云假使有人이 造得白銀精舍를 滿三千大千世界라도 不如一念禪定心이라하시니 心有能所하면 卽非禪定이요 能所不生하야사 是名禪定이니 禪定이 卽是淸淨心也니라

육조 보살이 만약 내가 능히 세계를 건립한다고 하면 이는 보살이 아님이요, 비록 능히 세계를 건립하나 마음에 능소가 있으면 곧 보살이 아님이니, 치연히 세계를 건립하되 능소심이 나지 않아야 보살이라 하느니라. 最勝妙定經에 이르되 가령 어떤 사람이 白銀으로써 精舍(절)짓기를 삼천세계에 가득히 할지라도 한순간의 禪定心만 같지 못하다고 하시니 마음에 능소가 있으면 곧 선정이 아님이요, 능소가 나지 않아야 禪定이라 이름하니 선정이 곧 청정심이니라.

圭峰 三은 釋成菩薩이라
규봉 ㉮三. 보살의 성취를 해석함이라.

須菩提야 若菩薩이 通達無我法者는 如來 說名眞是菩薩이니라

수보리야, 만약 보살이 무아의 법을 통달한 자이면 여래는 이를 참다운 보살이라 이름하느니라.

說誼 前依度生하사 以明無我하시며 此依嚴土하사 復明無我하시고 乃云若菩薩이 通達無我法者는 如來가 說名眞是菩薩이라하시니 只如無

我底道理를 作麼生道오 內不見有五蘊身하니 天地萬物이 爲一己로다
更有一道理하니 亦名無我法이라 寒山拾得이 兩相隨하니 在山在途影
從形이로다 若使二人으로 如有我면 一在靑山一在途리라 作麼生通達
고 智窮文殊之智源하야 權掛垢衣伊麼來하고 行窮普賢之行海하야 却
粧珍御伊麼去니라

설의 앞에서는 중생제도함을 의지하여 무아를 밝히시고 여기서는 불
토 장엄을 의지하여 다시 無我를 밝히시니, 이에 이르되 만약 보살이
무아의 법에 통달한 자면 여래는 참다운 보살이라 하느니라 하시니,
다만 저 무아의 도리를 어떻게 말할 것인가. 안으로 오온의 몸이 있음
을 보지 않으니 천지 만물이 한몸일 따름이로다. 다시 한 도리가 있으
니 또한 이름이 무아의 법이라. 寒山과 拾得 두 사람이 서로 따르니
산에 있으나 길에 있으나 그림자가 형상을 좇음과 같도다. 만약 두 사
람으로 하여금 我가 있었으면 한 사람은 靑山에 있고 한 사람은 길에
있으리라. 어떻게 통달했다 하는가. 지혜는 문수의 지혜 근원〔智源〕을
궁구하여 방편으로 때묻은 옷을 걸치고 이렇게 오며, 행은 보현의 行
海를 궁구하여 도리어 진귀한 것으로 꾸며 이렇게 가느니라.

圭峰 論에 云若起度生嚴土心이면 卽是顚倒라 非菩薩者인댄 起
何等心하야사 名爲菩薩고할새 故로 經에 言通達等이라하며 無着이 云
謂人無我法無我라하시니라

규봉 論에 이르되 만약 중생을 제도하고 불토를 장엄한다는 마
음을 일으키면 이는 곧 전도된 것이라. 보살이 아닐진대 어떤 마
음을 일으켜야 보살이라 하는가 하므로 이 경에서는 무아를 통달
했다 하며 무착이 이르되 人無我, 法無我라 하시니라.

六祖 於諸法相에 無所滯礙를 是名通達이요 不作解法心을 是名
無我法이니 無我法者는 如來가 說名眞是菩薩이며 隨分行持를 亦
得名爲菩薩이니라 然이나 未爲眞菩薩이니 解行이 圓滿하야 一切能

所心이 盡하야사 方得名爲眞是菩薩也니라

육조 모든 法相에 걸린 바가 없음을 통달이라 하고 法을 안다는 마음을 짓지 않음을 이름하여 무아법이라 하니, 무아법이란 여래가 참다운 보살이라 이름함이며 分을 따라 행하는 것을 이름하도다. 그러나 아직 참다운 보살이 못됨이니 아는 것과 행함이 원만하여 일체의 능소심이 다해야 바야흐로 참다운 보살이라 하느니라.

傅大士 人與法相待여 二相이 本來如라 法空에 人是妄이요 人空에 法亦袪로다 人法이 兩俱實인댄 授記可非虛어니와 一切皆如幻이어니 誰言得有無리오

부대사 人과 法이 相待함이여,
두 相이 본래 같도다.
法이 空하면 人은 妄이요
人이 空하면 법도 또한 없음이로다.
人과 法이 둘 다 함께 실다움인댄
수기가 가히 헛되지 않거니와
일체가 다 幻과 같거니
누가 얻음의 있고 없음을 말하리오.

冶父 寒卽普天寒이요 熱卽普天熱이로다
說誼 妙造文殊之智境하니 朔風이 冽冽에 霜雪이 漫天이요 高踏普賢之行門하니 熏風이 習習에 靑黃이 滿地로다
야부 추우면 온하늘이 다 춥고 더우면 온 하늘이 다 덥도다.
설의 묘하게 문수의 지혜 경계에 나아가니 삭풍이 매우 차서 서리와 눈이 하늘에 가득함이요, 높은 보현의 行門을 밟으니 훈풍이 은은히 불어와 푸르고 노란 빛이 땅에 가득하도다.

冶父 有我元無我하니 寒時에 燒軟火요 無心似有心하니 半夜에

拾金針이로다 無心無我를 分明道하니 不知道者가 是何人고 呵呵

說誼　本是無我人이로대　度生權立我하니　寒時軟火가 不是可厭이요 內同枯木호대 假現威儀하니 夜半拾針이 不是無知로다 分明道出無我理하니 不知道者是何人고 呵呵是有我아 無我아 有心가 無心가

야부　我가 있음은 원래 我가 없음이니
　　　추울 때는 軟火를 태우고
　　　無心은 有心과 같아서
　　　한밤중에 金針을 줍도다.
　　　無心과 無我를 분명히 일렀으니
　　　이를 줄 모르는 자가 누구인가? 하하ㅡ.

설의　본래 我人이 없으되 중생을 제도하기 위하여 방편으로 我를 세웠으니 추울 땐 불 때는 것이 싫지 않고, 안으로는 枯木과 같으나 거짓으로 위의를 나타내니 한밤중에 바늘을 줍는 것은 無知함이 아니로다. 분명히 無我의 이치를 말하니 이르지 못하는 者가 누구인가. 하하. 有我인가 無我인가. 有心인가 無心인가.

宗鏡　妄盡還眞하니 衆生이 何曾滅度리오 法空無我하니 菩提가 本自圓成이로다 直饒遇然燈하야 印證而不疑라도 已隔來世어든 況釋迦가 重審而方悟하야 轉涉途程가 且道하라 不涉途底人은 脚跟이 還點地麽아 丈夫自有衝天智하니 不向如來行處行이로다

　直指單傳密意深하니 本來非佛亦非心이라 分明不受然燈記하니 自有靈光耀古今이로다

說誼　密意圓成更無求하니 自有靈光耀古今이로다

종경　妄이 다하면 도리어 眞이 되니 중생이 어찌 일찍이 멸도하리오. 法이 空하여 我가 없으니 菩提는 본래 스스로 원만하게 이뤘음이로다. 설사 연등불을 만나 印證하여 의심하지 않더라도 이미 내세를 隔했거늘 석가가 거듭 살펴 바야흐로 깨달아서 전전히 途程을 밟은 것인가. 또 말하라. 길을 밟지 않은 사람은 발이 또

한 땅을 밟았는가. 장부는 스스로 충천하는 지혜가 있으니 여래가 행한 곳을 향해서 행하지 않음이로다.

直指와 單傳의 비밀한 뜻이 깊으니
본래 부처도 아니고 또한 마음도 아님이라.
분명 연등의 수기를 받지 않았으니
스스로 신령스런 빛이 있어서 古今에 빛나도다.

설의 비밀한 뜻이 두렷하게 이루어져 다시 구할 것이 없고, 스스로 신령스런 빛이 있어서 옛과 오늘에 빛나도다.

무비 온 법계에는 참다운 반야성품이 본래로 충만해 있다. 如如하고 밝고 깨끗하여 어디에도 나라고 할 것은 없다.

　이 十七分의 문답은 앞의 第二分과 第三分의 문답과 말은 같으나 뜻은 다르다. 이를테면 거치른 질문과 미세한 질문의 차이이며 초심자로서의 질문과 익숙한 사람의 질문이라 할 수 있다. 거치른 번뇌를 끊는 일과 미세한 번뇌를 끊는 일이므로 질문은 같아도 뜻은 전혀 다르다. 부처님의 대답도 또한 마찬가지이다.

　바다엔 오직 짠물뿐이듯이 반야의 세계에선 오직 반야만 있을 뿐이다. 반야란 무엇인가. 無相이요 無我다. 반야의 세계에선 어떠한 경우라도 무상이고 무상뿐이라서 구경에도 무아라고 하지 않는가. 끝까지 철저하게 밝고 깨끗하여 어디에도 나는 없는 것이다. 반야는 초심자든 익숙한 사람이든 무상 무아로써 宗을 삼는다. 범부든 성인이든 무상 무아로써 宗을 삼아야 일체법이 모두 佛法이 된다.

　온 법계 진진찰찰이 佛性을 갖추었고 반야를 갖추었으니 나에게 매달리고 相에 매달려서야 어찌 일체법이 다 佛法이 되겠는가.

圭峰 第十五는 斷諸佛이 不見諸法疑라 論에 云前說菩薩이 不見彼是衆生이며 不見我爲菩薩이며 不見淸淨國土라하니 若如是則諸佛이 不見諸法이라할새 斷之니라 文二니 一은 約能見五眼하야 明見淨이라 於中에 又三이니 一은 以偈總標라 偈에 云雖不見諸法이나 非無了境眼이니 諸佛이 五種實로 以見彼顚倒라하다 二는 約經別釋이라 於中에 文五니 一은 肉眼이라

규봉 ㉐十五. 諸佛이 諸法을 보지 못하는가 하는 의심을 끊음이라. 論에 이르되 앞에서는 보살이 저들이 중생임을 보지 않고 내가 보살이 됨도 보지 않으며 국토가 청정한 것도 보지 않으니 만약 그렇다면 모든 부처님은 모든 법을 보지 못하는 게 아닌가 하는 의심을 끊음이다. 글에 두 가지니 ㉐一. 능히 보는 五眼을 가지고 見淨을 밝힘이라. 그중에 또 셋이니 ㉐一. 게송으로 모두 표함이라. 偈에 이르되 비록 모든 법은 보지 않으나 경계를 요달하는 눈이 없지 않으니 모든 부처님이 다섯 가지 실다운 것으로써 저 전도된 것을 본다 하다. ㉐二. 경을 가지고 따로 해석함이라. 그중에 다섯 가지니 ㉐一. 肉眼이라.

一體同觀分 第十八 (한몸으로 동일하게 봄)

須菩提야 **於意云何**오 **如來**가 **有肉眼不**아 **如是**니이다 **世尊**하 **如來**가 **有肉眼**이니이다
"수보리야, 어떻게 생각하느냐. 여래가 육안이 있느냐"
"그렇습니다. 세존이시여, 여래는 육안이 있습니다."

圭峰 肉團中에 有淸淨色하야 見障內色을 名爲肉眼이니 佛具諸根일새 故有肉眼이니라 二는 天眼이라
규봉 몸 가운데는 청정색이 있어서 외형(障內)의 色을 보는 것을 이름하여 육안이라 하니 부처님은 모든 根을 다 갖추었으므로 육안이 있느니라. ㉔二. 天眼이라.

須菩提야 **於意云何**오 **如來**가 **有天眼不**아 **如是**니이다 **世尊**하 **如來**가 **有天眼**이니이다
"수보리야, 어떻게 생각하느냐. 여래가 천안이 있느냐"
"그렇습니다. 세존이시여, 여래는 천안이 있습니다."

圭峰 於肉眼邊에 引淨天眼하야 見障外色이니라 依大般若說컨댄 佛이 肉眼으로 能見人中無數世界하나니 不唯障內요 若佛天眼인댄 能見諸天의 所有細色하나니 除見天外에 見人等事를 名肉眼矣니라 淨名에 云唯佛世尊이 得眞天眼하야 照見恒沙佛土하사대 不以二相이라하다 三은 慧眼이라
규봉 육안의 끝에 깨끗한 천안을 이끌어서 외형 밖의 色을 보는 것이다. 大般若說을 의지하건대 부처님은 육안으로 능히 사람 가

운데서 무수한 세계를 보나니 오직 외형뿐만 아님이요, 만약 부처님의 天眼이라면 능히 諸天의 있는 바 미세한 물질까지도 다 보아서 하늘이외의 사람과 사물을 보는 것을 육안이라 한다. 淨名에 이르되 오직 불세존이 참다운 천안을 얻어서 항하사 같은 불국토를 비추어 보시되 두 모양으로 보지 않는다 하다. ㊐三. 慧眼이라.

須菩提야 於意云何오 如來가 有慧眼不아 如是니이다 世尊하 如來가 有慧眼이니이다
"수보리야, 어떻게 생각하느냐. 여래가 혜안이 있느냐"
"그렇습니다. 세존이시여, 여래는 혜안이 있습니다."

圭峰 以根本智로 照眞理니라 四는 法眼이라
규봉 근본의 지혜로써 진리를 비춤이라. ㊐四. 법안이라.

須菩提야 於意云何오 如來가 有法眼不아 如是니이다 世尊하 如來가 有法眼이니이다
"수보리야, 어떻게 생각하느냐. 여래가 법안이 있느냐"
"그렇습니다. 세존이시여, 여래는 법안이 있습니다."

圭峰 後得智로 說法度人이니라 五는 佛眼이라
규봉 後得의 智慧로써 法을 설하여 사람을 제도함이라. ㊐五. 佛眼이라.

須菩提야 於意云何오 如來가 有佛眼不아 如是니이다 世尊하 如來가 有佛眼이니이다
"수보리야, 어떻게 생각하느냐. 여래가 불안이 있느냐"

"그렇습니다. 세존이시여, 여래는 불안이 있습니다."

說誼 上明無住無我之意하시고 此엔 歷擧五眼하사 以明如來知見이 廣大纖悉하야 沙界衆生의 染淨善惡差別心行을 不可得而掩也니라 意在令捨顚倒知見하야 契乎無住大道也니 若使衆生으로 住無住하면 佛眼이 雖明이나 虛覰不見이니라

설의 위에서는 無住, 無我의 뜻을 밝히시고 지금엔 五眼을 낱낱이 들으시며 여래의 知見이 광대하고 섬세하게 다 갖추어져서 항하사 같은 세계의 중생이 染淨, 善惡인 差別의 心行을 가히 막을 수 없음을 밝히시니라. 이로 하여금 전도된 지견을 버리고 無住의 大道에 계합하게 하는 데 뜻이 있는 것이다. 만약 중생으로 하여금 無住에 住하게 하면 佛眼이 비록 밝으나 엿보지는 못하느니라.

圭峰 前四가 在佛에 總名佛眼이며 又見佛性圓極을 名爲佛眼이니라 三은 以論總釋이니 無着이 云爲令知見淨勝故로 顯示有五種眼이어니와 略說有四種하니 謂色攝이며 第一義諦攝이며 世諦攝이며 一切種과 一切攝이라하다

규봉 앞의 네 가지 눈(육안, 천안, 혜안, 법안)이 부처에게 있으매 모두 佛眼이라 하고 또 佛性을 봄이 원만하고 지극함을 佛眼이라 이름하도다. ㉛三. 論으로써 모두 해석함이니 무착이 이르되 知見으로 하여금 깨끗하고 수승하게 하기 위한 고로 다섯 가지 눈이 있음을 나타내 보이거니와 간략하게 말하면 네 가지가 있음이니 色攝(물질에 섭함)이며 第一義諦攝이며 世諦攝이며 一切種과 一切攝이라 하다.

六祖 一切人이 盡有五眼이언마는 爲迷所覆하야 不能自見일새 故로 佛이 敎除却迷心하면 卽五眼이 圓明하야 念念修行般若波羅蜜法이시니 初除迷心을 名爲肉眼이요 見一切衆生이 皆有佛性하

야 起憐憫心을 是名天眼이요 癡心不生을 名爲慧眼이요 着法心
除를 名爲法眼이요 細惑永盡하야 圓明徧照를 名爲佛眼이니라 又
云見色身中에 有法身을 名爲肉眼이요 見一切衆生이 各具般若
性을 名爲天眼이요 見般若波羅蜜이 能出生三世一切法을 名爲
慧眼이요 見一切佛法이 本來自備를 名爲法眼이요 見性明徹하야
能所永除를 名爲佛眼也니라

육조 모든 사람이 다 五眼이 있건만 미혹에 덮인 바가 되어서
능히 스스로 보지 못함일새. 그러므로 부처님이 가르쳐 미한 마음
을 없애버리면 곧 다섯 눈이 두렷이 밝아져서 생각생각에 반야바
라밀법을 수행케 하시니, 처음의 미한 마음을 없애는 것을 肉眼이
라 함이요, 일체 중생은 모두 불성이 있어서 연민의 마음을 일으
키는 것을 天眼이라 함이며, 어리석은 마음이 나지 않음을 慧眼이
라 하고, 법에 집착한 마음을 없애는 것을 법안이라 하도다. 미세
한 번뇌까지 영원히 다하여 두렷이 밝게 두루 비춤을 佛眼이라
하느니라. 또 이르되 色身(몸) 가운데서 法眼이 있음을 보는 것을
육안이라 하고, 일체 중생이 각각 반야의 성품을 갖추고 있음을
보는 것이 天眼이요, 반야바라밀법이 능히 三世의 一切法을 냄을
보는 것이 혜안이요, 일체의 불법이 본래 스스로 갖춤을 보는 것
이 法眼이라 하며, 성품이 밝게 사무쳐서 능소를 영원히 없앰을
보는 것이 佛眼이라 이름하느니라.

傅大士 天眼은 通非礙요 肉眼은 礙非通이며 法眼은 唯觀俗이요
慧眼은 直緣空이어니와 佛眼은 如千日이 照異體還同하야 圓明法界
內에 無處不鑑容이니라 (鑑은 他本에 作舍이라)

부대사 天眼은 통하여 걸리지 않음이요,
　　　　 肉眼은 걸려서 통하지 않음이라.
　　　　 法眼은 오직 俗만 보며
　　　　 慧眼은 바로 空을 인연하거니와

佛眼은 마치 천 개의 해가 비춤은 다르나
體는 동일함과 같아서
두렷이 밝은 法界내에선
어느 곳이든지 비추지 않음이 없느니라.

冶父 盡在眉毛下로다
說誼 如來五種眼이 盡在眉毛下하니 張三一雙眼도 亦在眉毛下로다 旣然同在眉毛下인댄 應用亦應無兩般이로다
야부 (그 五眼이) 모두 눈썹밑에 있도다.
설의 여래의 다섯 가지 눈은 모두 눈썹 밑에 있으며 장 씨의 셋째 아들(그 누구나)도 한쌍의 눈은 역시 눈썹 밑에 있도다. 이미 그렇게 모두 눈썹 밑에 있음인댄 응용하는 데 응당 두 가지가 있을 수 없음이로다.

冶父 如來는 有五眼이요 張三은 只一雙이라 一般分皁白하야 的的別靑黃이로다 其間些子爻訛處는 六月炎天에 下雪霜이로다
說誼 五眼一雙이 名雖異나 誰將皁白謂靑黃가 春來에 同見芳草綠이요 秋來에 同見黃葉彫로다 佛之所以異於人은 熾然作用無其蹤이시니 無其蹤이여 六月炎天에 下雪霜이로다
야부 여래는 五眼이 있음이요
　　　張三(우리들)은 다만 한쌍뿐이라
　　　똑같이 흑(皁)과 白을 나누고
　　　분명히 靑과 黃을 분별하도다
　　　그 사이에 조금 다른 것은
　　　六月 염천에 눈서리가 내림이로다.
설의 五眼과 한쌍이 이름은 비록 다르나 누가 검고 흰 것을 가지고 청, 황이라 하겠는가. 봄이 오면 다같이 방초가 푸르름을 보고 가을이 오면 다같이 누런 잎이 시드는 것을 보도다. 부처님이 다른 사람과 다

른 까닭은 치연히 작용하되 그 자취가 없으시니, 그 자취가 없음이여. 六月 炎天에 눈서리가 내림이로다.

圭峰 二는 約所知諸心하야 明知淨이라 於中에 文五니 初는 約一箇恒河하야 以數沙라
규봉 ㉮二. 알고 있는 바의 모든 마음을 의지해서 아는 것의 청정함을 잡음이라. 그 중에 다섯 가지니 ㉯一. 한개의 항하를 가지고 모래를 셈이라.

須菩提야 於意云何오 如恒河中所有沙를 佛說是沙不아 如是니이다 世尊하 如來가 說是沙니이다
"수보리야, 어떻게 생각하는가. 저 항하 가운데 있는 모래를 부처님이 설하신 적이 있느냐." "그렇습니다. 세존이시여, 여래께서는 그 모래를 말씀하셨습니다."

圭峰 二는 約一河中沙하야 以數河라
규봉 ㉯二. 한 항하 가운데의 모래를 가지고 강을 셈이라.

須菩提야 於意云何오 如一恒河中所有沙하야 有如是沙 等恒河어든
"수보리야, 어떻게 생각하느냐. 저 한 항하에 있는 모래수와 같이 이렇게 많은 항하가 있고

圭峰 三은 約恒河中沙하야 以數界라(恒은 當作多라)
규봉 ㉯三. 항하 가운데 있는 모래를 가지고 세계를 셈이라.

是諸恒河所有沙數佛世界가 如是寧爲多不아 甚多니이다

世尊하

이 모든 항하에 있는 바 모래수만큼의 불세계가 있다면 이는 얼마나 많음이 되겠느냐. 심히 많습니다. 세존이시여,

六祖 恒河者는 西國祇園精舍側近之河也라 如來說法에 常指此河爲喩하시니 佛說此河中沙一沙로 況一佛世界하사 以爲多不아하신대 須菩提가 言하사대 甚多니이다 世尊하시니 佛이 擧此衆多國土者는 欲明其中所有衆生의 一一衆生이 皆有爾許心數니라

육조 항하란 서국 기원정사 가까이에 있는 강이라. 여래께서 설법하심에 항상 이 강을 가리켜 비유로 삼으시니, 부처님이 설하시되 "이 강의 모래 하나로 하나의 불세계와 비유한다면 많음이 되느냐"하시니 수보리가 말하되 "심히 많습니다. 세존이시여"하다. 부처님이 이 많은 국토를 드신 것은 그 가운데 있는 바 낱낱의 중생들이 모두 그러한 마음의 숫자가 있음을 밝히고자 함이니라.

圭峰 四는 約爾所界中所有生이라
규봉 ㉛四. 그 세계 가운데 있는 바 중생을 잡음이라.

佛이 **告須菩提**하사대 **爾所國土中所有衆生**의

부처님께서 수보리에게 이르시되 "저 국토 가운데 있는 중생의

圭峰 五는 約一一衆生의 所有心이라 於中에 文三이니 一은 總明染淨하야 以標悉知라
규봉 ㉛五. 낱낱 중생의 있는 바 마음이라. 그 중에 글이 셋이니 ㉛一. 染淨을 모두 밝혀 모두 안다는 것을 표함이라.

若干種心을 **如來悉知**하노니
가지가지 종류의 마음을 여래가 다 아느니라.

說誼 如來心地月이 照臨諸刹海하시니 刹海가 都一撮이요 諸心이 一點雲이로다
설의 여래 心地의 달이 모든 찰해를 비추시니 찰해가 모두 하나로 묶음이요 모든 마음이 한 점의 구름이로다.

圭峰 無着이 云若干種者는 有二種하니 謂染及淨이니 卽共欲心과 離欲心等이라하다
규봉 무착이 이르되 가지가지의 종류란 두 종류가 있어서 染과 淨을 말함이니 곧 욕심과 욕심을 떠난 마음 등이라 하다.

冶父 曾爲蕩子라 偏憐客이요 慣愛貪盃라 惜醉人이로다
說誼 客作他鄕이여 跉踔事可哀요 醉迷衣寶여 痴迷情可愍이로다 循塵背眞覺하야 枉趣輪轉事如然이라 我佛이 曾經今故愍하사 慈眼普照輪中人이로다
야부 일찍이 蕩子(나그네)가 됐음이라. 나그네를 특별히 생각함이요. 술을 늘 좋아했음이라. 취한 사람을 애석하게 여기도다.
설의 타향에서 나그네 됨이여, 비틀거리는 일이 가히 애석하고, 취하여 옷속의 보배를 잊어버림이여, 어리석고 미한 情이 가히 불쌍하도다. 塵(망상)을 쫓으며 眞覺(참된 깨달음)을 등지니 윤회에 잘못 나아감이 이와 같도다. 우리 부처님이 일찍이 경험하여 짐짓 지금에 불쌍히 여기사 자비의 눈으로 윤회중에 있는 사람들을 널리 비추심이로다.

冶父 眼觀東南이요 意在西北이로다 將謂猴白이러니 更有猴黑이로다 一切衆生一切心이여 盡逐無窮聲與色이로다 喝

說誼　白雲兒向萬里飄나 從來로 不忘靑山父로다 將謂牟尼是大悲러니 更有毘盧最是慈라 乃何遊子가 不知返하야 累他慈父送人尋고 不知還이여 長在迷途逐風波로다 喝金剛寶劍이 倚天寒하니 一揮能摧萬仞峯이라 徧界魔軍이 從此落하니 有何精魅 闖其中이리오

야부　눈은 東南으로 보고 뜻은 西北에 있도다.
　　　　猴白이라 말하려 했는데 다시 猴黑이 있음이로다.
　　　　일체 중생의 일체 마음이여.
　　　　모두가 다 한없는 聲과 色을 쫓아다니도다. 喝!

설의　흰구름이 만리를 향해서 흘러가나 종래로 靑山의 아비를 잊지 않았도다. 석가모니를 大悲라고 이르더니 다시 비로자나를 가장 자비롭다 하도다. 이에 떠돌던 아이가 돌아올 줄 몰라서 여러 번 慈父가 사람을 보내어 찾게 하는가. 돌아올 줄 모름이여. 오랫동안 길을 잃고 풍파를 쫓았음이로다. 喝! 금강보검이 하늘을 의지해서 차가우니 한번 휘두르면 능히 만길의 봉우리를 자르도다. 온 세계의 마군이들이 이로부터 다 떨어져 버리니 무슨 귀신이 있어서 그 가운데를 엿보리오

圭峰　二는 會妄歸眞하야 以釋悉知라
규봉　㋛二. 妄을 알아 眞에 돌아가서 모두 아는 것을 해석함이라.

何以故오 如來가 說諸心이 皆爲非心일새 是名爲心이니
무슨 까닭인가. 여래가 설한 모든 마음은 다 마음이 아니요 그 이름이 마음이기 때문이니라.

說誼　靈源이 湛寂하야 本自無生이어늘 一念波興에 諸妄이 競作하니 波非水性이요 妄非眞源이라 是可名爲虛妄浮心이로다 又前念今念後念이 念念에 思無量善事하며 思無量惡事하야 念念遷流하야 起滅不停하나니 如是等心을 是名諸心이요 而此諸心이 刹那에도 無有生相이

며 刹那에도 無有滅相이라 更無生滅可滅일새 是名非心이요 旣無生滅可滅인댄 唯一妙圓眞心이 常住不滅일새 是名爲心이니라 所以로 佛頂經에 云見與見緣과 幷所想相이 如空中花하야 本無所有하니 此見及緣이 元是菩提의 妙精明體라하시니라

설의 신령스런 근원이 맑고 고요해서 본래 스스로 生함이 없거늘, 한 생각의 물결이 일어나매 모든 망념이 다투어 지어지느니라. 물결은 물의 성품이 아니고 망념은 진리의 근원이 아님이라, 이것을 가히 이름하여 허망한 뜬마음이라 하도다.

또한 전념, 금념, 후념이 순간순간 한량없는 좋은 일을 생각하며, 온갖 악한 일을 생각하여 순간순간 계속 흘러가고, 일어나고, 멸함이 멈추지 않으니, 이와 같은 등등의 마음을 모든 마음(諸心)이라 함이요, 이 모든 마음은 찰나에도 生한 모양이 없으며 찰나에도 멸한 모양이 없음이라. 다시 生滅이 가히 멸함이 없음일새, 이것을 非心이라 함이요 이미 생멸이 가히 멸함이 없을진대 오직 하나 미묘하고 원만한 참된 마음이 常住하여 멸하지 않음일새, 이를 마음이라 하도다. 이 까닭에 佛頂經에 이르되 見(보는 나)과 見緣(볼것)과 아울러 생각할 바의 모습들이 공중의 꽃과 같이 본래 있는 것이 아니니, 이 見(봄)과 緣(볼것)이 원래 菩提의 묘하고 정미로운 밝은 체라 하시니라.

圭峰 大雲이 云由一切妄心이 依眞如體하야 都無其性이니 佛證眞如일새 故悉知之라하다 諸心者는 標指요 非心者는 妄識本空이요 是名心者는 眞心不滅이니라 若本論釋인댄 則與此殊하니 偈에 云種種顚倒識이 以離於實念이니 不住彼實智일새 是故說顚倒라 하다

규봉 大雲이 이르되 일체의 妄心은 眞如의 體를 의지해서 모두 그 성품이 없음을 말미암음이니, 부처님은 진여를 증득한 고로 그것을 다 안다고 하다. 諸心이란 標指요 非心이란 妄識이 본래 空함을 말하고 是名心이란 참마음이 멸하지 않음이니라. 만약 본론으로써 해석한다면 곧 이것과 다르니 偈에 이르되 갖가지 전도된

識이 실다운 생각을 떠났으니, 저 실다운 지혜에 머물지 않으므로 전도라고 설한다 하다.

六祖 爾所國土中所有衆生의 一一衆生이 皆有若干差別心數하니 心數雖多나 總名妄心이라 識得妄心非心하면 是名爲心이니 此心이 卽是眞心이며 常心이며 佛心이며 般若波羅蜜心이며 淸淨菩提涅槃心也니라
육조 저 국토 가운데 있는 낱낱의 중생이 다 약간의 차별된 마음의 가지수를 가지고 있으니 이 心數가 비록 많으나 모두 이름이 妄心이로다. 망심이 참다움이 아님을 알면 이름이 '마음'이 됨이니 이 '마음'이 곧 참다움이며 항상하는 마음이며 佛心이며 반야바라밀심이며 청정보리열반심이니라.

冶父 病多에 諳藥性이로다
說誼 世人이 無病에 醫王이 拱手하고 衆生이 無垢에 佛自無爲로다
야부 병 많은 사람이 藥의 性品을 알도다.
설의 세상 사람의 병이 없으면 의사는 팔짱을 끼고 있을 것이며 중생의 허물이 없으면 부처님이 할 일이 없을 것이로다.

冶父 一波纔動萬波隨하니 似蟻循環豈了期리오 咄 今日에 與君都割斷하니 出身方號丈夫兒니라
說誼 虛妄浮心이 其勢然也로다 咄 妄想林向靈鋒斷하니 於焉方現本來身이로다
야부 한 물결이 일렁이면 만 물결이 따르는 것이
　　　　마치 개미의 순환함과 같아서
　　　　어찌 마칠 기약이 있으리오.
　　　　咄! 오늘 그대와 더불어 모두 다 잘라 버리니
　　　　몸을 나타내면 바야흐로 丈夫라 부르도다.

說誼 허망한 뜬마음의 기세가 그러하도다. 咄!
妄想의 숲을 향하여 靈鋒으로 자르니 어언간 바야흐로 본래의 몸이 나타나도다.

圭峰 三은 推破妄染하야 以釋非心이라
규봉 ㉄三. 이로 미루어 妄과 染을 깨뜨려 非心을 해석함이라.

所以者가 何오 須菩提야 過去心不可得이며 現在心不可得이며 未來心不可得이니라

까닭이 무엇인가 하면 수보리야, 지나간 마음도 얻을 수 없으며 현재의 마음도 얻을 수 없으며 미래의 마음도 얻을 수 없음이니라.

說誼 因甚道諸心이 非諸心일새 是名常住妙圓眞心고 若定諸心이 是妄非眞인댄 何者가 是過去心이며 何者가 是現在心이며 何者가 是未來心고 過去心不可得이며 現在心不可得이며 未來心不可得이니라 旣總不可得인댄 唯一妙圓眞心이 無去來相하며 無現在相하야 光通三際하고 體徧十方이니 佛之所以言此者는 示現沙界衆生의 差別心行이 卽是如來妙圓眞心이라 與佛無殊也니라 所以로 永嘉 云諸行無常一切空이라 卽是如來大圓覺이라하시니라 然이나 此는 但依會妄歸眞之義하야 論之而已니 若但伊麽商量인댄 恐妨捨妄歸眞之路일가 하노라 若以捨妄歸眞之義로 論之則沙界衆生의 若干種心을 如來悉知하시나니 因甚得知之也오 沙界衆生의 若干種心이 卽非常住眞心이라 皆爲虛妄浮心일새 故得知之也니라 因甚如此오 若是常住眞心인댄 是過去耶아 現在耶아 未來耶아 若道過去心인댄 過去已滅이라 心不可得이요 若道現在心인댄 現在空寂이라 心不可得이요 若道未來心인댄 未來未至라 心不可得이니 寂然無有去住하며 廓然無有諸相하야 一切時中에 不可得而見也며 一切法中에 亦不可得而知也니라 佛之

一體同觀分 第十八

所以言此者는 令捨虛妄浮心하고 契乎常住眞心也니라 所以로 道호대 妄心滅盡業還空하니 直證菩提超等級이라하시니라

설의 무엇을 인하여 모든 마음이 마음이 아니고 이름하여 상주, 묘원, 진심이라 하는가. 만약 결정코 모든 마음이 妄이고 眞이 아니라면 무엇이 과거심이며 무엇이 현재심이며 무엇이 미래심인가. 과거심도 얻을 수 없으며 현재심도 얻을 수 없으며 미래심도 얻을 수 없음이니라. 이미 모두 얻을 수 없으면 유일한 묘원진심이 과거나 미래의 相도 없으며 또 현재의 相도 없어서 그 광명이 三際(과거, 현재, 미래)에 통하고 體가 시방에 두루함이니 부처님이 이것을 말한 까닭은 항사세계 중생의 차별 心行이 곧 여래의 묘원진심이어서 부처와 더불어 조금도 다름이 없음을 나타냄이니라. 그러므로 永嘉 스님이 이르시되 諸行이 無常하여 一切가 空함이라. 이는 곧 여래의 大圓覺이라 하시니라. 그러나 이것은 다만 妄을 알고 眞에 돌아가는 뜻에 의지하여 논했을 따름이니 만약 그렇게만 생각한다면 妄을 버리고 眞에 돌아가는 길을 방해할까 염려하노라. 만약 妄을 버리고 眞에 돌아가는 뜻으로 논한다면 사바세계 중생들의 가지가지 마음을 여래가 다 아노니 무엇 때문에 그것을 알 수 있는가. 사바세계 중생의 가지가지 마음이 곧 변함없는 마음(常住眞心)이 아님이라.

다 허망한 뜬마음이 되므로 그것을 알 수 있느니라. 어찌하여 그런가. 만약 이 常住眞心이라면 이는 과거인가 현재인가 미래인가. 만약 과거심이라 말하면 과거는 이미 멸하여 그 마음을 얻을 수 없으며 만약 현재심이라면 현재는 텅비어 그 마음 또한 얻을 수 없으며 만약 미래심이라 하면 미래는 아직 이르지 않았으므로 그 마음을 가히 얻을 수 없으니, 적연하여 가고 머무름이 없으며 확연하게 모든 상이 없어서 일체의 시간중에 가히 얻어 볼 수 없으며 일체의 法中에 또한 알 수 없느니라. 부처님이 이것을 말한 까닭은 허망부심을 버리고 常住眞心에 계합하기 위함이니라. 그러므로 말하되 妄心이 멸진하고 업 또한 空하여서 바로 보리를 증득하여 등급을 초월한다 하시니라.

圭峰　無着이 云過去는 已滅故며 未來는 未有故며 現在는 第一義故라하다

규봉　무착이 이르되 과거는 이미 멸한 연고이고 미래는 아직 있지 않은 연고이며 현재는 第一義인 까닭이라 하다.

六祖　過去心不可得者는 前念妄心이 瞥爾已過에 追尋無有處所요 現在心不可得者는 眞心이 無相하니 憑何得見이리오 未來心不可得者는 本無可得이라 習氣已盡하야 更不復生이니 了此三心不可得이면 是名爲佛也니라

육조　'지나간 마음은 얻을 수 없다'란 앞생각의 妄心이 문득 지나가매 찾아봐도 그 처소가 없음이요. '현재의 마음도 얻을 수 없다'라는 것은 참마음엔 相이 없으니 무엇을 의지하여 얻어볼 것인가. 또한 '미래의 마음도 얻을 수 없다'란 본래 가히 얻을 수 없음이라. 習氣가 이미 다해서 다시 또 나지 않으니 이 세 가지 마음을 얻을 수 없음을 요달하면 이를 부처라 이름하느니라.

傅大士　依他一念起하면 俱爲妄所行이라 便分六十二하야 九百亂縱橫이로다 過去는 滅無滅이요 當來는 生不生이니 常能作此觀하면 眞妄坦然平하리라

부대사　依他의 일념이 일어나면
　　　　　모두 妄의 行한 바가 됨이라.
　　　　　문득 六十二소견(마음의 온갖 변화를 숫자로 표현함)을
　　　　　나누어서
　　　　　구백 가지의 어지러움이 종횡하도다.
　　　　　과거는 멸하되 멸함이 없고
　　　　　미래는 나되 나지 않음이니
　　　　　항상 능히 이런 觀을 지으면
　　　　　眞과 妄이 탄연히 평등하리라.

冶父 低聲低聲하라 直得鼻孔裏出氣하야사하리라
說誼 此心을 向三際求하야도 求之不得이요 向十方覓하야도 覓之無蹤이니 進之에 如銀山鐵壁이요 退之에 若萬丈深坑이라 無有掛目處며 無有下脚處로다 雖然如是나 若但伊麽提持하면 後學이 無有進身之路하야 便見陸地平沈하리라 所以로 道호대 低聲低聲하라 直得鼻孔裏出氣하야사하리라하시니라

야부 소리를 낮추고 낮추어라. 바로 콧구멍 속에서 氣가 빠져 나가게 되리라.

설의 이 마음은 三際를 향해 구하여도 구할 수 없으며 시방을 향해 찾아도 그 찾음에 자취가 없으니 나아가면 은산철벽과 같고 물러나면 만길의 깊은 굴과 같도다. 눈을 걸 곳이 없으며 발붙일 곳이 없도다. 비록 이같으나 만약 다만 이렇게 이끌어 가면 후학들이 나아갈 길이 없어서 문득 땅이 꺼짐을 보리라. 그러므로 말하되 소리를 낮추고 낮추어라. 바로 콧구멍 속에서 氣가 빠져 나가게 되리라 하시니라.

冶父 三際求心心不見하니 兩眼이 依前對兩眼이라 不須遺劍刻舟尋이니 雪月風花에 常見面이로다
說誼 作麼生出氣去오 三際求心心不見하니 兩眼이 依前對兩眼이로다 要識兩眼對兩眼麼아 看取古鏡裏影子어다 不須求劍이니 劍不曾失이요 不須刻舟니 刻舟奚爲리요 只如古鏡裏影子를 作麼生看取오 雪月風花無限事여 頭頭常現劍全身이로다

야부 三際에 마음을 구하여도 마음은 볼 수 없으나
　　　두 눈은 예전처럼 두 눈을 대하도다.
　　　모름지기 칼을 빠뜨리고 배에다(빠뜨린 곳을)
　　　표해서 찾지 말지니
　　　눈과 달과 바람과 꽃에서 항상 그대 얼굴을 보리라.

설의 어떻게 氣가 빠져 나가는가 삼제에 마음을 구하여도 마음은 볼

수 없으니 두 눈은 그대로 두 눈을 대함이로다. 두 눈이 두 눈을 대하고 있음을 알고자 하는가 옛 거울 속의 그림자를 볼지어다. 모름지기 칼을 구하지 말지니 칼은 일찍이 잃은 적이 없음이라. 모름지기 배에다 (빠진 곳을) 표하지 말지니 배에 표한즉 무엇하리오. 다만 저 옛거울 속의 그림자를 어떻게 봐야 하는가.

 눈, 달, 바람, 꽃의 무한한 경관이여. 頭頭에서 항상 칼의 全身(佛性)이 나타남이로다.

宗鏡 五眼이 悉圓明이여 如揭日耀恒沙之世界요 三心을 不可得이여 似撥火覓滄海之浮漚로다 縱使窮諸玄辯하고 竭世樞機라도 到此하야는 總須茫然이니라 且道하라 是何標格고 直饒講得千經論이라도 也落禪家第二籌니라
心眼이 俱通法界周하니 恒沙妙用이 沒蹤由로다 雲收江澄天空濶하니 明月蘆花一樣秋로다
說誼 此心이 周法界여 佛眼으로 亦乃通이요 此心妙用이 沒蹤由여 佛眼이 雖明이나 覷不得이니 伊麼則十方이 都是一眼睛이라 更無纖塵到此間이로다

종경 五眼이 모두 두렷이 밝음이여. 마치 해가 높이 떠서 항하사 세계를 비춤과 같도다. 세 가지 마음을 얻을 수 없음이여. 마치 불을 밝히고 바다에 뜬 물거품을 찾는 것 같도다. 비록 모든 깊은 이치〔玄辯〕를 다 통달하고 세상의 중요한 근본〔樞機〕을 다할지라도 여기에 이르러서는 모두 다 망연함이라. 또 말하라. 이것을 어떻게 표할 것인가.

 설사 千의 경론을 강의하더라도 禪家의 第二籌(이차적인 것)에 떨어지느니라.

   心眼이 함께 통하여 법계에 두루하니
   항하사의 妙用이 자취가 없음이로다.
   구름 걷힌 강은 맑고 하늘은 드넓으니

밝은 달과 갈대꽃이 한무늬의 가을이로다.

설의   이 마음이 법계에 두루함이여. 佛眼으로 또한 이에 통하도다. 이 마음의 妙用이 자취가 없음이여. 佛眼이 비록 밝으나 그 妙用을 엿볼 수 없으니 그러한즉 시방이 모두 한 눈동자로다. 다시 작은 티끌도 이 사이에 이를 수 없음이로다.

무비   끝없는 우주 한량없는 세계의 많고 많은 중생들의 갖가지 마음들은 무엇으로 이루어 졌는가 모두 다 하나의 망념으로부터 나온 것이다. 그 하나의 망념이 없어지면 중생들의 갖가지 마음들도 텅비고 깨끗하여 진다. 그렇게 되면 중생마음이 곧 부처마음이고 부처마음이 곧 중생마음이다. 오직 맑고 깨끗한 깨달은 마음뿐이며 중생과 부처를 한 몸으로 같이 볼 뿐이다. 즉 하늘과 땅은 나와 뿌리가 같고, 온갖 만물은 나와 한몸이리라.

그럴진대 부처님이 갖춘 특별한 다섯 가지 눈이 있은들 달리 무엇을 볼 것인가. 한몸을 보는 데는 다섯 눈은 필요치 않다. 아니, 한몸으로 같이 본다는 말도 실은 맞지 않다. 그러므로 한몸인 그 마음에서는 과거도 미래도 현재도 나눌 수 없다. 공간도 시간도 혼연히 하나이거니 무슨 과거 현재 미래를 분별할 수 있단 말인가.

圭峰   第十六은 斷福德例心顚倒疑라 論에 云向說心住顚倒일새 皆不可得이라하니 若如是인댄 福德도 亦是顚倒니 何名善法이리오 할새 斷之니라 文二니 一은 問福答福이라

규봉   ㉔十六. 복덕을 마음에 규정하면 전도된다는 의심을 끊음이라.

論에 이르되 앞에서 말한 "마음이 전도되면 다 얻을 수 없다"고 하니 만약 이와 같음인댄 복덕도 또한 전도됨이니 무엇을 이름하여 善法이라 하는가 하므로 그것을 끊음이라.

文에 두 가지니 ㉮一. 복을 물으니 복을 답함이라.

法界通化分 第十九 (법계를 다 교화하다)

須菩提야 **於意云何**오 **若有人**이 **滿三千大千世界七寶**로 **以用布施**하면 **是人**이 **以是因緣**으로 **得福多不**아 **如是**니이다 **世尊**하 **此人**이 **以是因緣**으로 **得福**이 **甚多**니이다
"수보리야, 어떻게 생각하느냐 만약 어떤 사람이 삼천대천세계에 가득찬 칠보로써 보시에 쓴다면 이 사람은 이 인연으로 복을 얻음이 많겠느냐" "그렇습니다. 세존이시여, 그 사람은 이 인연으로 복을 얻음이 매우 많겠습니다."

圭峰 以是離相無倒行施因緣으로 成無漏福하야 離於二障이니 旣非顚倒일새 故得福多니라 二는 反釋順釋이라
규봉 相을 떠나서 顚倒됨이 없는 보시를 행한 인연으로 무루의 복을 이루어서 두 가지 장애를 떠나니 이미 전도됨이 아니므로 복이 많느니라. ㉘二. 반대로 해석하고 순리로 해석함이라.

須菩提야 **若福德**이 **有實**인댄 **如來**가 **不說得福德多**어니와 **以福德**이 **無故**로 **如來**가 **說得福德多**니라
"수보리야, 만약 복덕이 실다움이 있을진대 여래가 복덕을 얻음이 많다고 말하지 않으련만 복덕이 없으므로 여래가 복덕을 얻음이 많다고 말하느니라.

說誼 福有者는 取相也요 福無者는 離相也라 經中에 凡所以訶之

者는 警其住相也요 贊之者는 進其離相也니 離相行施가 是眞修行이
니라 故知하라 凡言施者는 非但爲較量經勝이라 蓋責其住相也니 前
則責其住相故로 寶施福德이 皆歸世諦有漏어니와 此則直示無相無
住故로 寶施福德이 得歸眞淨無漏니라

설의 복이 있다는 것은 相을 취한 것이요, 복이 없다는 것은 相을
떠남이라. 경 가운데서 무릇 꾸짖은 까닭은 相에 주하는 것을 경책한
것이요, 찬탄한 것은 그 相을 떠난 것에 나아가게 하기 위한 것이니
相을 떠나서 보시를 행하면 이는 참다운 수행이니라. 그러므로 알라.
무릇 보시를 말하는 것은 비단 경이 수승함을 비교하여 헤아릴 뿐만
아니라 대개 相에 주함을 책망한 것이니, 앞에서 相에 주한 것을 책망
한 고로 보배를 베푼 복덕이 世諦의 有漏에 다 돌아가거니와 여기서
는 바로 無相 無住를 가리킨 고로 보배를 베푼 복덕이 眞淨 無漏에
돌아가게 되느니라.

圭峰 偈에 云佛智慧爲本이니 非顚倒功德이라하며 論에 云顯示
福非顚倒니 佛智爲本故라하다 福有實者는 取相也요 福無者는
離相也니라 問이라 福性空故로 福多者인댄 前說妄心性空하니 妄
亦應多로다 答이라 福은 以佛智爲本이니 順於性空일새 故悟性空
에 福則甚多어니와 心識은 顚倒하야 違於性空일새 故悟性空에 則
心識이 都盡이니라

규봉 偈에 이르되 부처님의 지혜가 근본이 되어서 전도된 공덕
이 아니라 하며, 논에 이르되 福이 전도된 것이 아님을 나타냄이
니, 부처의 지혜가 근본이 되는 연고라 하다. 복이 실로 있다는
것은 相을 취한 것이요, 복이 없다는 것은 相을 떠난 것이니라.

「물음」 복의 성품이 空한 까닭에 복이 많다고 함인댄 앞에서
妄心의 性品이 공하다고 말했으니 妄 또한 응당 많음이 아닌가.

「답」 복은 부처님의 지혜로써 근본을 삼은 것이니 性의 공함을
따르는 것이므로 성품이 空함을 깨달으면 복은 곧 매우 많거니와

心識은 전도되어 性空을 어겼으므로 性空을 깨달으면 곧 心識은 모두 다함이니라.

六祖 七寶之福은 不能成就佛果菩提일새 故言無也요 以其在量數일새 故名曰多니 如能超過量數하면 卽不說多也니라
육조 칠보의 복은 능히 佛果나 菩提를 성취하지 못하기 때문에 '없다'고 말한 것이요 그 수량에 있으므로 '많다'고 말한 것이니 만약 수량을 초과하면 곧 많다고 말하지 않느니라.

傅大士 三千大千界에 七寶滿其中이라 有人이 持布施하면 得福也如風이로다 猶勝慳貪者의 未得達眞宗이어니와 終須四句偈라야 知覺證全空이니라
부대사 삼천대천세계에
　　　　 가득한 칠보를
　　　　 어떤 사람이 가지고 보시하면
　　　　 복 얻음이 바람과 같도다.
　　　　 간탐자들이 眞宗에 도달하지 못하는 것보다는
　　　　 오히려 수승하지만
　　　　 마침내 四句偈로써
　　　　 온전한 空을 증득할 수 있음을 知覺하리라.

冶父 由勝別勞心이니라
說誼 但知作福하고 不解性空하면 果招象身七寶珍이요 但觀性空하고 不解作福하면 果招羅漢應供薄이니 此與大道로 皆不相契니라 然이나 此二를 較量하면 觀空者가 差勝이라 所以로 道호대 莫言空打坐라 猶勝別勞心이라하시니라
야부 오히려 달리 마음을 쓰는 것보다 수승하도다.
설의 다만 복지을 줄만 알고 복의 성품이 空함을 알지 못하면 그 과

보는 코끼리몸에 진귀한 칠보를 두른 것과 같고, 다만 성품의 공함만을 관하고 복지을 줄 모르면 그 과보가 羅漢의 應供함이 박복함을 초래하니, 이것은 大道와 더불어 서로 계합하지 못함이니라. 그러나 이 두 가지를 비교하면 空을 관한 자가 조금 수승함이라. 그러므로 말하되 부질없이 앉아 있기만 한다고 말하지 말라. 오히려 달리 마음을 쓰는 것보다 수승하다고 하시니라.

冶父 羅漢은 應供薄이요 象身은 七寶珍이라 雖然多濁富나 爭似少淸貧이리오 罔象은 只因無意得이요 离婁는 失在有心親이니라

說誼 因若偏修면 果闕圓常이니 觀空作福이 二俱差過니라 然이나 於中에 觀空이 猶勝이니 觀空이 因甚有勝處오 罔象은 只因無意得이니라 作福이 因甚有劣處오 离婁는 失在有心親이니라

야부 羅漢은 應供이 薄하고
　　　코끼리몸은 칠보가 진귀함이라.
　　　비록 그렇게 많은 濁富이긴 하나
　　　어찌 적은 淸貧과 같으리오.
　　　罔象은 다만 無意를 인하여 얻었음이요,
　　　离婁는 有心에 親하여 잃었느니라.

설의 만약 因에 치우쳐서 닦으면 결과가 원만하고 항상함을 빠뜨리게 되니, 空을 관함과 복지음 둘 다 차이가 있느니라. 그러나 그 가운데 공을 관함이 오히려 수승함이니, 공을 관함이 무엇 때문에 수승한 것인가 罔象은 다만 뜻없음으로 인하여 얻음이니라. 복을 지음은 무엇 때문에 하열한가. 离婁의 잃은 것은 有心에 친하였기 때문이니라.

宗鏡 布施因緣은 實人天有漏之果요 無爲福德은 超凡聖通化之功이로다 噫라 有爲가 雖僞나 棄之則功行을 不成이요 無爲가 雖眞이나 擬之則聖果를 難證이니라 且道하라 不擬不棄時에 如何是聖諦第一義오 達磨가 當機曾直指하시니 廓然元不識梁王이로다

寶施寰中福倍常이요 花開錦上最難量이라 就中에 拶到空王殿하니 露柱燈籠이 盡放光이로다

說誼 寶施因緣은 福中之勝이요 無爲福德은 勝中之勝이라 寶施에 心有住하고 無爲에 解猶存이여 月入雲籠天下暗하야 大地山河가 無其光이로다 寶施에 心無住하고 無爲에 解亦亡이여 杲日이 當空宇宙淸하야 觸目無非淸淨色이로다 伊麼則智淨에 影方明하니 事事得無碍로다

종경 布施의 인연은 실로 人天이나 有漏의 과보이고 무위복덕은 凡聖을 모두 교화하는 功을 초월했도다. 噫라! 有爲가 비록 거짓이긴 하나 그것을 버린즉 功行을 이루지 못하고 無爲가 비록 참되긴 하나 그것을 헤아린즉 聖果를 증득하기 어렵도다. 또 말하라. 헤아리지도 않고 버리지도 않을 때 "어떤 것이 聖諦, 第一義인가" 달마대사가 機에 當하여 일찍이 바로 가르치시니 확연히 알지 못함은 양무제로다

　　　보배를 베푼 세계 가운데서 복이 항상 배가 되고
　　　꽃이 비단 위에 피니 가장 헤아리기 어렵도다.
　　　나아가는 가운데 밀치고 空王殿에 이르르니
　　　露柱(外)와 燈籠(內)이 다 放光하도다.

설의 보배로 보시한 인연은 복 가운데서 수승하고 무위복덕은 수승한 중에 수승하도다. 보배로 보시하면 마음에 住함이 있고, 無爲에 알음알이〔解〕가 오히려 남아 있음이여. 달이 구름 속에 들어가 가려지매 천하가 어두워서 산하대지가 그 빛을 잃었도다. 보배를 베풀매 마음에 주함이 없고 무위에 알음알이가 또한 없어짐이여! 해가 하늘에 뜨면 우주가 맑아서 눈닿는 곳마다 淸淨色 아님이 없도다. 이러한즉 지혜가 깨끗해지매 그림자가 밝으니 일마다 걸림이 없도다.

무비 이 무상무주의 반야를 온 법계에 널리 펴서 법계에 있는 중생들을 다 제도한다.

　　보살이 수행하는 육도 만행의 요체는 상에 머물거나 집착하지 않는

데 있다. 우주에 가득한 칠보로써 사람들을 위하여 베풀었을지라도 그 마음 가운데 베풀었다는 의식이 남아 있으면 그것은 유루복이 된다. 그러나 그 마음에 베풂에 대한 의식이 없으면 모두가 청정한 무루복이 되어 이 우주를 덮고도 남는다.

자성의 반야복은 본래로 모양이 아니다. 고정된 모양이 아니므로 비로소 그 복덕이 많다고 할 수 있다. 사람사람이 모두 금강반야의 복을 가졌으므로 이미 범부니 성인이니 하는 분별이 있을 수 없다. 법계에 있는 중생을 다 제도하는 법이 여기에 있다.

圭峰 第十七은 斷無爲가 何有相好疑라 論에 云若諸佛이 以無爲로 得名인댄 云何諸佛이 成就相好하야 而名爲佛고하니 此는 約法身佛일새 故以爲疑니라 斷之文이 二니 一은 由無身故로 現身이라

규봉 ㉠十七. '無爲가 어찌 相好가 있겠는가'하는 의심을 끊음이라. 논에 이르되 만약 제불이 무위로써 이름을 얻었음인댄 어떻게 제불이 相好를 성취하며 佛이라 이름하는가 하니 여기서는 법신불을 잡음일새 그러므로 의심함이니라. 끊는 글에 두 가지니 ㉯ 一. 無身(몸이 없음)을 말미암은 고로 몸을 나타냄이라.

離色離相分 第二十 (색과 상을 떠나다)

須菩提야 **於意云何**오 **佛**을 **可以具足色身**으로 **見不**아 **不也**니이다 **世尊**하 **如來**를 **不應以具足色身**으로 **見**이니 **何以故**오 **如來**가 **說具足色身**이 **卽非具足色身**일새 **是名具足色身**이니이다

"수보리야, 어떻게 생각하느냐. 부처를 가히 구족한 색신으로써 볼 수 있겠느냐" "아닙니다. 세존이시여, 여래를 마땅히 구족한 색신으로써 볼 수 없습니다. 왜냐하면 여래께서 설하신 구족한 색신은 곧 구족한 색신이 아니고 그 이름이 구족한 색신입니다."

圭峰 **卽隨形好也**니 **如鏡中無物**로 **方能現物故**니라 **論**에 **云法身**은 **畢竟**에 **非色身**이며 **非諸相**이니라 **然**이나 **相好二種**도 **亦非不佛**이니 **此二**가 **不離法身故**라 **是故**로 **此二**를 **亦得言無**일새 **故說非身**이요 **亦得言有**일새 **故說成就**라 하다

규봉 곧 隨形好(거울이 형상을 비춤)이니 거울 가운데는 물건이 없으나 능히 물건을 나타낸 것과 같은 연고이다. 논에 이르되 法身은 필경에 색신이 아니며 모든 상도 아님이라. 그러나 상호의 두 가지 (三十二相 八十種好)도 또한 부처가 아님도 아니니 이 두 가지가 법신을 떠나지 않은 연고이다. 이런 고로 이 두 가지를 또한 '없다'고 말함일새. 그런 고로 非身이라 하며 또한 '있다'고 말할 수도 있는 고로 성취라 한다 하다.

六祖 **佛意**가 **恐衆生**이 **不見法身**하고 **但見三十二相八十種好**의

紫磨金軀하야 以爲如來眞身일까하사 爲遣此迷故로 問須菩提하사대 佛을 可以具足色身으로 見不아하시니 三十二相은 卽非具足色身이요 內具三十二淸淨行하야사 是名具足色身이니 淸淨行者는 卽六波羅蜜이 是也니라 於五根中에 修六波羅蜜하고 於意根中에 定慧雙修하야사 是名具足色身이니 徒愛如來의 三十二相하고 內不行三十二淸淨行하면 卽非具足色身이요 不愛如來色相하고 能自持淸淨行하면 亦得名具足色身이니라

육조 부처님의 뜻은 중생들이 法身을 보지 못하고 다만 三十二상 八十종호의 紫磨金의 몸만 보아서 이것으로 여래의 眞身을 삼을까 두려워하시어, 이런 미혹을 없애기 위하여 수보리에게 물으시되 "부처님을 가히 색신이 구족한 것으로써 보느냐" 하시니 三十二상은 곧 색신이 구족함이 아니고 안으로 三十二청정행을 갖춰야 이를 색신이 구족하다고 하니 청정행이란 곧 육바라밀이 이것이니라. 五根中에서 육바라밀을 닦고 意根 가운데서 정과 혜를 쌍으로 닦아야 이를 색신이 구족하다 말하니 여래의 三十二상만 좋아하고 안으로 三十二청정행을 행하지 않으면 곧 구족색신이 아니요, 여래의 色相을 좋아하지 않고 능히 스스로 청정행을 가지면 또한 색신이 구족하다는 이름을 얻느니라. (五根×六바라밀+정과혜=三十二청정행)

圭峰 二는 由無相故로 現相이라
규봉 ㉏二. 無相을 말미암은 고로 相을 나타냄이라.

須菩提야 於意云何오 如來를 可以具足諸相으로 見不아 不也니이다 世尊하 如來를 不應以具足諸相으로 見이니 何以故오 如來가 說諸相具足이 卽非具足일새 是名諸相具足이니이다

"수보리야, 어떻게 생각하느냐. 여래를 모든 상이 구족한 것으로써 보겠느냐" "아닙니다. 세존이시여, 여래를 모든 상이 구족한 것으로써 볼 수 없습니다. 왜냐하면 여래께서 설하신 모든 상의 구족함이 곧 구족이 아니고 그 이름이 모든 상의 구족함입니다."

說誼　體虛不見一絲毫어늘 對緣垂示萬般形이로다
설의　體가 텅 비어서 실 한터럭도 볼 수 없지만 緣을 대하면 만 가지 형상을 드리워 보이도다.

圭峰　卽三十二相也니 一一如前色身中說이니라
규봉　곧 三十二相이니 낱낱이 앞의 색신 가운데서 설함과 같으니라.

六祖　如來者는 卽無相法身이 是也라 非肉眼所見이요 慧眼이라야 乃能見之니 慧眼이 未明하야 具足我人等相하야 以觀三十二相爲如來者는 卽不名爲具足也요 慧眼이 明徹하야 我人等相이 不生하고 正智光明이 常照하면 是名諸相具足이니라 三毒이 未泯하야 言見如來眞身者는 固無此理니 縱有見者라도 秖是化身이요 非眞實無相之法身也니라
육조　여래란 곧 無相法身이 이것이요 육안으로써 볼 수 있는 것이 아니로다. 혜안이라야 능히 볼 수 있으니 혜안이 밝지 못해서 我人等의 相을 구족하여 三十二상을 관함으로써 여래를 삼는 자는 곧 구족이라 이름할 수 없도다. 혜안이 맑게 사무쳐서 我人等의 相이 나지 않고 바른 지혜의 광명이 항상 비추면 이를 모든 相이 구족하다고 名하느니라. 삼독이 없어지지 않은 상태로 여래의 법신을 보는 것은 진실로 이런 이치가 아님이니 비록 본다 하

더라도 다만 이것은 化身일 뿐이요 진실한 無相의 법신은 아니니라.

傅大士　八十隨形好요 相分三十二라 應物萬般形이나 理中非一異로다 人法兩俱遣이요 色心齊一棄라 所以證菩提는 實由諸相離로다

부대사　八十종의 좋은 형상이요
　　　　相으로 나눔이 서른두 가지라.
　　　　중생에게 응할 땐 만 가지 형상이나
　　　　이치 가운데선 '하나'도 '다름'도 없도다.
　　　　人과 法을 둘 다 버림이요,
　　　　色과 心도 가지런히 함께 버리도다.
　　　　그러므로 菩提를 증득하는 것은
　　　　실로 모든 相 떠남을 말미암음이로다.

冶父　官不容針이나 私通車馬로다
說誼　公門에 不容私나 鄕黨에 豈無情이리오
야부　官(公的인 입장)에선 바늘만큼도 용납하지 못하나 私私로는 수레도 통함이로다.
설의　公的인 門中에선 私私로움을 용납하지 못하나 마을에선 어찌 情이 없으리오

冶父　請君仰面看虛空하라 廓落無邊不見蹤이로다 若解轉身些子力하면 頭頭物物總相逢하리라
說誼　正體從來로 絶聲色하니 覓則知君不見蹤이로다 妙峯頂上에 一轉身하면 十方無處不逢渠하리라
야부　그대에게 청하노니 얼굴을 우러러 허공을 보라.
　　　　확 트이고 가없어 그 자취를 볼 수 없도다.

그러나 만약 몸을 굴려 작은 힘을 알게 되면
두두물물에서 모두 만나보게 되리라.

설의 바른 體는 본래로 소리와 색을 끊었으니 찾은즉 그대는 알리라. 그 자취를 볼 수 없음을. 妙峯頂上에서 한번 몸을 뒤척이면 시방 그 어디에서든지 그를 다 만나보리라. (두두물물에서 여래의 진신을 보리라.)

宗鏡 有相有身이여 如來莊嚴이 具足이요 分賓分主여 空生解辨이 疎親이로다 直得賓主를 兩忘하고 色相을 俱離하니 如何是主中主오 君臣道合無廻互하니 認得分明不是渠니라

說誼 誰將佛身辨疎親고 珍重空生이 分主賓이로다 賓主를 兩忘하고 色相을 俱離하니 如何是主中主오 君臣道合絶疎親하니 蕩蕩無依鳥道玄이로다 只此妙中妙여 何更生認着이리오 生認着이여 廻頭鷂子過新羅니라

종경 相도 있고 身도 있음이여, 여래의 장엄이 구족함이요.
손님과 主人을 나눔이여,
공생이 疎親으로 분별하도다.
바로 손님과 주인을 둘 다 잊어버리고
색과 相을 함께 떠나니
어떤 것이 주인 가운데 주인인가.
君臣의 道가 합하여 廻互할 게 없으니
분명 그가 아님을 알게 되리라.

설의 누가 佛身을 가지고 소친을 나누는가. 젊잖은 空生이 主賓을 나눴도다. 빈과 주를 둘 다 잊고 色과 相을 함께 떠나니 어떤 것이 主中의 主인가. 君臣의 道가 합하여 소친을 끊었으니 탕탕하여 의지할 데 없어서 鳥道(절대 도의 경지)가 그윽함이로다. 다만 이 묘한 가운데 묘함이여! 어찌 다시 안다는 집착을 내리오! 안다는 집착을 냄이여! 머리를 돌이키면 매(鷂子)는 벌써 新羅를 지나갔음이니라.

宗鏡 端嚴妙好紫金身이여 正眼看來總不眞이라 要會問酬親的
意인댄 蘊空無我亦無人이로다

종경 단엄하고 妙好한 紫金身이여.
바른 눈으로 보면 모두 眞이 아님이라.
친절한 문답의 뜻을 알고자 하면
오온이 공하여 我도 없고 人도 없음이로다.

무비 모든 형색과 형상과 그에 따른 모든 인식을 떠나야 여래를 본다. 일체의 형색과 형상과 그 인식이 남아 있는 한은 무량공덕인 반야의 삶은 펼쳐지지 않는다. 여래의 삼십이상과 팔십종호가 아무리 훌륭하여도 그리고 여래의 설법이 아무리 위대하여도, 그것은 모두가 눈과 귀를 멀게 하는 것, 색상에 눈이 멀면 법계에 충만해 있는 여래는 보지 못하리라. 자신의 般若身은 보지 못하리라.

圭峰 第十八은 斷無身何以說法疑라 論에 云若如來의 色身相好를 不可得見인댄 云何言如來說法고할새 斷之니라 文三이니 一은 遮錯解라

규봉 ㉔十八. 몸이 없으면 어떻게 설법하는가 하는 의심을 끊음이라. 논에 이르되 만약 여래의 색신과 상호를 볼 수 없으면 어떻게 설법할 수 있겠는가 하므로 그것을 끊음이다. 글에 세 가지니 ㉎一. 잘못 아는 것을 막음이라.

非說所說分 第二十一 (설함과 설하여 질 것이 아님)

須菩提야 **汝勿謂如來**가 **作是念**호대 **我當有所說法**이라하라 **莫作是念**이니

"수보리야, 너는 여래가 이런 생각을 하되 '내가 마땅히 설한 바 법이 있다'고 이르지 마라. 이런 생각을 하지 말지니

圭峰 谷中無人이나 能作音聲이니라 二는 釋所以라
규봉 골짜기에는 사람이 없으나 능히 음성을 내느니라.
㉮二. 까닭을 해석함이라.

何以故오 **若人**이 **言如來**가 **有所說法**이라하면 **卽爲謗佛**이라 **不能解我所說故**니라

무슨 까닭인가 하면 만약 사람이 말하길 여래가 설한 법이 있다고 하면 이는 곧 부처님을 비방함이니라. 능히 내가 설한 바를 알지 못한 연고니라.

說誼 佛說一切法이 湛然常寂滅하시니 但信佛無言이면 可稱爲子期니라
설의 부처님이 설하신 일체법은 담연하여 항상 적멸하시니 다만 부처가 말이 없음을 믿으면 가히 種子期(知音者)라고 이를 만하도다.

圭峰 世尊이 達諸法空하사 畢竟無執이시니 今言有說이면 是謗佛執法也니라

규봉 세존께서 모든 법이 空함을 통달하시어 필경엔 집착이 없으시니 지금 설함이 있다고 말하면 이는 부처님이 법에 집착했다고 비방함이 되느니라.

冶父 是則是나 大藏小藏은 從甚處得來오
說誼 佛無所說이 是則固是나 頓漸偏圓의 大小乘藏이 充樑溢宇하야 如今天下에 無在不在하니 若都無說인댄 如是法門은 其誰說來오
야부 옳기는 옳으나 大藏經 小藏經은 어느 곳에서 나왔는가.
설의 부처님이 설한 바 없음은 옳기는 진실로 옳으나 頓敎, 漸敎, 偏敎, 圓敎의 대승, 소승 장경들이 들보에 가득차고 집에 넘쳐서 지금 천하에는 없는 곳이 없도다. 만약 그 모두가 설함이 없다고 말한다면 그와 같은 법문은 그 누가 설한 것인가.

冶父 有說이라도 皆成謗이요 無言이라도 亦不容이라 爲君通一線하노니 日向嶺東紅이니라
說誼 有說無說이 二俱擔板漢이라 無念說示가 同谷響이요 亦如日輪이 照無心이로다
야부 說함이 있다 해도 다 비방을 이루고,
말이 없다 해도 또한 용납하지 못하도다.
그대를 위하여 한가닥 線을 通하노니
해가 嶺東에서 붉게 떠오르리라.
설의 설이 있음과 설이 없음이 둘 다 모두 擔板漢(한쪽만 보인다는 뜻)이로다. 無念으로 설하여 보이신 것이 골짜기의 메아리 같고, 또한 해가 비추되 無心히 비춤과 같도다.

主峰 三은 示正見이라
규봉 ㉮三. 正見을 보임이라.

須菩提야 說法者는 無法可說을 是名說法이니라

수보리야, 설법이란 것은 법을 가히 설할 것이 없음을 이름하여 설법이라 하느니라."

說誼 法身은 本無說이라 報化方有說이니 有說은 非眞說이요 無說이 是眞說이니라 十方佛土中에 唯有一乘法하니 離此一乘法하고 更無可說底라 故로 云無法可說이요 只以一乘法으로 開示諸衆生일새 故로 云 是名說法이니 若是一乘法인댄 直是無開口處로다 然이나 亦不離衆生 日用이니라

설의 法身은 본래 說함이 없는지라. 보신 화신이라야 설함이 있으니 설함이 있음은 참다운 설이 아니고 설함 없음이 참다운 설이니라. 시방의 佛土 가운데는 오직 一乘法이 있으니 一乘法을 떠나서는 다시 가히 '설할 것'이 없도다. 그러므로 이르되 법 가히 설할 게 없다 한 것이요, 다만 일승법으로써 모든 중생에게 열어보이셨으므로 이름을 설법이라 한 것이니 만약 이 일승법이라면 바로 입 열 곳이 없음이로다. 그러나 또한 중생의 日用을 떠난 것도 아니니라.

圭峰 偈에 云如佛法亦然하니 所說二差別이 不離於法界라 說法無自相이라하며 大雲이 云若言無說인댄 是眞說法이어니와 若云有說인댄 不名說法이니 是謗佛故라하다

규봉 偈에 이르되 부처와 같이 法 또한 그러하니 설한 바 두 가지 차별이 법계를 떠나지 않아서 설법에는 스스로 相이 없다고 하며, 大雲이 이르되 만약 설함이 없다 하면 이는 참다운 설법이거니와 만약 설함이 있다 하면 설법이라 할 수 없으니 이는 부처님을 비방한 연고라 하다.

六祖 凡夫說法은 心有所得이라 故로 佛이 告須菩提하사대 如來說法은 心無所得이니 凡夫는 作能解心說이어니와 如來는 語黙이 皆如하야 所發言辭가 如響應聲이라 任運無心하야 不同凡夫의 生滅心說이니 若言如來說法이 心有生滅者인댄 卽爲謗佛이라하시니라 維摩

經에 云夫說法者는 無說無示며 聽法者는 無聞無得이라하시니 了萬法空寂하야 一切名言이 皆是假立이라 於自空性中에 熾然建立一切言辭하야 演說諸法호대 無相無爲하야 開導迷人하야 令見本性하야 修證無上菩提를 是名說法이니라

육조 범부들의 설법은 마음에 얻은 바가 있음이라. 그러므로 부처님이 수보리에게 이르시되 如來의 설법은 마음에 얻은 바가 없음이니라. 범부는 능히 아는 마음을 지어서 설하거니와 여래는 말과 침묵함이 모두 같고 발하는 언사는 메아리가 소리에 응함과 같으며, 운용에 맡겨 무심하여서 범부의 생멸심으로 설함과 같지 않으니, 만약 여래의 설법이 마음에 생멸함이 있다고 하면 곧 부처님을 비방함이 된다 하시니라. 유마경에 이르되 대저 설법이란 說함도 없고 보임도 없으며, 청법이란 들음도 없고 얻음도 없다 하시니 만법이 본래 공적함을 요달하여 일체의 名, 言이 다 거짓으로 세운 것이라. 스스로 空한 性品 가운데 치연히 일체의 언사를 건립하여 모든 법을 연설하되 相도 없고 함도 없이 미혹한 사람을 깨우고 지도하여서, 이로 하여금 本性을 보게 하여 위없는 깨달음을 닦고 증득하게 함을 說法이라 이름하느니라.

야부 兎角杖龜毛拂이로다
說誼 古人이 道호대 四十九年積累功이여 龜毛兎角이 滿虛空이라 一冬臘雪이 垂垂下하야 落在烘爐烈焰中이라하시니 則許多年을 露胸跣足하고 拖泥帶水하사 拔濟沈淪하신 如是功能이 如夢相似하야 無一毫許可與相許로다 雖然如是나 畢竟作麼生道오 拈起兎角杖하야 拈開一路涅槃門이요 堅起龜毛拂하야 拂盡三千空假中이로다

야부 토끼뿔로 만든 지팡이요 거북이털로 만든 拂子(털이개)로다.

설의 옛사람이 이르되 四十九년간 많은 功을 쌓음이여. 거북이털과 토끼뿔이 허공에 가득함이라. 한겨울 섣달 눈이 계속 내려서 붉은 화로의 불꽃 속으로 떨어진다 하시니라. 곧 허다한 세월을 가슴 드러내

고 맨발로 진흙을 묻히고 물에 젖으며 고해에 빠져 있는 중생을 건져 제도하신 이와 같은 功能이 꿈과 같이 相似하여 한터럭만큼도 가히 더불어 서로 허락할 게 없도다. 비록 이같으나 필경 어떻게 말할 것인가. 토끼뿔 지팡이를 잡아 일으켜서 한길의 열반문을 열어주고 거북털의 털이개를 일으켜 세워서 三千大千세계의 空, 假, 中을 다 털어 없애 버리도다.

冶父 多年石馬가 放毫光하니 鐵牛哮吼入長江이로다 虛空一喝이 無蹤迹하야 不覺潛身北斗藏이로다 且道하라 是說法가 不是說法가
說誼 寂滅場中에 不曾擧步하고 生死海裏에 橫身而入하사 許多年을 以石馬而放毫光하사 致令盲者로 得見하며 以鐵牛而作哮吼하사 致令聾者로 得聞케하시고 且喝得虛空하사 令北斗裏藏身케하시니 且道하라 是說法가 不是說法가 若道是說인댄 爭奈石馬鐵牛어니 有甚閑情이며 有甚閑氣리오 若道不說인댄 爭奈放光哮吼하야 解喝虛空가 又須信四十九年說이 石馬放光鐵牛吼니 石馬鐵牛가 竟無力이요 虛空一喝이 便無蹤이라 伊麼則虛空一喝이 大烘焰裏요 放光哮吼가 一冬片雪이로다

야부 나이 많은 石馬가 백호광명을 놓으니
鐵牛가 포효하며 長江으로 들어가도다.
허공의 一喝 종적이 없이
몰란결에 몸을 숨겨 北斗에 감추도다.
또 일러라. 이것이 설법인가 설법이 아닌가.

설의 적멸의 도량 가운데에서 일찍이 걸음을 옮기지 않고, 생사의 바다 속에 몸을 비껴 들어가서 허다한 세월 동안 石馬로써 백호광명을 놓아서 눈 어두운 자로 하여금 보게 하고 鐵牛로써 사자후를 하여서 귀먹은 자로 하여금 다 듣게 하시며, 또한 허공에 대고 할(喝)을 하시어 北斗로 하여금 몸을 감추게 하시니 또 일러라. 이는 설법인가 설법이 아닌가. 만약 설법이라 하면 이는 石馬와 철우와 같거니 무슨 부질없는 생각이 있을 것이며 무슨 부질없는 氣가 있으리오. 만약 설

법이 아니라고 한다면 방광하고 포효하여 허공에 대고 할(喝)할 줄 어찌 알겠는가. 또한 모름지기 四十九년 설함은 석마가 방광하고 철우가 부르짖음인 줄 믿을지니 석마와 철우가 마침내 힘이 없음이요, 허공의 一喝이 문득 자취가 없음이로다. 이런즉 허공의 一喝이 큰 불구덩이 속이요, 방광과 포효가 한겨울의 조각눈이로다.

爾時에 慧命須菩提가 白佛言하사대 世尊하 頗有衆生이 於未來世에 聞說是法하고 生信心이잇가 佛言하사대 須菩提야 彼非衆生이며 非不衆生이니 何以故오 須菩提야 衆生衆生者는 如來가 說非衆生일새 是名衆生이니라

그때에 혜명수보리가 부처님께 사뢰었다. "세존이시여, 자못 어떤 중생이 미래세에 이 법 설하심을 듣고 믿는 마음을 내겠습니까." 부처님께서 말씀하시되 "수보리야, 저들은 중생이 아니며 중생 아님도 아니니 무슨 까닭인가. 수보리야, 중생 중생이라 함은 여래가 설하되 중생이 아니고 그 이름이 중생이니라."

說誼 空生이 以後世信與不信으로 發問이어시늘 佛이 以是生非生으로 答者는 以是生故로 困於生死하야 以求出要니 應有信之之理요 以非生故로 本來是佛이라 不應以佛求佛이니 應有不信之理로다 不信佛法이 是眞生信이니 以無法相故也니라

설의 空生이 '후세에 믿음과 믿지 않음'으로 물음을 발하심에 부처님이 '이 중생은 중생이 아님'으로 답한 것은 중생인 연고로 생사에 빠져서 벗어날 것을 구하니 응당 믿을 만한 이치가 있음이요, 중생이 아닌 고로 본래 이 부처인 것이라. 응당 부처로써 부처를 구하지 못하리니, 응당 믿지 못할 이치가 있음이로다. 佛法을 믿지 않는 이것이 참으로 믿음을 내는 것이니 法의 相이 없기 때문이니라.

幽冥禪師續加

傅大士 不言有所說이여 所說이 妙難窮이라 有說皆爲謗이니 至道處其中이로다 多言無所解요 默耳得三空이라 知覺刹那頃에 無生無有終이로다

부대사 설한 바가 있다고 말하지 않음이여. 설함은 妙하여 궁구하기 어렵도. 설함이 있으면 다 비방함이 되나니 지극한 道는 그 가운데 처함이로다.

많은 말은 아는 바가 없음이요 침묵은 三空을 얻었음이라. 知覺하는 찰나 사이엔 生함도 없고 마침도 없음이로다.

冶父 火熱風動이요 水濕地堅이로다
說誼 孺子入井見皆憐하니 可稱人天調御師요 毀聲이 入耳聞皆怒하니 是則難當聖人名이로다 伊麼則面前驢脚이요 背後龍鱗이니 是凡가 是聖가 定當不得이로다 然雖如是나 凡住凡位하고 聖住聖位하니 凡聖路別이라 不可得而混也니라
야부 불은 뜨겁고 바람은 움직이며 물은 습하고 땅은 견고하도다.
설의 어린아이가 우물에 빠진 것을 보면 모두 불쌍히 여기니 가히 人天의 조어사라고 일컬음이요, 헐뜯는 소리를 귀로 들으면 다 화를 내니 이는 곧 성인이라 이름하기 어렵도. 그러한즉 앞에는 당나귀요 뒤는 용의 비늘이로다. 이는 범부인가, 성현인가. 결정코 알 수 없도다. 비록 그러하나 범부는 범부의 위치에 머물고 성인은 성현의 위치에 머무르니 범부와 성현의 길이 다름이라. 가히 혼동하지 말지니라.

冶父 指鹿에 豈能成駿馬며 言烏에 誰謂是翔鸞이리오 雖然不許纖毫異나 馬字驢名이 幾百般고
說誼 盜跖을 不應號文湯이니 誰喚波旬作牟尼리오 雖然理上에 融無

二나 爭奈難齊聖凡名가
야부 사슴을 가리켜 어찌 준마라 할 수 있으며
까마귀를 일러 누가 난새(희귀한 새)라 이르리오.
비록 그렇게 털끝만큼의 다름도 허락치 않지만
馬字가 든 나귀이름들이 얼마나 많던가
설의 도척(盜跖)을 文王, 湯王(위대한 성군)이라 부르지 못함이니 누가 마왕 파순이를 석가모니라 부르리오.
비록 그렇게 이치상으론 융통하여 둘이 없으나 성인과 범부 이름이 같지 않음은 어찌하리오.

宗鏡 如來 無所說이여 慈雲甘露가 酒濛濛이요 慧命이 未嘗聞이여 明月淸風이 空寂寂이로다 正恁麼時에 且道하리 是何境界오 欲得不招無間業인댄 莫謗如來正法輪이어다
說誼 如來無說說이여 出岫雲無心이요 慧命이 不聞聞이여 風月이 兩蕭然이로다
종경 여래가 설함이 없음이여, 자비스런 구름과 감로가 자욱히 젖음이요. 혜명수보리가 일찍이 듣지 못함이여, 명월과 청풍이 空하여 고요하도다. 정히 이러한 때에 일러보아라. 이 무슨 경계인가. 무간지옥의 업을 초래하지 않고자 하면 여래의 바른 법륜을 비방하지 말지어다.
설의 여래가 설함없이 설하심이여. 산마루에 이는 구름같이 무심하고 혜명이 들음없이 들음이여. 바람과 달이 둘 다 스산하도다.

宗鏡 道本無言喚不醒이요 藥因救病出金瓶이라 可憐億萬人天衆이 依舊猷猷側耳聽이로다
說誼 道本無言常寂滅하니 吉祥이 難敎女子醒이요 佛爲救生出乎眞하니 浩浩宣揚非本心이로다 可憐億萬人天衆이 不知黃葉竟非錢이라 若使人天으로 知本心이면 何用猷猷側耳聽이리오

종경　道는 본래 말이 없어서 불러도 성성하지 않고
　　　　藥은 병을 구제하기 위해 金甁에서 나오도다.
　　　　가련하다. 억만 人天의 大衆이
　　　　아직도 어리석고 어리석게 귀를 기울이도다.

설의　도는 본래 말이 없고 항상 적적하니 吉祥(문수)이 여자로 하여금 깨어나게 하기 어려우며, 부처님이 중생을 구제하려고 眞에서 나와 넓고 넓게 선양하는 것은 本心이 아니로다. 가련하다, 억만의 人天대중은 황엽이 끝내 돈이 아님을 알지 못하도다. 만약 人天대중으로 하여금 부처님의 본심을 알게하면 어찌 어리석고 어리석게 귀를 기울이겠는가.

무비　일체 법은 본래로 텅 비어 청정하다. 설할 법도 없으며 설할 말도 없다. 설법이란 부처님이 몽매한 중생들을 제도하기 위해 사십구년간 말씀하신 저 팔만대장경이 그것이다. 깨달은 사람이 깨닫지 못한 사람을 위해서 하신 말씀이다. 그러나 이 금강반야는 사람사람이 본래로 완전히 구족하고 있는 것인데 누가 누구에게 법을 설할 수 있으랴. 그러므로 만약 여래가 설법을 했다고 하면 여래를 비방하는 일이다. 그리고 여래의 말씀을 이해하지 못함이 된다. 이 반야의 도리는 학문과 지식으로 될 일이 아니다. 배우고 가르쳐서 될 일도 아니다. 그렇다면 가르칠 부처도 배울 중생도 설 땅이 없다.
　수보리야, 중생 중생이란 본래로 중생이 아니고 그 이름을 중생이라고 할 뿐이다.

圭峰 第十九는 斷無法如何修證疑라 論에 云如來가 不得一法인댄 云何離上上證코 轉轉得阿耨菩提오할새 爲斷此疑하야 示現非證法이 名爲阿耨菩提니라 斷之文이 三이니 一은 以無法爲正覺이라

규봉 ㉮十九 법이 없다면 어떻게 닦고 증득하겠는가 하는 의심을 끊음이라. 논에 이르되 여래가 한 법도 얻지 못하였는데 저 上上證을 떠나서 전전히 아뇩보리를 얻는가 하므로 그 의심을 끊기 위하여 법을 증득하지 않음이 곧 아뇩보리라 이름함을 보였느니라. 그것을 끊는 글이 세 가지니 ㉯一. 법이 없음으로써 정각을 삼음이라.

無法可得分 第二十二 (법은 가히 얻을 것이 없음)

須菩提가 **白佛言**하사대 **世尊**하 **佛**이 **得阿耨多羅三藐三菩提**는 **爲無所得耶**이니다 **佛言**하사대 **如是如是**하다 **須菩提**야 **我於阿耨多羅三藐三菩提**에 **乃至無有少法可得**일새 **是名阿耨多羅三藐三菩提**니라

수보리가 부처님께 사뢰었다. "세존이시여, 부처님께서 아뇩다라삼먁삼보리를 얻으심은 얻은 바 없음이 되옵니다." 부처님께서 말씀하시되 "그렇다. 그렇다. 수보리야, 내가 아뇩다라삼먁삼보리에 내지 작은 법이라도 가히 얻음이 없으므로 이를 아뇩다라삼먁삼보리라 이름하느니라.

說誼 上言生不生하시고 此言佛無得하시니 蓋菩提는 生佛平等之本有라 於中에 不應分別是凡是聖과 有得無得이니라
설의 위에서는 중생과 중생 아님을 말씀하시고 여기에선 부처님이 얻음 없음을 말씀하시니 대개 菩提란 중생과 부처가 평등하게 본래 가지고 있는 것이라서 그 가운데에서는 응당 범부와 성인 有得과 無得을 분별하지 않음이니라.

圭峰 以無法爲正覺者는 偈에 云彼處에 無少法일새 知菩提無上이라하며 論에 云彼菩提處는 無有一法可證일새 名爲阿耨菩提라하다
규봉 無法으로써 정각을 삼는다는 것은 偈에 이르되 저곳에선 작은 법도 없음이 無上의 菩提인 줄 안다 하며
  논에 이르되 저 보리의 곳에는 한법도 가히 증득함이 없으므로 이름을 아뇩보리라 하다.

六祖 須菩提가 言하사대 所得心盡이 卽是菩提라할새 佛言하사대 如是如是하다 我於菩提에 實無希求心이며 亦無所得心이니 以如是故로 得名爲阿耨多羅三藐三菩提也라하시니라

육조 수보리가 말하되 소득심이 다 없어짐을 곧 보리라고 하니 부처님이 말씀하시되 "그렇다. 그렇다. 내가 菩提에 대하여 실로 希求心이 없었으며 또한 소득심도 없었음이니 이같은 까닭으로 아뇩다라삼먁삼보리라는 이름을 얻을 수 있었다"고 하시니라.

傅大士 諸佛智明覺이여 覺性本無涯라 佛因有何得고 所得爲無耶로다 妙性難量比라 得理則無差어늘 執迷不悟者는 路錯幾河沙오

부대사 諸佛의 지혜가 밝게 깨달음이여.
　　　　覺의 성품은 본래 끝이 없음이라.
　　　　부처님은 무엇으로 인하여 얻음이 있는가.
　　　　얻을 바가 없음으로써로다.
　　　　묘한 성품은 헤아리기 어려워서
　　　　이치를 얻은즉 차별이 없거늘
　　　　미혹에 집착하여 깨닫지 못한 이들은
　　　　길을 잘못듦이 얼마나 많았던가.

冶父 求人이 不如求自己니라

說誼 求自는 一作自求라 旣是平等인댄 何以遠推諸聖이며 旣是本有인댄 何須向外馳求리오 若能反求諸已하야 驀然觸着鼻孔하면 坐斷報化의 佛頭去在리니 所以로 求人이 不如求自己니라

야부 남에게 구하는 것은 자기에게 구하는 것만 같지 못하느니라.

설의 求自는 自求라고도 한다.
　　이미 평등하다고 한다면 어찌 멀리 성인들에게 미루어 구할 것이며

이미 본래 지니고 있음인댄 어찌 모름지기 밖을 향해서 급하게 구할 것인가.

  만약 자기에게 돌이켜 구하여서 문득 콧구멍(근본)을 만지면 보신화신의 부처머리를 앉아서 끊어가리니, 그러므로 남에게 구하는 것이 자기에게 구하는 것만 같지 못하느니라.

冶父   滴水成氷이 信有之나 綠楊芳草色依依라 秋月春花無限意여 不妨閑聽鷓鴣啼로다

說誼 此事는 寒威威冷湫湫라 滴水滴凍에 江河絶流하야 纖塵不立하고 寸草不生이로다 雖然如是나 寒暄이 不常이라 日煖風和에 山川이 競秀하야 玄黃을 可判이며 黑白이 分明이로다 伊麼則秋月春花無限事가 各各自有無限意하야 事事가 一一天眞이며 着着에 可以明宗이니 可以向翠竹黃花邊하야 明得此事며 可以向鶯吟燕語邊하야 明得此事라 以至一見一聞이 一一皆是發機的時節이요 一色一香이 一一開我活眼的物事니 須信道어다 山僧이 未陞座에 風鐸이 已搖舌이니라

야부 방울물이 얼음이 됨은 진실로 있으나
      綠楊과 芳草의 색은 무성하도다.
      秋月과 春花의 무한한 뜻이여,
      자고의 울음을 한가히 듣는데 방해롭지 않도다.

설의 이 일은 차갑기가 威威하고 냉하기는 湫湫한지라.(지극함을 표현) 방울물이 얼어서 강물이 흐르지 못하고 가는 티끌도 서지 못하며 작은 풀도 나지 않음이로다. 비록 이같으나 차고 더움은 항상하지 않음이라. 날이 따뜻하고 바람이 온화하매 산천이 빼어남을 다투니 검고 누런 것을 판단할 수 있으며 흑백이 분명하도다. 이러한즉 가을달과 봄꽃의 무한한 일들은 각각 스스로 무한한 뜻을 갖고 있어서 일과 일이 낱낱이 천진하며 만나는 것마다 가히 宗旨를 밝히도다. 푸른 대나무와 노란 꽃잎 끝을 향해서 이 일을 밝힐 것이며 꾀꼬리 울음과 제비의 지저귐을 향하여 이 일을 밝힐지니라. 하나를 보고 하나를 듣는 것들이 낱낱이 다 機를 일으켜 세우는 시절이요, 하나의 사물 하나의

향기가 낱낱이 다 나의 살아 있는 눈을 뜨게 하는 것이니 부디 믿을 지어다. 山僧이 아직 법상에 오르기도 전에 풍경소리가 법을 이미 다 설하였느니라.

宗鏡 法無可得이여 是名阿耨菩提요 道無可傳이여 直指涅槃正眼이로다 只如得而不得이요 傳而不傳이니 畢竟是何宗旨오 三賢도 尙未明斯旨라 十聖인들 那能達此宗이리오
從來無說亦無傳하니 纔涉思惟便隔關이라 語默離微를 俱掃盡하니 寥寥獨坐古靈山이로다
說誼 此宗은 本無生하니 生心卽差違라 有心無心을 俱蕩盡하니 空空唯有一靈臺로다

종경 법 가히 얻을 것이 없음이여, 그 이름이 아뇩보리이고, 도 가히 전할 것이 없음이여, 바로 열반 正眼을 가리켰도다. 다만 그 것은 얻되 얻지 못함이요, 전하되 전하지 못함이니 필경에 무슨 宗旨인가. 三賢도 오히려 이 뜻을 밝히지 못했는데 十聖인들 어찌 능히 이 宗을 통달하리오.

　　본래 설함도 없고 전할 것도 없으니
　　막 사유하려 하면 곧 관문을 막는지라.
　　語와 默 離(無)와 微(有)를 함께 다 쓸어버리고
　　고요히 옛 영축산에 홀로 앉음이로다.

설의 이 宗은 본래 나지 않음이니 마음을 내면 곧 어긋나도다. 有心과 無心을 다 없애니 空하고 공하여 오직 靈臺에 있을 뿐이로다.

무비 일체 법은 본래로 텅 비어 맑고 깨끗하다. 깨달음은 달리 얻을 수도 없으며 얻었다고 할 수도 없다.

　부처님은 그 어떤 작은 법도 얻은 것이 없노라고 하신다. 그리하여 이름을 아뇩다라삼먁삼보리라고 하신 것이다.

　고인의 말씀에 도를 남에게 말할 수 있다면 모든 사람이 다 그 형

제에게 말하지 않는 이 없을 것이며, 도를 남에게 줄 수 있다면 그 자손에게 주지 않을 사람이 없을 것이다. 또 어떤 이가 말하길 법을 가히 얻을 수 있다면 그것은 법에 속박된 것이고 법은 가히 얻을 것이 없어야 바야흐로 이름을 해탈이라 한다고 하였다.

사람사람이 다 아뇩보리이거늘 어찌 보리로써 보리를 얻겠는가.

圭峰　二는 以平等爲正覺이라
규봉　㈎二. 평등으로써 正覺을 삼음이라.

淨心行善分 第二十三 (깨끗한 마음으로 선을 행함)

復次須菩提야 **是法**이 **平等**하야 **無有高下**일새 **是名阿耨多羅三藐三菩提**니

다시 또 수보리야, 이 법은 평등하여 높고 낮음이 없으므로 이를 아뇩다라삼먁삼보리라 이름하느니라.

圭峰 偈에 云法界는 不增減이라하며 論에 云是法이 平等일새 是故로 名無上이니 以更無上上故라하다 三은 以正助修로 爲正覺이라

규봉 偈에 이르되 法界는 증감이 없다 하며 논에 이르되 이 법은 평등하여 위없음이라 이름하니 다시 上上이 없는 까닭이라 하다.

㉮三. 주된 수행과 보조 수행으로써 정각을 삼음이라.

以無我無人無衆生無壽者로 **修一切善法**하면 **卽得阿耨多羅三藐三菩提**하리라

아도 없고 인도 없고 중생도 없고 수자도 없이 일체 선법을 닦으면 곧 아뇩다라삼먁삼보리를 얻느니라.

說誼 佛이 因空生之問하사 答以生亦非生이며 佛亦無得하시고 乃云是法이 平等하야 無有高下일새 是名阿耨菩提라하시니 生非生則不異於佛이요 佛無得則不異於生이라 是名平等하야 無有高下니라 前言無得하시고 此言卽得은 何也오 前明本有하사 令不屈於凡下요 此明新熏하사 使功齊於諸聖이니 若恃其本有하야 不以新熏으로 熏之면 則持珠行丐라 永處輪廻하리라

설의　부처님이 空生의 물음으로 인하여, 중생 또한 중생이 아니며 부처님도 또한 얻음 없음으로써 답하시니 이에 이르되 이 법은 평등하여 高下가 없으므로 그 이름이 아뇩보리라 하시니라. 중생은 중생이 아닌즉 부처와 다르지 않고 부처가 얻음이 없은즉 중생과 다르지 않음이라. 이것을 평등하여 고하가 없다고 하느니라. 앞에선 얻음이 없다고 하시고 여기에선 곧 얻는다고 한 것은 무엇인가? 앞에서는 본래 있음을 밝히사 凡下(하열한 범부)에 굴하지 않게 함이요, 여기에선 新薰(새로운 훈습)을 밝히사 이로 하여금 功이 모든 성인과 같게 함이니 만약 그 본래 있는 것만 믿고 新薰으로써 훈습하지 않으면 곧 寶珠를 가지고 거지 노릇을 하는 것이라서 영원히 윤회에 처하리라.

六祖　菩提法者는 上至諸佛하고 下至昆蟲이 盡含種智하야 與佛無異일새 故言平等하야 無有高下요 以菩提無二故로 但離四相하야 修一切善法하면 卽得菩提니라 若不離四相코 修一切善法하면 轉增我人하야 欲證解脫之心을 無由可得이어니와 若離四相코 而修一切善法하면 解脫을 可期니라 修一切善法者는 於一切法에 無有染着하야 對一切境에 不動不搖하며 於世出世法에 不貪不愛하며 於一切處에 常行方便하야 隨順衆生하야 使之歡喜信服케하고 爲說正法하야 令悟菩提니 如是라야 始名修行일새 故言修一切善法이라하시니라

육조　菩提法이란 위로는 모든 부처에 이르고 아래로는 곤충에 이르기까지 다 일체 種智를 含有하고 있어서 부처와 더불어 다름이 없으므로 평등하여 고하가 없다는 것이요. 이 菩提는 둘이 없는 고로 다만 四相을 떠나서 일체 선법을 닦으면 곧 보리를 얻느니라. 만약 四相을 떠나지 않고 일체의 선법을 닦으면 我와 人만 증장시켜서 해탈을 증득하고자 하는 마음 때문에 가히 얻을 수 없거니와 만약 四相을 떠나서 일체 선법을 닦으면 해탈을 기약할 수 있으리라. 일체 선법을 닦는다는 것은 일체법에 물듦이 없어서

일체 경계에 대하여 動하지도 않고 흔들리지도 않아서 世法과 出世法에 탐하거나 애착하지도 않으며 일체처에서 항상 방편을 행하여 중생을 수순하고 그들로 하여금 환희롭게 믿고 복종케 하며 그들을 위하여 正法을 설하여 보리를 깨닫게 하니 이와 같아야 비로소 수행이라 할 수 있으므로 일체 선법을 닦는다고 하시니라.

冶父 山高海深이요 日生月落이로다
說誼 所謂平等은 豈是夷岳實淵하며 截鶴續鳧然後에 然哉아 長者는 任其長하고 短者는 任其短이며 高處는 任其高하고 低處는 任其低니라
야부 산은 높고 바다는 깊으며 해가 뜨면 달이 지도다.
설의 이른바 평등이라 함을 어찌 산을 깎아서 연못을 채우는 것이며 학의 다리를 잘라 오리다리에 이은 연후에라야 그렇게 되는 것인가. 긴 것은 긴 것에 맡기고 짧은 것은 짧은 데 맡기며 높은 곳은 높은 데 맡기고 낮은 곳은 낮은 데 맡기도다.

冶父 僧是僧兮俗是俗이요 喜則笑兮悲則哭이라 若能於此에 善參詳하면 六六이 從來三十六이니라
說誼 何須喚僧作俗이리오 不必忍喜云哭이니 但能隨流認性하면 彼彼元來平等이니라
야부 스님은 스님이고 속인은 속인이며
기쁘면 웃고 슬프면 울도다.
만약 여기에서 잘 참구하여 살피면
六六은 본래 三十六이니라.
설의 어찌 모름지기 스님을 불러 속인이라 하리오. 구태여 기쁨을 참고 울 필요는 없음이니, 다만 流를 따르되 性品을 알 수 있으면 저마다 원래 평등함이니라.

須菩提야 **所言善法者**는 **如來**가 **說卽非善法**일새 **是名善法**이니라

수보리야, 말한 바 선법이란 것은 여래가 설하되 곧 선법이 아니고 그 이름이 선법이니라.

說誼 了得平等理하야 無我로 修善法이니 善法非善法이여 與惡性無殊라 是名眞善法이니 不同於有漏로다

설의 평등한 이치를 요달하여 無我로써 선법을 닦으니 선법과 선법 아님이여. 惡性과 다르지 않음이라. 이것이 참다운 선법이니 有漏와 같지 않도다.(선악을 초월한 것이 참 선법이다)

圭峰 無我等은 是了因이니 卽正道也요 修一切善法은 是緣因이니 卽助道也요 卽得阿耨菩提는 是正覺이요 所言善法者는 標指也니라 說非等者는 論에 云彼法이 無有漏法일새 故名非善法이요 以有無漏法일새 故名爲善法이라하다

규봉 無我等은 了因(요달한 인)이니 곧 正道요, 일체 선법을 닦는다는 것은 緣因(조건의 인)이니 곧 助道이며 곧 아뇩보리를 얻음은 正覺이요 말한 바 선법이란 가리키는 말이다. 非善法等이라 설한 것은 論에 이르되 저 법엔 有漏法이 없음일새. 그러므로 非善法이라 한 것이고 無漏法이 있으므로 선법이 된다고 이름한 것이라 하다.

六祖 修一切善法하야 希望果報는 卽非善法이요 六度萬行을 熾然俱作호대 心不望報하면 是名善法이니라

육조 일체 선법을 닦으매 과보를 바라는 것은 곧 선법이 아니요 육도 만행을 치연히 함께 짓되 마음에 과보를 바라지 않으면 이를 선법이라 하느니라.

淨心行善分 第二十三

傅大士 水陸이 同眞際요 飛行이 體一如라 法中에 無彼此요 理上에 絶親疎로다 自他分別遣이요 高下執情除니 了斯平等性하면 咸共入無餘로다

부대사 물과 육지가 다 같은 眞際요
飛와 行의 體는 一如하도다.
法中엔 彼此가 없음이요
理致위엔 親疎를 끊었도다.
自他의 분별을 없애고
高下에 집착한 情을 제거하리니
이 평등한 성품을 요달하면
다같이 무여열반에 들어가리라.

冶父 面上엔 夾竹桃花요 肚裏엔 侵天荊棘이로다
說誼 善耶아 惡耶아
야부 얼굴엔 夾竹桃(복숭아 꽃 종류)의 꽃이요 뱃속엔 侵天(가시나무 종류)의 가시로다(얼굴엔 자비스런 보살의 모습이고 속에는 나찰의 마음이로다).
설의 善인가 惡인가.

冶父 是惡非惡이요 從善非善이라 將逐符行하고 兵隨印轉이로다 有時에 獨立妙高峯이라가 却來端坐閻羅殿이라 見盡人間抵點頭하니 大悲手眼이 多方便이로다
說誼 惡非惡善非善이여 善惡이 性無殊하니 擧一相隨來로다 涅槃生死에 兩逍遙하니 雖知無化나 常演化로다
야부 이 惡은 악이 아니고 선을 쫓아도 선이 아니로다.
장수는 符(부:명령표시)를 따라 행하고
병사는 印(지휘봉)을 따라 움직이도다.
어떤 때는 홀로 妙高峰(수미산 꼭대기 도리천)에 섰다가

도리어 염라전에 단정히 앉아 있도다.
인간을 다 보고 다만 머리를 끄덕거리니
大慈悲의 관음보살은 방편이 많으시도다.

설의 惡은 악이 아니고 善은 선이 아님이여. 선과 악의 본성은 다르지 않으니 하나를 들면 서로 따라 오도다. 열반과 생사에 둘 다 逍遙하니 비록 교화가 없음을 아나 항상 교화를 펴시도다.

宗鏡 法無高下故로 諸佛心內에 衆生이 時時成道하고 相離我人故로 衆生心內에 諸佛이 念念證眞이니 所以로 道호대 念佛이 不礙參禪이요 參禪이 不礙念佛이라하시니라 至於念而不念하고 參而不參하야 洞明本地風光하고 了達惟心淨土니 溪山이 雖異나 雲月은 是同이니라 且道하라 那裏가 不是平等之法이리오 要知縱橫不礙處麼아 處處綠楊堪繫馬요 家家有路透長安이니라

說誼 本來是佛이어늘 一念而迷하니 迷不曾失이라 現成受用하나니 聞聲이 是證時며 見色이 是證時라 一見一聞과 擧足下足이 一一皆是寂場이니라 所以로 道호대 念念釋迦出世요 步步彌勒下生이라하시니 旣然如是인댄 何容分別是凡是聖이리오 昔日而迷하고 今日而悟니 悟無所得이라 念念無生이니 雖然念念興悲나 未嘗一念離眞이니라 所以로 道호대 終日度生호대 不見生之可度라하시니 旣然如是인댄 何曾見有能度所度리오 所以로 念無念이 無碍하야 究竟終無二致니 只如無二底道理를 作麼生道오 溪山이 雖異나 雲月은 是同이니라 要知縱橫不碍處麼아 處處綠楊堪繫馬요 家家有路透長安이니라

종경 법에는 高下가 없는 연고로 모든 부처님의 마음안에는 중생이 때때로 成道하고, 상은 我와 人을 떠난 고로 중생의 마음안엔 모든 부처님이 순간순간 眞을 증득함이니라. 그러므로 말하되 염불이 참선에 걸리지 않고 참선하는 것이 염불에 걸리지 않는다 하시니라. 念하되 염하지 않으며 참선하되 參禪하지 아니한 데에 이르러서는 本地風光을 훤출하게 밝히고 惟心淨土를 요달함이니

시냇물과 산은 비록 다르나 구름과 달은 같음이로다. 또 말하라. 어느 것이 평등법이 아니리오. 종횡으로 걸리지 않는 곳을 알고자 하는가. 곳곳에 있는 푸른 버들엔 말을 맬 수 있고 집집마다 길이 있어서 장안으로 통함이니라.

설의 본래 이 부처거늘 한순간에 미하니 迷하되 일찍이 잃지는 않았도다. 現成하여 수용하나니 소리를 듣는 것이 그 증득하는 때이며 사물을 보는 것이 그 증득하는 때로다.

한번 보고 한번 듣는 것과 발을 들고 발을 놓는 것이 낱낱이 다 이 적멸도량이니라. 그러므로 말하되 순간순간에 석가가 출세함이요 걸음걸음마다 미륵이 하생한다 하시니라. 이미 그러해서 이 같을진대 어찌 범부다 성인이다 분별함을 용납하리오.

옛날에는 迷했고 지금엔 깨달음이니 얻을 바 없음을 깨달았도다. 순간순간 生함이 없으니 비록 그렇게 순간순간 자비를 일으키나 일찍이 한순간도 眞을 떠나지 않았음이니라. 그러므로 말하되 종일토록 중생을 제도하되 가히 제도할 중생을 보지 못하였다 하시니, 이미 그럴진대 어찌 일찍이 능히 제도하는 나〔能度〕와 제도받을 중생〔所度〕이 있음을 볼 것인가.

그러므로 念과 無念이 걸림이 없어서 구경엔 마침내 두 가지 이치가 없음이니 다만 저 둘이 없는 도리를 어떻게 말할 것인가.
시냇물과 산이 비록 다르나 구름과 달은 같음이니라. 종횡으로 걸리지 않는 곳을 알고자 하는가. 곳곳의 푸른 버들엔 말을 맬 수 있고 집집마다 길이 있어서 장안으로 뚫렸음이니라.

宗鏡 山花似錦水如藍하니 莫問前三與後三이어다 心境이 廓然忘彼此하니 大千沙界를 總包含이로다
說誼 混融無有差別하니 廓然總含無遺로다
종경 산에 핀 꽃은 비단 같고 물은 쪽빛 같으니
前三三과 後三三을 묻지 말지어다.
마음과 경계가 확연해서 彼此를 잊으니

大千沙界를 모두 포함하도다.

설의 혼융하여 차별이 없으니 확연히 모두를 함유해서 빠뜨림이 없도다.

무비 청정한 마음으로 모든 선을 닦아 행한다. 무엇이 청정한 마음인가. 무상무주의 마음이다. 아상 인상 중생상 수자상이 없는 마음이요, 모든 법이 평등해서 높고 낮음이 없는 마음이다. 공의 마음이요, 반야의 마음이다. 이러한 청정의 마음으로 모든 선을 행하면 그는 반드시 깨달음을 성취하리라.

圭峰 第二十은 斷所說無記非因疑라 論에 云若修一切善法하야 得阿耨菩提者인댄 則所說敎法으로 不能得菩提니 以是無記法故라하다

규봉 ㉒二十. 설한 것이 無記(선도 악도 아님)라서 因이 아니라는 의심을 끊음이라. 論에 이르되 만약 일체 선법을 닦아서 아뇩보리를 얻었을진대 설한 바의 교법으로써는 능히 보리를 얻지 못함이니 無記法이기 때문이라 하다.

福智無比分 第二十四 (복덕과 지혜는 비교할 수 없음)

須菩提야 **若三千大千世界中所有諸須彌山王如是等七寶聚**를 **有人**이 **持用布施**어든 **若人**이 **以此般若波羅蜜經**으로 **乃至四句偈等**을 **受持讀誦**하야 **爲他人說**하면 **於前福德**으로 **百分**에 **不及一**이며 **百千萬億分**과 **乃至算數譬喩**로 **所不能及**이니라

수보리야, 만약 삼천대천세계 가운데 있는 모든 수미산왕과 같은 칠보무더기들을 어떤 사람이 가져다 보시하더라도 만약 또 어떤 사람이 이 반야바라밀경이나 내지 四구게 등을 수지독송하여 남을 위해 말해주면 앞의 복덕으로는 백분의 일도 미치지 못하며 백천만억분과 내지 산수나 비유로도 능히 미치지 못하느니라.

說誼 持經行施가 功行이 不等하니 所以不等은 只在頓漸이니라
설의 경을 가지는 것과 보시를 행하는 것의 功行은 같지 않으니, 같지 않은 까닭은 다만 頓과 漸에 있느니라.

圭峰 偈에 云雖言無記法이나 而說是彼因이니 是故一法寶가 勝無量珍寶라하며 論에 云以離所說法이면 不能得大菩提라 故로 此法이 能爲菩提因이라하며 又言汝法은 是無記어니와 而我法은 是記라 是故로 勝捨無量七寶라하다
규봉 偈에 이르되 비록 무기법을 말하나 저 因을 설함이니 이 까닭에 一法寶가 무량한 珍寶보다 수승하다 하며, 論에 이르되 설한 바 법을 떠나면 大菩提를 얻을 수 없음이라. 그러므로 이 법은

능히 菩提의 因이 된다 하며 또 말하되 너의 법은 無記이거니와 나의 법은 이 記로다. 그러므로 무량한 칠보를 보시하는 것보다 수승하다고 하다.

六祖 大鐵圍山高廣이 二百二十四萬里요 小鐵圍山高廣이 一百一十二萬里며 須彌山高廣이 三百三十六萬里니 以此로 名爲三千大千世界어니와 約理而言인댄 卽貪瞋癡妄念이 各具一千也니라 如爾許山이 盡如須彌로 以況七寶數니 持用布施하면 所得福德이 無量無邊이나 終是有漏之因이라 而無解脫之理어니와 摩訶般若波羅蜜多四句는 經文이 雖少나 依之修行하면 卽得成佛이니 是知持經之福이 能令衆生으로 證得菩提일새 故로 不可比也니라

육조 대철위산의 높이와 넓이가 이백이십사만리요, 소철위산의 높이와 넓이는 일백십이만리이며 수미산의 높이와 넓이는 삼백삼십육만리이다. 이로써 삼천대천세계라 이름하는데 이치를 잡아서 말한다면 곧 탐진치의 망념이 각각 일천을 갖추었느니라. 그러한 산이 다 저 수미산과 같으므로 칠보의 수와 비교하니 그것을 보시에 쓰면 얻은 복이 무량무변이나 마침내 이것은 有漏의 因이라 해탈할 이치가 없거니와 마하반야바라밀다의 四句는 經文이 비록 적으나 그것을 의지해서 수행하면 곧 성불하리니 경을 가지는 복이 능히 중생으로 하여금 보리를 증득케 함을 알 것이로다. 그러므로 가히 비교할 수 없느니라.

傅大士 施寶如沙數라도 唯成有漏因이니 不如無我觀으로 了妄乃名眞이로다 欲證無生忍인댄 要假離貪瞋이니 人法知無我하면 逍遙出六塵하리라

부대사　보배를 보시함이 모래수같이 많을지라도
　　　　　오직 유루의 因을 이루는 것이니
　　　　　無我를 觀하여 妄이 眞임을 요달함만 같지 못함이로다.

無生의 因을 증득하고자 하면
종요로히 탐진치를 떠날지니
人과 法에 我가 없음을 알면
육진에서 벗어나 소요자재하리라.

冶父 千錐劄地가 不如鈍鍬一捺이로다
說誼 無明堅厚가 猶如地碍하니 漸斷頓除가 千錐一捺이로다 寶施는 只度慳貪이요 般若는 直度無明이니 頓漸이 懸殊하고 優劣이 皎然이로다
야부 천 개의 송곳으로 땅을 파는 것이 무딘 괭이로 한 번 파는 것만 같지 않도다.
설의 無明의 굳고 두꺼운 것이 마치 땅의 견고함과 같으니 점점 끊고 단번에 없애는 것이 천 개의 송곳과 한 개의 괭이와 같도다. 보배를 베푸는 것은 다만 간탐만 없애기 위함이고 반야는 바로 무명을 건지는 것이니 돈과 점이 전혀 다르고 우열이 분명함이로다.

冶父 麒麟鸞鳳이 不成群이니 尺璧寸珠가 那入市리오 逐日之馬는 不並馳요 倚天長劍은 人難比로다 乾坤이 不覆載요 劫火가 不能壞라 凜凜威光이 混太虛하니 天上人間이 總不如로다 噫라
說誼 麒麟之爲物은 頭載一角하고 性含仁心하며 鸞鳳之爲物은 身備五彩하고 聲含五音하야 天下有道則至하고 無道則隱하나니 此事도 亦然하야 本是一道로대 開有四心五位하야 諸佛이 時乃說之하시며 衆生이 時乃得聞이니 不成群則彼物이 無伴侶라 此事도 無多字니라 尺璧寸珠는 體具溫潤明瑩之德하고 亦有剛强淸淨之相하니 此事도 亦然하야 擧體隨緣而照無遺餘하고 隨緣不變而物不能汚니 那入市則此寶를 人人이 珍之하야 不用賤賣고 此事도 佛佛이 密護하야 罕爲人說이니라 亦迅速이 如良馬하야 不爲鈍根之所追며 快然이 如利劍하야 魔外가 於是乎心寒이로다 恢恢乎乾坤이 覆載不着이요 確確乎劫火가 燒壞不得이라 凜凜乎光爍億萬乾坤이요 巍巍乎絶對天上人間이니 得之者가

所以殊勝無譬니라

야부 기린과 난새, 봉황이 무리를 이루지 못하고
크고 훌륭한 보배가 어찌 시장에 들어오리오.
하루에 천리를 달리는 말은 낙타와 함께 하지 못하고
하늘을 의지한 장검은 사람이 비교하지 못하도다.
乾坤이 그것을 싣지 못하고
劫火가 능히 그것을 무너뜨리지 못하도다.
늠름한 위광이 太虛에 빛나니
天上과 人間이 모두 같지 않도다. 噫라!

설의 기린(麒麟)의 물건됨은 머리에 한 뿔을 이고 성품은 어진 마음을 함유하고 있으며 난새와 봉황의 물건됨은 몸에 오색을 갖추고 소리는 五音을 가지고 있어서 천하에 道가 있으면 이르고(至) 천하에 도가 없으면 숨나니, 이 일도 또한 그래서 본래 하나의 道로되 열면 四心과 五位가 있느니라. 제불이 때때로 이를 설하시며 중생이 때때로 이를 얻어들으니 무리를 이루지 않은즉 저 사물은 벗이 없음이라.

이 일도 설명이 많지 않으리라. 한 척이나 되는 옥과 한 치나 되는 구슬은 體가 따뜻하고 윤기 있으며 밝은 덕을 갖추었고 또한 아주 강하고 청정한 相을 갖추었으니 이 일도 또한 그래서 전체가 인연을 따르되 비추임에 남김이 없고 연을 따라 불변하나 사물에 능히 물들지 않으니 그것이 시장(市)에 들어가면 이 보배를 사람들이 진귀하게 여겨서 천하게 팔지 않도다. 이 일도 그러하여 부처와 부처가 비밀히 보호해서 사람을 위해 설함이 드물도다. 또한 신속하기가 좋은 말과 같아서 둔한 근기는 따라갈 수 없으며 명쾌하기가 날카로운 칼과 같아서 마군이와 외도가 이에 마음이 써늘해짐이로다.

크고 커서 건곤이 덮고 실을 수가 없음이요 확실하고 확실해서 겁화가 그것을 태워서 무너뜨릴 수 없도다. 늠름한 빛이 억만 건곤에 빛나고, 높고 높아서 天上과 人間에 상대가 없으니 그것을 얻는 자는 수승하여 비유할 데가 없느니라.

宗鏡 福等三千이여 施須彌之七寶요 經持四句여 耀智海之明珠로다 能令識浪으로 澄淸하고 頓使義天으로 開朗이라 弘慈普濟에 廣利無邊이로다 夜半正明이 還在何處오 三身四智가 體中圓이요 八解六通이 心地印이로다

說誼 施寶에 福無邊이나 箭射虛空極還墜요 持經에 智乃明이라 驪珠獨耀於滄海로다 智明理旣顯하니 弘慈利無邊이라 心地에 悲花秀하니 霜夜에 月正明이로다 且道하라 夜半正明이 還在何處오 三身四智體中圓이요 八解六通이 心地印이로다 只如體中圓心地印을 且作麼生道오 太虛寥廓淨無雲하니 一輪이 高朗照三千이로다 旣知夜半正明인댄 須知天曉不露니 只如天曉不露를 且作麼生道오 月落寒潭可承攬이나 展手欲捉捉不得이로다

종경 복이 삼천세계와 같음이여, 수미산과 같은 칠보를 베품이요, 경의 四구를 가짐이여, 지혜바다의 밝은 구슬처럼 빛나도다. 능히 識의 물결로 하여금 맑게 하고 단번에 진리의 하늘로 하여금 열어 빛나게 하도다. 큰자비로 널리 제도하매 널리 이롭게 함이 끝이 없도다. 한밤에 정히 밝은 것은 또한 어느 곳에 있는가. 三身과 四智가 體 가운데 원만함이요, 八解六通이 마음땅에 印이로다.

설의 보물을 베푸는 것은 복이 끝이 없으나 화살을 허공에 쏘는 것 같아서 힘이 다하면 도리어 떨어짐이요. 경을 가지면 지혜가 이에 밝음이라. 여주(驪珠)가 큰바다에 홀로 빛나도다. 지혜가 밝고 이치가 이미 드러났으니 큰자비로써 중생에 이익케함이 끝이 없도다. 마음땅에 자비의 꽃이 빼어났으니 서리내린 밤에 달이 정히 밝도다. 또 말하라. 한밤에 정히 밝음이 또한 어느 곳에 있는가. 三身과 四智가 體中에 원만함이요 八解六通이 心地의 印이로다. 다만 저 體中에 원만한 心地의 印을 또한 어떻게 말할 것인가. 큰허공이 고요하고 확락하며 맑아서 구름이 없으니 한 달이 높고 밝아서 삼천세계를 비추도다. 이미 한밤에 정히 밝음을 알았으면 모름지기 새벽하늘이 드러나지 않음을 알지

니 다만 저 새벽하늘이 드러나지 않음을 또한 어떻게 말할 것인가. 달이 찬못에 떨어지니 가히 잡을 수 있으나 손을 펴서 잡으려 하면 잡을 수 없음이로다.

宗鏡　寶聚山王筭莫窮이나 還如仰箭射虛空이라 洞明四句超三際하면 絶勝僧祇萬倍功하리라

종경　수미산왕만한 보배무더기를 수로써 헤아릴 수는 없으나
　　　　도리어 하늘을 향해 화살을 쏘는 것과 같도다.
　　　　四句가 三際를 초월함을 환하게 밝히면
　　　　아승지 겁 동안 보시한 것보다 만 배나 功이 수승하리라.

무비　천하를 덮을 수 있는 복도 반야의 지혜와는 비교할 수 없다. 삼천대천세계에 가득한 칠보로써 남을 위해 보시한 복은 헤아릴 수 없이 많지만, 금강경의 이치를 통달하여 반야의 지혜를 성취한 그것과는 비교할 수 없다. 백분의 일, 천분의 일, 만분의 일도 미칠 수 없다. 그것은 有爲와 無爲의 차이이며 有漏와 無漏의 차이이며, 有限과 無限의 차이이며, 상대와 절대의 차이인 것이다. 자신의 무한 절대의 반야를 알지 못한 채 천하를 덮는 복이 있다한들 어찌 제도를 받을 수 있겠는가. 생사의 속박에서 벗어날 수 있겠는가. 유루의 복과 무루의 지혜를 비교할 수 없음은 너무도 당연한 일이다.

圭峰　第二十一은 斷平等이어니 云何度生疑라 論에 云若法이 平等하야 無高下者인댄 云何如來가 度衆生고할새 斷之니라 文四니 一은 遮其錯解라

규봉　㉔二十一. (중생과 부처가)평등한데 어떻게 중생을 제도하는가 하는 의심을 끊음이라. 논에 이르되 만약 법이 평등하여 고하가 없음인댄 어떻게 여래가 중생을 제도하는가 하므로 그것을 끊음이다. 글에 네 가지니 ㉮一. 그 잘못 아는 것을 막음이라.

化無所化分 第二十五 (교화하되 교화하는 바가 없음)

須菩提야 **於意云何**오 **汝等**은 **勿謂如來**가 **作是念**호대 **我當度衆生**이라하라 **須菩提**야 **莫作是念**이니

수보리야, 어떻게 생각하느냐. 너희들은 여래가 이런 생각을 하되 '내가 마땅히 중생을 제도한다'고 말하지 말라. 수보리야, 이런 생각은 하지 말지니

圭峰 二는 示其正見이라
규봉 ㉮二. 그 正見을 보이다.

何以故오 **實無有衆生如來度者**니
왜냐하면 실로는 여래가 제도할 중생이 없음이니,

圭峰 偈에 云平等眞法界에 佛不度衆生이니 以名共彼陰이 不離於法界라하며 論에 云衆生假名과 與五陰이 共不離於法界라하다 三은 反釋所以라

규봉 偈에 이르되 평등한 眞法界에선 부처가 중생을 제도하지 않음이니 그 이름(제도했다는 것)과 저 오온은 법계를 떠나지 않았다 하며 논에 이르되 중생의 거짓이름과 더불어 오온이 모두 다 법계를 떠나지 않았다고 하다. ㉮三. 그 까닭을 반대로 해석함이라.

若有衆生如來度者면 **如來**가 **即有我人衆生壽者**니라
만약 여래가 제도할 중생이 있다 하면 여래는 곧 아와 인

과 중생과 수자가 있음이니라.

說誼 衆生이 本成佛이라 佛不度衆生이니라 爲甚如此오 眞如界內에 無生佛이요 平等性中에 無自他니라 見有可度면 成自他니 豈謂如來 無我人이리오

설의 중생은 본래 부처를 이루었음이라. 부처가 중생을 제도할 수 없느니라. 어찌하여 이같은가. 진여법계 안에서는 중생과 부처가 없음이요, 평등한 성품 가운데는 自他가 없음이로다. 중생을 가히 제도할 것이 있다고 보면 자타를 이루는 것이니 어찌 여래가 我와 人이 없다고 말하리오.

圭峰 論에 云若如來가 有如是心호대 五陰中에 有衆生可度者인댄 此是取相過라하며 無着이 云如來는 如爾炎而知니 是故로 若有衆生想이면 則爲有我取라하다

규봉 論에 이르되 만약 여래가 이와 같은 마음이 있으되 오온중에 중생을 제도할 수 있다고 하면 이는 相을 취하는 허물이 된다 하며, 무착이 이르되 여래는 爾炎(智母)과 같이 알지니 이 까닭에 만약 衆生想이 있으면 곧 我를 취하는 것이 된다고 하다.

六祖 須菩提가 意謂如來가 有度衆生心이라할새 佛이 爲遣須菩提의 如是疑心이라 故로 言莫作是念하라하시니라 一切衆生이 本自是佛이니 若言如來가 度得衆生成佛인댄 即爲妄語라 以妄語故로 即是我人衆生壽者니 此는 爲遣我所心也니라 夫一切衆生이 雖有佛性이나 若不因諸佛說法이면 無由自悟니 憑何修行하야 得成佛道리오

육조 수보리의 생각으로 여래가 중생을 제도하는 마음이 있다고 하므로 부처님께서 수보리의 이와 같은 의심을 없애기 위한 까닭에 "이런 생각 하지 말라"고 하시니라. 일체중생이 본래 스스로

부처인 것이니 만약 여래가 중생을 제도하여 성불케 한다고 하면 곧 이는 망령된 말이라. 妄語인 까닭에 곧 아, 인, 중생, 수자이니 이는 我所心(내 것이라는 마음)을 보내기 위함이니라.

　대저 일체 중생은 비록 불성이 있으나 만약 여러 부처님의 설법을 인하지 않고는 스스로 깨달을 까닭이 없으니 무엇을 의지하여 수행해서 佛道를 이룰 수 있으리오.

冶父　春蘭秋菊이 各自馨香이로다
說誼　十類生이 與十方佛로 一時成道요 十方佛이 與十類生으로 同日涅槃이니 生佛相이 本寂이요 能所度도 亦寂이로다 能所度가 旣寂인댄 我人相이 何有리오 伊麽則釋迦도 眼橫鼻直이요 人人도 亦眼橫鼻直이니 同居常寂光土하야 共受無生法樂이로다
야부　봄의 난초와 가을 국화가 각기 스스로 향기를 뿜도다.
설의　十類의 중생이 十方의 부처님과 더불어 일시에 성도함이요 시방 부처님이 십류 중생과 더불어 같은 날 열반하니 중생과 부처의 相이 본래 공적하고 能度(제도할 자)와 所度(제도받을 자)도 또한 없으며 능소도가 이미 없음인댄 我와 人의 相이 어찌 있으리오. 이러한즉 석가도 눈은 가로로 있고 코는 곧게 있으며 사람사람도 또한 눈은 가로로 있고 코는 곧게 있으니 常寂光土에 함께 있어서 法樂을 함께 받도다.

冶父　生下에 東西七步行이여 人人이 鼻直兩眉橫이로다 哆呵悲喜가 皆相似하니 那時에 誰更問尊堂이리오 還記得在麽아
說誼　釋迦가 纔生母胎에 周行七步하시고 人人이 纔生母胎에 眼橫鼻直이로다 哆哆呵呵兼悲喜여 人家孺子가 皆相似라 性本神解自如然하니 誰向尊堂問何爲리오 傾心吐露報君知하노니 問君於斯에 記取否아
야부　탄생하여 동서로 七步를 걸음이여.
　　　　사람마다 코는 곧게 있고 두 눈썹은 옆으로 있도다.

哆和와 슬픔과 기쁨은 다 서로 같으니
어느 때에 누가 다시 尊堂에 물으리오.
또한 기억하는가.

설의 석가가 모태에서 태어나자 칠보를 걸으시고 사람들도 모태에서 태어나자 눈은 옆으로 있고 코는 곧게 있도다. 哆哆(애들이 기뻐하는 소리)呱呱(애들이 슬퍼하는 소리)하고 겸하여 슬퍼하고 기뻐함이여! 人家의 아이들은 모두 서로 비슷하도다.
　성품은 본래 神解(신비롭게 아는 것)하여서 저절로 그러하니 누가 존당(佛)을 향해 어찌할까 물으리오
　마음 기울여 그대에게 토로하여 알리노니, 묻겠노라. 그대는 여기에서 기억하는가. 마는가.

圭峰　四는 展轉拂迹이라
규봉　㈜四. 展轉히 자취를 떨어버림이라.

須菩提야 如來가 說有我者는 卽非有我어늘 而凡夫之人이 以爲有我일새니 須菩提야 凡夫者는 如來가 說卽非凡夫일새 是名凡夫니라
수보리야, 여래가 설하되 아가 있다는 것은 곧 아가 있음이 아니거늘 범부들이 이를 아가 있다고 여기느니라.
수보리야, 범부라는 것도 여래가 설하되 곧 범부가 아니고 그 이름이 범부니라.

說誼　雖云有我나 我性이 本空이어늘 凡夫가 不知하야 以爲有我니라 雖曰凡夫나 凡夫相이 寂滅이니 凡夫相이 寂滅일새 故說非凡夫니라 又 前念不覺을 名凡夫요 後念卽覺을 說非凡夫니라
설의　비록 我가 있다고 말하나 我의 성품은 본래 空하거늘 범부들이 이를 알지 못하고 我가 있음을 삼느니라. 비록 범부라고 말하나 범부

의 相도 적멸한 것이니 범부의 相이 적멸한 고로 범부가 아니라고 설하시니라. 또 앞생각이 깨닫지 못함을 범부라 하고 뒷생각이 곧 깨달음을 범부가 아니라고 설하시느니라.

六祖   如來가 說有我者는 是自性淸淨常樂我淨之我니 不同凡夫의 貪瞋無明虛妄不實之我라 故로 言凡夫之人이 以爲有我라하시니라 有我人하면 卽是凡夫요 我人不生하면 卽非凡夫며 心有生滅하면 卽是凡夫요 心無生滅하면 卽非凡夫며 不悟般若波羅蜜多하면 卽是凡夫요 悟得般若波羅蜜多하면 卽非凡夫며 心有能所하면 卽是凡夫요 能所不生하면 卽非凡夫也니라

육조   여래가 我가 있다고 설한 것은 自性이 청정한 常樂我淨의 我이니 범부의 탐진치 무명과 허망하고 실답지 못한 我와는 같지 않도다. 그래서 범부들이 我가 있음을 삼는다고 하시느니라. 我人이 있으면 곧 범부이고 아인이 生하지 않으면 곧 범부가 아니며 마음에 생멸이 있으면 곧 범부이고 마음에 생멸이 없으면 곧 범부가 아니며 반야바라밀다를 깨닫지 못하면 곧 범부요 반야바라밀다를 깨달으면 곧 범부가 아니며 마음에 능소가 있으면 범부이고 능소심이 나지 않으면 곧 범부가 아니니라.

傅大士   衆生이 修因果여 果熟自然圓이라 法船自然度어니 何必要人牽이리오 恰似捕魚者가 得魚忘却筌이니 若道如來度인댄 從來度幾船고

부대사   중생이 인과를 닦음이여.
그 결과가 익어지면 자연히 원만함이라.
법의 배로써 자연히 건너가게 되니
하필 남이 이끌어주길 바라겠는가.
흡사 고기 잡는 사람이
고기를 다 잡으면 그 통발(도구)을 잊음과 같으니,

만약 여래가 중생을 제도했다고 하면
종래로 몇 개의 배나 건네주었는가.

冶父 前念衆生後念佛이라 佛與衆生이 是何物고
說誼 前念起妄에 後念卽覺하고 前念有着에 後念卽離니 妄還覺着
却離여 爲聖가 爲凡가 是善가 是惡가 定當不得이로다
야부 앞생각은 중생이고 뒷생각은 부처로다
부처와 더불어 중생은 무슨 물건인가.
설의 앞생각이 망념을 일으키면 뒷생각이 곧 깨닫고 전념이 집착하
면 곧 (집착을) 떠남이니 妄을 돌이켜 깨닫고 집착을 문득 떠남이니
성인이 되는가 범인이 되는가, 선인가 악인가. 결정코 알지 못하도다.

冶父 不現三頭六臂하야도 却能拈匙放筯로다 有時에 醉酒罵人이
라가 忽爾燒香作禮로다 手把破砂盆하고 身披羅錦綺로다 做模打樣
이 百千般이나 驀鼻牽來秖是你로다 咦
說誼 咦는 一作嗄라 非能非不能이며 非善非不善이며 非貴非不貴니
貴賤善惡能否異여 正眼看來唯一人이로다
야부 三頭와 六臂(머리 셋과 팔 여섯)를 나투지 않아도
능히 수저를 잡고 놓을 줄 알도다.
어느땐 술에 취하여 사람을 꾸짖다가
홀연히 향을 사르고 예를 올리도다.
손에는 깨진 사기그릇을 잡고
몸에는 비단옷을 걸쳤도다.
모양을 만들고 지음이 백천 가지이나
문득 코를 이끌어오니, 다만 이는 너로다.
咦!
설의 咦는 嗄라고도함. 能도 아니고 不能도 아니며 善도 아니고 不
善도 아니로다. 貴함도 아니고 不貴함도 아니니 貴賤과 선악과 能否가

다름이여. 바른 눈으로 보면 오직 한 사람이로다.

宗鏡 無我無人이여 衆生이 自成正覺이요 不生不滅이여 如來가 說非凡夫로다 雖然箇事分明이나 爭奈當機蹉過리오 昔에 有僧이 問翠岩云호대 還丹一粒이 點鐵成金하고 至理一言이 轉凡成聖이라하니 學人이 上來호니 請師一點하노이다 師가 云不點이니라 僧이 云爲什麼不點이니잇고 師가 云恐汝落凡聖이라하시니 且道하라 不落凡聖底人은 具什麼眼고 直饒聖解凡情盡이라도 開眼依然在夢中이니라
說誼 佛不度衆生이여 衆生이 自成正覺이요 衆生相寂滅이여 如來가 說非凡夫로다 雖曰人人具足이나 爭奈日用而不知리오 翠岩이 曾不點은 恐落凡聖路니 且道하라 不落凡聖底人은 具什麼眼고 直饒不落凡聖路라도 敢道猶未具眼在니라

종경 我도 없고 人도 없음이여, 중생이 스스로 正覺을 이룸이요. 나지도 않고 멸하지도 않음이여, 여래께서 범부가 아니라고 설하도다. 비록 그렇게 그 일은 분명하나 機에 當하면 어긋남을 어찌하리오. 옛날 어떤 스님이 翠岩 스님께 묻되 還丹(약) 한 개를 鐵에다 칠(點)하면 금이 되고 지극한 이치 한마디가 범부를 고쳐 성인을 만든다 하시니, 학인이 와서 스님께 一點하여 주십사 청하였도다. 스승께서 이르되 "점하지 않겠다"하셨느니라. 스님이 이르되 "어찌하여 점하지 않습니까."하니 스승이 "네가 범부나 성인에 떨어질까 두려워한다"하셨느니라. 또 말하라. 범부나 성인에 떨어지지 않는 사람은 어떤 눈을 갖추었는가. 설사 성인의 알음알이나 범부의 생각이 다 없어질지라도 눈을 뜨면 아직도 꿈 가운데 있음이로다.

설의 부처가 중생을 제도하지 못함이여, 중생이 스스로 정각을 이루었음이라. 중생상이 적멸함이여, 여래께서 범부가 아니라고 설하셨도다. 비록 사람마다 다 갖추었다 말하나 날마다 쓰되 알지 못함을 어찌하리오. 취암이 일찍 點하지 않음은 범, 성에 떨어질까 염려함이니, 또

말하라. 범성에 떨어지지 않았더라도 감히 말하건대 아직 눈을 갖추지 못했다 하리라.

宗鏡 到岸에 從來不用船이니 坦然大道가 透長安이라 了然元不因他悟니 面目이 分明總一般이로다
說誼 悟了不應守方便이니 何更從他問長安이리오 一條活路가 如絃直하니 千聖이 皆從此路歸로다
종경 언덕에 다다르면 본래 배는 쓰지 않으니
　　　　평탄한 큰길이 장안으로 뚫렸음이로다.
　　　　了然히 원래 다른 사람으로 인해 깨닫는 것이 아니니
　　　　面目이 분명함은 모두가 한가지로다.
설의 깨닫고 나서는 응당 방편을 지킬 것이 아니어찌 다시 장안의 길을 남에게 물을 것인가. 한가닥 살 길〔活路〕이 거문고 줄같이 곧으니 일천 성인이 다 이 길로부터 돌아오도다.

무비 중생을 교화하였으되 일찍이 교화한 바가 없다.

　수보리야 여래는 일찍이 누구를 위해서 법을 말한 적도 없고 중생을 교화한 적도 없느니라. 만일 여래가 법을 설했거나 중생을 제도했다고 하면 그는 여래를 모르는 사람이며 여래를 비방하는 사람이니라. 왜냐하면 여래는 상이 없는 사람이며 속박이 없는 사람이며 어디에 안주함이 없는 사람이니라. 여래가 중생을 교화했다고 하면 여래를 상에 집착한 사람으로 만들기 때문이니라. 그리고 더 중요한 것은 사람사람이 본래 지니고 있는 참 성품에는 중생이니 부처니 하는 차별이 없으므로 실로 교화하는 부처님과 교화받는 중생이 있을 수 없기 때문이니라.

化無所化分 第二十五

圭峰 第二十二는 斷以相比知眞佛疑라 論에 云雖相成就로 不可得見如來나 而以見相成就比智로 則知如來法身이라할새 斷之니라 文五니 一은 問以相表佛이라

규봉 ㉒二十二. 相으로써 참다운 부처를 비교해 안다는 의심을 끊음이라. 논에 이르되 비록 相成就로써 여래는 볼 수 없으나 상성취를 보는 比知(견주어 아는 것)로써 곧 여래의 법신을 안다고 하므로 이를 끊음이다. 글에 다섯 가지니 ㉠一. 相으로써 부처를 표시함을 물음이라.

法身非相分 第二十六 (법신은 상이 아님)

須菩提야 **於意云何**오 **可以三十二相**으로 **觀如來不**아
수보리야, 어떻게 생각하느냐. 가히 三十二상으로써 여래를 볼 수 있겠느냐."

圭峰 二는 答因苗識根이라
규봉 ㉮二. 싹으로써 뿌리를 알 수 있음을 답하도다.

須菩提가 **言**하사대 **如是如是**하니이다 **以三十二相**으로 **觀如來**니이다
수보리가 말씀드리되 "그렇습니다. 그렇습니다. 三十二상으로써 여래를 볼 수 있습니다.

說誼 空生이 彼中엔 迹同中容하야 權示悟入일새 故로 言不可以三十二相으로 得見如來라하시고 此中엔 迹同下根하야 權示未悟일새 故로 言可以三十二相으로 觀如來라하시니 彼中言見하고 此中言觀이 亦有以也로다
설의 공생이 저 앞에선 자취(대답)를 중근기와 같게 하여 방편으로 깨달아 들게 하시므로 "三十二상으로 여래를 볼 수 없다"하시고 여기에서 자취를 하근기와 같게 하여 방편으로 깨닫지 못함을 보였으므로 이르되 "三十二상으로 여래를 觀할 수 있다"고 하시니 저곳에선 見이라 하고 여기에선 觀이라 함은 또한 까닭이 있음이로다.

圭峰 問이라 善現이 前에 頻答此義호대 皆悟佛身非相이어늘 如何

法身非相分 第二十六

今答以相觀佛고 有云호대 前엔 實理答이요 今엔 假設答이니라 又前엔 依眞答이요 此는 據俗答이라하며 又有云호대 欲明二十一段에 法身妙體하야 假示此答이라하니 兩疏가 皆錯이로다 前何不假示하고 今始假示아 假示는 須有綸緒理例니 秖合先假示迷하고 後假示悟언정 豈可前悟而後却迷리오 又有云호대 前悟色身이요 此迷法身이라 하니 此亦錯解로다 前已悟法인댄 非唯悟色이며 非不證眞코 而能達俗이니라 今細詳之컨댄 此問及答이 與前皆殊하니 前問以相爲佛故로 答云不也어니와 今問可以相觀으로 知是無相佛不아할새 故로 設答云可以相觀이라하니 意云相雖非佛이나 但見外具相好하면 卽表知內證法身無相眞佛일새 故로 論에 云比智知也라하니라 由此科云因苗識根이니 大雲이 最後에 釋云호대 意謂法身이 旣流出相身일새 卽由此相하야 知佛證得無相法身이라하니 此卽順矣로다

說誼 以上十三行文은 圭峰本疏의 所無니 蓋編集者之所論云云이니라

규봉 묻기를 선현이 앞에서 자주 이 뜻을 답하되 모든 佛身은 相이 아님을 깨달았거늘 어찌하여 지금엔 相으로써 부처를 볼 수 있다고 답하였는가. 어떤 이가 이르되 앞에서는 실다운 이치의 답이고 지금엔 거짓으로 설정한 답이니라. 또 전엔 眞에 의한 답이고 여기에선 俗에 의거한 답이라 하며, 또 어떤 이가 이르되 二十一단에서는 法身妙體를 밝히기 위하여 거짓으로 이런 답을 보였다고 하니 두 가지 疏가 다 틀렸음이라. 앞에서는 어찌 거짓으로 보이지 않고 지금에는 거짓으로 보이는가. 거짓으로 보임은 모름지기 순서와 이치의 例가 있어야 함이니 다만 합당히 먼저는 거짓으로 迷한 것을 보이고 나중에는 거짓으로 깨달음을 보일지언정 어찌 가히 앞에서는 깨달았다가 뒤에서는 도리어 迷할 수 있으리오.

또 어떤 사람이 이르되 앞에서는 색신을 깨닫고 여기서는 법신을 미하였다 하니 이것도 역시 잘못 아는 것이로다. 전에 이미 법

을 깨달았을진대 오직 색을 깨달았을 뿐만 아니라 眞을 증득하고 또한 능히 俗도 통달했음이니라. 지금 자세히 살피건대 이 물음과 답이 전과 더불어 다 다르니 앞에서는 相으로써 부처를 삼는가 하고 물은 까닭에 답은 "그렇지 않습니다"하거니와 지금에 묻기를 相을 관하는 것으로써 이 無相의 부처를 아느냐고 하므로 답하여 이르되 "가히 상으로써 觀한다"하니 뜻으로 말하면 相은 비록 부처가 아님이나 다만 밖으로 구족한 相好를 보면 곧 안으로 증득한 법신의 無相眞佛을 표하여 안다고 할새. 그러므로 논에 이르되 比智(견주어 앎)로 안다고 하느니라. 이것으로 말미암아 科目해 이르되 싹으로 인하여 뿌리를 안다고 함이니 大雲이 최후에 해석하되 법신이 이미 相身을 유출했을새 곧 이 相으로 말미암아서 부처가 증득한 無相法身을 알 수 있다고 하니 이것은 곧 순리적인 것(해석)이로다

설의 以上의 十三行文(위의 규봉 疏를 말함)은 규봉 스님의 本疏에는 없으니 대개 편집하는 이의 所論으로 운운한 것이니라.

冶父 錯이라
說誼 色身이 非是佛이요 音聲도 亦復然이어늘 而云以相觀如來라하시니 所以로 云錯이니라
야부 틀렸음이라.
설의 色身은 부처가 아니고 음성도 역시 그렇거늘 相으로써 여래를 관한다고 하시니 그러므로 틀렸다고 하시니라.

冶父 泥塑木雕縑綵畵여 堆靑抹綠更粧金이로다 若將此是如來相인댄 笑殺南無觀世音하리라
說誼 執相執情之見이 違於離塵復性之觀이니 取笑菩薩이 其在玆焉이로다
야부 진흙으로 빚고 나무로 조각하며 비단에 그림이여.

　　　　青을 칠하고 綠을 바르고 다시 금으로 장식하도다.
　　　　만약 이것을 如來의 모습이라 하면
　　　　우습도다. 나무 관세음보살!!
설의　相에 집착하고 情에 집착한 견해가 塵을 떠나서 본성을 회복하는 觀을 어긴 것이니 "우습도다. 나무 관세음!"이라 한 그 뜻이 여기에 있음이로다.

圭峰　三은 難凡聖不分이라
규봉　㉮三. 凡聖을 가리기 어려움을 힐난함이다.

佛言하사대 須菩提야 若以三十二相으로 觀如來者인댄 轉輪聖王이 卽是如來로다

부처님께서 말씀하시되 "수보리야, 만약 三十二相으로 여래를 관한다 하면 전륜성왕도 곧 여래이리라."

圭峰　偈에 云非是色相身으로 可比知如來니 諸佛은 唯法身이요 轉輪王은 非佛이라하다 四는 悟佛非相見이라
규봉　偈에 이르되 이 色相身으로써 가히 여래를 견주어 알지 못함이니 諸佛은 오직 法身이요, 전륜성왕은 부처가 아니라 하다.
㉮四. 부처는 相으로 보지 않음을 깨달음이라.

須菩提가 白佛言하사대 世尊하 如我解佛所說義컨댄 不應以三十二相으로 觀如來니이다

수보리가 부처님께 사뢰었다. "세존이시여, 제가 부처님의 설하신 뜻을 이해하기에는 응당 三十二相으로써 여래를 관할 수 없습니다."

476

說誼　蒙佛痛與針劄코사 方得醒悟일새 乃云不以相觀이라하시니 是則是矣나 猶未澈見이로다

설의　부처님이 침으로 아프게 찔러줌을 당하고서야 바야흐로 깨달음을 얻었으므로 이에 相으로 관하지 못한다 이르시니, 이는 옳기는 옳으나 사무쳐 보지는 못했음이로다.

六祖　世尊이 大慈로 恐須菩提가 執相之病을 未除일새 故作此問이어시늘 須菩提가 未知佛意하야 乃言如是如是라하시니 早是迷心이요 更言以三十二相으로 觀如來라하시니 又是一重迷心이로다 離眞轉遠일새 故로 如來가 爲說하사 除彼迷心하사대 若以三十二相으로 觀如來者인댄 轉輪聖王이 卽是如來라하시니 輪王이 雖有三十二相이나 豈得同如來也리오 世尊이 引此言者는 以遣須菩提의 執相之病하사 令其所悟深徹이시니 須菩提가 被問하사 迷心이 頓釋일새 故로 言如我解佛所說義컨댄 不應以三十二相으로 觀如來라하시니 須菩提는 是大阿羅漢이라 所悟甚深이시니 方便으로 示其迷路하야 以冀世尊이 除遣細惑하사 令後世衆生으로 所見不謬也시니라

육조　세존께서 대자비로 수보리가 相에 집착한 병을 없애지 못할까 염려하여 짐짓 이 물음을 지었는데 수보리가 부처님의 뜻을 알지 못하고 이에 "그렇습니다. 그렇습니다"하니 벌써 이것은 미혹한 마음이로다. 다시 말하되 三十二상으로써 여래를 관한다 하시니 거듭 한번 더 미한 마음이로다. 眞을 떠남이 더욱더 멀어지므로 여래가 이를 위하여 설하되 저 미한 마음을 없애고자 하시되 만약 三十二상으로 여래를 볼 수 있다면 전륜성왕도 곧 여래라고 하시니 전륜성왕이 비록 三十二상이 있으나 어찌 여래와 같을 수 있겠는가. 세존께서 이 말을 이끌어 온 것은 수보리의 상에 집착한 병을 보내기 위하여 그로 하여금 깨달은 바가 깊이 사무치게 하심이로다. 수보리가 물음을 받고 미한 마음이 한꺼번에 풀어진 까닭에 "제가 부처님의 설하신 뜻을 이해하기에는 응당 三

十二상으로써 여래를 관할 수 없습니다"하시니라. 수보리는 큰 아라한이라. 깨달은 바가 매우 깊으시니 방편으로 그 미로를 보여서 세존께서 미세한 번뇌를 없애버리고 후세의 중생으로 하여금 보는 바가 그릇되지 않기를 바라시니라.

冶父 錯이라
說誼 亦不離色聲코 見佛神通力이어늘 而云不以相觀이라하시니 所以로 亦錯이니라
야부 틀렸음이라.
설의 또한 色聲을 떠나지 않고 부처의 신통력을 보거늘 相으로써 觀하지 못한다 이르시니 그 까닭에 또한 틀렸음이니라.

冶父 有相身中無相身이여 金香爐下에 鐵崑崙이로다 頭頭盡是吾家物이니 何必靈山에 問世尊이리오 如王秉劍이로다
說誼 卽相卽眞이라 相外無眞이니 頭頭物外家風이요 事事目前三昧로다 處處에 得逢渠니 何必向外求리오 如王秉劍者는 以有相求라도 亦錯이며 以無相求라도 亦錯이니 有相無相이 都盧是錯이니라 如王秉劍하야 罪來卽斬하고 一得知非하면 便令却活이니 操縱이 在握이요 殺活이 臨時로다
야부 有相身 가운데 無相身이여!
　　　금향로 밑에 철곤륜이로다.
　　　두두가 모두 내집 물건이니
　　　하필 영산의 세존께 물으리오.
　　　王이 칼을 잡음과 같도다.
설의 相이 곧 眞이라. 相 밖에는 眞이 없음이니 두두가 물건 밖의 가풍이요, 事事가 눈앞의 삼매로다. 처처에서 저를 만나니 하필이면 밖을 향해 구하리오. 왕이 칼을 잡은 것과 같다는 것은 有相으로써 구하더라도 또한 틀렸음이며 無相으로써 구하더라도 또한 틀렸음이니

有相과 無相이 모두 다 틀렸음이라. 왕이 칼을 잡아서 죄가 있으면 斬하고 한번 그른 줄 알면 도리어 살게 함이니 조종하는 것이 손에 있고 죽고 사는 것이 그때에 임하도다(때를 따르도다).

圭峰 五는 印見聞不及이라
규봉 ㉮五. 보고 듣는 것으로 미치지 못함을 인정함이라.

爾時에 **世尊**이 **而說偈言**하사대 **若以色見我**어나 **以音聲求我**하면 **是人**은 **行邪道**라 **不能見如來**니라
그때 세존께서 게송으로 말씀하셨다.
"만약 색신으로 나를 보거나 음성으로써 나를 구하면 이 사람은 사도를 행함이라. 능히 여래를 보지 못하리라."

說誼 色見聲求가 是行邪道인댄 作麽生이 不幸邪道去오 但知聲色이 本非眞이면 自然不被聲色惑이니 見盡에 自於玄旨會요 情忘에 能與道相親이니라
설의 색으로 보고 음성으로 구하는 것은 사도를 행하는 것일진대 어떻게 하면 사도를 행하지 않으리오. 다만 성색이 본래 진이 아님을 알면 자연히 성과 색의 미혹됨을 입지 않으리라. 見이 다하면 스스로 깊은(오묘한) 뜻을 알 것이요, 情을 잊으면 능히 道와 더불어 서로 친하리라.

圭峰 魏加後偈云호대 彼如來妙體는 卽諸佛法身이니 法體는 不可見이라 彼識不能知라하니라 偈에 云唯見色聞聲하는 是人은 不知佛이니 以眞如法身은 非是識境故라하며 無着이 云以彼法身은 眞如相故로 非如言說而知요 唯自證知故라하다
규봉 魏譯에 後偈를 첨가해서 이르되 저 여래의 묘체는 곧 모든 부처의 법신이니 法體는 가히 볼 수 없고 저 識으로도 알 수 없

다고 하니라. 偈에 이르되 오직 色만 보고 소리만 듣는 이 사람은 부처를 알지 못함이니 진여법신은 識의 경계가 아닌 연고라하며, 무착이 이르되 저 법신은 진여의 相인 고로 언설로 아는 것이 아니고 오직 스스로 증득해야 아는 연고라 하다.

六祖 若以兩字는 是發語之端이라 色者는 相也요 見者는 識也요 我者는 是一切衆生身中에 自性淸淨無爲無相眞常之體니 不可高聲念佛하야 而得成就요 會須正見分明하야사 方得解悟니라 若以色聲二相으로 求之하면 不可見也니 是知以相觀佛이어나 聲中求法하면 心有生滅하야 不悟如來矣니라

육조 '若以' 두 자는 말을 낼 때의 단서이다. 色이란 相이요 見은 識이요 我는 일체 중생의 몸 가운데 자성청정 無爲, 無相, 眞常의 體이니 높은 소리로 염불해서 성취하는 것이 아니요 모름지기 정견이 분명해야 바야흐로 解悟할 수 있느니라. 만약 色과 聲 두 가지 상으로써 구한다면 가히 볼 수 없으리니, 알라. 相으로써 부처를 觀하거나 소리 가운데서 法을 구한다면 마음에 생멸이 있어서 여래를 깨닫지(悟) 못하리라.

傅大士 涅槃이 含四德하니 唯我契眞常이라 齊名八自在나 獨我最靈長이로다 非色非聲相이어니 心識豈能量가 看時不可見이나 悟理卽形彰이로다

부대사   열반은 네 가지 덕을 머금었으니
            오직 내가 眞常에 계합함이라.
            모두 八自在라 이름하나
            내가 홀로 최고의 영장이로다.
            色도 아니고 聲도 아니거니
            心識으로 어찌 헤아릴 수 있으랴.
            보려면 볼 수는 없으나

480

이치를 깨달은즉 형상이 나타나도다.

冶父 直饒不作聲色求라도 是亦未見如來在니 且道하라 如何得見고
說誼 聲至是는 一作聲求色見이라
야부 설사 聲色으로 구하지 않더라도 이는 또한 여래를 보지 못함이니, 또 말하라. 어찌해야 볼 수 있겠는가.
설의 聲至是(소리로 여기에 이르름)는 소리로 구하고 색으로 본다고도 함이라.

冶父 不審不審
說誼 佛不在色聲이요 亦不離色聲이니 卽色聲求佛도 亦不得見이며 離色聲求佛도 亦不得見이니라 卽色離色에 兩不得見이니 且道하라 如何得見고 不審不審이여 看看하라 黃頭老가 現也로다
야부 모르겠다. 모르겠다.
설의 부처는 色과 聲에 있지 않고 또한 색과 성을 떠난 것도 아님이니 색성으로써 부처를 구하여도 또한 볼 수 없으며 색성을 떠나서 부처를 구해도 볼 수 없느니라. 색에 즉하거나 색을 떠나서도 둘 다 볼 수 없음이니 또 말하라. 어떻게 해야 볼 수 있겠는가. 모르겠다. 모르겠다 함이여! 잘 보아라. 黃頭老〔佛〕가 나타났음이로다.

冶父 見色聞聲이 世本常이어늘 一重雪上에 一重霜이로다 君今要見黃頭老인댄 走入摩耶腹內藏이어다 咦 此語가 三十年後에 擲地金聲在하리라
說誼 妙圓眞淨劫前身이여 莫將知見妄疎親이어다 見色聞聲이 世本常이니 莫離色聲別求眞이어다 古人이 道호대 道不屬見聞覺知며 亦不離見聞覺知라하시니 則卽見聞覺知求道라도 亦錯이요 離見聞覺知求道라도 亦錯이며 卽色聲求佛도 亦錯이요 離色聲求佛도 亦錯이니 將錯

就錯이여 雪上加霜이로다 如斯見佛하면 終不得見이니 君今要見黃頭
老인댄 走入摩耶腹內藏이어다 古人이 道호대 摩耶肚裏堂이여 法界體
一如라하시니 若是法界體인댄 爲相가 爲非相가 非相非非相이여 諸佛
所同歸니 要見黃頭老인댄 便向此中尋이어다 此語가 三十年前엔 未得
分曉어니와 三十年後엔 一似擲地金聲在리라

야부 색을 보고 소리 듣는 것은 세상에 본래 항상하거늘
  한 겹의 눈위에 한 겹의 서리로다.
  그대가 지금 黃頭老를 보고자하면
  마야의 뱃속에 뛰어들어 갈지어다.
  咦. 이 말은 30년후 땅에 던지면 쇳소리가 나리라.

설의 妙圓하고 眞淨한 劫前(時空의 전)의 몸이여. 知見을 가지고 망령되이 疎親하지 말지어다. 색을 보고 소리를 들음은 세상에 본래 항상한 일이니 색과 성을 떠나서 따로 眞을 구하지 말지어다. 옛사람이 이르되 道는 見聞覺知에 속하지도 않으며 또한 견문각지를 떠나지도 않는다 하시니라. 견문각지에 즉하여 도를 구하여도 또한 틀렸음이요, 견문각지를 떠나서 도를 구하여도 또한 틀렸음이라. 색성에 즉하여 부처를 구하여도 또한 틀렸고 색성을 떠나서 부처를 구하여도 또한 틀렸음이니 틀린 것을 가지고 틀린 데 나아감이여. 雪上加霜이로다. 이와 같이 부처를 볼 것 같으면 마침내 부처를 볼 수 없으니 그대가 지금 黃頭老를 보고자 하면 마야의 뱃속으로 뛰어 들어갈지어다. 옛사람이 이르되 마야 뱃속의 집(法堂)이여. 법계의 體는 하나라고 하시니, 만약 이 법계의 體인댄 相이 되는가. 非相이 되는가. 相도 아니고 非相도 아님이니 모든 부처가 같이 돌아가는 바이므로 황두노를 보고자 하면 곧 이 속을 향해서 찾을지어다. 이 말이 삼십 년 전에는 분명하지 못했으나 삼십 년 후에는 마치 쇠를 땅에 던지는 듯한 (분명한) 소리를 내리라.

宗鏡 妙相端嚴이여 聖王相이 卽如來相이요 法身周徧이여 如來身
이 異聖王身이로다 若向這裏하야 見得徹去하면 鷺依雪巢요 兎捿月

殿이어니와 其或未然인댄 石火一揮天外去어늘 癡人은 猶看月邊星이로다

說誼 如來與聖王이 以其相則毫釐無差나 以其證則天地何遠이리오 若向這裏하야 見得徹去하면 鷺依雪巢요 兎接月殿이어니와 其或未然인댄 火飛天外어늘 目送星邊이로다

종경 묘한 相이 단엄함이여. 전륜성왕의 相이 곧 여래의 相이요. 법신이 두루함이여. 여래의 몸이 전륜성왕의 몸과 다르도다. 만약 이 속을 향해서 보아 사무치면 백로가 눈집을 의지함이요, 토끼가 달집 속에 깃들거니와, 혹 그렇지 못하면 石火(별똥)가 하늘 밖으로 한번 번득이며 날아가는데 어리석은 사람은 오히려 달옆에 있는 별만을 보도다.

설의 여래와 전륜성왕이 그 相인즉 털끝만큼도 차이가 없으나 그 증득한 것으로써 말하면 천지간보다 더 멀도다. 만약 이 속을 향하여 보아 사무쳐 가면 백로가 눈집을 의지함이요, 토끼가 月殿에 깃들거니와 혹 그렇지 못하면 불꽃은 하늘 밖으로 날아가는데도 눈길은 아직도 별가에 보내도다.

宗鏡 公案現成重審問하시니 愛情翻款錯承當이로다 不應聲色行邪道니 結罪無因見法王이니라

說誼 如來重審問하시니 空生이 錯承當이로다 適來에 雷天大壯이러니 今日에 地火明夷로다 法王體가 寂滅하니 從來非色聲이라 色見聲求應結罪니 結罪無因見法王이로다

종경 公案(공문서)이 나타났으매 거듭 살펴 물으시니
　　　애정으로 款(진술)을 번복하여 아는 것을 그르치도다.
　　　응당 聲色으로 邪道를 行하지 말지니
　　　죄를 지으면 法王을 볼 因이 없도다.

설의 여래가 거듭 살펴 물으시니 空生이 잘못 알았음이로다. 앞에서는 雷天大壯(뇌천대장;군자는 예가 아니면 움직이지 않는다는 뜻)이더니 지금엔 地火明夷(지화명이;안으론 밝으나 방편으로써 겉으론 어

리석은 듯 행함)로다. 법왕의 體가 적멸하니 종래로 색성이 아니로다. 색을 보고 소리로 구하는 것은 응당 죄를 맺는 것이니 죄를 맺으면 법왕을 뵐 인연이 없음이로다.

무비 참답고 여여한 진리의 본체는 형상도 아니고 생멸도 아니다. 법신은 어떠한 경우라도 상일 수가 없고, 비록 상을 통해서 법신을 유추해 알려고 해도 이는 옳지 않은 것이다. 상을 통해서 법신을 알려고 한다면 전륜성왕도 진리의 당체인 여래라는 결론에 이르게 된다. 여래는 스스로 "외형적인 모습으로써 나라고 하거나 설법의 모습으로써 나라고 여기는 자가 있으면 그는 邪道를 행하는 사람이다. 여래를 꿈에도 보지 못한 자다. 나를 보는 자는 법을 보고, 법을 보는 자는 나를 본다"고 하였다.

법신은 모양이 아니나 늘 참답고 항상함을 드러낸다. 들에 날으는 새나 청정한 산빛도 동일한 반야의 광명이며, 본래의 면목은 밖에서 찾을 것이 아니다. 손가락 하나 움직이지 않고도 고향에 돌아가리라.

圭峰 第二十三은 斷佛果非關福相疑라 由前에 以相比知法身이 是失이라하며 又聞以色見聲求가 是邪라하야 遂作念云호대 佛果는 一向無相無爲니 若爾則修福德之因은 但成相果라 相旣非佛인댄 佛果는 則不以具相而得故니 佛果는 畢竟不關福相이라할새 故로 論에 云有人이 起如是心하야 若不依福德코 得大菩提라하면 如是 諸菩薩은 則失福德이며 及失果報라하니라 斷之文이 四니 一은 遮毁 相之念이라

규봉 ㉠二十三. 佛果는 福相에 관계치 않는다는 의심을 끊음이라. 앞에서는 相으로써 법신을 견주어 아는 것은 '잃은 것'이라 하며, 또 색으로 보고 소리로 구함은 '삿된 것'이라 함을 들음으로 말미암아서 드디어 생각을 지어 이르되 佛果는 한결같이 無相 無爲이니 만약 그러한즉 복덕을 닦는 因은 다만 相의 果를 이룸이

라. 相은 이미 부처가 아닌데 佛果는 곧 구족한 相으로써 얻지 못한 까닭이니, 佛果는 필경에 福의 相에 관계치 않는다 하므로 論에 이르되 어떤 사람이 이와 같은 마음을 일으켜서 만약 복덕을 의지하지 않고 大菩提를 얻는다 하면 이와 같은 보살은 곧 복덕을 잃어버리며 또한 과보도 잃는다 하시니라. 그것을 끊는 글이 넷이니,

㈎一. 相을 헐어버리는 생각을 막음이라.

無斷無滅分 第二十七 (단멸이 없음)

須菩提야 **汝若作是念**호대 **如來**가 **不以具足相故**로 **得阿耨多羅三藐三菩提**아 **須菩提**야 **莫作是念**호대 **如來**가 **不以具足相故**로 **得阿耨多羅三藐三菩提**라하라

수보리야, 네가 만약 이런 생각을 하되 '여래는 구족한 상을 쓰지 않는 연고로 아뇩다라삼먁삼보리를 얻었다'하느냐. 수보리야, '여래는 구족한 상을 쓰지 않는 연고로 아뇩다라삼먁삼보리를 얻었다'고 이런 생각을 하지 말라.

圭峰   華嚴經에 云色身은 非是佛이요 音聲도 亦復然이어니와 亦不離色聲코 見佛神通力이라하며 肇가 云不偏在色聲일새 故言非요 非不身相일새 故復言是라하며 大雲이 云若言如來가 不以相具인댄 斷滅見矣라 故로 佛이 止之하사 莫作是念하라하시니라하다 二는 出毁相之過라

규봉 화엄경에 이르되 색신은 부처가 아님이요 음성도 역시 그러하거니와, 또한 색성을 떠나지 않고 부처의 신통력을 본다고 하다. 조(肇)법사가 이르되 색성에 치우치지 않았으므로 '아니다'라 하고 身相이 아님도 아니므로 다시 '옳다'고 하다. 大雲이 이르되 만약 여래가 相이 구족한 것으로써 말하지 않음인댄 단멸한 見이라 하다. 그러므로 부처님이 그것을 그치게 하사 '이런 생각을 하지 말라'하셨다고 하다.

㉠二. 相을 헐어버리는 허물에서 벗어남이라.

須菩提야 **汝若作是念**호대 **發阿耨多羅三藐三菩提心者**는

說諸法斷滅가 **莫作是念**이니
수보리야, 네가 만약 이런 생각을 하되 '아뇩다라삼먁삼보리심을 발한 사람은 모든 법이 단멸했다고 말하는가'한다면 이런 생각도 하지 말지니,

圭峰　毁相則墮斷滅이니 斷滅은 是損滅之過요 斷見은 邊見之過니라 三은 明福相不失이라

규봉　상을 헐어버린즉 단멸에 떨어지리니 단멸은 損滅의 허물이고 단견은 치우친 견해〔邊見〕의 허물이니라.
　㉮三. 福相의 잃지 않음을 밝힘이라.

何以故오 **發阿耨多羅三藐三菩提心者**는 **於法**에 **不說斷滅相**이니라
무슨 까닭인가 하면 아뇩다라삼먁삼보리심을 발한 사람은 법에 있어서 단멸상을 말하지 않느니라.

說誼　訶相與非相은 恐伊落斷常이니 若謂佛無相인댄 早已成斷滅이니라

설의　相과 非相을 꾸짖은 것은 斷(부정)과 常(긍정)에 떨어질까 염려함이니 만약 부처는 相이 없다고 말하면 벌써 이미 단멸은 이루었음이니라.

圭峰　無着이 云於法에 不說斷滅者는 謂如所住法而通達하야 不斷一切生死影像法하고 於涅槃에 自在하야 行利益衆生事니 此中에 爲遮一向寂靜故로 顯示不住涅槃이라하며 偈에 云不失功德因과 及彼勝果報라하며 論에 云雖不依福德하야 得眞菩提나 而不失福德과 及彼果報니 以能成就智慧莊嚴과 功德莊嚴故라하다

규봉 무착이 이르되 법에 단멸을 설하지 않은 것은 住한 바의 法과 같이 통달하여 모든 생사의 影像法을 끊지 않고 열반에 자재하여 중생을 이익케 하는 일을 행하는 것을 말함이니, 이 가운데는 한결같이 寂靜한 것을 막기 위한 까닭으로 열반에만 주하지 않음을 나타내 보인 것이라 하다. 偈에 이르되 공덕의 因과 저 수승한 과보를 잃지 않는다 하며 論에 이르되 비록 복덕에 의해서 참된 菩提를 얻지는 못하나 복덕과 과보를 잃지도 않으니, 지혜장엄과 공덕장엄을 능히 성취하는 연고라 하다.

六祖 須菩提가 聞說眞身離相하시고 便謂不修三十二淸淨行코 得佛菩提라할새 佛이 語須菩提하사대 莫言如來가 不修三十二淸淨行코 而得菩提라하라 汝若言不修三十二淸淨行코 得阿耨菩提者인댄 卽是斷滅佛種이라 無有是處니라

육조 수보리가 眞身은 相을 떠난 것이라는 說을 듣고 문득 三十二청정행을 닦지 않고 부처가 보리를 얻었다 하므로 부처님께서 수보리에게 말씀하시되 "여래가 三十二청정행을 닦지 않고 보리를 얻었다고 말하지 말라. 네가 만약 三十二청정행을 닦지 않고 아뇩보리를 얻었다고 말하면 이는 곧 부처 종자를 단멸하는 것이라 옳지 않으니라"하시니라.

傅大士 相相이 非有相이여 具足相無憑이라 法法이 生妙法이여 空空體不同이로다 斷滅不斷滅이여 知覺悟深宗이니 若無人我念이면 方知是志公하리라

부대사 相과 相은 相이 있지 않음이여.
　　　　　구족한 相은 의지할 데가 없음이라.
　　　　　法과 法이 妙法을 냄이여.
　　　　　공하고 공하여 體가 같지 않도다.
　　　　　斷滅하되 斷滅치 않음이여.

知覺함에 깊은 종지를 깨달음이니,
만약 人我의 생각이 없으면
바야흐로 뜻이 공정함을 알리라.

冶父 剪不齊兮여 理還亂이요 拽起頭來割不斷이로다
說誼 剪欲其齊나 不能使之齊며 理欲無亂이나 不能使之無亂이며 拽來割欲斷이나 不能使之斷이니 伊麼則雖云無色聲이나 亦不碍色聲이로다
야부 잘라도 가지런하지 않음이여. 다스려도 도리어 어지러워짐이요. 머리를 끌어 일으켜 잘라도 끊어지지 않도다.
설의 잘라서 가지런히 하고자 하나 능히 그로써 가지런하지 못하며 다스려서 어지럽지 않게 하고자 하나 능히 어지럽지 못하게 하며 이끌어와서 잘라 끊고자 하나 능히 그것으로써 끊어지지 않으니 이러한 즉 비록 색성이 없다고 하나 또한 색성에 걸리지도 않도다.

冶父 不知誰解巧安排오 捏聚依前又放開로다 莫謂如來成斷滅하라 一聲이 還續一聲來로다
說誼 旣言非諸相하고 又道是具足이여 恐人生斷見하야 再言莫作念이니라
야부 알 수 없어라. 누가 교묘히 안배함을 아는가.
　　　잡았다가 예전처럼 또 놓아주도다.
　　　여래가 단멸을 이뤘다고 말하지 말라.
　　　한소리가 또 한소리를 이어오도다.
설의 이미 모든 相이 아니라 말하고 또 구족이라 말함이여. 사람들이 단견을 낼까 염려하여 거듭 '그런 생각을 하지 말라' 말하느니라.

宗鏡 相非具而本具여 常自莊嚴이요 法不傳而相傳이여 何曾斷滅이리오 昔에 世尊이 於靈山會上人天衆前에 云하사대 吾有淸淨法眼涅槃妙心을 付囑飮光하야 廣令傳化라하시니 且道하라 當時에 付

箇甚麽오 靑蓮目顧人天衆하시니 金色頭陀가 獨破顔이로다
一燈이 能續百千燈이여 心印光通法令行이라 千聖이 不傳吹不滅하니 聯輝列焰轉分明이로다

說誼 一燈이 能然百千燈이여 靈焰이 綿綿到如今이라 千聖이 不傳作狂風하야 吹滅此燈燈不滅이라 燈不滅이여 聯輝列焰轉分明이로다

종경 相은 갖춘 것이 아니로되 본래 갖추어져 있음이여. 항상 저절로 장엄함이요. 법은 전하지 않되 서로 전해짐이여. 어찌 일찍이 단멸하리오. 옛날 세존이 영산회상의 人天대중 앞에서 이르시되 나에게 있는 청정법안, 열반묘심을 음광(가섭)에게 부촉하노니 널리 전하여 교화하라 하시니, 또 말하라. 당시에 부촉한 것은 그 무엇인가. 靑蓮目으로 人天대중을 돌아보시니 금색두타(가섭)가 홀로 웃었음이로다.

　　　한 등이 능히 백천 등에 이어줌이여.
　　　心印의 빛이 통하여 法令을 행함이라.
　　　千聖人이 전하지 못하나 불어도 꺼지지 않으니
　　　연이은 빛과 불꽃이 더욱 더 분명하도다.

설의 한 등이 능히 백천 등을 밝힘이여. 신령스런 불꽃이 면면히 지금에 이르렀음이라. 천 성인이 전하지 못하나, 광풍이 불어서 이 등을 끄려하나 등은 꺼지지 않음이라. 등이 꺼지지 않음이여. 이어지는 찬란한 빛과 계속되는 불꽃이 더욱 더 분명함이로다.

무비 아뇩다라삼먁삼보리는 일체의 상이 끊어져서 텅 비었으나, 또한 아무 것도 없는 단멸을 아뇩보리라 하지 않는다. 여래는 相好를 쓰지 않음으로써 보리를 얻었다고 생각하지 말며, 여래는 모든 법이 텅 비어 없음만을 말한다고 생각하지 말라.
　집착하기 좋아하는 중생들은 말만 떨어지면 거기에 매달려 병을 만든다. 그래서 말을 할 수도 없고 안할 수도 없다. 여래를 보고 보리를 얻으려면 무상 무주가 되어야 한다. 그러나 무상 무주에 집착하면 그

것 또한 상인 것이다.
　여래는 일찍이 상을 긍정한 적도 부정한 적도 없었다.

圭峰　四는 明不失所以라 於中에 文二니 一은 明得忍故로 不失이라

규봉　㋐四. 잃어버리지 않는 까닭을 밝힘이라. 그 중에 두 가지니 ㋐一. 忍(진리=法)을 얻은 고로 잃지 않음을 밝힘이라.

不受不貪分 第二十八 (받지도 않고 탐하지도 않음)

須菩提야 **若菩薩**이 **以滿恒河沙等世界七寶**로 **持用布施**어든 **若復有人**이 **知一切法無我**하야 **得成於忍**하면 **此菩薩**이 **勝前菩薩**의 **所得功德**이니

수보리야, 만약 보살이 항하의 모래수와 같은 세계에 가득찬 칠보를 가지고 보시하더라도 만약 또 어떤 사람은 일체법이 아가 없음을 알아서 인을 얻어 이루면 이 보살은 앞의 보살이 얻은 공덕보다 수승하리라.

說誼 布施不住於相을 前贊福等十方虛空하시고 知法無我하야 得成於忍을 今贊福勝河沙布施하시니 今此一言이 可以攝前住降等意니 所謂不貪不受가 蓋是住修降心之意也니라

설의 보시하되 相에 住하지 않는 것을 앞에서는 그 복이 시방허공과 같다고 찬탄하시고 法이 我가 없음을 알아서 忍을 성취한 것을 지금엔 복이 항하사 보시보다 수승하다고 찬탄하시니 지금의 一言이 앞의 '머물고 항복받는' 등의 뜻을 포함한 것이니라. 이른바 탐하지도 않고 받지도 않는다는 것은 대개 주하고 닦고, 마음을 항복받는 뜻이니라.

圭峰 論에 云有人이 起如是心호대 諸菩薩이 得出世智인댄 失彼福德과 及彼果報라할새 爲遮此故로 偈에 云得勝忍不失하야 以得無垢果라하니라 無我者는 二種無我也니라

규봉 논에 이르되 어떤 사람이 이와 같은 마음을 일으키되 모든 보살이 出世智를 얻으면 저 복덕과 그 과보를 잃어버린다 하니 이런 것을 막기 위한 까닭으로 偈에 이르되 수승한 忍을 얻으면

잃음이 없어서 이 때문에 때가 없는(無垢) 과보를 얻는다고 하느니라. 無我라는 것은 두 가지(人無我, 法無我)의 무아니라.

六祖 通達一切法하야 無能所心者를 是名爲忍이니 此人의 所得福德이 勝前七寶之福也니라
육조 일체법을 통달하여 능소심이 없는 이를 이름하여 忍이 된다하니 이 사람의 얻는 바 복덕은 앞의 칠보를 보시한 복보다 수승한 것이니라.

冶父 耳聽如聾이요 口說如啞로다
說誼 知法無我하면 則彼我相이 泯이요 得成於忍하면 則能所情이 忘이니 能所情이 忘則無念智가 現하고 彼我相이 泯則平等理가 現이니라 到伊麼時하야는 眼見耳聞에 分別不生이요 開口動舌에 分別不生이니 不生不生하면 何啻如聾若啞리오 直如明鏡照物과 空谷應聲하야 熾然照應호대 而無照應하리니 所以로 道호대 常應諸根用호대 而不起用想이라 劫火가 燒海底하고 風鼓山相擊하야도 眞常寂滅樂은 涅槃相이 如是라하시니라
야부 귀로 들어도 귀머거리 같고
　　　입으로 말하여도 벙어리와 같도다.
설의 法이 我가 없음을 알면 곧 彼我相(너다 나다 하는 생각)이 없어짐이요, 忍을 얻어 이루면, 곧 能所의 情(주관과 객관의 생각)을 잊을지니 능소의 정이 없어지면 無念智가 나타나고 彼我相이 없어지면 평등의 이치가 나타남이니라. 이런 경지에 이르러서는 눈으로 보고 귀로 듣는 것에 분별이 나지 않음이요, 입을 열고 혀를 움직여도 분별이 나지 않음이니, 나지 않는 것까지도 나지 않으면 어찌 귀머거리 같고 벙어리와 같을 뿐이리오. 이는 곧 밝은 거울이 사물을 비춤과 같고 빈 골짜기가 소리에 응함과 같아서 치연히 비추고 응하되 비추고 응한다 함이 없으리니, 그러므로 말하되 항상 모든 根[六根]에 응하여 쓰되

그 쓴다는 생각을 일으키지 않음이라. 劫의 불이 바다밑까지 태우고 바람이 몰아쳐 산이 무너져 내리더라도 참답고 항상한 적멸의 즐거움인 열반의 모습은 이와 같다 하시니라.

冶父 馬下人因馬上君하야 有高有下有疎親이러니 一朝에 馬死人歸去하니 親者가 如同陌路人이라 秪是舊時人이 改却舊時行履處로다

說誼 窮寒淸苦拙郞君이 本來無馬亦無人이러니 自有馬人分高下하야 親反成疎疎反親이라 一朝에 馬死人歸去하니 親者如同陌路人이라 馬死人歸親亦疎하니 依舊窮寒拙郞君이로다 又淸淨本解脫이여 我人相이 元無러니 自有我人相으로 高下執情生이라 高下情生與道疎하고 無明三毒以爲親이로다 我人山向一念摧하니 所親三毒이 反成疎라 反成疎여 依舊淸淨本解脫이로다

야부 말(馬)을 모는 사람이 말 위의 임금으로 인하여
높음도 있고 낮음도 있어서 疎親이 있더니,
하루 아침에 말이 죽고 임금도 돌아가시니
그 친하던 사람들은 길가는 사람(무관한 사람)과
같음이라.
다만 이 옛시절의 사람도
옛시절에 놀던 곳으로 다시 돌아갔음이로다.

설의 궁핍하고 옹졸한 사람이 본래는 말(馬)도 없고 사람(임금)도 없더니 말과 사람이 있음으로부터 高下가 나뉘어져 친한 이는 도리어 멀어지고 먼 사람은 도리어 친해지도다. 하루 아침에 말이 죽고 임금도 돌아가니 그 친하던 사람들은 마치 길가는 사람과 같아지도다. 말이 죽고 임금도 돌아가 버리니 친한 이들이 또한 멀어져서 예전처럼 궁핍하고 옹졸한 사람이 됨이로다.

또한 청정한 본래의 해탈이여. 我 人의 相이 원래 없더니 我 人의 相이 있음으로부터 높고 낮은 집착의 情이 생김이라. 고하의 情이 생기니 道와는 멀어지고 무명과 삼독이 도리어 친해지도다. 我 人의 山

이 한순간에 무너지니 친하던 삼독이 도리어 멀어지도다. 도리어 멀어짐이여. 예전처럼 청정한 본래의 해탈이로다.

圭峰 二는 明不受故로 不失이라 於中에 文二니 一은 正明이라
규봉 ㉔二. 받지 않은 연고로 잃지도 않음을 밝힘이라. 그중에 두 가지니 ㉕一. 正히 밝힘이라.

何以故오 須菩提야 以諸菩薩이 不受福德故니라
무슨 까닭인가. 수보리야, 모든 보살은 복덕을 받지 않는 까닭이니라."

說誼 知法無我하야 得成於忍이 何勝布施之福耶아 布施는 但住相이라 福德이 爲究竟이어니와 菩薩은 則不然하야 通達法性空이라 福德도 尙不受일새 所以爲勝也니라
설의 法이 無我임을 알아서 忍을 성취한 것이 어찌 보시한 복덕보다 수승한 것인가. 보시는 다만 相에 주한 것이어서 복덕을 구경으로 삼거니와 보살은 그렇지 않아서 법의 성품이 공함을 통달하여 복덕도 오히려 받지 않는 까닭에 수승함이 되느니라.

圭峰 論에 云彼福德은 得有漏果報故로 可呵라하며 無着이 云此는 顯示不着生死故니 若住生死하면 卽受福德이라하다 二는 徵釋이라
규봉 논에 이르되 저 복덕은 유루의 과보를 얻는 고로 가히 우습다 하며 무착이 이르되 이것은 생사에 집착하지 않음을 나타낸 연고이니, 만약 생사에 주하면 곧 복덕을 받음이라 하다. ㉕二. 따져 물어서 해석함이라.

須菩提가 白佛言하사대 **世尊**하 **云何菩薩이 不受福德**이니잇고 **須菩提야 菩薩의 所作福德은 不應貪着**일새 **是故로 說不**

受福德이니라

수보리가 부처님께 사뢰었다. "세존이시여, 어찌하여 보살이 복덕을 받지 않습니까." "수보리야, 보살의 지은 바 복덕은 응당 탐착하지 않음이니 이 까닭에 복덕을 받지 않는다고 말하느니라.

說誼 了知福德이 元無性하면 不應於中에 生染着이니 貪求已泯徹底空이라 日入萬金渾不知니라

설의 복덕이 원래 성품이 없음을 알면
　　　　응당 그 가운데 물들고 집착함을 내지 않으리니
　　　　탐하고 구함이 이미 없어져 철저하게 空하도다.
　　　　하루에 만금이 들어와도 혼연히 알지 못함이니라.

六祖 菩薩의 所作福德은 不爲自己요 意在利益一切衆生일새 故로 言不受福德也니라

육조 보살의 지은 바 복덕은 자기를 위함이 아니요, 뜻이 일체 중생을 이익케 하는 데 있음일새. 그러므로 복덕을 받지 않는다 하느니라.

傅大士 布施有爲相이여 三生却被呑이라 七寶多行慧여 那知捨六根가 但離諸有欲하고 旋棄愛情恩이니 若得無貪相이면 應到法王門이니라

부대사 布施는 有爲의 相이여.
　　　　三生을 도리어 삼킴을 당하도다.
　　　　(一生은 복짓는데 一生은 복받는데
　　　　一生은 복을 다 쓰고 타락하는데 씀)
　　　　칠보로써 많은 지혜행을 함이여.

어찌 六根 버림을 알겠는가.
다만 모든 욕심을 떠나고
가끔 애정의 은혜도 버릴지니
만약 貪相이 없음을 안다면
마땅히 法王門에 이를지니라.

冶父 裙無腰袴無口로다
說誼 裙袴가 雖然在나 與無却一般이니 經云不受福이 其旨正如斯니라
야부 치마엔 허리가 없고 바지는 입구가 없도다.
설의 치마와 바지가 비록 있으나 없는 것과 같으니 경에 이르되 복을 받지 않음은 그 뜻이 바로 이러하도다.

冶父 似水如雲一夢身이여 不知此外에 更何親고 箇中에 不許容他物하니 分付黃梅路上人이로다
說誼 只此一夢身이 似水無情하야 逐處方圓하며 如雲無心하야 捲舒自由하니 此外에 別無親이라 何物이 此中歸리오 曠然無人縛하니 解脫을 更何求아 信老가 曾將此消息하야 分付黃梅路上人이로다
야부 물과 같고 구름 같은 한 꿈의 몸이여.
　　　알 수 없어라. 이것 외에 다시 무엇과 친하리오.
　　　이 가운데는 어떤 것도 용납을 불허하노니
　　　黃梅의 路上人에게 분부함이로다.
설의 다만 이 꿈 같은 몸은 물과 같이 생각이 없어서 곳에 따라 모나기도 하고 둥글기도 하며 구름같이 무심하여 거두고 펴는 것이 자유로우니 이외에 달리 친할 것이 없음이라. 무슨 물건이 이 가운데 돌아오리오. 넓고 넓어 남의 속박이 없으니 해탈을 어찌 다시 구할 것인가. 信老(四조 도신 스님)가 일찍이 이 소식을 가져서 황매의 路上人(五조 홍인 스님)에게 분부함이로다.

不受不貪分 第二十八

宗鏡 有求有苦여 八風五欲이 交煎이요 無着無貪이여 三明六通이 自在로다 便恁麼去하면 水邊林下에 月冷風淸이요 不恁麼去하면 橋斷路窮하야 別通消息이니라 還委悉麼아 老僧이 笑指猿啼處하니 更有靈蹤在上方이로다

說誼 有心皆苦요 無心乃樂이니 一得其樂이면 消息分明이요 樂亦不存이면 別通消息이니라 作麼生是別通消息고 行到路窮好轉身하니 十方無處匪通程이니라 是通程이여 鴈點靑天猿掛樹로다

종경 구함이 있으면 괴로움이 있음이여. 八風과 五欲에 서로 들끓음이요, 집착이 없으면 탐하지 않음이여. 三明과 六通이 자재함이로다. 곧 이렇게 하면 물가나 숲속에서 달은 차갑고 바람이 맑음이요, 이렇게 하지 않으면 다리(橋)가 끊어지고 길은 막혀서 달리 소식을 통해야 함이니라. 또한 자세히 알겠는가. 노스님이 웃으며 원숭이 우는 곳을 가리키니 다시 신령스런 자취가 위쪽에 있음이로다.

설의 마음이 있으면 다 괴롭고 마음이 없어야 즐거움이니 한번 그 즐거움을 얻으면 소식이 분명함이요, 그 즐거움마저 있지 않다면 달리 소식을 통해야 함이니라. 어떻게 달리 소식을 통할 것인가. 가다가 길이 막히는 데 이르르면 좋게 몸을 굴려야 함이니, 시방 그 어딘들 통하지 않음이 없느니라. 통하는 길이여. 기러기는 푸른 하늘에 점찍는 듯 날아가고 원숭이는 나무에 걸렸음이로다.

宗鏡 數行梵字雲中鴈이요 一曲無生澗底琴이로다 德勝河沙渾不用하니 淸風明月이 是知音이로다

說誼 雲中鴈寫數行字하고 澗底琴彈一曲歌로다 此中에 無德爲可用하니 自有風月是知音이로다

종경 두어 줄의 梵字는 구름 속의 기러기 같고
　　　無生의 한 곡조는 시냇물의 거문고로다.
　　　덕이 항하사보다 수승하여도 혼연히 쓰지 않으니

青風과 明月이 知音者로다.

설의 구름 가운데 기러기는 두어 줄의 글자를 쓰고 시냇물 밑의 거문고는 한 곡조의 노래를 타도다. 이 가운데 德은 가히 쓸 것이 없으니 저절로 風月이 있어서 소리를 알도다.

무비 보살이 반야를 행하면 자연히 복덕이 따르고 위없는 깨달음을 이루게 된다. 그러나 보살은 無相이며 無我이며 반야의 삶을 사는 사람이기에 어떠한 복덕을 바라거나 菩提를 바라지 않는다. 바라지 않으니 달리 받을 것도 없고, 다만 일체법이 텅 비어 我가 없을 뿐이다.

참으로 소중한 것은 구하지 않고도 얻는 것이요, 탐하지 않고도 갖는 것이다. 사람은 본래로 "산 있고 물 있는 곳에 영화도 없고 욕됨도 없는" 그러한 몸인 것이다.

圭峰 第二十四는 斷化身出現受福疑라 論에 云若諸菩薩이 不受福德인댄 云何諸菩薩福德을 衆生이 受用고할새 斷之니라 文二니 一은 遮錯解라

규봉 ㉮二十四. 化身이 出現한 것은 복을 받은 것이 아닌가 하는 의심을 끊음이라. 논에 이르되 만약 모든 보살이 복덕을 받지 않으면 어떻게 모든 보살의 복덕을 중생이 받을까 하므로 그것을 끊음이라. 글에 두 가지니 ㉮一. 잘못 아는 것을 막음이라.

威儀寂靜分 第二十九 (위의가 적정함)

須菩提야 **若有人**이 **言如來**가 **若來若去若坐若臥**라하면 **是人**은 **不解我所說義**니

수보리야, 만약 어떤 사람이 말하기를 '여래는 오기도 하고 가기도 하며 앉기도 하고 눕기도 한다'하면 이 사람은 나의 설한 바 뜻을 알지 못함이니라.

圭峰 偈에 云是福德報應은 爲化諸衆生이니 自然如是業으로 諸佛이 現十方이라하다 二는 示正見이라
규봉 偈에 이르되 이 복덕의 報應은 모든 중생을 교화하기 위함이니 자연히 이와 같은 업으로써 모든 부처님이 시방에 나투셨다고 하다.
㊋二. 正見을 보임이라.

何以故오 **如來者**는 **無所從來**며 **亦無所去**일새 **故名如來**니라

무슨 까닭인가. 여래란 어디로부터 온 바도 없으며 또한 가는 바도 없으므로 여래라 이름하느니라.

說誼 前言不可以身相으로 得見如來며 不可以三十二相으로 得見如來며 佛을 不應以具足色身으로 見이며 不應以三十二相으로 觀如來라 하시니 此는 皆明佛非有相이요 次言莫作是念호대 如來가 不以具足相故로 得阿耨菩提라하시니 此는 明佛非無相이요 此言無所從來며 亦無所去라하시니 此는 明佛無去來니라 伊麼則眞法性身은 非相非非相이라

性相이 相融이요 無去亦無來라 動靜이 一如로다

설의 앞에서는 가히 身相으로써 여래를 볼 수 없다고 하며 가히 三十二상으로써도 여래를 볼 수 없다 하니, 부처님은 응당 구족한 색신으로도 볼 수 없으며 또한 응당 三十二상으로도 여래를 觀하지 못한다 하시니라. 이것은 다 부처가 相이 있지 않음을 밝힌 것이로다. 다음에 말하길 "이런 생각을 하지 말되 여래가 구족한 相으로써 아뇩보리를 얻은 것이 아니다"라고 하시니 이것은 부처가 無相이 아님을 밝힌 것이요. 여기에선 말하길 "어디로부터 온 바도 없으며 또한 가는 바도 없다"하시니 이것은 부처란 거래가 없음을 밝힌 것이니라. 이러한즉 참다운 法性身은 상도 아니며 相아님도 아닌 것이라. 性과 相이 서로 융통함이요, 가는 것도 없고 오는 것도 없음이라. 動과 靜이 一如함이로다.

圭峰 偈에 云去來는 化身佛이니 如來는 常不動이라하며 大雲이 云 衆生心水가 若淸淨하면 則見佛來나 來無所從이요 濁則見佛이 雙林示滅하고 則云佛去나 去無可至라하며 肇가 云解極會如하면 體無方所라 緣至物見이나 來無所從이요 感畢爲隱이나 亦何所去리오하다

규봉 偈에 이르되 가고 오는 것은 化身佛이니 여래는 항상 움직이지 않는다 하며 大雲이 이르되 衆生心의 물이 만약 청정하면 곧 부처가 온 것을 볼 수 있으나 와도 좇아온 바가 없음이요, 물이 탁하면, 부처가 쌍림에서 적멸에 드심을 보고 곧 말하길 부처가 갔다고 하나 가도 가히 이를 데가 없다 하다. 肇법사가 이르되 아는 것이 지극해서 如如함을 알면 體에 方所가 없음이라. 인연이 지극하여 나타남이나 와도 좇아온 바가 없고 감득함이 끝나면 숨음이 되나 또한 어찌 가는 바리오 하다.

六祖 如來者는 非來非不來며 非去非不去며 非坐非不坐며 非臥非不臥니 行住坐臥四威儀中에 常在空寂이 卽是如來也니라

육조　여래란 옴도 아니고 오지 않음도 아니며 감도 아니고 가지
않음도 아니며 앉음도 아니고 앉지 않음도 아니며 누움도 아니고
눕지 않음도 아니니, 행주좌와의 네 가지 위의 가운데서 항상 공
적하게 있는 것이 곧 여래이니라.

傅大士　如來何所來며 修因幾劫功고 斷除人我見하면 方用達眞
宗이니라 見相不求相이여 身空法亦空이니 從來無所着이라 來去盡
通通이로다
부대사　여래는 어디에서 오는 것이며
　　　　因을 닦음은 몇 겁의 功인가.
　　　　人我의 見을 끊어 없애면
　　　　바야흐로 眞宗을 통달하리라.
　　　　相을 보되 相을 구하지 않음이여.
　　　　몸이 空하니 法 또한 空하여
　　　　종래로 집착함이 없으리라.
　　　　오고 감이 다 통하고 통하도다.

冶父　山門頭에 合掌하고 佛殿裏에 燒香이로다
說誼　雖云無去來나 山門殿裏에 進止從容하며 合掌燒香에 威儀炳
著로다
야부　山門 앞에서 合掌하고 佛殿 속에서 향을 사루도다.
설의　비록 그렇게 거래가 없다 하나 山門과 불전에서 나아가고 머물
음이 법다우며 합장하고 향사루는 위의가 환히 나타남이로다.

冶父　衲捲秋雲去復來하니 幾廻南岳與天台오 寒山拾得을 相逢
笑하니 且道하라 笑箇甚麽오 笑道同行步不擡니라
說誼　飄然一條衲이 來去雲無心이라 大千을 寄脚底하니 台岳을 經幾
廻오 撞着寒山與拾得하야 笑道同行步不擡로다 怎生이 是同行步不擡

오 寒山은 也宜去요 拾得은 也宜來어늘 寒山之與拾得으로 來而不知去하며 拾得之與寒山으로 去而不知來하야 相緣不自由일새 取笑가 於焉在라 此衲은 不如彼하야 來去自從容이로다

야부 衲僧이 가을 구름을 거두어 가고 또 오니,
　　　　몇 번이나 남악산과 천태산을 돌았던가.
　　　　한산과 습득이 서로 만나 웃으니,
　　　　또 말하라. 그 웃음은 무엇인가.
　　　　동행하되 한 걸음도 옮기지 않음을 웃어 보이도다.

설의 표연한 一條의 납승이 오고가매 구름처럼 무심하도다. 大千세계를 발밑에 두니 천태산과 남악산을 몇 번이나 돌았던가. 한산과 습득이 만나서 동행하되 걸음을 옮기지 않음을 웃어주도다. 누가 동행하되 걸음을 옮기지 않는 것인가. 한산은 마땅히 가야하고 습득은 마땅히 와야 하는데 한산과 더불어 습득은 오기만 하고 갈 줄은 모르며 습득은 한산과 더불어 가기만 하고 올 줄을 몰라서 서로 인연함이 자유롭지 못하여 웃음을 취한 것이 여기에 있도다. 이 납승은 저들과 같지 않아서 오고감이 스스로 조용하도다.

宗鏡 坐臥經行에 本自無來無去요 威儀不動에 寂然非靜非搖로다 要解如來所說義否아 隨緣赴感靡不周호대 而常處此菩提座로다 巍巍不動法中王이여 那有獼猴跳六窓이리오 笑指眞空無面目하고 連雲推月下千江이로다

說誼 巍巍不動尊이여 號爲法中王이라 古殿에 寥寥常放光하니 六窓이 虛靜絶喧煩이로다 眞淨界中에 留不住하고 興悲運智爲機來로다 爲機來여 綠楊芳草岸에 無處不稱尊이로다

종경 앉고 눕고 행하는 것이 본래 스스로 옴도 없고 감도 없음이요. 위의가 부동하여 적연하매 고요함도 아니고 흔들림도 아니로다. 여래의 설하신 뜻을 알고자 하는가. 인연을 따라 나아가서 감득하매 두루하지 않음이 없으나 항상 이 보리좌(각의 자리)에

있으시도다.
> 높고 높아 動하지 않는 法中王이여.
> 어떤 원숭이가 있어서 六窓(六根)으로 도망가리오.
> 眞空이 面目(형체) 없음을 웃음으로 가리키고
> 구름에 연이은 달을 밀어서 千江에 떨어뜨리도다.

설의 높고 높아서 動하지 않는 세존이시여, 그 이름이 法中의 王이로다. 옛 法堂에서 고요히 항상 빛을 놓으시니 六窓이 비고 고요하여 시끄럽고 번거로움을 끊었도다. 眞法界(본체, 진여) 가운데 머물러 주하지 않고 자비를 일으키고 지혜를 운용하며 중생들을 위하여 오심이로다. 중생들을 위하여 오심이여. 녹양방초 언덕 어느 곳인들 세존이라 칭하지 않을 곳이 없음이로다.

무비 그 자리는 본래 위의와 거동이 텅 비어 고요할 뿐이다.
 여래는 본래 감도 없고 옴도 없어서 여래라 하거늘, 만약 사람들이 여래가 온다거나 간다거나 앉는다거나 눕는다고 한다면 그는 세존의 말씀을 전혀 이해하지 못하는 사람이다. 가고 옴이 있으면 相이 있는 것이고 상이 있으면 집착이 있게 된다. 그렇다면 시방과 삼세에 어찌 충만하고 융통자재할 수 있겠는가.
 물이 맑으면 달이 나타나고 물이 흐리면 달이 숨는 것은, 물이 맑고 흐림에 인연한 것일 뿐이요. 달이 오고감이 아니듯이, 한마음 청정하면 부처가 나타나고 한마음 어두우면 부처가 숨는 것은 마음이 청정하고 어두움에 있을지언정 부처가 오고감에 있는 것은 아니다.

圭峰 第二十五는 斷法身化身一異疑라 據前不可以化相으로 比知法身과 法身은 無去來坐臥인댄 卽似眞化가 異요 據遮斷滅之念과 又顯不失福相인댄 卽似眞化가 一일새 故로 成疑也니 此는 約微塵世界하야 委釋非一非異義하야 以斷此疑니라 斷之文이 二니 一은 約塵界하야 破一異라 文五니 一은 細末方便으로 破麁色이라

규봉 ㉒二十五. 法身과 化身이 하나인가 다른가 하는 의심을 끊음이라. 앞에서는 화신의 모습으로써는 法身을 견주어 알지 못한다는 것과 法身은 가고 오고 앉고 눕지 않는 것에 의거하건대 곧 眞身과 化身이 다른 듯하고, 단멸의 생각을 막는 것과 또한 福相을 잃지 않는 것에 의거할진대는 곧 眞과 化가 하나인 것 같으므로 의심을 이룸이니 이것은 미진세계를 잡아서 '하나'도 아니고 '다름'도 아님을 자세히 해석하여 이런 의심을 끊음이다. 끊는 글에 두 가지니

㉑一. 미진세계를 잡아서 '하나'와 '다름'을 깨뜨림이라. 여기에 五가지니

㉓一. 미세한 방편으로 거친 색을 깨뜨림이라.

一合理相分 第三十 (한 덩어리의 이치)

須菩提야 **若善男子善女人**이 **以三千大千世界**로 **碎爲微塵**하면 **於意云何**오 **是微塵衆**이 **寧爲多不**아 **甚多**니다 **世尊**하

수보리야, 만약 선남자 선여인이 삼천대천세계를 부수어 작은 먼지로 만든다면 어떻게 생각하는가. 이 작은 먼지들이 얼마나 많겠느냐. "매우 많습니다. 세존이시여."

圭峰 偈에 云於是法界處는 非一亦非異라하며 論에 云彼諸如來가 於眞如法界中에 非一處住며 亦非異處住니 爲示此義일새 故說世界를 碎爲微塵이니라 故로 偈에 云世界作微塵은 此喩示彼義라하니라 無着이 云爲破名色身일새 故說界塵等이라 於中에 有細末方便과 及無所見方便하니 微塵甚多者는 是細末方便이라하며 大雲이 云卽是析塵하야 至於細末이니 以此方便으로 破麁色矣라하니 此言微塵은 依大乘宗하야 於一搏色에 假想分析하야 至極略色으로 爲塵이요 非小乘宗의 實塵矣니라 二는 不念方便으로 破微塵이라

규봉 偈에 이르되 이 법계의 處는 하나도 아니고 다른 것도 아니라 하며 논에 이르되 저 모든 여래는 진여법계 중에서 한 곳에 住하는 것도 아니고 또한 다른 곳에 주하지도 않으니, 이러한 뜻을 보이기 위해서 세계를 부수어 가는 먼지로 삼는다고 말하느니라. 그러므로 偈에 이르되 세계를 가는 먼지로 만듦은 이 비유가 저 뜻을 보이는 것이라 하다. 무착이 이르되 名과 色과 身을 파하기 위하여 界, 塵 등이라 하다. 그 중에 미세한 방편과 무소견 방편이 있으니 작은 먼지가 매우 많다는 것은 미세한 방편이라 하

다. 대운 스님이 이르되 곧 이 작은 먼지를 쪼개어 미세한 데까지 이르르니 이 방편으로써 거친 色〔事物〕을 파한다고 하다. 여기에서 말하는 작은 먼지는 大乘宗을 의지하여 한 덩어리의 색〔事物〕을 가상으로 쪼개어 지극히 작은 물질에 이르름으로써 먼지를 삼음이요 小乘宗의 실다운 경계는 아니니라.

㉯二. 不念 방편으로 작은 먼지를 파함이라.

何以故오 **若是微塵衆**이 **實有者**인댄 **佛**이 **卽不說是微塵衆**이니 **所以者**가 **何**오 **佛說微塵衆**이 **卽非微塵衆**일새 **是名微塵衆**이니이다

무슨 까닭인가 하면 만약 이 작은 먼지들이 실로 있는 것이라면 부처님께서 곧 작은 먼지들이라고 말하지 않으셨을 것입니다. 까닭이 무엇인가 하면 부처님께서 설하신 작은 먼지들은 곧 작은 먼지들이 아니고 그 이름이 작은 먼지들입니다.

說誼 前現如來之身이 非眞假無去來하시고 此擧微塵이 非微塵이며 世界가 非世界하사 以明法相이 卽非法相은 何也오 前則現佛眞體也라 所悟도 亦此也며 所證도 亦此也요 此則現法眞體也라 收言拂迹하야 示返眞源也니라 佛身은 本無爲로대 隨機하야 有眞應去來요 法性은 本無生이로대 對機하야 有權實頓漸이니라 故로 於一身에 現三身하고 於三身에 現微塵數身하시며 於一法에 演三乘하고 於三乘에 演微塵數法하시니 如實而觀컨댄 佛無眞應去來之殊요 法無權實頓漸之異어늘 不解義者는 以爲佛身이 實有如是差別하고 法門이 實有如是名數라하나니 如淨摩尼가 隨方各現하야 映於五色이어든 諸愚痴者는 說淨摩尼에 實有五色이니라 故로 說佛則云호대 若以色見聲求하면 是行邪道라하시며 乃至云若言來去라하면 是不解義라하시니 此는 現佛眞體也요 說法

則云호대 若言佛說四見이라하면 是不解義라하시며 乃至云所言法相者 는 卽非法相이라하시니 此는 現法眞體也니라 嘗觀說來之意컨댄 佛身은 無爲하야 卽二邊而離二邊이요 法性은 無生하야 卽名數而超名數라 今 此二義가 上來에 亦有其文하니 所謂不可以身相으로 得見如來며 所謂 不可以三十二相으로 得見如來며 所謂佛은 不應以具足色身으로 見이 니 此等諸文은 現佛眞體也요 所謂無有定法如來可說이며 所謂如來는 無所說이며 所謂汝가 勿謂如來가 作是念호대 我當有所說法이니 此等 諸文은 現法眞體也니라 佛之所以言此者는 皆爲廣闢人之邪見하사 大 開佛之知見이시니 下文에 所謂如是知見信解者가 夫是之謂歟인저 世 界를 碎爲微塵等者는 何也오 大千이 同爲一地로대 而有三千之異名 하니 以比一心으로 開爲三智하며 一境으로 開爲三諦하며 一念으로 開爲 三惑하며 一法으로 開爲三乘이라 體雖是一이나 開有三名하니라 復以三 千으로 碎爲微塵等者는 以比三智로 開爲無邊觀智하며 三諦로 開爲 無邊諦境하며 三惑으로 開爲無盡塵勞門하며 三乘으로 開爲無盡修多 羅門이니 本雖是三이나 開爲無量이니라 佛擧塵界問空生은 欲明諸法 無體性이어시늘 果能答以非實有하시니 善知黃葉竟非錢이로다

설의 앞에서는 여래의 몸이 眞과 假도 아니며 거래도 없음을 나타내 시고, 여기서는 미진이 미진이 아니며 세계도 세계가 아님을 들으사 法相이 곧 法相 아님을 밝힌 것은 무엇인가. 앞에서는 부처님의 眞體 를 나타냄이라. 깨달은 바도 또한 이것이며 증득한 바도 또한 이것이 니, 이것인즉 法의 眞體를 나타냄이로다. 말을 거둬들이고 자취를 떨 어버려서 眞源에 돌이킴을 보인 것이로다. 佛身은 본래 無爲로되 근기 따라 참으로 응하는 거래가 있음이요, 法性은 본래 生함이 없으나 근 기에 대하여 權과 實과 頓과 漸이 있느니라. 그러므로 一身에서 三身 을 나타내고 또 三身에서 미진수의 몸을 나타내시며 一法에서 三乘을 펴시고 三乘에서 미진수의 法을 펴시느니라. 사실대로 觀하건대 부처 님은 眞身, 應身의 거래가 다름이 없고 法은 權實과 頓漸의 다름이 없 거늘 이 뜻을 알지 못한 자는 佛身이 실로 이와 같은 차별이 있는 것 으로 여기고 法門이 실로 이같은 名, 數〔교리〕가 있는 것으로 여기니,

깨끗한 마니주는 그 방향에 따라 각각 나투어서 오색을 비추는 것이
거늘 모든 어리석은 자들은 깨끗한 마니주에 실로 오색이 있다고 함
과 같으니라. 그러므로 곧 부처를 설하여 이르되 "만약 색으로 보거나
소리로 구하면 이는 邪道를 행함이라"하시며 내지 "만약 오고감이 있
다고 하면 이는 뜻을 알지 못한다"고 하시니라. 이것은 부처님의 眞體
를 나타냄이요, 法을 설하여 이르되 만약 부처님이 四見을 설하였다
하면 이것도 뜻을 알지 못한다 하시며, 내지 말한 바 法相이란 것도
곧 법상이 아니라 하시니, 이것은 법의 眞體를 나타냄이니라. 일찍이
설해온 뜻을 관하건대 佛身은 無爲하여 二邊에 卽하여 있되 二邊을
떠났음이요, 法性은 생함이 없어서 名數에 卽하여 있되 名, 數를 떠났
음이로다. 지금 이 두 가지 뜻은 위에 글이 있었으니 소위 "가히 몸모
양으로써 여래를 볼 수 없다"이며 "가히 三十二상으로는 여래를 볼
수 없다"하며, 이른바 "부처님은 응당 구족한 색신으로써 볼 수 없다"
이니 이같은 모든 글은 부처의 眞體를 나타냄이요, 소위 "정한 바 법
을 여래가 가히 설함이 없으며" 이른바 "여래는 설한 바가 없음"이며
이른바 "너희는 여래가 이런 생각을 하되 내가 마땅히 설한 바 법이
있다고 말하지 말지니" 등 이런 모든 글은 法의 眞體를 나타냄이니라.
부처님이 이런 말을 한 까닭은 모두 사람들의 사견을 널리 헤치고 부
처님의 지견을 크게 열기 위함이니 아래의 글에 소위 이와 같이 알고,
보고, 믿고, 이해한다 한 것은 대저 이를 말한 것임인 것을! 세계를 부
수어 가는 먼지를 만든다는 것은 무엇인가. 대천세계가 한 땅덩이로되
삼천이라는 다른 이름이 있으니 一心으로 열어서 三智를 삼으며, 一境
으로 열어서 三諦를 삼으며 一念으로 열어서 三惑을 삼으며 一法으로
열어서 三乘을 삼음이니라. 그 體는 하나이나 열면 세 가지 이름이 있
느니라. 또 三千세계를 부수어 작은 먼지를 만든 것 등은 이 三智로써
열어서 끝이 없는 觀智를 삼으며 三諦로 열어서 끝이 없는 諦境을 삼
으며 三惑으로 열어서 다함없는 塵勞의 문을 삼으며 三乘을 열어서
다함없는 수다라 문을 삼음을 비교함이니 본래 셋이라고는 하나 열면
무량이 되는 것이로다. 부처님이 미진세계를 들어 空生에게 물은 것은

모든 법이 體性이 없음을 밝히고자 한 것이거늘, 과연 실로 있지 않은 것으로써 답하시니 黃葉이 끝내 돈이 아님을 잘 알겠도다.

圭峰 論에 云碎塵爲末故로 非一處요 塵衆聚故로 非異處니 如是佛住法界中에 非一處住며 非異處住니라 又若塵衆實有者인댄 世間凡夫도 悉亦自知니 何須佛說이리오 秖爲不知體不成就일새 故로 佛說矣라하다 故로 無着이 云世尊이 說非者는 以此聚體가 不成就故니 若異此者인댄 雖不說이라도 亦自知是聚라하시니라

규봉 論에 이르되 먼지를 부수어 가루를 만든 까닭에 한 곳[處]이 아님이요, 많은 먼지가 모인 고로 다른 곳이 아니니 이와 같이 부처님이 법계 가운데 주하되 한 곳에 주함도 아니며 다른 곳에 주함도 아니니라. 또 만약 먼지들이 실로 있음인댄 세간 범부도 다 또한 스스로 아는 것이니 어찌 모름지기 부처님만 說했으리오. 다만 體가 성취하지 못함을 알지 못하기 때문에 부처님이 설하셨다 하다. 그러므로 무착이 이르되 세존이 아니라고 말한 것은 이 體의 무더기가 성취하지 못한 연고이니 만약 이것과 다름인댄 비록 설하지 않더라도 또한 스스로 이 무더기를 안다고 하시니라.

六祖 佛說三千大千世界는 以喩一一衆生性上에 妄念微塵之數가 如三千大千世界中所有微塵이요 一切衆生性上에 妄念微塵이 卽非微塵은 聞經悟道에 覺慧常照하야 趣向菩提일새 念念不住하야 常在淸淨이니 如是淸淨微塵을 是名微塵衆也니라

육조 부처님이 설한 삼천대천세계는 낱낱 중생들의 성품 위에 망령된 미진의 숫자가 삼천대천세계 가운데 있는 미진과 같음을 비유함이요, 일체 중생의 성품위에 있는 망념인 미진은 곧 미진이 아니라고 한 것은 경을 듣고 도를 깨달으매 覺의 지혜가 항상 비춰서 菩提에 나아가므로 순간순간 머무름이 없어서 항상 청정함

에 있음이니, 이와 같이 청정한 미진을 이름하여 작은 먼지들〔微塵衆〕이라 하느니라.

冶父 若不入水면 爭見長人이리오
說誼 黃葉非錢이 是則固是나 理非言外라 卽言卽理니 何須拂去文字코 別求忘言之旨乎아 敎海裏에 得大解脫하고 知解上에 建大法幢하야사 乃可謂寬腸沒量大人也니라 又今師가 直取塵界하야 以明衲僧의 不斷煩惱코 而入涅槃之義也니 伊麼則所謂微塵은 塵勞業用이 熾然競作之謂也니라 若向塵勞中하야 任性浮沈하야 而得自在하면 則可謂寬腸沒量大人也니 須信道어다 霜天에 知勁草요 火裏에 見精金이니라

야부 만약 물에 들어가지 않으면 어찌 큰 사람인 줄 알리오.
설의 황엽이 돈이 아님은 옳기는 옳으나 이치는 말 밖의 것이 아니니라. 말에 卽하고 이치에 卽하니 어찌 모름지기 문자를 털어버리고 따로 말을 잊은 뜻을 구하겠는가. 가르침의 바다 속에서 대해탈을 얻고 알음알이 위에서 큰 법의 깃대를 세워야 이는 가히 속〔腸〕이 한량없이 넓은 大人이라 이를지니라. 또한 지금 야부 스님께서 바로 미진세계를 취하여 이로써 납승의 번뇌를 끊지 않고 열반에 들어가는 뜻을 밝힘이니, 이러한즉 이른바 미진은 塵勞業用이 치연히 다투어 지음을 말함이니라. 만약 진로中을 향하여 성품에 맡겨 浮沈해서 自在를 얻으면 곧 가히 속〔腸〕이 한량없이 넓은 大人이라 이를지니 모름지기 믿을지어다. 서리 내린 날에야 굳센 풀을 알게 되고 불 속에서야 精金을 볼 수 있느니라.

冶父 一塵纔起翳磨空하니 碎抹三千數莫窮이로다 野老는 不能收拾得하야 任敎隨雨又隨風이로다
說誼 名數之於靈覺에 猶微塵之於太淸이니 微塵을 不勝數라 名數도 亦如然이로다 衲僧은 自知無一字하야 從敎名數亂縱橫이로다 又箇裏에 從來無一物하니 瑩若淸空絶點霞라 一念纔起性空暗하니 諸妄이 競作

一合理相分 第三十 511

浩無邊이로다 衲僧은 自知妄元無하야 無心除斷任浮沈이라 休笑此衲不斷妄하라 火裏生蓮終不壞로다

야부   한 먼지가 막 일어나니 그 먼지들은 허공을 간 듯하고
　　　삼천세계를 가루로 부수니 그 수를 다 셀 수 없도다.
　　　野老는 능히 거두고 수습하지 못하여
　　　가르침에 맡겨 비를 따르고 또한 바람을 따르도다.

설의   名數(이론·교리)는 靈覺[心性]에 있어서 마치 작은 먼지가 맑은 허공에 있음과 같아서 먼지를 다 셀 수 없음이라. 名數도 또한 그러함이로다. 衲僧은 스스로 한 글자도 없음을 알아서 저 名數가 어지럽게 종횡함에 맡기도다. 또 그 속엔 종래로 一物도 없어서 밝기가 맑은 하늘과 같이 한점의 노을도 끊어짐이라. 한 생각이 막 일어나면 性品의 하늘을 어둡게 하는 것이니, 온갖 망념이 다투어 일어나서 넓기가 가이없도다. 납승은 스스로 망념이 원래 없는 줄 알아서 없애고 끊음에 무심하여 일어나고 스러짐에 맡기도다. 이 납승이 妄을 끊지 않는다고 웃지 말라. 불 속에서 연꽃이 나와야 마침내 무너지지 않느니라.

圭峰   三은 不念方便으로 破世界라
규봉   ㉓三. 不念方便으로 世界를 破함이라.

世尊하 **如來所說三千大千世界**가 **卽非世界**일새 **是名世界**니

세존이시여, 여래께서 설하신 삼천대천세계는 곧 세계가 아니고 그 이름이 세계입니다.

圭峰   本論에 破世界不實之義니 可知로다 無着이 云此破名身이니 世界者는 衆生世故라하니 四는 俱約塵界하야 破和合이라
규봉   본론에 세계가 實이 아닌 뜻을 破함이니 가히 알 만하도

다. 무착이 이르되 이것은 名身을 파한 것이니 세계란 중생세계인 까닭이라 하다. ㈐四. 함께 塵界를 잡아서 和合을 破함이라.

何以故오 **若世界**가 **實有者**인댄 **即是一合相**이니 **如來**가 **說一合相**은 **即非一合相**일새 **是名一合相**이니이다
왜냐하면 만약 세계가 실로 있는 것이라면 곧 한 덩어리의 모양이니, 여래께서 설하신 한 덩어리의 모양도 한 덩어리의 모양이 아니고 그 이름이 한 덩어리의 모양입니다."

圭峰 論에 云若實有一世界인댄 如來가 則不說三千界라하며 大雲이 云若實有一界인댄 冥然是一和合矣라 則不合有多差別이어니와 今旣三千인댄 明非冥然一矣라 故約三千하야 破一界也라하니 無着이 云爲並說若世界와 若微塵界일새 故有二種搏取니 謂一搏取와 及差別搏取라하며 大雲이 云此明塵衆과 及衆生類를 俱名世界라하다 一合相者는 搏取爲一일새 故云和合이라 此一和合이 有二搏取하니 一者는 一搏取니 即是世界가 和合爲一이요 二는 差別搏取니 即是微塵이 有衆多極微일새 名差別搏取니라 非一合者는 第一義中엔 二界無實故니라 五는 佛印無中妄執有라

규봉 論에 이르되 만약 한 세계가 실로 있는 것이라면 여래가 곧 삼천세계라 말하지 않았다 하며, 大雲이 이르되 만약 실로 한 세계가 있는 것이라면 명연히 한 덩어리인 것이라. 곧 합당히 많은 차별이 있지 않거니와 지금 이미 삼천이라 하면 명연히 하나가 아님을 밝힘이라. 그러므로 삼천을 잡아서 一世界를 파한다 하니 무착이 이르되 세계와 미진계를 아울러 말함일새. 그러므로 二種의 뭉치(搏取)가 있음이니 一搏取와 差別搏取를 말함이라 하다.

大雲이 이르되 이는 먼지들과 衆生類를 함께 이름하여 世界라 함을 밝힌 것이라 하다. 하나로 뭉친 모양이란(一合相) 묶어서 하나가 됨일새. 그러므로 和合이라 한다. 이 一和合은 두 가지 搏取가 있으니 ㉠ 一搏取, 곧 이 세계는 화합하여 하나가 됨이요 ㉡. 差別搏取, 곧 미진은 많은 미진이 모였으므로 차별단취라 하도다. 一合相이 아니라 함은 第一義中엔 二界가 實이 없는 연고니라. ㉕ 五. 부처님께서는 없는 가운데서 망령되게 있다고 집착함을 인정함이라.

須菩提야 一合相者는 卽是不可說이어늘 但凡夫之人이 貪着其事니라

수보리야, 한 덩어리의 모양이란 곧 이를 말할 수 없거늘 다만 범부들이 그 일에 탐착할 뿐이니라.

說誼 微塵이 旣非實有인댄 三千도 亦非實有니 三千이 非實이로대 而有三千之名者는 但假其名하야 以分其界而已라 而其實則豈有三千之異乎아 何以故然고 一地는 是實이요 三千은 是假니 一地가 是實故로 爲一合相也요 三千이 是假故로 非一合相也니라 三千이 若實인댄 卽是一合相이요 而非異相이로대 但是異相이요 而非一合相일새 所以로 三千이 卽非實有니 三千이 旣非實有인댄 一地도 亦非實有니라 何則고 三千이 不外乎一地하고 一地도 亦不外乎三千이니 是眞一合相이라 言詞相이 寂滅이어늘 但諸凡夫人이 不解其所以하야 語三千而取三千之名하고 語一地而生一地之解하나니 以明名數가 旣非實有인댄 三乘도 亦非實有니라 三乘이 非實이로대 而有三乘之名者는 但假其名하야 以接其根而已라 而其實則豈有三乘之異乎아 何以故然고 一乘은 是實이요 三乘은 是權이라 一乘이 是實故로 爲一合相也요 三乘이 是權故로 非一合相也니라 三乘이 若實인댄 卽是一合相이요 而非異相이로대 但是異相이요 而非一合相일새 所以로 三乘이 卽非實有니 三乘이 旣非

實有인댄 一乘도 亦非實有니라 何則고 三乘이 不外乎一乘하고 一乘도 亦不外乎三乘이니 是眞一合相이라 言詞相이 寂滅이어늘 但諸凡夫人이 不解其所以하야 語三乘而取三乘之名하고 語一乘而生一乘之解하나니 所謂錯認何曾解方便者가 是已니라 只如一合相은 且作麽生道오 諦緣六度幷一乘이 混然一味難分析이로다 非一合相은 又作麽生道오 一河雖然不可分이나 象馬兎三이 爭奈異아 伊麽則非但異相不應執이라 一合相亦不可守니라

설의 미진이 실로 있지 않다면 삼천세계도 또한 실로 있지 않으니 三千이 實이 아니로되 삼천이라는 이름이 있는 것은 다만, 그 이름을 빌려서 그 세계를 나눴을 뿐이니라. 그것이 실인즉 어찌 삼천의 다름이 있겠는가. 무슨 까닭에 그러한가. 하나의 땅은 實이요 삼천은 거짓된 것이니 하나의 땅은 實인 고로 一合相이 되고 삼천이 거짓인 고로 一合相이 아니니라. 삼천이 만약 實이라면 곧 일합상이요 다른 상이 아니로되 다만 이 다른 상이요, 일합상이 아닌 까닭에 삼천이 곧 실로 있지 않으니 三千이 실로 있지 않을진대 一地도 또한 실로 있는 것이 아니니라. 어찌하여 그런가. 三千이 一地 밖의 것이 아니고 一地도 또한 三千 밖의 것이 아님이니 이는 참된 一合相이로다. 말〔言詞相〕이 적멸하거늘 다만 모든 범부들이 그 까닭을 알지 못하여 三千을 말하면 三千의 이름을 취하고 一地를 말하면 一地의 알음알이를 내나니 이로써 이미 各數가 실로 있지 않음인댄 三乘도 또한 실로 있지 않음을 밝힘이니라. 三乘이 실이 아니로되 삼승의 이름이 있는 것은 다만 그 이름을 빌려서 그 근기들을 제접할 따름이니라. 그 사실인즉은 어찌 三乘의 다름이 있겠는가. 무슨 까닭에 그러한가. 一乘은 實이요 三乘은 權이라. 일승이 실인 고로 일합상이 되고 삼승이 權인 고로 일합상이 아니니라. 삼승이 만약 실이라면 곧 일합상이고 異相이 아니로되 다만 異相이고 일합상이 아닌 까닭에 삼승이 곧 實有가 아니니 三乘이 이미 實有가 아님인댄 一乘도 또한 實有가 아니니라. 왜 그런가. 삼승이 일승 밖의 것이 아니고 일승도 또한 삼승 밖의 것이 아니니 이는 참된 일합상이라. 말이 적멸하거늘 다만 모든 범부들이 그 까닭을

一合理相分 第三十 515

알지 못하여 삼승을 말하면 삼승의 이름을 취하고 일승을 말하면 일승의 알음알이를 내나니 이른바 잘못 안 것이로다. "어찌 일찍이 방편인 줄 알리오"한 것이 이것이니라. 다만 저 일합상은 어떻게 말해야 하는가. 四諦, 12인연, 육도와 아울러 一乘이 혼연히 한 맛이라서 분석하지 못하겠도다. 一合相이 아님은 또 어떻게 말해야 하는가. 하나의 강물은 비록 나누지 못하나 코끼리, 말, 토끼 셋이 다름은 어찌하겠는가. 이러한즉 비단 異相이라 해서 응당 집착하지 않을 뿐 아니라 일합상도 또한 가히 지킬 것이 아니니라.

圭峰 論에 云以彼聚集이 無物可取어늘 虛妄分別일새 故云妄取니 若實有者인댄 卽是正見이라하며 無着이 云世諦에 說搏取나 第一義엔 不可說이어늘 彼小兒凡夫가 如言說取라하며 大雲이 云執見五蘊하야 取其和合이 是貪着事니 迷於事法하야 起煩惱矣라하다
규봉 論에 이르되 저 모인 것들(聚集)의 物은 가히 취할 게 없거늘 허망하게 분별함일새. 그러므로 妄取라고 하니 만약 실로 있는 것이라면 곧 正見이라 하다. 무착이 이르되 世諦에서는 搏取(덩어리)라고 설하나 第一義엔 말할 수 없거늘 저 소아나 범부들은 말하는 대로 취한다 하다. 大雲이 이르되 오온을 집착하여 보면 그 화합을 취하는 것이 이 탐착하는 일이니 事法을 迷하여 번뇌를 일으킨다고 하다.

六祖 三千者는 約理而言컨댄 卽貪瞋癡妄念이 各具一千數也니라 心爲善惡之本이나 能作凡作聖하야 動靜을 不可測度하야 廣大無邊일새 故名大千世界니라 心中明了가 莫過悲智二法이니 由此二法하야 而得菩提니라 說一合相者는 心有所得故로 卽非一合相이요 心無所得일새 是名一合相이니 一合相者는 不壞假名코 而談實相이니라 由悲智二法하야 成就佛果菩提라 說不可盡이며 妙不可言이어늘 凡夫之人이 貪着文字事業하야 不行悲智二法하고 而求無上

菩提하나니 何由可得이리오

육조 三千이란 이치로써 말하건대 곧 탐진치의 망념이 각각 일천의 숫자를 갖춘 것이니라. 마음이 선악의 근본이 되어 능히 범부도 되고 성인도 되어서 動과 靜을 헤아릴 수 없어서 광대하고 무변하므로 대천세계라 이름하느니라. 심중에 명료한 것은 자비와 지혜, 두 법보다 더한 것이 없으니 이 두 법으로 말미암아서 보리를 얻느니라. 一合相이라 말함은 마음에 얻을 바가 있는 고로 一合相이 아니요 마음에 얻을 바가 없음일새 이를 一合相이라 하니, 一合相이란 거짓 이름을 무너뜨리지 않고 實相을 말하는 것이니라. 자비와 지혜 두 법을 말미암아서 佛果인 菩提를 성취함이라. 설해도 다할 수 없으며 그 묘함은 말할 수 없거늘 범부들이 문자사업에 탐착하여 자비와 지혜 두 법을 행하지 않고 無上菩提를 구하노니 무슨 이유로 얻을 수 있으리오.

傅大士 界塵이 一何異며 報應도 亦如然이라 非因亦非果이니 誰後復誰先이리오 事中에 通一合이나 理卽兩俱捐이니 欲達無生路인댄 應當識本源이니라

부대사 세계와 미진이 하나일 뿐 어찌 다를 것이며
　　　　　보신과 응신도 또한 그러함이니라.
　　　　　因도 아니고 또한 果도 아니거니
　　　　　무엇이 뒤이고 다시 무엇이 먼저이리오.
　　　　　일 가운데 一合으로 통하나
　　　　　이치인즉 둘 다 함께 버림이니
　　　　　無生의 길을 통달하고자 하면 응당 본원을 알지니라.

冶父 捏聚放開여 兵隨印轉이로다
說誼 有時엔 開三하고 有時엔 合一하니 合一卽三이며 開三卽一이라 三一이 相離하고 三一이 相卽하니 非三而三이요 非一而一이라 三一이

俱非하고 三一이 俱是하니 伊麼則殺活이 臨時요 收放이 自由로다

야부 집합시키고 해산시킴이여. 병사들은 印(지휘)을 따라 움직이도다.

설의 어떤 때는 셋으로 열고 어떤 때는 하나로 합하니 하나로 합한 것이 곧 셋이고 셋으로 연 것이 곧 하나로다. 三과 一이 서로 떠나고 三과 一이 서로 卽하니 三이 아니로되 三이요 一이 아니로되 一이라. 三과 一이 모두 틀리고 三과 一이 모두 옳으니 이러한즉 죽이고 살리는 것이 때를 따름이요 거두고 놓음이 자유롭도다.

야부 渾圇成兩片이요 擘破劫團圓이라 細嚼莫咬破하야사 方知滋味全하리라

설의 咬破는 他本에 作空碎라

欲言非異나 爭奈異며 欲言非一이나 爭奈一이리오 欲空三一還三一이라 三一이 方知本圓成이로다 又一本에 云細嚼莫空碎라하니 理之極致는 要須着意精詳이요 不應偶爾念過니라 古人이 道호대 知有底人은 細嚼來嚥하고 不知有底人은 一似渾圇呑可棗라하시니 末後圓成處는 精詳하야사 始應知니라

야부 한 덩어리(渾圇)가 두 조각을 이룸이요.
쪼갠 것이 도리어 한 덩어리로다.
잘게 씹되 쪼개지는 말아야
바야흐로 그 맛이 온전함을 알리라.

설의 (쪼개다(咬破)는 다른 책에 완전히 부수다(作空碎)로 되어있음.) 다르지 않다고 말하고자 하나 다른 것을 어찌할 것이며 하나가 아니라고 말하고자 하나 하나임을 어찌하리오. 三과 一을 비우고자 하나 도리어 三과 一이라. 三과 一이 바야흐로 본래 원만히 이룬 것임을 알겠도다. 또 다른 책에 이르되 잘게 씹되 공연히 부수지는 말라고 하니 이치의 극치는 마음을 써서 자세하게 할 필요가 있음이요, 응당히 아무렇게나 생각으로 지나치지 말지니라. 옛사람이 이르되 有를 아는 사람은 가늘게 씹어 삼키고 有를 알지 못하는 사람은 대추를 통째 삼

키는 것과 같다고 하시니 마지막에 원만히 이루는 곳은 자세히 살펴야 비로소 응당히 알지니라.

宗鏡 以世界로 碎如微塵이여 慈尊이 喩巧而玄要요 立權名하야 談其實相이여 凡夫가 意絶於貪求로다 與麽會得하면 返本還源하야 背塵合覺이요 不與麽會하면 智同諸佛하야 悲合衆生이어니와 總不與麽하면 巨靈이 擡手無多子하야 分破華山千萬重하리라

說誼 碎界爲塵이여 喩巧意玄이요 依權顯實이여 凡絶追求로다 顯實相則智境이 全彰이요 絶追求則塵勞가 頓息이니 息塵勞則智日이 高懸에 昏衢大朗하야 上同諸佛이요 順塵勞則慈雲이 廣布에 甘露普潤하야 下合衆生이어니와 亦不息塵勞하고 亦不順塵勞하면 巨靈이 擡手威動地하야 萬重山向一擉開리라

종경 세계를 부수어 미진과 같이 함이여, 慈尊의 비유가 교묘하여 玄要함이요. 방편의 이름을 세워서 그 실상을 말함이여, 범부는 생각이 탐하고 구하는 데서 끊어졌도다. 그렇게 알 것 같으면 근본에 돌이키고 근원에 돌아가서 塵을 등지고 覺에 합함이요, 그렇게 알지 못하면 지혜가 모든 부처님과 같아서 자비가 중생과 합하거니와 총히 그렇지 않으면 巨靈神이 손을 들면 별 어려움이 없어서 華山 깨뜨림을 천만 번이나 거듭하리라.

설의 세계를 부수어 먼지를 만듦이여. 그 비유가 교묘하고 뜻이 깊음이요, 權(방편)을 의지하여 實을 나타냄이여. 무릇 추구함을 끊음이로다. 실상을 나타내면 지혜의 경계가 온전히 드러나고 추구함을 끊으면 塵勞가 단번에 쉼이니 진로가 쉬면 지혜의 해가 높이 떠서 어둡던 거리가 크게 밝아져서 위로는 諸佛과 같음이요, 진로를 따른즉 자비의 구름을 널리 펴서 감로로 넓게 적시니 밑으로 중생과 합하려니와, 또한 진로를 쉬지도 않고 또한 진로를 따르지도 않으면 거령신이 손을 들어 위엄으로 땅을 움직여서 萬重山을 향하여 한번 쳐서 열으리라.

宗鏡 一段生涯六不收하니(六은 當作本이라) 從前萬法이 盡非儔라 輕輕擘破三千界하니 直得恒河水逆流로다

說誼 一法이 本有라 不可收요 萬法이 無根이라 總非眞이니 法法이 會來歸本源하야 免敎人人逐風波로다

종경 일단의 생애를 본래 거두지 못하니(六은 마땅히 本이라)
종전의 萬法이 모두 짝이 아님이라.
가볍고 가볍게 三千界를 쪼개어 깨뜨리니
바로 항하의 물이 거꾸로 흐르도다.

설의 一法은 본래 있음이라. 가히 거두지 못하고 만법은 뿌리가 없음이라. 모두 眞이 아니니 法과 法이 모여 本源에 돌아가서 사람들로 하여금 풍파 따름을 면하게 하도다.

무비 한덩어리인 세계의 본질과 현상은 하나도 아니고 여러 개도 아니다. 삼천대천세계는 작은 미진으로 형성되었으며 작은 미진들이 모여서 삼천대천세계를 이루고 있다. 그래서 이 세계를 실존하는 한덩어리라고 할 수가 없으며 그렇다고 미진이라고도 할 수가 없다.

세계도 미진도 근본은 텅 빈 것이고 또한 일체만유도 텅 빈 것이다. 모든 있는 것의 본질인 이치와 밖에 나타난 현상과의 관계도 또한 마치 미진과 세계의 관계와 같다. 相이 곧 이치이며 이치가 곧 상이다.

法身과 化身의 관계도 그러하여 법신이 곧 화신이며 화신이 곧 법신이다. 그러나 법신과 화신은 꼭 같다고 할 수도 없으며 다르다고 할 수도 없다. 그러므로 이것이다 저것이다 하고 집착할 일이 아니다.

圭峰 二는 約止觀하야 破我法이라 於中에 文二니 一은 除我執이라 又二니 一은 遮錯解라

규봉 ㉮二. 止觀을 잡아서 我와 法을 깨뜨림이라. 그 중에 두 가지니
　㉯一. 我執을 없앰이라. 또 두 가지니
　　㉰一. 그릇 앎을 막음이라.

知見不生分 第三十一 (지견을 내지 않음)

須菩提야 **若人**이 **言佛說我見人見衆生見壽者見**이라하면 **須菩提**야 **於意云何**오 **是人**이 **解我所說義不**아 **不也**니이다 **世尊**하 **是人**이 **不解如來所說義**니

수보리야, 만약 어떤 사람이 말하기를 '부처님이 아견 인견 중생견 수자견을 말하였다'한다면 어떻게 생각하느냐, 이 사람은 나의 말한 바 뜻을 이해하느냐"

"아닙니다, 세존이시여. 그 사람은 여래께서 말씀하신 뜻을 알지 못합니다.

圭峰 二는 遣言執이라
규봉 ㉔二. 말의 집착을 보냄이라.

何以故오 **世尊**이 **說我見人見衆生見壽者見**은 **卽非我見人見衆生見壽者見**일새 **是名我見人見衆生見壽者見**이니이다

무슨 까닭인가 하면, 세존께서 말씀하신 아견 인견 중생견 수자견은 곧 아견 인견 중생견 수자견이 아니고 그 이름이 아견 인견 중생견 수자견입니다."

圭峰 論에 云我見은 虛妄分別일새 佛說卽是不見이라하며 無着이 云此는 顯示如所不分別이니 云何顯示오 如外道는 說我어든 如來는 說爲我見故로 安置人無我하시고 又爲說有此我見故로 安置法無我하시니 如是觀察하야 菩薩이 入相應三昧時에 不復分別하나니

卽此觀察이 爲入方便이라하다

규봉 論에 이르되 我見은 허망분별이며 부처님이 설하시되 곧 이는 見이 아니라 하다. 무착이 이르되 이것은 분별하지 않음과 같음을 나타내 보이시니 어떻게 나타내 보이는가. 外道는 我를 설하거늘 如來는 我見을 설함이 되는 고로 人無我를 안치하시고 또 이 我見이 있음을 설한 까닭으로 法無我를 安置한다 하시니 이와 같이 관찰하여 보살이 '相應三昧'에 들 때에 다시 분별하지 않나니 곧 이런 관찰이 방편에 드는 것이 된다 하다.

六祖 如來가 說此經하사 令一切衆生으로 自悟般若智하야 自修證菩提果어시늘 凡夫之人이 不解佛意하고 便爲如來가 說我人等見이라하나니 不知如來가 說甚深無相無爲般若波羅蜜法이로다 如來所說我人等見은 不同凡夫의 我人等見이니 如來가 說一切衆生이 皆有佛性이 是眞我見이요 說一切衆生의 無漏智性이 本自具足이 是人見이요 說一切衆生이 本無煩惱가 是衆生見이요 說一切衆生性이 本自不生不滅이 是壽者見也니라

육조 여래가 이 경을 설하사 일체 중생으로 하여금 반야의 지혜를 스스로 깨달아서 스스로 菩提果를 증득케 하시거늘, 범부들이 부처님의 뜻을 알지 못하고 곧 여래께서 我人等의 見을 설했다고 하니 여래의 심히 깊은 無相, 無爲 반야바라밀법 설하심을 알지 못함이로다. 여래가 설하신 我人等의 見은 범부의 我人等의 見과 같지 않음이니 여래가 설하신 일체 중생은 다 佛性이 있다는 이것은 참다운 我見이요, 일체 중생의 無漏한 智性은 본래 스스로 구족했다고 설하신 것이 人見이요, 일체 중생은 본래 번뇌가 없다고 설하신 것이 衆生見이요, 일체 중생의 성품이 본래 스스로 不生不滅하다고 설하심이 壽者見이니라.

圭峰 二는 除法執이라 文二니 一은 除分別이라

규봉　㉒二. 法執을 없앰이라. 글에 두 가지니 ㉓一. 분별을 없앰이라.

須菩提야 **發阿耨多羅三藐三菩提心者**는 **於一切法**에 **應如是知**하며 **如是見**하며 **如是信解**하야 **不生法相**이니
"수보리야, 아뇩다라삼먁삼보리심을 발한 사람은 모든 법에 응당 이와 같이 알며 이와 같이 보며 이와 같이 믿어서 법이란 상을 내지 않아야 하느니라.

圭峰　無着이 云此는 顯示何人이 無分別이며 於何法에 不分別이며 何方便으로 不分別이니 增上心과 增上智故로 於無分別中에 知見勝解니라 於中에 若智가 依止奢摩他故로 知며 依止毘鉢舍那故로 見이며 此二가 依止三摩提故로 勝解니 以三摩提가 自在故로 解內攀緣影像하나니 彼名勝解니라 云何無分別고 此는 正顯無分別이라 하며 大雲이 云前之方便은 是加行智요 今不分別은 是根本智니 卽親證眞如하야 離能所取를 名不分別이라하다 二는 顯本寂이라
규봉　무착이 이르되 이것은 어떤 사람이 분별이 없으며, 무슨 법에 분별하지 않으며, 무슨 방편으로 분별하지 않는가 함을 현시하는 것이니, 增上心(定)과 增上智(慧)인 고로 분별이 없는 가운데에 知見이 수승함을 아는 것이니라. 그 가운데 만약 지혜가 사마타(奢摩他:止)를 의지한 고로 知이며 또한 비바사나(毘鉢舍那:觀)를 의지한 고로 見이며 이 두 가지가 사마지(三摩提:定)에 의지한 고로 수승한 앎(勝解)이니 이 사마지가 자재한 고로 안으로 반연하는 모든 影像을 아나니 그것을 이름하여 수승한 알음알이라 하느니라. 무엇이 무분별인가. 이것은 正히 무분별을 나타내는 것이라 하며 大雲이 이르되 앞의 방편은 加行智이고 지금의 不分別은 根本智이니, 곧 친히 眞如를 증득하여 能取와 所取 떠난 것

을 이름하여 不分別이라 하다. ㉣二. 本寂을 나타냄이라.

須菩提야 所言法相者는 如來가 說卽非法相일새 是名法相이니라

수보리야, 말한 바 법상이란 여래가 설하되 곧 법상이 아니고 그 이름이 법상이니라.

說誼 正顯法相이 卽非法相하사 合上塵界非塵界之喩也니 所說이 無量이어늘 特擧四見者는 此是三乘의 所斷麁細惑之總名이며 八萬四千諸妄染之頭數라 故로 上來에 頻說之하시고 於此에 特擧問耳니 意通明能治所治一切諸法이 皆非實有也니라 佛說我見人見衆生見壽者見이 卽非我見人見衆生見壽者見이라하시니 以此例之컨댄 則佛說四聖諦가 卽非四聖諦요 佛說十八不共法이 卽非十八不共法이며 乃至八萬四千多羅尼門이 卽非八萬四千多羅尼門이로다 伊麼則從初轉四諦로 至今談般若히 所說諸法이 無一字도 可以掛在目前이며 無一言도 可以記在胸中이니 所謂一相一味가 究竟涅槃이라 常寂滅相이 於是乎現이로다 於此에 可以悟佛知見이며 入佛知見이요 於此에 可以發眞正信心이며 得眞正妙解也니 豈可泥言敎而爲究竟하야 墮在名數之中也리오 所以로 云호대 發菩提心者는 於一切法에 應如是知見하며 如是信解하야 不生法相이라하시고 以至云所言法相者는 卽非法相일새 是名法相이라하시니 一切法三字가 總該大小乘法이요 非法相三字가 通明所說諸法이 皆歸實相妙空이로다 怎生이 是皆歸實相妙空하고 千重百匝無廻互하니 大家靜處薩婆訶로다

설의 正히 법상은 곧 법상이 아님을 나타내사 위에서 진계는 진계가 아닌 비유에 합함이니, 설한 바가 한량없거늘 특별히 四見을 든 것은 이것이 三乘들의 끊은 바 거칠고 미세한 미혹의 총이름이며 팔만사천 모든 妄染의 첫머리(頭數)인 것이라. 그러므로 위에서 자주 그것을 설하시고 여기에서도 특별히 물음을 들었을 따름이니 뜻은 能治, 所治

(다스림과 다스려질 것)의 일체 모든 법이 다 실로 있지 않음을 통틀어 밝힘이니라.

부처님께서 설하신 아견, 인견, 중생견, 수자견은 곧 아견, 인견, 중생견, 수자견이 아니라 하시니 이것으로써 예를 들면 즉 부처님이 설하신 四聖諦가 곧 사성제가 아님이요 부처님이 설하신 十八不共法이 곧 十八不共法이 아니며 내지 팔만사천 다라니 문이 곧 팔만사천 다라니 문이 아님이로다. 이러한즉 처음 四諦를 전함으로부터 지금의 반야를 말씀하신 데까지 설하신 모든 법이 한 글자도 가히 눈앞에 걸려 있지 않으며 한 말씀도 가히 가슴 가운데 기억해 두지 않음이니, 소위 一相一味가 究竟涅槃인 것이니라. 항상 적멸한 모습은 여기에 나타남이로다. 여기에서 가히 부처님의 知見을 깨달아야 할 것이며, 부처님의 知見에 들어가야 하고, 여기에서 가히 眞正한 信心을 발해야 하며, 진정한 妙解를 얻어야 함이니, 어찌 가히 言敎에 빠져서 구경을 삼아 名數 가운데 떨어져 있으리오. 그러므로 이르되 보리심을 발한 자는 일체법에 응당 이와 같이 알고 보며 이와 같이 믿고 이해하여 法相을 내지 말라 하시니라. 이로써 이르되 말한 바 法相이란 곧 法相이 아니고 그 이름이 法相이라 하시니 '一切法' 세 글자는 총히 大小乘을 포함하고 있음이요, '非法相' 세 글자는 통틀어 말한 바 모든 법이 다 實相妙空에 돌아감을 밝힘이로다. 무엇이 다 실상묘공에 돌아가는가. 천 번 거듭하고 백 번 돌아도 돌아오지 않으니 大家(大衆)가 靜處에서 薩婆訶함이로다.

圭峰 無着이 云此는 顯示法相中에 不共義와 及相應義니 如前已說이라하다
규봉 무착이 이르되 이것은 法相中에서 不共義(같지 않은 뜻)와 相應하는 뜻을 현시함이니 전에 설한 것과 같다고 하다.

六祖 發菩提心者는 應見一切衆生이 皆有佛性이며 應知一切衆生의 無漏種智가 本自具足이며 應信一切衆生의 自性이 本無生滅

이니 雖行一切智慧方便하야 接物利生이나 不作能所之心이니라 口
說無相法호대 而心有能所하면 卽非法相이요 口說無相法호대 心行
無相行하야 而心無能所하면 是名法相也니라

육조 보리심을 발한 자는 응당 일체 중생이 모두 불성이 있음을
보며 응당 일체 중생의 無漏種智가 본래 스스로 구족함을 알며
응당 일체 중생의 自性이 본래 생멸 없음을 믿을지니, 비록 일체
의 지혜방편을 행하여서 사물을 접하고 중생을 이롭게 하더라도
能所의 마음을 짓지 말지니라. 입으로 無相法을 설하되 마음으로
無相行을 行하여 마음에 능소가 없으면 그 이름이 法相이니라.

傅大士 非到眞如理면 棄我入無爲하나니 衆生及壽者여 悟見總
皆非로다 若悟菩提道하면 彼岸更求離니 法相與非相을 了應如是
知니라

부대사 오직 진여의 이치에 이르르면
我를 버리고 無爲에 들어가리니
중생 수자여,
깨닫고 보면 모두 다 아니(非)로다.
만약 보리도를 깨달으면
彼岸도 또한 여의게 되리니
法相과 非法相을
마침내 이와 같이 응당 알지니라.

冶父 飯來開口하고 睡來合眼이로다

說誼 黃面老子가 從寂滅場하사 入生死海하시어 張大敎網하사 漉人
天魚하시니 無一衆生도 入彼網中이로다 何以故然고 人人이 有脚하야
要行卽行하고 要住卽住라 不要別人이요 介介가 有手하야 要捉卽捉하
고 要放卽放이라 不借他力이며 以至飯來開口하고 睡來合眼히 一切自
由하야 不借他能이니 旣然如是인댄 何有衆生이 爲佛所度리오 伊麽則

四十九年을 伊麽來하사 終無得物空手廻로다

야부 밥이 오면 입을 벌리고 잠이 오면 눈을 감도다.

설의 황면노자가 적멸도량으로부터 生死의 바다에 들어가시며 큰 가르침의 그물을 펼쳐서 人天의 고기를 건지시니, 한 중생도 저 그물 속에 들어가지 않았도다. 어찌하여 그런가. 사람사람이 다리가 있어서 행하고자 하면 곧 행하고 住하고자 하면 곧 住함이라. 다른 사람을 필요로 하지 않음이요, 개개인이 손이 있어서 잡고자 하면 곧 잡고 놓고자 하면 곧 놓음이라. 남의 힘을 빌리지 않으며, 이로써 밥이 오면 입을 벌리고 잠이 오면 눈을 감는데 이르기까지 일체가 자유로워서 남의 능력을 빌리지 않으리니 이미 이와 같을진대 어떤 중생이 부처님의 제도할 바가 되리오. 이러한즉 四十九년을 이렇게 와서 마침내 얻은 것 없이 빈손으로 돌아갔음이로다.

야부 千尺絲綸直下垂하니 一波纔動萬波隨라 夜靜水寒魚不食하니 滿船空載月明歸로다

설의 錦鱗이 正在深深處하니 千尺絲綸을 也須垂로다 佛性이 深在五蘊海하니 要以大悲로 能引出이로다 一開大悲門이여 無盡法門이 從玆始로다 無明長夜靜하고 心水本淸涼하니 淸淨妙覺性은 不受大悲化로다 生旣不受化인댄 佛亦不住世니 無底船留大智月하고 却向靑山更那邊이로다 雖然伊麽나 恐人錯會하노니 莫謂多時空下釣하라 如今에 釣得滿船歸로다

야부 천 자나 되는 긴 실을 곧게 드리우니
한 물결이 막 일어나매 만 물결이 따르도다.
밤은 고요하고 물은 차가워 고기가 물지 않으니
배에 가득히 허공만 싣고 달 밝은 데 돌아오도다.

설의 錦鱗은 正히 깊고 깊은데 있어서 천자의 실을 모름지기 드리웠도다. 佛性이 깊은 五蘊의 바다에 있으니 요컨대 대자비로써 능히 끌어내도다. 大悲의 門을 한번 열음이여, 무진법문이 이로부터 시작됐도다. 무명의 긴 밤은 고요하고 마음의 물은 본래 淸凉하여 청정한 妙覺

의 성품은 大悲의 敎化를 받지 않도다. 중생이 이미 교화를 받지 않는다면 부처도 또한 세상에 주할 것이 아니니, 밑없는 배에 大智月을 머물게 하고, 도리어 靑山에서 다시 저쪽을 향하도다. 비록 그러하나 사람들이 잘못알까 염려하노니, 오랜 세월동안 공연히 낚시를 드리웠다고 말하지 말라. 지금 배에 가득하도록 낚아서 돌아가리라.

宗鏡 若着見聞覺知하면 不解如來妙義요 悟無我人壽命하면 還同陽焰空華로다 楞嚴에 云知見에 立知하면 卽無明本이요 知見에 無見하야사 斯卽涅槃이라하시니 只如法相不生時를 還信解麼아 大千沙界가 海中漚요 一切聖賢이 如電拂이로다

說誼 取法元是迷요 悟空도 亦非眞이라 悟心斯亡處에 是得涅槃時니 只如法相不生을 作麼生道오 目前에 絶纖塵하니 號誰爲聖賢고

종경 만약 見聞覺知에 집착하면 여래의 妙한 뜻을 알지 못함이요, 我人壽命이 없음을 깨달으면 또한 아지랑이나 허공꽃과 같음이로다. 능엄경에 이르되 知見에 知를 세우면 곧 무명의 근본이 되고 知見에 見이 없어야 이것이 곧 열반이라 하시니, 다만 저 法相이 나지 않는 때를 또한 믿고 이해하는가. 大千沙界가 바다 가운데 물거품이요, 일체 성현이 번개치는 것과 같도다.

설의 法을 取함은 원래 迷함이요 空을 깨달음도 또한 眞이 아님이라. 깨달은 마음도 없어진 곳이 이것이 열반을 얻은 때이니 다만 저 法相이 나지 않음을 어떻게 말할 것인가. 눈앞에 작은 먼지도 없으니 누구를 불러 聖賢이라 할 것인가.

宗鏡 法空非我道非親이라 樹倒藤枯笑轉新이로다 風掃止啼黃葉盡하니 千林全體露天眞이로다

說誼 空有를 已兩亡하고 一亦不掛懷라 大千爲自身하니 所以笑轉新이로다 快然不爲方便惑하니 本地風光이 觸處彰이로다

종경 法空도 我가 아니요, 道도 친하지 않도다.

나무가 넘어지고 등나무가 마르니
그 웃음이 더욱 새롭도다.
바람이 쓸어가고 울음마저 그치며 황엽이 다하니
一千 수풀 전체가 天眞을 드러내도다.

설의 空과 有를 이미 둘 다 잊어버리고 하나(잊은 것)마저도 가슴에 걸어두지 않음이라. 大千世界로 自身을 삼으니 그러므로 웃음이 더욱 새롭도다. 쾌연히 방편에 미혹되지 않으니 本地風光이 맞닿는 곳마다 드러나도다.

무비 사람의 마음으로 분별하는 것과, 알음알이로 헤아려 아는 것과, 보는 것이, 끊어져 생기지 않아야 비로소 반야바라밀의 실답게 알고〔實知〕 실답게 보는 것〔實見〕이 살아나게 된다.
  여래께서 아견 인견 중생견 수자견을 말한 적이 있었던가. 여래는 그런 말을 한 적이 없다. 그러므로 모든 존재에 대하여 나는 이렇게 안다, 이렇게 본다라는 고정적인 견해를 내지 않고 실답게 알고, 실답게 보고, 실답게 믿어야 된다.
  백 가지로 많이 아는 것은 구함이 없음만 같지 못하다. 다만 구함이 없고 집착이 없음을 배우면 곧 마음은 나지도 않고 멸하지도 않는다. 나지도 않고 멸하지도 않는 것, 이것을 일러 부처라 한다.

知見不生分 第三十一

圭峰 第二十六은 斷化身說法無福疑라 因聞眞化가 非一非異하야 意云若就非一인댄 化卽唯虛假요 若就非異인댄 又唯冥合歸一하야 法身이 卽化身이라 終無自體니 若爾인댄 卽所說法을 受持演說하야도 無福이라할새 斷之니라 文二니 一은 明說法功德이라

규봉 ㈐二十六 化身의 설법은 복이 없다는 의심을 끊음이라. 眞身, 化身이 '하나'도 아니고 '다름'도 아니라고 들음으로 인하여 뜻에 이르되 만약 '하나'가 아니라면 化身은 오직 헛되고 거짓된 것이요, 만약 '다름'이 아니라면 또한 오직 명합하여 '하나'에 돌아가서 法身이 곧 化身인 것이라. 마침내 스스로의 體가 없으니 만약 그러하다면 곧 설할 바의 法을 受持하고 연설해도 복이 없다고 하므로 그것을 끊음이라. 글에 두 가지니 ㉮一.설법의 공덕을 밝힘이라.

應化非眞分 第三十二 (응화신은 진신이 아님)

須菩提야 **若有人**이 **以滿無量阿僧祇世界七寶**로 **持用布施**어든 **若有善男子善女人**이 **發菩薩心者**가 **持於此經**하야 **乃至四句偈等**을 **受持讀誦**하야 **爲人演說**하면 **其福**이 **勝彼**하리니

수보리야, 만약 어떤 사람이 한량없는 아승지 세계에 가득찬 칠보를 가지고 보시할지라도 만약 또 어떤 선남자 선여인으로서 보살심을 발한 자가 이 경전을 가지되 내지 사구게 등이라도 수지하고 독송하여 남을 위해 연설하면 그 복덕이 저보다 수승하리라.

圭峰 偈에 云化身示現福이 非無無盡福이라하며 論에 云雖諸佛이 自然化身作業이나 而彼諸佛의 化身說法이 有無量無盡無漏功德이라하다 二는 明說法不染이라

규봉 偈에 이르되 化身의 示顯하는 복은 無盡福이 없지 않다 하며, 論에 이르되 비록 諸佛이 자연히 化身의 業을 지으나 저 제불의 화신 설법은 무량, 무진, 무루의 공덕이 있다 하다.
㉮二. 說法이 물들지 않음을 밝힘이라.

云何爲人演說고
어떻게 남을 위해 연설하는가.

冶父 要說인댄 有甚難이리오 卽今便請하노니 諦聽諦聽하라
說誼 只如四句를 要說인댄 有甚難이리오 卽今便請하노니 諦聽諦聽하

라

야부 說하고자 하면 무슨 어려움이 있으리오.
　지금 다시 청하노니 자세히 듣고 자세히 들으라.
설의 다만 四句를 설하고자 하면 무슨 어려움이 있으리오.
지금 다시 청하노니 자세히 듣고 자세히 들으라.

冶父 行住坐臥와 是非人我와 忽喜忽瞋이 不離這箇어니와 祇這箇라하면 驀面唾하리라. 平生肝膽을 一時傾하니 四句妙門을 都說破로다
說誼 日用行住坐臥와 瞋喜是非가 畢竟承誰恩力고 要之컨댄 總不離這介니 只這介여 堂堂覿面露規模하고 了了圓成無比格이로다 然雖如是나 莫作這介會니 若作這介會하면 便是眼中屑이라 不作這介會하야사 方得契如如니 比如淸涼池가 四面皆可入이며 亦如猛火聚가 四面不可入이니라 妙門이 諒斯在하니 如今에 都說破로다
야부 行住坐臥와 是非人我와
　　　　문득 기뻐하고 문득 성냄이, 이것을 떠나 있지 않거니와
　　　　또한 이것이라 하면 당장 얼굴에 침을 뱉으리라.
　　　　평생의 肝膽(가슴에 품고 있는 것)을 일시에 쏟아 놓으니
　　　　四句의 妙門을 모두 설파했도다.
설의 날마다 쓰는 행주좌와와 성내고 기뻐하고 옳고 그름은 필경 누구의 은혜를 받은 것인가. 요컨대 모두 이것을 떠나 있지 않으니 다만 이것이여. 당당히 얼굴을 보아 규모를 드러내고 요요히 원성하여 비교할 데가 없도다. 비록 그렇긴 하나 이것이라는 알음알이를 짓지 말지니, 만약 이것이라는 알음알이를 지으면 곧 이것은 눈 속의 티로다. 이것이라는 알음알이를 짓지 않아야 바야흐로 如如함에 계합할 수 있으니 비유컨대 시원한 못에는 사면으로 다 들어갈 수 있음과 같으며 또한 맹렬한 불구덩이엔 사면으로 들어갈 수 없음과 같도다. 妙門은 진실로 여기에 있으니 지금에 모두 다 설파했음이로다.

不取於相하야 **如如不動**이니라
상을 취하지 않고 여여히 동하지 않느니라.

說誼 法界는 本無說이로대 對緣而有說이라 說法이 無自性하야 終不離法界니 若是法界體인댄 爲有아 爲空가 爲非空有아 有空은 不空이요 空有는 不有니 旣非空有인댄 中亦非中이니라 是知法界體上에 三相이 元來空寂이니 云何演說하야사 得與法界로 相應去在오 說理而卽事라 不取於空이며 說事而卽理라 不取於有며 說中而卽邊이라 不取於中이니라 故로 云不應取法이며 不應取非法이라하시니 合卽法非法之二相이요 開卽有無中之三相이라 離三相而安住實際하고 坐一如而曾不動搖니 說是經者가 妙造乎此則不見有我爲能度며 有生爲所度요 不見有法爲可說이며 有人爲能說이니라 所以로 道호대 始從鹿野苑으로 終至跋提河히 於是二中間에 未曾說一字라하시니 伊麼則內絶己躬하고 外無可化라 終日度生호대 未曾度生이요 舌頭無骨하고 語下無迹이라 終日說示호대 未曾說示니라 雖彌天敎海와 滿地葛藤이라도 如紅爐上一點殘雪이니 如是解者가 是眞正解며 如是說者가 是眞實說이니라

설의 법계는 본래 설함이 없음이로되 인연에 닿으면 설함이 있도다. 설법은 자성이 없어서 마침내 법계를 떠나지 않았으니 만약 이 법계의 體라면 있음이 되는가 空함이 되는가. 空도 有도 아님이 되는가. 有空은 空이 아님이요 空有는 有가 아님이니 이미 空도 有도 아니라면 그 중간도 또한 中이 아님이다. 알지어다. 법계의 체위에는 三相이 원래 공적하니 어떻게 연설해야 법계와 더불어 상응할 수 있으리오. 이치를 설하면 事에 卽함이라, 空을 취하지 말 것이며 事를 설하면 理에 卽함이라, 有를 취하지 말 것이며 中을 설하면 道에 卽함이라, 中을 취하지 말 것이니라.

그러므로 말하되 응당 법을 취하지 말 것이며 법아님도 취하지 말라 하시니, 합한즉 법과 非法의 二相이요, 연즉은 有, 無, 中, 三相이로다. 三相을 떠나서 實際에 안주하고 一如(여여부동처)에 앉아서 일찍이 동요치 말지니 이 경을 설하는 자가 妙하게 여기에 나아간즉 我가

있어서 능히 제도함을 보지 않으며 衆生이 있어서 제도할 바가 됨을 보지 않으며, 法 가히 설할 것이 있음을 보지 않으며 사람이 있어 능히 설해야 됨을 보지 않느니라. 그러므로 이르되 처음 녹야원으로부터 발제하(구시라)에 이르기까지 두 중간에 일찍 한 글자도 설하지 않았다 하시니, 이러한즉 안으로는 자기를 끊고 밖으로는 가히 교화할 것도 없음이라. 종일토록 중생을 제도하되 일찍이 중생을 제도하지 않음이요, 혀에는 뼈가 없고 말에는 자취가 없음이라. 종일토록 설하여 보이되 일찍이 설하여 보이지 않음이니라. 비록 하늘에 가득한 가르침과 땅에 가득한 쓸 데 없는 말들(葛藤)이라도 붉게 타는 화로 위에 한 점 잔설과 같음이니, 이와 같이 아는 자는 진정으로 아는 자이며 이와 같이 설하는 자는 참으로 진실하게 설하는 자이니라.

冶父 ⊙
說誼 拂盡今時하야사 始得就體니 須知三點水가 却向裏頭圓이니라
야부 ⊙ (圓伊三點)
설의 今時(번뇌)를 떨어버려야 비로소 本體에 나아감이니 모름지기 三點의 水(ヽ)가 도리어 속의 원을 향하여 있음을 알지니라. (ヽ는 범어의 伊자를 두고 法을 表現했음)

冶父 末後一句가 始到牢關하니 直得三世諸佛이 四目相覰이며 六代祖師가 退身有分이라 可謂是江河徹凍에 水泄不通이요 極目荊榛에 難爲措足이로다 到這裏하야는 添一絲毫라도 如眼中着刺요 減一絲毫라도 似肉上剜瘡이니 非爲坐斷要津이라 蓋爲識法者恐이니라 雖然恁麽나 佛法이 只如此인댄 便見陸地平沈이니 豈有燈燈續焰이리오 川上座는 今日에 不免向猛虎口中奪食하며 獰龍頷下穿珠하야 豁開先聖妙門하야 後學이 進身有路케하리니 放開一線이 又且何妨이리오 語則全彰法體요 黙則獨露眞常이며 動則隻鶴片雲이요 靜則安山列嶽이라 擧一步에 如象王回顧요 退一步에 若師

子噸呻이니 法王法令을 當行이라 便能於法에 自在로다 秖如末後
一句를 又作麼生道오 還委悉麼아 雲在嶺頭閑不徹하고 水流澗下
太忙生이로다

說誼 最初敷座는 仗劍當路하야 號令天下요 末后不動은 斬盡精靈하
야 秉劍歸位니 這一柄吹毛는 體絶纖塵하고 光爍太虛라 寓目者가 喪
膽亡魂이요 近傍者가 身分兩段이니 直得三世諸佛이 覷不及이며 歷代
祖師가 親不得이로다 伊麼則深深乎不通風이요 凜凜乎難掛目이라 終
年竟歲威且險하니 不通凡聖絶去來로다 到這裏하야 開口也錯이며
閉口也錯이라 動靜이 俱非요 進退俱失이니 此非強爲라 法爾如然이로
다 雖然伊麼나 若一向收而不放하고 合而不開면 則致令後代兒孫으로
擡脚不起하야 便見陸地平沈하리니 豈有子子相傳하며 孫孫相繼리오
所以로 今日에 向荊棘林中하야 啓一線道하야 不通風處에 別通消息이
니 所以然者는 無施設中에 不妨有施設이며 不風流處에 不妨有風流
라 語默動靜이 本現成이요 擧步退步가 俱自若이로다 到這裏하야는 妙
用이 縱橫하야 不存軌則이라 蕩一切法도 亦在我며 建一切法도 亦在
我니 如王秉劍하고 似虎戴角이라 有意氣時에 添意氣요 得寬懷處에
且寬懷로다 只如末后一句를 又作麼生道오 還委悉麼아 山不露頂雲
不徹이여 望之令人總愁殺로다 澗水冷冷流太忙이여 行人이 到此快精
神이로 要會箇中意하면 雙暗亦雙明하리라

야부 마지막 한 구절(不取於相 如如不動)이 비로소 뇌관(견고한
관문)에 이르렀으니 바로 삼세의 모든 부처님이 네 개의 눈으로
서로 보는 것이며 六代祖師가 물러설 分이 있음이로다. 가히 이르
되 강물이 철저히 얼었으니 물이 흐를래야 통하지 못함이요, 눈에
가시가 가득하매 발들여 놓기가 어렵도다. 이 속에 이르러서는 한
터럭을 더하더라도 마치 눈 속에 가시를 둔 것 같고 한 터럭을
빼더라도 살 위의 부스럼과 같으니, 앉아서 요긴한 길을 끊으려는
것이 아니라 대저 法을 아는 자에게 두려움이 되기 때문이니라.
비록 이러하나 佛法이 다만 이와 같을진대 문득 육지가 平沈함을

볼 것이니 어찌 (祖師의) 燈과 燈이 불꽃(慧明)을 이음이 있으리오. 川上座(冶父)는 오늘 사나운 호랑이 입속에서 음식을 빼앗으며, 사나운 용의 턱 속에 있는 구슬 꿰는 것을 면치 못함이니, 先聖의 妙門을 활짝 열어 후학들이 몸이 나아가는데 길이 있게 하리니 한 길을 터 놓는 것이 또 어찌 방해되리오. 말한즉 온전히 法體를 나타냄이요, 묵묵한즉 홀로 眞常을 드러냄이며 움직인즉 한 마리 학이 조각구름으로 날아감이요, 고요한즉 앞산이 펼쳐짐이로다. 한 걸음을 들면 마치 코끼리가 돌아보는 듯하고 한 걸음을 물러서면 사자가 기지개를 켜며 포효하는 것 같으니 法王의 法令을 마땅히 행함이라. 곧 능히 법에 있어서 自在함이로다. 다만 저 마지막 한 구절을 또 어떻게 말할 것인가. 또한 자세히 알겠는가.

　　　　구름은 고갯마루에 걸려 한가히 걷히지 않고
　　　　물은 시내로 흐름이 너무 바쁘도다.

설의　최초의 敷座는 칼을 잡고 길에 나가 천하를 호령함이요, 마지막의 不動은 精靈(숱한 법답지 못한 것)들을 다 베어버리고 칼을 잡고 제 위치에 돌아옴이니 한 자루 吹毛劍의 體는 먼지 하나 붙지 않고 그 빛은 온 허공에 빛남이라. 쳐다보는 자는 담이 녹고 혼을 잃음이요, 가까이 하는 자는 몸이 두 쪽으로 나뉘게 되니, 바로 삼세제불이 엿볼래야 미치지 못하며 역대조사가 친하려 해도 친할 수 없도다. 이러한 즉 깊고 깊어서 바람이 통하지 못하고 늠름하여 쳐다보기 어렵도다. 해가 가고 세월이 다하도록 위의가 험준하니 범성도 통하지 못하고 去來도 끊었도다. 이 속에 이르러서는 입을 열어도 그르치고 입을 다물어도 그르침이라. 動과 靜이 함께 틀림이요 진퇴가 모두 잃어버림이니, 이것은 강제로 되는 것이 아니라. 법이 으레히 그러함이로다. 비록 그러나 만약 한결같이 거두기만 하고 놓지 않으며 합하기만 하고 열지 않으면 곧 後代兒孫들로 하여금 다리를 들고 일어나지 못하게하여 문득 육지가 平沈함을 보리니 어찌 아들과 아들이 서로 전함이 있으며 손자와 손자가 서로 계속함이 있으리오. 그러므로 오늘에 가시덤불 속을 향하여 한 길을 터 놓아서 바람이 통하지 않는 곳은 달리 소식을 통하게 하리니 이유인즉 施設이 없는 가운데 施設 있음이 방해롭지 않으며 風流 아닌 곳에 風流 있음이 방해롭지 않음이라. 語默動靜이 본래 이루어진 것이고 걸음을 들고 걸음을 물러섬이 모두 법도를 두지 않음이라.(저절로 그러함이라) 일체법을 없애는 것도 또한 나에게 있으며 일체법을 세움도 또한 나에게 있으니 마치 왕이 칼을 잡은 것 같고 호랑이가 뿔이 달려 있는 것과 같음이라. 意氣 있을 때 의기를 더함이요 관회(寬懷)를 얻은 곳에 또한 관회함이로다. 다만 저 마지막 한 구절을 또 어떻게 말할 것인가 또한 자세히 아느냐. 山은 정상을 드러내지 않고 구름도 걷히지 않음이여! 바라보는 사람으로 하여금 모두 근심스럽게 하도다. 시냇물이 냉랭히 급하게 흘러감이여. 행인이 여기에 이르면 정신이 상쾌해지도다. 그 가운데 뜻을 알고자 하는가. 쌍으로 어둡고 또한 쌍으로 밝으리라.

冶父 得優遊處에 且優遊하니 雲自高飛水自流로다 秖見黑風이 翻大浪하고 未聞沈却釣魚舟로다
說誼 自由更自由하니 閑忙이 共一時로다 風翻白浪이 尋常事라 漁艇이 從來로 不見沈이로다
야부 優遊함을 얻은 곳에 또한 우유하니
    (優遊;자유로움)
    구름은 저절로 높이 날고 물은 저절로 흐르도다.
    다만 黑風이 큰 물결 뒤치는 것만 보고
    낚싯배가 침몰함은 듣지 못했도다.
설의 자유롭고 또 자유로우니 한가하고 바쁜 것이 모두 한때로다. 바람이 흰 물결 출렁이는 것은 늘 있는 일이라. 고깃배가 종래로 침몰함은 보지 못함이로다.

六祖 七寶之福이 雖多나 不如有人이 發菩薩心하야 受持此經四

句偈等하야 爲人演說이니 其福이 勝彼百千萬倍라 不可譬喩니 說法善巧方便으로 觀根應量하야 種種隨宜를 是名爲人演說이요 所聽法人이 有種種相貌不等이나 不得作分別心이니 但了空寂一如之心하야 無所得心하며 無勝負心하며 無希望心하며 無生滅心이면 是名如如不動이니라

육조 칠보의 복이 비록 많으나 어떤 사람이 보살심을 발하여 이 경의 사구게 등을 수지하고 사람들을 위하여 연설하는 것만 같지 못하니 그 복이 저것보다 백천만 배나 수승함이라. 가히 비유할 수 없음이니 說法의 善巧方便으로 根機를 관하고 量에 응하여 가지가지로 마땅함을 따르는 것을 이름하여 사람을 위해 연설하는 것이라 함이요. 법을 듣는 사람의 갖가지 모습은 같지 않으나 분별심을 짓지 말 것이니, 다만 空寂하고 一如한 마음을 요달하여서 所得心이 없으며 勝負心이 없고 希望心이 없으며 生滅心이 없으면 이를 여여부동이라 함이니라.

圭峰 無着이 云爲說法無染故로 以有如是大利益이라 故로 決定演說이니 如是演說이 卽無所染이니라 云何演說等者는 顯示不可言說故니 若異此者인댄 則爲染說이니 以顚倒義故니라 又云說時에 不求信敬等도 亦爲無染說法이라하며 大雲이 云若能不以生滅心行으로 說實相法하면 卽如彼眞如일새 故曰如如요 又心如境如일새 故曰如如니라 不動者는 則無染義라하다 第二十七은 斷入寂如何說法疑라 論에 云若諸佛如來가 常爲衆生說法인댄 云何言如來入涅槃고

규봉 무착이 이르되 설법에는 물듦이 없는 까닭에 이와 같은 대이익이 있음이라. 그러므로 결정코 연설함이니 이와 같은 연설이 곧 물든 바가 없음이니라. '어떻게 연설할까' 등은 가히 말할 수 없는 것을 顯示함이니 만약 이것과 다르다 하면 곧 물든 연설이 됨이니 전도된 뜻인 까닭이니라. 또한 이르되 설할 때에 (설법자

를)믿고 공경함을 구하지 않는다는 것도 또한 無染說法이 된다 하다. 大雲이 이르되 만약 능히 生滅心行으로써 實相法을 설하지 않는다면 곧 저 眞如와 같으므로 如如라고 함이요, 또 마음도 여여하고 경계도 여여한 고로 如如라 하느니라.

不動이란 즉 無染(물듦이 없음)의 뜻이라 하다.

㈎二十七. 寂에 들면 어떻게 설법하는가 하는 의심을 끊음이라. 論에 이르되 만약 제불 여래가 항상 중생을 위해 說法할진대 그렇다면 여래가 어떻게 열반에 든다고 말하는가.

何以故오 一切有爲法이 如夢幻泡影하며 如露亦如電하니 應作如是觀이니라

무슨 까닭인가. 일체의 함이 있는 법은 꿈과 같고 환상과 같고 물거품과 같고 그림자 같으며 이슬과 같고 또한 번개와도 같으니 응당 이와 같이 관할지니라.

說誼 演說是經에 何須不取於相하야 如如不動고 一切有爲化演之法이 若離法界하면 無自體相이 如彼六喩하야 皆非究竟이니 所以로 應如是觀하야 不取於相이니라 不取於相을 以不取三相으로 言者는 眞如自性은 非有相이며 非無相이며 非非有相이며 非非無相이라 爲破常見하사 說一切空하시고 爲破斷見하사 說一切有하시며 恐落二邊하사 說不空不有하시니 此皆對緣施設이라 非爲究竟이니라 由是로 不應取於三相하야 違彼如如妙境이니 此則單約化演說耳어니와 且通約世出世法하야 以明三觀一心一心三觀之意인댄 內而根身과 外而器界의 依正淨穢와 上至諸佛하며 下至螻蟻히 凡聖因果等法이 皆從緣有라 盡屬有爲요 因心所現이라 皆無自體가 如夢因想有하야 無自體하며 幻因物有하야 無自體하며 泡因水有하야 無自體하며 影因形有하야 無自體라 所以로 諸法이 無不是空이니라 雖無自體나 依正淨穢가 相相이 宛然하고 凡聖因果를 不可云無호미 如彼草露가 雖非常住나 暫焉得住라 所以로

諸法이 無不是假니라 旣如夢卽空이며 如露卽假요 亦如電光이 無中忽有하며 有中忽無하야 刹那卽生이며 刹那卽滅이라 有卽非有요 無卽非無니 旣非有無일새 所以로 諸法이 無非中道니라 生卽無生이며 滅卽無滅이니 生滅이 旣虛일새 所以로 諸法이 無非實相이니라 所以로 道호대 因緣所生法을 我說卽是空이라 是名爲假名이며 亦名中道義라하시니 伊麼則三相이 不離一境이며 一境이 圓含三相이라 欲言三相인댄 宛是一境이요 欲言一境인댄 宛是三相이라 三一一三이 圓融互照하니 此是如如大總相法門也니라 取於有得麼아 取於空得麼아 取於中得麼아 取三相得麼아 取一相得麼아 應觀卽三之一하야 契乎三觀一心之門하고 觀卽一之三하야 契乎一心三觀之門하며 頓超三一之外하야 安住如如妙境이니 持是經者가 入此觀門하면 不用解一理라도 會盡無量義요 說是經者가 入此觀門하면 不用說一字라도 常轉正法輪이니라 末后一偈가 妙超情謂하야 千古令人으로 洒洒落落하니 凡看讀者는 尤須着眼이어다

설의 이 경을 연설하매 어찌 모름지기 相을 취하지 않고서 如如히 不動하는가. 모든 有爲로써 교화하고 연설하는 법이 만약 법계를 떠나면 自體의 相 없는 것이 저 여섯 가지 비유와 같아서 다 구경이 못됨이니, 그러므로 응당 이와 같이 觀하여 相에 취하지 말지니라. 相을 취하지 않는 것을 三相(有, 假, 中)을 취하지 않는 것으로 말한 것은 眞如自性은 有相이 아니며 無相도 아니고 非有相도 아니며 非無相도 아니니라. 常見을 破하기 위하여 一切가 空함을 설하시고 斷見을 파하기 위하여 일체가 有임을 설하시며 二邊에 떨어질까 염려하여 空도 아니고 有도 아님을 설하시니, 이는 모두 因緣에 닿아서 施設하심이라. 구경이 되지 않는 것이니라. 이로 말미암아 응당 三相을 취하여서 저 如如한 妙境에 위배되지 말지니라. 이것은 곧 單的으로 교화하고 연설함을 잡아 설하였을 따름이거니와, 또한 通히 世와 出世法을 잡아서 三觀이 一心이며 一心이 三觀인 뜻을 밝힘인댄 안으로의 根身과 밖으로 器界의 依報, 正報와 淨土, 穢土와 위로는 모든 부처님으로부터 아래로는 개미류에 이르기까지 凡聖과 因果等의 法이 다 인연을 좇아서

있음이라, 모두 有爲에 속함이요, 마음으로 인하여 나타난 바로다. 모두 自體가 없는 것이 마치 꿈은 생각으로 인하여 있어서 自體가 없으며 幻은 사물로 인하여 있어서 自體가 없으며 물거품은 물로 인해 있어서 自體가 없고 그림자는 형상으로 인해 있어서 자체가 없음과 같도다. 그러므로 모든 법이 이 空 아님이 없느니라. 비록 자체가 없으나 依 正 淨 穢의 모양모양이 분명하고 凡聖, 因果가 가히 없다고 말할 수 없는 것이, 저 풀잎의 이슬이 비록 항상 있지는 않으나 잠시 있는 것이라. 그러므로 모든 법이 거짓[假]아님이 없느니라. 이미 꿈은 곧 空함과 같으며 이슬은 곧 거짓과 같으며 또한 번갯불은 없는 가운데 홀연히 있는 것과 같으며 있는 가운데 홀연히 없는 것과 같아서 찰나에 곧 生하고 찰나에 곧 멸함이라. 有가 곧 有가 아니요, 無가 곧 無가 아님이 되니 그러므로 모든 법이 中道 아님이 없느니라. 生이 곧 生이 아님이요 멸한즉 멸함이 아니니, 生滅이 이미 텅비었으므로 諸法이 實相 아님이 없느니라. 그러므로 말하되 因緣으로 생긴 바의 法을 내가 말하되 곧 空이라. 이 이름은 假名이 되며 또한 이름이 中道의 뜻이라 하시니, 이러한즉 三相이 한 경계[一境]를 떠나지 않았으며 一境이 원만히 三相을 다 포함하고 있음이라. 三相을 말하고자 하면 완연히 이 一境이요, 一境이라 말하고자 하면 완연히 이 三相이라. 三, 一과 一, 三이 원융하게 서로 비추니 이것이 如如한 大總相法門(커서 모든 것을 다 지니고 있는 법문)이니라.

  有를 취할 수 있겠는가. 空을 취할 수 있겠는가. 中을 취할 수 있겠는가. 三相을 취할 수 있겠는가, 一相을 취할 수 있겠는가. 응당히 三에 卽한 一을 觀해서 三觀一心의 門에 계합하고 一에 卽한 三을 觀해서 一心三觀의 門에 계합하며, 三과 一의 밖을 단번에 초월하여 如如한 妙境에 安住함이니 이 경을 가진 사람이 이 觀門에 들어오면 한 이치의 앎을 쓰지 않더라도 무량한 뜻을 다 알게 되고 이 경을 설하는 자가 이 觀門에 들어오면 한 글자의 설함을 쓰지 않더라도 항상 正法輪을 굴릴지니라. 마지막 한 게송이 妙하게 우리의 상식을 뛰어넘어서 千古의 사람으로 하여금 洒洒落落하게 함이니 무릇 경을 읽는 사람은 더욱더 여기에(마지막 한 게송) 着眼할지어다.

圭峰 釋此文三이니 一은 約兩論하야 釋魏本中九喩요 二는 約諸經論하야 顯諸虛假喩之大意요 三은 會通秦譯經本이니라 初中魏本九喩經에 云一切有爲法이 如星翳燈幻과 露泡夢電雲하니 應作如是觀이라하니라 於中에 文二니 一은 約本論斷疑라 偈에 云非有爲非離가 諸如來涅槃이니 九種有爲法을 妙智正觀故라하며 論에 云諸佛이 得涅槃하사 化身說法故로 非有爲며 非離有爲니 何故로 示現世間호대 而不住有爲오 由妙智로 正觀有爲가 如九喩虛假故라하다 後는 兼無着釋相이라 無着이 云此偈는 顯示四有爲相이니 於中에 文四니 一은 自性相이니 此見相識三이 用識爲體하나니 生死根本故니라 於中에 文三이니 一은 星은 喩能見分이니 無着이 云無智闇中에 有彼光故요 有智明中에 無彼光故라하다 二는 翳는 喩所見分이니 論에 云如人이 目有翳에 則見毛輪等色인달하야 觀有爲法도 亦爾니 以顚倒見故라하며 無着이 云人法我見이 如翳하니 以取無義故라하다 三은 燈은 喩識이니 燈約膏油의 相續不絶이요 識依貪愛의 生死無休니라 二는 着所住味相이니 論에 云幻은 喩所依住處니 以器世間種種差別이 無一體實故라하며 無着이 云味着顚倒境故라하며 大雲이 云幻出城郭誑人하나니 識變山河不實이라하다 三은 隨順過失相이니 身及受用이 是過失也요 觀此無常을 是名隨順이니라 又解云隨順身受 卽是過失이니라 於中에 文二니 一은 露는 喩身이니 論에 云身亦如是하야 少時住故라하다 二는 泡는 喩受用事니 論에 云所受用事도 亦復亦是니 以受想因三法이 不定故라하며 無着이 云顯示隨順苦體니 以受如泡故라하며 功德施에 云觀察壽如水上泡하야(壽는 當作受라) 或始生未成體하고 或纔生暫停住하야 卽歸散滅이라하다 四는 隨順出離相이니 無着이 云隨順人法無我일새 故得出離라하다 於中에 文三이니 一은 夢은 喩過去니 無着이 云彼過去行이 以所念故로 如夢이라하며 新論에 云應觀過去所有集

造가 同於夢境이니 但唯念性故라하며 功德施에 云觀察作者가 如夢中에 隨先見聞憶念分別熏習住故로 雖無作者나 種種境界가 分明現前하나니 如是衆生이 無始時來로 有諸煩惱善不善業이 熏習而住일새 雖無我是能作者나 而現無涯生死等事라하다 二는 電은 喩現在니 論에 云以利那不住故라하며 功德施에 云觀察心如電하야 生時卽滅이라하다 三은 雲은 喩未來니 論에 云以於子時에 阿梨耶識이 與一切法으로 爲種子根本이라하며 無着이 云彼麁惡種子가 似虛空하야 引心出故로 如雲이라하며 又云如是知三世行하면 則達無我니 此는 顯示隨順出離相이라하며 大雲이 云過未는 無體요 現又不住니 則三世空하야 達無我矣라하다 二는 約諸經論하야 顯諸虛假喩之大意者는 佛이 說一切法空하시니 疑云云何現見一切境界오할새 故說如幻이니 幻法雖無나 分明可見이니라 又疑云幻法이 旣無인댄 人何愛着고할새 故說如陽焰이니 渴鹿은 謂之爲水하야 愛着奔趣니라 又疑云渴鹿이 畢竟不得水어니 貪者가 如何皆得受用고할새 故說如夢이니 夢中所見도 亦得受用이니라 又疑云夢造善惡이나 寤無業報요 夢打尊長이나 寤無憂懼라할새 故說如影如響이니 雖全無體나 明鏡이 對色하며 空谷이 對聲에 姸媸高低가 一一皆應하야 必無雜亂하며 必無參差니라 又疑云若都無實인댄 菩薩이 何以作利樂事오할새 故說如化니 謂變化者는 雖知不實이나 而作化事니라 三은 會通秦譯經本者는 夢幻泡影은 空理全彰하고 露電二喩는 無常足顯이라 悟眞空則不住諸相이요 觀生滅則警策修行이니 妙符破相之宗하고 巧示忘情之觀일새니라 略者는 良以星燈은 有體하고 雲種은 含生일새 恐難契空心하야 潛滋相想이니 取意譯之가 妙在玆焉이니라

규봉 이 글을 해석하는데 세 가지가 있으니 ㉮一. 兩論을 잡아서 魏의 번역본 중 아홉 가지 비유를 해석함이요, ㉮二. 모든 經論을 잡아서 헛되고 거짓인 비유의 大意를 나타냄이요, ㉮三. 秦譯의 經本을 회통함이니라.

㈎一. 처음 魏本의 九喩經에 이르되 一切有爲法은 星(별), 翳(눈병), 燈(등불), 幻(환)과 露(이슬), 泡(거품), 夢(꿈), 電(번개), 雲(구름)과 같으니 응당 이와 같이 관하라 하다. 이 중에 두 가지니 ㉯一. 本論을 잡아 의심을 끊음이라. 偈에 이르되 有爲도 아니고 떠남도 아닌 것이 모든 여래의 열반이니 아홉 가지 有爲法을 묘한 지혜로써 正觀해야 한다 하다.

論에 이르되 諸佛의 열반을 얻어서 化身으로 說法하는 고로 有爲가 아니며 有爲를 떠남도 아니니 무슨 까닭으로 世間에 나투되 有爲에 머물지 않는가. 妙智로 말미암아서 有爲를 正觀하는 것이 아홉가지 비유의 헛되고 거짓됨과 같기 때문이라 하다. ㉯二. 무착의 相해석함을 겸함이라. 무착이 이르되 이 偈는 네 가지의 有爲相을 현시한 것이니 이 가운데는 네 가지가 있다. ㉯一. 自性相이니 이 見과 相과 識 세 가지가 識을 써서 體를 삼나니 생사의 근본인 연고라 하다. 이를 세 가지로 나누면 ㈎一. 星은 能見分을 비유함이니 무착이 이르되 지혜가 없는 어둠 가운데선 저 (별)빛이 있지만 지혜가 있는 밝음 가운데선 저 빛이 없는 까닭이라 하다. ㈎二. 翳는 所見分에 비유함이니 논에 이르되 어떤 사람이 눈에 눈병이 있으면 곧 毛輪(헛것) 等의 色을 보는 것과 같아서 有爲法을 觀함도 또한 그러함이니 전도된 見인 연고라 하다. 무착이 이르되 人, 法의 我見이 눈병과 같으니 취할 게 없다는 뜻인 연고라 하다. ㈎三. 燈은 識을 비유함이니 등은 기름이 상속하여 끊어지지 않음을 잡은 것이요, 識은 貪愛하여 생사가 쉬지 않음이니라. ㉯二. 住한 바의 味에 着하는 相이니 논에 이르되 幻은 의지할 바의 住處를 비유함이니 기세간의 갖가지 차별들이 하나도 體가 실다움이 없는 연고라 하며 무착이 이르되 전도된 경계에 맞들여 집착한 연고라 하다. 大雲이 이르되 幻으로 나온 성곽이 사람을 속이나니 識이 山河의 실답지 못함을 변해 나타낸다 하다.
㉯三. 過失을 수순하는 相이니 몸과 몸이 수용하는 것이 과실이

요 無常을 觀하는 것이 수순이라 이름하도다. 또한 해석하되 수순과 身과 愛가 곧 과실이니라. 그 중에 두 가지니 ㉮一. 露는 몸에 비유함이니 논에 이르되 몸도 또한 이와 같아서 잠시 머무르는 연고라 하다. ㉮二. 泡는 (몸이)수용하는 일에 비유함이니 논에 이르되 수용하는 일도 또한 이와 같으니 受, 想, 因 三法이 일정하지 않은 연고라 하다. 무착이 이르되 苦體(괴로움) 수순함을 현시함이니 受(수용함)는 물거품과 같은 연고라 하며 功德施에 이르되 受는 물 위의 거품과 같아서 혹 처음 생길 때 體를 이루지 못하고 혹 막 생길 때 잠시 머무르다 곧 흩어져 멸하여서 돌아감을 관찰한다 하다.

㉰四. 떠남(出離)을 수순하는 相이니 무착이 이르되 人과 法의 無我를 수순하므로 떠남을 얻는다 하다. 그 중에 세 가지니 ㉮一. 夢은 過去에 비유함이니 무착이 이르되 저 과거의 行을 생각한 연고로 꿈과 같다 하며 新論(화엄신론)에 이르되 과거의 있는 바 지은 것이 꿈의 경계와 같은 줄 응당히 관찰할지니 다만 오직 생각인 까닭이라 하다. 功德施에 이르되 지은 것을 관찰함이 마치 꿈속에서 見聞하고 기억하며 분별하고 熏習함을 따라서 주하는 고로 비록 지은 바가 없으나 가지가지 경계가 분명히 현전하나니 이와 같이 중생이 시작없는 시간부터 모든 번뇌의 善과 不善한 業이 훈습하여 주함이 있으므로 비록 내가 能作함이 없으나 끝없는 생사 등의 일을 나타낸다 하다.

㉮二. 電은 현재에 비유함이니 논에 이르되 찰나에도 머물지 못하는 연고라 하며 功德施에 이르되 마음이 번개와 같음을 관찰해서 생긴 즉시 곧 멸한다 하다.

㉮三. 雲은 미래에 비유함이니 논에 이르되 子時(한밤중)에 아뢰야식이 일체법과 더불어 種子로써 根本이 된다하며 무착이 이르되 저 거칠고 악한 종자가 허공과 같아서 마음을 이끌어내는 고로 구름과 같다고 하며, 또 이르되 이와같이 三世行을 알면 곧

無我를 통달함이니 이것은 떠남을 수순한 相을 현시함이라 하다. 大雲이 이르되 과거와 미래는 體가 없음이요 현재 또한 머물지 않으니 곧 三世가 空하여 無我한 이치에 도달한다 하다.

㈎二. 모든 經論을 잡아서 모든 虛假한 비유의 대의를 나타낸다고 한 것은 佛이 일체법이 공함을 설하시니, 의심하여 이르되 어떻게 일체 경계가 나타나 보이는가 하므로 幻과 같다고 설하시니 幻法이 비록 없으나 분명 가히 보이느니라. 또 의심하여 이르되 幻法이 이미 없음인댄 사람들은 왜 애착하는가. 그러므로 말하되 아지랑이와 같음이니 목마른 사슴은 그것을 물이라 애착하여 달려감이니라. 또 의심하여 이르되 목마른 사슴은 끝내 물을 얻지 못하거니와 貪하는 자가 어찌 다 수용할 수 있는가 하므로 꿈과 같다고 설하시니, 꿈속의 보는 바도 또한 수용함을 얻느니라. 또 의심하여 이르되 꿈에 선악을 지으나 깨고 보면 업보가 없음이요 꿈에 어른을 때렸으나 깨고 보면 두려운 마음이 없다 하므로, 그림자 같고 메아리 같다고 설하시니, 비록 (그것들은) 온전한 體가 없으나 밝은 거울이 사물을 대하는 것과 같으며, 빈 골짜기가 소리를 대함에 고운 소리, 미운 소리, 높고 낮은 소리에 낱낱이 다 응하여 반드시 뒤섞임이 없으며 반드시 어긋남이 없느니라. 또 의심하여 이르되 만약 모두 실다움이 없다면 보살은 무엇 때문에 이익한 일을 하는가 할새, 그러므로 化(변화)와 같다고 설하시니 변화란 것은 비록 실답지 못함을 아나 변화하는 일을 짓느니라.

㈎三. 秦譯의 經本(지금 쓰이는 경전)을 會通한다는 것은 夢, 幻, 泡, 影은 空의 이치가 온전히 드러나고 露, 電 두 비유는 無常함이 족히 나타남이니라. 眞空을 깨달은즉 모든 相에 머물지 않음이요, 생멸을 觀한즉 수행하는데 경책이 됨이니 妙하게 相(諸法實有)을 깨뜨리는 宗旨에 부합하고 교묘히 忘情의 觀을 보이는 것이니라. 생략한 것은 진실로 星과 燈은 體가 있고 雲과 翳는 숨하고 生함일새. 空心에 계합하기 어려워서 相想에 잠기고 더할까 염

려함이니 뜻만 취하여 번역한 妙가 여기에 있느니라.

六祖　夢者는 是妄身이요 幻者는 是妄念이요 泡者는 是煩惱요 影者는 是業障이라 夢幻泡影業을 是名有爲法이니 眞實은 離名相이요 悟者는 無諸業이니라

육조　夢이란 망녕된 몸이요 幻이란 망녕된 생각이고 泡란 번뇌며 影이란 業障이라. 夢, 幻, 泡, 影의 業을 유위법이라 名함이니 眞實은 名과 相을 떠난 것이요, 깨달음이란 모든 업이 없는 것이니라.

傅大士　如星翳燈幻이 皆爲喩無常이니 漏識修因果여 誰言得久長가 危脆가 同泡露하며 如雲影電光하니 饒經八萬劫이라도 終是落空亡이니라

부대사　저 星, 翳, 燈, 幻이 모두 無常을 비유함이니
　　　　번뇌의 識으로 因果를 닦음이여.
　　　　누가 영원하다고 말하겠는가.
　　　　위태하고 연약한 것이 물거품, 이슬과 같으며
　　　　구름과 그림자, 번개, 빛과 같으니
　　　　설사 팔만 겁을 지난다 하더라도
　　　　끝내는 空亡에 떨어지느니라.

冶父　行船이 盡在把梢人이로다

說誼　篙師가 行船에 要東卽東하며 要西卽西라 或東或西에 去住自由하며 洪波涌浪에 隨高隨下하나니 以觀智로 入法性波瀾하면 是則俱是요 非則俱非라 掃蕩도 亦在我며 建立도 亦在我니 我爲法王이라 於法에 自在로다

야부　배를 움직임은 다 키(梢)잡은 사람에게 있느니라.

설의　篙師(키잡은 사람)가 배를 행함에 동으로 가려 하면 동으로 가

고 서로 가려 하면 서쪽으로 감이라. 혹 동이나 혹은 서로 가려 함에 가고 머무름이 자유로우며 큰 파도가 물결치면 높고 낮음을 따르니, 觀智로 法性의 파도에 들어가면 옳은즉 모두 옳고 그른즉 모두 그름이라. 없애는 것도 나에게 있으며 건립도 또한 나에게 있음이니 내가 法王이 됨이라. 법에 있어 自在하도다.

冶父 水中捉月이요 鏡裏尋頭로다 刻舟求劍이요 騎牛覓牛로다 空華陽燄이요 夢幻浮漚로다 一筆句下요 要休便休니 巴歌社酒村田樂이 不風流處自風流로다

說誼 我不是渠어늘 認影爲眞하며 日用便是어늘 向外尋眞이로다 一切皆非라 可以句下요 一切皆是라 要休便休니 村田이 何荒涼하야 固非風流處로대 歌酒樂自娛하니 是則也風流로다 六喩에 取一幻하야 以明箇中意하니 一切皆如幻이라 幻外에 無非幻이니 幻與非幻이 成一家라 頭頭自有無生樂이로다 此名大幻法門이며 亦名大幻三昧니 古今證者가 同證此大幻三昧며 古今說者가 同說此大幻法門이라 以此大幻法門으로 能作種種佛事하며 以此大幻三昧로 能現種種神變하나니 大幻之義가 何止從古于今이리오 亦乃天上天下로다 一喩가 已如是하니 餘喩도 亦如然이로다

야부 물 가운데서 달을 건지고
　　　거울 속에서 얼굴을 찾음이로다.
　　　배에 새겨놓아(표시) 칼을 찾으며
　　　소를 타고 소를 찾음이로다.
　　　허공꽃과 아지랑이이고
　　　꿈과 幻과 뜬 물거품이로다.
　　　모두가 붓끝에 있음이요
　　　쉬고 싶으면 곧 쉬나니
　　　천한 노래와 막걸리와 시골의 즐거움들이
　　　풍류가 없는 곳에서 저절로 풍류롭도다.

설의 나는 저가 아니거늘 그림자를 오인하여 眞을 삼으며 날마다 쓰는 것이 곧 이것이거늘 밖을 향해 眞을 찾음이로다. 일체가 다 아님(非)이라 가히 글귀일 뿐이요, 일체가 다 옳음(是)이라 쉬려 하면 곧 쉬나니, 시골밭이 자못 황량하여 진실로 풍류처가 아니지만 노래와 술의 낙으로 저절로 즐거우니 이것이야말로 풍류로다.

여섯 가지 비유에서 한 가지 幻을 취하여 그 중의 뜻을 밝히노니 일체가 다 幻과 같음이라. 幻외에 幻아님이 없으니 幻과 더불어 幻아님이 一家를 이루도다. 頭頭가 스스로 無生樂이 있도다. 이 이름이 大幻法門이며 또한 이름하여 大幻三昧이니 古今의 증득한 자가 다같이 이 대환삼매를 증득한 것이며 古今에 설한 자가 다같이 이 대환법문을 설함이라. 이 대환법문으로써 능히 갖가지 佛事를 지으며 이 大幻三昧로써 능히 갖가지 신통변화를 나타냄이니 大幻의 뜻이 어찌 옛부터 지금에 이르는데 그치리오(시간적). 또한 天上과 天下로다(공간적). 하나의 비유가 이미 이와 같으니 나머지 비유도 또한 그러함이로다.

宗鏡 施七寶滿僧祇여 福有求而卽妄이요 持此經演四句여 德雖勝而非眞이라 宴坐水月道場하야 成就空華佛事로다 度幻化之含識하야 證寂滅之菩提하니 凡情聖解가 俱空이요 生死涅槃이 如夢이로다 昔에 梁武帝가 請傅大士講經할새 大士가 揮案一聲하고 便乃下座하시니 如斯洪範이 千古分明이라 不恪弘慈하사 當機辨着이로다 噫라 大士의 揮尺講經도 猶是曲垂方便이시니 美則甚美나 了則未了로다 若論最上頓宗인댄 直是不通凡聖이니 以金剛王寶劍으로 盡情掃蕩無餘하야 一任渠의 明來暗來四方八面來하며 普敎他로 休去歇去一念萬年去니라 然雖如是나 且道하라 末后一句를 誰堪奉行고 咄 直得虛空이 悉消殞하니 天龍八部가 徧流通이로다

說誼 求福이 元是妄이요 持經도 亦非眞이라 道場이 如水月하니 宴坐者가 阿誰며 佛事가 若空華하니 成就介什麽오 含識이 卽幻化라 無生

可度요 菩提가 本寂滅이라 無法可證이니 凡情聖解가 所以俱空이요 生死涅槃이 所以如夢이로다 大士의 揮尺講經이 垂範千古는 卽不無나 於此最上頓宗엔 了沒交涉이니 若是最上頓宗인댄 高提寶劍에 隨到便斬하야 普敎他로 休去歇去一念萬年去니라 然雖如是나 末后一句를 誰敢奉行고 咄 金剛寶劍이 倚天寒하니 直得虛空悉消殞이라 奉行에 何必推諸聖이리오 天龍八部가 徧流通이로다

종경 칠보를 보시하기를 아승지 동안 계속함이여. 복을 구함이 있으면 곧 妄이요, 이 경을 가지고 四句를 연설함이여, 덕이 비록 수승하나 眞이 아님이라. 水月道場(空의 도량)에 편안히 앉아서 空華佛事를 성취함이로다. 幻化(중생이 空하므로)인 含識을 제도하여 적멸의 보리를 증득하니 凡人의 情과 聖人의 解가 함께 空함이요 生死涅槃이 꿈과 같음이로다. 옛날에 梁武帝가 傅大士를 청하여 經을 강의함에, 大士가 책상을 휘둘러 한번 소리치고 곧 자리에서 내려오시니 이와 같은 큰 모범이 천고에 분명함이라. 큰 자비를 아끼지 않으사 機에 맞게 가려주었도다. 噫라(슬프다)! 大士의 尺(척, 잣대)을 휘둘러 經을 강의함도 오히려 간곡한 방편을 드리움이 아름답기는 심히 아름다우나 了함인즉 요달하지 못했도다. 만약 최상의 頓宗을 논함인댄 바로 이 凡聖에 通하지 않음이니 金剛王 寶劍으로써 마음(情)을 소탕하여 남음없이 다하여 저 밝음으로 오나 어둠으로 오나 四方八面에서 오매 일임하여 널리 저로 하여금 쉬어가고 쉬어가서 一念이 萬年되게 하느니라. 비록 그러히 이같으나 또 말하라. 마지막 一句를 누가 감히 봉행할 것인가. 咄! 바로 허공이 다 녹아버리니 천룡팔부가 두루 流通하도다.

설의 복을 구함은 원래 妄이요 經을 가짐도 또한 眞이 아님이라. 도량이 마치 水月과 같으니 편안히 앉은 자가 누구이며 佛事가 空華와 같은데 성취한다는 것은 그 무엇인가. 중생[含識]이 곧 幻化라. 중생 가히 제도할 것이 없음이요, 菩提는 본래 적멸한 것이라. 法 가히 증득

할 것이 없으니 凡夫의 情과 聖人의 알음알이가 이 까닭에 함께 空하고 생사열반이 이 까닭에 꿈과 같음이로다. 대사께서 尺을 휘둘러 경을 강의함이 그 모범을 천고에 드리운 것은 곧 없지 않으나 이 최상의 頓宗에 있어선 마침내 교섭할 수 없으니 만약 이 최상의 頓宗인댄 높이 보검을 이끌어 이르는 곳마다 곧 베어서 널리 저로 하여금 쉬어가고 쉬어가서 一念이 만년이 되게 하느니라. 비록 그렇게 이와 같으나 마지막 一句를 누가 감히 봉행할 것인가. 咄!

　　　금강보검이 하늘을 의지하여 차갑게 서 있으니
　　　바로 허공이 다 부서져 내림이라.
　　　봉행함에 어찌 하필이면 성인에게만 미루리오.
　　　천룡팔부가 두루 유통하도다.

宗鏡　空生이 疊疊窮迷妄이어시늘 大覺이 重重說偈言이라다 末后가 了然超百億하니 明如杲日耀乾坤이로다
說誼　空生이 疊疊窮迷妄이어시늘 大覺이 重重說偈言하시니 說到如如不動處하야 見盡情忘無所依로다 無所依여 脫然更在靑山外로다 靑山도 尙不戀이어니 紫陌에 豈留情이리오 笑指白雲多事在하고 長空掛目不廻頭로다 不廻頭여 通身光燦爛하니 杲日이 耀乾坤이로다
종경　空生이 첩첩이 미망을 다하거늘
　　　大覺이 거듭거듭 偈를 설하여 말씀하시도다.
　　　末后가 요연하여 百億을 초월하니
　　　밝기가 뜨는 해와 같아서 건곤에 빛나도다.
설의　空生이 첩첩이 미망을 다했거늘 대각(佛)이 거듭거듭 게를 설하여 말씀하시니 說이 如如不動한 데에 이르러서는 情이 다 잊혀져서 의지할 바가 없음을 보겠도다. 의지할 바 없음이여! 탈연히 다시 靑山 밖에 있도다. 靑山에도 오히려 연연해 하지 않거니 도시(紫陌)에 어찌 情이 머무르리오. 白雲이 일이 많음을 웃음으로 가리키고 저 높은 하늘에 눈을 걸고 머리를 돌이키지 않도다. 머리를 돌이키지 않음이여. 온 몸에 그 빛이 찬란하니 뜨는 해가 건곤에 빛나도다.

圭峰　第三은 流通分이라
규봉　㉣三. 流通分이라.

佛이 **說是經已**하시니 **長老須菩提**와 **及諸比丘比丘尼**와 **優婆塞優婆夷**와 **一切世間天人阿修羅**가 **聞佛所說**하고 **皆大歡喜**하야 **信受奉行**하시니라
부처님께서 이 경을 설하여 마치시니, 장로수보리와 모든 비구 비구니와 우바새 우바이와 일체 세간의 천상과 인간과 아수라 등이 부처님의 설하심을 듣고 모두 다 크게 환희하며 믿고 받아지니며 받들어 행하니라.

說誼　靈鋒이 獨露에 四相이 俱破하고 慈雨가 普潤에 九類同沾이로다 三觀智滿하고 一乘理圓하니 四衆이 齊悟하고 群疑가 頓釋이로다 正眼이 圓明하야 心鏡이 豁爾하니 妙體實相이 瞭然目前이라 信受奉行이여 妙益이 斯在로다
설의　신령스런 칼날이 홀로 드러나매 四相이 함께 깨뜨려지고 자비스런 비가 널리 적시니 九類가 다같이 젖음이로다. 三觀의 지혜가 가득차고 一乘의 이치가 원만하니 사부대중이 고르게 깨닫고 온갖 의심들이 단번에 풀어짐이로다. 正眼이 두렷이 밝아서 마음 거울이 훤하니 妙體實相이 눈앞에 분명하도다. 信受奉行이여. 묘한 이익이 여기에 있도다.

圭峰　尼者는 此云女也라 優婆塞는 此云近事男이요 優婆夷는 此云近事女니 親近比丘比丘尼하야 而承事故니라 阿修羅는 此云非天이니라 皆大等者는 文殊所問經에 云有三種義하야 歡喜奉行이니 一은 說者淸淨이니 不爲取着利養所染이요 二는 所說淸淨이니 以如實知法體요 三은 得果淸淨이니 以得淨妙境界라하시니 無着이

云若聞如是義하고 於大乘에 無覺이면 我念過於石이니 究竟無因故라하며 天親이 云諸佛希有總持法과 不可稱揚深句義를 從尊者聞及廣說하노니 廻此福德施群生이라하며 大雲이 云大聖說經이 妙理斯畢하니 二空圓極이라 四衆奉行이라하며 肇가 云同聽齊悟에 法喜蕩心하니 服玩遵式하야 永崇不朽라하며 資聖이 云般若深經은 三世佛母니 一聞四句에 以超惡趣之因이요 一念淨持에 必獲菩提之記라 故로 人天異類 莫不奉行이라하다

규봉 尼란 이곳에선 여자이다. 우바새는 近事男(가까이서 받드는 남자)이고 우바이는 가까이서 받드는 여자이니 비구 비구니에 친근하여 받들어 섬기는 연고니라. 아수라는 非天이니라. 皆大等이란 文殊所問經에 이르되 세 가지 뜻이 있어서 환희로써 봉행하니 ㉠ 說하는 자는 청정해야 함이니 이익을 취하여 물든 바가 되지 않음이요 ㉡ 설하는 것이 청정해야 함이니 여실히 법체를 앎으로써 함이요 ㉢ 果 얻음이 청정해야 함이니 淨妙한 경계를 얻음으로 한 것이라 하시니라. 무착이 이르되 만약 이러한 뜻을 듣고서 大乘에 깨달음이 없다면 나는 생각컨대 돌보다 더 미련함이니 끝내 (깨달을) 因이 없는 연고라 하다. 天親이 이르되 諸佛의 希有한 總持法과 가히 칭량할 수 없는 깊은 구절의 뜻을 尊者로부터 듣고 널리 說하노니 이 복덕을 돌이켜서 모든 중생에게 베푼다 하다. 大雲이 이르되 大聖의 經을 설한 묘한 이치가 여기에서 마치니 두 가지 空이 원만히 지극하여 사부대중이 봉행한다 하다. 肇 법사가 이르되 같이 듣고 고르게 깨달으매 법의 기쁨이 마음에 넘치니 먹고, 완성하고, 따르고, 법삼아서 길이 받들고 이지러지지 않게 한다하다. 資聖이 이르되 般若의 깊은 경은 三世의 佛母이니 四句를 들으면 악도에 떨어질 因에서 초월함이요, 한순간을 깨끗하게 가지면 필히 菩提의 수기를 얻으리라. 그러므로 人天과 異類들이 모두 봉행한다고 하다.

冶父 三十年後에 莫敎忘却老僧이니 不知케라 誰是知恩者오 呵呵 將謂無人이로다

說誼 三關을 已透에 一鏃이 遼空하니 更須奮丈夫志하야 拗折一鏃하고 向碧空外하야 相見老僧이니라 若與老僧相見하면 可謂知恩報恩이니 不知케라 誰是知恩者오 呵呵將謂無人이로다

야부 30년후에 老僧을 망각하지 말지니, 알 수 없어라. 누가 은혜를 아는 者인가. 하하 장차 사람이 없다 하리라.

설의 三關을 이미 뚫어버리고 한 화살이 멀리 허공을 날으니 다시 모름지기 장부의 뜻을 분발하여 한 화살을 꺾어버리고 푸른하늘 밖을 향하여 老僧을 相見할지니라. 만약 老僧과 相見하면 가히 은혜를 알고 은혜를 갚는다고 할지니 알 수 없어라. 누가 은혜를 아는 사람인가. 하하, 은혜를 아는 자 끝내 없도다.

冶父 饑得食渴得漿하고 病得瘥熱得涼이라 貧人이 遇寶하고 嬰兒가 見孃이로다 飄舟가 到岸이요 孤客이 歸鄕이라 旱逢甘澤이요 國有忠良이로다 四夷拱手하고 八表來降이라 頭頭總是요 物物全彰이로다 古今凡聖과 地獄天堂과 東西南北을 不用思量이니 刹塵沙界諸群品이 盡入金剛大道場이로다

說誼 佛坐道場이여 北辰이 居其所요 十方同聚여 衆星이 皆拱北이로다 諸子가 痴迷에 捨父逃逝하야 流落天涯가 爲日已曠이러니 父王이 設權하야 號令天下하니 諸子가 知非하야 今盡來歸라 各慙無知하야 願聞慈誨호대 如飢思食하며 如渴思漿하니 水澄月現이라 感應交生하야 甘露門開에 皆得法喜하며 斷常爲病하야 惱亂法身이러니 法爲良藥이라 一聞便除하며 貪愛爲熱하야 煩煎心海러니 法爲淸涼이라 一聞頓歇하며 乏功德財하야 日受貧苦러니 一聞法要에 寶藏이 現前하며 爲迷所覆하야 覺性이 不現이러니 一得開悟에 妙體昭彰하며 失正知見하야 飄沈苦海러니 方便風生에 得到彼岸하며 跉跰五道하야 客作多年이러니 今始得歸常樂家鄕하며 惑日이 煩蒸하야 道芽燋枯러니 法雨遐霑하야 心花發明하며 心王이 作夢에 識臣이 擅權하야 淸平世界에 風塵이 競作이러

니 天君이 一覺에 識變成智하니 風塵이 頓息에 六國이 晏然하며 萬法이 歸已하야 天下太平하니 千途異轍이 共向帝都라 長安路通에 萬戶千門이로다 古今也無疑碍하고 凡聖也無疑碍하며 以至地獄天堂과 東西南北이 悉無疑碍하야 不用思量이라 祇園一會가 利如斯하니 從此含靈이 盡歸源이로다

야부 주림에 밥을 먹고 목마름엔 漿(간장물)을 얻으며
　　　　병든 이는 쾌차하고 더우면 시원함을 얻음이라.
　　　　가난한이 보물을 만나고 어린이는 어머니를 만나도다.
　　　　표류하던 배가 언덕에 이르고
　　　　외로운 길손 고향에 돌아오니
　　　　가뭄에 단비 만남이요, 나라엔 충신과 선량이 있도다.
　　　　사방의 오랑캐 예배하고 八方에서 항복하여 오도다.
　　　　두두가 다 옳음이요, 물물이 온전히 드러내도다.
　　　　古 今, 凡 聖과 지옥, 천당과 동서남북을 사량하지 말지니
　　　　찰진세계의 모든 중생들이 모두 함께
　　　　금강대도량에 들어가도다.

설의 부처님이 도량에 앉음이여. 북쪽별이 그 처소에 있음이요 十方에서 함께 모임이여. 별의 무리가 모두 북쪽에 절하도다. 모든 아들이 어리석고 미하여 아버지를 버리고 도망가서 천애에 떠돌은 지라. 날이 이미 오래 됐더니 父王이 방편을 베풀어 천하를 호령하니 모든 아들이 그릇됨을 알고 모두 와서 귀의함이라. 각각 무지함을 부끄러워하고 자비로운 가르침을 듣기 원하는데 주린이가 밥을 생각하듯 하며 목마른 자가 장물을 생각하듯 하니 물이 맑으면 달이 나타남이라. 느끼고 응함에 서로서로 감로의 문이 열리니 모두 다 法喜를 얻으며, 斷과 常이 병이 되어서 法身을 惱亂시키더니 法이 좋은 약이 됨이라. 한번 들으매 곧 없어지며 탐애가 열기가 되어서 마음바다를 번거롭게 들끓더니, 법이 청량하게 하여 한번 들으면 단번에 쉬게 되도다.

공덕의 재물이 없어서 날로 가난한 고통을 받더니 한번 法要를 들

으매 보배창고가 눈앞에 나타나며 迷의 덮인 바가 되어서 覺의 성품이 나타나지 않더니 한번 깨달음을 얻으매 妙體가 밝게 나타나도다. 正知見을 잃어서 苦海에 나부끼고 침몰하더니 방편의 바람이 생겨서 피안에 이르르게하며 五道(육도윤회中)에 비틀거리며 나그네된 지가 여러 해에 이르더니, 지금 비로서 항상 즐거운 고향에 돌아오도다. 미혹의 해가 번거롭게 내리쪼여 道의 싹이 다 마르더니 법의 비가 멀리까지 적시어서 心花가 밝게 핌이로다.

心王이 꿈을 꾸매 識의 신하가 권력을 마음대로 굴려서 淸平世界에 풍진이 다투어 지어지더니 天君이 한번 깨달으매 識이 변하여 지혜를 이루어서 풍진이 단번에 쉬고 六國(根)이 편안하여 萬法이 자기에게 돌아와서 天下가 태평하니 千의 길과 다른 자취들이 모두 서울을 向함이라. 長安으로 길이 통하매 萬戶와 天門이로다. 古今에 의심과 걸림이 없고 凡聖 또한 의심과 걸림이 없으며 지옥, 천당과 동서남북에 이르기까지 아무 의심과 걸림이 없어서 사량을 쓰지 않음이로다.

기원정사에 한번 모인 이익이 이와 같으니 이로부터 모든 중생이 다 근원으로 돌아감이로다.

宗鏡 提頌綱要後序
夫欲了最上大乘인댄 須具金剛正眼이니 看釋迦老가 與須菩提로 顯大機施大用하라 聚須彌山王等七寶하며 碎大千沙界若微塵하야 盡僧祗劫토록 布施將來라도 獨最上乘은 無法可得이라 直得天人이 膽喪하고 魔外心寒이니 雖能捨命承當이라도 依舊白雲萬里니라 所以로 解此經者가 八百餘家로대 頌此經者는 不滿屈指하니라 蓋古人이 錯答一字코도 尙墮野狐하니 謬頌此經하면 應入地獄하리라 宗鏡은 自惟不入地獄이면 何由拯濟群生이리오 旣能爲法忘軀어니 豈避彌天逆罪리오 橫按寶劍하고 重說偈言하리라

說誼 欲了最上大乘인댄 須具金剛正眼이니 若不具眼이면 爭見大家風月이리오 要見大家風月인댄 看彼釋迦老子의 機用齊施와 殺活自由底手段하라 若向這裏하야 見得破하면 許爾具金剛眼하야 庶幾明得最

上宗乘이니 最上宗乘이 因甚하야 得伊麼奇特고 聚寶如須彌하고 碎界若微塵하야 布施盡僧祇라도 此則出於有心이라 盡屬情見이어니와 獨最上乘은 凡情聖解가 湊泊不得이 如倚天長劍하야 寒威威光爍爍이라 凜凜然不可犯其鋒鋩일새 所以로 天人이 膽喪하고 魔外가 心寒이니 忽有人이 雖能捨命承當이라도 依舊白雲萬里니라 此最上宗乘이 若是其高危廻絶일새 所以로 得此宗者가 鮮이니라 古人이 錯答一字코도 尙墮野狐하니 謬頌此經하면 應入地獄하리라 若爾인댄 何事로 無益自求其苦리오 只應端然拱手코 以求自度하야 從他法門興廢하며 任他衆生起倒하야 扶持末運하고 紹續慧命을 無暇介於胸中이니라 雖然如是나 爲己不爲法이면 辜負佛祖深恩이요 爲己不爲人이면 墮在二乘境界니 自身이 寧入地獄하야 經百千劫이언정 務使人人開覺하야 慧命無窮이니라 旣能爲法忘軀어니 豈畏彌天逆罪리오 橫按寶劍하고 重說偈言하리라

종경 제송강요후서

  대저 최상의 大乘을 깨닫고자 하면 모름지기 金剛正眼을 갖춰야 할지니 석가노인이 수보리와 더불어 天機를 나타내고 大用 베푼 것을 보아라. 수미산왕 같은 칠보를 모으고 大千沙界를 부수어 微塵과 같이 해서 아승지겁이 다하도록 보시하여 오더라도 오직 최고의 수승한 것은, 법도 가히 얻을 게 없음이로다. 바로 天과 人의 담이 상하고 마군이와 외도의 마음이 오싹해지니 비록 능히 신명을 버리고 알려하더라도 예전처럼 白雲이 만리니라. 그러므로 이 경을 해석하는 자가 팔백여 家로되 이 경을 偈頌하는 자는 열 손가락에도 차지 않도다. 대개 古人은 한 글자를 그르게 대답하고도 오히려 여우의 몸에 떨어졌으니 이 경을 잘못 頌하면 응당 지옥에 들어가리라. 宗鏡은 스스로 생각컨대 지옥에 들어가지 않으면 어떻게 많은 중생을 건져 제도할 것인가.

  이미 법을 위해서 능히 이 몸을 잊었으니 어찌 하늘에 가득히 거역한 죄를 피하리오. 보검을 옆으로 차고 거듭 偈를 설하리라.

설의 최상의 대승을 요달하고자 하면 모름지기 금강의 바른 눈을 갖

춰야 할지니 만약 눈을 갖추지 않았다면 어찌 大家의 風月을 보리오. 大家의 풍월을 보고자 하면 저 석가노인의 機와 用을 고르게 베푼 것과 죽이고 살리는 것을 자유롭게 하는 수단을 간파하라. 만약 이 속을 향해서 보아 얻어 깨뜨리면 네가 금강의 눈을 갖추어서 最上宗乘을 거의 밝혔다고 허락할지니 最上宗乘이 무엇으로 인해 이렇게 奇特한 것인가.

보배 모으기를 수미산같이 하고 世界 부수기를 미진같이 하며, 보시하기를 아승지겁 동안 다해도 이것은 곧 有心에서 나온 것이라. 다 情見에 속하거니와 오직 최상승은 범인의 생각과 성인의 견해로도 어디 붙일 데가 없으니 마치 하늘에 기댄 長劍 같아서 차갑기는 威威하고 그 빛은 번쩍이도다.

늠름하며 가히 칼날을 범하지 못할새. 그러므로 天人의 담이 상하고 마군과 외도의 마음이 오싹해지니 혹 어떤 사람이 비록 목숨을 버리고 承當하더라도 예전처럼 흰 구름이 만리나 되도. 이 최상종승은 이같이 우뚝 높아서 따를 자가 없으므로 이 宗旨를 얻은 이가 드무니라. 古人이 한 글자를 잘못 대답하고도 오히려 여우의 몸에 떨어졌으니 이 경을 잘못 게송하면 응당 지옥에 들어가리라. 만약 그러할진대 무슨 일로 이익도 없이 스스로 그 고통을 구하겠는가. 다만 응당히 단정하게 팔짱을 끼고 스스로 제도를 구하여 저 法門이 흥하고 망하는데 맡겨두며 저 중생들이 일어나고 넘어짐에 맡겨서 말세의 운을 扶持하고 부처님의 혜명 이어감을 흉중에 둘 겨를이 없느니라.

비록 그러히 이같으나 자기를 위하고 法을 위하지 않으면 佛祖의 깊은 은혜를 저버림이요, 자기를 위하고 남을 위하지 않으면 二乘의 경계에 떨어져 있을 것이니 자신이 차라리 지옥에 들어가서 백천겁을 지낼지언정 사람들로 하여금 깨달음을 열게하여 慧命이 무궁하게 할지니라. 이미 법을 위하여 몸을 잊었거니와 어찌 하늘에 가득히 거역한 죄를 두려워하리오.

보검을 옆으로 차고 거듭 게송을 설하리라.

宗鏡 摧涅槃心하고 滅正法眼하며 掃除知見하고 截斷命根하야사
堪報不報之恩하며 用酬難酬之德耳라

說誼 涅槃正法眼이여 咄哉라 是什麼오 縱然超佛祖나 不許立知見이
니 掃蹤滅迹除根蔕하야사 是名眞實報恩者니라 此老의 伊麼提持를 且
作麼生道오 定亂扶危天地泰요 摧邪顯正日月閑이라 因憶丹霞施手
處하니 一星揮了世界安이로다

종경 涅槃心을 꺾어버리고 正法眼을 멸하며
　　　知見을 쓸어버리고 목숨을 절단해야
　　　갚지 못한 은혜를 능히 갚는 것이며
　　　갚기 어려운 덕을 갚게 되리라.

설의 열반의 正法眼이여. 咄哉라. 이 무엇인가. 비록 그렇게 佛祖를
초월하나 知見 세움은 허락하지 않으니, 자취를 쓸어버리고 자취를 멸
하여 뿌리까지 제거해야 이를 진정 은혜를 갚는다고 하느니라. 이 노
인(宗鏡)의 이러한 들추어냄을 또 어떻게 말할 것인가.
　　　어지러움을 안정시키고 위험을 붙잡으면 천지가 태평함이요
　　　邪를 꺾고 正을 나타내면 日月이 한가하도다
　　　丹霞禪師의 손쓴 곳을 기억하니
　　　조금만 휘저어도 세계가 편안하도다.

무비 색신의 형상을 나타내서 감응하여 중생을 교화하는 응신 화신
은 참다운 여래의 법신이 아니다.

불법에 마음을 낸 사람들은 반드시 이 금강경을 읽고, 남을 위해서
해설해주어라. 經 전체를 못하겠으면 사구게만이라도 수지 독송하고
남을 위해 일러 주어라. 그리하면 그 복은 참으로 불가사의하여 말로
는 다 표현할 수 없으리라. 이 세상에서 그 어떤 좋은 일을 해서 지은
복보다도 천배 만배 수승하리라.

그렇다면 어떻게 하는 것이 이 경을 수지독송하고 남을 위해 일러
주는 것이 되는가. 상에 집착하지 말고 모양을 취하지 말라. 너다 나
다, 옳다 그르다, 남자다 여자다, 선이다 악이다, 중생이다 부처다, 성

인이다 범부다 라고 하는 따위의 분별을 하지 말라. 그러한 차별상에 집착하지 말라. 만상의 참모습은 그와 같은 차별상이 아니다. 사람의 본래면목은 그와 같은 생김생김이 아니기에 참으로 있는 모습으로 있으라. 참모습으로, 본래의 모습으로 있으라. 이것이 금강경을 수지독송하는 일이다. 如如不動하라. 이것이 진실로 반야의 삶이며 여래의 삶이다.

金剛般若波羅蜜經下 終

傅大士　偏計

妄計因成執이여 迷繩爲是蛇라 心疑에 生暗鬼요 眼病에 見空華로다 一境이 雖無異나 三人이 乃見差니 了玆名不實하면 長馭白牛車하리라

說誼　人法이 元無我어늘 妄計로 因成執하야 非蛇에 計爲蛇하고 非鬼에 計爲鬼하고 非華에 計爲華하니 所目之境은 雖一이나 三人之見이 不同이로다 若了此見이 元不實하면 閑閑長馭白牛車하리라

부대사　偏計 (두루 계교함)

　　　망령된 계교로서 집착함을 인하여
　　　노끈을 잘못 알아 뱀이라 여기도다.
　　　의심하는 마음속에 귀신이 생기고
　　　눈이 병들면 허공꽃을 보도다.
　　　하나인 경계가 비록 다르지 않으나
　　　三人이 보는 것에 차별이 생기니
　　　이런 이름들이 실답지 못함을 요달한다면
　　　길이 白牛車를 타고가리라.

설의　人과 法엔 원래 我가 없거늘 망령된 계교로 집착을 이루어서 뱀이 아닌데 계교하여 뱀이라 여기고 귀신이 아닌데 계교로서 귀신이라 여기며 꽃이 아닌데 계교로써 꽃을 삼으니 보는 바의 경계는 비록 하나이나 三人의 보는 것이 같지 않음이로다.

　만약 이런 견해가 원래 실답지 못함을 요달한다면 한가롭게 길이 白牛車를 타고 가리라.

傅大士　依他

依他非自立이라 必假衆緣成이니 日謝에 樹無影이요 燈來에 室乃明이로다 名因이 共業變하야 萬象이 積微生하나니 若悟眞空色하면

儵然去有名하리라

說誼 色心諸法을 號依他니 此非自立假緣成이라 緣無性無生이니 隨緣方有生이로다 惑與業共有轉相하니 因有轉相萬象現이로다 緣慮與四大가 合成五蘊身하야 根身與器界가 分成十二處하니 若能悟色是空色하면 卽了有心非有心하리라

부대사 依他 (다른 것에 의지함)

　　　　依他는 自立이 아님이라.
　　　　반드시 온갖 인연을 빌려 성립됨이니
　　　　해가 지면 나무그림자 없어지고
　　　　등불이 오면 이내 방안이 밝아지도다.
　　　　이름은 업과 함께 변하며
　　　　萬像은 작은 것이 쌓여 생기니
　　　　만약 眞空의 色을 깨달으면
　　　　소연히 이름을 버리리라.

설의 色과 心의 諸法을 依他라고 부르니 이것은 自立이 아니고 인연을 빌려서 성립됨이라. 緣이 없으면 性도 나지 않으니 인연따라 바야흐로 生함이 있도다. 迷惑과 業이 함께 움직임이 있으니 움직임이 있음으로 인하여 萬像이 나타남이로다.

　緣慮心(마음작용)과 四大(色)가 합하여 五蘊身을 이루어서 根身과 器界가 나뉘어 十二處를 이루니 만약 色이 空의 色인 것을 깨달으면 곧 有心이 有心 아님을 요달하리라.

傅大士　圓成

相寂에 名亦遣이요 心融에 境亦亡이라 去來를 終莫見이요 語黙이 永無方이로다 智入圓成理에 身同法性常이니 證眞還了俗하야 不廢示 津梁이로다

說誼 名相이 雙泯하고 心境을 兩亡하니 去來無蹤이요 語黙이 無方이

＊ 진량 : 나무와 다리, 轉하여 부처가 중생을 제도하는 일(방편).

라 體無內外是一身이요 念無前后只一心이로다 此是圓成理라 眞常法
性海로다 智入其中하야 身同常住하니 眞俗이 元來是一貫이라 靑山紫
陌이 兩無妨이로다 旣能飽得靑山味인댄 也應芳草岸邊行이니라

부대사 圓成 (원만히 이루다)
　　　　　相이 없으면 이름 또한 떠나고
　　　　　마음이 융통해지면 경계 또한 없도다.
　　　　　가고 옴은 마침내 볼 수 없게 되고
　　　　　語와 黙은 영원히 方所가 없도다.
　　　　　지혜가 원성한 이치에 들어가면
　　　　　몸은 法性의 항상함과 같으니
　　　　　眞을 증득하고 또한 俗을 요달하여
　　　　　나루터 보이는 것도 마다하지 않음이로다.(方便示顯)

설의　名과 相이 쌍으로 없어지고 마음과 경계를 둘 다 잊으니 거래에 자취가 없고 語黙이 方所가 없도다.

　體의 內外가 없으면 一身이요 생각에 전후가 없으면 다만 一心이로다. 이것은 원성의 이치이며 참답고 항상한 法性의 바다로다. 지혜로 그 가운데 들어가야 몸이 항상 머무름과 같으니 眞과 俗이 원래 하나로 꿰뚫었도다.

　靑山과 紫陌이 둘 다 방해되지 않도다. 이미 청산의 맛을 충분히 맛보았다면 또한 응당히 방초언덕가를 행할지니라.

(淸凉大法眼禪師)頌
境空
涅槃名廣度여 無餘一味收라 卵胎兼濕化와 空有及沈浮로다 薩埵
能降住하야 菩提道自周하나니 儵然纖介在하면 此岸永淹留하리라
說誼　如來大涅槃은 廣度로 以爲義니 三界四生類를 無餘一味收로다
任重荷擔이 誠不易니 小智가 豈能當此任이리오 唯有薩埵가 化無化하
야 致令菩提道自周로다 塵緣이 若也纖毫在하면 生死此岸에 永淹留하
리라

境空 (경계가 공함)
　　열반을 널리 제도한다 이름함이여.
　　남음없는 한맛으로 거둠이라.
　　卵, 胎와 겸하여 濕化와
　　空, 有와 沈과 浮로다.(잠김과 뜸이로다)
　　보리살타가 능히 항복하고 住하여
　　菩提의 道가 저절로 두루하나니
　　잠깐이나 또 작은 것이라도 (남음이)있으면
　　이 언덕에 영원히 머무르리라.

설의　如來의 대열반은 널리 제도함으로써 뜻을 삼으니 三界四生類를 남김없이 한맛으로 거둠이로다. 무거운 짐을 짊어짐이 진정 쉽지 않으니 작은 지혜가 어찌 이런 소임을 감당하리오. 오직 보리살타가 있어서 교화하되 교화함이 없이 菩提의 道로 하여금 저절로 두루하게 함이로다. 육진의 인연이 만약 조금이라도 있으면 이 생사의 언덕에서 영원히 머물게 되리라.

智空
智圓晶火聚여 薩埵便無心이라 處處菩提道요 明明功德林이로다
誰能生後得가 更不議堪任이라 月冷空當午요 松寒露滿襟이로다
　說誼　智圓眞同晶火聚하니 男兒到此便無心이로다 便無心이여 處處菩提道요 明明功德林이로다 旣知本有라 非今得이니 胸中에 無物外如愚로다 只如無心底活計를 作麼生道오 月冷空當午요 松寒露滿襟이로다

智空 (지혜도 공하다)
　　지혜가 두렷이 밝은 빛의 무더기여.
　　살타가 문득 無心함이라.
　　곳곳이 菩提道場이고
　　밝고 밝은 공덕의 숲이로다.

누가 능히 태어난 뒤에 얻었다 하겠는가.
다시 감당함을 헤아리지 않음이라.
달이 차가우니 하늘이 한낮이 되고
소나무가 차니 이슬이 옷깃에 가득하도다.

설의 지혜가 두렷하여 참으로 밝은 빛의 무더기와 같으니 男兒가 여기에 이르르매 곧 무심함이로다. 곧 무심함이여, 곳곳이 菩提道요 밝고 밝은 공덕의 숲이로다. 이미 본래 있는 줄 아는 것이라. 지금에 얻음이 아니니 가슴속에 아무것도 없어서 밖으로 어리석은 듯함이로다. 다만 저 無心의 살림살이를 어떻게 말할 것인가. 달이 차니 허공이 한낮이 되고 소나무가 차니 이슬이 옷깃에 가득하도다.

俱空
理極亡情謂여 如何有喩齊아 到頭霜夜月이 任運落前谿로다 果熟兼猿重이요 山長似路迷라 擧頭殘照在하니 元是住居西로다
說誼 境智를 兩忘忘亦忘하니 秋天霜夜月滿谿로다 道高에 兼帶累요 理現에 還似迷라 反觀其所以컨대 於空에 未忘情이로다 更忘情이여 一月이 影千江이요 孤雲이 萬里飄로다
俱空 (경계와 지혜가 함께 공하다)
이치가 지극하여 생각으로 이를 수 없음이여.
어떻게 비유로써 똑같이 할 것인가.
부둣가 서리내린 밤의 달은
저절로 앞 시냇물에 떨어졌도다.
과일이 익으면 원숭이가 살찌고
산이 깊어서 길을 잃을 뻔하도다.
머리를 들으매 빛이 아직 남아있으니
원래 이 서쪽에 머물러 있었음이로다.

설의 경계와 지혜를 둘 다 잊고 잊은 것까지 또한 잊으니, 가을하늘 서리내린 밤의 달은 시냇물에 가득하도다. 道가 높으면 겸하여 허물을

띠우게 되고 이치가 나타나면 도리어 미한 듯함이라.

　그 까닭을 돌이켜 觀하면 空에 있어서 情을 잊지 못했음이로다. 다시 情을 잊음이여, 하나의 달이 一千江에 그림자 지고 외로운 구름은 만리에 떠가도다.

流通
如如方解說이여 此說號流通이라 若謂無人我인댄 還將壽者同이니라 平常何所證가 動轉絕羈籠이라 一切有爲法을 對觀淸鏡中이로다.
說誼　如如不動方解說이니 如是演說을 號流通이라 若謂我無人我念인댄 依舊還同我人相이니라 平常無證絕羈籠하니 化演觀同鏡裏形이로다

流通 (곳곳에 유통하다)
　　　如如해야 바야흐로 해설한다 함이여.
　　　이러한 說을 流通이라 하도다.
　　　만약 人 我가 없다고 이른다면
　　　또한 장차 壽者도 같음이로다.
　　　平常한데 무엇을 證할 것인가.
　　　움직이고 굴림에 매일 게 없도다.
　　　일체의 有爲法을
　　　맑은 거울속에서 바라봄이로다.
설의　여여부동해야 바야흐로 해설하나니 이와 같은 연설을 유통이라 부르도다. 만약 내가 人我의 생각이 없다고 이른다면 예전처럼 도리어 我 人相과 같음이니라. 平常하여 證할 게 없어서 매임이 끊어졌으니 교화하고 연설함이 거울속에서 형상을 보는 것 같도다.

般若無盡藏
納謨薄伽伐帝 鉢唎若 波羅蜜多曳 怛姪他 唵紇唎 地唎 室唎 戌嚕知 三蜜栗知 佛社曳 莎訶

般若無盡藏 (진언)
나무 바가불제 발리야 바라밀다예 단냐타 옴 흘리지리 실리 슬로지 삼밀율지 불사예 사하(사바하)

六祖　口訣
法性이 圓寂하야 本無生滅이언마는 因有生念하야 遂有生緣이라 故로 天得命之以生하나니 是故謂之命이니라 天命이 旣立에 眞空이 不有하야 前日生念이 轉而爲意識하고 意識之用이 散而爲六根하며 六根이 各有分別하야 中有所總持者라 是故謂之心이니 心者는 念慮之所在也요 神識之所舍也며 眞妄之所共處者也요 當凡夫聖賢機會之地也니라 一切衆生이 自無始來로 不能離生滅者는 皆爲此心의 所累일새 故로 諸佛이 惟敎人了此心이시니 此心了하면 卽見自性이요 見自性則是菩提也니라 此在性時에 皆自空寂而湛然若無라 緣有生念而後에 有者也라 有生則有形이니 形者는 地水火風之聚沫也라 以血氣로 爲體니 有生者之所託也라 血氣足則精足하고 精足則生神하고 神足에 生妙用하나니 然則妙用者는 卽在吾圓寂時之眞我也니라 因形之遇物故로 見之於作爲而已어늘 但凡夫는 迷而逐物하고 聖賢은 明而應物이라 逐物者는 自彼요 應物者는 自我니 自彼者는 着於所見이라 故受輪廻하고 自我者는 當體常空이라 萬劫如一이니 合而觀之컨댄 皆心之妙用也니라 是故로 當其未生之時하야 所謂性者가 圓滿具足하야 空然無物하고 湛乎自然하며 其廣大가 與處空等하야 往來變化에 一切自由니 天雖欲命我以生이나 其可得乎아 天猶不能命我以生이어든 況於四大乎며 況於五行乎아 旣有生念하고 又有生緣이라 故로 天得以生命我하고 四大가 得以氣形我하고 五行이 得以數約我하나니 此는 有生者之所以有滅也니라 然乎生滅則一이나 在凡夫聖賢之所以生滅則殊니 凡夫之人은 生緣念有하고 識隨業變하야 習氣薰染이 因生愈甚일새 故로 旣生之後에 心着諸妄하나니 妄認四大하야 以爲我身하며 妄認六親

하야 以爲我有하며 妄認聲色하야 以爲快樂하며 妄認塵勞하야 以爲富貴라 心目知見이 無所不妄이니 諸妄이 旣起에 煩惱萬差라 妄念이 奪眞에 眞性이 遂隱하야 人我爲主하고 眞識爲客하며 三業前引하고 百業後隨하야 流浪生死에 無有涯際하야 生盡則滅하고 滅盡復生하야 生滅相尋에 至墮諸趣호대 轉轉不知일새 愈愆無明하야 造諸業罟하야 遂至塵沙劫盡토록 不復人身이어니와 聖賢則不然이니 聖賢은 生不因念하고 應迹而生이라 欲生則生하야 不待彼命일새 故로 旣生之後에 圓寂之性이 依舊湛然하야 無體相無罣礙하며 其照萬法이 如靑天白日하야 無毫髮隱滯라 故能建立一切善法하야 遍於沙界호대 不見其少하며 攝受一切衆生하야 歸於寂滅호대 不以爲多하나니 驅之不能來며 逐之不能去라 雖托四大爲形하고 五行爲養이나 皆我所假일새 未嘗妄認이니 我緣이 苟盡에 我迹이 當滅이라 委而去之가 如來去耳니 於我에 何與哉아 是故로 凡夫는 有生則有滅이라 滅者가 不能不生이어니와 賢聖은 有生亦有滅호대 滅者가 歸於眞空하나니 是故로 凡夫生滅은 如身中影하야 出入相隨에 無有盡時어니와 聖賢生滅은 如空中雷하야 自發自止에 不累於物이어늘 世人이 不知生滅之如此하고 而以生滅로 爲煩惱大患하나니 蓋不自覺也로다 覺則見生滅이 如身上塵하야 當一振奮耳니 何能累我性哉아 昔我如來가 以大慈悲心으로 憫一切衆生이 迷錯顚倒하야 流浪生死之如此하시며 又見一切衆生이 本有快樂自在性하야 皆可修證成佛하시고 欲一切衆生으로 盡爲聖賢生滅하고 不爲凡夫生滅하사대 猶慮一切衆生이 無始以來로 流浪日久에 其種性이 已差하야 未能以一法으로 速悟일새 故로 爲說八萬四千法門하시니 門門可入에 皆可到眞如之地요 每說一法門이 莫非丁寧實語라 欲使一切衆生으로 各隨所見法門하야 入自心地하며 到自心地하며 見自佛性하며 證自身佛하야 卽同如來케하시니 是故로 如來가 於諸經에 說有者는 欲使一切衆生으로 睹相生善이요 說無者는 欲使一切衆生으로 離相見性이며 所說色空도 亦復如是하니라 然而衆生執着이

見有非眞有요 見無非眞無며 其見色見空도 皆如是執着하야 復起斷常二見하야 轉爲生死根帶하나니 不示以無二法門이면 又將迷錯顚倒하야 流浪生死가 甚於前日일새 故로 如來가 又爲說大般若法하사 破斷常二見하사 使一切衆生으로 知眞有眞無와 眞色眞空이 本來無二며 亦不遠人이라 湛然寂靜하야 只在自己性中일새 但以自己性智慧로 照破諸妄則曉然自見이니라 是故로 大般若經六百卷은 皆如來가 爲菩薩果人하사 說佛性이라 然而其間에 猶有爲頓漸者說이어니와 惟金剛經은 爲發大乘者說이며 爲發最上乘者說이라 是故로 其經이 先說四生四相하시고 次云凡所有相이 皆是虛妄이니 若見諸相非相하면 卽見如來라하시니 蓋顯一切法이 至無所住하야사 是爲眞諦라 故로 如來가 於此經에 凡說涉有하면 卽破之以非하고 直取實相하사 以示衆生하시니 蓋恐衆生이 不解佛所說하고 其心이 反有所住故也니 如所謂佛法이 卽非佛法之類가 是也니라

육조 口訣

　법의 성품이 원만하고 고요하여 본래 생멸이 없건만 있음(有)으로 인하여 생각을 내서 드디어 인연이 생긴 것이니라. 그러므로 하늘이 命을 얻어 내나니 이런 고로 命이라 말하느니라. 天命이 이미 서면 眞空이 있지 않아서 前日에 생긴 생각을 굴려서 意識이 되고 의식작용이 흩어져 六根이 되며 六根이 각각 분별이 있어서 중간에 總持하는 것이 있음이라. 이런 고로 이를 마음이라 함이니 마음이란 생각이 있는 곳이요, 정신(인식작용)의 집이며 眞과 妄이 함께 처하는 곳이며 마땅히 범부와 성현의 機가 모이는 곳이니라.

　일체 중생이 시작없는 옛날부터 생멸을 떠나지 못하는 것은 다 이 마음의 때문은 바 때문이므로 모든 부처님이 오직 사람으로 하여금 이 마음을 깨닫게 하시니, 이 마음을 깨달으면 곧 自性을 본 것이고 自性을 본즉 이는 菩提(깨달음)인 것이니라. 이것이 性品에 있을 때는 모두 스스로 空寂하여 맑아서 없는 듯하다가 緣

이 있어서 생각을 낸 이후에는 있는 것이니라. 生이 있은즉 形이 있으니 形象이란 地, 水, 火, 風이 모인 것이라. 血氣로써 體를 삼으니 生한 자의 의탁한 바로다. 血氣가 만족한즉 정기가 만족하고 정기가 만족한즉 精神을 내고 精神이 만족하면 妙用이 생기니 그러한즉 妙用이란 곧 내가 원만하고 고요할 때에 있는 참다운 我이니라.

　형상이 사물 만남을 인연한 고로 그것을 보고 作爲할 따름이거늘, 다만 범부는 迷하여 사물만 따르고 성현은 밝아서 사물에 응함이로다. 사물을 따르는 것은 자신의 객관(自彼)이요, 사물에 응하는 것은 자신의 주관(自我)이니 자신의 객관이란 所見에 집착하는 고로 윤회를 받고 자신의 주관이란 當體가 항상 공하여 萬法에 如一하니 그것을 합하여 觀하건대 다 마음의 妙用이니라. 이런 고로 그 생기지 않은 때를 당하여 이른바 性品이란 원만구족해서 텅비어 사물이 없고 맑고 맑아 자연스러우며 그 광대함이 허공과 같아서 왕래하고 변화함에 일체 자유로우니 하늘이 비록 나에게 命하여 生하고자 하나 그 어찌 가히 얻을 것인가. 하늘이 오히려 나에게 명하여 生하게 할 수 없거늘 하물며 四大이며 하물며 五行이겠는가. 이미 생각을 냄이 있고 또한 緣을 냄이 있음이라. 그러므로 하늘이 生으로써 나를 명하게 되고 四大가 氣로써 나를 형성하게 되며 五行이 數로써 나를 제약시킬 수 있게 되나니 이것은 生이 있음으로써 滅이 있는 까닭이니라.

　그러나 생멸인즉 하나이나 범부와 성현의 생멸은 다름이니 범부들의 生은 생각을 반연하여 있고 識은 業을 따라 변하여 習氣, 훈습이 生으로 인하여 더욱 심한 고로 이미 태어난 이후에는 마음이 모든 妄에 집착하나니 망령되이 四大를 오인함으로써 나를 삼으며, 망령되이 六親을 오인함으로써 나의 소유로 삼으며 망령되이 聲色을 오인하여 쾌락을 삼고 망령되이 塵勞를 오인하여 富貴를 삼도다. 마음과 눈으로 알고, 보는 것이 妄아닌 것이 없으니 모든 妄이 이미 일어나면 번뇌가 만 가지로 차별되도다. 망념이 眞을 뺏으면 참성품이 드디어 숨어서 人과 我가 主가 되고 眞識이 客이 되며 三業이 앞에서 이끌고 百業이 뒤를 따르게 되도다.

생사가 유랑함에 끝이 없어서 생이 다하면 멸하고 멸이 다하면 다시 生하여 생멸이 서로 찾으며 여러 갈래에 떨어짐에 이르도록 전전히 알지 못하도다.

더욱 무명을 방자하여 모든 업의 그물을 지어서 드디어 塵沙劫이 다하도록 다시는 사람몸을 회복하지 못하거니와 성현은 그렇지 않음이니 성현은 태어날 때 생각을 인하지 않고 (중생들의) 자취에 응하여 태어남이라. 태어나고자 하면 태어나고 저 命을 기다리지 않으므로 이미 태어난 이후엔 원적한 성품이 예전처럼 담연하여서 體相도 없고 걸림도 없으며 그 만법을 비춤이 마치 푸른하늘의 밝은 해와 같아서 머리카락도 숨기거나 걸림이 없도다.

그러므로 능히 일체 선법을 건립하여 沙界에 두루하되 그 적음(小)은 보지 않으며 일체 중생을 섭수하여 적멸에 돌아가게 하되 많음으로 여기지 않나니, 몰아도 능히 오지 않으며 쫓아도 능히 가지 않음이라. 비록 四大를 의탁하여 形을 삼고 五行으로 기른 바가 되어도 다 내가 빌린 바일새. 일찍이 망령되어 오인할 게 아님이니 내 인연이 진실로 다하면 내 자취는 마땅히 멸함이라. 버리고 떠나는 것이 마치 오고 가는 것과 같을 따름이니 나에게 무엇이 관계되리오. 이런 고로 범부는 생이 있은즉 멸이 있음이라. 멸한 자는 나지 않을 수 없지만 성현은 생이 있고 또한 멸이 있으되 멸하면 眞空에 돌아가나니, 이런 고로 범부의 생멸은 몸 가운데 그림자 같아서 出과 入에 서로 다르므로 다할 때가 없거니와 성현의 생멸은 마치 공중의 우뢰와 같아서 스스로 발하고 스스로 그쳐서 중생에게 累가 되지 않거늘, 세인들은 생멸이 이와 같음을 알지 못하고 생멸로써 번뇌의 大患을 삼나니 대개 스스로 깨닫지 못한 때문이로다. 깨달은즉 생멸을 보는 것이 몸 위의 먼지같이 여겨서 마땅히 한번 떨어버릴 따름이니, 어찌 능히 나의 성품에 累가 되겠는가.

　옛날 우리 여래께서 대자비심으로 일체 중생이 미혹하고 顚倒하여 생사에 유랑함이 이와 같음을 불쌍히 여기시며 또한 일체 중생이 본래 쾌락하고 자재로운 성품이 있어서 모두 닦고 증득하면 성불할 수 있음을 보시고, 일체 중생이 모두 성현의 생멸이 되게 하고 범부의 생멸이 되지 않게 하고자 하시되 오히려 일체 중생이 무시이래로 유랑한 지가 너무 오래되어 그 種性이 이미 어긋나서 능히 一法으로써 속히 깨닫지 못함을 염려할새, 그러므로 이를 위하여 팔만사천 법문을 설하심이로다.
문문마다 가히 들어갈 수 있으므로 모두 眞如의 땅에 이를 수 있으며 매양 一法門을 설함이 苦口丁寧 실다운 말 아님이 없음이라. 일체 중생으로 하여금 각각 본 바의 법문을 따라서 자기의 마음땅에 들게 하며 자기 마음땅에 이르게 하며 自己부처의 성품을 보게 하며 자신의 부처를 증득케 해서 곧 여래와 같게 하고자 하시니, 이런 까닭에 여래가 모든 경에 有를 설한 것은 일체 중생으로 하여금 相을 보고 착한 마음을 내게 하고자 한 것이고 無를 설한 것은 일체 중생으로 하여금 相을 떠나서 性品을 보게 하고자 한 것이며 설한 바 色, 空도 또한 다시 이와 같으니라.

　그러나 중생들의 집착은 有를 보되 眞有가 아니고 無를 보되 참으로 없는 것이 아니며 그 색을 보고 空을 보는 것도 다 이와 같이 집착해서 斷見과 常見의 두 가지 견해를 다시 일으켜서 전전히 생사의 뿌리를 삼나니, 둘이 아닌 법문으로써 보이지 않는다면 또한 미혹하고 뒤바뀌어 생사에 유랑함이 前日보다 심하리라. 그러므로 여래께서 또 이를 위하여 大般若法을 설하사 단견과 상견의 두 견해를 깨뜨려 일체중생으로 하여금 참다운 有와 참다운 無와 참다운 色과 참다운 空이 본래 둘이 아니며 또한 사람과도 멀지 않다고 하시니라.

해맑고 고요하여 다만 자기 性品中에 있는 것이므로 다만 자기 성품의 지혜로써 모든 妄을 비추어 깨뜨린즉 스스로 밝게 볼 수 있음을 알게 함이니라. 이런 고로 대반야경 육백 권은 대개 여래께서 보살과위의 사람들을 위하여 佛性을 설하셨거니와, 오직 금강경은 대승 발한 자를 위하여 설하였으며 최상승 발한 자를 위하여 설하심이니라.

이런 까닭으로 이 경은 먼저 四生과 四相을 설하시고 다음엔 "무릇 相이 있는 것은 모두 다 허망함이니, 만약 모든 상이 상아님을 보면 곧 여래를 보리라"하시니 대개 일체 중생이 주할 바 없음에 이르러서야 참다운 진리가 됨을 나타냄이라. 그러므로 여래가 이 경에서 설하되 무릇 有에 涉하면 곧 아님(非)으로써 破하여, 바로 실상을 취하사 이로써 중생에게 보이시니 대개 중생은 부처님이 설하신 것을 알지 못하고 그 마음이 도리어 住하는 바가 있을까 염려한 까닭이시니 저 이른바 '佛法은 곧 佛法이 아니다'라고 한 것 등이 이것이니라.

후 기

　금정산 계명봉이 유난히 선명하던 어느날 서울 불광출판부 주간을 맡고 있던 송암 스님이 불쑥 찾아와서 금강경오가해 역해를 제안하는 것이었다.
　형통한 안목과 유려한 문장도 없는 내가 어찌 오가해를 넘볼 수 있을까 망설였다. 더구나 오른손목에 이상이 생겨 전혀 글씨를 쓸 수 없는 상태에 있었는데 송암 스님이 어린아이처럼 자꾸만 보채길래, 지난 해에 명심회 주최 금강경오가해 강설이 테이프에 담겨져 있으니 그것을 풀어서 할 수 있으면 가능할 것이라고 말했다.
　이렇게 해서 시작된 금강경오가해가 책으로 나오기까지에는 무려 3년여의 시간이 걸렸다. 그 방대한 강의내용을 일일이 풀어서 원고화한다는 것이 정말 쉽지 않았다. 다시 원본에 의해 한문 원문을 정확하게 싣고 수차례에 걸쳐 강독회를 하고 번역에 뜻이 통하게 여러 번 다듬었다. 특히 불광법회 신도인 보문심 불자의 헌신적인 협조가 이 책이 나오게 된 결정적인 힘이었다. 돌이켜봐도 강의 테이프를 원고화한다는 것이 얼마나 어려운 작업인가를 재삼 느꼈고 교열을 보고 윤문과 수정을 거듭하여 이렇게 책이 되어 나오고 보니 감회가 크다. 삼보님께 감사의 예배를 다할 수 없고 아울러 나의 허물을 지심 참회하고 싶다. 지금까지 돌봐주신 은사이신 여환 스님과 경안의 눈을 열어주신 탄허 스님 그리고 동도의 길을 가는 선배 제위, 함께 공부한 도반 모두에게 감사드린다.
　아울러 어려운 여건에서도 책의 출판을 제의하여 기획을 맡아 준 송암스님, 기꺼이 발행해 주신 불광법주이신 광덕스님, 전문가들에게도 어려운 책을 알아보기 쉽게 편집해 준 동화, 연화 불자를 비롯한 편집인들에게 고마움을 전한다.
　高賢達士의 질정을 받고 싶다.

　　　　　　　　　　　　　　불기 2536년 6월 금정산 범어사
　　　　　　　　　　　　　　　　西祇殿에서 無比 씀

무비

1943년 영덕에서 출생하였다. 1958년 출가하여 덕흥사, 불국사, 범어사를 거쳐
1964년 해인사 강원을 졸업하고 동국역경연수원에서 경전 번역을 연마하였다.
10여 년 선원 생활 후 1976년 탄허 스님에게 『화엄경』을 수학하고 전법에
매진하였다. 이후 통도사 강주, 범어사 강주, 은해사 승가대학원장, 대한불교조계종
교육원장, 동국역경원장, 동화사 한문불전승가대학원장 등을 역임하였다.

2018년 5월에는 수행력과 지도력을 갖춘 승랍 40년 이상 되는 스님에게 품서되는
대종사 법계를 받았다. 현재 부산 문수선원 문수경전연구회에서 200여 명의 스님과
300여 명의 재가 신도들에게 『화엄경』을 강의하고 있다.

저서로 『대방광불화엄경 강설』(전 81권), 『무비스님의 왕복서 강설』,
『무비스님이 풀어 쓴 김시습의 법성게 선해』, 『법화경 법문』, 『신 금강경 강의』,
『직지 강설』(전 2권), 『법화경 강의』(전 2권) 등이 있다.

금강경오가해

ⓒ 무비, 1992

1992년 6월 30일 초판 1쇄 발행
2024년 5월 22일 2판 22쇄 발행

지은이 무비 스님
발행인 박상근(至弘) • 편집인 류지호 • 편집이사 양동민
편집 김재호, 양민호, 김소영, 최호승, 하다해, 정유리
제작 김명환 • 마케팅 김대현, 김선주, 이선호 • 관리 윤정안
콘텐츠국 유권준, 정승채, 김희준
펴낸 곳 불광출판사 (03169) 서울시 종로구 사직로10길 17 인왕빌딩 301호
　　　대표전화 02) 420-3200 편집부 02) 420-3300 팩시밀리 02) 420-3400
　　　출판등록 제300-2009-130호(1979. 10. 10.)

ISBN 978-89-7479-154-4 (93220)
값 30,000원

잘못된 책은 구입하신 서점에서 바꾸어 드립니다.
독자의 의견을 기다립니다. www.bulkwang.co.kr
불광출판사는 (주)불광미디어의 단행본 브랜드입니다.